한 권으로 끝내는
통중국사
25사략

한 권으로 끝내는
통중국사25사략

초 판 1쇄 2018년 05월 29일

지은이 신동준
펴낸이 류종렬

펴낸곳 미다스북스
총 괄 명상완
책임편집 이다경

등록 2001년 3월 21일 제2001-000040호
주소 서울시 마포구 양화로 133 서교타워 711호
전화 02) 322-7802~3
팩스 02) 6007-1845
블로그 http://blog.naver.com/midasbooks
전자주소 midasbooks@hanmail.net

ⓒ 신동준, 미다스북스 2018, *Printed in Korea*.

ISBN 978-89-6637-571-4 03320
값 27,000원

미다스북스는 다음세대에게 필요한 지혜와 교양을 생각합니다.

한 권으로 끝내는
통중국사
25사략

신동준 21세기 정경연구소 소장

미다스북스

목 차

정사正史와 사략史略

역사철학과 역사과학

지난 세기에 이어 21세기 현재까지 인문학계를 주도하고 있는 사회과학은 뉴턴의 결정론을 좇아 앞으로 닥칠 역사 현실의 도래를 능히 예언할 수 있을 것으로 내다봤다. 대표적인 인물이 마르크스이다. 『자본론』에서 역설한 유물사관唯物史觀이 그렇다. 그는 「루이 보나파르트의 브뤼메르 18일」에서 인구에 회자하는 명언을 남겼다.

"역사는 반복된다. 한 번은 비극으로, 한 번은 희극으로

Geschichte wiederholt sich, erst als Tragödie, dann als Farce!"

어렸을 때부터 리비우스의 『로마사』를 탐독한 마키아벨리도 명저 『로마사론』에서 유사한 얘기를 언급한 바 있다.

"미래를 내다보고자 하는 자는 과거를 돌이켜 볼 필요가 있다. 인간사는 선대의 그것을 닮게 되기 때문이다. 사건들이 그때 살던 사람이든 지금 사는 사람이든 동일한 성정을 지닌 사람들에 의해 창조되고 생명을 얻었기 때문이다. 유사한 사건들이 같은 결과를 얻게 되는 이유가 여기에 있다."

이런 입장을 견지하는 학문 경향을 역사철학 내지 역사과학이라고 한다. 헤겔과 마르크스처럼 철학적 관점에서 접근해 불변의 이치가 존재한다고 주장하면 '역사철학', 마키아벨리처럼 과학적인 분석을 통해 앞으로 닥칠 일을 예견할 수 있다는 입장을 견지하면 '역사과학'이 된다. 동양 전래의 '경사자집經史子集' 내지 서양 전래의 '문사철文史哲'에 기초한 국가과학의 관점에서 보면 역사철학보다는 역사과학이 훨씬 합리적이다.

역사과학은 현대과학에서 말하는 '프랙탈 이론fractal theory'과 사뭇 닮아 있다. '프랙탈 이론'은 세부 구조가 끊임없이 전체 구조를 되풀이하고 있는 현상을 말한다. 나무가 자라면서 큰 줄기에서 잔가지로 뻗고, 잔가지는 더 작은 가지로 뻗어나가면서 동일한 현상을 끝없이 반복하는 게 대표적이다. 이런 현상은 파도, 구름, 암석, 강, 나무 등 자연계 곳곳에서 쉽게 찾아볼 수 있다. 한마디로 말해 전체와 부분의 구조가 같은 것이다.

이런 징후는 자연계뿐만 아니라 사회와 역사 속에서도 뚜렷이 나타난다. 미시적으로 보면 저마다의 논쟁거리로 혼란스러워 보이지만 거시적으로 관찰하면 일정한 주기와 패턴을 갖고 비슷한 유형의 사건들이 과거와 현대를 오가며 계속 이어진다는 입장이다. '하나를 보면 열을 알 수 있다.'라는 우리말 속담은 '부분이 곧 전체이다.'라는 프랙탈 이론과 꼭 닮아 있다. 사학계에서는 이를 통상 순환사관循環史觀의 일환으로 간주하고 있다.

아리스토텔레스가 국가지도자의 삶을 크게 2가지 유형으로 나눈 것도 따지고 보면 동서고금을 막론하고 지도자의 리더십 유형은 크게 달라질 게 없다고 판단한 결과다. 역사와 철학을 하나로 묶은 헤겔의 '역사철학' 관점에서 보면 이 또한 일종의 '순환사론'에 해당한다.

그는 『정치학』 제7장에서 지도자의 삶을 크게 '철학적 삶bios phiosopikos'과 '정치적 삶bios politikos'으로 나눴다. '철학적 삶'은 '관조적 삶' 내지 '이론적 삶'으로도 표현된다. '정치적 삶'이 '활동적 삶' 내지 '실제적 삶'으로 표현되는 것과 대비된다. '철학적 삶'은 『대학』에서 말하는 수신제가修身齊家, 즉 수제修齊, '정치적 삶'은 치국평천하治國平天下, 즉 치평治平과 닮았다.

객관적으로 볼 때 동양 전래의 수제 리더십은 경전을 읽는 독경讀經, 치평 리더십은 사서를 읽는 독사讀史와 불가분의 관계를 맺고 있다. 수제와 치평은 비록 밀접한 관계를 맺고 있기는 하나 상호관계의 우열에 대해서는 학파마다 서로 다르다. 이상을 추구한 유가좌파儒家左派 맹자는 〈수제 → 치평〉, 현실을 중시한 유가우파儒家右派 순자의 제자 한비자는 〈치평 → 수제〉를 강조했다. 독서 방법과 연관시켜 보면 수제는 독경, 치평은 독사와 친하다.

훗날 맹자를 사상적 교조로 삼은 성리학은 수제를 이루면 능히 치평도 이룰 수 있다고 생각했다. 독경을 독사보다 중시한 이유다. 치세에는 이런 접근도 가하다. 그러나 난세에는 적잖은 문제가 있다. 독사를 소홀히 하면 흥망성쇠의 이치를 몰라 임기응변을 제대로 할 수 없기 때문이다. 청나라 건륭제 때의 고증학자 전대흔錢大昕은 남송 때 성리학이 등장한 이후 독경을 독사보다 중시하는 구태의연한 풍조를 질타한 바 있다. 청대 말기 '태평천국의 난'을 진압해 풍전등화의 청조를 구한 증국번曾國藩 역시 전대흔의 이런 주장에 공명했다. 그의 글을 모아 놓은 『증국번가서曾国藩家书』에 이런 구절이 나온다.

　　"뒤숭숭한 날에는 경전을 읽고, 차분한 날에는 사서를 읽는다!"

　　원문은 '강일독경剛日读经, 유일독사柔日读史'이다. 강일剛日은 비교적 마음이 고양돼 있는 날을 뜻하고, 유일柔日은 마음이 차분하거나 울적한 때를 상징한다. '강일'에는 경전을 읽으며 고양된 마음을 다독이고, '유일'에는 사서를 읽으며 투지를 불태운다는 취지에서 나온 말이다. 이 말은 원래 청나라 강희제 때 활약한 장조張潮의 잠언집 『유몽영幽梦影』에서 따온 것이다. 『유몽영』제1 칙則에 이런 구절이 나온다.

　　"경서를 읽기에는 겨울이 좋다. 정신을 집중할 수 있기 때문이다. 사서를 읽기에는 여름이 좋다. 날이 길기 때문이다. 제자서諸子書를 읽기에는 가을이 좋다. 운치가 남다르기 때문이다. 문집文集을 읽기에는 봄이 좋다. 기운이 화창하기 때문이다."

현대 인문학을 상징하는 '문사철'과 같은 의미로 통용된 '경·사·자·집'을 두고 각각 읽기에 좋은 계절로 겨울과 여름, 가을, 봄을 차례로 언급한 셈이다. 동양은 수천 년 동안 독서인이 정치와 행정을 전담했다. 그게 바로 사대부士大夫이고 신사紳士이다. 사대부와 신사는 죽을 때까지 책을 손에서 놓지 않는 수불석권手不釋卷을 당연시했다. 공자가 그러했기 때문이다.

후대의 군주 모두 공자의 '수불석권' 행보를 좇고자 했다. 대표적인 인물이 삼국시대의 영웅 조조와 '신 중화제국'의 창업주인 마오쩌둥이다. 이들 모두 마키아벨리가 언급했듯이 독경보다 독사를 중시했다. 이에 대해 중국번은 독사와 독경을 모두 중시했다. '강일독경, 유일독사'를 역설한 사실이 이를 뒷받침한다.

그러나 증국번의 '강일독경, 유일독사'와 정반대로 '강일독사剛日读史, 유일독경柔日读經'의 접근방법을 취할지라도 크게 문제될 게 없다. 『중국철학사』를 쓴 펑여우란馮友蘭이 바로 그런 인물이다. 그는 후배 철학자인 리쩌허우李澤厚에게 보낸 서신에서 그같이 할 것을 주장했다. 뒤숭숭한 날에는 사서를 읽으면서 흥망의 이치를 깨닫고, 차분한 날에는 경서를 읽으면서 마음을 다잡는 것 역시 독서의 아취雅趣가 있다. '강일'이든 '유일'이든 가리지 않고 상황에 따라 독경이나 독사를 하는 게 관건이다.

동서양을 하나로 묶어 살펴보면 대략 독경은 수제 및 '철학적 삶', 독사는 치평 및 '정치적 삶'과 밀접한 관련이 있다. 동서고금의 성현들이 언급한 바 있는 지도자들 삶의 유형을 도식화해 표현하면 다음과 같다.

고금동서의 통치자 삶의 유형
철학적 삶 = 관조적 삶 = 이론적 삶 = 이상적 삶 = 독경 = 수제 = 왕도王道 = 덕치德治
⇧ ⇩
정치적 삶 = 활동적 삶 = 실제적 삶 = 현실적 삶 = 독사 = 치평 = 패도覇道 = 역치力治

　서양에서 '철학적 삶'을 역설한 대표적인 사상가는 바로 플라톤이고, 동양에서는 왕도와 덕치를 역설한 맹자가 그에 버금한다. 또 '정치적 삶'을 강조한 서양의 대표적인 사상가는 마키아벨리이고, 동양에서는 패도와 법치를 강조한 한비자가 그에 버금한다. 소크라테스와 공자, 아리스토텔레스와 순자는 '정치적 삶'과 '철학적 삶'을 하나로 녹이는 절충주의 입장을 보였다.

　공자와 순자가 절충주의 입장을 보인 것은 춘추전국시대에 마치 사방에 온갖 꽃이 만발해 그 아름다움을 경쟁하듯이 제자백가가 우후죽순처럼 등장한 백화제방百花齊放 덕분이다. 사람이 북적대야 장사가 잘되듯이 학문도 여러 사람이 뛰어들어야 발전하게 된다. 실제로 '백화제방'은 제자백가가 한 치의 양보도 없이 치열한 논쟁을 벌이는 백가쟁명百家爭鳴의 전주곡이었다. 이들에게 양보는 곧 패배로 간주됐고, 이는 곧 학파의 소멸을 의미했다. 각자 고뇌에 고뇌를 거듭한 끝에 나름 최선의 난세 타개 방략을 제시한 이유다. 일각에서 제자백가의 학문을 두고 난세학亂世學으로 부르는 것도 이런 맥락에서 이해할 수 있다.

난세의 학문은 속성상 독사와 치평을 중시할 수밖에 없다. 세상을 보는 눈이 독경과 수제에 방점을 찍는 치세의 학문과 커다란 차이가 있다. 말할 것도 없이 난세에는 난세의 논리가 작동한다는 이치를 통찰한 결과다. 성리학으로 대표되는 '치세학'은 100년에 달하는 삼국시대는 물론 무려 550년에 달하는 춘추전국시대조차 일과성 과도기로 간주했다. 이게 역사적 사실과 동떨어진 것임은 두말할 것도 없다.

2018년 초를 뜨겁게 달군 무역전쟁의 전운이 보여주듯이 미국과 중국이 여러 방면에서 한 치의 양보도 없이 치열한 각축을 벌이는 21세기 G2시대는 난세의 전형이다. 왕조교체기의 혼란스러운 상황을 방불케 하고 있다. 지금 그 한복판에 한반도가 있다. 우리가 원하는 방향인지 여부는 예측하기 어려우나 통일도 이 와중에 성사될 가능성이 크다. 독경과 수제도 필요하지만 독사와 치평에 초점을 맞출 필요가 있다. 실현가능한 현실적인 해법을 찾아낼 필요가 절실하기 때문이다.

고금동서를 막론하고 정치는 이상을 지향한다. 그러나 기본 입장만큼은 반드시 현실에 굳건히 뿌리를 내리고 있어야 한다. 이상론의 해법은 학자를 비롯한 재야의 목소리만으로도 충분하다. 재조在朝마저 이런 모습을 보일 경우 그 나라는 이내 패망의 위기에 처하게 된다. 제4차 산업혁명시대를 견인하는 기업 CEO를 비롯해 위정자와 사회 각층 오피니언 리더들의 심기일전心機一轉 분발이 절실히 요구되는 이유다.

사서와 사략

역사가는 글로 말한다. 그게 바로 사서史書이다. 동서를 대표하는 역사가로 '사성史聖'의 칭송을 받은 사마천과 '역사의 아버지'로 불린 헤로도토스를 들 수 있다. 각각『사기』와『역사』라는 불후의 사서를 남겼다.

주의할 점은 두 사람 모두 최초의 사서를 쓴 사람은 아니라는 점이다. 동양의 경우 사마천 이전에 이미 위대한 사서가 존재했다. 바로『춘추좌전春秋左傳』이다. 비록 춘추시대에 한정돼 있기는 하나 사가와 사서가 어떤 모습을 보여야 하는지를 정확히 보여주고 있다. 있는 것을 있는 그대로 묘사하는 직필直筆의 자세를 통상 '춘추필법春秋筆法'으로 칭하는 이유가 여기에 있다. 사마천이 바로 이런 '춘추필법'에 기초해『사기』를 저술한 것임은 말할 것도 없다. 치욕스런 궁형을 당하면서까지『사기』의 저술을 완수한 게 그 증거다.

'역사의 아버지' 헤로도토스가『역사』를 저술한 것도 유사한 맥락에서 이해할 수 있다. 실제로 그는 서양에서 사서를 펴낸 최초의 인물은 아니다. 헤로도토스 이전에 이미 호메로스 등이 존재했다. 다만 호메로스의 작품에는 역사적 사실이 신화 및 전설과 마구 뒤섞여 있다. 문체 또한 산문체가 아니라 서사시와 같은 운문체였다. 헤로도토스는 산문체로 역사적 사실을 기록함으로써 사상 최초로 역사를 문학에서 분리시켰다. 별다른 문헌도 없는 불모지 상태에서 여러 도시를 직접 발로 뛰면서 찾아낸 다양하고도 의미 있는 사료를 배경으로 사상 최초의 산문체 사서인 『역사』를 펴낸 게 그렇다.

신화적 역사기술 전통에서 완전히 벗어나 산문체의 새로운 역사기술 방식을 창안해 냈다는 점에서 지적 혁명을 이룬 셈이다.

고금을 막론하고 '역사'를 배우는 것은 과거의 사실을 통해서 오늘의 우리 모습을 비추고, 다가올 미래를 현명히 대처하고자 하는 것이다. 역사과학자 에드워드 카Edward Hallett Carr는 이를 두고 이같이 정의한 바 있다.

"역사란 과거와 현재의 끊임없는 대화이다!"

동서고금의 명현名賢 모두 예외 없이 사서를 읽는 '독사'를 중시한 이유가 여기에 있다. 문제는 어떤 사서를 읽는가 하는 점이다. 비록 역사소설보다 재미는 덜하지만 자타가 공인하는 정사正史를 읽는 게 훨씬 낫다. 있는 그대로 기록해놓은 역사적 사실인 이른바 사실史實을 정확히 이해하고 그에 대한 평가를 토대로 이른바 '사감史鑑'으로 삼을 수 있기 때문이다.

동양에서는 시대별로 '정사'의 종류를 몇 가지로 한정해 놓았다. 가장 먼저 정해진 것이 이른바 '3사三史'이다. 사마천의 『사기』와 반고의 『한서』 및 반고 등이 함께 엮은 『동관한기東觀漢記』가 채택됐다. 남북조시대 남조가 들어선 이후에는 『동관한기』 대신 범엽의 『후한서』를 '3사'의 목록으로 올렸다. 당나라 때 이후에는 『삼국지』를 추가해 '4사四史'로 불렀다.

이후 당나라 때 들어와 '13사十三史'의 목록이 등장했다. 『사기』와 『한서』 및 『후한서』의 전통적인 '3사' 위에 『삼국지』와 『진서晉書』, 『송서』, 『남제서』, 『양서』, 『진서陳書』, 『북위서』, 『북제서』, 『북주서』, 『수서』 등 10권의 사서를 더한 것을 말한다. 송나라가 들어서자 '13사' 위에 다시 『남사』와 『북사』, 『신당서』, 『신오대사』 등 4권을 더해 '17사十七史' 목록을 만들었다.

몽골의 원나라가 들어서자 남송의 유신遺臣인 증선지曾先之가 『십팔사략十八史略』을 펴냈다. 전래의 '17사'에 송나라 역사를 다룬 사찬私撰 사서 『송감宋鑑』을 더해 '18사十八史'로 규정한 뒤 그에 대한 간략한 해설집을 펴낸 것이다. 역대 왕조의 정사 기록을 토대로 한 간략한 역사해설집을 두고 '사략史略'으로 부르게 된 단초가 여기에 있다.

실제로 『십팔사략』의 출간을 계기로 '사략'의 명칭을 단 다양한 유형의 간략한 역사해설집이 잇달아 출간됐다. 명나라 때 기존의 '18사'에 『원사』와 『요사』 및 『금사』를 더한 '21사'를 대상으로 한 요약집이 등장했다. 청나라 때는 기존의 '21사' 위에 다시 『명사』를 더한 '22사' 개념이 사용됐다. 그러나 당시 대다수 사대부들은 『구당서』 및 『구오대사』를 추가한 '24사'를 정사正史의 기본 목록으로 간주했다.

주목할 것은 건륭제 때 활약한 조익趙翼이 '24사' 개념에 반대해 『입이사차기『卄二史箚記』를 저술한 점이다.『신당서』와『구당서』,『구오대사』와『신오대사』를 각각 1권으로 간주한 결과다.

　청나라 패망 후 민국시기에 들어와서는 가장 부실한 정사로 알려진『원사』를 보충하기 위해『신원사』가 저술됐다. 이어 대만으로 달아난 중화민국 정부는 자신들의 정통성을 강조하기 위해 청나라 역사를 다룬『청사』를 펴냈다. 중원의 주인공을 자처하는 중국이 이를 인정할 리 만무했다.『청사』가 21세기 현재까지 원고 형태인『청사고』로 머물러 있는 이유다.

　현재 학계 일각에서는 명나라 때까지 통용된 '24사' 개념 위에『신원사』혹은『청사고』를 포함시켜 '25사'로 부르고 있다. 극히 일부 학자는『신원사』와『청사고』를 모두 포함해 '26사'로 부르고 있다. 현재는 중화서국에서 펴낸 표점교감본인『25사』가 가장 널리 읽히고 있다. 그러나 학계에서는『청사고』를 포함한 역대 정사를 통상 '24사'로 부르는 게 일반적이다.

　'24사'의 목록을 종합 정리하면 다음과 같다.

시대	서명	국가, 저자
고대 및 진한시대	1.『사기史記』	전한, 사마천
	2.『한서漢書』	후한, 반고
	3.『후한서後漢書』	남조 송, 범엽
삼국 및 서진시대	4.『삼국지三國志』	서진, 진수
	5.『진서晉書』	당, 방현령 등

남북조시대	6. 『송서宋書』	남조 양, 심약
	7. 『남제서南齊書』	남조 양, 소자현
	8. 『양서梁書』	당, 요사렴
	9. 『진서陳書』	당, 요사렴
	10. 『위서魏書』	북제, 위수
	11. 『북제서北齊書』	당, 이백약
	12. 『주서周書』	당, 영호덕분 등
수당 및 5대10국시대	13. 『수서隋書』	당, 위징 등
	14. 『남사南史』	당, 이연수
	15. 『북사北史』	당, 이연수
	16. 『구당서舊唐書』	후진, 유후 등
	17. 『신당서新唐書』	송, 구양수 등
	18. 『구오대사舊五代史』	송, 설거정 등
	19. 『신오대사新五代史』	송, 구양수
요금 및 송원시대	20. 『송사宋史』	원, 토토 등
	21. 『요사遼史』	원, 토토 등
	22. 『금사金史』	원, 토토 등
	23. 『원사元史』	명, 송렴 등
명청시대	24. 『명사明史』	청, 장정옥 등
	* 『청사고淸史稿』	민국, 가소민 등

　필자도 통설인 '24사' 개념에 입각해 본서의 제목을 『한 권으로 끝내는 통중국사—25사략史略』으로 정했다. 신해혁명 이후의 민국시기와 국공내전 이후 대륙을 석권한 중화인민공화국의 시기를 25번째 역사로 간주한

결과다. 25번째 사서는 아직 나오지 않았지만 많은 논문과 저서들이 21세기 현재까지 진행된 중국의 역사를 조명하고 있다.

본서 『한 권으로 끝내는 통중국사―25사략史略』은 기본적으로 하·은·주의 고대시대부터 『청사고』가 다루는 기존의 '24사' 개념을 토대로 하여 그 핵심적인 사건 및 인물을 다뤘다. 여기서 한 발 더 나아가 신해혁명 이후 21세기 현재까지 진행되고 있는 25번째 역사를 다루고 있는 게 본서의 특징이자 자랑이다.

내용은 필자가 기왕에 펴낸 『인물로 읽는 중국근대사』 및 『인물로 읽는 중국현대사』를 토대로 한 것이다.

본서의 제목을 『한 권으로 끝내는 통중국사―25사략史略』으로 정한 것은 기본적으로 조익의 『입이사차기廿二史箚記』를 흉내 내고자 하는 취지에서 나온 것이다. 조익은 역대 정사 목록을 두고 통설인 '24사' 대신 '22사'로 정리하며 '입이사廿二史' 표현을 썼다. 필자가 본서 제목을 『입오사략廿五史略』으로 표현한 근본 배경이 여기에 있다.

이는 단순히 책의 서명을 차용코자 하는 취지에서 나온 게 아니다. 조익은 『입이사차기』에서 중요한 사건마다 역사적 배경 및 의미 등을 분석한 '사평史評'을 달아 놓았다. 필자 역시 본서 『입오사략』에서 독자들이 '25사'의 전 역사를 하나로 꿰어 역사거울인 사감史鑑을 얻는 데 도움을 줄 요량으로 각 챕터마다 '사평'을 덧붙여놓았다. 필자가 『입이사차기』와 『십팔사략』의 편제와 서명 등을 흉내 낸『입오사략』제목의 본서를 펴내게 된 근본 배경이 여기에 있다.

　목도하는 바와 같이 21세기의 제4차 산업혁명시대는 미국과 중국이 천하의 패권을 놓고 한 치의 양보도 없이 치열한 다툼을 벌이는 천하대란의 G2시대이기도 하다. 그 한복판에 한반도가 있다. 경제전쟁의 선봉에 서 있는 기업CEO의 분발이 절실히 요구되는 이유다. 모쪼록 본서가 기업 CEO를 비롯해 한반도 통일을 배경으로 명실상부한 '동북아 허브시대'를 조속히 열고자 하는 모든 사람에게 나름 도움이 됐으면 하는 바람이다.

　　　　　　　　2018년 봄 학오재學吾齋에서 저자 쓰다.

선사

先史

01

신화와 전설

삼황오제

중국 문명의 원형을 만든 신석기시대 사람들은 인류의 탄생과 번식은 어떻게 이뤄졌다고 생각했던 것일까? 그들은 최초의 인류 조상을 누구로 상정했던 것일까? 까마득한 옛날의 인간을 번식시킨 태고의 어머니는 과연 누구였다고 생각했던 것일까? 신화시대와 전설시대 및 역사시대를 나눠 살펴볼 필요가 있다.

원래 선사시대는 문자가 발명되어 인류의 삶을 기록하기 시작하는 역사 이전의 시대를 뜻한다. 고고학적으로 볼 때 이는 주로 신석기시대를 지칭하는 말로 통용되고 있다. 역사시대는 인류의 삶을 기록으로 남길 수 있게 된 이후의 시대를 말한다.

그렇다면 인류는 문자를 발명하기 이전에는 자신들의 삶을 어떻게 남겨 놓았을까? 원시인류들은 비록 문자는 없었으나 기특하게도 구전을 통해 자신들이 겪은 다양한 경험에 관한 기억을 남겨 놓았다. 그것이 문자 발명 이후에 신화 형식으로 남게 된 것이다.

서양은 신화와 전설이 엄밀히 구분되고 있으나 중국에서는 그 경계가 애매하다. 중국의 신화는 형식상으로만 신화일 뿐이지 사실 전설에 가깝다. 중국도 다른 나라와 마찬가지로 천지창조 신화를 갖고 있다. 중국의 가장 오래된 신화집인 『산해경山海經』을 보면 천산天山이라는 곳에 사는 제강帝江이라는 신이 등장한다. 그는 6개의 다리와 4개의 날개를 갖고 있으나 얼굴이 전연 없는 특이한 형상을 하고 있다. '혼돈' 자체를 상징한다. 말만 신화이지 신화의 주인공이 사실상 존재하지 않는 셈이다.

중국의 신화는 엄밀히 말해 신화라기보다는 인간들의 얘기를 담은 전설에 가깝다. 실제로 중국 신화의 사유체계는 도가의 천도관天道觀 및 유가의 천인관天人觀 등과 하등 차이가 없다. 중국에서 신화시대와 전설시대에 나온 모든 얘기가 역사시대에 나타난 얘기와 별반 차이가 없는 이유다.

『사기』를 지은 사마천은 천지창조와 관련한 반고盤古 및 여와女媧 신화는 말 그대로 신화 자체로 간주해 역사 속으로의 편입을 부인하면서도 그와 별반 차이가 없는 오제五帝 신화는 역사 속으로 편입시켰다. 『사기』의 맨 첫

머리에 「오제본기五帝本紀」가 등장하는 것으로 알 수 있다. 반면 「삼황본기三皇本紀」는 『사기』에서 빠져있다. '삼황오제' 신화를 둘로 쪼개 '삼황' 신화는 역사가 아니라 신화라고 본 것이다.

당제국 때의 사마정司馬貞은 사마천이 '삼황' 신화를 역사로 간주하지 않은 데 크게 반발해 스스로 「삼황본기」를 지어냈다. 「삼황본기」의 출현을 계기로 중국에서는 '삼황'과 '오제' 신화를 모두 역사로 간주하는 흐름이 형성되었다. 이로써 반고 및 여와는 황당한 신화 속의 인물로 치부된 데 반해 삼황과 오제는 당당한 역사 속의 실존인물로 새롭게 태어나게 되었다.

『십팔사략』의 첫머리에 나오는 태고太古 시대의 전설적인 제왕은 삼황三皇과 오제五帝이다. 중국의 고대 신화에 등장하는 제왕들로 3명의 황皇과 5명 제帝를 말한다. 이들 8명의 제왕은 중국 문명의 시조로서 근대 이전의 중국에서 신화가 아닌 역사로서 추앙됐다. 역사학계에서는 삼황오제 신화가 후대에 창조되고 부풀려진 신화이며, 역사적 사실이 아니라 판단하고 있다. 1990년대 이후부터 중국은 중화민족주의에 입각해 국가 차원의 개입을 통해 삼황오제를 실존 인물로 격상하려는 움직임을 보이고 있다.

『십팔사략』이 채택한 삼황 전설의 첫 머리에 나오는 신은 복희이다. 후한 때 응소應邵가 지은 『풍속통의風俗通義』에는 인류 최초의 어머니인 여신 여와女媧와 짝을 이루고 있다. 여와는 하늘과 땅이 처음으로 생겨나고 세상 만물이 처음으로 생겨났을 때 황토를 뭉쳐 사람을 만들어냈다. 그녀는 손으로 직접 황토를 뭉쳐 사람을 하나씩 만들기 시작했다.

그러다 보니 너무 힘이 들어 많이 만들어낼 수가 없었다. 이에 여와가 꾀

삼황오제 중 복희와 여와, 수이런燧人

를 내어 황토를 물에 푼 뒤 긴 노끈을 황톳물 속에 담갔다가 꺼내 사방으로 뿌리기 시작했다. 그러자 사방으로 흩어진 진흙들이 제각기 꿈틀거리며 사람의 형상이 되었다. 이런 식으로 세상 곳곳에 흩어진 진흙들이 모두 사람의 모습으로 다시 태어났다.

중국 신화에서 인류의 창조는 바로 여신 여와에 의해 이뤄진 것이다. 그는 인간을 낳은 최초의 위대한 대모신大母神이었다. 여와신화는 『성경』「창세기」에서 야훼가 진흙으로 인간을 만들고, 그리스신화와 로마신화에 나오는 프로메테우스가 진흙 인간을 만든 것과 닮았다. 여와신화도 세계의 다른 지역 신화와 마찬가지로 신이 인간을 만들어냈다는 내용으로 이뤄져 있다. 그러나 여와신화는 다른 지역의 인간 창조신화와 차이가 있다. 여와 자신도 반고의 경우와 마찬가지로 혼돈 속에서 태어난 자연의 산물에 불과할 뿐이다. 혼돈 위에 별도로 군림하며 인간을 빚어낸 게 아니라는 얘기이다.

반고의 신화에도 인류의 기원과 관련된 얘기가 나온다. 반고가 죽자 그의 주검이 삼라만상으로 변했다. 이어 맨 마지막으로 그의 몸에 있던 벌레들이 이리저리 꿈틀거리다가 마침내 반고의 숨결이 변해 만들어진 바람을 맞자 사람이 되었다. 여와신화는 인류의 발생과 관련한 창조설에 가까운데 반해 반고의 신화는 자연발생설에 가깝다.

신석기시대에는 3~4차례의 간빙기間氷期가 있었다. 그들은 간빙기를 맞으면서 인류의 멸망을 두려워했다. 그렇다면 신석기시대 사람들은 재해를 어떻게 생각했던 것일까? 이와 관련해 가장 흔히 볼 수 있는 것이 홍수신화이다. 중국 신화에도 홍수신화가 나온다.

이에 따르면 옛날 뇌공雷公과 고비高比라는 두 형제가 각각 하늘과 땅을 다스리고 있었다. 사람들이 실수로 제물을 잘못 바치자 뇌공이 화가 나 가뭄이 들게 했다. 마침내 지상의 모든 것이 말라 죽게 되자 고비가 하늘의 비를 훔쳐다가 사람과 지상의 생물을 구했다. 이를 안 뇌공이 대로하여 싸움을 벌이게 되었다. 다행히 동생 고비가 승리해 뇌공을 조롱鳥籠 속에 가두었다.

당시 고비에게는 복희伏羲와 여와라는 남매가 있었다. 고비가 외출할 일이 있어 밖으로 나가면서 복희와 여와에게 뇌공이 물을 달라고 청해도 절대 주어서는 안 된다고 당부했다. 그러나 복희와 여와는 숙부인 뇌공의 간청에 못 이겨 물을 주고 말았다. 이에 힘을 얻은 뇌공이 쇠 조롱을 부수고 밖으로 뛰어나왔다. 뇌공은 놀란 두 남매를 달래면서 자신의 이 하나를 뽑아주면서 만일 하늘에서 큰 비가 내리면 그것을 땅에 심도록 당부하면서 급히 하늘로 올라갔다.

뇌공이 앙갚음을 위해 우신雨神을 불러 밤낮없이 땅 위에 비를 내리게 하자 세상은 하루아침에 물바다가 되었다. 복희와 여와가 급히 뇌공의 이빨을 땅에 심자 순식간에 등나무로 자라 커다란 박을 맺었다. 비가 점점 많이 내려 홍수가 밀려오자 남매는 재빨리 박 속을 파내고 그 안으로 들어가 물을 피했다. 남매가 밖으로 나왔을 때는 부친 고비를 포함해 모든 사람들이 사라진 뒤였다. 이때 하늘의 별 태백금성太白金星이 두 남매에게 결혼해 인류의 대를 잇기를 권했다. 망설이던 두 남매는 하늘의 뜻을 알기 위해 산 위로 올라가 연기를 피웠다. 두 연기가 합쳐지면 하늘의 뜻으로 알고 혼인하기로 한 것이다. 마침내 연기가 하나로 엉키자 두 남매는 결혼하여 인류를 번성시키게 되었다.

신화학에서는 이런 설화를 통상 '홍수남매혼인설洪水男妹婚姻說'이라고 부른다. 복희·여와신화는 신석기시대 사람들의 재해에 대한 두려움을 그대로 보여주고 있다. 이 신화에서는 당초 인류의 대모신이었던 여와가 한 남성의 아내가 되어 인류를 번성시키는 또 다른 대모신의 역할을 수행하고 있다. 이 신화는 말할 것도 없이 여와신화 이후에 만들어진 것이다. 이를 두고 일부 신화학자는 여와신화는 모계사회의 전통을 담고 있고, 남매혼인설은 일부일처를 근간으로 한 부계사회의 모습을 반영한 것으로 보고 있다.

복희·여와신화와 유사한 창조신화는 전 세계에 널리 분포해 있다. 그러나 복희 · 여와신화는 신의 인간에 대한 분노로 인해 홍수가 나는 서양 신화와 달리 순수한 자연재해에 가깝다. 서양신화에서는 대개 부부와 같은 가족 단위가 살아남는 것으로 나오는 데 반해 중국 신화에서는 미혼 남녀나 남매로 나타나고 있다. 서양에서는 신과 인간의 지위가 엄격히 구별되어 있다. 그래서 징벌과 구원을 모두 신의 의지에 의한 것으로 해석한다. 반면 중국의 신화학자들은 자연재해로 홍수가 일어나고 자웅의 본능을 자연의 속성으로 간주한 데 따른 것으로 풀이하고 있다.

사마천은 『사기』를 지으면서 사실상 내용면으로 볼 때 여와신화와 별반 차이가 없는 오제五帝의 신화 및 전설을 역사 속으로 편입시켰다. 이때 그는 유가 사상의 엄격한 선별기준을 적용했다. 그가 여와신화를 폐기한 배경이다. 그의 이런 생각은 당시 주류를 이루고 있던 사대부들의 신화에 대한 기본 입장을 반영한 것이기도 했다. 이에 대해 일반 서민들은 사마천의 이런 기준을 거부했다. 고대 중국에서 복희와 여와를 민족의 시조로 숭배한 게 그 증거이다.

황제와 치우

21세기에 들어와 중국 정부는 오랑캐의 시조로 치부되던 치우蚩尤와 염제炎帝를 한족의 유일한 조상으로 알려진 황제黃帝와 함께 중화민족 전체의 공동조상으로 간주하고 있다. 현대 중국을 구성하고 있는 만주족과 몽골족, 티베트족, 위구르족을 모두 한족 휘하에 녹이고자 한 것이다.

원래 황제가 역사의 무대 중앙에 등장한 것은 전국시대 이후이다. 황제

신화 및 숭배가 전국시대 중기와 후기로 갈수록 광범위하게 확산되면서 그 내용도 훨씬 풍부해지고 다양해졌다. 전국시대 후반기에 들어와 천하 통일에 대한 염원이 높아지면서 황제에게 패한 뒤 전신戰神으로 숭앙된 치우는 살벌한 전쟁을 상징하게 되었으나 황제는 통일을 상징하는 신으로 받들어졌다.

황제가 태어날 당시 신들 사이에서 가장 높은 자리에 있던 신은 염제 신농씨神農氏였다. 황제는 흙의 신이고, 염제는 불의 신이었다. 전한 초기 반고班固가 경전 해석에 관한 학자들의 논쟁을 정리한 『백호통의白虎通義』는 염제를 태양신으로 기술해놓았다. 염제가 '신농'으로 불린 것은 그가 '불의 신'인 동시에 '농업의 신'으로 존재했음을 보여준다. 염제 신농씨가 일개 지역 신으로 격하된 것은 싸움에서 패했기 때문이었다. 염제는 모두 두 차례에 걸쳐 황제와 혈전을 벌였다. 한번은 본인이 직접 휘하의 신들을 이끌고 지금의 하북성 탁록현 동쪽에 있는 판천阪泉 들판에서 싸웠다. 또 한 번은 후계자인 치우가 그를 대신해 탁록涿鹿의 들판에서 싸웠다. 이 두 차례의 전쟁에서 연거푸 패한 염제와 치우는 황하의 중류와 하류 일대에서 밀려나 남방으로 쫓겨 갔다. 이는 인류학에서 말하는 무력을 배경으로 한 추방사회酋邦社會의 등장을 반영한다. '추방'은 통상 족장 내지 군장, 부족 등으로 표현되는 치프덤Chiefdom을 가리키는 말이다.

전설에 따르면 염제 신농씨가 지배할 무렵 황제 헌원씨가 등장해 서서히 세력을 키워나가고 있었다. 염제는 '태양의 신'으로 불을 통해 능력을 발휘한 데 반해 황제는 '뇌우雷雨의 신'으로 물로써 세상을 다스렸다. 물과 불은 상극관계다. 먼저 싸움을 일으킨 쪽은 황제였다. 이에 양측의 군사가 판천의 들판에서 격돌했다. 전투는 모두 세 차례에 걸쳐 벌어졌다. 세 번 모두 황제의 승리로 끝났다. 염제는 남쪽으로 쫓겨가고 말았다.

전설에 따르면 치우는 지금의 산동성 일대에 거주했던 구려족九黎族의 우두머리였다. 8개의 팔다리에 둘 이상의 머리를 지녔다는 설도 있고, 사람의 몸과 소의 발굽에 4개의 눈과 6개의 손을 지녔다는 설도 있다. 소의 발굽 등을 한 치우는 소의 머리를 한 염제의 후계자에 해당한다.

대다수 신화는 치우가 자신의 주군인 염제의 패배를 설욕하려고 황제와 다툰 것으로 그려 놓았다. 이들 신화에 따르면 당시 염제 패배의 설욕을 벼르던 치우는 군사들을 이끌고 황제의 땅인 탁록으로 진격했다. 염제가 황제와 싸움을 벌였던 판천 부근에 위치한 탁록은 역사상 최초로 가장 큰 싸움이 벌어진 곳이다. 『장자』「도척」의 다음 구절은 당시의 전투가 얼마나 치열했는지 잘 보여준다.

"탁록의 들녘에 피가 100리를 두고 흘러내렸다."

결국 마지막 전투에서 수적으로 우세한 황제의 군사가 치우의 군사를 대파했다. 치우는 끝까지 분전하다가 응룡에게 사로잡히고 말았다. 황제는 치우가 도망칠까 두려워한 나머지 즉시 처형한 뒤 머리와 몸을 따로 묻게 했다. 이로써 황제와 치우 사이에 벌어진 치열한 전투가 막을 내리게 되었다. 치우는 황제와의 싸움에서 전사한 후 하늘로 올라가 '치우지기蚩尤之旗' 성좌가 되었다고 한다.

문헌상으로 볼 때 치우는 전국시대에 들어와 그 실재가 확인되고 있다.

『월절서越絶書』와『서경』 등은 치우를 서방신西方神으로 묘사해놓았다. 『산해경』을 위시해 『관자』와 『여씨춘추』 등은 병기의 신으로 그려 놓았다. 마왕퇴에서 발굴된 백서帛書 『황제서黃帝書』는 황제가 치우의 가죽으로 표적, 머리카락으로 깃발, 골육으로 술을 만들었다고 기록해놓았다.

이는 한족이 전한제국의 시기에 들어와 황제와 치우간의 전쟁신화를 한족의 권위와 자부심을 뒷받침하는 역사로 각색했음을 뒷받침한다. 실제로 한족의 조상으로 숭앙된 황제는 동방의 야만족인 치우를 물리친 중화문명의 영웅으로 미화되고, 치우는 이에 저항한 반적의 전형으로 매도되었다.

현대의 관점에서 해석할 때 이 전설은 황하 상류인 위수渭水 일대에 거주하던 황제족이 인근의 염제족을 제압해 동맹을 결성한 뒤 동쪽으로 진출해 황하 중하류에 널리 퍼져 있던 동이족을 제압한 사실을 반영한 것으로 볼 수 있다. 치우는 동이족을 대표하는 구리족의 추장에 해당한다.

춘추전국시대를 거쳐 진한秦漢시대로 접어들면서 대부분의 신화는 사서와 경전 안으로 편입돼 역사적 사실로 간주됐다. 대표적인 경우가 바로 삼황오제와 하나라의 시조 우禹이다. 덕분에 이들은 이제 신화나 전설의 인물이 아니라 역사적 실존 인물로 탈바꿈했다. 경전과 사서에 편입되지 못한 신화의 주인공들은 이단적인 허구로 간주되어 가차 없이 폐기되었다. 중국에서 가장 오래된 신화서인 『산해경』이 수천 년 동안 이단의 기서奇書 내지 신빙성이 없는 조잡한 지지地誌 정도로 치부된 이유다. 이는 중국 문명이 조기에 고도의 농경문화를 완성함에 따라 자연의 순환과 인간의 이성을 중시하는 무신론의 세계로 진입한 사실과 깊은 관계를 맺고 있다. 전

산해경에 나오는 청구산의 꼬리 아홉 달린 여우(좌)와 거산의 사람머리 올빼미(우)

래의 신화에 대한 이런 정제淨濟 작업은 사마천에 의해 최초로 시도되었다. 그는 전래의 신화 가운데 삼황오제와 요순의 신화만을 선택해 이를 마치 역사적 사실인양『사기』에 기록해놓은 것이다.

황하문명과 요하문명

21세기에 들어와 여러 뛰어난 고고학적 성과로 인해 동아시아에서 가장 먼저 발달한 문명은 황하문명이 아니라 요하문명遼河文明이라는 주장이 설득력을 얻고 있다. 지난 세기까지만 해도 중국 당국은 추방사회에 불과한 하나라를 최초의 고대왕국으로 선전하는 데 열중했다. 그러다가 21세기에 들어와 요하문명에 대한 고고학적 성과가 급속한 발전을 보이자 '요하문명'을 세계 최초의 문명으로 널리 홍보하고 있다.

원래 요하문명은 요하 일대에서 발생한 신석기에서 청동기 시대를 거치는 고대문명을 가리킨다. 이 기간은 수천 년에 걸쳐 있기 때문에 시대에 따라 조금 다른 양상을 보인다. 기원전 7,000년 전까지 소급하는 소하서문화小河西文化를 시작으로 흥륭와문화興隆窪文化와 사해문화渣海文化, 부하문화富河文化, 조보구문화趙寶文化 등으로 이어진다. 기원전 4500년 무렵에는 요하문명의 꽃이라 불리는 홍산문화紅山文化가 시작됐다. 기원전 3000년 이후에는 하가점문화夏家店文化로 계승됐다.

요하문명은 처음부터 중원과는 이질적인 문명이었으며, 만주와 한반도와 같은 문화권에 속해 있다. 실제로 한국형 암각화를 요하 일대에서 다수 찾아내기도 했다. 요하문명은 홍산문화 시기에 와서 화려한 꽃을 피웠다. 지금의 요녕성 조양시 경내의 건평현에 있는 우하량牛河梁의 적석총에서 발견된 유골의 머리 곁에서 많은 옥기가 발견되었다. 한 무덤에서는 무려 20점의 옥기가 나오기도 했다. 놀랍게도 이들 모두 400여 킬로미터가량 떨어진 압록강 일대에서 채취한 것으로 밝혀졌다. 요서지역에서는 이미 70개 넘는 성들이 발견되었다. 사서史書의 기록을 종합해볼 때 당시 요서지역에 존재했던 고대국가는 오직 고조선밖에 없다.

『삼국유사』에 고조선의 건국신화가 나온다. 건국 연대를 기원전 2333년으로 기술해놓았다. 그러나 최근의 고고학적 성과는 그 시기를 수천 년 이상 끌어올리고 있다. 단군신화에 따르면 환웅이 웅녀를 만나 단군을 낳고, 그 단군이 고대국가인 고조선을 개국한 것으로 되어 있다. 우하량의 적석총에서 나온 신녀상 유적에서 이를 뒷받침하는 유물이 출토됐다. 흙으로 빚은 동물상과 새를 형상화 한 소조상, 곰의 발 내지 턱뼈가 그것이다. 홍산문화의 주인공들이 바로 단군신화에 나오는 것처럼 곰을 숭배한 사실을 방증한다.

고조선부터 시작한 한반도 및 만주 일대의 선사 문명은 그간 시베리아에서 전래된 것으로 알려져 왔다. 그러나 요하문명에 대한 여러 고고학적 성과 덕분에 시베리아는 물론 황하문명보다 훨씬 빠른 시기에 고도로 발전된 문화양식을 보유한 사실이 속속 드러나고 있다. 동아시아 최초의 고대국가인 고조선의 강역이 만리장성 바로 앞의 연산산맥燕山山脈까지 뻗치고 있었다는 사실도 드러났다. 고조선을 건국한 단군신화가 결코 단순한 신화가 아니었음을 분명히 보여주고 있는 것이다.

현재 중국 정부는 황하문명에서 시작했다는 과거의 설명과 달리 요하문명이 한족의 시원지에 해당한다는 식으로 선전하고 있다. 그러나 요하문명은 한반도와 만주 일대에 근거지를 둔 고조선과 그 후예들의 문명으로 한족의 황하문명과 분명히 구별된다. 역사학적으로 보면 요서에서 흥기한 선비족의 당나라와 거란족의 요나라, 부여의 고토에서 일어난 여진족의 금나라, 내몽골 일대에서 흥기한 칭기즈칸의 원나라, 압록강 부근에서 흥기한 만주족의 청나라 모두 북경 부근까지 진출한 다민족 국가 조선 및 광개토왕 때 내몽골까지 진출했던 고구려의 후예 국가에 해당한다. 요하문명에 대한 왜곡은 만리장성 이북에서 흥기했던 북방민족에 대한 역사말살 정책으로 볼 수 있다.

하은

夏殷

02

역사로의 진입

역사시대와 은나라의 건국

고고학적으로 볼 때 중국사에 나타난 최초의 왕조는 일명 상^商나라로도 불리는 은^殷나라이다. 그러나 오랫동안 『서경』 등의 유가경전은 하^夏나라가 실재한 것처럼 기술해놓았다. 이들 문헌 모두 후대에 편찬된 것으로 신빙성이 약한데도 불구하고 역사적 사실로 간주했던 것이다. 20세기에 들어와 고힐강을 비롯한 이른바 의고파^{疑古派}가 하나라의 실재를 부인하고 나섰음에도 중국 학계는 다시 2000년 말에 '하상주단대공정'을 마무리 지으면서 하나라가 실재했다고 못을 박고 나섰다. 기원전 2070년에 하나라

하남성 정주시에 있는 정주상성,
이리강문화의 대표 유적으로 네 변의 길이가 총 7천여 미터에 달한다.

가 등장했고 이로부터 400여 년 뒤인 기원전 1600년에 은나라가 등장했다는 게 중국 학계의 공식입장이다.

이들은 『죽서기년竹書紀年』과 『사기』에 17대에 걸친 하나라 군왕의 이름이 모두 기재되어 있고, 『춘추좌전』에 하력夏曆이 서주시대에 사용된 주력周曆과 병용된 사실이 언급되어 있는 점 등을 근거로 들고 있다. 문제는 이들 근거가 모두 문헌상의 증거에 불과하다는 점이다. 서주시대의 청동기 명문은 후대에 나온 것인 만큼 이를 증거로 삼을 수 없다. 은나라 때의 갑골문과 청동기 명문에 하나라에 대한 기록이 전혀 나타나지 않는 것은 하나라 자체가 후대인들이 만들어낸 상상의 왕조임을 반증한다.

원래 하나라 건국과 시기적으로 부합하는 신석기 후기의 문화유형은 지금의 하남성 언사현偃師縣에서 출토된 문화인 이른바 '이리두문화二里頭文化'이다. 이는 원래 1959년에서 1964년까지 모두 9차례에 걸쳐 실시된 '하허夏墟' 발굴작업을 통해 밝혀진 것이다. 모두 4기의 문화유형 지층을 형성하고 있는 이리두문화 유적에서는 제3기의 지층에서 동쪽에 남북으로 가로지른 40미터의 토벽이 있고, 동남쪽에 30여 개의 기둥이 3.8미터 간격으로 서 있었던 사실이 확인되었다. 이를 통상 '언사상성偃師商城'이라고 한다.

이는 지금의 하남성 정주시鄭州市 부근에서 발견된 문화인 이리강문화二里岡文化의 '정주상성鄭州商城'보다 약간 앞선 시기에 만들어진 것이다. 네 변의 길이가 총 7,000여 미터에 달하는 정주상성 유적에서는 수많은 토기와 청동 제품, 석기 등이 출토되었다. 그 규모나 내부 건축물, 출토된 유물 등에서 언사상성과 비교가 되지 않는다.

여기서 편법이 나왔다. 정주 이리강문화의 '정주상성'을 문헌에 나오는 은나라 초기의 도성인 '박亳'으로 간주할 경우 시기적으로 이에 앞서는 이리두문화의 궁궐터를 하나라의 도성으로 우길지라도 논리적으로는 모순이 없게 된다. 이리두문화 유적 전체를 하나라의 문화로 간주하는 학자들이 정주상성을 탕왕의 초기 도성인 '박'으로 간주하는 이른바 '정박설鄭亳說'을 계속 주장하는 이유가 여기에 있다. 이게 현재 중국 학계의 기본 입장이다.

'정박설'의 가장 큰 문제점은 '언사상성'의 축조연대가 기원전 1700년경인 점에 있다. 이리강문화의 정주상성과 불과 100년 차이밖에 나지 않는다. 더 큰 문제는 이리두문화 유적의 하층인 제1~2기 문화가 은나라 초기 문화에 가깝다는 점이다. 이런 점 등을 감안할 때 이리두문화 3기의 궁궐터는 은나라 탕왕이 도읍한 '박', 이리강문화의 정주상성은 은나라 중기의 '오隞'로 해석하는 게 합리적이다.

중국인들이 오랫동안 하나라를 최초의 왕조로 여긴 데에는 이른바 '하력夏曆'에 대한 굳건한 믿음이 크게 작용하고 있다. '하력'의 존재는 하나라가 비록 국가 단위의 높은 수준에는 이르지 못했으나 농경 등의 생활문화 면에서는 나름 매우 뛰어난 수준에 있었음을 시사하고 있다.

전설상의 하나라가 출현한 시기는 문헌상 최고의 성군으로 숭앙된 요순堯舜이 등장한 시기와 겹치고 있다. 요는 황제의 8세손으로 되어 있다. 『서경』은 요를 하늘처럼 인자하고 만물을 촉촉이 적셔주는 비구름과 같은 존재로 그려놓았다. 『한비자』는 요임금이 겨울에는 사슴 가죽옷을 입고, 여름에는 삼베옷을 입고, 집은 띠 풀과 통나무를 이어 만들고, 식사는 거친 채소 국으로 만족한 것으로 기록해놓았다.

전설에 따르면 요의 뒤를 이어 보위에 오른 순은 즉위한 지 39년 만에 남쪽을 순수하다가 창오蒼梧, 즉 지금의 호남성 남부의 들에서 죽었다. 순을 구의산九疑山, 지금의 호남성 영원현 남쪽에 장사지냈다. 영릉零陵이다. 우는 순의 3년상이 끝나자 보위를 순의 아들 상균商均에게 넘긴 뒤 양성陽城으로 갔다. 제후들이 상균을 떠나 우를 알현하러 오자 우가 즉위해 국호를 하후夏后라고 하고, 성을 사씨姒氏라고 했다.

순의 죽음과 관련해 여러 전설이 만들어졌다. 당시 요의 두 딸인 아황과 여영은 눈물을 뿌리며 남쪽으로 갔는데 그때 눈물방울이 대나무에 떨어져 오늘날도 반점斑點이 남아 있다고 한다. 이를 소상반죽蕭湘斑竹이라 한다. 당시 두 왕비는 급히 상수湘水를 건너다가 풍랑을 만나 물에 빠져 죽었다. 순의 죽음에 절망한 나머지 물에 뛰어들어 자살했다는 얘기도 있다. 두 왕비는 상수를 지키는 여신이 되었다.

천하의 제후들이 바친 구리를 모아 9개의 거대한 솥인 정鼎을 만들게 한 일이다. '정'은 청동기시대의 대표적인 산물로 원래 제사의식에 쓰이는 것이었다. 하나라를 세운 우禹는 정의 표면에 각지의 요괴와 귀신 등의 형상을 새겨 넣어 백성들로 하여금 이들 요괴와 귀신을 미리 파악해 대비하게 했다. 이로써 백성들은 요괴와 귀신의 피해를 입지 않게 되었다고 한다. 이는 신화세계가 인간의 영역으로 진입했음을 의미한다.

요임금

『서경』은 요·순·우의 제위계승이 '선양에 의해 이뤄졌다고 칭송했다. 하나라는 우로부터 시작해 마지막 군주인 걸桀이 패망할 때까지 도합 14대 17왕에 걸쳐 470년 동안 존속했다는 것이다.

현재 중국 학계는 『서경』과 『사기』 등의 기록을 토대로 하나라의 존속기간을 기원전 2000년~1600년 사이로 잡고 있다. 하나라는 하후씨夏后氏부족이 이웃한 10여 개의 부족 및 동이계의 일부 부족과 동맹을 맺어 추방사회의 패권을 차지한 것으로 분석되고 있다. 중국의 한족이 스스로를 '하족夏族'으로 부르게 된 배경이다. '하夏'는 크다는 뜻이고, '후后'는 군장을 의

미한다. '하후'라는 말 자체가 추방사회의 군장을 뜻한다.

우는 동쪽을 순시하다가 회계에 이르러 세상을 떠났다. 당연히 우가 지명한 백익이 그 뒤를 이어야 했다. 원래 하나라는 부족연맹 형태로 이뤄진 까닭에 하족과 동이족이 번갈아가며 보위를 차지하는 것이 당연한 일이다. 그러나 하후족은 백익을 추방사회의 군장으로 옹립하는 것을 반대했다. 백익이 우의 아들 계啓에게 제위를 양보하고 지금의 하남성 등봉현인 기산箕山 일대에서 살았다는 전설은 이것을 배경으로 하고 있다.

주목할 점은 우의 아들 '계'는 요의 아들 '단주'와 순의 아들 '상균'과 달리 매우 현명한 인물로 나오고 있는 것이다. 부자상속을 합리화한 전설로 짐작된다. 『서경』 등은 당시 제후들이 모두 '계'에게 충성을 바친 것으로 기록해놓았다. 하후족은 계의 공적을 칭송하면서 전래의 윤번제 승계제도를 폐기하고, 부자상속의 새로운 세습제를 만들었다.

고고학적으로 연대를 확인할 수 있는 중국 최초의 국가는 상商나라, 즉 은殷나라이다. 갑골문을 포함한 '은허殷墟'의 유적은 후기의 것이다. 전기의 대표적인 유적으로 이리두문화의 궁궐터인 언사상성偃師商城과 이리강문화의 정주상성鄭州商城을 들 수 있다. 특히 한쪽 벽의 길이가 1.8킬로미터, 높이 10미터, 폭 30미터에 달하는 정주상성은 축성에 필요한 인원과 기간을 추산할 때 매일 1만 명 이상의 인원이 18년 정도 걸려 작업했을 것으로 추정되고 있다. 강력한 왕권의 출현을 뒷받침하는 대목이다.

『사기』 등에 따르면 은나라족의 조상 설契은 요순 때 백성을 교화하고 후에 우를 도와 치수에 공을 세워 상 땅에 봉해져 상으로 불리게 되었다. 설로부터 제14대 째에 해당하는 탕湯이 등장해 하나라의 폭군 걸을 물리치고 은나라를 개국했다. 시기적으로 기원전 1600년경에 해당한다. 은나라는 이후 수차례 도읍을 옮기다가 19대째인 반경盤庚 때에 은殷, 즉 지금의 하남성 안양으로 옮겨 마지막 주紂까지 273년 동안 왕조가 유지되었다. 은나라는 상나라의 마지막 수도인 은에서 연유한 것이다. 초기에 나온 '상'이라는 국호는 원래 주족周族이 패망한 나라인 '상'의 유민들을 경멸하는 뜻에서 사용하던 호칭이었다.

은나라의 왕은 당시 점복에서 길흉을 판단할 수 있는 지상의 유일한 존재였다. 갑골을 가지고 점을 치는 이른바 정인貞人이 있기는 했으나 해석은 왕 혼자서 했다.

'정인'은 명칭에 지명이나 씨족, 부족의 이름이 보이는 것으로 미뤄 왕이 지배하는 소국가나 부족의 대표자로 추정된다. 이는 왕이 바뀔 때마다 정인의 명단이 바뀐 사실이 뒷받침한다. 이들은 왕을 보좌하는 여러 부족의 우두머리였다고 볼 수 있다. 갑골문에서 확인되는 정인은 120명 정도이다. 그러나 후기로 가면서 신정의 성격이 약화되고 세속적인 왕권이 강화되면서 상왕의 성격도 크게 바뀌었다. 초기의 형제상속이 부자상속으로 고착되고, 정인의 기구가 계속 축소되다가 말기에는 아예 왕권에 예속된 사실이 이를 뒷받침한다. 강화된 왕권의 상징은 문자와 청동기였다. 이리두문화 후기부터 시작된 것으로 추정되는 청동기의 주조는 중원에서 독자적으로 발달한 것이다.

당시 주조기술과 정교함에서 타의 추종을 불허하고 있다. 높이 1미터에 달하는 대형 사각형 솥인 방정方鼎이 이를 뒷받침한다. 이는 왕권을 상징했다. 문자 역시 왕권의 강화와 더불어 크게 증가했다. '은허'에서 점복의 기록인 복사卜辭 갑골문이 후기에 들어와 대규모로 출토되고 있는 게 그 증거다.

사서의 기록 및 전설에 따르면 은나라는 탕왕이 하나라를 멸망시키기 전에 모두 8번이나 도성을 옮겼고, 하나라를 멸한 후에도 모두 5번 천도했다. 이후 반경盤庚이 은殷으로 천도한 후 비로소 도성을 옮기는 일이 사라졌다. 후대인들은 은나라를 통상 '은' 또는 은상殷商으로 지칭했다.

은나라와 신정神政

중원 최초의 고대왕국인 은나라는 천신의 명을 전달받는 왕에 의해 다스려진 나라이다. 당시 최고신은 '제帝'였다. '제'는 '상제上帝'라고도 불렀다. '제'는 원래 은나라 족속의 수호신이었다. 상족이 은나라를 세우고 최고지배 족속이 되자 그들의 수호신이 최고신이 된 것이다. 당시 사람들은 최고신인 '제'가 은나라 왕에게 권력을 부여한 것으로 믿었다. 은나라 왕실 역시 건국 초부터 자신들의 선조는 '상제'의 아들이고, 은나라는 최고신인 '상제'의 명에 의해 창건된 것이라고 천명했다.

이에 은나라 왕실은 '제'를 최고신으로 삼은 뒤 은나라에 복속된 여러 종족의 수호신들을 그 밑에 배치시켜 신의 계보를 만들었다. 각 신들의 권능과 계보상의 서열은 그 신을 받드는 종족이 은나라 내에서 차지하고 있는 비중을 반영한 것이었다.

은나라 왕실은 이러한 여러 신들에 대한 제사를 총괄함으로써 종족들 간의 유대를 강화했다. 그러나 은나라 말기로 가면서 은나라 족속 이외의 다른 종족들의 수호신은 점차 제사에서 빠지고 최고신인 '상제'와 은나라 왕실의 조상신들만 제사지내게 됐다. 이것은 후대로 오면서 은나라 왕의 왕권이 강화됐음을 말해준다. 은나라 왕실의 조상신과 최고신을 하나로 묶은 것은 은나라 종교의 중요한 특징 가운데 하나이다. 은나라의 모든 왕이 신정神政의 주재자로서 거북점 등을 치며 제사를 담당하는 사제司祭인 정인貞人의 우두머리 성격을 띤 배경이다. 은나라의 왕이 살아서는 군주로 존재하고, 죽어서는 신이 된 사실이 이를 뒷받침한다.

이집트의 파라오가 상징하는 것처럼 고대 왕국의 군주는 죽은 후 신으로 받들어졌다. 고대의 많은 신정 국가가 그러했다. 은나라 역시 군왕은 사망 후, 신으로 받들어진 것으로 보인다. 은나라는 나름대로 어느 정도 체계를 갖춘 정치적 기구를 갖고 있었고, 정신적 지배를 위한 종교를 갖추고 있었던 것이다. 은나라가 고대국가로서의 기틀이 잡혀 있었음을 시사한다.

『서경』 등에 따르면 은나라를 세운 탕왕湯王의 이름은 리履이다. 천을天乙, 태을太乙, 성탕成湯 등으로 불리기도 한다. 하나라의 마지막 왕 걸은 포학한 정치를 해 민심이 멀어지자 명신 이윤伊尹의 보좌를 받아 걸을 공격해 멸망시키고 은나라를 세운 것으로 되어 있다. 『서경』에는 걸을 멸할 때에 제후를 향해 연설했다고 여겨지는 『서경』 「탕서湯誓」편이 있다.

「탕서」에 널리 알려진 '식언食言' 고사가 나온다. 은나라 탕왕은 하나라 걸왕을 칠 때 박亳 땅 백성들에게 지지를 호소하고 공을 세운 자를 포상할 것을 약속하면서 "그대들은 불신할 것 없다. 나는 내뱉은 말을 어기지 않는다."고 했다. 원문은 이무불신爾無不信, 짐불식언朕不食言이다.

『사기』「은본기」에도 유명한 일화가 나온다. 탕왕이 교외에 나갔다가 사방에 그물을 치고 이같이 기도하는 사람을 만났다.

"천하 사방이 모두 내 그물로 들어오게 해 주십시오!"

탕이 탄식했다.

"아, 어찌 모든 것을 한꺼번에 다 잡으려드는 것인가!"

세 방향에 친 그물을 거두게 하고서는 이같이 축원케 했다.

"왼쪽으로 가고 싶은 것은 왼쪽으로 가고, 오른쪽으로 가고 싶은 것은 오른쪽으로 가게 한 뒤 내 명을 따르지 않는 것만 내 그물에 들어오게 하소서!"

제후들이 이 소식을 듣고 찬탄했다.

"탕의 덕망이 지극하다. 그 덕이 금수까지 미쳤다!"

여기서 덕정을 베푸는 것을 상징하는 탕거삼면湯去三面 성어가 나왔다.

흔히 사용하는 도탄塗炭의 고사는 『서경』「중훼지고仲虺之誥」에서 나왔다. 탕왕이 하나라 걸을 정벌하고 천하를 도모한 이후로 탕은 무력으로 천하를 도모한 점을 부끄럽게 여겼다. 그러자 본래 걸왕의 중신이었으나 은나라에 귀순한 재상 중훼仲虺는 탕에게 이같이 말했다.

"하나라는 덕을 잃어 백성들이 진흙탕과 타오르는 숯불에 빠졌습니다."

원문은 '유하혼덕有夏昏德, 민추도탄民墜塗炭'이다. 여기서 '도탄' 내지 '도탄지고塗炭之苦' 성어가 나왔다.

은나라의 대표적 유물인 갑골문

하나라 걸왕과 탕왕의 관계를 어떻게 해석하는 게 좋을까? 해독된 갑골문의 내용을 보면 조상에 대한 제사가 제일 많고 다음으로 제사의 일자, 제물의 종류와 수, 바람과 천둥과 관련된 기후, 전쟁 수렵에 관한 순으로 되어 있다. 조상에 대한 제사가 가장 많다는 것은 조상제사가 은나라의 정치뿐만 아니라 일상생활에 깊이 관련되어 있었음을 보여준다.

갑골문에 나타난 신은 수없이 많다. 대략 최고신인 '상제', 산천을 신격화한 자연신, 조상의 혼령을 신격화한 조상신 등으로 3대별할 수 있다. 최고신인 '상제'는 천상에 거주하고 천지자연의 모든 현상을 장악한 신으로 비와 바람, 벼락 등을 일으킨다. 농사의 풍흉을 결정하고 가뭄과 홍수 등을 좌우하는 능력을 지닌 것으로 믿어졌다. '상제'는 인간사에 대한 지대한 관심을 갖고 은나라 왕실의 보호와 도성의 선정 및 천도 여부, 전쟁과 질병, 화복 등에 절대적 권능을 지닌 것으로 인식됐다.

은나라 마지막 군주 주紂

중국 은나라의 마지막 군주는 제신帝辛으로, 시호는 주紂이다. 하나라의 마지막 임금으로 전하는 걸桀과 함께 '걸주桀紂'로 불리며 오랜 세월 폭군의 대명사로 간주됐다. 그는 제을帝乙의 작은 아들이다. 서형인 미자微子 계啓는 서자라서 왕위를 이어받을 수 없었기에 적자였던 덕분에 왕위를 승계한다.

『사기』 등의 기록에 의하면 머리가 총명하고, 말 재주에 능하고, 힘이 무척 장사였다고 한다. 그러나 지나친 자부심으로 인해 아첨을 잘하고 비위를 잘 맞추는 간신들을 등용하는가 하면 요녀 달기妲己를 총애한 나머지 술로 호수를 만들고 고기로 숲을 만드는 주지육림酒池肉林 속에서 방탕한 삶을 살면서 포락지형炮烙之刑 등의 혹형을 일삼았다고 한다.

주왕의 숙부인 기자箕子와 또 다른 숙부인 비간比干이 좋은 말로 간해 올바른 길로 인도하려고 했으나 소용이 없었다. 기자는 이같이 충고했다.

"상아로 만든 젓가락을 쓰면, 보통 그릇에 만족하지 못하고 옥으로 그릇을 만들어야 할 것이다. 옥그릇을 만들면 그 그릇에는 보통의 음식은 담지 못하고, 진수성찬만을 담아야 할 것이다."

주왕이 받아들이지 않자 죽임을 당할 것을 우려해 미친 척하고 노비로 숨어버렸다고 한다.

비간도 잔혹한 형을 그만둘 것을 간했다가 주왕의 질타를 받았다.

"성인은 심장에 7개의 구멍이 있다고 하니 가슴을 갈라 확인해보도록 하라."

결국 비간은 가슴이 갈라져 죽었다고 한다.

당시 은의 삼공은 구후, 악공, 서백西伯 창昌 등 세 사람이었다. 주왕은 구후의 딸이 아름답다는 이야기를 듣고 강제로 구후의 딸을 첩으로 삼았다. 이에 분노한 구후가 악공과 함께 주왕을 죽이고 반란을 일으키려 했다가 음모가 들통났다. 주왕은 구후와 악공을 붙잡아 구후는 젓갈로 담그는 사형에 처했다. 악공은 육포로 만드는 사형에 처했다고 한다.

간신배 비중이 서백 창도 반란에 가담한 혐의가 있다고 고하자 주왕은 서백 창을 유배시켰다가 서백 창이 자신의 영지와 보물을 바치자 풀어주었다.

이 일로 서백 창의 아들은 원한을 품고 주왕을 타도할 때만을 노리게 되는데, 서백 창이 죽고 아들이 뒤를 이으니 이 사람이 바로 주무왕周武王이다. 무왕은 문왕의 위패를 앞세우고 천하의 제후들을 모두 모아 주왕과 결전을 치르려 했으나, 하늘에서 무왕을 만류하는 목소리가 들려 2년 동안 출전을 보류했다. 2년 후 다시 은나라로 쳐들어가서 목야牧野라는 곳에서 주왕과 최후의 결전을 치르게 된다. 이때 주왕은 무려 70만의 대군을 거느리고 있었지만 이들 모두 오합지졸로 제후들의 정예병에 상대가 되지 않았다. 결국 주왕은 마지막에 스스로 왕궁에 불을 지르고 자진했다. 그 시체를 무왕이 찾아내서 목을 쳤다.

주무왕의 입성 당시 백이伯夷와 숙제叔弟가 이탈하는 등 기습 공격이 정당하지 못하다는 여론이 형성되자, 이를 무마하기 위해서 하늘의 뜻에 따라 폭군을 주살했다는 식으로 정당화했다는 것이다.

애초에 천명天命 개념 자체가 상주 혁명 성공 이후에 등장한 것이기 때문에 그럴 가능성이 충분하다. 이에 따르면 '은주혁명'은 새로운 중앙 권력에 맞는 체제를 위해 제신과 달기가 희생되는 과정으로 파악할 수 있다.

은나라는 여타 부족과의 혼인 등을 통해 간접적으로 힘을 얻어 나갔지만, 일정 이상으로 왕권이 커지려면 오히려 이들을 배제해 나가야만 했다. 그러나 은나라 구체제 내에서는 그것이 힘들었고, 이것이 설화상의 긴장 관계로 나타났다. 이 불균형은 은의 부족신인 제帝를 넘어 보다 보편적인 천명론을 들고 나온 주나라에 의해 해소됐다. 이 과정에서 희생된 것이 제신, 그리고 왕권 강화를 제약하던 주변 세력의 상징으로서 달기였다는 것이다.

은나라가 주변 민족을 앞서가는 첨단 문물의 상징인 청동기를 앞세워 수없이 많이 괴롭힌 것은 사실이다. 실제로 상당히 잔혹한 관습도 많이 가지고 있었다. 은나라의 특징은 전쟁과 제사에 있다. 인신공양 가능성을 배제할 수 없다. 『서경』 등에 기록된 제신의 일화들은 제신 개인의 악행이라기보다는 은나라가 다른 나라의 포로들에게 행한 잔혹한 행위를 주나라 건국을 합리화하는 선전도구로 활용됐을 가능성이 높다.

주왕 제신의 오명이 벗겨진 것은 갑골문이 발견되면서부터다. 이에 따르면 제신은 천지신명에 충실하게 제사를 지냈고 동쪽을 평정해 오히려 국세가 왕성했다고 한다. 방탕과 사치의 상징인 주지육림도 제사의 관점에서 해석해야 한다는 지적이 많다. 게다가 갑골문에 의하면 상대의 전통적 제사 방법인 산 사람을 희생물로 바치는 제도를 폐지한 것이 바로 제신이라고 한다. 방탕하고 난폭한 인물이라는 기록은 왜곡된 기록일 개연성이 있다.

제신이 제사를 충실하게 지내는 것을 주문왕과 주무왕이 주지육림으로 왜곡했다는 것이다. 사실 이는 선대 나라의 마지막 왕을 꺾고 새 나라를 세울 때 이전 왕조를 깎아내린 사례의 모습을 보이고 있다.

은나라 말기에는 특히 형제나 숙부 등이 계승하기도 하던 왕위의 부자 상속이 4번에 걸쳐 연달아 나타나며 안정된 모습을 보이고 제신은 아예 부자 계승의 끝이라 할 수 있는 적장자 계승으로 왕위에 오른 인물이다. 왕권의 강화가 이뤄졌을 것으로 충분히 짐작할 수 있다.

실제로 갑골문을 연구한 학자들은 대부분 은에서 주로의 역성혁명의 실체는 주왕이 폭정을 해서가 아니라 은나라가 동진 정책을 펴는 사이에 서쪽에 있던 강력한 제후 세력인 주나라가 은나라를 기습해 멸망시킨 것이라고 본다.

서주

西周

주문왕

본명 희창 姬昌

생애 ?~?

재위 ?~?

주 문왕은 중국 상나라 말기 주족이다.
성은 희, 이름은 창이다. 상나라 말기에 서백이 되었고, 이 때문에
서백창이라고 불리기도 한다.

주문왕은 대내적으로는 부국강병의 정책을 실시하고, 대외적으로
는 은덕을 베풀면서 위엄을 떨치는 양면 전략을 폈다. 그가 죽기
직전 몇 해 동안 서융의 일족인 혼이를 무찌르고 대대적으로 서쪽
땅을 개척했다.

주문왕은 여기에 만족하지 않고 다시 장강과 한수, 여수 일대까지
세력을 확장했다. 이로써 당시 천하의 3분의 2를 차지하게 되었
다. 은나라의 도성인 조가를 함몰시켜 은나라를 멸망시킬 만반의
조건을 착실히 갖춘 셈이다. 그러나 주문왕은 은나라 복멸의 사명
을 완수하기 전에 생을 마치고 말았다.

03

주나라의 건국

한족과 주족

주나라를 세운 주족周族은 오늘날 중국 한족의 직접적인 조상에 해당한다. 중국인이 극히 현실적인 모습을 보이는 것도 주나라 문화가 현실적이며 이성적인 경향이 짙었던 사실과 관련이 있다. 은나라 문화는 동이계가 그렇듯이 샤머니즘을 바탕으로 종교적이며 신비적인 경향이 강했다. 그런 점에서 은주의 교체는 단순한 왕조교체 이상의 의미를 지니고 있다.

『사기』「주본기」에 따르면 주족은 후직后稷으로 시작되었다. 후직의 자손으로 이뤄진 주족은 황하의 지류인 위수 중류 유역의 황토고원에 있었던 종족이었다. 당초 후직은 농경을 담당하는 관직이었으나 후대에는 주족의 시조 이름으로 바뀌었다. 전설에 따르면 후직은 요의 치세 때는 농사農師로 임명되었고, 순의 치세 때는 그간의 공로를 인정받아 태邰, 즉 지금의 산서성 무공현 땅에 봉해졌다. 호는 '후직', 성은 '희姬'였다.

후직의 12대 후손인 고공단보古公亶父는 백성들로 하여금 혈거생활을 청산한 뒤 지상에 가옥을 짓고, 주원의 기름진 땅을 이용해 농사를 짓게 했다. 덕을 쌓고 의를 행하자 온 나라 사람들이 그를 받들었다. 흉노족의 선조인 훈육薫育이 고공단보를 공격해 재물을 요구하자 그들에게 재물을 내주었다. 얼마 후 그들이 다시 공격해 땅과 백성을 요구하자 백성들은 모두 분개하며 싸우고자 했다. 고공단보가 말했다.

"백성이 군주를 옹립하는 것은 자신들을 이롭게 하기 위한 것이다. 지금 융적이 우리를 공격하는 까닭은 우리의 땅과 백성 때문이다. 백성들이 나를 위해 싸우고자 한다면 이는 그들의 아버지나 아들을 죽여가면서 군주 노릇을 하는 것이다."

그러고는 빈을 떠나 지금의 섬서성 기산岐山 남쪽인 주원周原으로 이주했다. '주周'라는 명칭은 여기서 나왔다.

당시 고공단보에게는 장남인 태백太伯과 차남인 우중虞仲이 있었다. 얼마 후 유태씨有邰氏의 딸 태강太康과의 사이에서 막내아들 계력季歷을 얻었다. 주나라가 이때부터 크게 일어나 국력이 강해졌다. 화친 정책의 일환으로

주문왕의 초상

부용국인 지摯나라 군주의 딸인 태임太任을 아들 계력과 혼인시켰다. 태임은 희창姬昌을 낳았다. 그가 바로 주문왕周文王이다.

훗날 유가 사상가들은 태강과 태임을 성모聖母로 떠받들었다. 조선조 중엽 이퇴계와 더불어 조선성리학의 양대 산맥을 이룬 이율곡 모친의 당호堂號가 '사임당'이다. '사임師任'은 바로 주문왕의 생모인 '태임'을 스승으로 삼겠다는 뜻으로 만들어진 것이다. 유가 사상가들에게 주문왕은 말할 것도 없고 그를 낳은 여인들이 얼마나 미화되어 숭상되었는지를 이를 통해 대략 짐작할 수 있다.

당시 장남 태백과 차남 우중은 부친이 계력을 후계자로 삼고자 하는 것을 눈치 채고 형만荊蠻 땅으로 내려갔다. 형만 땅은 초나라 땅을 지칭하는 말이다. 전국시대 말기 진장양왕秦莊襄王의 이름이 자초子楚였던 까닭에 이를 꺼려 '초楚'를 '형荊'으로 대치함으로써 초나라 땅을 흔히 '형만'으로 지칭하게 된 것이다. 고공단보의 두 아들이 달아날 당시만 하더라도 형만 땅은 장강 주변의 광대한 중국 남부 지역을 총칭했다. 춘추시대 말기에 흥기한 오吳와 월越이 모두 형만 땅에 속해 있었다.

고공단보가 죽자 계력이 뒤를 있었다. 그는 융적과의 전쟁에서 많은 사람을 포로로 잡아 노비로 충당했다. 이 시기에 주족과 은나라 관계는 더욱 밀접해졌다. 계력이 죽자 아들 희창이 즉위했다. 천하의 재사들이 모두 그에게 몰려들었다. 고죽국孤竹國에 사는 백이伯夷와 숙제叔弟도 소문을 듣고 찾아와 섬겼다. 태전太顚과 굉요閎夭, 산의생散宜生, 육웅鬻熊, 신갑대부辛甲大夫 등의 현인들 모두 그에게 몸을 맡겼다.

이때 지금의 섬서성 호현에 있던 숭崇나라 군주 호虎가 은나라 군주 '주'에게 희창을 무함했다.

"서백西伯이 덕정을 베풀어 제후들이 모두 그에게 기울어지니 장차 군왕에게 불리할 것입니다."

'주'가 희창을 유리羑里, 즉 지금의 하남성 양음현 땅에 가두었다. 희창의 신하들이 미녀와 많은 토산물을 뇌물로 바쳤다. 곧 희창을 사면하면서 궁시부월弓矢斧鉞을 내렸다. 이는 주변의 제후국을 정벌할 수 있는 권한을 상징했다.

희창은 제후들의 지지를 배경으로 적대적인 입장을 취하는 주변국들을 무력으로 차례차례 정복하기 시작했다. 그가 견융犬戎을 치고 이웃한 밀수密須, 즉 지금의 감숙성 영대현 일대를 정벌하는 등 사방으로 활발한 정복 활동을 펼치자 은나라 대신 조이祖伊가 '주'에게 희창을 경계할 것을 간했다. '주'는 대수롭지 않게 말했다.

"내게 천명이 있으니 그가 무엇을 할 수 있겠는가?"

희창은 하남성 심양현 일대인 우邘를 정벌한 뒤 마침내 숭후 토벌에 나섰다. 죽기 한 해 전의 일이다. 숭崇나라는 은나라의 강력한 우방으로 주나라의 동쪽에 있는 강국이었다. 희창은 자신을 지지하는 제후들을 규합해 숭나라를 공략하고 숭나라 백성들을 대거 포로로 잡았다.

그는 여세를 몰아 은나라를 도모하려고 했다. 먼저 지리적으로 동쪽 진출에 유리한 숭나라 도성인 지금의 섬서성 풍수 서쪽 연안의 호현인 풍豐 땅으로 도읍을 옮겼다. 풍 땅 일대는 수로가 발달하고 땅이 비옥해 농사짓기에 좋은 조건을 갖고 있었다. 주나라가 희창의 만년에 지금의 섬서 남부와 하남 서부에까지 그 세력을 뻗친 배경이다. 이로써 은나라의 도성에 협공을 가하는 형세를 이루게 되었다.

희창은 대내적으로는 부국강병의 정책을 실시하고, 대외적으로는 은덕을 베풀면서 위엄을 떨치는 양면 전략을 폈다. 그가 죽기 직전 몇 해 동안 서융의 일족인 혼이混夷를 무찌르고 대대적으로 서쪽 땅을 개척한 이유다. 이후 주나라 부근에 있는 몇 개의 적대적인 나라를 멸망시켜 위남渭南 땅에 확고한 기반을 마련했다. 이어 다시 우邘나라와 기耆나라를 공략해 마침내 은나라와 경계를 마주하게 되었다.

희창은 여기에 만족하지 않고 다시 장강과 한수漢水, 여수汝水 일대까지 세력을 확장했다. 이로써 당시 천하의 3분의 2를 차지하게 되었다. 은나라의 도성인 조가朝歌를 함몰시켜 은나라를 멸망시킬 만반의 조건을 착실히 갖춘 셈이다. 그러나 주문왕은 은나라 복멸의 사명을 완수하기 전에 생을 마치고 말았다. 희창 사후 태자 희발姬發이 뒤를 이었다. 그가 바로 주무왕周武王이다.

개국과 찬역簒逆

희발이 주무왕으로 즉위한 지 9년째가 되는 기원전 1049년, 은나라가 동이족과 큰 전쟁을 치름으로써 크게 피폐해졌다. 희발은 이 틈을 타 마침내 은나라를 치고자 했다. 곧 필 땅으로 가 은나라 토벌을 고하는 제사를 올렸다. 이어 군사들을 이끌고 동쪽으로 진군해 마침내 은나라 도성 조가로 들어가는 나루터인 지금의 하남성 맹현인 맹진孟津에 이르렀다. 이때 나무로 된 주문왕 희창의 위패를 만들어 중군中軍의 수레에 실었다.

희발은 스스로 군왕을 칭하지 않고 '태자 발發'이라고 칭했다. 오로지 세상을 떠난 주문왕의 명을 받들어 정벌하는 것이라고 선전한 것이다. 후대의 유가는 그의 이런 행동을 크게 칭송했다. 그러나 이는 정벌군들로 하여금 신령의 가호가 있는 것처럼 믿게 하려는 사기 진작책이었다. 그가 좌우에게 한 당부가 이를 뒷받침한다.

"나는 비록 무지하고 미천하지만 선조로부터 큰 공덕을 입었소. 우리 모두 정중하고 조심스럽게 일합시다. 상벌을 엄히 해 장차 그 공적을 보장토록 하겠소."

그가 맹진에 이르렀을 때 이미 많은 제후들이 자진해 합세했다. 여상이 각 제후들에게 명했다.

"사병을 모아 배를 띄워 출동하라. 나중에 도착하는 자는 목을 벨 것이다!"

희발이 군사를 이끌고 강을 다 건넜을 때 하늘에서 불덩이가 문득 희발이 머무는 군막 위에 떨어져 갑자기 까마귀로 변했다. 흉조였다. 제후들이 모두 입을 모아 장담했다.

"능히 정벌할 수 있습니다!"

희발이 반대했다.

"그대들은 천명을 모르오. 아직 정벌할 수 없소."

그러고는 군사를 이끌고 되돌아갔다. 『사기』와 『서경』 모두 아직 시기가 무르익지 않았다고 판단했기 때문에 철군했다고 기록해놓았다. 2년 뒤인 기원전 1047년, 사서는 이때에 이르러 '주'가 더욱 포악해졌다고 기록해놓았다. 비간比干을 죽이고 기자箕子를 감금했다는 소문을 듣게 된 희발이 제후들에게 말했다.

"은왕의 죄가 극에 달했으니 더 이상 정벌을 늦출 수가 없다!"

이해 12월, 희발의 군사들이 맹진을 넘었다. 제후들의 군사가 전부 모여 분투를 다짐했다. 희발이 곧 「태서太誓」를 지어 많은 병사들 앞에서 고했다.

"지금 은왕 주는 단지 달기妲己의 말만 듣고 스스로 천명을 끊었다. 비간

주나라 무왕 때 만들어진 청동기 유물

과 미자, 기자 등을 내치고, 친족을 멀리하고, 음란한 노래를 만들어 달기만 기쁘게 했다. 나 희발은 삼가 천벌을 집행하고자 한다. 그대들은 모두 노력하라!"

주무왕의 연합군이 은나라의 도성을 향해 일시에 진공했다.

이듬해인 기원전 1046년 2월 갑자일甲子日, 희발의 연합군이 은나라 도성 조가에서 가까운 목야牧野에 이르렀다. 희발이 왼손에 황색 도끼를 쥐고 오른손에 흰색의 물소 꼬리털로 장식한 커다란 깃발를 들고 전군에 하령했다.

"지금 은왕 주는 오직 여인의 말만 듣고 선조에 대한 제사를 그만둔 채 혼란에 빠져 여러 형제를 버리고 거들떠보지도 않는다. 이제 나는 오직 하늘의 벌을 삼가 행할 것이다. 병사들이여, 용맹을 떨쳐 맹수처럼 진격하라! 귀순해 달려오는 자를 맞아들여 우리를 위해 일하도록 만들라! 용사들이여, 그대들이 힘쓰지 않으면 그대들 몸에 죽음이 떨어질 것이다!"

수많은 병거와 군사들이 조가 교외의 넓은 들에 도열했다. 사람들은 당시 희발이 일장 훈시를 한 뒤 은왕 주와 결전을 벌인 '목야'를 지명으로 생각해 이 싸움을 '목야지전牧野之戰'이라고 말하고 있다. 그러나 목야는 도성의 교외를 지칭하는 말에 불과하다. 당시 도성 밖을 '교郊', '교' 밖을 '목牧', '목' 밖을 '야野'라고 했다. 희발과 '주'의 결전은 대략 은나라 도성 이름을 따 '조가지전朝歌之戰'으로 표현하기도 한다.

이는 희발이 군사 여상에게 명해 100명의 결사대를 이끌고 가 먼저 싸움을 도발한 사실이 뒷받침한다. 중과부적衆寡不敵을 만회하려는 일종의 기병奇兵에 해당한다. 『서경』「주서」「무성武成」편은 당시의 상황을 이같이 기록해놓았다.

"갑자일 이른 새벽, 은왕 '주'가 숲을 이룬 듯한 군사를 이끌고 목야의 들판으로 나와 싸웠다. 그러나 그들은 무왕의 적수가 되지 못했다. 앞쪽의 군사들이 창을 거꾸로 잡는 도과倒戈를 하여 뒤쪽을 공격하며 달아나자 죽은 병사의 피에 절구공이가 떠다니는 이른바 '혈류표저血流漂杵' 지경이 되었다."

『사기』 역시 이를 그대로 받아들여 은왕 주의 군사가 순식간에 궤멸했다고 기록해놓았다. 그러나 『서경』의 이 기록은 모순이다. 이를 액면 그대로 믿으면 '조가지전' 당시 오직 싸운 사람들은 자중지란自中之亂을 일으킨 '주'의 군사들뿐이다. 적군이 아닌 아군끼리 서로 치열하게 싸워 과연 '혈류표저'의 양상이 빚어질 수 있는 것일까? 있을 수 없는 일이다. 당시 양측은 치열한 접전을 벌였다고 보는 게 옳다.

그럼에도 후대의 맹자는 '조가지전'을 '자중지란'의 결과로 해석했다. 『맹자』 「진심 하」편의 해당 대목이다.

"나는 『서경』 「주서 · 무성」편 가운데 일부만 취할 뿐이다. 본래 어진 사람은 천하무적이다. 주무왕의 '주'에 대한 정벌은 지극한 인仁으로 지극한 불인不仁을 친 것이다. 어찌 「무성」편처럼 '혈류표저'의 대격전이 있었을 리 있겠는가?"

맹자는 모순된 내용으로 꾸며진 『서경』의 내용을 토대로 더욱 극단적인 경우를 상상해 이같이 주장한 것이다. '조가지전'은 반기를 든 주무왕과 이를 저지하려는 '주'가 한 치의 양보도 없이 총력을 기울여 다툰 사생결단의 전쟁이었다. '혈류표저'가 그 증거다.

이 싸움의 승리는 주무왕의 연합군에게 돌아갔다. 이는 우선 주무왕이 오랫동안 치밀하게 준비해왔기 때문이다. 그러나 '주'가 동이족과의 싸움에서 힘을 소진한 점도 크게 작용했다. 결국 '주'는 자진을 택했다. '주'의 자진으로 중국 최초의 왕조인 은나라는 건국한 지 600년 만에 사라지게 되었다. 기원전 1046년의 일이다. 후대의 사가들은 이를 이른바 '은주혁명殷周革命'으로 불렀다. 단순한 왕조교체가 아니라는 평가에 따른 것이다.

'은주혁명'은 나름 타당한 평가이기는 하나 여기에는 명백한 의도가 깔려 있다. 바로 주무왕의 '찬역簒逆'을 '혁명'으로 미화하려고 한 것이다. 여기에 동원된 논리가 바로 '천명론'이다. '은주혁명'은 말할 것도 없이 주나라가 '천명'이라는 새로운 통치원리에 의해 건립되었음을 의도적으로 강조하려고 나온 것이다. '찬역'과 '혁명'은 동전의 양면과 같다. 보는 시각에 따라 '찬역' 또는 '혁명'이 되는 것이다.

주유왕과 춘추시대의 개막

『서경』「주서」「무일毋逸」편에 따르면 주공 단은 생전에 어린 조카 주성왕에게 늘 정성을 다해 정사를 돌볼 것을 당부했다고 한다. 관직과 행정이 아직 정비되지 않았을 때 주공 단이 「주관周官」을 지어 관직을 정하고, 「입정立政」을 지어 나라를 돌보는 기본자세를 설명했다는 식이다. 주공 단은 죽기 전에 좌우에 이런 유명遺命을 남겼다.

"반드시 나를 낙양 땅인 성주成周에 묻어 내가 감히 주성왕을 떠나지 않는다는 것을 밝혀주시오."

이는 성주를 근거로 사방의 제후들을 통제하며 종주宗周에 있는 주성왕을 보필했던 자신의 충성을 제대로 전해달라고 당부한 것이다. 얼핏 들으면 그럴 듯하나 '성주'와 '종주'로 나뉘어 천하를 다스렸던 주나라 초기의 불완전한 통치체제를 반영한 것이기도 했다.

몇 년 후 주성왕도 마침내 병이 들어 자리에 눕게 되자 소공昭公 석奭과

필공畢公 고高를 보정대신에 임명해 태자 교釗를 돕게 했다. 주성왕 사후 태자 교가 즉위했다. 그가 주강왕周康王이다. 『서경』의 「강고康誥」편은 주강왕의 즉위 선언문에 해당한다. 주문왕과 주무왕의 위업을 잇겠다는 내용이었다. 실제로 그는 안팎으로 많은 업적을 남겼다. 사가들이 40여 년에 달하는 주성왕과 주강왕의 치세를 하나로 묶어 '성강지치成康之治'의 성세로 간주한 이유다.

주여왕周厲王은 백성들에게 쫓겨난 최초의 군주에 해당한다. 주여왕 때의 충신은 소공 석의 후손인 소목공邵穆公 호虎다. 주여왕이 날로 포악한 모습을 보이자 백성들의 원성이 높아졌다. 주여왕이 강압적인 모습으로 대처하자 소목공이 간했다.

"둑을 쌓아 강물을 막으면 먼저 둑이 터져 넘쳐나서 다치는 사람이 매우 많을 것입니다. 백성의 입을 막는 것도 이와 같습니다."

주여왕이 듣지 않았다. 기원전 841년 마침내 주나라의 '국인'이 봉기해 주여왕을 쫓아냈다. 이를 흔히 '국인폭동國人暴動'이라고 한다.

당시 주여왕은 산서성 곽현 땅인 체彘로 숨어들었다. 태자 정靜은 소목공 호의 집에 숨어 있었다. '국인'이 그 소문을 듣고 드디어 소목공의 집을 포위했다. 소목공이 이들을 설득했다.

"지금 태자를 죽인다면 왕은 나를 원수로 여길 것이오. 무릇 군주를 모시는 사람은 위험에 처해도 군주를 원망하지 않는 법이고, 군주가 자신을 책망해도 노하지 않는 법이오. 하물며 천자를 섬기는 경우야 더 말해 무엇하겠소!"

결국 태자 정은 무사히 달아날 수 있게 되었다. 『사기』에 따르면 이후 주나라는 소목공과 주공 단의 후예로 이름이 알려지지 않은 또 다른 주공周公이 함께 주나라를 다스리게 됐다. 사마천은 소목공과 주공이 함께 주여왕을 대신해 집정한 기원전 841년을 '공화共和 원년'으로 기록해놓았다. 여기서 '공화'라는 말이 나왔다.

그러나 일설에는 제후들이 지금의 하남성 휘현 땅인 공백共伯을 봉지로 갖고 있는 백작 화和를 추대해 국정을 맡도록 하고 주공과 소공으로 하여금 이를 보좌하게 한 것에서 '공화'라는 말이 나왔다고 한다.

주목할 것은 『사기』가 「12제후연표」에서 이때부터 기년紀年을 명기하기 시작한 점이다. 이것이 중국역사상 최초의 공식 기년이다. 후대에 나타나는 연호年號는 기년을 이용해 황제의 재위 기간을 미화한 것에 비유할 수 있다.

공화 14년은 기원전 838년에 해당한다. 이때 주여왕이 체彘 땅에서 세상을 떠나면서 소목공의 집에서 장성한 태자 정이 뒤를 이어 보위에 올랐다. 그가 주선왕周宣王이다. 주선왕은 어릴 때부터 갖은 고생을 한 까닭에 공경들의 의견을 경청했다. 맹자를 비롯한 유가사상가들이 가장 바람직하게 생각하는 이른바 '군신공치君臣共治'가 실현된 셈이다.

주선왕이 죽자 그의 아들 열涅이 뒤를 이어 보위에 올랐다. 그가 바로 주여왕에 이어 폭군의 대상사로 불린 주유왕周幽王이다. 주유왕은 포학한 데다 우매하기까지 했다. 공교롭게도 그의 치세 때 흉년과 지진이 겹쳤다. 당시 흉년과 지진은 흉조로 해석됐다.

주유왕 11년인 기원전 771년, 주유왕이 왕후인 신후申后와 태자 의구宜臼를 폐한 뒤 총희 포사褒姒를 왕후로 책립하면서 포사 소생의 백복伯服을 태자로 삼았다. 신후의 부친 신후申侯가 격분했다. 마침내 견융犬戎을 세력을 끌어들여 호경을 공격했다.

주유왕은 봉화를 올려 제후들의 출병을 촉구했으나 제후들의 군사가 한 명도 오지 않았다. 결국 견융은 고립무원에 빠진 주유왕을 지금의 섬서성 임동현에 있는 여산驪山 아래에서 손쉽게 죽인 뒤 주왕실의 재물을 모두 약탈했다. 사마천은 『사기』 「연표」에서 "유왕, 견융에게 살해됐다."고 기록해놓았다. 주유왕은 보위에 오른 지 11년 만에 비명횡사하고 만 것이다.

『시경』 등의 유가경전과 『사기』 등의 사서는 주유왕이 포사를 너무 총애한 나머지 비명에 횡사한 것으로 묘사해놓았다. 그러나 과연 포사는 사서의 기록과 같이 서주를 패망하게 한 요녀였을까? 그보다는 오히려 군주 자신의 무능과 안이한 자세에서 근본적인 원인을 찾는 것이 옳다. 일찍이 명대 말기의 이탁오李卓吾는 『초담집初潭集』 「속부론俗夫論」에서 이같이 갈파한 바 있다.

"남자가 현명치 못하면 비록 성색에 빠지지 않는다 해도 나라가 있으면 필시 나라를 망칠 것이고, 가정이 있으면 필시 가정을 망칠 것이고, 몸이 있으면 필시 몸을 잃고 말 것이다. 그럼에도 속유俗儒들은 오로지 주색을 좋아하는 것만 탓하고 근본 문제는 살피지 않으면서 모든 책임을 여인에게 뒤집어씌우고 있다."

이탁오는 『서경』을 비롯한 유가경전과 사서가 하나같이 망국의 원인을 주색에서 찾고 있는 것을 통렬하게 비판한 것이다.

당시 견융이 호경을 함락한 지 얼마 안 되어 곧 물러가자 진문후晉文侯와 위문후衛文侯, 진양공秦襄公 등이 협력해 태자 의구를 옹립했다. 그가 바로 주평왕周平王이다. 주평왕은 종주가 견융의 침입에 의해 불타고 견융의 재침 위협이 높아지자 이듬해인 기원전 770년에 동쪽의 낙읍으로 도성을 옮겼다. 사가들은 이를 '동천東遷'이라고 한다. 동천 이전을 서주西周, 이후를 동주東周로 나눠부르는 이유다.

훗날 한나라는 '동천'을 통해 왕조의 역사를 200년 동안 더 연장시켰으나 주나라의 경우는 '동천'을 통해 존속 기간을 무려 500여 년이나 더 지속시켰다. 그러나 제후들의 합작품인 동주는 시작부터 이미 왕실의 위엄이 땅에 떨어진 까닭에 제후들에 대한 통제력을 완전히 상실하고 있었다. 여러 제후국이 노골적으로 독자노선을 걸으며 상호 치열한 다툼을 벌인 이유가 여기에 있다. 사가들이 '동주시대'라는 말보다 '춘추전국시대'라는 말을 즐겨 사용하는 것도 이와 관련이 있다. 주왕실의 '동천'은 곧 춘추시대의 개막에 해당한다.

4장

춘추
春秋

관중

본명 관중姬昌

생애 기원전 725~기원전 645

관중은 춘추시대 제나라의 재상이다. 법가, 유가, 묵가, 병가, 도가 등 여러 종류의 학설에 통달했으며 상가의 효시이기도 하다.

소년 시절부터 평생 동안 변함이 없었던 포숙아와의 깊은 우정은 '관포지교'라는 사자성어로 유명하다. 제나라 군주인 양공의 공자 규의 보좌관이 되었고, 포숙아는 규의 이복 동생 소백을 섬겼다. 둘의 경쟁에서 공자 규가 패전하여 노나라로 망명하였다.

소백이 보위에 올라 제환공이 되자 자신을 죽이려 했던 관중을 처단하려 했으나, 포숙아의 진언으로 환공에게 기용되었다. 이후 관중은 제나라를 춘추시대의 5대 나라 중 제일 가는 강국으로 성장시켜 중국 역사상 가장 처음으로 패업을 이뤄냈다.

동주시대와 춘추시대

춘추오패와 존왕양이

주나라의 도성 호경鎬京은 지금의 시안 부근의 위하渭河가 황하와 합류하기 전의 지점에 있었다. 나아가 주나라는 동부지역으로 팽창한 제국과 제후국들을 지원하기 위해 황허 강 중류지역에 있는 낙양에 동도東都를 세웠다. 그러나 약 200년 후 20여 명의 제후들이 지방에서 세력을 점차 키워감에 따라 이러한 체제는 무너지기 시작했다.

견융에 의해 패망하는 기원전 771년 이전의 주를 보통 서주西周, 기원전 770년부터는 동주東周라고 한다. 동주는 춘추시대기원전 770~403와 전국시대

^{기원전 403~221}로 나뉜다. 춘추시대는 많은 작은 제후국들 사이에 쟁탈전이 벌어졌다. 전국시대에 들어서는 몇몇의 강대한 제후국들이 나머지 작은 제후국들을 병합하며 격렬한 전쟁을 벌였다. 결국 이들 제후국 가운데 하나였던 진晉나라가 나머지 제후국들을 정복하고 사상 최초로 통일된 제국을 건설하게 됐다.

기원전 771년 쫓겨난 신후 소생의 태자 의구가 주평왕으로 즉위했다. 이듬해인 기원전 770년 진문후晉文侯와 정무공鄭武公의 도움을 받아 지금의 하남성 낙양시인 낙읍으로 천도하고, 호경 땅은 진秦나라에게 넘겨주었다. 이른 계기로 이른바 '춘추시대春秋時代'가 시작됐다.

이후 괵虢나라가 제신諸申왕의 차자이자 주유왕의 동생인 여신余臣을 주휴왕周攜王으로 옹립해 주평왕 세력과 대립했다. 진문후는 계속 주평왕 편에 서서 주평왕 측의 왕실을 안정시키고자 노력했다. 주평왕 21년, 즉 진문후 31년인 기원전 750년에 주휴왕을 죽여 왕실을 안정시켰다. 주평왕이 진문후를 위해 지은 『서경』 「문후지명」은 이러한 배경에서 나온 것이다.

다시 주평왕의 아들인 주환왕 때 정무공의 아들 정장공이 무례한 모습을 보였다. 주환왕이 군사를 동원해 그를 쳤으나 오히려 정장공의 부하 축담에게 화살을 맞는 등 수모를 당했다. 주왕실은 진晉나라의 내분에 개입했으나 끝내는 곡옥曲沃의 강성함을 인정해 곡옥 무공武公을 진나라의 제후로 인정케 됐다. 이후 주나라는 패자霸者에 의지해 왕실의 권위를 유지하게 됐다.

중국 춘추시대 여러 나라의 제후가 모여 동맹을 맺는 일을 회맹會盟이라 하며, 회맹을 주도하는 이를 일러 패자霸者라 한다.

패자라는 개념은 주나라가 은나라를 멸망시키고 강태공에게 관백 혹은 방백을 제수하여 뭇 제후들의 우두머리로 삼으면서 생겨난 개념이다. 그러나 춘추시대에 접어들면서 주왕실이 혼란해지고 존왕양이가 존속되기 어려워지자 관백이라는 개념이 사실상 헤게모니hegemony를 쥔 제후를 일컫는 말이 되어버렸다.

일찍이 춘추시대의 패자로 평가받는 이들이 여럿 있으니 춘추오패春秋五霸라 함은 이 가운데 다섯 사람을 일컫는다. 굳이 다섯을 꼽는 이유는 별게 아닌 음양오행설 때문이다. 각 사료에 나오는 오패를 정리하면 대략 5가지로 요약할 수 있다.

1) 『사기』: 제환공, 진목공, 진문공, 송양공, 초장왕
2) 『백호통白虎通』: 제환공, 진목공, 진문공, 초장왕, 오왕 합려
3) 『한서주漢書注』: 제환공, 진목공, 진문공, 송양공, 오왕 부차
4) 『순자荀子』: 제환공, 진문공, 초장왕, 오왕 합려, 월왕 구천
5) 『사통辭通』: 정장공, 제환공, 진목공, 진문공, 초장왕

이들이 후보로 거론되는 기준은 첫째, 정사로 인정되는 사서에서 패자로 공인된 군주이다. 가장 중요한 부분이다. 둘째, 힘보다는 명분으로 외교적 강제력을 지녀야 하며 아울러 타국을 압도할 강대한 군사력과 경제력이다. 셋째, 제후를 소집해 회맹會盟을 주도할 수 있는 외교 협상 능력이

다. 넷째, 약소국을 보호하고 망한 나라는 회복시켜 줄 수도 있는 능력이다. 이를 계절존망繼絶存亡이라고 한다. 다시 말해 제2의 능력뿐 아니라 관대한 통치 철학도 겸비해야 한다. 다섯째, 변경 야만족을 토벌, 견제해 중원의 안전을 보장할 능력이다. 이를 존왕양이尊王攘夷라고 한다.

당시 중원을 중심으로 한 중국 입장에서는 장강 유역의 오월은 사실상 남만南蠻으로 취급하는 시각이 남아 있었다. 중원의 패자로 인정하기에는 심각한 결격 사유일 수도 있다. 오왕 합려, 부차와 월왕 구천이 포함되지 않는 경우는 이 견해를 반영한 것이다.

굳이 다섯을 골라낸 '관념'에 주목할 필요가 있다. 전국시대 말기에 유행한 음양오행설이 큰 영향을 미쳤다. 춘추 5패라는 것도 역사학적으로는 별 의미가 없다. 실제 춘추시대는 전반부를 제외하면 거의 진晉나라와 초楚나라의 대결이나 다름없다.

『춘추』의 핵심은 왕실을 보위하고 외적을 물리치는 이른바 '존왕양이'에 있다. 춘추시대 당시 이를 최초로 구현한 인물이 바로 제나라의 군주인 제환공과 그의 참모인 관중이었다. 관중의 '존왕양이' 사상은 『관자』에 자세히 소개돼 있다. 그렇다면 구체적으로 '존왕양이'는 무엇을 말하는 것이고, 그런 주장이 나오게 된 배경은 무엇일까? 여기서 간략히 춘추시대 전기의 모습을 살펴볼 필요가 있다.

원래 『춘추』는 노은공魯隱公의 재위 원년인 기원전 722년부터 기록을 시작하고 있다. 왜 노은공 원년부터 시작한 것일까? 이에 대해 『춘추공양전』

은「노애공 14년」조에서 그 이유를 이같이 설명해놓았다.

"노은공의 역사는 공자의 고조高祖 때 당시 능히 들을 수 있었던 최초의 역사이기 때문이다. 이보다 더 오래된 것은 그에 대한 사실을 정확히 기재할 도리가 없었다."

바로 객관적인 사실史實만 기록하려고 했기 때문이다.『춘추곡량전』의 입장도 같다. '춘추3전' 가운데 역사적 사실을 가장 정밀하게 기록해놓은『춘추좌전』도 기본 입장은 비슷하다.

관중과 제환공

춘추시대에 첫 패업을 이룬 장본인은 제환공齊桓公이다. 그의 이름은 소백小白이다. 제나라는 전설로는 주를 도와 은을 멸망시키는 데 공을 세운 태공망 여상呂尙이 문왕文王으로부터 산동성 임치臨淄에 영지를 받아 세운 나라로, 기원전 7세기에 환공이 왕이 되자 부강하게 됐다. 그는 이복형 규糾와 싸워 즉위하고 재상으로 관중管仲을 등용했다. 관중의 헌책에 의해 어업·제염업·양잠업 등의 경제 정책을 장려하고 군대를 정비해 기원전 679년 제후諸侯와 견甄 땅에서 회맹해 춘추시대 최초의 패자가 됐다. 기원전 651년 규구葵丘의 회맹에서 패업을 자랑했다. 관포지교管鮑之交로 유명한 포숙아와 관중의 보필로 최초의 패자가 됐다고 평하는 이유다.

일찍이 공자는『논어』「헌문」에서 관중의 패업을 이같이 평한 바 있다.

"관중은 제환공을 도와 제후들을 단속하고, 일거에 천하를 바로잡는 일 광천하一匡天下의 업적을 이뤘다. 덕분에 백성들이 지금까지 그 혜택을 받고 있는 것이다. 그가 없었다면 우리는 지금 머리를 풀고 옷깃을 왼편으로 여미는 오랑캐가 되었을 것이다. 어찌 그를 필부필부匹夫匹婦가 작은 절개를 위해 목숨을 끊는 것에 비유할 수 있겠는가!"

공자는 바로 관중이 천하를 바로잡고 외적의 침입으로부터 중원의 역사 문화를 수호한 점을 높이 산 것이다. 이는 관중의 업적을 '존왕양이'로 평가한 데 따른 것이다. 공자가 관중의 비례非禮를 지적하면서도 그가 이룩한 공업功業을 높이 산 것을 두고 흔히 '일포일폄一褒一貶'이라고 한다. 공자의 관중에 대한 '일포일폄'은 '폄貶'보다는 '포褒'에 무게를 둔 것이다

순자와 한비자는 공자와는 다른 차원에서 관중을 극찬했다. 이들이 관중을 높이 평가한 것은 바로 치세의 상황논리와는 전혀 다른 난세의 상황이 존재한다는 매우 단순하면서도 엄중한 사실을 정확히 통찰한 데서 비롯된 것이었다.

그러나 맹자는 이들과는 정반대로 관중을 맹렬히 비판했다. 이는 난세에도 오직 덕치를 통해서만 천하를 평정할 수 있다는 확신에 따른 것이었다. 맹자가 왕도王道를 역설하며 패도覇道를 극단적으로 폄하한 것은 바로 이 때문이었다.

『사기』「관안열전」에 따르면 관중은 젊었을 때 포숙아와 함께 시장에서 생선 장사를 한 적이 있다. 장사가 끝나면 관중은 언제나 그날 수입에서 포숙아보다 2배 이상의 돈을 가지고 돌아갔다. 또 전쟁에 함께 나간 적이 있다. 출전할 때마다 관중은 언제나 맨 뒤로 숨었다. 싸움이 끝나 돌아올

관자 기념관의 관중상

때면 오히려 맨 앞에 서서 걸었다. 사람들이 관중을 비난했다. 그럴 때마다 포숙은 관중을 두둔했다.

"사람이란 누구나 때를 잘 만날 수도 있고 불우할 때도 있는 법이오. 만일 관중이 때를 만나 일을 하면 100번에 한 번도 실수가 없을 것이오. 함부로 관중을 비난해서는 안 되오."

관중은 포숙아가 자신을 감싸고돈다는 소문을 들을 때마다 이같이 감탄했다.

"나를 낳아준 사람은 부모이고, 나를 알아주는 사람은 포숙아이다!"

후대인들은 두 사람의 우정을 '관포지교管鮑之交'로 불렀다.

공자보다 1세기 반 정도 앞서 태어난 관중은 강력한 부국강병 정책을 추진해 내우외환에 시달리고 있던 제나라를 위기에서 구해내 마침내 천하제일의 강대국으로 만들었다. 당시 그가 가장 역점을 둔 것은 경제였다. 정치에서 경제를 중시하는 것은 당연한 일이지만 이를 정치의 요체로 간주한 역사상 최초의 인물이 바로 관중이었다.

관중의 경제정책은 부국부민富國富民으로 요약할 수 있다. 그는 유가가 역설한 예교禮敎를 포함해 법가가 강조한 법치法治 및 병가가 의도하는 전승戰勝도 궁극적으로는 부국부민에서 출발할 수밖에 없다는 철저한 신념을 지녔다. 그는 『관자』 「치국治國」편에서 이같이 말한 바 있다.

"나라를 다스리는 요체는 다름 아니라 우선 절대적으로 인민을 부유하게 만드는 데 있다. 인민들이 부유하면 다스리는 것이 쉽고, 인민들이 가난하면 다스리는 것이 어렵다."

그가 말한 부국은 부민의 화합으로 표현되었다. 부국부민의 궁극적인 목표는 강병强兵을 통한 천하의 안녕이다.

관중과 제환공이 사라진 이후 중원의 제후들 가운데 제환공을 대신할 수 있는 사람은 진목공秦穆公 정도에 불과했다. 그러나 진목공이 다스리는 진秦나라는 당시의 기준에서 볼 때 너무 서쪽에 치우쳐 있었다. 때문에 진나라가 비록 막강한 무력을 보유하고 있기는 했으나 중원의 패자로 등장하지는 못했다.

난세에 통용되는 명분과 실리 사이의 우선순위는 명백하다. 실력을 무시하고 명분을 내세웠다가 패망한 사례는 무수히 많다. 왜란 당시 성리학으로 무장한 조선의 사대부들은 그 엄청난 참화에도 불구하고 이들을 무시하며 실력을 쌓는 것을 등한시했다. 그 결과는 300년 뒤 일제의 조선병탄으로 나타났다.

진문공의 패업

진헌공晉獻公은 제환공에 뒤이어 두 번째로 패자가 된 진문공晉文公의 부친이다. 진헌공은 중원의 패자인 제나라와 남방의 패자인 초나라와 일정한 거리를 둔 채 주변에 있는 융적의 땅을 차례로 잠식하며 착실히 세력을 키워나가고 있었다. 우虞와 괵虢 두 나라를 차례로 병탄한 게 대표적인 사례다.

당초 땅이 인접해 있던 우와 괵 두 나라는 마치 순치脣齒처럼 서로 의지하며 진나라를 괴롭혔다. 특히 괵공虢公 추醜는 싸움을 좋아하고 교만해 수시로 진나라의 남쪽 변경을 침범했다. 진헌공은 괵공 추에게 이를 갈았다.

결국 대부 순식荀息의 계책을 좇아 괵나라와 우나라를 차례로 병탄했다. 여기서 나온 성어가 바로 인구에 회자하는 순망치한脣亡齒寒과 가도멸괵假道滅虢이다.

진헌공이 여희驪姬 소생의 해제奚齊를 후사로 삼는 과정에서 태자인 신생申生과 공자 중이重耳 및 이호夷吾가 망명하게 됐다. 공자 중이가 바로 19년에 걸친 망명 생활 끝에 보위에 올라 천하를 호령하게 됐다. 그가 바로 제환공의 뒤를 이어 두 번째로 천하를 호령한 진문공晉文公이다. 그의 치세 때 중원의 진晉나라가 남방의 강국 초나라를 격파하고 '패자'가 되었다.

그는 61세 때 보위에 올라 4년 만에 남방의 강국 초나라를 무력으로 제압하고 명실상부한 '패자'가 됐다. 그는 모두 8년 동안 천하를 호령하다가 나이 68세 때 숨을 거뒀다. 그의 삶은 망명의 시기는 말할 것도 없고 보위에 오른 이후에도 파란의 연속이었다. 후대인들은 그의 험난한 인생 역정을 두고 깊은 경의를 표했다. 대업大業을 이야기할 때마다 늘 그를 언급하고 나서는 이유다. 대표적인 예로 삼국시대 당시 순욱이 조조에게 한헌제를 적극 보위하라고 권한 대목을 들 수 있다.

"예전에 진문공은 주양왕을 맞아 제후들을 복종시켰습니다. 지금 거가車駕가 돌아오더라도 낙양은 풀이 우거져 있으니 충의지사는 근본을 보존하고픈 마음이 간절하고 백성들은 옛날을 그리는 아픔에 젖을 수밖에 없습니다. 이 기회를 이용해 천자를 맞이함으로써 백성의 바람을 따르는 것이 시의에 맞는 일입니다!"

순욱이 조조에게 협천자挾天子와 영제후令諸侯의 전형으로 거론한 사람이 바로 진문공이었다. 이는 진문공의 패업이 후대인에게 커다란 감명을 주었음을 반증한다. 삼국시대 당시 진문공을 패자의 전형으로 거론한 사람은 순욱 이외에도 매우 많았다. 동탁토벌을 위한 표문을 올린 공손찬과 손권에게 강동을 근거지로 하여 패업을 이룰 것을 권한 노숙 등도 예외 없이 진문공을 그 예로 들었다. 이를 통해 진문공의 고사가 난세의 영웅호걸들에게 얼마나 깊은 인상을 남겼는지를 대략 짐작할 수 있다.

세 번째 '패자' 초장왕

초장왕은 제환공과 진문공에 이어 춘추시대의 3번째 패자가 된 인물이다. 사서에는 그를 크게 부각시키지 않았으나 그는 어떤 면에서 보면 제 환공 및 진문공을 뛰어넘는 당대 최고의 인물이었다. 훗날 춘추시대 말기 인 '오월시대'에 오왕 부차와 월왕 구천이 등장하기는 했으나 이들은 춘추 시대보다는 전국시대의 인물에 가까웠다. 수단방법을 가리지 않고 패업을 이루고자 했기 때문이다. 그런 점에서 초장왕은 '존왕양이'를 내세운 제환 공과 진문공의 패업을 이은 춘추시대 최후의 패자이다.

초장왕 웅려熊侶는 조부인 초성왕의 지략과 부친인 초목왕의 웅지를 모 두 지녔다. 천시天時는 초장왕의 즉위를 계기로 바야흐로 남만南蠻으로 무 시됐던 초나라에게 유리한 쪽으로 접어들고 있었다. 초장왕이 즉위한 이 듬해인 주경왕 6년인 기원전 613년 봄, 주경왕 임신任臣의 죽음을 계기로 왕실의 피폐한 상황이 그대로 드러났다. 이는 주왕실의 대신 주공 열閱과 왕손 소蘇가 주도권 다툼을 벌인 결과였다.

주왕실은 태자 반班이 주광왕周匡王으로 즉위하면서 가까스로 혼란이 진 정됐으나 천자의 붕어에도 불구하고 제후들에게 제때 부음을 전하지 못할 정도로 쇠락해 있었다. 훗날 초장왕이 주왕실로 찾아가 천자의 권위를 상 징하는 이른바 '구정九鼎'의 무게를 묻게 된 것도 주왕실의 이같이 피폐한 상황과 관계가 있다.

초장왕이 즉위할 당시 그의 맞수는 제후가 아닌 진나라 권신 조돈趙盾 이었다. 조돈은 어린 군주를 대신해 사실상 제후들의 맹주 노릇을 하고자 했다. 비록 진나라가 진문공 이래 시종 패권국을 자처해오기는 했으나 일 개 권신이 제후들과 같은 반열에 올라가 맹주 노릇을 하고자 한 것은 참람

고대왕국 은나라 때의 세발솥

한 짓이었다. 훗날 진나라가 권신들에 의해 3분되고, 이어 전국시대가 도래한 것도 따지고 보면 조돈의 이같이 방자한 행각에서 비롯된 것이다. 그 싹이 이미 이때 피어나고 있었다.

조돈이 각 제후국에 격문을 보낼 당시 동방의 대국인 제나라는 공실의 내분으로 인해 수십 년 동안 아무런 영향력을 행사하지 못했다. 제환공의 출현으로 첫 패권국이 되었음에도 후계자 문제를 제대로 정리치 못한 후과였다. 초장왕은 즉위 초 주색만 밝히고 간언을 멀리하면서 간언을 할 경우 엄벌에 처하겠다고 선포했다. 초나라 대부 오거伍擧가 의관을 단정히 한 뒤 말했다.

"몸에 오색 빛이 빛나는 커다란 새 한 마리가 언덕에 앉아 있은 지 3년이 되었습니다. 그런데 그 새가 나는 것을 본 사람도 없고 우는 소리를 들은 사람도 없습니다. 과연 이 새는 무슨 새이겠습니까?"

초장왕이 그 뜻을 짐작하고는 미소를 지으며 대답했다.

"그 새는 3년 동안 날지 않았으나 만일 한 번 날게 되면 곧바로 하늘로 치솟아오를 것이다. 3년 동안 지저귀지 않았으나 만일 한 번 지저귀게 되면 사람들을 크게 놀라게 만들 것이다!"

여기서 한 번 떨치고 일어나면 사람을 놀라게 할 만한 재주를 지닌 사람을 지칭하는 '명장경인鳴將驚人'이라는 성어가 나왔다.

당시 중원의 패권국 진晉나라에서는 권신 조돈趙盾이 진성공을 옹립하며 사실상의 대권을 휘둘렀다. 주왕실에서는 주광왕이 세상을 떠나고 그의 손자 유渝가 뒤를 이어 주정왕周定王으로 즉위했다. 기원전 607년의 일이다. 주광왕 사후 그의 손자가 보위를 잇게 된 것은 주왕실이 그만큼 어지러웠다는 사실을 반증하고 있다. 당시 부국강병을 강력 추진해 온 초장왕이 이 틈을 놓치지 않았다.

주정왕 즉위 이듬해인 기원전 606년 봄, 초장왕이 대군을 이끌고 가 육혼陸軍 땅의 융인을 친 뒤 내친 김에 낙수雒水, 즉 지금의 섬서성 대리현 동남쪽에 있는 강을 건너 주왕실의 경계에 이르렀다. 보위에 오른 지 얼마 안 된 주정왕은 크게 두려워했다. 이에 곧 대부 왕손 만滿을 보내 초장왕을 위로하게 했다. 대부 왕손 만이 초장왕을 찾아가 물었다.

"대군을 이끌고 온 뜻이 무엇이오?"

초장왕이 대답했다.

"과인은 옛날 하나라 우왕이 구정九鼎을 만들었는데 그것이 은나라를 거쳐 지금 주나라에까지 전해졌다고 들었소. 사람들은 구정이 천자를 상징하는 것으로 세상에 으뜸가는 보물이라고 하나 과인은 그것이 어떻게 생겼는지, 얼마나 크고 무거운지, 한 번도 본 적이 없소. 그래서 한 번 구경하러 왔을 뿐이오."

초장왕은 이로 인해 후대에 커다란 비난을 받았다. 솥의 무게를 묻는다는 뜻의 '문정問鼎' 성어는 이 고사에서 나온 것이다. 보위를 노린다는 의미로 통용되는 성어이다. 초나라가 볼 때 주왕조는 이미 천명이 끝났다. 그가 독자적으로 왕호를 칭한 배경이다.

실제로 당시 초나라에 복속한 수많은 장강 일대의 제후국들이 이를 공인했다. 초장왕은 이런 분위기 속에서 생장했다. 초장왕이 진나라의 쇠미한 상황을 틈 타 중원으로 진출한 것 자체를 나무랄 수는 없는 일이다.

다만 시기적으로 너무 앞섰다. 천하는 넓었다. 중원의 제후국들은 초나라의 패권을 인정하지 않고 있었다. 이런 상황에서 곧바로 주왕실에 대거리를 한 것은 득보다 실이 많았다.

사서는 당시 초장왕이 '문정'을 행한 이후 부끄러운 나머지 이내 철군한 것은 물론 이후 불측不測한 생각을 버리게 되었다고 기록해놓았다. 그러나 상황이 여의치 못해 부득이 철군했다고 보는 게 옳다. 중원을 제패하지 못한 상황에서 구정을 초나라로 옮기는 것은 불가능했다. 주왕실을 대신해 천하를 취하고자 했다면 굳이 구정을 옮길 이유도 없었다. 초장왕도 이런 입장이었다. 실제로 초장왕은 왕손 만에게 이같이 말했다.

"그대는 '구정'을 믿지 말라. 구정은 초나라의 절구지훼折鉤之喙로도 얼마든지 만들 수 있다!"

'절구지훼'는 창끝이 부러진 철편을 말한다. 고철을 녹여 얼마든지 '구정'을 만들 수 있다고 일갈한 것이다. 이는 무력으로 천하를 장악하겠다는 뜻을 밝힌 것이나 다름없다.

초장왕은 춘추시대 전 시기를 통틀어 가장 배포가 크고 기개가 웅혼한 인물로 평가받고 있다. 그럼에도 『춘추좌전』을 비롯한 많은 사서는 그를 폄하해놓았다. 중원의 관점에서 당시까지만 해도 남만南蠻으로 불린 초나라를 깎아내린 것이다. 그러나 이를 크게 탓할 일도 아니다. 역사적 사건에 대한 기술에서 시공을 초월한 객관적 기술은 예나 지금이나 존재한 적이 없다. 중요한 것은 얼마나 '역사적 교훈'을 얻을 수 있는가 하는 점이다. 초장왕의 '문정'은 액면 그대로 부국강병을 실현해 제환공 및 진문공에 이어 제3의 패자로 등장한 초장왕의 정당한 무력시위로 해석하는 게 옳다.

실제로 그의 등장을 계기로 초나라는 여타 중원 국가들로부터 당당히 중원 국가의 일원으로 평가받게 됐다.

05

제자백가의 출현

현명한 재상賢相의 출현

춘추시대 말기는 중원의 패자 진晉과 남방의 패자 초楚가 상대적으로 약화되고 대신 동쪽의 오월이 이들을 대신해 천하를 호령하기 시작한 때이다. 춘추시대 말기를 오월에 초점을 맞춰 이른바 '오월시대吳越時代'로 부르는 이유다.

이 시기에 뛰어난 재상들이 우후죽순처럼 등장했다. 안영을 포함해 정나라 재상 자산, 진나라의 숙향叔向, 제나라의 안영晏嬰, 오나라의 계찰季札 등이 그들이다. 이 점에 주목해 사람들은 이들이 활약한 시기를 이른바 '현상賢相시대'로 부르기도 한다. 시기적으로는 오월이 천하를 호령하는 이른 바 '오월시대'보다 약 1세대 정도 앞선다. 당시 여러 나라에 '현상'이 이처럼 동시에 출현한 것은 춘추전국시대를 통틀어 처음 있는 일이다. 학계 일각에서 '오월시대'를 '현상시대' 내지 '공자시대'와 혼용해 지칭하는 것도 이런 맥락에서 이해할 수 있다.

공자는 숙향이나 안영 및 자산 등의 '현상'보다 1세대 정도 늦게 태어났다. 엄격히 말하면 공자는 재상을 지내지 않은 까닭에 이들과 같은 범주에 넣는 것은 약간 무리가 있다. 그러나 공자와 그의 수제자인 자공子貢을 비롯해 뛰어난 인물들이 비슷한 시기에 대거 출현해 치국평천하 방략을 제시하거나 구체적으로 실천했다는 점에서 이들을 모두 하나로 묶어 '오월시대' 내지 '현상시대' 또는 '공자시대'로 표현할지라도 큰 잘못은 없다.

『논어』의 「공야장」편에는 공자와 동시대 내지 1~3세대 앞선 시대에 활약한 인물들에 대한 공자의 평이 수록돼 있다. 자산과 안영을 포함해 위나라 대부 공어孔圉 공문자, 노나라 대부 장손진臧孫辰 장문중, 초나라 영윤 투곡어도鬪穀於菟 투자문, 제나라 집정대부 진수무陳須無 진문자, 노나라 집정대부 계손행보季孫行父 계문자, 위나라 집정대부 영유甯兪 영무자 등이 그들이다. 춘추시대 후기의 중요 인물을 거의 망라한 셈이다. 이들의 활약은 『춘추좌전』과 『사기』에 소상히 소개돼 있다.

정나라 재상 자산子産

정나라 재상 자산子産은 공자의 사상적 스승이다. 이름은 교僑로, '공손公

孫 교僑'로 불리기도 한다. '자산'은 자이다. 그는 정나라 귀족 출신이다. 정목공의 손자이고, 공자 발의 아들이다. 『논어』에는 모두 3곳에 걸쳐 자산에 대한 공자의 평이 나온다. 모두 칭찬 일색이다. 관중에 대한 평이 4곳에 걸쳐 나오고 있음에도 비난과 칭찬이 뒤섞여 있는 것과 대비된다. 이는 자산을 '군자'의 모델로 삼았기 때문이다. 이를 뒷받침하는 평이 「공야장」편에 나온다.

"자산에게는 군자의 도가 4가지 있었다. 몸소 행하면서 공손했고, 윗사람을 섬기면서 공경스러웠고, 백성을 양육하면서 은혜로웠고, 백성을 부리면서 의로웠다."

행기이공行己以恭, 사상이경事上以敬, 양민이혜養民以惠, 사민이양使民以義은 '군자'인 신하가 행할 수 있는 '신도'의 덕목을 요약한 것이다. 공자의 평은 자산이야말로 군자인 신하가 갖춰야 하는 덕목을 모두 갖췄다는 칭송에 해당한다. 유사한 내용이 『춘추좌전』 「노문공 2년」조에도 나온다.

공자가 언급한 이들 4가지 '신도'의 덕목 중 '사상이경'을 제외한 '행기이공'과 '양민이혜' 및 '사민이양'의 3가지 덕목은 '군도'의 덕목이기도 하다. 군주는 '사상이경' 대신 능력과 덕성을 두루 감안해 신하들을 발탁하고 활용하는 이른바 '용하이능用下以公'의 덕목을 지녀야 한다. '군도'와 '신도'의 분기점이 여기에 있다. '신도'와 '군도'의 차이는 바로 '사상이경'과 '용하이능'에 있다고 해도 과언이 아니다. 나머지 덕목은 군도와 신도 사이에 별다른 차이가 없다. 군주와 신하는 치국평천하를 구현하기 위한 상호 경쟁자이자 보완자의 관계에 있기 때문이다.

공자의 초상

공자를 비롯한 제자백가가 하나같이 '군도'와 '신도'를 동시에 언급하며 군주와 신하를 치국평천하의 두 축으로 삼는 이른바 군신공치君臣共治를 역설한 이유다. 공자를 조종으로 하는 유가사상을 두고 군도와 신도를 핵심어로 삼는 '군자학'으로 평하는 것도 바로 이 때문이다.

기원전 536년 3월, 자산이 정鼎에 형서刑書, 즉 형벌조항을 주조해 넣었다. 이는 중국 최초의 성문법成文法에 해당한다. 이 소식을 들은 진나라의 숙향叔向이 사람을 보내 자산을 비난했다. 그러자 자산이 이같이 회신했다.

"과연 그대의 말씀과 같소. 나는 재주가 없어 후대의 이익을 고려치 못하고 오직 당대만을 구하려 하고 있소. 다만 이미 일이 진행되어 그대의 명을 받들 수 없게 되었소. 그러나 어찌 감히 그대가 베푼 커다란 가르침의 은혜야 잊을 리 있겠소."

그러고는 '형정'의 규정을 좇아 엄격히 법을 시행했다. 이것은 약소국 정나라가 부강한 나라로 탈바꿈한 배경이 되었다. 자산의 행보와 관련해 가장 유명한 일화는 『춘추좌전』「노소공 20년」에 나오는 관맹상제寬猛相濟 일화이다. 공자의 나이 30세 때인 기원전 522년 자산이 병이 들어 자리에 눕게 됐다. 곧 자신의 수명이 다한 것을 알고 대부 유길을 불러 이같이 당부했다.

"내가 죽게 되면 그대가 틀림없이 집정이 될 것이오. 오직 덕이 있는 자만이 관정寬政으로 백성을 복종시킬 수 있소. 그렇지 못한 사람은 맹정猛政으로 다스리느니만 못하오. 무릇 불은 맹렬하기 때문에 백성들이 이를 두려워하므로 불에 타 죽는 사람이 많지 않소. 그러나 물은 유약하기 때문에 백성들이 친근하게 여겨 쉽게 가지고 놀다가 이로 인해 매우 많은 사람이 물에 빠져 죽게 되오. 그래서 관정을 펴기가 매우 어려운 것이오."

그러나 유길은 자산의 당부를 제대로 이행하지 않았다. '맹정'을 펴지 못하고 '관정'으로 일관하자 도둑이 급속히 늘어났다. 유길이 크게 후회했다.

"내가 일찍이 자산의 말을 들었더라면 이 지경에 이르지는 않았을 것이다."

그리고는 곧 보병을 출동시켜 무리지어 숨어 지내는 도둑들을 토벌했다. 도둑이 점차 뜸해졌다. 이를 두고 공자는 이같이 평했다.

　"참으로 잘한 일이다. 정치가 관대해지면 백성이 태만해진다. 태만해지면 엄히 다스려 바르게 고쳐놓아야 한다. 정치가 엄하면 백성이 상해를 입게 된다. 상해를 입게 되면 관대함으로 이를 어루만져야 한다. 관대함으로 백성들이 상처 입는 것을 막고 엄정함으로 백성들의 태만함을 고쳐야 정치가 조화를 이루게 되는 것이다. 『시』에 이르기를, '다투거나 조급하지 않고, 강하지도 유하지도 않네. 정사가 뛰어나니 온갖 복록이 모여 드네.'라고 했다. 이는 관정과 맹정이 잘 조화된 지극한 정치를 말한 것이다."

　공자의 평은 치국평천하에 임할 때 치세 및 난세에 따라 왕도와 패도를 섞어 쓰며 장단점을 보완하는 이른바 '관맹상제寬猛相濟'의 이치를 언급한 것이다. 그럼에도 성리학자들은 맹자처럼 오직 왕도만을 주장하는 우를 범했다. 오랫동안 관중과 자산을 제대로 평가하지 못한 것도 이런 이유라고 할 수 있다.

　자산의 사상은 부국강병富國强兵을 치평의 기본 이치로 내세운 관중으로부터 나온 것이다. 춘추시대 전 시기를 통틀어 관중과 자산만큼 국기國紀를 바로잡아 나라를 부강하게 만들고, 백성들로 하여금 평안히 생업에 종사하게 하고, 천하를 병란의 위협으로부터 구해낸 인물도 없다. 두 사람 모두 공자가 갈파했듯이 '관맹상제'의 입장을 취한 결과다.

안영의 애민愛民 행보

춘추시대 말기에 활약한 안영晏嬰은 관중 사후 1백여 년 뒤에 태어난 공자와 거의 비슷한 시기에 살았다. 『열국지』는 공자와 안영이 몇 차례 만난 것으로 묘사해놓았으나 이는 허구이다. 사서의 기록을 종합해볼 때 두 사람은 한 번도 조우한 적이 없다. 안영 역시 관중 및 자산 등과 함께 대표적인 '현상'의 일원으로 칭송된 점에 비춰볼 때 공자의 안영에 대한 평가는 매우 인색한 편이다.

『논어』에는 안영에 대한 공자의 언급이 딱 한 번밖에 안 나온다. 공자가 안영을 그다지 높게 평가하지 않았음을 뒷받침한다. 정나라 현상 자산을 극찬한 것과 사뭇 대비되는 대목이다. 「공야장」편의 해당 대목이다.

"안평중晏平仲은 사람과 더불어 사귀기를 잘해 사람들이 오래도록 그를 공경했다."

공자의 안영에 대한 평은 칭송이기는 하나 자산에 대한 평처럼 마음에서 우러나온 칭송이 아니다. 사마천이 『사기』 「관안열전」에서 "안자가 다시 살아난다면 나는 비록 말채찍을 들어 마부 노릇을 할지라도 이를 기뻐하며 사모할 것이다."라고 언급한 것과 대비된다.

원래 안영은 자가 중仲이고, 시호가 평平이다. 시호와 자를 합친 '평중'을 이름 '영' 대신 사용해 흔히 '안평중'으로 불린다. 『춘추좌』에도 '안평중'으로 기록돼 있다.

사마천은 안영을 극찬했다. 『사기』 「관안열전」에 나오는 다음 평을 보면 쉽게 알 수 있다.

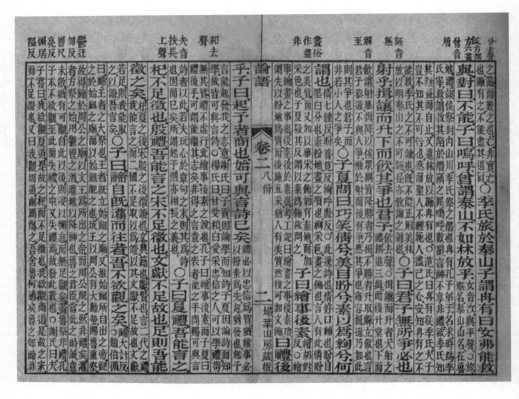

공자의 『논어』

　"안자는 제장공이 대부 최저에게 죽임을 당하자 시신 위에 엎드려 곡을
하고 예를 다한 후 떠났다. 이것이 어찌 '의를 보면 용기를 드러내지 않은
적이 없다.'고 말하는 사례가 아니겠는가? 간언을 할 때는 군주의 면전에
서 심기를 거스르며 시비를 가리는 범안犯顔을 행했으니 이 어찌 '나아가면
군주에게 충성을 다할 것을 생각하고, 물러나면 군주의 과실을 보완한다.'
는 취지에 부합한 게 아니겠는가? 안자가 다시 살아난다면 나는 비록 말채

찍을 들어 마부 노릇을 하는 집편執鞭을 할지라도 이를 기뻐하며 사모하는
흔모忻慕를 할 것이다."

공자는 군주에게 간언을 할지라도 '범안'을 하는 식의 '면절정쟁面折廷爭'
을 그다지 높이 평가하지 않았다. 자칫 '역린'으로 인해 무고히 목숨을 잃
을까 우려한 것이다. 이에 반해 사마천은 안영의 '면절정쟁'을 높이 평가했
다. 제장공이 시해를 당했을 때의 행보를 두고 '의를 보면 용기를 드러내지
않은 적이 없다.'고 평한 것도 같은 맥락이다. 죽는 것보다 더욱 수치스런
궁형宮刑을 당하고도 선친의 유업인 『사기』의 집필을 끝내 완수한 사마천
은 죽음을 무릅쓰고 신하의 도리를 다한 자들을 보고 '동병상련'의 느낌을
받았을 가능성이 크다. 『사기』에 특이하게도 「자객열전」이 편제된 것을 봐
도 이런 추론이 가능하다.

객관적인 역사적 사실을 기록하는 데 충실한 『춘추좌전』의 경우는 『논어』
및 『사기』가 거의 아무런 관심도 기울이지 않은 진나라와 오나라의 현상인
숙향叔向과 계찰季札의 행보를 매우 소상하게 소개해놓고 있다. 관중과 안
영의 행보에 관한 기록보다 오히려 많다. 특히 관중의 경우는 매우 소략하
기 그지없다. 숙향과 계찰은 안영처럼 왕도를 행한 인물이다. 오히려 후대
의 맹자처럼 왕도를 극도로 숭상한 경우에 속한다.

『춘추좌전』에 따르면 안영이 제경공에게 먼저 덕을 닦을 것을 설득한 그
해 12월, 제경공이 지금의 산동성 박흥현인 패택沛澤에서 사냥했다. 제경

공이 활을 이용해 수렵 담당 관원인 우인虞人을 부르자 우인이 응하지 않았다. 제경공이 사람을 보내 그를 잡아오게 하자 우인이 말했다.

"전에 선군은 사냥할 때 적색의 구부러진 자루에 달린 깃발인 전旃으로 대부를 부르고, 활로 선비를 부르고, 사냥할 때 쓰는 흰 사슴가죽으로 만든 관인 피관皮冠으로 우인을 불렀습니다. 신은 피관을 보지 못했기 때문에 감히 나아가지 못했습니다."

제경공이 곧 우인을 풀어주었다. 사냥에서 돌아오자 대부 양구거가 수레를 급히 몰고 와 알현했다. 제경공이 크게 기뻐했다.

"오직 그대만이 과인과 마음이 맞소."

곁에 있던 안영이 반박했다.

"그는 군주의 비위를 맞추는 사람일 뿐입니다. 그가 어찌 군주의 마음과 맞는 사람이겠습니까?"

제경공이 물었다.

"마음을 맞는 것과 비위를 맞추는 것은 어떻게 다르오?"

안영이 대답했다.

"우선 마음을 조화시키는 '화和'는 마치 국을 만드는 것과 같습니다. 생선이나 고기를 조리할 때 우선 땔나무를 이용해 끓입니다. 이어 소금과 젓갈, 매실 등으로 간을 맞춥니다. 맛이 부족하면 양념을 더하고 지나치면 덜어냅니다. 이에 윗사람이 그 국을 먹으면 마음이 평온해집니다. 군신지간도 이와 같습니다.

군주가 가하다 할지라도 불가한 것이 있을 때는 신하가 그것을 지적해 더욱 완전하게 만듭니다. 군주가 불가하다고 할지라도 그중 가한 것이 있을 때는 신하가 이를 지적해 불가한 것을 제거하도록 합니다. 이로써 정사가 공평하게 되어 예를 벗어나지 않게 되고 백성들도 남의 것을 빼앗고자 하는 마음이 없게 됩니다.

　지금 양구거는 이와 다릅니다. 군주가 가하다고 하면 그 또한 가하다고 하고, 불가하다고 하면 그 또한 불가하다고 합니다. 만일 맹물을 이용해 맹물의 간을 맞추려 하면 누가 이를 마실 수 있겠습니까? 금슬琴瑟로 어느 한 가지 소리만 연주하면 누가 이를 들을 수 있겠습니까? 비위를 맞추는 '동同'이 도리에 맞지 않은 것은 바로 이와 같습니다."

　안영은 『논어』에서 군자의 덕목으로 언급한 이른바 '화이부동和而不同'을 설명한 셈이다. 『논어』 「자로」편에 동일한 취지의 공자 언급이 나온다.

　"군자는 조화를 이루되 편당을 짓지 않는 화이부동和而不同, 소인은 편당을 지으면서 조화를 이루지 못하는 동이불화同而不和를 한다."

　『춘추좌전』에서 '화'와 '동'은 다르다는 취지로 언급한 안영의 '화여동이和與同異' 주장은 「자로」편에 나오는 공자의 '화이부동'과 취지상 완전히 일치하고 있다. 안영은 공자보다 1세대 정도 앞선 인물이다. 더구나 공자는 제나라로 망명에 가까운 유학을 떠난 적도 있다. 제나라에 머무는 동안 안영과 양구거에 관한 얘기를 들었을 가능성을 배제할 수 있다. 『춘추좌전』에 나오는 축사 및 양구거와 관련한 두 가지 일화는 『안자춘추』에도 약간 각색되어 실려 있다.

자공의 초상

『안자춘추』에 나오는 일화 중 역사적 사실과 동떨어져 있음에도 귀감이될 만한 일화가 하나 있다. 비난은 자신이 떠안고 공은 주군에게 돌린 일화이다. 이에 따르면 하루는 안영이 외국에 사자로 나간 사이 제경공이 급히 새 궁궐을 짓기 시작했다. 안영의 제지를 받지 않게 된 것을 기화로 삼은 것이다. 마침 추운 겨울인 데다 서두르는 바람 얼어 죽는 자가 매우 많았다. 비난의 목소리가 높아졌다.

얼마 후 임무를 마치고 돌아온 안영이 이 사실을 알게 됐다. 보고하는 자리에서 백성들 사이에 유행하는 '극심한 추위에 몸이 어니 아, 어찌할거나.

임금 때문에 집안사람들이 헤어졌으니 아, 어찌할거나.'라는 내용의 노래를 소개하며 눈물을 흘렸다. 제경공이 사과했다.

"잘 알았소, 즉각 중지시키도록 하겠소."

안영이 거듭 절을 올리고 나온 뒤 수레를 몰아 공사장으로 달려갔다.

"군주에게 궁궐 하나 지어드리는 게 너무 늦지 않소? 서두르시오!"

인부들이 안영을 크게 원망했다. 이때 문득 공사를 중지하라는 명령이 전달되었다. 인부들이 일제히 환호성을 올리며 군주를 칭송했다. 이 일화는 물론 후대인이 만들어낸 것으로 보인다.

그러나 나름 안영이 3대에 걸쳐 어떤 방식으로 주군을 보필했는지를 잘 보여주고 있다. 안영이 이처럼 뛰어난 '신도'를 발휘했음에도 제나라가 진나라를 제압하고 명실상부한 패자가 되지 못한 것은 제경공이 보여준 '군도'에 일정한 한계가 있었던 때문이라고 할 수 있다.

공자의 수제자 자공

공자는 자산 및 안영과 같은 시기를 살았다. 노나라의 하급 무사 숙량흘의 둘째 아들이자, 서자로 태어났다. 이름은 구丘, 자는 중니仲尼이다. 이상적 정치와 조카를 왕으로 성실하게 보필한 주공 단의 정치 철학을 지향했다. 56세 때인 기원전 497년에 뜻을 펴기 위해 수레를 타고 천하를 주유하는 이른바 철환천하轍環天下를 14년 동안 행했다.

그의 주장에 귀를 기울이는 군주가 없어 말년에 고향으로 돌아와 후학 양성에 전념하다 숨을 거뒀다.

공자의 제자 또는 공자의 문인은 그 수가 많아 이름이 알려져 있는 사람만도 70명을 넘고 있다. 사마천의 『사기』「중니제자열전」에 그 명단이 나온다. 제자 가운데 뛰어난 70인을 칠십자七十子라고 한다. 이들 가운데 가장 유명한 제자로 자로子路, 안회顏回, 자공子貢 등 3명을 들 수 있다. 이들 제자들은 공자 사후 여러 유파로 분화된다. 크게 수신제가를 중시하는 증자曾子와 자사子思 등의 내성파內省派와 치국평천하를 중시하는 자하子夏와 자유子遊 등의 숭례파崇禮派로 나눌 수 있다. 이후 내성파는 전국시대에 들어가 맹자의 왕도王道 사상을 중심으로 해 이상주의 정치를 지향하는 '유가좌파', 순자의 왕패병용王霸竝用 사상을 중심으로 해 현실주의 정치를 지향하는 '유가우파'로 발전했다. 진시황은 순자의 제자인 한비자와 이사 등의 법가사상을 받아들여 사상 최초의 통일을 이룬다.

공자의 여러 제자들 가운데 21세기 G2의 제4차 산업혁명시대의 관점에서 볼 때 자공子貢이 가장 주목할 만하다. 외교협상가를 뜻하는 종횡가縱橫家의 효시이다. 『사기』「중니제자열전」에 나오는 일석오조一石五鳥 표현이 이를 뒷받침한다. 단 1번의 유세로 노나라를 존속시키는 존로存魯, 제나라를 혼란에 빠뜨리는 난제亂齊, 오나라를 파멸로 이끄는 파오破吳, 진나라를 강하게 만드는 강진彊晉, 월나라를 패자로 우뚝 서게 하는 패월霸越의 5가지 업적을 이룬 것을 말한다.

나아가 그는 부민부국富民富國을 역설하는 정치경제학파인 이른바 상가商家 이념의 실천을 통해 거만의 자산을 모았다. 『사기』「화식열전」는 이같이 기록해놓았다.

"자공子貢은 일찍이 중니仲尼에게서 배웠다. 물러나서는 위나라에서 벼슬을 했다. 또 조나라와 노나라 사이에서는 물자를 사두고 내다 파는 등의 장사를 했다. 공자의 제자 70여 명 중에 자공이 가장 부유했고, 정반대로 원헌原憲은 지게미조차 배불리 먹지 못하고 후미진 뒷골목에 은거했다. 자공은 네 마리 말이 이끄는 수레를 타고 비단꾸러미 예물로 제후들을 방문했다. 그가 이르는 곳마다 제후들 가운데 뜰의 양쪽으로 내려와 자공을 대등하게 대하는 이른바 항례抗禮를 행하지 않는 자가 없었다. 무릇 공자의 이름이 천하에 골고루 알려지게 된 것은 자공이 그를 앞뒤로 도왔기 때문이다. 이야말로 이른바 '부유한 사람이 세력을 얻으면 세상에 그 이름을 더욱 드러낸다.'고 하는 게 아니겠는가!"

오월
吳越

오자서

본명 오자서伍子胥

생애 ?~기원전 485

초나라 출신이나 초평왕의 박해로 초나라를 떠났다. 오나라에 귀의해서 많은 공적을 남겼다.

『사기』「오자서열전」과 『오월춘추』는 오월시대를 화려하게 수놓은 오자서가 초나라에서 초평왕의 태자 건 소생의 공자 승을 데리고 오나라로 망명하는 과정을 여러 일화를 예를 들어 매우 상세히 기록해놓았다.

『오월춘추』는 관상을 잘 보는 시장을 관할하는 관원인 시리가 오자서의 비상한 면모를 알아보고 이내 오왕 요에게 천거했고, 오왕 요는 오자서와 더불어 3일 동안이나 얘기하며 크게 탄복한 것으로 그려놓았다.

그러나 오왕 합려를 도와 오나라의 패업을 완성한 오자서는 오왕 부차의 미움을 사 자진하는 비운의 주인공이 됐다.

06

군신공치의 흑막

오월시대와 패업

학계 내에서는 분석의 편의상 춘추시대와 전국시대를 나누는 게 관행이
돼 있다. 그러나 전국시대가 개막하는 시점과 관련해서는 아직 통일된 견
해가 없다. 사마광을 좇아 주왕실이 진나라의 3분을 공식 승인하는 기원
전 403년을 전국시대의 개막으로 보는 견해가 주류를 이루고 있다.

이후 아예 논란이 되고 있는 약 80년의 기간을 하나로 묶어 '춘추전국교
체기' 또는 '춘추전국지제春秋戰國之際'로 부르자는 견해가 제시됐다. 이는
공자의 사망 시점인 기원전 479년부터 진나라의 3분이 공식 확인되는 기

원전 403년까지를 과도기로 간주하는 것이다. 이 견해가 가장 설득력이 있다. 이 시기가 바로 오월시대이다. 오월이 중원의 패자인 진나라와 남방의 전통강국인 초나라를 제압하고 천하의 패권을 장악한 시기와 일치한다. '오월시대'는 신흥강국인 오나라와 월나라가 천하를 호령한 시대적 특성을 그대로 반영하고 있다.

객관적으로 볼 때 전국시대는 춘추시대와 비교할 때 몇 가지 점에서 차이를 보이고 있다. 첫째, 전래의 봉건제가 완전히 무너져 내리고 군현제의 기반이 확립되기 시작했다. 둘째, 독서층인 사인±人 출신 유세객과 책사들이 대거 등장해 권력의 핵심세력이 됐다. 셋째, 철제 농구의 확산으로 농업생산이 비약적으로 증대해 상공업을 자극하는 등 경제발전 양상이 뚜렷했다. 넷째, 철제 무기의 출현으로 총력전 양상이 나타나 대량 살상이 일상화되면서 천하통일의 기운이 더욱 높아졌다. 다섯째, 제자백가가 대거 출현해 동양의 역사문화와 사상학문을 꽃 피우는 결정적인 계기가 마련됐다. 그 중간에 바로 오월시대의 특징이 있다.

그러나 춘추시대와 전국시대의 구분은 어디까지나 학술적인 분석을 위한 편의적인 분류에 지나지 않는다. 정치제도사 및 정치사상사의 관점에서 볼지라도 춘추전국시대는 하나로 묶어보는 게 타당하다. 지방분권적인 신분세습의 봉건정이 무너지고 중앙집권적인 능력 위주의 제왕정이 들어서는 과정이 연속적으로 진행되고 있기 때문이다.

오자서와 범리

시대가 새로운 패자의 등장을 요구하고 있었다.

『사기』「오자서열전」과 『오월춘추』는 오월시대를 화려하게 수놓은 오자서 伍子胥가 초나라에서 초평왕의 태자 건 소생의 공자 승을 데리고 오나라로 망명하는 과정을 여러 일화를 예를 들어 매우 상세히 기록해놓았다.

『오월춘추』는 관상을 잘 보는 시장을 관할하는 관원인 시리市吏가 오자서의 비상한 면모를 알아보고 이내 오왕 요에게 천거했고, 오왕 요는 오자서와 더불어 3일 동안이나 얘기하며 크게 탄복한 것으로 그려 놓았다. 훗날 오나라 왕 합려闔廬로 즉위하는 공자 광光은 오자서를 이용해 보위를 찬탈할 심산으로 오자서의 계책을 적극 저지하고 나섰다. 공자 광의 소개로 오왕 요를 만났다는 「오자서열전」의 기록과 반대된다.

『춘추좌전』에는 「오자서열전」에 생략돼 있는 오자서와 오왕 요의 회동 장면이 실려 있다. 이에 따르면 당시 오자서는 오왕 요를 만나자 초나라 공벌의 이점을 자세히 설명했다. 이때 곁에 있던 공자 광이 말했다.

"오자서의 제의는 자신의 부형이 살육 당한 것을 보복하려는 것입니다. 그의 말을 좇을 수는 없습니다."

오자서가 물러나오면서 중얼거렸다.

"공자 광은 장차 딴 뜻을 품고 있다. 잠시 저 사람을 위해 용사勇士를 구해 준 뒤 나는 교외에서 때를 기다려야 하겠다."

그리고는 이내 자객 전설제鱄設諸를 공자 광에게 추천한 뒤 자신은 교외로 가 농사를 지었다. 『춘추좌전』은 오자서가 공자 광에게 전설제를 소개한 사건이 오거와 오상이 저자에서 참수를 당한 기원전 522년 봄에서 불과 반년 밖에 떨어지지 않은 이해 여름에 일어난 것으로 기록해놓았다. 일이 매우 급박하게 진행됐음을 짐작하게 한다.

『춘추좌전』에 따르면 당시 공자 광과 전설제는 오왕 요를 척살하기 위해 7년 동안 기다리는 인내심을 보였다. 오자서 역시 이 기간 동안 교외로 가 농사를 지으며 때를 기다렸다는 얘기가 된다.

기원전 515년 봄, 오나라 군사가 초나라의 국상을 틈타 초나라를 쳤다. 초나라에서는 한 해 전에 오자서의 '원수'인 초평왕이 죽고 진영 소생의 어린 왕자 웅진이 그 뒤를 이어 초소왕楚昭王으로 즉위해 있었다. 사서에는 자세한 기록이 나오지 않고 있으나 오자서와 공자 광이 이를 부추겼을 가능성이 크다. 이해 여름에 오왕 요가 전설제에게 척살된 사실이 이를 뒷받침한다.

당초 공자 광의 조부인 오왕 수몽壽夢에게는 4명의 아들이 있었다. 제번諸樊과 여채餘祭, 여말餘昧, 계찰季札이 그들이다. 공자 광은 제번의 아들이다. 수몽은 임종 전에 4명의 아들을 병상 앞에 불러 놓고 차례로 보위를 이어나간 뒤 계찰에게 보위를 넘길 것을 당부했다.

장자인 제번은 부왕의 명을 좇아 보위에 오른 뒤 줄곧 보위를 계찰에게 양보하려고 했다. 그때마다 계찰이 사양했다.

"형님은 장자로서 당연히 보위를 승계한 것입니다. 누가 감히 보위를 넘보겠습니까. 저는 보위에 아무 관심도 없습니다."

그러고는 가산을 모두 주변 사람에게 나눠준 뒤 농사를 지었다. 제번이 더 이상 권하지 못했다. 오왕 제번은 죽을 때 동생 여채에게 보위를 물려주었다. 둘째 여채는 계찰을 연릉延陵에 봉했다. 이후 계찰은 연릉계자延陵季子로 불렸다. 여채 사후 셋째인 여말이 보위를 이었다.

『열국지』는 이때 여말이 계찰을 상국相國으로 삼자 계찰이 백성을 편히 하기에 힘썼다고 기술해놓았다. 다른 사서에 나오지 않는 얘기이다. 다만 『사기』「오세가」와 『춘추좌전』에 여말 즉위 직후 계찰이 여말의 특사가 되어 중원의 제후국들을 두루 빙문한 사실에 비춰볼 때 상국에 준하는 역할을 수행하며 여말을 적극 돕고 나선 것만은 확실하다. 여말도 죽기 전에 동생 계찰을 불러 보위를 넘겨주고자 했다. 계찰이 또 사양한 뒤 봉지인 연릉으로 들어가 은둔했다.

오나라 대부들이 여말의 아들 주우州于를 옹립했다. 주우는 보위에 오르자마자 자신의 이름을 요僚로 고쳤다. 사실 이는 문제가 있었다. 보위를 4남인 계찰에 이르도록 하라는 수몽의 유언이 계찰의 거부로 3남인 여말로 끝났다면 장남인 제번의 아들인 공자 광이 보위에 오르는 게 상식에 부합했다. 그런데 이를 따르지 않은 것이다.

공자 광의 사촌동생인 오왕 요도 이런 사실을 알고 있었다. 그래서 그는 즉위 직후 공자 광을 장수로 삼았다. 그러나 공자 광은 내심 큰 불만이었다. 막내 숙부 계찰이 이의를 제기하지만 않는다면 자신이 보위를 이어야 한다는 생각을 떨칠 수가 없었다. 그가 자객 '전설제'를 동원해 오왕 요의 척살 계획을 실행에 옮긴 데는 이런 배경이 있다.

『춘추좌전』과 『국어』 등은 공자 광이 보위에 오른 직후 명칭을 '합려闔廬'로 기록해놓았다. 이는 원래 '누추한 오두막집'을 뜻하는 보통명사이다. 『춘추좌전』에 그런 용례가 나온다. 『사기』와 『오월춘추』에 나오는 '합려闔閭' 역시 그 뜻이 그리 고상한 게 아니다. '길에 세워진 여닫이 문짝' 정도의 의미밖에 없다. 본래 광光이라는 '빛나는' 이름을 지닌 사람이 왜 보위에 오른 뒤 이런 누추한 명칭을 갖게 된 것일까?

오나라에서 공자 광이 사촌동생을 척살하고 보위에 올라 '합려'를 칭하는 기원전 517년 여름의 바로 그 시점에 초나라에서도 커다란 파란이 일어났다. 간신 비무극이 좌윤 극완郤宛을 무함해 사지로 몰아넣은 것이다.

극완의 무리로 몰린 백씨 일족이 사방으로 도주하는 과정에서 백비가 오나라로 망명했다. 『춘추좌전』은 극완을 이같이 평해 놓았다.

"극완은 정직하면서도 부드러웠다. 국인들이 모두 그를 좋아했다."

극완을 죽음으로 몰아넣는 데 일조한 영윤 낭와囊瓦에 대한 비난여론이 들끓었다. 결국 영윤 낭와가 비무극을 잡아 죽였다. 비난의 화살을 피하기 위한 것이었다. 덕분에 초나라의 여론은 겨우 가라앉았다.

오나라와 초나라가 마침내 정면충돌을 벌이게 된 것은 이로부터 5년 뒤인 기원전 512년이다. 이 사이 많은 일이 빚어졌다. 진나라 현대부 숙향의 일족이 권력투쟁에서 패해 완전히 궤멸됐다. 권신들 간의 세력다툼으로 인해 진나라는 이미 중원의 패자로서의 위세를 잃고 있었다.

초나라라고 특별히 나을 것도 없었다. 영윤 낭와를 비롯한 고관들이 시종 뇌물을 밝히며 주변국들의 반발을 자초하고 있었기 때문이다. 오왕 합려가 이 틈을 타 마침내 천하를 호령하게 되었다.

당시 오나라로 망명한 백비는 오자서의 천거로 합려를 만난 뒤 이내 그의 지은知恩을 입어 태재太宰의 자리까지 오르게 됐다. 『오월춘추』는 그 배경을 자세히 묘사해놓았다. 이에 따르면 백비가 망명했다는 소식을 들은 오왕 합려가 크게 기뻐했다. 오자서에게 물었다.

"백비는 과연 어떤 사람이오?"

"초나라 태재 백주리의 손자로 초평왕이 극완의 일당으로 몰려 망명한 것입니다."

곧 백비를 불렀다.

"과인의 나라는 멀리 궁벽한 곳에 위치해 있소. 멀다 여기지 않고 여기까지 왔으니 장차 무엇으로 과인을 가르칠 생각이오?"

"대왕이 궁곤한 처지에 있는 오자서를 거둬들였다는 얘기를 멀리서 듣고 귀순했습니다. 저는 초나라에서 도망친 죄수에 불과한데 무슨 재주가 있겠습니까?"

합려가 백비를 기특하게 여겨 대부로 삼고는 오자서와 함께 군국대사를 논의하게 했다. 이때 오나라 대부 피리被離가 오자서에게 물었다.

"그대는 어찌하여 백비를 단 한 번밖에 보지 못했는데 그토록 신임하는 것이오?"

"나의 원한이 백비와 같기 때문이오. 북쪽에서 태어난 말은 멀리 북쪽을 바라보며 서 있고, 남쪽 월나라에서 날아온 제비는 해를 바라보며 즐거워하는 법이오. 옛날 노래 중에 같은 병을 앓는 사람이 서로 위로한다는 동병상련同病相憐, 같은 우환을 겪는 사람은 서로 구원한다는 동우상구同憂相救의 구절이 있소. 그 누가 자신이 가까이 하는 것을 사랑하지 않고 자신이 애틋해 하는 것을 애련히 여기지 않겠소?"

여기서 인구에 회자하는 '동병상련'과 '동우상구'의 성어가 나왔다. 당시 '동병상련'을 들은 피리가 충고했다.

"그대는 지금 그의 겉만 보고 얘기하고 있소. 어찌하여 그의 속셈을 살피지 않는 것이오? 그의 관상을 보건대 그는 매처럼 노려보고 호랑이 걸음을 걷고 있소. 이는 온통 공을 추구하여 멋대로 사람을 죽이는 성정이오. 가까이 해서는 안 되오."

응시호보鷹視虎步 성어가 여기서 나왔다. 매처럼 노려보고 호랑이 걸음을 걷는 것은 일면 사내의 씩씩한 모습을 뜻하는 웅자雄姿로 해석할 수도 있으나 피리가 지적한 것처럼 다른 사람을 양과 토끼처럼 간주해 마구 도륙할 소지가 크다. 좋지 않은 뜻이다. 그러나 오자서는 이를 듣지 않고 백비와 함께 합려를 섬겼다.

이후 백비는 오자서와 호흡을 같이 하며 합려를 패자로 만드는 데 결정적인 공헌을 했다. 춘추전국시대를 통틀어 4대에 걸쳐 진나라에서 초나라, 오나라 등 여러 나라로 연이어 망명한 것도 드물지만 망명지에서 태재의 고관직에 올라갔다가 비참한 죽임을 당한 것은 백비 집안이 유일하다.

백비는 헌신적으로 모신 부차가 비참한 최후로 삶을 마무리한 까닭에 오자서 제거를 결단한 부차의 몫까지 덤터기로 껴안고 '만고의 간신'이라는 오명을 뒤집어쓴 불행한 경우이다. 크게 보면 '기려지신羈旅之臣'의 한계로 볼 수 있다.

기원전 510년 여름, 오나라가 월나라를 쳤다. 이는 오나라가 월나라에 대해 처음으로 군사를 동원한 것이었다. 기원전 508년 여름 4월, 지금의 안위성 동성현인 동桐나라가 초나라를 배반했다. 오왕 합려가 지금의 안휘성 서성현인 서구舒鳩의 군주를 사주해 초나라를 유인했다. 이해 가을, 초나라 영윤 낭와囊瓦가 군사를 이끌고 예장豫章을 출발해 오나라 군사를 쳤다. 오나라 사람이 전선戰船을 예장 부근으로 보내면서 군사를 소巢 땅에 은밀히 매복시켰다. 겨울 10월, 오나라 군사가 예장에서 습격을 통해 초나라 군사를 격파했다.

당시 초나라에 드리운 불길한 조짐은 자초한 측면이 강하다. 영윤 낭와가 조현 차 초나라에 온 채소공蔡昭公과 당성공唐成公을 억류해 놓고 보옥과 명마를 강탈한 게 그렇다. 기원전 506년 봄, 진나라의 청을 받은 주왕실의 유문공이 소릉召陵에서 제후들을 소집했다. 초나라 공벌을 논의하기 위한 것이었다.

그러나 진나라도 초나라와 별반 다를 게 없었다. 진나라 대부 순인荀寅이 채소공에게 뇌물을 요구했다. 이로 인해 소릉회맹은 흐지부지되고 말았다. 200여 년 동안 남북의 패자 노릇을 한 진초 두 나라는 이미 썩어 있었다. 시대가 새로운 패자의 등장을 요구하고 있었다.

채소공이 아들 건乾과 대부의 자제들을 오나라에 인질로 보내 도움을 청했다. 오왕 합려가 오자서 등을 불러 대책을 논의했다. 전면전이 결정됐다. 남방의 패권을 놓고 마침내 신흥 대국 오나라와 전통 대국 초나라가 자웅을 겨루는 사건이 빚어지게 된 배경이다.

오왕 합려가 채소공 및 당성공과 연합하여 초나라를 쳤다. 오초 양국의 군사가 백거柏擧에 진을 쳤다. 이어 두 나라의 접전에서 오나라가 대승을 거뒀다. 초나라 영윤 낭와는 정나라로 달아났다. 오나라 군사가 초나라 군사를 추격해 섬멸해버렸다. 『춘추좌전』은 이같이 기록해놓았다.

"초나라 군사는 5번의 전투 끝에 크게 패해 초나라 도성으로 후퇴하게 되었다."

오나라 군사가 여세를 몰아 초나라 도성인 영성郢城으로 진격하는 상황이 연출되면서 초나라의 운명은 풍전등화의 신세가 되고 말았다. 200년에 걸쳐 유일무이한 남방의 패자로 군림한 초나라였다. 하지만 동쪽 변방의 부스럼 정도로 얕잡아보던 오나라가 사실은 심장의 질환이었다는 사실을 처음으로 절감할 수밖에 없었다. 사가들은 이를 '백거지역柏擧之役'이라고 부른다.

기원전 496년 여름, 초나라에 승리를 거둔 오왕 합려가 대군을 이끌고
가 월나라를 쳤다. 당시 월왕은 한때 합려와 대립했던 윤상允常이 죽고 그
의 아들 구천句踐이 즉위해 있었다. 곧바로 영격에 나선 구천은 지금의 절
강성 가흥현인 취리檇李에서 오나라 군사와 대치했다. 오월간의 우열이 뒤
바뀌게 된 이 싸움을 이른바 '취리지역檇李之役'이라고 한다.

　당시 구천은 오나라의 군진이 정연한 것을 보고 곧바로 결사대를 구성
해 출동시켜 오나라 군사를 대파했다. 이때 월나라 대부 영고부靈姑浮가 창
으로 오왕 합려를 공격했다. 합려가 엄지발가락에 부상을 입고 황급히 달
아났다. 영고부는 합려의 신발 한짝을 노획했다. 합려는 퇴각하던 중 취리
에서 7리가량 떨어진 오나라의 형陘 땅에서 숨을 거두었다.

　오왕 합려의 아들 부차夫差가 보위에 오른 뒤 사람을 궁정에 세워두고는
출입할 때마다 반드시 자신에게 이같이 말하게 했다.

　"부차야, 너는 월왕이 너의 부친을 죽인 것을 잊었느냐?"

　그러면 부차는 항상 이같이 대답했다.

　"아닙니다, 어찌 감히 잊을 수가 있겠습니까."

　이같이 3년을 한 뒤 부차는 드디어 출병하여 월나라에 보복하였다. 부차
와 구천의 악연이 여기서 시작됐다. 이 외중에 합려를 도와 오나라의 패업
을 완성한 오자서는 부차의 미움을 사 자진하는 비운의 주인공이 됐다. '만
고의 충신' 오자서와 '덜 떨어진 일개 사내'인 부차의 왜곡된 전설이 만들어
진 것도 바로 여기서 시작됐다.

오왕 구천에게 토사구팽을 당한 문종의 묘

범리와 공성신퇴─사상 최초의 '패왕霸王'을 자처하게 되다

오월시대에 가장 주목할 만한 인물이 바로 오왕 합려를 도와 오나라의 패업을 이룬 오자서伍子胥와 월왕 구천을 도와 월나라의 패업을 이룬 범리范蠡이다. 범리를 두고 통상 '범려'로 부르고 있으나 리蠡는 사람 이름으로 쓸 때는 '리'로 읽는 게 옳다.

범리는 전설적인 인물이다. 『춘추좌전』에 대부 문종文種의 이름만 보이고 그의 이름이 전혀 등장하지 않기 때문이다. 실제로 『사기』「월왕구천세가」에 나오는 범리에 관한 기록 역시 전설적인 일화로 가득 차 있다. 그러나 『국어』「월어」는 「월왕구천세가」 못지않게 범리에 관한 일화를 많이 실어놓았다. 『국어』에 범리에 관한 얘기가 자세히 수록돼 있다는 것은 범리가 실존인물이었음을 증명한다. 『국어』는 문종보다 오히려 범리의 행보를 더욱 자세히 수록해놓았다.

사마천은 「월왕구천세가」에 범리에 관한 모든 일화를 그러모아놓았다. 대부분의 내용이 『국어』와 겹치고 있다.

합려 사후 왕위를 계승한 오나라 왕 부차는 오자서에게 도움을 받아 복수의 칼날을 갈았다. 오나라의 복수를 두려워한 구천은 오나라를 먼저 치고자 했다. 범리의 만류에도 불구하고 선공을 가했다가 대패하고 말았다. 그는 오왕 부차의 마부로 일하겠다고 약속해 간신히 목숨을 구할 수 있게 됐다. 이후 구천을 좇아 함께 오나라로 온 범리의 계책을 구사해 와병중인 오왕 부차의 대변을 맛보는 식으로 환심을 산 덕분에 월나라로 귀국할 수 있었다. 이후 절치부심하며 부국강병을 꾀한 끝에 마침내 중원의 제나라

越王勾踐其先禹之苗裔而夏后帝少康之庶子也

越王勾踐世家第十一

唐諸王侍讀率府長史張守節正義

唐國子博士弘文館學士司馬貞索隱

朱中郎外兵曹參軍裴　駰集解

漢　太　史　　令司馬遷　撰

史記卷四十一

吳越春秋云禹周行天下還歸大越登茅山以朝四方
羣臣封有功爵有德崩而葬焉至少康恐禹迹宗廟祭
祀之絕乃封其庶子於越號曰於越孔子稱少
康其少子號曰於越國之稱始此越絕記云少
會稽山南故越絕記云無餘都
越城是也　　封於會稽以奉守禹之祀文身斷髮披草

乾隆四年校刊

『사기』「월왕구천세가」

와 진나라를 제압하고 패권을 장악한 오왕 부차의 허를 찔러 남방의 패권
을 장악했다. 여세를 몰아 중원의 강국인 제나라와 진나라의 승인을 받아
사상 최초의 '패왕霸王'을 자처하게 됐다. 춘추시대 최후의 패자로 우뚝 서
게 된 배경이다.

『사기』「월왕구천세가」에 따르면 이후 범리는 이름을 바꾸고 제나라 도 땅에서 장사를 통해 막대한 부를 얻었다. 도주공陶朱公을 칭했다.

구천 곁을 떠나면서 "목이 길고 주둥이가 까마귀 관상을 가진 자는 고통은 함께 나눌 수 있어도 성공은 나눌 수 없는 자이다."라며 제나라로 망명했다. 여기서 장경오훼長頸烏喙 성어가 나왔다. 남아 있던 문종文種 등은 토사구팽兎死狗烹을 당했다. 그런 것이 원인이 됐는지 그가 죽은 직후 월은 쇠퇴하기 시작한다.

문종은 범리와 달리 재상의 자리에 연연하는 모습을 보였다. 이게 두 사람의 운명을 가르는 결정적인 배경이 됐다. 구천이 극도의 경계심을 갖고 있는 데다 토착세력까지 가세하고 나선 상황에서 이른바 기려지신羈旅之臣인 문종이 살아남을 가능성은 거의 없었다. 스스로 '토사구팽'을 초래한 셈이다.

중국인들은 21세기 현재까지도 범리를 제갈량만큼이나 뛰어난 재상으로 생각하고 있다. 지혜롭고 그릇이 큰 데다 나아가고 물러날 때를 알아 현명하게 처신한 점 등이 자격으로 꼽히고 있다.

사람들에게 자리를 지키다가 '토사구팽'을 당하는 것과 미련 없이 벼슬을 버리고 자유롭게 사는 것 가운데 어느 길을 택할 것인지를 물으면 거의 예외 없이 후자를 택할 것이다. 문제는 자신만은 '토사구팽'을 당할 일이 없다고 착각하는 데 있다. 공이 크면 클수록 이런 착각을 하기 십상이다. 이는 자멸의 길이다.

6장

전국

戰國

상앙

본명 상앙商鞅

생애 기원전 395~기원전 338

전국시대 법가의 대표주자.

원래 상앙은 위나라 군주의 후손이다. 세인들은 위나라 출신인 그를 통상 '위앙'이라고 불렀다. 그는 형명학에 밝아 훗날 『상군서』로 불리는 불후의 명저를 남겼다. 형명학은 훗날 논리학파인 명가를 지칭키도 했으나 원래는 법가의 통치술을 뜻한다.

당초 상앙은 위나라로 가 상국 전문을 만나 지우지은을 얻고자 했으나 위나라로 찾아갔을 때 이미 전문은 죽고 없었다. 상앙은 전문의 뒤를 이어 상국이 된 공숙좌의 문하에 몸을 의탁했다. 공숙좌는 상앙을 만나자마자 그의 기재를 알아보고는 곧 그를 상국의 속관인 중서자에 임명했다.

그러다 진효공과 만나면서 천하의 주인공이 된다. 진효공과 상앙은 춘추시대 관중과 제환공의 만남에 비유할 수 있다. 훗날 진시황이 사상 최초로 천하통일을 이루게 된 근본 배경도 두 사람에게 있다. 왕도가 아닌 패도로 진효공을 설득해 2번에 걸친 변법을 강력히 시행한 덕분이다. 이때 남문사목의 일화를 통해 백성들의 확고한 신임을 얻었다. 변법이 성공한 이유다.

전국시대의 도래

전국시대의 개막과 법가의 출현

춘추시대와 전국시대의 구분은 어디까지나 학술적인 분석을 위한 편의적인 분류에 지나지 않는다. 정치제도사 및 정치사상사의 관점에서 볼지라도 춘추전국시대는 하나로 묶어 보는 게 타당하다. 지방분권적인 신분세습의 봉건정이 무너지고 중앙집권적인 능력 위주의 제왕정이 들어서는 과정이 연속적으로 진행되고 있기 때문이다.

당시의 천하형세를 개괄하면 월나라가 월왕 구천의 죽음을 계기로 약소국으로 몰락한 이후 춘추시대를 특징지은 '춘추5패'와 같은 패자는 더 이상 나타나지 않았다. 여기에는 여러 이유가 동시에 작용했다. 가장 큰 이유로는 '오월시대'의 도래로 인해 상대적으로 약세를 면치 못했던 대국들이 이전의 위엄을 되찾지 못한 데 있었다. 우선 진晉 · 제齊 두 나라는 권신들의 발호로 인해 시종 혼란에 빠져 있었다. 진秦 · 초楚 두 나라 역시 비록 권신들의 발호가 나타나지는 않았으나 군주의 위세가 전례 없이 약화돼 천하의 패권을 다툴 입장이 못 됐다.

이런 상황에서 과거와 같은 패권국의 등장은 사실상 원초적으로 불가능했다. 춘추시대에서 전국시대로 넘어가는 과도기에 나타난 '패자부재覇者不在'의 양상은 각 나라로 하여금 천하의 패권을 둘러싼 국제경쟁보다는 국내의 권력투쟁을 부추기는 결과를 낳았다. 이 와중에 가장 큰 변화를 겪게 된 나라는 말할 것도 없이 권신의 발호가 가장 심했던 진晉 · 제齊 양국이었다. 그 결과는 전국시대 개막 당시 두 나라의 역사의 무대에서의 퇴장으로 귀결됐다.

성을 진陳에서 전田으로 바꾼 전항田恒은 사실상 제나라의 모든 권력을 장악하고 있었다. 후대의 사서는 한문제 '유항'의 이름을 꺼려해 전상田常으로 기록해놓았다. '진항'과 '전항', '전상'이 모두 같은 사람을 지칭한다.

강태공 이래 수백 년 동안 유지되어 온 강씨의 제나라를 집어삼키는 것은 오직 시간문제일 뿐이었다. 당시 제평공齊平公은 전항의 꼭두각시에 불과했다. 이때 전항은 차분히 자신의 세력을 넓혀나갔다. 제나라의 백성들 가운데 아무도 그가 장차 보위에 오르리라는 것을 의심하지 않았다.

하루는 전항이 제평공에게 이같이 건의했다.

"덕치는 백성들의 바람입니다. 군주는 이를 행하십시오. 형벌은 백성들이 싫어하는 것입니다. 이는 신이 집행하겠습니다."

군주에게 형벌권을 빼앗아 가는 것은 곧 사자의 이빨을 뽑는 것이나 마찬가지였다. 한비자는 신하들의 발호를 막기 위해서는 상벌권賞罰權을 결코 양보해서는 안 된다고 강조한 바 있다. 마키아벨리 역시 『군주론』에서 군주가 사자의 폭위暴威와 여우의 교지狡智를 잃어서는 안 된다고 강조했다. 전항은 이미 제나라를 찬탈하기 위한 본격적인 작업에 들어간 것이다. 이를 두고 사마천은 『사기』「전경중완세가田敬仲完世家」에서 이같이 기술해놓았다.

"형벌권을 전항이 시행한 지 5년이 되자 제나라 정권은 모두 전항에게 귀속됐다."

전씨는 원래 진씨陳氏로 제환공 때 제나라로 망명한 진陳나라 공자 진완陳完이 조상이다. 그의 시호가 '경중'이다. 그의 후손 전항은 포씨鮑氏와 안씨晏氏, 고씨高氏, 국씨國氏 등의 대성 씨족은 물론 공족의 자질子姪들 가운데 유력한 자들을 차례로 거세했다. 전항은 이들을 거세할 때마다 이들의 영지를 자신의 것으로 만들었다. 어느새 제나라 영토 가운데 지금의 산동성 익도현 서북쪽에서 제성현 낭야대 서북쪽에 이르는 땅이 모두 전항의 식읍이 됐다.

전항은 또 제나라의 여인 가운데 키가 7척 이상 되는 자를 100여 명 선발해 자신의 집 후실에 두었다. 그러고는 자신의 집 일족이면 누구를 막론하고 후실에 드나드는 것을 막지 않았다. 이에 후실에 있는 여인의 몸에서 난 남자만도 70여 명에 달하게 됐다. 이들 모두가 전씨인 것은 말할 것도 없다. 전항은 제나라를 완전히 차지하기 위해 이같이 기상천외한 방법을 동원했던 것이다. 그가 죽자 그의 아들 전반田盤이 제나라의 집정대부가 돼 제나라의 실권을 장악했다.

전반은 곧 그의 형제들과 친족들을 제나라 각 지역의 대부로 삼은 뒤 제나라 땅을 거의 모두 차지했다. 그는 후안무치厚顔無恥하게도 자신의 형제와 친척을 모두 대부로 삼은 뒤 제나라의 모든 고을을 다스리게 함으로써 사실상 찬탈을 위한 모든 준비를 마쳤다. 이제 열국들로부터 제나라의 새로운 주인으로 공인받는 일만 남게 됐다. 전씨는 중원 진나라가 3분되는 것을 기점으로 전국시대가 개막된 후 한참 지난 뒤에야 비로소 제나라의 새로운 주인으로 공인받게 됐다.

원래 중원 진나라의 공실을 허수아비로 만든 장본인인 6경六卿을 세습해 온 6개 씨족이었다. 이들 6개 씨족은 이합과 집산을 거듭하며 치열한 권력 다툼을 벌였다. 온갖 우여곡절 끝에 '오월시대'의 최종 대표주자가 된 씨족은 지씨知氏였다. 이는 전통적인 세족인 순씨荀氏의 바뀐 성이다. 월왕 구천이 '패왕'으로 군림할 당시 지씨의 우두머리는 지요知瑤였다. 시호는 지양자知襄子로, 통상 사서에서는 지백知伯으로 기록해놓았다. '지백'은 지씨 집안의 우두머리라는 뜻이다.

지백은 야심이 많은 인물이었다. 그는 진나라를 탈취한 뒤 천하를 거머쥐려는 생각을 갖고 있었다. 기원전 472년 여름 6월, 그는 대군을 이끌고 가 제나라를 쳤다. 의기양양하게 개선한 지백은 장차 공실을 뒤엎고 명실 상부한 제후의 반열에 오르고자했다. 당시 진나라에서는 지씨 이외에도 조씨趙氏와 한씨韓氏, 위씨魏氏, 중항씨中行氏, 범씨范氏 등이 권력을 분점하고 있었다. 중항씨는 지씨와 마찬가지로 순씨荀氏에서 갈라져 나온 일족이고, 범씨는 사씨士氏의 바뀐 성이다. 이들과 고루 나눠가질 경우 그 몫이 적었다. 최대한 숫자를 줄일 필요가 있었다.

장맹담과 예양

장맹담은 지씨를 물리치고 진나라를 3분하는 데 결정적인 공을 세웠다. 그는 혁혁한 대공을 세우고도 권력과 지위에 연연하지 않았다. 이를 두고 유향은 『전국책』에서 이같이 평해 놓았다.

"흔히 이르기를, '명주明主가 있어야 비로소 현능한 대신이 나온다.'고 한다. 이는 조양자와 장맹담을 두고 하는 말이다."

유향의 이런 평은 매우 적절하다. 장맹담이 대공을 세울 수 있었던 것도 그를 전적으로 신뢰하며 전폭적인 지원을 아끼지 않은 조양자가 없었다면 불가능했기 때문이다. 두 사람은 대업의 성취에 군신간의 신뢰와 협조가 얼마나 긴요한 것인지를 웅변적으로 보여준 셈이다.

예양豫讓은 범길석范吉射과 순인荀寅을 섬겼다. 그러나 그들로부터 제대로 인정을 받지 못했다. 이에 곧 지백에게 몸을 의탁했다. 지백이 그를 총애했다. 그는 지백이 죽은 뒤 산 속에 숨어 지냈다.

『전국책』「조책趙策」에 따르면 어느 날 지백에게 극도의 원한을 품은 조양자가 지백의 두개골로 술잔을 만들었다는 소문을 듣게 됐다. 예양이 통곡하며 다짐했다.

"내가 듣건대 '선비는 자신을 알아주는 사람을 위해 목숨을 바치고, 여인은 사랑해주는 사람을 위해 화장을 한다.'고 했다. 선비를 자처하는 내가 어찌 지백의 은혜에 보답하지 않을 수 있겠는가!"

예양이 협객의 대명사로 여겨진 단초가 이 구절에 있다. 선비란 자신을 알아주는 이른바 '지기자知己者'를 위해 목숨을 바친다는 게 골자다.

위문후와 오기

위문후는 악양 및 서문표와 같이 뛰어난 인재들을 적재적소에 배치해 중원을 호령했다. 명군이 존재하는 곳에 반드시 현신賢臣이 있다는 금언을 상기시켜준다. 암군이 존재하는 곳에는 현신 대신 충신忠臣이 존재한다. 충신은 목숨을 바쳐 암군을 올바른 곳으로 이끄는 역할을 하나 나라를 흥륭케 만들 수는 없다. 군주가 암군이기 때문이다. 암군은 충신이 뛰어난 계책을 바칠지라도 이를 받아들이지 않는다. 충신은 암군의 존재를 확인시켜 주는 반증이기도 하다.

위문후의 지은知恩에 의해 오기는 진秦나라와 마주한 서하 땅의 태수로 임명되자마자 곧바로 성루를 높이 수축하고, 성지城池를 깊이 파고, 군사를 조련하며 사졸과 함께 숙식을 같이했다. 잠잘 때도 잠자리를 펴지 않고, 나다닐 때도 말을 타지 않고, 자신이 먹을 양식도 직접 짊어지고 다니며 병사들과 고락을 같이했다. 모든 것이 노나라에 있을 때와 같았다.

한 번은 한 병사가 종기로 고생을 하자 오기가 직접 입으로 그 종기를 빨아 치료했다. 그 병사의 모친이 이 얘기를 듣고 통곡했다. 어떤 사람이 의아해하며 묻자 병사의 모친이 울면서 대답했다.

"그렇지 않소. 옛날 오공이 내 남편의 종기를 빨아준 적이 있었소. 이에 내 남편은 감복한 나머지 후퇴할 줄도 모르고 분전하다가 마침내 적에게 죽고 말았소. 오공이 이제 또 다시 내 아들의 종기를 빨아 주었으니 나는 내 아들이 어느 곳에서 죽을지 모르게 됐소. 그래서 통곡하는 것이오."

마침내 오기가 군사를 이끌고 가 진나라의 5개 성읍을 취했다. 이에 한나라와 조나라가 각기 사자를 위나라로 보내 위문후를 축하했다. 이후 진나라는 오기가 서하 땅을 지키고 있다는 소문을 듣고는 감히 침범할 엄두를 내지 못했다.

여기서 바로 연저吮疽, 오기연저吳起吮疽, 연저지인吮疽之仁 등의 성어가 나왔다. 이 고사는 후대에 많은 영향을 미쳤다.

삼국시대의 조조는 원술袁術이 웅거하고 있는 수춘성壽春城을 칠 때 말에서 내려 병사들과 함께 직접 흙을 날라다 참호를 메웠다. 이를 본 장병들이 너나 할 것 없이 모두 앞장서 흙을 날라 참호를 메웠다. 조조의 군사들이 앞다투어 성을 넘어가 수춘성을 함락시켰다. 『정관정요』에도 당태종이 고구려를 침공하면서 병사들과 함께 손수 흙을 날라다 참호를 메우고 아픈 병사들에게 직접 침을 시술한 기록이 나온다. 조조와 당태종 모두 '오기 연저'를 실행한 셈이다.

초도왕 19년인 기원전 383년, 오기가 위문후 때 초나라로 망명했다. 평소 오기가 현명하고 뛰어나다는 말을 들었으므로 오기를 영윤으로 삼았다. 그리고 초도왕은 오기와 함께 부국강병책에 대해 논했다. 병가인 오기는 법가에 입각한 개혁을 추진해 많은 불만을 샀다. 초도왕 사후 귀족들의 궁궐난입으로 횡사했다.

진효공秦孝公과 상앙商鞅

진효공은 명군이었다. 진나라가 전국시대에 천하를 호령할 수 있었던 것은 모두 그의 공이라고 해도 과언이 아니다. 여기에는 위나라 상국 공숙좌公叔座의 휘하에 있던 상앙이 진나라에 귀부한 게 결정적인 배경으로 작용했다. 상앙과 진효공의 만남은 춘추시대 초기 관중과 제환공의 만남에 비유할 수 있다.

진효공은 내심 진나라가 중원의 제후국에 끼지 못하는 사실에 커다란 불만을 품고 있었다. 그는 즉위하자마자 전국에 이런 포고를 내렸다.

"과인은 실지를 회복하고 정령의 본의를 밝게 드러내고자 하나 늘 부끄럽고 비통한 생각뿐이다. 빈객과 군신들 가운데 기이한 계책을 내어 진나라를 부강하게 할 수 있는 사람이 있으면 내가 그에게 관작을 내리고 땅도 나눠줄 것이다."

당시 상앙이 이 포고령을 보고 진효공을 찾아갔다. 원래 상앙은 위衛나라 군주의 후손이다. 세인들은 위나라 출신인 그를 통상 '위앙衛鞅'이라고 불렀다. 그는 형명학刑名學에 밝아 훗날 『상군서商君書』로 불리는 불후의 명저를 남겼다. 형명학은 훗날 논리학파인 명가名家를 지칭키도 했으나 원래는 법가法家의 통치술을 뜻한다.

당초 상앙은 위魏나라로 가 상국 전문田文을 만나 지우지은知遇之恩을 얻고자 한 데 따른 것이었다. 그러나 그가 위나라에 찾아갔을 때 이미 전문은 죽고 없었다. 상앙은 전문의 뒤를 이어 상국이 된 공숙좌公叔座의 문하에 몸을 의탁했다. 공숙좌는 상앙을 만나자마자 그의 기재奇才를 알아보고는 곧 그를 상국의 속관인 중서자中庶子에 임명했다.

진헌공 6년인 기원전 362년, 한나라와 조나라가 위나라에 선제공격을 가했다. 위혜왕은 곧 상국으로 있는 공숙좌를 보내 이들을 영격했다. 공숙좌는 지금의 산서성 익성현인 회수澮水 북쪽에서 연합군을 격파하고 조나라 장수까지 포로로 잡았다. 위혜왕이 친히 교외까지 나와 공숙좌를 영접하면서 100만 전田을 상으로 내렸다. 이후 공숙좌가 병으로 자리에 눕게된 것은 위나라의 입장에서 볼 때 커다란 불운이었다. 위혜왕이 문병 차 찾아와 눈물을 흘리며 물었다.

"그대가 혹여 다시 일어나지 못한다면 장차 누구에게 국사를 맡겨야 좋겠소?"

공숙좌가 누운 채 대답했다.

"저에게 중서자中庶子 위앙衛鞅이 있습니다. 그는 비록 나이는 어리나 천하의 기재입니다. 원컨대 군왕은 그에게 국가대사를 맡겨 처리하도록 하십시오."

위혜왕은 아무 말도 하지 않았다. 수레를 타고 궁으로 돌아오면서 시종에게 말했다.

"공숙좌의 병이 심하니 슬프기 그지없소. 그는 과인에게 국사를 위앙에게 물어 처리하라고 했소. 그러고는 또 다시 그를 죽이라고 권하니 이 어찌 사리에 어긋나는 일이 아니겠소?"

위혜왕이 궁으로 돌아가자 공숙좌가 병상 곁으로 상앙을 불렀다.

"나는 위나라의 신하로 먼저 군왕을 생각하고 나서 신하를 생각할 수밖에 없소. 그래서 먼저 군왕을 위해 이런 계책을 낸 것이오. 내가 보건대 군왕은 그대를 쓸 것 같지 않소. 그러니 속히 달아나도록 하시오."

상앙이 태연히 말했다.

"군주가 공숙의 말을 듣고도 나를 임용하지 않았는데 또 어찌 공숙의 말을 듣고 나를 죽일 리 있겠습니까?"

그러고는 끝내 달아나지 않았다. 그러다가 진효공의 구현령求賢令이 나오자 진나라로 간 것이다. 훗날 진시황이 사상 최초로 천하통일을 이루게 된 근본 배경이 여기에 있다. 왕도가 아닌 패도로 진효공을 설득해 2번에 걸친 변법變法을 강력히 시행한 덕분이다. 이때 남문사목南門徙木의 일화를 통해 백성들의 확고한 신임을 얻었다. 변법이 성공한 이유다.

상앙의 변법

1. 함양咸陽으로의 천도.

2. 적의 수급首級 하나마다 한 계급씩 승진하고 일보라도 후퇴하는 자는 즉시 참형에 처하는 관작官爵의 수여 원칙을 확립했다. 전공이 없는 자는 아무리 부자일지라도 법에 의해 삼베옷을 입고 소를 타야 했다. 종실일지라도 전공이 없을 시에는 모든 종친부에서 그 이름을 삭제해 관작을 삭탈한 뒤 산업에 종사하게 한다. 사투私鬪하는 자는 이유 여하를 막론하고 모두 참형에 처한다. 전쟁에서 공을 세우면 신분의 고하와 관계없이 동등하게 포상하던 이른바 '이십등군공작제二十等軍功爵制'이다.

3. 모든 백성을 십오什伍에 편입시켰다. '십'은 10호, '오'는 5호로 편성된다. 십오는 부정을 서로 감시하며 고발한다. 이를 어길 시에는 10가를 모두 같은 죄로 다스려 요참腰斬에 처했다. 간적奸賊을 고발하는 자는 적의 수급을 벤 것과 같은 상을 받는다. 이를 어긴 자는 전쟁에서 적에게 항복한 자와 같은 벌을 받는다. 모든 역관驛館과 민가는 통행증이 없는 자를 재우면 법에 따라 처벌한다. 가족 내에 죄를 지은 자가 있으면 집안 식구 모두를 관가의 노비로 삼는다.

훗날 진혜문왕으로 등극하는 태자 사駟가 죄를 범하자 태자 사의 스승에게 가혹한 형벌을 가했다.

상앙의 초상

상앙에 대한 평가와 법가의 출현

중국의 초대 사회과학원장을 지낸 곽말약郭沫若이 『십비판서十批判書』에서
진효공을 중국의 역대 군주 가운데 가장 대공무사大公無私한 행보를 보였다
고 평했다. 상앙을 전폭적으로 신뢰해 변법을 완성시켰다는 게 이유다. 그
의 주장이다.

"진효공이 역사상 가장 '대공무사'한 정사를 펼칠 수 있었던 것은 법가사
상가인 상앙을 전폭 신임했기 때문에 가능했다. 그의 상앙에 대한 신임과
지지는 춘추시대 관중에 대한 제환공의 신임, 삼국시대 제갈량에 대한 유
비의 신임, 북송대 왕안석王安石에 대한 신종神宗의 신임 등 그 어느 것과
비교할 수 없을 정도로 높았다."

곽말약은 역사상 진효공을 가장 높이 평가했다. 법가사상을 집대성한 한비자의 상앙에 대한 칭송도 곽말약 못지않다. 상앙의 농전을 높이 평가한 『한비자』 「오두」의 다음 대목이 이를 뒷받침한다.

"지금 열국의 정사가 혼란을 면치 못하게 된 것은 무슨 까닭인가? 백성들이 쓸모없는 자들을 칭송하고, 군주가 이들을 예우하기 때문이다. 이는 나라를 어지럽게 만드는 길이다. 지금 나라 안의 백성 모두 정치를 말하고, 『상군서』와 『관자』의 법가 서적을 집집마다 소장하고 있지만 나라가 더욱 가난해지는 것은 무슨 까닭인가? 입으로 농사짓는 자만 많을 뿐 정작 손에 쟁기나 호미를 잡고 농사를 짓는 자는 적기 때문이다. 나라 안의 백성 모두 군사를 말하고, 『손자병법』과 『오자병법』의 병가 서적을 집집마다 소장하고 있지만 군사가 더욱 약해지는 것은 무슨 까닭인가? 입으로 용병하는 자만 많을 뿐 정작 갑옷을 입고 전쟁터로 나가 싸우는 자는 적기 때문이다."

한비자가 활약하는 전국시대 말기 세상 사람들은 『손자병법』 및 『오자병법』과 마찬가지로 법가 사상서를 대표하는 『상군서』와 상가 사상서인 『관자』를 집집마다 비치해 놓고 열심히 탐독했다. 『상군서』가 『관자』와 더불어 부국강병에 관한 최고의 방략을 담고 있다고 여긴 결과다. 이는 당시 사람들이 상앙과 관중을 같은 부류로 간주했음을 방증한다.

『한서』 「예문지」는 법가 항목에 『이자李子』 32편을 기록해놓았다. 반고는 '이자는 곧 이회李悝를 말한다. 위문후를 보필하며 부국강병을 추구했다.'고 스스로 주석했다. 많은 사람들이 이회를 법가의 효시로 보는 이유다.

상앙이 추진한 '농전'의 사상적 배경이 이회의 진지력지교盡地力之敎에 있다. 사마천은 『사기』 「화식열전」에서 '진지력지교'의 당사자를 이극李克으로 기술해놓았다. 이극은 공자의 제자인 자하의 문인이다. 이로 인해 이극과 이회가 같은 인물인지 여부를 놓고 지금까지 설이 분분하다. 양여우지웅楊幼炯은 『중국정치사상사』에서 이같이 말했다.

"순자는 예치의 집대성자이고, 관자는 법치의 시원이다. 순자는 유가이면서 법가에 가까웠고, 관자는 법가이면서 유가에 가까웠다."

법가의 시원을 관자로 소급하면서 순자를 법가의 일원으로 간주한 셈이다. 관자는 오랫동안 그는 법가의 효시로 인정되어왔다. 『사고전서』 「자부子部」의 법가 항목 맨 앞에 그의 저서인 『관자』를 실어놓은 게 그 증거다.

그러나 그는 단순히 법가의 효시로만 보아서는 안 된다. 제자백가 사상이 모두 『관자』에 녹아 있기 때문이다. 그는 보다 엄밀히 말하면 제자백가의 시원에 해당한다. 굳이 제자백가의 일원으로 분류하려면 사마천에 의해 집대성된 '상가'의 효시로 보는 게 타당하다.

순자의 문하에서 법가사상의 집대성자인 한비자가 나오고, 한비자 역시 스승인 순자의 예치사상에서 많은 영감을 받은 게 사실이나 순자를 법가의 일원으로 분류할 수는 없는 일이다. 법가의 효시는 이회로 보는 게 타당하다. 이게 통설이기도 하다.

장학성章學誠은 법가가 유가에서 파생됐다고 주장했다. 곽말약도 같은 입장이다. 그는 『십비판서』에서 이같이 정리했다.

"이회와 오기, 상앙 등은 모두 공자의 제자인 자하子夏의 문하에서 나왔다. 자하는 유가 내에서 예제를 가장 중시한 학파이다. 예제와 법제는 시대변화에 따라 그 명칭이 달라진 것에 불과하다."

곽말약은 『논어』에 나오는 자하의 언행과 공자의 자하에 대한 충고, 자유子游의 자하 학파에 대한 비판을 비롯해 『한비자』 「현학」에 소개된 유가의 8개 학파에 자하학파가 거론된 점 등을 논거로 들었다. 한비자가 자하학파의 학문을 사숙했을 것이라는 게 곽말약의 주장이다. 전목錢穆도 『국학개록』에서 유사한 입장을 피력했다. 이들의 주장을 뒷받침할 만하나 대목이 『논어』 「자로」에 나온다.

"명의가 바르지 못하면 말이 순조롭지 못하고, 말이 순조롭지 못하면 일이 이뤄지지 못하고, 일이 이뤄지지 못하면 예악이 일어나지 못하고, 예악이 일어나지 못하면 형벌이 형평을 잃고, 형벌이 형평을 잃으면 백성들이 몸을 의탁할 곳이 없게 된다."

예악이 일어나지 못하면 형벌이 형평을 잃고, 형벌이 형평을 잃으면 백성들이 몸을 의탁할 곳이 없게 된다는 구절의 원문은 '예악불흥禮樂不興, 즉형벌부중則刑罰不中, 형벌부중刑罰不中, 즉민부소조수족則民無所措手足'이다. 여기서 '형벌' 운운한 것은 공자 역시 정도의 차이는 있으나 법가와 마찬가지로 법치의 중요성을 깊이 인식하고 있었음을 뒷받침한다. 예치를 완성한 순자를 공자 사상의 정맥으로 보는 것도 바로 이 때문이다. 순자의 문하에서 한비자가 출현한 것도 결코 우연으로 볼 수 없다.

08

종횡가와 병가의 활약과 장평대전

전국시대 말기는 특히 무력을 장악한 권신이 보위를 뺏는 시군찬위弑君
篡位가 난무하던 시기이다. 종횡가와 병가가 크게 활약한 배경이다. 가히
'종횡가縱橫家의 시대'라고 칭할 만하다. 그만큼 뛰어난 세객說客들이 종횡
무진으로 활약했던 시기였던 것이다. 이는 종횡학을 배운 소진蘇秦과 장의
張儀를 필두로 해 수많은 유세객들이 천하를 주유하며 천하방략을 개진한
데서 나온 것이다. 열국의 군주들은 이들의 계책을 이용해 국가발전과 보
전을 꾀했다.

통상 소진이 추진한 계책을 흔히 '합종合從'이라고 한다. 이는 통상 종횡

의 '종縱'을 써 '합종合縱'으로 표현하기도 한다. 6국이 연합해 진나라에 대항하는 계책을 뜻한다. 소진과 함께 귀곡자 밑에서 수학한 장의는 이른바 '연횡連衡'을 추진했다. 이 또한 '종횡'의 '횡橫'을 써 '연횡連橫'으로도 표현한다. 6국이 진나라와 각기 연결해 국가존립을 보장받는 계책을 말한다.

'종횡가'로 표현되는 당시 유세객들은 병가 및 법가와 비교할 때 몇 가지 특징적인 면을 보이고 있었다. 우선 그들은 목표에 도달하는 방법이 매우 우회적이고 최상의 결과보다는 객관적 정세를 고려한 차선책에 만족할 줄 알았다. 이는 일종의 '협상론'에 가까운 모습이다. 당연한 결과로 이들은 적절한 균형을 도출할 수 있는 능력을 중시한다. 방법이나 절차상의 윤리적 문제는 거의 고려하지 않는다. 이는 이상보다는 현실을 중시하는 '현실론자'의 모습이라고 할 수 있다.

이들은 나아가 열국을 자유롭게 왕래하며 사적인 휴먼 네트워크를 적극적으로 활용했다. 사행使行도 비공식적이고 사적인 사행私行이 매우 많았다. 현대의 '막후협상幕後協商'을 방불했다. 국가존망 차원의 치열한 각축전이 전개되고 있는 21세기 경제전쟁 상황에서 외교 일선의 외교관원과 이를 막후에서 지휘하는 정치지도자들은 전국시대의 종횡가를 깊이 연구할 필요가 있다.

종횡가가 횡행하던 당시 외교사행에 대해 가장 엄격한 규제를 가한 나라는 진나라였다. 사자를 수행한 관원이 돌아오지 않을 경우 엄벌에 처하는 규정도 있었다. 심지어는 기생충의 전파를 막기 위해 사자가 타고 온

수레바퀴 등에 대해서도 연기를 쏘여 예방하기도 했다. 진나라를 찾아오는 사자 일행 및 그 행장에 대해 얼마나 엄격한 검열을 시행했는지 짐작하게 한다.

그럼에도 진나라는 유세객을 비롯해 관록官祿을 구하기 위해 열국을 전전하는 사인士人들의 입국을 제약하지 않았다. 그들의 정보망을 적극 활용하려는 속셈이었다. 다른 나라도 마찬가지였다. 열국의 제후들은 이들로부터 각 지역의 지리와 풍속을 비롯해 일반 정세에 이르기까지 폭넓은 견문을 전해들을 수 있었다. 유세객들은 서로 돈독한 우의를 다지면서 각자의 지식과 정보를 교환했다. 당시의 기준에서 볼 때 이들만큼 풍부하면서도 참신한 정보를 보유한 자들은 없었다. 종횡가들이 열국 제후들의 환대를 받은 이유가 여기에 있다.

소진과 장의는 귀곡자鬼谷子 밑에서 동문수학했다고 한다. 병가인 방연과 손빈도 함께 공부했다는 전설이 있다. 『열국지』는 그같이 묘사해놓았다. 장의는 위나라로 가고, 소진은 고향인 주周나라 도성 낙읍으로 돌아갔다. 소진이 귀향했을 때 그의 노모는 아직 생존해 있었다. 그가 귀곡자 밑에서 종횡학을 배우고 있을 때 과부가 된 형수와 소대蘇代와 소려蘇厲 등 두 동생이 노모를 모시고 있었다.

소진은 전답을 팔아 노자를 마련한 뒤 주현왕을 찾아가 부국강병에 관한 계책을 얘기했다. 주현왕이 다시 부를 것을 약속했다. 소진은 관사에 머물며 주현왕이 부르기를 학수고대했으나 아무 소식이 없었다. 다시 집으로 돌아온 그는 집안사람의 반대를 무릅쓰고 집과 살림살이를 모두 팔아 황금 100일鎰을 마련했다. 마침내 좋은 거복車服을 마련해 천하유세에 나섰다. 그는 천하를 주유하며 각 나라의 산천지형과 인정풍토를 샅샅이 조사했다. 그러나 그를 천거하는 사람은 한 사람도 없었다.

진효공을 만나 보기 위해 진나라로 갔다. 그가 함양에 도착했을 때는 이미 진효공은 물론 상앙도 죽은 뒤였다. 소진은 내친 김에 궁으로 가 진혜문왕을 배견하겠다고 청했다.

소진은 진혜문왕을 설득하려고 10여만 언에 달하는 장문의 서신을 여러 차례 올렸으나 끝내 수용되지 못했다. 입고 있던 갖옷은 온통 해지고 100근의 황금도 순식간에 사라졌다. 생활비를 댈 길이 없어 이내 고향인 낙양으로 돌아갔다. 집안 식구들은 거지가 돼 돌아온 그를 홀대했다. 형수가 빈정거렸다. 아내 역시 남편이 돌아왔는데도 베틀에 앉아 베만 짤 뿐 내다보지도 않았다. 소진은 눈물을 흘리며 탄식했다.

"내가 가난하고 천하니 아내도 남편을 남편으로 섬기지 않고, 형수도 시동생을 시동생으로 대하지 않고, 어머니도 자식을 자식으로 보지 않는다. 이 모든 것이 진나라 때문이 아닌가."

이에 강태공이 지은 병서 『음부陰符』를 찾아내 내용을 숙지할 때까지 읽고 또 읽었다. 1년의 세월이 지나자 소진은 드디어 췌마술揣摩術의 묘리를 깨우쳤다. 장차 천하의 모든 나라를 단결시켜 진나라를 배척하게 할 요량으로 연나라를 찾아갔다. 그러나 연문공燕文公을 만나기가 쉽지 않았다. 나름대로 무진 애를 썼으나 누구도 그를 도와주려고 하지 않았다. 아무런 성과도 없이 연나라에서 1년 이상을 허비하자 노자가 모두 떨어져 끼니를 걱정하는 처지가 됐다. 당시까지만 해도 종횡가에 대한 세인들의 인식은 그다지 높지 않았다. 열국의 군주들 또한 법가의 방략에 더욱 관심을 기울이며 부국강병에 몰두했다.

소진 자신이 적극 제신諸申에 나섰던 6국 연합군의 결성이 아무런 성과도 내지 못한 데다 이후 제선왕이 맹상군을 더욱 총애하면서 소진을 시기하던 자들이 서로 모여 대책을 논의한 뒤 이같이 결론을 내렸다.

"자객을 구해 힘으로 소진을 제거하자."

하루는 소진이 제선왕을 배견하러 궁으로 들어갔다. 소진은 피습 순간 초나라에서 숨을 거둔 오기의 최후를 생각했다. 그는 비수를 꽂은 채 있는 힘을 다해 배에 제선왕 앞으로 달려갔다. 소진이 숨을 헐떡이며 말했다.

"범인은 이미 멀리 달아났을 것입니다. 신이 죽게 되면 대왕은 즉시 신의 시체를 거열형에 처해 저자에 전시傳尸하십시오. 이어 방을 붙이기를, '소진은 연나라 첩자였다. 누가 소진을 죽였으니 참으로 다행한 일이다. 소진을 죽인 자는 자진 출두하라. 후히 포상할 것이다.'라고 하십시오. 그러면 가히 범인을 잡을 수 있을 것입니다."

그러고는 이내 쓰러져 숨을 거두었다. 제선왕은 범인을 잡기 위해 소진의 유언대로 그의 시신을 거열형에 처하고 저자에 전시한 뒤 방을 붙였다. 소진의 원한을 대신 갚은 이유다.

사마천은「장의열전」에서 이같이 주장했다.

"합종과 연횡을 주장해 진나라를 강하게 만든 자들은 대개 모두가 삼진

三晉 사람들이다. 장의가 한 일은 소진보다 더 심했다. 그런데도 세상 사람들은 장의보다 소진을 미워했다. 이는 그가 먼저 죽었기 때문이다. 장의는 소진의 단점을 들춰내 그것으로 자신이 주장을 유리하게 해 연횡의 길을 열었다."

사마천은 사람들이 소진을 비판하는 가장 큰 이유를 소진이 먼저 죽은 데서 찾은 셈이다. 이후의 사서 역시 소진이 장의보다 먼저 죽은 것으로 기록해놓았다.

장의의 연횡책과 초회왕의 비극

위혜왕이 상군上郡 땅을 진나라에 바치자 진혜문왕이 크게 기뻐하며 공손연 대신 장의를 상국으로 삼았다. 이로써 소진과 함께 종횡학을 배운 장의는 자신이 원하던 바대로 마침내 천하제일의 강국인 진나라의 상국이 됐다. 장의가 상국이 되자 공손연은 이내 진나라를 떠나 위나라로 갔다. 위혜왕은 공손연이 위나라로 오자 크게 기뻐하며 곧 그를 상국으로 삼았다.

장의의 꾀에 넘어간 초회왕楚懷王은 재위 20년인 기원전 299년에 진나라에서 사실상의 인질이 돼 비극적인 죽음을 맞이했다. 훗날 초한지제가 전개될 당시 천하의 패권을 장악한 항우는 초나라 군주의 후손을 찾아 '초회왕'으로 옹립한 바 있다. 이는 전국시대에 비참한 최후를 맞은 '초회왕'을 추모하려는 것이었다.

기원전 309년, 장의가 세상을 떠났다. 위나라에서 재상을 지낸 지 불과 1년 만이었다. 소진과 더불어 일세를 풍미했던 장의는 소진과 달리 대체로 평온한 죽음을 맞은 셈이다. 그러나 그의 죽음은 열국을 넘나들며 유세를 일삼던 종횡가의 시대가 끝나가고 있음을 알리는 것이기도 했다. 바야흐로 천하는 천하통일을 위한 새로운 인물들의 등장을 기다리고 있었다. 이에 부응한 자들이 바로 병가와 법가였다.

소진의 합종은 개별 제후국의 자주적인 생존을 꾀한 데 반해 장의의 연횡은 종속적인 생존에 기초해 있다. '생존'의 목적은 동일하나 방법론적으로 '자주'와 '종속'의 차이가 있었다. 이는 기본적으로 두 사람의 출신에서 비롯된 것이다. 소진은 동주, 장의는 3진의 하나인 위나라 출신이다. 소진은 껍데기만 남은 주왕실의 앞날에 심각한 고민을 한 나머지 열국의 자주적인 생존에 초점을 맞춘 합종을 역설한 것으로 짐작된다.

반면 중원 출신인 장의는 진나라에 의한 천하통일을 염두에 두고 과도적인 조치로 열국의 종속적인 생존을 용인하는 연횡을 주장한 듯하다. 큰 틀에서 볼 때 연횡이 천하대세에 부응한 것임은 말할 것도 없다. 그러나 천하통일과 열국의 생존은 상호 모순된 것이다. 소진과 장의가 서로 엇갈린 삶을 산 이유다. 그럼에도 두 사람은 모두 입신양명을 위해 천하를 종횡한 점에서는 동일했다. '자주'와 '종속'이라는 방법론상의 차이에도 불구하고 두 사람 모두 열국의 생존이라는 현실적인 목표를 대전제로 삼아 유세를 전개한 배경이 여기에 있다.

사실 종횡가는 당대는 물론 후대에 이르기까지 호평을 받지 못했다. 심지어 패도의 관점에서 볼 때 유사한 입장에 서 있었던 법가와 병가마저도 이들 종횡가에 대해 매우 비판적인 입장을 견지했다. 부국강병책에 골몰했던 법가와 병가로서도 별로 몸도 움직이지 않으면서 세 치 혀로 커다란 작록을 취하면서 천하를 횡행하고자 했던 이들을 결코 곱게 보아줄 의향이 전혀 없었을 것이다.

훗날 사마천은 소진과 장의, 공손연을 당대 최고의 종횡가로 꼽으면서 소진의 동생 소대와 소려, 제나라에서 벼슬하며 진나라에 대항할 것을 주장한 종횡가 주최周最 등도 나름 종횡으로 명성을 높였다고 지적했다. 당시 이들 종횡가들은 천하를 주유하며 그럴듯한 거짓말을 뜻하는 이른바 '변사辯辭'로 열국 군주들의 귀를 솔깃하게 만들었다. 사마천은 이들에 매우 비판적이었다. 소진과 장의에 대해 '실로 위험한 인물이다'라는 혹평을 내린 것을 보면 알 수 있다. 현하지변懸河之辯의 달변과 논리가 사람은 물론 나라 또한 위험에 빠뜨릴 수 있다고 보았기 때문이다.

종횡가가 내세운 논리와 언변이 갖는 한계와 위험성을 경계한 점에서 사마천은 한비자 등의 법가와 맥을 같이한다. 열국의 군주들 역시 비슷한 생각을 했다. 종횡가의 시대가 저물면서 '부국강병'을 전면에 내세운 법가와 병가가 득세한 게 결코 우연이 아니었다.

장의가 세상을 떠난 기원전 309년, 진나라에서 사상 처음으로 좌우 승상丞相제도를 도입했다. 이는 진무왕이 6국에서 사용하는 '상국相國'의 호칭을 꺼린 결과였다.

인상여 조각상

화씨벽과 인상여 및 염파

사서는 제나라 사람들이 초나라 장수 요치를 죽여 '육장'을 담글 당시 조혜문왕이 문득 초나라의 '화씨벽和氏璧'을 얻게 됐다고 기록해놓았다. 『사기』「염파인상여열전」은 화씨벽에 관한 일화만을 소개한 뒤 조혜문왕이 화씨벽을 얻게 된 시기 등에 대해서는 침묵을 지키고 있다. 『자치통감』도 조혜문왕이 화씨벽을 얻었다는 사실만 간략히 언급해 놓았다.

원래 화씨벽은 초나라 백성 변화卞和가 다리를 잘리면서까지 간직한 보옥이었다. 이같이 귀중한 보옥이 어떻게 해 천하가 어수선한 이때 갑자기 조혜문왕의 손에 들어오게 된 것일까? 『동주열국지』에는 이를 짐작하게 하는 대목이 나온다. 인상여가 '화씨벽'을 온전히 갖고 돌아온 뛰어난 외교행보에서 흠이 없고 완전하다는 취지의 완벽完璧 성어가 나왔다.

또 인상여와 그의 출세를 시기한 장군 염파 간의 갈등 일화에서 문경지교刎頸之交, 부형청죄負荊請罪 성어가 나왔다.

백기와 조괄의 장평대전

주목할 것은 진나라 장수 백기와 조괄 사이에 빚어진 장평대전이다.

장평대전은 기원전 262년에서 기원전 260년에 걸쳐 중국 진나라와 조나라 사이에 벌어진 대규모 회전이다. 중국 전국시대의 판도를 변하게 만든 대표적인 전투의 하나로, 장평대전에서의 승리는 진나라가 천하를 통일하는 기반을 만들어 주었으며, 패전국인 조나라의 몰락을 가져왔다.

전투의 발단은 상앙의 변법으로 인한 시스템이 효과를 발휘하면서 전국최강국으로 오른 진의 소양왕이 삼진의 하나인 한나라에 맹장 백기를 보내 공격해 현재의 하남성 심양 지역을 점령했다. 이로 인해 한나라는 국토가 동강난다. 국토가 양분되자 사실상 한나라의 통제력이 미치지 않게 된 상당지역의 태수 풍정은 백성들과 앞으로의 일에 대해 논의를 하게 된다. 한나라 도읍인 신정으로 가는 길이 진에 의해 차단되고, 한 조정이 자신들을 도울 수도 없다고 판단한 풍정은 당시 야만국으로 백안시하던 진나라에 편입되기보다는 과거 하나였던 삼진의 조나라에 귀속되기로 결정하고 조나라의 영토로 들어간다. 결국 이 사태는 진·조·한 삼국에 대파란을 일으키게 된다.

조효성왕은 왕족이자 중신인 평원군, 평양군과 함께 이 문제를 회의했다. 진과의 전쟁을 우려한 평양군은 상당지역의 귀속을 반대했고, 평원군은 받아들이자는 의견이었다. 결국 평원군의 의견을 채택한 조효성왕은 곧 상당지역에 군대를 파병시키고 피난민들의 입국을 허용했다. 조나라가 상당지역을 접수하기 시작하나, 문제는 당시 초, 연, 제, 위는 진나라의 원교근공遠交近攻 계책에 말려 이에 동조하지 않음으로써 조는 초강대국 진과 홀로 맞서야 되는 외교적 고립에 빠진다. 조나라는 삼진의 일원인 위와 한 두 나라 가운데 최소한 위나라는 도울 것이라 봤으나 위나라가 움직이지 않았다.

기원전 260년 4월 진나라의 소양왕은 장수 왕흘과 대군을 보내 상당을 점령하기 위한 진군을 지시했다. 허나 상당의 백성들은 이때 이미 조나라로 피난했고, 상당으로 들어온 진군은 점령지에 아무 것도 없자 분노했다.

당시 국가에서 가장 중요한 백성, 즉 노동력을 확보하지 못하는 상황에 처하게 된 진나라는 곧 왕흘에게 난민들을 추격시켰고 이에 조나라는 맹장 염파에게 조나라의 거의 전 병력인 40만 대군을 지휘하게 해 진군을 막게 하고 상당 백성들의 입국을 도왔다.

당시 진의 재상이었던 범수는 고민에 빠졌다. 이미 몇 차례의 실책으로 징계를 받은 상태였다. 이번 전투에서 패배한다면 그의 몰락은 자명한 일이었다. 범수는 두 가지 승부수를 띄웠다.

첫째, 당시 지휘관이었던 왕흘을 백전노장 백기로 몰래 교체했다. 그리고 이를 발설하는 자는 가차 없이 처형했다. 이를 조에서 알면 안 되기 때문이었다. 둘째, 조나라 염파가 전장을 지휘하면 승리할 수 없음을 알았기에 이간책을 썼다. 첩자들을 투입해 이러한 소문을 퍼뜨리게 했다. "염파가 진을 공격하지 않는 것은 뒤에서 진과 내통하고 있기 때문이다. 진나라가 두려워하는 것은 조괄이 장군이 되는 것이다." 이러한 소문을 들은 효성왕은 염파를 지휘관 자리에서 내치고 대신 조괄을 임명했다.

조괄의 부친은 명장 조사趙奢였다. 그는 생전에 진의 군사들을 상대로 대승을 거둔 전력이 있었던 장수였다. 그는 병사들을 아꼈고, 욕심이 없어서 전투에서 이긴 후 왕에게 하사받은 은상은 병사들에게 모조리 나누어주었다고 한다. 그런 조사는 정작 자기 아들을 천거하기는 꺼렸다.

조괄은 병법에 통달한 수재였다. 그러나 그뿐이었다. 외우기만 한 병법을 실전에 응용하는 능력은 없었던 것이다. 게다가 그는 뽐내는 것을 좋

장평대전을 승리로 이끈 백기

아했다. 그래서 조나라의 조정에서 조괄을 지휘관으로 삼으려 하자 조괄의 어머니는 조정에 아들을 천거하면 안 된다는 건의까지 올렸으나, 이는 무시되고 말았다. 이에 반해 백기는 백전노장이었다. 당시 수많은 강대국들을 상대로 한 전투에서 백여 개가 넘는 성을 빼앗을 정도의 공적을 거둔 장수였다.

이렇게 백기와 조괄은 전장에서 맞닥뜨렸다. 백기는 군영에 도착하자마자 총공격을 지시한 조괄을 거짓 패배로 본진 깊숙이 유인했다. 문제는 장평 지역은 황토고원지대로 오랜 빗물에 의한 침식으로 곳곳에 골짜기와 협로가 산재해 매복이 쉬웠고, 40만이나 되는 조나라 군사는 결국 진의 보루를 함락시키지 못하고 거대한 장평의 협로에 저절로 갇히게 됐다. 이에 백기는 조군의 보급로를 차단해 고립시키는 데 성공했다. 당황한 조괄은 조군의 진형을 유지하는 데 급급했고, 백기는 바로 본진에서 출병시킨 5,000명의 기병으로 조의 본진을 헤집으며 진형을 무너뜨렸다. 전투력에 있어서 전국 최강의 진나라 군사는 완전포위망을 구축한 조군을 압박했고, 조괄은 급히 보루를 쌓아 수비에 들어갔다. 40만 명의 조나라 군사는 수성에서 큰 힘을 발휘했고, 결국 진군은 조군을 포위한 채 일시소강에 들어가게 되었다.

비극은 여기에서부터 시작됐다. 보급이 끊긴 조군은 무려 46일 동안 고립되자 죽은 아군을 시작으로 동료를 먹기 시작했다. 처음엔 부상병, 나중에는 그냥 서로 죽이고 잡아먹는 살육이 벌어지게 됐고, 조괄은 절망적인 상황을 타개하려 총공격을 수차례 감행하나 실패해 전투 중에 전사했다. 사령관을 잃은 조군은 결국 전원 항복했다.

조나라의 전 병력이었던 40만 대군은 그렇게 진군에 무장해제당하고 투항하나 숫자가 너무 많았다. 수많은 그들을 먹일 군량도 관리할 방법도 없어 난감했던 백기는 결국 인류역사상 가장 끔직한 대학살을 명했다. 먼저 그는 투항한 조군에게 구덩이를 파게 했는데 장평지역의 황토고원지대는 부드러운 흙이라 쉽게 땅이 파지고 빗물에 의해 파여진 협곡이 산재해 황토골짜기를 거대한 구덩이로 쉽게 만들어낼 수가 있었다. 40만 조군을 협곡에 가둔 진군은 위에서 그냥 흙을 쏟아부음으로써 너무나도 간단하게 40만을 매몰시켜 죽였다.

전국 사공자戰國四公子

이들의 공통점은 문하에 식객을 두고 각 나라에서 절대적인 지지를 받았으며 진나라에 대항하기 위해 부국강병을 꾀한 인물들이라는 것이다. 이들 중에서 가장 추앙받는 것은 맹상군으로, 역사가들 사이에서도 이견이 거의 없는 것으로 유명하다. 그러나 맹상군을 제외하면 순위를 두는 데 이견이 많다.

제나라 맹상군의 계명구도鷄鳴狗盜, 조나라 평원군의 모수자천毛遂自薦 내지 낭중지추囊中之錐, 위나라 신릉군의 절부구조竊符救趙 일화가 나왔다.

초나라의 춘신군春申君과 관련한 이화접목李花接木 일화는 진시황이 여불위 자식이라는 소문의 배경으로 작용했을 가능성이 크다.

원래 춘신군은 고열왕의 아버지 초경양왕 밑에서 일하다 진나라가 초를 공격하려 할 때 사자로 보내져 진소양왕을 설득해 초와 진의 동맹을 결성하는 것에 일조한 대신 후에 초고열왕이 될 태자와 함께 진에 볼모로 보내지게 됐다.

고열왕의 아버지 초경양왕이 병에 걸리자, 진왕에게 귀국을 요청했으나 거절당했다. 이에 춘신군은 초고열왕을 마부로 위장시켜 초로 탈출시키고, 자신은 진왕에게 사실을 고했다. 분노한 진소양왕은 춘신군을 죽이려 하나, 신하들의 만류로 용서한다. 초경양왕 사후 초고열왕이 즉위하자, 재상에 임명됐다.

초고열왕은 아이를 가질 수 없는 몸이었다. 이원李園이라는 자의 누이동생과 짠 뒤 임신하게 한 뒤 왕에게 넘겼다. 그 아이는 결국 태자로 책봉되었다. 훗날 초유왕이다. 이때 빈객 가운데 주영이 간했으나 춘신군이 듣지 않았다. 주영은 춘신군의 안목에 실망하며 이원의 보복이 두려워 춘신군 곁을 떠났다. 초고열왕이 죽자 이원은 주영의 예언대로 미리 육성해둔 자객을 동원해 춘신군의 목을 베었다.

진시황

본명 영정嬴政

생애 기원전 259~기원전 210

재위 기원전 246~기원전 210

13세에 진나라의 31대 왕으로 즉위했다. 장성하여 여불위와 노애 등의 권신들을 제압하고 황권을 쥐었다. 당시 진나라를 포함해 7개국으로 분열돼 있던 중국 장성 이남을 통일하고 39세에 '황제' 라 칭했다. 통일된 진나라의 1대 황제이자 중국 최초의 황제였다. 그는 '짐朕', '궁宮' 등의 황실 전용어를 만들고 제왕정을 실시했다. 제왕정은 중앙집권체제였다. 진시황은 이를 위해 표준화를 실시했다. 교통, 화폐, 문자, 사상까지 표준화되었다. 또한 기존에 비대했던 지방권력을 통제하기 위하여 군현제를 확립했다. 더불어 기존 7국의 장성을 이어 만리장성을 축조했다. 백성들에게 원성을 샀으나 이는 흉노족의 위협을 받고 있었던 진제국의 안녕을 위해 반드시 필요한 작업이었다.

진시황은 성실한 워커홀릭이었다. 하루에 120근의 서류를 처리하지 않으면 잠에 들지 않았다고 한다. 또한 그는 10년 동안 5번이나 전국을 순행했다. 뜨거운 열정을 가졌던 진시황은 천하순행 도중에 과로로 급서했다.

09

진시황의 천하통일

여불위와 왕손 이인

원래 진소양왕의 아들 안국군安國君 임林은 뒤늦게 태자의 자리에 오르
게 된 이유 등으로 인해 적자를 두지 못했다. 초경양왕의 딸로 태자비가
된 화양부인華陽夫人은 남편인 안국군의 총애를 입었으나 아들을 낳지 못했
다. 그러나 안국군은 총희들과의 사이에서 모두 20여 명의 아들을 두었다.
이들 20여 명의 서출 가운데 왕손 이인異人이 있었다. 그는 안국군의 둘째
아들이었다.

당시 이인은 기원전 279년에 맺어진 진소양왕과 진혜문왕의 민지澠池

화약으로 인해 조나라에 볼모로 간 이후 20년 넘게 인질로 잡혀 있었다. 그의 생모 하희夏姬가 안국군의 총애를 크게 받지 못한 탓에 그가 인질로 가게 된 것이다. 진나라는 이인이 조나라에서 죽임을 당할지라도 눈 하나 깜짝할 입장이 아니었다. 실제로 진나라는 왕손 이인을 아예 데리고 올 생각조차 하지 않았다.

공교롭게도 이때 거상 여불위呂不韋가 한단성에 살고 있었다. 여불위는 지금의 하남성 우현인 한나라의 양척陽翟 출신으로 전국시대의 어지러운 틈을 타 천금의 재산을 모은 거상이다. 천하의 거상 여불위와 왕손 이인의 만남은 500여 년에 걸친 춘추전국시대의 난세를 종식시키는 결정적인 계기가 됐다.

여불위는 부친과 함께 열국을 돌아다니며 물건을 싸게 사서 비싸게 파는 수완을 발휘해 거만금을 벌어들인 탓에 난세의 전시 상황을 절묘하게 이용할 줄 아는 비상한 재주가 있었다. 이들은 전국에 깔린 지점망을 통해 전시 물자를 마음껏 농단壟斷할 수 있었다.

당시 여씨 부자는 한단성 안에 살고 있었다. 이들 부자가 운영하는 다국적 기업의 본부가 바로 조나라 도성 한단에 있었기 때문이다. 하루는 여불위가 거리로 나갔다가 돌아오는 도중에 우연히 왕손 이인을 보게 됐다. 남루한 옷을 걸치기는 했으나 귀인이 기상이 완연했다. 여불위가 내심 탄복했다.

자초지종을 알게 된 여불위가 홀로 중얼거렸다.

"이는 기이한 상품인 이른바 기화奇貨이다. 가히 쌓아 두었다가 팔면 커다란 이익을 얻을 만하다!"

인구에 회자하는 '기화가거奇貨可居' 성어가 여기서 나왔다. '기화가거'라는 말처럼 '농단'의 요체를 집약해 표현한 말은 없다.

여불위는 함양에 도착하자마자 화양부인 언니 집 사람들을 매수했다. 그 집 사람들이 화양부인 언니에게 보물함 하나를 바쳤다. 화양부인의 언니가 곧 궁으로 들어가 화양부인에게 이 일을 고하고 여불위가 갖고 온 함을 전했다. 덕분에 이인은 안국군의 아들이 되고 여불위는 왕손 이인의 태부가 됐다. 곧 조나라 대신들을 상대로 황금 500일을 쓰면서 백방으로 이인의 귀국을 위해 노력했다. 이 일로 인해 이인의 이름이 어느덧 제후들 사이에 널리 알려지게 됐다.

당시 여불위에게는 총애하는 한 여인이 있었다. 그녀는 나이도 젊고 매우 아름다웠다. 사람들은 여불위가 그녀를 조나라 한단에서 얻어 들였다고 해 조희趙姬라고 불렀다. 조희는 가무에 능했다. 하루는 여불위가 크게 잔치를 벌이고는 이인을 초대했다. 주흥이 한창 무르익었을 때 여불위가 조희를 불러 이인에게 인사를 올리게 했다. 이인은 조희의 뛰어난 미색에 넋을 잃었다. 조희가 왕손 이인에게 술잔을 올린 뒤 음악에 맞춰 춤을 추었다. 이인이 연신 찬탄해 마지않았다. 그날 저녁 조희는 온거溫車에 실려 이인에게 갔다. 그녀는 이듬해인 기원전 259년 정월에 진시황을 출산했다. 정월에 태어난 까닭에 이름을 '정政'으로 지었다.

『사기』「여불위열전」에서 조희가 이인에게 가기 전에 이미 '유신有身', 즉 임신의 상태였다고 기록해놓았다. 항간의 소문을 마치 역사적 사실인 양 끼워 넣은 것이다.

진왕 정政과 형가

진왕 정 15년인 기원전 232년, 진나라에 인질로 잡혀와 있던 연나라 태자 단丹이 본국으로 탈출하는 일이 빚어졌다. 30년 전인 진소양왕 52년인 기원전 263년에 인질로 잡혀와 있던 초나라 태자 웅완熊完이 몰래 초나라로 탈주해 초고열왕으로 즉위한 것과 유사한 일이 빚어진 것이다.

기원전 228년에 이르러 진나라 장수 왕전이 조왕 천遷을 포로로 잡고 조나라 영토를 대부분 장악하는 일이 빚어졌다. 비록 공자 가嘉가 대代 땅으로 도주해 조왕을 칭했으나 조나라는 사실상 패망한 것이나 다름없었다. 한나라는 이에 앞서 이미 2년 전에 멸망했다. 진나라의 다음 목표는 연나라였다. 실제로 왕전은 방향을 틀어 북쪽으로 진공했다. 진나라 군사가 연나라 남쪽 국경까지 육박해 오자 태자 단이 급히 그간 자객으로 길러온 형가荊軻를 찾아갔다.

형가는 연나라로 망명해 온 진나라 장수 번오기樊於期의 목에 금 1천 근과 1만 호의 성읍을 내걸고 있으니 번장군의 목과 연나라에서 가장 비옥한 지금의 하북성 탁현 남쪽인 독항督亢 일대 지도를 들고 가 바치는 도중 척살을 할 뜻을 밝혔다. 그러나 형가의 계획은 실패로 돌아갔고 진왕 정은 살아남았다. 당시의 일화가 『사기』 「자객열전」에 실려 있다.

진왕 정은 천하를 통일한 후 스스로 자신의 덕은 3황5제를 능가한다고 여겼다. 왕호를 제호로 바꿔 그 명칭으로 '황제皇帝'라고 했다. 증조부인 진소양왕이 처음으로 사용한 '서제'의 반쪽짜리 제호를 이제 천하를 아우르는 명실상부한 제호로 바꾼 것이다. 또 명命을 제制, 영令을 조詔라고 하고 짐朕이라했다.

그는 500여 년에 걸친 춘추전국시대의 난세가 종식됐다는 것을 천하에 널리 알리기 위해 열국에서 사용하던 무기를 모두 함양에 모은 뒤 이를 녹여 종거鐘鐻와 금인金人 12개를 만들었다. 금인의 무게는 각기 1천 석石, 즉 120근에 달했다. 금인을 궁정의 한 가운데에 두었다.

이어 법도法度를 비롯해 부피와 무게, 길이 등의 도량형도 그 단위를 통일시켰다. 이어 천하의 호걸 12만 호를 함양으로 옮겨 살게 했다. 종묘宗廟와 장대궁章臺宮, 상림원上林苑 등은 모두 위수의 남쪽에 건조했다. 마침내 동서고금을 통해 가장 긴 500여 년의 봉건 분열시대가 끝나고 중앙집권적인 제왕정 치하의 통일시대가 열렸다.

새 시대의 개막은 신분세습을 특징으로 한 봉건정의 종식과 능력을 위주로 한 제왕정의 본격 개시로 요약된다.

한비자 옥사 사건 전말

한비자는 한나라 왕족 출신으로 성이 한韓, 이름이 비非이다. 춘추전국시대에 활약한 제자백가 가운데 한비자처럼 가장 방대한 기록을 남긴 사람은 없다. 전한 초기 사마천이 『한비자』를 접했을 때 이미 10여만 자에 달했다. 현존 『한비자』와 별 차이가 없다.

「노자한비열전」에 따르면 한비자는 젊었을 때 형명법술刑名法術의 학문을 좋아했다. 학설의 근본은 도가의 황로학黃老學이었다. 그는 심한 말더듬이

여서 입으로 자신의 학설을 잘 말하지 못했다. 그러나 저술만큼은 매우 뛰어났다.

그는 젊었을 때 이사李斯와 함께 순경荀卿을 스승으로 모시고 학문을 익혔다. 당시 이사는 스스로 한비자만 못하다고 여겼다. 한비자는 조국인 한나라가 영토가 깎이고 국력이 쇠약해지는 것을 보고 한왕 안安에게 여러 차례 글을 올려 간했으나 한왕은 이를 받아들이지 않았다.

그는 청렴하고 정직한 사람들이 사악하고 바르지 않은 사람들에게 용납되지 않는 상황을 슬퍼했다. 이에 과거 역사에서 빚어졌던 득실의 변천을 살펴보고 「고분」과 「오두」, 「내저설」, 「외저설」, 「설림」, 「세난」 등 10여만 자에 달하는 글을 지었다.

어떤 사람이 그가 지은 책을 진나라로 가지고 갔다. 진시황은 「고분」과 「오두」를 읽고는 탄식해 마지않기를, "아, 과인은 이 사람을 만나 함께 노닐었으면 죽어도 여한이 없겠다."고 했다. 이때 진나라 군사가 한나라를 급하게 공격했다. 한나라 왕은 당초 한비자를 등용치 않다가 이때에 이르러 상황이 위급해지자 곧 그를 진나라에 사자로 보냈다.

진시황이 한비자를 만나보고는 크게 기뻐했으나 끝내 신용하지는 않았다. 이때 이사와 종횡가인 요가姚賈가 그를 해칠 의도로 무함키를, "한비자는 한나라의 공자 출신입니다. 지금 대왕이 제후국들을 병탄하고자 하는 마당에 그는 끝내 한나라를 위해 일할 뿐 진나라를 위해 일하지는 않을 것입니다. 그게 인지상정입니다. 지금 대왕이 그를 등용치 않은 채 오래 머물게 했다가 돌려보내면 이는 스스로 우환을 남기는 것입니다. 허물을 물어 법으로 그를 주살하느니만 못합니다."라고 했다.

진시황이 과연 그렇겠다고 생각해 곧 사법관에게 그의 죄를 다스리게 했다. 이사가 사람을 시켜 독약을 한비자에게 건네주어 자진케 했다. 한비자는 자진하기에 앞서 진시황을 만나 자신의 뜻을 개진코자 했으나 도무지 만날 길이 없었다. 한비자 사후 진시황이 뒤늦게 후회하며 사람을 보내 사면코자 했으나 이미 죽은 뒤였다. 이를 통해 한비자는 『한비자』를 저술한 뒤 진나라에 사자로 갔다가 이내 옥사했음을 알 수 있다.

그렇다면 한비자를 만나 함께 노닐었으면 죽어도 여한이 없다고 한 진시황은 왜 막상 한비자를 만나 일면 크게 기뻐하면서도 끝내 발탁하지 않은 것일까? 당시 상황에 비춰볼 때 진시황이 천하통일 작업을 가시화할 경우 한나라부터 시작하지 않을 수 없다. 실제로 그렇게 진행됐다. 이런 상황에서 한비자를 중용할 경우 한비자는 말할 것도 없고 진시황의 입장도 묘해진다.

주목해야 할 것은 사마천이 「노자한비열전」에서 한비자를 무함한 인물로 이사를 주범, 요가姚賈를 종범으로 언급해놓은 점이다. '요가'라는 사람의 이름은 『사기』 전편을 통해 여기에만 유일무이하게 등장한다. 배경설명도 없다. 오직 '요가'라는 이름만 달랑 등장할 뿐이다.

요가는 과연 어떤 인물이었기에 사마천은 이처럼 밑도 끝도 없이 이사 뒤에 '요가'라는 사람의 이름만 달랑 기록해놓은 것일까?

그러나 『전국책』을 보면 요가는 결코 간단한 인물이 아니다. 그는 전국시대 말기를 화려하게 수놓은 당대 최고의 종횡가였다. 수완 면에서 진소양왕 때 활약한 장의張儀를 뺨치고 있다.

「진책」에 따르면 진시황 11년기원전 236, 연과 조, 위, 초 등 4국이 하나가 되어 진나라를 치려고 했다. 진시황이 군신들과 빈객 60여 명을 불러놓고 물었다.

"4국이 하나가 되어 장차 우리 진나라를 치려고 하니 걱정이오. 안으로 군수물자를 조달할 재정이 궁핍치는 않으나 잇단 전쟁으로 인해 병사들이 크게 지쳐 있소. 이 일을 어찌하면 좋겠소?"

군신들이 아무 대답도 못하고 있을 때 요가가 문득 나서 이같이 대답했다.

"원컨대 신이 4국에 사자로 가 반드시 그 모의를 철회시키고 출병을 저지하겠습니다."

진시황이 기뻐하며 병거 1백 승乘과 금 1천 근斤을 내주면서 자신의 의관과 칼까지 착용하게 했다. 진시황에게 하직 인사를 올리고 유세에 나선 요가는 곧바로 자신의 약속이 허언이 아니었음을 증명했다. 바로 4국이 모의를 철회한 것이다. 그는 여기서 한 발 더 나아가 아예 4국과 우호관계까지 맺고 돌아왔다. 장의를 뺨치는 종횡술이다. 진시황은 요가를 '기특'하게 생각했을 것이다.

진시황 14년인 기원전 233년, 요가가 4국과 우호관계까지 맺은 뒤 진나라로 돌아와 복명復命하자 진시황이 크게 기뻐하며 그에게 식읍 1천 호를 상으로 내리고 상경上卿으로 삼았다. 객경 출신으로서는 거의 최고의 자리에 오른 셈이다. 공교롭게도 마침 이때 한비자가 한나라의 사자로 함양에 와 있었다. 그는 진시황에게 이같이 충고했다.

"요가는 3년간에 걸쳐 귀한 보물을 모두 풀어 유세에 나섰습니다. 남으로는 초와 오, 북으로는 연과 조나라에 사자로 돌아다니며 애썼으나 4국이 진정으로 진나라와 국교를 맺으려 한 게 아닌데도 국내의 귀한 보물만 모두 바닥내고 말았습니다. 이는 요가가 대왕의 권세와 나라의 보물을 이용해 밖으로 제후들과 사사로이 교분을 맺은 탓입니다. 원컨대 대왕은 실체를 잘 살피시기 바랍니다. 원래 요가는 위나라 문지기의 아들로 태어난 자입니다. 일찍이 위나라에서 도둑질을 하고, 조나라에서 벼슬을 살다가 쫓겨난 바 있습니다. 조상 대대로 문지기를 한 집안의 아들로 태어나 위나라의 큰 도둑으로 있다가 조나라에서 쫓겨난 그런 자와 더불어 국가대사를 논의하니 이는 군신들을 격려하는 계책이 아닙니다."

화가 난 진시황이 곧 요가를 불러내 물었다.
"내가 듣건대 그대는 과인의 재물을 이용해 제후들과 사사로이 교분을 맺었다고 하는데 과연 그런 일이 있었소?"
"있습니다."
"그렇다면 무슨 낯으로 또 과인을 만난 것이오?"
요가가 대답했다.
"신은 대왕에게 충성을 다했지만 대왕은 이를 잘 모르고 있습니다. 신이

진시황

4국을 돌아다니며 진나라의 보물만 축내다가 달아나고자 했다면 과연 어디로 갈 수 있었겠습니까? 신이 불충했다면 4국의 제후인들 어찌 저를 쓸리 있겠습니까? 지금 대왕이 참언을 곧이 들으면 충신은 사라지고 말 것입니다!"

진시황이 재차 물었다.

"그대는 문지기의 아들로 태어나 위나라에서 도둑질을 한 적도 있고 조나라에서는 신하로 있다가 쫓겨났다고 하는데 그게 사실이오?"

요가가 대답했다.

"태공망太公望 여상呂尙은 제나라에 있을 때 늙은 아내에게 쫓겨난 필부로 원래 썩은 고기나 팔다가 문을 닫은 백정 출신입니다. 주문왕은 그를 등용해 왕자王者가 되었습니다. 관중은 제나라의 장사꾼 출신으로 원래 가난한 처사로 지내다가 제환공을 죽이려 한 죄로 노나라에서 붙잡힌 후 간신히 석방된 죄수에 불과했습니다. 제환공은 그를 등용해 패자霸者가 되었습니다. 백리해는 우虞나라의 걸인으로 양 가죽 5장 값에 팔려 가는 신세였습니다. 진목공은 그를 구해 내 상국으로 삼음으로써 서쪽 오랑캐의 조공을 받게 되었습니다. 진문공은 중산中山 땅의 도적을 군사로 활용해 성복城濮의 싸움에서 초나라 군사를 대파하고 패업을 이뤘습니다.

여상을 비롯한 이들 4인 모두 비천한 출신으로 천하의 놀림거리였으나 주문왕 등은 이들을 과감히 등용했습니다. 이는 이들과 함께 공을 세울 수 있다는 사실을 알았기 때문입니다. 만일 신이 도인들처럼 굴속에 숨어 살았으면 대왕이 어찌 저를 등용할 수 있었겠습니까? 명군은 신하의 미천함을 따지지 않고, 과거의 비행을 따지지 않고, 오직 자신을 위해 쓸 만한 인물인지 여부만을 살필 뿐입니다. 사직을 보전하려는 군주는 비록 밖에서 비방하는 말이 들릴지라도 듣지 않고, 비록 뛰어난 명성이 있을지라도 최소한의 공조차 세우지 못한 자에게는 상을 내리지 않는 법입니다. 그래야만 군신들이 헛되이 군주에게 분에 넘치는 요구를 하지 않게 됩니다."

이상이 「진책」에 소개된 관련 대목이다.

「진책」은 진시황이 '다시' 요가의 지위를 회복시켜 주면서 한비자를 주살케 했다고 기록해놓았다. 진시황이 한비자의 말을 듣고 요가의 관작을 박탈했다가 요가의 조리 있는 해명을 들은 뒤 크게 놀라 요가를 다시 복직시키면서 한비자를 곧바로 주살했음을 보여준다.

「진책」의 이 대목은 동시에 한비자가 자신의 출신성분에 대해 커다란 자부심을 갖고 있었음을 반증한다. 요가를 두고 '조상 대대로 문지기를 한 집안의 아들' 운운한 게 그 증거다.

진시황은 한비자의 말만 믿고 요가의 관작을 박탈한 자신의 '성급한' 조치에 스스로 화를 냈을 것이다. '진시황이 요가의 지위를 회복시키면서 좌우에 명해 한비자를 주살케 했다'는 「진책」의 기록이 이를 뒷받침한다.

결과적으로 한비자는 자만심과 법가사상을 집대성했다는 자부심 등으로 인해 섣불리 당대의 종횡가인 요가를 공격했다가 오히려 부메랑을 맞은 셈이다. 한비자를 궁지로 몰아넣은 것은 이사가 아닌 요가였음을 뒷받침해주는 대목이다. 이는 '아전' 출신 이사의 종횡가 행보를 살펴보면 더욱 명확해진다.

문제는 '한비자의 허물을 물어 법으로 주살하느니만 못하다'고 주청한 마지막 대목이다. 객관적으로 볼 때 아무리 속국에 해당하는 한나라일지라도 일단 일국의 사자로 온 한비자를 법으로 다스린다는 것은 매우 중대한 문제이다. 누구나 수긍할 만한 명백한 죄과罪過가 없는 한 일국의 사자를 법으로 다스리는 것은 열국의 비판을 받을 가능성이 컸다. 그렇다면 구체적으로 당시 한비자에게 덧씌워진 죄과는 어떤 것이었을까?

　「진책」의 기록을 토대로 추론하면 대공을 세워 상경에 임명된 요가의 관작을 박탈하게 만든 점에서 '간첩죄'로 논죄論罪되었을 수 있다. 한비자의 '간첩죄'를 다루는 과정에서 자백을 받아내기 위해 혹형이 가해졌을지도 모른다.

　한비자의 간첩죄는 대공을 세운 진시황의 핵심참모 요가를 무함하여 제거하려고 한 것이고, 또한 한비자에 버금하는 뛰어난 책사 이사가 이미 진시황 곁에 있었다. 정황상 자존심과 자부심이 강했던 진시황의 입장에서 볼 때 사면할 이유를 찾기가 거의 힘들었다. 요가를 복직시키면서 곧바로 한비자를 주살했다는 「진책」의 기록은 확실한 증거다. 모든 게 진시황의 결단에 따른 것임을 뒷받침하는 대목이다.

　이사가 상경으로 있을 때 한비자는 망해 가는 조국 한나라를 구하기 위해 진시황의 자비를 구하는 '걸인'의 모습으로 진나라를 찾아왔다. 겉모습만 사자였을 뿐이다. 한비자는 결코 이사의 경쟁상대가 될 수 없었다. 오히려 한비자가 이사를 경쟁상대로 삼았다고 보는 게 합리적이다.

진시황은 죽기 직전까지 사상 첫 제국인 진제국의 통치기반을 굳건히 다지기 위해 헌신적으로 일한 점을 높이 평가받아야 한다. 열정적으로 천하순행에 나선 게 그렇다. 그는 천하통일을 이룬 이듬해인 기원전 220년부터 경호상의 문제가 있음에도 천하순행을 강행했다. 기원전 218년의 제3차 순행까지 해를 거르지 않았다.

진제국의 상징인 아방궁阿房宮은 제2차 순행이 이뤄지는 기원전 219년부터 짓기 시작했다. 아방궁의 영건 작업은 항우가 함양을 분탕질하는 기원전 207년 말까지도 계속됐다. 규모가 얼마나 컸던 것인지 쉽게 상상이 가지 않는다. 각지에서 수많은 백성들이 동원된 것은 물론이다. 제국의 백성들은 엄한 법제로 인해 하소연도 못한 채 고통을 감수해야만 했다. 백성들의 불만은 마치 흘러내린 물이 가득 차 있는 방죽과 같았다. 둑의 일각이 터지는 순간 폭포 같은 기세로 쏟아져 내릴 판이었다. 그 기폭제 역할을 한 것이 바로 진시황의 급작스런 죽음이었다.

사마천은 진시황을 두고 천하를 겸병해 폭정을 일삼은 폭군에 지나지 않는다고 혹평했다. 그러나 그는 천하가 통일됨으로써 백성들이 500여 년간에 걸친 병화兵禍로부터 벗어난 점을 간과했다. 당시 상황에서 천하일통을 이룰 수 있는 가장 현실적 방안은 부국강병을 통한 것뿐이었다. 진시황이 처음으로 이룩한 제왕정의 기본 특징이 여기에 있다. 이상과 현실을 종합한 최종 방안이 바로 부국강병이다. 당시 이를 통찰한 인물이 바로 제자백가 사상을 섭렵한 뒤 맹자에 의해 왜곡된 공자 사상을 재정립한 순자이다. 순자는 통일천하를 다스릴 제왕의 치도로 예절을 중시하고 현자를 존중하는 이른바 '융례존현隆禮尊賢'의 예치를 들었다.

순자의 제자인 한비자가 공평한 법집행을 뜻하는 이른바 '무사집법無私執法'에 의한 천하통일을 주장한 것도 같은 맥락이다. 단지 그는 스승과 달리 최고의 유덕자에게 하늘이 천하통치를 위임한다는 전래의 천명론을 정면으로 반박하고 나선 것만이 다를 뿐이다.

원래 중국과 같이 방대한 지역과 많은 인민을 보유한 나라를 통일적으로 통치하기 위해서는 중앙집권적 제국체제를 유지하는 것이 절대 필요하다. 이를 최초로 완성시킨 사람이 바로 진시황이다. 중국의 역대 왕조는 비록 이따금 중단이 있기는 했으나 2천 년 이상 진시황이 이룩한 제국체제의 큰 틀에서 한 치도 벗어나지 않았다. 21세기 현재의 중국도 예외가 아니다. 그 내막을 들여다보면 진시황이 만든 제국체제에서 결코 벗어나 있지 않다.

10

천하대란과 망년지교

장량과 진시황

원래 장량은 부친과 조부를 비롯해 위로 5세에 걸쳐 한나라 재상을 지낸 명문가 출신이다. 『한서』「장량전」은 지금의 하남성 영천군인 성보城父 출신이라고 기록해놓았다. 한나라 패망 당시 장량은 나이가 어려 한나라에 벼슬을 하지는 않았으나 그의 집에는 하인이 300명이나 있었다. 그는 동생이 죽었는데도 장례를 치르기는커녕 오히려 가산을 모두 털어 진시황 척살에 나설 자객을 찾아 나섰다. 조부와 부친이 5대에 걸쳐 한나라의 재상을 지냈기에 급속하게 몰락한 자신의 처지에 대한 울분이 여느 한나라 유민보다 훨씬 컸을 것이다.

전국7웅 가운데 가장 먼저 진나라에 병탄된 한나라의 귀족 출신 장량張良은 진시황 척살을 꾀했다. 진시황이 급서하면 거대한 힘의 공백으로 인해 이내 천하가 크게 시끄러워질 것이고, 그러면 그 틈을 노려 패망한 고국을 부흥시킬 수 있다고 판단했다. 몰락한 한나라의 귀족 입장에서는 이게 '정의'일 수 있으나, 통일천하의 대국적인 면에서 보면 이는 '반동'이었다. 전국시대 말기 연나라 왕자 단丹의 사주를 받고 진시황의 척살을 노린 자객 형가荊軻의 행보와 하등 다를 바가 없다.

기원전 218년, 진시황이 제3차 천하순행에 나섰다. 그의 어가가 지금의 하남성 무양현武陽縣인 박랑사博浪沙를 지날 즈음 장량의 사주를 받은 창해군滄海郡의 역사力士가 어가를 향해 철추를 날렸다. 장량의 입장에서 보면 '불행하게도' 철추는 어가를 맞추지 못하고 옆에 있는 부거副車에 맞았다.

객관적으로 볼 때 장량의 진시황 척살 음모는 천하통일 이전 시대로 돌아가고자 하는 산동山東 6국 귀족세력의 반동적인 행보를 상징한다. '산동'은 진나라의 동쪽 경계선인 효산崤山의 동쪽을 지칭하는 말로 전국7웅 가운데 진나라를 제외한 한나라, 조나라, 위나라, 연나라, 제나라, 초나라를 상징한다.

진시황의 제4차 순행은 장량의 척살 미수 사건 여파로 인해 제3차 순행이 끝난 지 3년 뒤인 기원전 215년에 행해졌다. 이때는 별 탈이 없었다.

제5차 순행에 나선 진시황 37년인 기원전 210년 가을 7월, 진시황이 지금의 산동성 평원진平原津 부근에 이르러 문득 병이 나고 말았다. 병이 더

7장—진한 | 181

욱 심해지자 진시황은 궁문 수위의 총책인 중거부령中車府令으로 있으면서 옥새를 관장하는 조고趙高를 불렀다. 그는 자신이 직접 쓴 유조를 조고에게 보여주며 이를 장자인 부소扶蘇에게 보내도록 했다. 「진시황본기」는 서신의 골자를 이같이 기록해놓았다.

"속히 와서 상사喪事에 참여하고, 함양에서 회합해 안장安葬을 행하도록 하라."

부소를 태자로 세운다는 내용이 전혀 나오지 않고 있는 점에 주의할 필요가 있다. 단지 장례에 참석해 자신의 장례를 무사히 치르라는 당부만 있을 뿐이다. 『사기』「진시황본기」에 따르면 진시황은 지금의 하북성 광종현 서북쪽의 사구평대沙丘平臺에서 숨을 거뒀다. 제5차 순행에 나선 지 9달 만이다. 사망 당시 그의 나이는 50세였다.

당시에도 진시황의 급작스런 죽음을 놓고 '독살설' 등 여러 얘기가 나왔으나 사인은 과로사였다. 과로사는 누적된 피로가 일시에 폭발해 돌연사로 나타나는 게 특징이다. 이사는 진시황의 급서로 인해 변란이 일어날까 두려워해 이를 비밀로 한 채 발상하지 않았다. 곧 진시황의 관을 여닫이 창문을 낸 일종의 침대수레인 온량거輼輬車에 싣고 환관을 배승시켰다. 진시황이 마치 살아 있는 것처럼 위장하려는 속셈이었다. 이르는 곳마다 식사를 올리고 백관의 보고도 이전처럼 했다. 오직 호해와 조고, 환관 5~6 명만이 이 사실을 알고 있었다.

원래 진시황은 죽기 직전 호해에게 보위를 넘길 뜻을 지니고 있었다고 보는 게 합리적이다. 천하순행에 동행한 사실이 이를 뒷받침한다. 5차례에 걸친 천하순행 과정에서 20여 명에 달하는 아들 가운데 동행한 사람은 호해가 유일하다. 극도로 총애하지 않았다면 불가능한 일이다.

객관적으로 볼 때 부소는 20명에 달하는 진시황의 여러 아들 가운데 특별히 뛰어난 게 아니었다. 호해에 대한 악평은 후대의 사관들이 유가사상을 좋아한 부소를 높이 평가하며 동정한 데서 비롯됐다. 호해는 사서에 나오는 것처럼 어리석지도 않았고 나이도 어리지 않았다. 진시황이 급서할 당시 호해의 나이는 이미 20세에 달해 있었다. 호해가 2세 황제로 보위에 오른 뒤 부황의 유업을 이어야 한다는 뚜렷한 목표의식을 갖고 있었던 사실이 이를 뒷받침한다. 호해가 재위 원년인 기원전 209년에 천하순행에 나서 회계군에 이른 뒤 부황이 세운 각석刻石에 미처 다 새겨 넣지 못한 내용을 채워 넣은 게 그렇다. 아방궁 등 대규모 토목공사를 계속한 것도 이런 맥락에서 이해할 필요가 있다. 조고가 이사에 이어 2세 황제 호해를 제거하는 와중에 진제국이 급속히 몰락하는 바람에 이들 모두 희극적인 인물로 왜곡됐을 공산이 크다.

진승과 오광의 봉기

기원전 210년 겨울 10월, 진나라 음력으로 2세 황제 호해 원년인 새해가 시작됐다. 호해도 21세가 됐다. 새해의 시작을 계기로 황제와 신민 모두 심기일전하자는 취지에서 대사령大赦令을 발포했다. 이어 조고를 궁전 출입을 총괄하는 낭중령郎中令으로 삼아 국사를 돌보도록 했다. 호해가 조고와 천하대사를 논의했다.

진승과 오광의 난을 기념하는 조각상

이어 호해가 첫 천하순행에 나섰다. 좌승상 이사가 호해를 시종했다. 요동으로 갔다가 함양으로 돌아왔다. 이해 4월, 2세 황제가 진시황의 급서로 중단된 아방궁 축조 작업을 다시 시작했다. 이 또한 선황의 공업을 널리 드날리기 위한 것이었다. 당초 아방궁의 축조는 진시황 35년인 기원전 212년에 시작됐다. 진시황이 자신의 능묘를 미리 조성하는 여산의 수릉壽陵 조영도 함께 전개됐다. 이때 중원 일대의 백성과 죄수가 대거 동원됐다. 화북 일대의 백성과 죄수가 대거 동원된 만리장성 축성 작업으로부터 불과 3년 뒤에 시작된 까닭에 민심이 흉흉했다. 각지에서 유민이 격증하면서 치안이 크게 불안해졌다.

이해 가을 7월, '진승陳勝과 오광吳廣의 난'이 일어났다. 진시황이 급서한 지 꼭 1년 만에 빚어진 이 사건은 이후 사상 최초의 제국인 진제국이 일거에 무너지는 계기로 작용했다. '진승과 오광의 난'은 항우와 유방이 천하를 다투는 '초한지제楚漢戰'의 발단에 해당한다.

이 난은 크게 2가지 방향으로 전개됐다. 초기에는 말할 것도 없이 진제국과 정면 대결하는 양상으로 진행됐다. 그러나 군웅이 사방에서 봉기한 후기에는 영토를 확장하는 과정에서 군웅이 서로 충돌하는 양상이 빚어졌다. 진승과 오광은 이 과정에서 몰락하고 말았다. 항우와 유방은 바로 이들의 몰락을 계기로 역사의 무대에 새 주인공으로 등장한 경우이다.

사마천이 「공자세가」와 같은 차원에서 특별히 「진섭세가陳涉世家」를 편제해 진승의 공적을 기린 것은 바로 이런 차원에서 나온 것이다. 진승이 봉기를 들지 않았다면 새로운 세상이 열리지 않았다는 취지이다. 훗날 반고는 『한서』를 저술하면서 사마천의 이런 편제에 크게 불만을 품고 진승의 행적을 '세가'가 아닌 '열전' 차원으로 깎아내렸다. 『한서』에 「진섭세가」가 아닌 「진승항적전」이 편제된 이유다. 반고는 「진섭세가」는 말할 것도 없고 「항우본기」조차 '열전'으로 폄하한 뒤 「진승항적전」으로 함께 묶어 처리했다. 진승과 항우 모두 일종의 반란집단에 지나지 않는다고 본 것이다.

당초 진승과 오광의 봉기는 그 배경이 매우 단순했다. 두 사람은 마을의 이장 같은 역할을 했다. 진나라는 행정조직과 군사조직이 통일돼 있었던 까닭에 이장이 군리軍吏 역할도 겸했다. 두 사람은 수자리를 서기 위해 현위縣尉의 지휘 아래 900여 명의 백성들을 이끌고 북경시 밀운현 서남쪽 어양潯陽을 향했다. 도중에 잠시 휴식을 취하기 위해 안휘성 숙현 남쪽의 대택향大澤鄕 일대에 머물렀다. 이때 공교롭게도 갑작스레 큰 비가 내렸다. 이내 물이 범람해 길이 모두 끊겼다. 정해진 기일에 도착하기 어렵게 됐다. 진나라 법은 매우 엄격해 기한을 어긴 자는 모두 참수형에 처했다. 진승과 오광은 모의한 뒤 거짓으로 부소와 항연을 자칭하며 무리를 모으고자 했다. 곧 현위를 죽인 뒤 무리를 모아놓고 선동했다.

"우리 모두 기한을 넘긴 까닭에 참수되고 말 것이다. 설령 정상을 참작해 참수를 면할지라도 수자리를 서다 죽는 자가 10의 6~7은 될 것이다. 이왕 죽을 것이라면 큰 이름을 내고 죽어야 하지 않겠는가! 왕후장상이 어찌 씨가 따로 있을 수 있겠는가!"

원문은 '왕후장상王侯將相, 영유종호寧有種乎?'이다. 유명한 성어가 회자하고 있다.

진승과 오광은 무리들을 끌어모은 뒤 나라 이름을 '대초大楚'라고 했다. 곧바로 대택향을 공략한 뒤 지금의 안휘성 숙주시 동남쪽의 기현蘄縣까지 손에 넣었다. 이어 안휘성 숙현인 부리符離 출신 갈영葛嬰을 시켜 병사를 이끌고 동쪽으로 진격시켰다. 안휘성과 하남성 경계에 있는 질현銍縣, 찬현酇縣, 고현苦縣, 자현柘縣, 초현譙縣 등지가 차례로 함락됐다. 점령할 때마다 병사들을 수습하자 지금의 하남성 회양현淮陽縣인 진현陳縣에 이르렀을 때는 수만 명에 달하게 됐다. 진현의 현위는 엄청난 숫자의 반란군에 놀라 미리 달아났다. 약간의 충돌이 있었지만 사실상 무혈입성이나 다름없었다. 진현의 백성들이 쌍수를 들어 이들을 맞아 주었다. 명망이 높은 인사들도 대거 찾아와 그의 입성을 축하했다. 진승은 크게 감격한 나머지 진현을 근거지로 삼았다.

장이와 진여, 문경지교의 배신

진승은 진현으로 진공할 때 당대의 현자로 소문난 장이張耳와 진여陳餘를 만나게 됐다. 당대의 현자로 소문난 장이와 진여가 자발적으로 찾아왔다. 두 사람은 토왕土王의 수준에서 한 발 더 나아간 토황제土皇帝에서 출발해야 명실상부한 '역성혁명'이 가능하다고 생각했다. 이들이 진승의 왕위 즉위를 적극 만류하고 나선 이유다.

"진나라가 무도해 열국을 병탄하는 과정에서 남의 사직을 무너뜨리고 남의 자손들을 끊었습니다. 또한 열국 백성들의 힘을 피폐하게 만들고 그들의 재산 또한 모두 탕진하게 만들었습니다. 우당으로 있는 열국의 제후들은 패망한 나라에서 다시 선 까닭에 이후 덕으로 그들을 복종시킨다면 제업帝業은 자연히 이루어질 것입니다. 그런데도 지금 이곳 진현에서 홀로 왕이 되면 천하의 민심이 흩어질까 두렵습니다."

우선 세력부터 확장해 점령지에 새로운 제후를 임명한 뒤 이들 제후들의 추대에 의해 제위에 오르는 것이 바람직하다는 얘기였다. 왕을 자칭하기엔 아직 세가 부족하고, 다른 사람들로부터 사사로운 욕심을 의심받을 수 있다는 점 등을 논거로 들었다. 일리 있는 지적이었다. 그러나 진승은 이를 듣지 않았다. 그는 이내 스스로 왕위에 오른 뒤 국호를 기의 때 지은 '대초大楚'에서 '장초張楚'로 바꿨다. 초나라를 크게 확장한다는 뜻이다. 진현의 명칭도 진성陳城으로 바뀌었다.

당시 진승은 왜 당대의 현자로 소문난 장이와 진여의 충고를 좇지 않은 것일까? 크게 2가지 이유를 들 수 있다.

첫째, 1달 만에 가난한 농부에서 농민반란군의 수장이 된 진승에게 비록 '토왕'에 지나지 않지만 보위는 너무나 매력적이었다. 진승에게 두 사람이 건의는 이상에 치우진 공허한 말 정도로밖에 들리지 않았을 것이다. '토황제'가 '토왕'보다 바람직한 것은 사실이나 객관적으로 볼 때 진제국은 아직도 천하제일의 막강한 무력을 보유하고 있었다. 언제 자신이 심어 놓은 제후들의 추대를 받아 '토황제'의 자리에 오를지 장담할 길이 없었다. '토왕'을 택한 것을 나무랄 수만도 없는 일이다.

둘째, 장이와 진여는 비록 그럴 듯한 취천하取天下 방략을 제시하기는 했으나 내심 진승과 오광의 난을 이용해 옛 위나라를 부활시키려는 속셈을 숨기고 있었다. 얼마 후 이들의 속셈은 그대로 드러났다. 당시 진승이 이들의 속셈을 정확히 파악했는지는 알 길이 없으나 그런 낌새를 눈치챘을 가능성을 배제할 수 없다. 진승이 '장초'를 세운 후 스스로 보위에 오른 것을 무턱대고 나무랄 수만도 없는 이유다.

객관적으로 볼 때 당시 진승이 장이와 진여의 계책을 좇았으면 진제국을 뒤엎고 새 왕조를 세울 가능성이 높았다. 그러나 진승은 당장 눈앞에 있는 작은 이익을 탐했다. '장초'의 왕위에 올라 '제업'이 아닌 왕업王業에 만족해하는 모습을 보인 게 그렇다. '홍혹' 운운하며 뜻만 컸을 뿐 그릇이 작았다고 평할 수밖에 없다.

그러나 난세에는 힘이 우선이다. 기선은 진승이 잡았다. 그렇다면 응당 장이와 진여 등을 휘하의 참모로 두고 이들을 적극 활용하는 모습을 보여주어야 했다. 삼국시대 당시 유비가 천하의 명사 제갈량을 삼고초려三顧草廬해 휘하의 참모로 활용한 게 대표적인 실례이다.

난세에는 내로라하는 책사들이 천하를 거머쥘 만한 인물을 찾아오기 마련이다. 삼고초려 여부가 중요한 게 아니라 인재의 활용 여부가 관건이다.

물론 진승도 장이와 진여를 참모로 활용하는 모습을 보였다. 그러나 이는 겉만 그랬을 뿐 속은 달랐다. 더구나 자발적인 것도 아니었다. 자신들의 계책이 받아들여지지 않은 상황에서 장이와 진여가 진승에게 심복했을리 없다. 제갈량과 장량은 유비와 유방을 만난 자리에서 자신들의 건의가 그대로 채택되는 것을 보고 감격한 나머지 참모의 길을 걷게 됐다. 그런점에서 진승은 뜻만 컸을 뿐 천하경영의 웅략雄略이 없었다.

당시 장이와 진여는 함께 진승을 찾아간 데서 알 수 있듯이 이른바 문경지교刎頸之交로 소문이 나 있었다. 목이 달아날지라도 변치 않을 만큼 가까운 친교를 뜻한다. 원래 이 말은 전국시대 말기 조혜문왕趙惠文王 때 명신 인상여藺相如와 장수 염파廉頗가 맺은 두터운 친교에서 나온 것이다. 염파는 인상여의 출세를 시기하며 크게 불화했으나 인상여의 넓은 도량에 감격한 나머지 이내 깨끗이 사과한 뒤 죽음을 함께 해도 변치 않을 정도의 친교를 맺게 됐다. 장이와 진여 역시 같은 대량 출신으로 어렸을 때부터 함께 생장해오면서 의기가 투합한 까닭에 인상여와 염파 못지않은 우정을 과시했다.

이로 인해 많은 사람들이 두 사람의 연배가 비슷한 것으로 생각하고 있으나 「장이진여열전」은 나이가 젊은 진여가 장이를 '부친처럼 섬겼다.'고 기록해놓았다. 원문은 '부사父事'이다. 섬긴다는 뜻의 동사 사事 앞에 나온 부父는 '부친처럼'의 뜻을 지닌 부사어로 사용된 경우다. 사마천은 『사기』 전체를 통틀어 '부사'라는 용어를 3번 사용했다. 「장이진여열전」의 장이와 진여의 경우를 포함해 「장승상열전」에 나오는 장창張蒼과 왕릉王陵, 「유협열전」에 나오는 전중田仲과 주가朱家의 경우가 그렇다. 모두 의리의 표상에 해당한다.

장이와 진여는 나이 차이가 대략 20세 안팎이었을 것으로 추정된다. 나이 차이를 잊고 친교를 맺는 것을 흔히 망년지교忘年之交라고 한다. 원래 유가에서는 나이를 크게 중시했다. 장유長幼의 질서를 5륜五倫의 하나로 간주한 게 그렇다. 나이가 젊은 진여가 장이를 부친처럼 모셨는데도 장이가 진여를 마치 붕우를 대하듯이 가까이 하면서 '문경지교'를 맺은 것은 서로를 일종의 '도반道伴'으로 간주했기 때문이다. 진나라가 위나라를 병탄할 당시 장이와 진여가 위나라의 명사라는 소문을 뒤늦게 듣고 장이에게 1,000금金, 진여에게 500금의 현상금을 내걸고 이들을 수소문한 것도 이들이 당대의 '도반'이었음을 반증한다.

위기에 처한 두 사람은 황급히 성명을 바꿔 진현으로 들어간 뒤 신분을 감춘 채 작은 고을의 문지기로 지내며 재기할 날을 기다렸다. 이 와중에 진여가 신분이 탄로날 수도 있는 실수를 저질렀다. 향리鄕吏가 지나갈 때 한 눈을 파는 바람에 제대로 인사를 하지 못해 향리의 화를 돋운 게 그렇다. 향리가 근무태만의 구실을 붙여 태장笞杖을 가하려고 하자 진여가 거칠게 항의하려는 모습을 보였다.

순간 장이가 재빨리 진여의 발을 밟으며 그대로 태장을 맞게 했다. 향리가 돌아간 뒤 장이가 진여를 이끌고 뽕나무 아래로 가서 나무랐다.

"전에 내가 그대에게 어떻게 말했던가? 지금 작은 모욕을 당하고는 이를 참지 못해 한낱 소리小吏 한 사람을 죽이려 드는 것인가?"

진여가 사과했다.

"제가 어리석었습니다!"

장이가 진여의 발을 밟은 것은 말할 것도 없이 때가 올 때까지 은인자중해야 한다는 취지였다. 당대의 명사인 진여가 이를 모를 리 없다. 그럼에도 그가 그토록 과민한 반응을 보인 것은 신분을 감춘 채 문지기로 살아가는 현실에 대한 불만이 그만큼 컸음을 반증한다. 이들이 진나라에 최초로 반기를 든 진승이 진현으로 진공하자 환호작약한 배경이 여기에 있다.

새로운 제국을 건설할 수 있다는 희망을 발견했기 때문이다. 고려 말에 정도전이 멀리 함흥까지 무부武夫인 이성계를 찾아간 것에 비유할 만하다. 그러나 정도전은 새 왕조의 건립에 성공했지만 장이와 진여는 실패했다. 진승의 그릇이 작았기 때문이다. 진승이 이들의 충고를 무시한 채 먼저 왕위에 오르는 하책을 택한 게 그렇다. 객관적으로 볼 때 먼저 왕위에 오르는 것 자체가 잘못된 것은 아니다. 문제는 그 다음이었다. 진승에게는 '제업'을 이루고자 하는 거창한 포부와 지략이 없었다. 그가 도중에 좌절한 근본 이유다.

여기서 주목할 것은 위나라 멸망 직후의 어수선한 시기에 유방이 지금의 하남성 기현 동쪽의 외황外黃에 머물고 있는 장이를 찾아와 여러 달 동안 식객으로 있었던 점이다. 장이의 명성이 간단치 않았음을 방증하는 대목이다. 이는 「고조본기」에는 언급돼 있지 않다. 오직 「장이진여열전」에 짧게 소개돼 있을 뿐이다. 사마천이 『사기』를 저술하면서 의도적으로 「장이진여열전」에 간략히 언급해놓았을 것이다.

이를 「고조본기」에 실을 경우 장이가 유방보다 더 훌륭한 사람이라는 인식을 심어줄 우려가 있기 때문이다. 저의를 의심받아 추궁을 당할지도 모를 일이었다. 관련 기사를 모두 살펴본 뒤 종합적인 판단을 해야만 한다. 장이와 유방의 만남이 대표적인 경우다. 다음은 「고조본기」에 나오는 해당 기록이다.

"일찍이 고조는 포의布衣로 있던 시절 여러 차례 장이를 추종하며 함께 노닌 적이 있다. 몇 달 동안 문객으로 있었다."

원문은 '삭종장이유數從張耳游, 객수월客數月'이다. 무명인사에 불과했던 유방에게 과연 당대의 명사인 장이와 함께 '노닐었다'는 표현을 쓸 수 있는 것일까? 객관적으로 볼 때 당시 유방은 돈 한 푼 없이 빈둥거리며 놀고먹는 이른바 '백수건달'에 지나지 않았다. '노닐었다'는 표현은 '추종했다'는 표현을 약화시키기 위해 덧붙여놓은 일종의 수사修辭에 가깝다. 세력 있는 집에 머물면서 덕이나 좀 볼까 하고 수시로 그 집에 드나드는 문객門客 내지 하는 일 없이 남의 집에 얹혀서 밥만 얻어먹고 지내는 식객食客으로 있었다는 '객수월'의 표현이 이를 뒷받침한다.

당시 장이가 머물던 외황外黃은 유방의 고향인 풍읍豐邑에서 직선거리로 약 150킬로미터 가량 떨어져 있는 곳이다. 유방이 400리가량 멀리 떨어진 곳까지 찾아가 문객 내지 식객 노릇을 한 것은 장이의 명성이 간단치 않았다는 뜻이다. 실제로 유방은 천하를 통일한 직후인 기원전 202년, 장이가 죽자 경왕景王이라는 시호를 내리고 그의 아들 장오張敖에게 장녀 노원공주魯元公主를 시집보냈다. 장이에 대한 존경심이 끝까지 이어졌음을 보여주는 대목이다.

그렇다면 당대의 명사인 장이는 왜 '백수건달'에 불과한 유방을 문객으로 맞아들인 것일까? 사다케 야스히코佐竹靖彦는 지난 2005년에 펴낸『유방劉邦』에서 유방이 장이에게 풍읍과 패현 및 사수군泗水郡 일대의 동향 등을 소상히 전하는 등 나름 소식통 역할을 한 덕분으로 파악했다. 그랬을 것이다. 장이가 '백수건달'에 불과한 유방 등으로부터 각지의 생생한 현장 소식을 듣고자 한 것은 그 또한 진승 못지않게 나름 큰 뜻을 품고 있었음을 암시한다. 진여도 크게 다르지 않았다고 보아야 한다.

원래 장이와 진여는 고향도 같고 생장 및 결혼 배경 등 여러 면에서 서로 닮은 점이 많다. 두 사람이 '문경지교'와 '망년지교'를 맺은 게 일면 수긍이 간다. 그러나 장이와 진여는 이후 군웅들이 천하를 놓고 다투는 과정에서 서로 원수가 되고 말았다. '문경지교'와 '망년지교'가 무색해지는 대목이다.

통상 까마귀가 모인 것처럼 처음에는 좋았다가 뒤에는 틀어지는 교제를 오집지교烏集之交라고 한다. 결과론적인 얘기이기는 하나 장이와 진여의 '문경지교'와 '망년지교'는 결국 '오집지교'로 끝나고 말았다. 중국의 역대 인물 가운데 '문경지교'와 '망년지교'로 시작해 '오집지교'로 끝난 경우는 오직 장이와 진여밖에 없다. 난세가 만들어낸 비극이다.

11

제2의 천하통일과 토사구팽

항우의 천하제패

『사기』「항우본기」에 따르면 항우의 이름은 적籍이고, 자는 우羽이다. 당초 군사를 일으켰을 때 나이가 24세였다. 계부季父은 항량項梁이고, 항량의 부친은 초나라 장수 항연項燕이다. 진나라 장수 왕전王翦에게 죽임을 당한 바 있다. 항씨는 대대로 초나라 장수가 돼 항項 땅을 봉지로 받았다. 성을 항씨로 한 이유다. 항우는 어렸을 때 글을 배웠으나 다 마치지 못한 채 포기하고는 검술을 배웠다. 이 또한 다 마치지 못했다. 항량이 노하자 항우는 말했다.

西楚霸王

太史公曰吾聞之周生曰舜目蓋重瞳子又聞項羽亦重瞳子羽豈其苗裔耶何興之暴也夫秦失其政陳涉首難雖豪傑蠭起相與並爭不可勝數然羽非有尺寸乘勢起隴畝之中三年遂將五諸侯滅秦分裂天下而封王侯政由羽出號為霸王位雖不終近古以來未嘗有也

항우의 초상

"글은 이름과 성을 기록하는 것으로 족할 따름입니다. 검 또한 한 사람만을 대적할 뿐이니 깊이 배울 만하지 못합니다. 만인을 대적하는 일을 배우겠습니다."

실제로 「항우본기」는 항량이 병법을 가르치자 항우가 크게 기뻐했다고 기록해놓았다.

항우는 키가 8척이 넘고, 힘은 커다란 정鼎 솥을 들어 올릴 만했고, 재주와 기량이 범상치 않았다. 오중의 자제들 모두 이미 항우를 두려워했다. 2세 황제 원년 7월에 진승 등이 대택大澤에서 군사를 일으키자 이해 9월 항량이 회계군의 군수 은통殷通을 제거하고 항량은 오중의 호걸들을 각각 교위校尉, 후侯, 사마司馬 등에 임명했다. 항량이 스스로 회계군의 군수가 되자 항우는 그 비장裨將이 돼 관할 현을 공략했다. 당시 진승의 부하인 광릉廣陵 출신 소평召平이 진승을 위해 광릉을 빼앗고자 했으나 함락시키지 못하고 있었다. 얼마 후 진승이 이미 패주하고 진나라 군사가 장차 자신을 공격해올 것이라는 소문을 듣고는 곧바로 강을 건넌 뒤 진승의 명命을 사칭해 항량을 장초張楚의 상주국上柱國에 제수했다.

"강동江東은 이미 평정됐다. 급히 군사를 이끌고 강서江西로 가 진나라를 치도록 하라!"

항량이 8천 명의 휘하 군사를 이끌고 도강한 뒤 서진했다. 도중에 항량은 진승이 확실히 죽었다는 소식을 듣고는 여러 별장들을 설현薛縣에 모아 대책을 논의했다. 패현沛縣에서 거병한 패공沛公 유방도 참석했다. 거소居鄛

출신 범증^{范增}은 나이가 70세였다. 평소 집에 머물며 기책을 내는 것을 좋아했다. 이내 항량을 찾아가 유세했다.

"지금 진승은 가장 먼저 봉기했는데도 초나라의 후예를 세우지 않고 스스로 왕이 됐습니다. 세력이 오래가지 못한 이유입니다. 지금 그대가 강동에서 거병하자 초나라 사람들이 벌떼 같이 달려와 다퉈 귀의하고 있습니다. 이는 그대가 대대로 장수를 배출한 명문가문 출신으로 초나라 왕실의 후손을 옹립할 수 있다고 여겼기 때문입니다."

항량이 이를 옳게 여겨 민간에서 남의 양치기 노릇을 하던 초회왕의 손자 웅심^{熊心}을 찾아냈다. 곧바로 그를 옹립한 뒤 '초회왕'으로 불렀다. 백성들이 바라던 것을 따른 것이다. 항량은 스스로 무신군^{武信君}을 칭했다.

항량은 동아현에서 출발해 서쪽 정도에 이를 때까지 두 차례나 진나라 군사를 격파한 데 이어 항우의 무리가 이유의 목을 베자 더욱 진나라를 경시하며 교만한 기색을 드러냈다.

진나라는 전 군을 동원해 장함을 지원했다. 진나라 장수 장함^{章邯}이 초나라 군사를 정도에서 대파할 때 항량은 전사하고 말았다.

당시 유방과 항우는 외황을 떠나 진류^{陳留}를 치고 있었다. 진류의 수비가 견고해 함락시키지 못했다. 유방과 항우가 상의했다.

"지금 항량의 군사가 대패해 병사들이 두려워하고 있소."

그러고는 여신^{呂臣}의 군사와 함께 군사를 모두 이끌고 동쪽으로 갔다. 여신은 팽성의 동쪽, 항우는 팽성의 서쪽, 유방은 탕군^{碭郡}에 주둔했다.

장함은 항량의 군사를 격파한 뒤 초나라 군사는 크게 근심할 게 없다고 생각했다. 이내 황하를 건너 조나라를 공격해 크게 쳐부쉈다. 당시 조나라는 조헐趙歇이 왕, 진여陳餘가 장수, 장이張耳가 재상으로 있었다. 이들 모두 거록巨鹿으로 달아났다.

초나라 군사가 정도에서 대패하자 초회왕은 크게 두려워하며 우이를 떠나 팽성으로 간 뒤 항우와 여신의 군사를 합쳐 직접 통솔했다. 이때 여신을 사도司徒, 그의 부친 여청呂靑을 영윤令尹으로 삼았다. 또 유방을 탕군의 군수로 삼고 무안후武安侯에 봉한 뒤 탕군의 군사를 거느리게 했다. 당시 전에 송의가 만난 제나라의 사자 고릉군이 마침 초나라 군중에 있었다. 그가 초회왕에게 송의를 천거했다.

초회왕이 송의를 불러 대사를 의논하고는 크게 기뻐하며 그를 상장군으로 삼았다. 항우는 노공魯公에 봉해져 차장次將이 됐고, 범증은 말장末將이 돼 조나라를 구원하러 가게 했다. 여러 별장들 모두 송의의 휘하에 속하게 됐다. 이들은 경자관군卿子冠軍으로 불렸다.

초나라 군사가 서진하다가 안양安陽에 이르러 46일 동안 머물며 진격하지 않았다. 항우가 이의를 제기했다.

송의가 반대하고는 아들 송양宋襄을 제나라로의 재상으로 보내고자 했다. 직접 무염無鹽까지 전송하면서 성대한 연회를 베풀었다. 날은 춥고 비가 많이 내려 병사들은 기한飢寒에 떨었다. 항우가 말했다.

"강대한 진나라가 지금 막 일어난 조나라를 치면 형세상 반드시 조나라를 뒤엎을 것이다. 조나라가 함락되면 진나라가 더욱 강해질 터인데, 무슨 지친 틈을 이용하겠다는 것인가? 초나라의 안위가 오직 이번 거사에 달려 있다. 그런데도 지금 병사들을 돌보지 않고 사정私情만 좇고 있다. 그는 사직지신社稷之臣이 아니다."

항우가 새벽에 상장군 송의를 찾아가 막사에서 송의의 머리를 벤 뒤 군중軍中에 영을 내렸다.

"송의가 제나라와 함께 초나라를 배신할 모의를 꾸몄다. 초왕이 몰래 나에게 명해 그를 주살케 했다."

장수들 모두 두려운 나머지 뜻을 모아 항우를 임시 상장군으로 세웠다. 항우가 경포와 포 장군에게 명해 병사 2만 명을 이끌고 장하漳河을 건너 거록을 지원했다. 그러나 큰 성과를 거두지 못했다. 이때 진여가 다시 증원을 청했다. 항우는 직접 군사를 이끌고 장하를 건넌 뒤 군사들에게 배를 모두 가라앉히고 솥과 시루를 깨뜨리는 파부침선破釜沈船과 막사를 불사르고 3일분의 군량만 휴대하는 소려지삼燒廬持三을 명했다. 병사들에게 필사적으로 싸워 진나라 군사를 격파하기 전에는 추호도 살아 돌아올 마음이 없음을 드러낸 것이다.

거록에 도착하자마자 왕리王離의 군사를 포위했다. 9번 접전한 끝에 마침내 이들의 용도甬道을 끊어 대승을 거뒀다. 소각蘇角을 죽이고 왕리를 생포했다. 섭간은 항복하지 않고 분신했다. 당시 초나라 군사는 제후의 군사 가운데 으뜸이었다. 초나라 군사는 1명이 10명을 대적하는 일당십一當十

의 용맹을 발휘했다. 승리를 거둔 초나라 군사의 함성이 하늘을 진동시키자 제후의 군사들 가운데 두려워하지 않는 자가 없었다. 진나라 군사를 격파한 뒤 항우가 제후군 장수들을 불러 원문轅門 안으로 들어오게 했다. 모두 무릎걸음으로 나오며 감히 고개를 들어 쳐다보지 못했다. 이로써 항우는 비로소 제후군의 실질적인 상장군이 됐다. 제후들 모두 항우의 휘하에 배속됐다.

당시 장함은 극원棘原, 항우는 장하 남쪽에 주둔하고 있었다. 양측 모두 대치한 채 싸우지 않았다. 진나라 군사가 누차 퇴각하자 2세 황제가 사람을 보내 장함을 꾸짖었다. 장함이 두려운 나머지 장사長史 사마흔司馬欣을 보내 알현을 청했다. 조고趙高는 만나주기는커녕 오히려 불신하는 마음을 품었다. 사마흔이 돌아와 "전쟁에서 이기면 조고는 반드시 우리의 공을 시기할 것이고, 져도 죽음을 면치 못할 것이다."라고 보고했다. 진여도 장함에게 항복을 권하는 서신을 보냈다.

장함이 항우에게 사람을 보내 맹약할 뜻을 전했다. 항우가 장함을 옹왕雍王으로 봉하고 초나라 군중에 머물게 했다. 또 장사 사마흔을 상장군으로 삼은 뒤 진나라 군사를 이끌고 선봉에 서게 세웠다.

홍문지연鴻門之宴

당초 항우는 진나라 땅을 공략할 속셈으로 함곡관에 도착했을 때 관문을 지키는 병사의 저지로 들어갈 수 없는 데다, 유방이 이미 함양을 함락시켰다는 소식을 비로소 듣게 됐다. 크게 노해 당양군 경포 등을 보내 함곡관을 치게 했다. 항우가 이끄는 연합군이 마침내 관내로 들어가 희수戱水 서쪽에 이르렀다. 당시 항우의 병사는 40만 명으로 신풍新豐의 홍문鴻門에, 유방의 병사는 10만 명으로 파수灞水의 언덕인 파상灞上에 주둔하고 있었다. 범증이 항우에게 말했다.

"유방은 산동에 있을 때만 해도 재물을 탐하고 미색을 밝혔습니다. 그러나 지금 관내에 들어가서는 재물을 취하지도 않고 여인을 가까이하지도 않습니다. 이는 그의 뜻이 작은 데 있지 않다는 것을 말합니다. 급히 공격을 가해 기회를 잃지 마십시오."

초나라 좌윤左尹 항전項纏은 항우의 계부季父로 자는 백伯이다. 평소 유후留侯 장량張良과 친하게 지냈다. 당시 장량이 패공 유방을 따랐던 탓에 밤에 패공의 군영으로 달려갔다. 몰래 장량을 만나 자초지종을 고하고 함께 달아날 것을 권했다.

장량이 말했다.

"나는 한왕韓王을 위해 패공을 따르고 있는 중이오. 패공이 지금 위태롭다고 해서 나만 달아나는 것은 의롭지 못하오. 이를 패공에게 고하지 않을 수 없소."

그러고는 안으로 들어가 유방에게 모두 고했다. 유방이 항백을 불러들인 뒤 술잔을 들어 장수를 기원하며 사돈을 맺기로 약속했다.

항백이 다시 밤에 왔던 길을 되돌아가 군영에 이른 뒤 유방의 말을 낱낱이 항우에게 보고했다.

"유방이 먼저 관중을 격파하지 않았다면 공이 어찌 들어올 수 있겠습니까? 지금 그가 큰 공을 세웠는데도 그를 치면 이는 의롭지 못한 일입니다. 잘 대우해주느니만 못합니다."

항우가 이를 허락했다. 유방이 이튿날 아침 100여 기騎를 이끌고 항우를 만나러 왔다. 홍문에 이르러 사죄했다. 항우는 이를 받아들인 뒤 함께 술을 마시기 위해 유방을 머물게 했다. 항우와 항백은 동쪽, 범증은 남쪽을 향해 앉았다. '아부'는 범증을 말한다. 당시 유방은 북쪽을 향해 앉고, 장량은 서쪽을 향해 시좌侍坐했다.

범증이 항우에게 누차 눈짓을 하며 차고 있던 옥결玉玦을 들어 속히 유방의 목을 칠 것을 암시했다. 이러기를 3번이나 했으나 항우는 묵연默然히 응하지 않았다. 범증이 일어나 밖으로 나온 뒤 항우의 사촌 동생인 항장項莊을 불렀다.

"우리 군왕은 사람이 모질지 못하다. 그대는 안으로 들어가 앞에서 축수祝壽를 올리고, 축수를 마친 뒤 검무劍舞를 청하라. 기회를 틈타 유방을 쳐죽이면 된다. 그리하지 않으면 그대들 모두 패공의 포로가 되고 말 것이다."

항장이 곧바로 들어가 축수를 올린 뒤 검을 뽑아 춤을 췄다. 이때 항백이 곧바로 검을 뽑아들고 일어나 춤을 추며 계속 몸으로 유방을 감쌌다. 항장이 유방을 치지 못한 이유다. 당시 장량은 군문軍門까지 가 번쾌樊噲를 만나 자초지종을 말했다. 번쾌가 곧바로 검을 차고 방패를 든 채 군문 안으로 들어가 서쪽을 향해 섰다. 눈을 부릅뜬 채 항우를 노려봤다. 머리카락이 위로 솟고, 눈 꼬리가 찢어질 대로 찢어졌다. 항우가 칼을 만지며 무릎을 세웠다. 항우가 곧 한 말이나 되는 큰 잔에 술을 부어주었다. 번쾌가 감사의 절을 한 뒤 일어나 선 채로 마셔버렸다.

얼마 안 돼 유방이 일어나 측간을 가면서 번쾌와 장량 등을 밖으로 불러냈다. 유방이 마침내 그곳을 떠나며 장량으로 하여금 남아서 사죄하게 했다. 유방이 떠난 뒤 샛길을 통해 군영에 이르렀다고 여겨질 즈음 장량이 안으로 들어가 사죄했다.

"패공이 술을 이기지 못해 하직인사를 드리지 못했습니다. 삼가 신 장량으로 하여금 백벽白璧 한 쌍을 받들어 대왕 족하足下에 재배再拜의 예를 올리며 바치고, 옥두玉斗 한 쌍은 대장군 족하에게 재배의 예를 올리며 바치게 했습니다."

항우가 백벽을 받아 자리 위에 두자 범증이 옥두를 받아 땅에 놓고는 칼을 뽑아 깨뜨리며 이같이 탄식했다.

"아, 어린애와는 더불어 대사를 도모할 수 없구나. 항우의 천하를 빼앗을 자는 반드시 패공일 것이다. 우리는 이제 그의 포로가 되고야 말리라!"

'홍문지연'이 있은 지 며칠 뒤 항우가 군사를 이끌고 서진했다. 함양을 도륙하고, 항복 한 진나라 왕 자영子嬰을 죽이고, 진나라의 궁실을 불태웠다. 불이 3달 동안 타고도 꺼지지 않았다. 이어 재화와 보물 및 부녀자들을 거둬 동쪽으로 돌아왔다.

해하결전垓下決戰

한고조 5년인 기원전 203년, 유방이 항우를 양하陽夏 남쪽까지 추격해 진을 쳤다. 회음후 한신 및 건성후 팽월과 만나 초나라를 치기로 약속했다. 그러나 고릉固陵에 이를 때까지 한신과 팽월의 군사가 오지 않았다. 이틈을 타 초나라 군사가 뒤쫓아 오는 한나라 군사를 대파했다. 유방이 장량에게 물었다.

"제후들이 약조를 지키지 않으니 어찌해야 좋소?"

장량이 대답했다.

"초나라 군사가 장차 무너지려 하는데 한신과 팽월은 아직 봉지를 나눠 받지 못했습니다. 이들이 오지 않는 것은 당연합니다. 군왕이 천하를 이들과 함께 나누면 지금이라도 곧바로 오게 할 수 있습니다. 그리하지 않으면 앞으로의 일은 알 수 없습니다. 군왕은 진현陳縣 동쪽에서 바닷가에 이르는 땅을 한신, 수양 이북에서 곡성穀城에 이르는 땅을 팽월에게 주십시오. 이같이 해 그들이 스스로를 위해 싸우게 하면 초나라를 쉽게 격파할 수 있습니다."

한신과 팽월 모두 흔쾌히 수락했다. 이내 항우의 군사가 적은 데다 군량마저 다 떨어진 상황에서 유방의 한나라와 한신의 제나라 군사 등이 여러 겹으로 포위했다. 밤에 한나라 군사가 사방에서 모두 초나라 노래를 부르는 이른바 사면초가四面楚歌 상황이 빚어졌다. 항우가 크게 놀라 탄식했다.

"한나라 군사가 이미 초나라 땅을 모두 빼앗았단 말인가? 어찌해 초나라 사람이 이토록 많은 것인가?"

항우는 한밤중에 일어나 장중帳中에서 술을 마셨다. 항우에게 우虞라는 미인이 있었다. 극히 총애해 늘 데리고 다녔다. 또 추騅라는 준마가 있었다. 그는 늘 이 말을 타고 다녔다. 항우가 비분강개한 심정으로 스스로 시를 지어 노래했다. 이른바 「해하가」이다.

힘은 산을 뽑고 기개는 세상 덮을 만해	力拔山兮氣蓋世
시운이 불리하니 추騅도 나아가지 않다	時不利兮騅不逝
추가 나아가지 않으니 어찌해야 좋은가	騅不逝兮可柰何
우虞여, 우여! 그대를 어찌하란 말인가	虞兮虞兮柰若何

항우가 여러 번 읊조리자 우미인이 화답했다. 항우의 뺨에 몇 줄기 눈물이 흘러내렸다. 좌우가 모두 눈물을 흘리며 차마 쳐다보지 못했다.

사마천은 이같이 평했다.

"항우는 자신이 세운 공을 자랑하는 공치사功致辭를 하면서 자신의 지혜만을 앞세운 채 옛 일을 거울로 삼지 않았다. 패왕의 공업을 떠벌이면서 무력으로 천하를 경영經營하려 한 게 그렇다. 5년 만에 마침내 나라를 패망하게 만들고, 자신의 몸이 동성東城에서 찢겨 죽을 때까지 전혀 깨닫지 못한 채 스스로를 책망하지도 않았다. 이는 매우 잘못된 것이다. 그러고도 그는 끝내 호언하기를, '하늘이 나를 망하게 한 것이지, 결코 내가 용병用兵을 잘못한 탓이 아니다.'라고 했다. 이 어찌 황당한 일이 아닌가!"

한고조 유방의 조각상

약법삼장約法三章

한고조 원년인 기원전 207년 10월, 유방의 군사가 마침내 제후들보다 한 발 앞서 파상霸上에 이를 수 있었다. 진왕秦王 자영子嬰이 흰 수레 흰 말을 타고 목에 끈을 맨 채 황제의 옥새와 부절符節을 봉한 모습으로 지도정軹道亭 옆에서 항복 의식을 거행했다. 유방이 마침내 서쪽으로 함양으로 들어가 궁궐에 머물며 휴식을 취했다. 번쾌와 장량이 간하자 진나라의 보화와 재물창고를 봉한 뒤 파상으로 회군했다. 회군 때 여러 현의 부로와 호걸을 불러 이같이 말했다.

"부로들이 진나라의 가혹한 법령에 시달린 지 오래됐소. 그간 조정을 비난한 자들은 멸족의 화를 당했고, 모여서 의론한 자들은 저잣거리에서 처형을 당했소. 나는 제후들과 가장 먼저 관중에 입관하는 자가 왕이 되기로 약조했소. 내가 당연히 관중의 왕이 될 것이오. 지금 부로들에게 법령 3가지만 약조하고자 하오."

그게 바로 약법삼장約法三章이다. 첫째, 사람을 죽인 자는 사형에 처한다. 둘째, 사람을 다치게 한 자는 그에 준하는 형을 가한다. 셋째, 남의 물건을 훔친 자는 그 죄에 경중에 따라 처벌한다. '약법삼장'의 내용과 관련해 전한 순자의 후손인 순열荀悅은 『한기漢紀』에서 '살인자사殺人者死, 상인자형傷人者刑, 도자저죄盜者抵罪.'로 풀이했다.

사람을 시켜 진나라 관원과 함께 모든 현縣과 향鄉 및 읍邑을 돌아다니며 '약법삼장'를 알리게 했다. 진나라 백성이 크게 기뻐했다.

오능용삼吾能用三

기원전 202년 정월, 제후와 장상將相들이 함께 황제 즉위를 청하자 유방이 사양했다. 여러 신하들이 입을 모아 건의하자 유방이 3번 사양한 뒤 부득이 받아들였다. 이해 2월 갑오일, 유방이 범수氾水 북쪽에서 황제 즉위식을 거행했다. 이어 초나라 풍습에 익숙한 제왕齊王 한신을 초왕으로 이봉해 하비下邳에 도읍하게 했다.

이해 5월, 병사들 모두 해산해 귀가했다. 제후의 자제로 관중에 남아 있는 자는 12년간 부역을 면제해주기로 했다. 또 봉국으로 돌아간 자는 6년간 부역을 면제하고, 1년간 조정에서 부양해주기로 했다. 한고조 유방이 낙양의 남궁南宮에서 연회를 베풀며 자신이 승리한 배경을 신하들에게 물었다.

도무후都武侯 고기高起와 신평후信平侯 왕릉王陵이 대답했다.

"폐하는 오만해 다른 사람을 업신여기고, 항우는 인자해 다른 사람을 사랑할 줄 압니다. 그러나 폐하는 사람을 보내 성과 땅을 공략한 뒤 항복을 받아낸 자에게 성과 땅을 나눠주며 천하와 이익을 함께 했습니다. 반면 항우는 어질고 재능 있는 자를 시기해 공이 있는 자를 미워하고, 현자를 의심하고, 승리를 거두고도 다른 사람에게 그 공을 돌리지 않고, 땅을 얻고서도 다른 사람에게 그 이익을 나눠주지 않았습니다. 이것이 항우가 천하를 잃은 까닭입니다."

한고조가 말했다.

"그대는 하나만을 알고 둘은 모르오. 군막軍幕 속에서 계책을 짜내는 운

주유장運籌帷帳의 행보로 1천리 밖의 승리를 결정짓는 일은 내가 장량만 못하오. 나라를 안정시켜 백성을 위로하고, 양식을 제때 공급하며 보급로가 차단되지 않도록 하는 일은 내가 소하만 못하오. 1백만 대군을 통솔해 싸우면 반드시 이기고 공격하면 반드시 빼앗는 일은 내가 한신만 못하오. 이들 3인 모두 천하의 인걸로, 내가 이들 쓸 수 있었기에 바로 천하를 얻을 수 있었던 것이오. 항우는 단지 범증 1인만 있었는데도 그마저 제대로 쓰지 못했소. 항우가 나에게 사로잡힌 이유요."

한고조는 내심 오랫동안 낙양에 도읍하고자 했다. 그러나 제나라 출신 유경劉敬과 장량이 거듭 관중으로 들어갈 것을 권했다. 한고조가 이날 곧바로 어가를 타고 관중으로 들어가 도읍했다. 이해 6월, 천하에 대사령을 내렸다. 사상 2번째로 천하를 통일한 이유다.

12

문경지치의 등장

여후呂后**와 척부인**戚夫人

한고조 유방의 부인인 여후呂后는 유방을 도와 천하통일을 이루는 데 큰 공헌을 했다. 평민 출신인 유방이 사상 2번째로 천하를 통일한 뒤 황제로 등극하자 바로 황후로 봉해진 이유다. 그러나 이때부터 여후는 처량한 신세가 되고 말았다. 나이가 들어 자색이 사라진 게 가장 큰 이유였다. 지위가 아무리 높을지라도 황제로 즉위한 후 젊고 아름다운 후궁이 득실거리는 황궁에서 호색한好色漢인 유방의 마음을 계속 붙들어 둘 수는 없는 일이었다.

후궁 가운데 한고조 유방의 총애를 가장 많이 받은 사람은 척부인戚夫人이었다. 유방은 천하통일 이전부터 척부인을 극도로 총애했다. 전쟁터에 나갈 때조차 그녀를 곁에 둘 정도였다. 보위에 오른 뒤에도 그녀의 말이라면 무엇이든 들어줬다. 척부인이 아들 유여의劉如義를 낳자 한고조 유방의 총애는 극에 달했다.

한때 유방은 장자인 여후 소생의 유영劉盈을 태자의 자리에서 끌어내리고, 대신 유여의를 책봉하려고 했다. 그러나 여후가 여러 대신들의 반대를 이끌어 내는 바람에 부득불 포기할 수밖에 없었다. 당시 한고조는 장량의 계책을 받아들여 진시황 때 어지러운 세상을 피해 산곡으로 들어간 동원공東園公과 하황공夏黃公, 녹리선생用里先生, 기리계綺里季 등 이른바 상산사호商山四皓를 초빙했다. 이들이 태자 유영을 후사로 삼을 것을 설득하자 유방이 이를 받아들였다. 당시 여후는 이 모든 사태를 지켜보면서 마음속에 증오심을 불태웠다.

한고조 12년인 기원전 195년 4월, 유방이 병사하자 태자 유영이 보위를 계승해 한혜제漢惠帝로 즉위했다. 여후는 황태후가 되어 섭정을 했다. 대권을 장악한 여후는 마침내 척부인에게 복수를 할 때가 왔다고 여겼다.

이해 5월, 유방의 장례가 끝나자마자 여후는 기다렸다는 듯이 좌우에 명해 척부인을 체포했다. 이어 머리를 모두 깎고 칼을 채우고, 붉은 죄수복을 입혀 궁녀들의 감옥인 영항永巷에 가둔 뒤 종일토록 쌀을 찧게 했다. 옥중에 갇힌 척부인은 멀리 조趙나라에 가 있는 아들 유여의를 생각하며 한

없이 눈물을 흘렸다.

여후는 유여의를 제거하려고 3번이나 사자를 보내 유여의를 장안으로 불러들였다. 그러나 유여의는 오지 않았다. 마침내 여후는 척부인의 필체를 위조해 거짓 서신을 써서 유여의에게 보냈다. 모친인 척부인에 대한 그리움이 간절했던 13세의 여의는 곧장 장안으로 달려왔다. 한혜제는 어린 이복동생이 생모인 여후의 손에 죽는 것을 그냥 두고 볼 수 없었다. 장안으로 돌아오는 유여의를 친히 마중해 궁으로 데려온 뒤 자신과 함께 기거하도록 조치했다. 여후도 달리 손을 쓸 수 없었다.

한혜제 원년인 기원전 194년 12월 초하루, 한혜제가 일찍 일어나 말을 타고 나간 사이 유여의가 홀로 늦게 일어났다. 호시탐탐 기회를 엿보고 있던 여후가 이 틈에 사람을 보내 유여의를 독살하고 말았다. 한혜제가 돌아왔을 때는 이미 유여의는 싸늘한 시신으로 변해 있었다.

당시 여후는 유여의를 제거한 뒤 다시 가장 잔인한 수단으로 척부인에게 복수했다. 척부인의 두 귀를 불로 지지고, 벙어리가 되는 약을 억지로 먹이고, 두 눈을 파내고 사지를 자른 뒤 변소에 버린 게 그렇다. 오랫동안 가슴 깊이 묻어둔 증오심을 폭발시킨 결과이다.

여후는 한혜제를 데려다가 돼지처럼 생긴 사람인 이른바 인체人彘로 변한 척부인의 그런 모습을 보여주었다. 한혜제는 이미 사람의 형체를 알아볼 수 없는 지경이 된 척부인을 보고는 통곡한 뒤 이내 몸져누웠다. 그는 여후에게 사람을 보내 이같이 원망했다.

"이는 사람이 할 짓이 아닙니다. 소자는 태후의 아들로서 다시는 천하를 다스릴 수 없습니다."

이후 한혜제는 매일 술에 취해 정사를 돌보지 않았다. 6년 뒤 24세의 한혜제가 세상을 떠났다. 여후는 자신의 정적인 척부인 모자는 물론 자신이 낳은 아들까지 죽음으로 몰고 간 셈이다

당시 여후는 유씨劉氏만을 후왕侯王으로 책봉하라는 한고조 유방의 유훈遺訓을 어기고 동생 여산呂産과 여록呂祿을 후왕으로 봉했다. 유씨의 나라를 여씨의 나라로 바꿀 수도 있다는 생각을 품지 않으면 불가능한 일이었다. 그러나 이는 진평과 주발 등 공신세력의 반발을 불러와 결국 여후 사후 여씨 세력의 멸문지화滅門之禍로 이어졌다. 한고조의 차남 유항劉恒이 한문제漢文帝로 즉위해 보위를 이었다.

문경지치

한문제 유항劉恒은 한고조 유방의 사남이자 한혜제의 이복동생이다. 즉위 전 대代나라 왕이었다. 여태후가 죽은 뒤 황제로 추대됐다. 아들 한경제와 함께 유교를 통치 철학으로 확립했다. 소모적인 대외원정을 피하며 경제를 안정시켜 문경지치를 이룩했다.

한문제는 당시 기준으로는 아주 혁신적인 생각으로 국가나 왕의 재산을 필요에 따라 개방했으며, 산림과 하천을 개발하는 정책을 펼치고 공업과 상업을 발달시켜 결과적으로 공상잡세가 토지세를 능가하게 만들었다. 이런 한문제의 정책 결과 과거 중요했던 자원인 소금과 철의 생산이 크게 늘

었으며 여러 직업이 생기고 상품의 생산과 유통도 활발해졌다. 그래서 농지세와 인두세 등을 내릴 수 있게 됐으며 전문적으로 요역을 맡아서 하는 사람들도 생겨 농민들의 요역 부담도 대폭 줄었다. 한문제 본인이 매우 근검절약하는 성격으로 국고의 낭비도 꼼꼼하게 막았다. 한문제가 얼마나 국력을 불려놨는지 한경제 때 오초칠국의 난을 일으킨 지방 호족들은 중앙이 너무 강해져 경악할 정도였다.

유교주의 정치가인 가의賈誼가 건의한 「치안책治安策」은 한문제의 통치에 큰 영향을 주었다. 경제정책 면에서는 한고조 때의 15분의 1세를 30분의 1로 감축했고, 만년에는 토지세를 폐지했다. 또한 백성의 요역을 경감하고 진 이래의 악법인 연좌제와 신체에 고문을 가하는 육형肉刑을 폐지했다. 언론의 자유를 보장했다. 이를 통해 문제 시대에는 이전과는 다른 보다 민본적인 사회로 나아갈 수 있었다.

한문제의 통치는 중국 역대의 절대군주가 자신의 치적을 내세우기 위해 대외원정이나 대토목 사업을 일으킨 식의 유위지치有爲之治가 아니라 무위지치無爲之治로 백성을 쉬게 한 안정화정책이었다. 일례로 기원전 174년에 있었던 회남왕 유장의 모반사건을 계기로 박사인 가의나 조조鼂錯는 중앙정부를 강화하고 지방 세력을 약화시키는 이른바 강간약지強幹弱枝 정책을 내세워 제후왕의 영지를 삭감할 것을 강력히 주장했다. 그러나 한문제는 그것이 제후국과 다투며 애써 이룩한 민생의 안정을 흔들 것으로 판단해 이를 피하고 종래의 군국제郡國制를 유지했다.

『사기』「외척세가」에 따르면 한문제 유항의 모친 박씨薄氏의 부친은 오吳나라 사람이었다. 진秦나라 때에 그는 과거 위魏나라 왕의 종가宗家 사람인 위온魏媼과 사통해 박희薄姬를 낳았다. 진시황 사후 제후들이 반기를 들자 위표魏豹는 위나라 왕이 됐다. 위온은 그녀의 딸을 궁에 들어가게 했다.

위온은 허부許負에게 관상을 보게 했는데 박희가 천자를 낳을 수 있다고 했다.

유방이 위표를 사로잡고 그의 나라를 군郡으로 삼았다. 박희는 직실織室로 들여보내졌다. 위표는 이미 죽었다. 유방은 몇 차례 직실에 드나들었는데, 박희가 자색이 있음을 보고 후궁으로 들이라고 조서를 내렸다. 그러나 1년여 동안 동침을 하지 않았다. 처음에 박희가 젊었을 때에 관부인管夫人, 조자아趙子兒 등과 친하게 지냈다. 세 사람은 '누가 먼저 부귀하게 되든지 간에 서로를 잊지 말자.'라고 약속했다. 얼마 되지 않아 관부인과 조자아가 먼저 유방의 총애를 받았다. 유방은 하남궁河南宮의 성고대成皐臺에 앉아 있었는데, 두 명의 미인은 박희와 당초에 했던 약속을 조롱해 웃었다. 내막을 알게 된 유방이 그날로 박희를 불러 동침했다. 여기서 훗날 한문제로 즉위한 유항이 태어났다. 그러나 그 동침 이후에 박희는 한왕을 만나는 일이 아주 적었다.

당초 한문제 유항은 대왕으로 있을 때 왕후 왕씨王氏와의 사이에서 네 아들을 두었으나 모두 요절했다. 첩 두씨竇氏에게서 유계와 유무 두 아들을 두었다. 한문제의 황후 두씨 집안은 본래 명문가였으나, 일찍 부모를 여읜 탓에 오라비 두건竇建, 동생 두광국竇國과 함께 불우한 어린 시절을 보냈다. 미색이 뛰어난 두씨는 한나라 궁궐의 궁녀로 입궁해 여태후呂太后를 섬기게 됐다. 후에 여태후는 궁녀들을 내보내 여러 제후왕들에게 하사했는데, 두씨 또한 이 출궁 행렬에 이름이 올랐다.

두씨는 조국趙國이 고향에서 가까운 것을 생각해내고는 궁녀의 송환을 주관하는 환관에게 간청했으나 환관이 이 부탁을 잊어 그녀의 명부를 대국代國으로 보냈다. 뒤늦게 이 사실을 알게 된 두씨가 흐느껴 울면서 가지 않으려고 했으나 이미 끝난 일이었다.

두씨는 대국에 오자마자 대왕代王 유항劉恒의 눈에 들어 그의 후궁이 됐다. 대왕 유항의 총애를 독차지하게 된 두씨는 곧 관도공주로 불리는 유표劉嫖를 낳았다. 얼마 후 한경제로 즉위하는 아들 유계劉啓와 양왕으로 책봉된 유무劉武를 내리 낳았다. 두건과 두광국은 누이 덕에 하루아침에 부귀영화를 누리게 됐으나 성품이 공손하고 겸손하여, 감히 존귀한 지위를 이용해 다른 사람 면전에서 자만해하지 않았다.

기원전 157년 한문제 유항이 죽자, 태자 유계가 황위에 올랐으니 곧 한경제漢景帝이다. 한경제는 무위지치를 숭상한 한문제의 덕정을 그대로 좇았다. 산업을 부흥하는 데 큰 힘을 쏟았다. 국고에는 재화가 가득차서 그것을 묶은 줄이 끊어질 정도였다. 오초칠국의 난을 진압해 군국제를 고쳐 황제가 지배하는 중앙집권적 군현 제도의 기틀을 닦았다. 아버지의 치세를 물려받아 이를 완성시켰다는 점에서 청나라 옹정제와 여러모로 비슷한 인물이다.

한문제와 한경제의 재위 40년 동안 안정화 정책으로 황폐한 농촌사회는 휴식을 취하면서 생산력을 증가시켜 국력이 회복돼 번영을 누리게 됐다. 이와 같은 문경 시대의 사회적 번영과 경제력의 회복은 다음에 오는 한무제 때의 막대한 국가운영과 대외원정을 감행할 수 있었다. 이후 문경지치는 태평성대를 가리키는 말로 후대의 황제들에게 본보기가 됐다.

한경제에게는 부인으로 박황후가 있었는데 어찌된 것인지 적자를 낳지 못했다. 이에 두태후는 넌지시 한경제의 동생인 양왕 유무를 다음 황제로 정할 것을 권했으나 경제는 거절했다. 태황태후가 죽자, 한경제는 태황태후의 조카였던 박황후를 황실을 번성치 못한 죄로 폐했고 새로운 황후를 정하려고 했다. 본래 가장 총애를 받은 후궁은 율씨栗氏로 장남 유영劉榮을 낳았다. 최종적으로 황후가 된 것은 왕씨였다. 그리고 이 왕씨의 아들이 바로 한무제 劉徹이다.

왕씨의 이름은 '왕지王娡'이다. 그녀의 어머니는 한고조 때 연왕으로 있다가 반란을 일으켜 죽은 장도臧荼의 손녀로 이름은 장아臧兒였다. 장아는 왕중王仲의 처가 돼 아들 왕신王信을 비롯해 딸 왕지와 왕아후王兒姁를 낳았다. 도중에 왕중이 죽자 전씨田氏에게 재가해 전분田蚡과 전승田勝 형제를 낳았다. 왕지는 김왕손金王孫의 부인이 돼 김속金俗을 낳았다. 장아가 점을 치자 자신의 두 딸이 모두 귀하게 될 것이라고 했다. 마침 황궁에서 후궁을 뽑자 장아는 왕지를 김왕손과 이혼시켜 입궁시켰다.

김왕손은 부인 왕지가 돌아오지 않자 처갓집으로 갔다가 입궁시켰다는 충격적인 소식을 듣고 포기해야만 했다. 결국 왕지는 당시 태자였던 한경제 유계의 후궁이 돼 아들 유철을 낳았다.

한경제 유계가 즉위하자 장남 유영劉盈이 황태자가 됐다. 한경제의 유일한 친누나인 관도장공주館陶長公主 유표劉嫖는 자신의 딸 진아교陳阿嬌를 유영에게 시집보내려고 했다. 유영의 모친 율씨는 이를 거절했지만 왕지는 이를 허락해 관도장공주의 호감을 얻었다. 유표는 남동생인 한경제에게 매일 율씨를 참소하고 왕지의 아름다움을 칭찬했다. 한경제도 유철이 똑똑하다고 여겼다. 결국 태자 유영을 폐해 임강왕으로 삼고, 유철을 새 황태자로 삼았다. 율씨는 이를 한스러워하다가 분사했다. 나중에 왕지의 친여동생 왕아후도 한경제의 후궁으로 들어왔다.

한경제는 유비의 조상으로 알려진 중산정왕中山靖王 유승劉勝의 아버지이기도 하다. 유승은 한경제의 9자이다. 그리고 4자인 노공왕魯恭王 유여劉餘의 후손이 유표와 유장이다. 삼국지의 대표적인 유씨 3명이 모두 한경제의 후손인 셈이다. 유승은 아들이 무려 14명이나 된다. 후한을 일으킨 광무제光武帝 유수劉秀는 한경제의 7자인 장사정왕長沙定王 유발의 후손이다. 왕망을 토벌했던 경시제更始帝 유현劉玄도 광무제와 동일하게 장사정왕의 후손이다.

오초칠국지란吳楚七國之亂

오초칠국지란은 전한 경제 치세인 기원전 154년 전한의 제후국 오왕 유비劉濞가 주축이 돼 조·교서·초·교동·치천·제남 여섯 나라와 함께 전한 중앙 정부에 일으킨 반란이다. 조조는 30가지 법령을 바꿔 왕국령을 덜어내면 반란이 일찍 일어나겠지만 피해가 적을 것이라고 건의했다. 한경제는 어사대부 조조의 과격한 정책을 실행해 제후왕의 죄를 빌미로 조·교서·초나라의 봉토를 삭감했다. 마침내 오나라도 봉토를 삭감하려 하자 자신에게 화가 미칠 것을 두려워한 유비는 초·교서·조나라의 제후왕과 공모해 황제 측근의 간신인 조조를 칠 것을 구실로 거병했다.

당시 7국은 조조를 죽이면 끝내겠다며 거짓으로 조조의 입궐을 요구했다. 수레는 황궁으로 향하지 않고 사형장이었던 동쪽 시장으로 갔다. 조조는 여기서 목이 잘렸다. 그럼에도 난은 계속됐고 주아부 등의 활약으로 이를 진압했다.

형양에서 병사를 모았을 때 오나라는 양나라를 공격했고, 양나라는 거듭 패해 사세가 궁해져 나중에는 황제의 조서까지 받아 주아부에게 구원을 요청했다. 그러나 주아부는 극벽에서 수비를 견고히 할 뿐 결코 양나라를 직접 구원하지는 않았다. 궁고후弓高侯 한퇴당 등에게 명해 경기병을 이끌고 가 오나라와 초나라의 양도를 끊게 했다. 오나라와 초나라는 결국 양나라의 마지막 반격에 패퇴했고, 주아부를 공격하려 하읍에 주둔했다. 오나라와 초나라 군은 양식이 떨어져 양동작전을 벌였으나 주아부는 이를 간파해 마지막 공격을 무위로 돌렸다. 오나라와 초나라 군이 기아를 이기지 못해 달아나자 주아부가 비로소 정예병을 내보내 대파했다. 오왕 유비는 군대를 버리고 강수를 건너 동월로 달아났고, 초왕 유무는 자살했다. 주아부가 현상금을 내걸자 동월에서 오왕의 머리를 베어 바쳤다.

주아부의 초상

　유비의 아들 유구劉駒는 민월로 도주했다. 결국 서로 싸운 지 석 달 만에 반란군 가운데 가장 강력한 나라로 꼽힌 오나라와 초나라를 평정했다. 한편 제ㆍ조 방면의 반란군은 난포와 역기 등에게 제압됐다. 제장들은 이에 주아부의 계책이 옳은 것이었다고 여겼으나, 양효왕과 주아부 사이에는 틈이 생겼다.

　반란군 평정 덕분에 황제의 권력은 크게 강화됐다. 주아부는 전한의 개국공신 주발의 아들로, 작위 없이 하내수를 지내고 있다가 습작한 형 주승지가 죄를 지어 봉국을 빼앗기자 한문제 때 조후에 봉해져 아버지의 작위를 이었다.

한문제 후6년인 기원전 158년 겨울, 흉노가 상군·운중군을 침입했다. 한문제가 군을 편성해 흉노를 막으면서 종정 유례劉禮, 축자후 서려徐厲와 함께 장군이 돼 각각 패상, 극문, 세류에 진을 쳤다. 한문제가 군사들을 위로하기 위해 각 군영에 곧장 수레를 달려 들어가자 패상과 극문에서는 영접했으나, 세류에서는 전투태세를 갖추고 선발대의 진입을 저지했다. 천자가 곧 도착한다고 선발대가 말했으나 통하지 않았다. 한문제가 부절을 사자에게 줘 조명을 전하게 한 후에야 들어갈 수 있었다. 이때에도 군중에서는 말을 타고 달리지 못하는 군법을 황제 일행에게 지키게 했으며, 절하지 않고 군례에 따라 인사했다.

한문제는 매우 감동했고, 나와서는 놀라워하는 신하들에게 함부로 범할 수 없는 군영이라며 주아부의 군영을 칭찬했다. 한문제가 죽을 때가 되자, 태자 한경제에게 위급한 일이 있을 때에는 주아부를 장수로 삼도록 가르쳤다. 한문제 사후 주아부는 거기장군이 됐다. 주아부는 오초칠국의 난을 평정하고 태위직을 계속 지냈고, 5년 뒤 승상에 취임해 한경제에게 중용됐다. 그러나 한경제가 율태자 유영을 폐하려고 하는 움직임에 반대하다가 틈이 생겼다. 당시 양효왕은 입조할 때마다 태후와 함께 주아부의 단점을 늘어놓았다.

얼마 후 흉노에서 추장 서로徐盧 등 5명이 투항했다. 주아부는 이들을 받아들이는 것을 반대했으나 한경제는 이들을 모두 열후로 삼자 사직했다. 한경제 중3년인 기원전 147년에 병으로 승상에서 면직됐다.

얼마 후 주아부는 한경제의 부름을 받아 식사를 했는데, 자르지도 않은 큰 고깃덩이만을 받았고 젓가락도 없었다. 주아부가 젓가락을 청하자 한경제가 웃으면서 말했다.

"이 정도도 그대에게는 부족한가?"

주아부가 즉시 사죄하고 물러나니, 그 모습을 보고 경제는 말했다.

"저렇게 언짢아하는 사람이니 결코 어린 임금의 신하는 아니다!"

이때 주아부의 아들이 상방의 공관에 갑옷과 방패 500장을 사서 장례를 준비했다. 일꾼을 고되게 부리고 돈을 주지 않았다. 일꾼은 이것이 황제의 물건을 함부로 매매한 것임을 알고 분노해 고발했다. 주아부도 연좌돼 심문을 받았다. 주아부가 한 마디도 대답하지 않자 한경제가 분노해 사건을 정위에게 맡겼다. 정위가 꾸짖었다.

"군후는 모반하려고 했는가?"

주아부가 대답했다.

"신이 산 것은 부장품일 뿐인데 어찌 모반했다 합니까?"

정위가 말했다.

"군이 지상에서 반역하려 한 게 아니라면, 지하에서 반역하려고 게 아닌가!"

원래 주아부는 소환됐을 때 자결하려고 했으나 아내의 만류로 그만두고 정위에 넘겨진 것이다. 정위의 심문이 더욱 혹독해지자 결국 주아부는 닷새를 굶다 피를 토하고 죽었다.

13

한무제의 흥망

한무제의 등극과 외정

한나라의 제7대 황제 한무제漢武帝 유철劉徹은 기원전 156년 15세의 나이로 즉위한 뒤 69세가 되는 기원전 87년까지 54년 동안 재위했다. 당시의 기준으로 볼 때 장수한 군주에 해당한다. 그는 재임 가운데 흉노를 정벌해 북방을 안정시키고 비단길을 개척해 동서 교류의 물꼬를 텄다. 당시 흉노는 동유럽에 거주하던 게르만을 서쪽으로 밀어냈다. 이는 서로마 제국 패망의 배경이 됐다. 군비 지출 증가에 내정의 혼란이 겹친 로마는 476년 멸망했다. 서양에서 훈Hun으로 불린 흉노는 5세기 아틸라 왕 당시 유럽

최강의 군대였고, 흉노 일파인 마자르는 후일 훈의 나라인 헝가리Hungary를 수립해 오늘에 이른다. 그런 점에서 한나라와 흉노의 충돌은 세계사의 흐름까지 바꿔 놓는 결과를 낳았다.

기원전 133년, 흉노의 군신선우가 10만 기를 이끌고 지금의 산서성 삭주시朔州市 일대인 마읍馬邑에 쳐들어 왔다. 한나라는 부근에 병사 30만 명을 매복시킨 후 가축을 풀어 놓고 흉노를 유인했다. 그러나 포로가 된 한나라 병사의 자백으로 매복 사실이 발각돼 수포로 돌아갔다. 마읍지전馬邑之戰이라고 한다. 이를 계기로 대장군 위청衛靑과 표기장군 곽거병霍去病의 대흉노 정벌전이 본격화했다. 위청은 한무제의 두 번째 황후인 위자부衛子夫의 동생이었다.

장건이 서역에서 귀국하기 3년 전인 기원전 129년, 한나라는 위청을 비롯한 4명의 장군을 파견해 흉노가 차지하고 있던 오르도스 지방을 정벌해 삭방군을 두었다. 양측은 일진일퇴를 거듭하는 팽팽한 소모전을 행했다. 이때 한무제는 서역의 36국에 관한 정보를 토대로 한혈마汗血馬를 얻기 위해 전군을 서역의 요충지인 하서지역으로 진군시켰다.

원래 위청은 출생마저도 남들 손가락질을 받을 정도였다. 그의 모친은 위오衛媼는 한무제의 누나인 평양공주의 집에서 일하던 하녀였다. 정계鄭季라는 평양후平陽侯 휘하 하급관원과 사통해 위청을 낳았다. 원래 이름이 위청이 아닌 정청鄭靑이었다.

위청은 어머니가 일하던 평양후 집안이 아니라 아버지를 따라갔다. 아버지인 정계가 위청에게 시킨 일은 고작 양 치는 일이었다. 새어머니와 그 이복형제들은 위청을 사람 취급도 안 하고 종처럼 부려먹었다. 위청은 우연히 다른 사람을 따라 감천궁^{甘泉宮}의 감옥을 구경할 수 있게 됐다. 가만히 구경하고 있는데, 목에 칼을 쓰고 있는 죄수 한명이 위청을 보고는 갑자기 이렇게 말하는 것이었다.

"이 아이는 귀인이다! 후에 크게 될 것이다."

위청은 웃으면서 이렇게 대답했다.

"남의 종으로 태어났습니다. 매질과 욕설을 안 당하면 다행인데, 어찌 벼슬자리를 바라겠습니까?"

나이가 찬 위청은 다시 평양후의 집으로 가서 평양공주를 섬겼다. 공주가 외출할 때 말을 끌었다. 한무제는 부인 진아교와 본래 사이가 나쁘지 않았으나 진아교는 자식을 낳지 못했다. 게다가 질투심이 심했다.

한무제의 모친 왕부인은 자식을 4명 낳았으나 아들은 한무제 유철 하나였다. 평양공주가 여인을 계속 소개시켜 주었으나 한무제는 여가수 위자부^{衛子夫}가 마음에 들었다. 위자부는 위청의 모친 위오의 딸이자 위청의 누이였다. 위자부가 곧 존귀해지면서 위청도 정씨 성을 버리고 위씨 성을 쓰게 됐다.

위자부가 기어코 한무제의 아이를 임신까지 하게 되자 진아교의 질투심이 폭발했다. 건청궁에서 일하는 위청을 잡아들여 죽여 버리고자 했다. 친구였던 기랑^{騎郎} 공손오^{公孫敖}가 소식을 듣고 급히 장사들을 이끌고 구하러 와서 목숨을 구했다. 이 소문이 한무제의 귀에까지 들어가게 됐다. 한무제는 위청을 불러들이고 건장궁의 궁감^{宮監} 겸 시중^{侍中}으로 삼았다. 이어 위씨 집안을 우대하기 시작했다. 위청의 누이이자 위자부의 첫째 언니인 위유衛孺는 태복 공손하公孫賀에 시집을 보냈다. 둘째 언니 위소아衛少兒는 진장陳掌이라는 남자와 살고 있었다. 위소아의 아들이 바로 곽거병이다. 곽거병과 위청은 외숙과 생질 사이였다.

곽거병은 18세부터 24세까지의 활약으로 명장으로 불린다. 단 6년간 활약으로 중국역사상 가장 위대한 지휘관 가운데 한 명으로 꼽힌다.

그의 부친 곽중유霍仲孺는 원래 하급관리에 지나지 않았고, 모친 위소아와도 정식으로 결혼한 사이가 아니었다. 임무를 마치고 돌아온 뒤 곽중유는 다른 여자와 결혼해 살았다. 위소아도 진장陳掌과 산 까닭에 곽거병은 곽중유가 친아버지인 줄도 모르고 생장했다.

그의 작은 이모 위자부가 존귀해지면서 곽거병도 존귀한 신분이 됐다. 그는 흉노를 정벌하러 가는 길에 곽중유가 일하는 곳을 지나게 됐다. 곽거병이 무릎을 꿇고 절을 하자 곽중유도 옷을 벗고 머리를 조아렸다. 곽거병은 곽중유에게 많은 땅을 사주고 재물을 주고 노비를 사주고 떠났다. 이때 배다른 동생인 곽광霍光도 장안으로 데려왔는데 곽광의 나이 10살이었다.

곽거병의 전공은 그 당시 일반적인 상식을 뛰어넘는 것이었다. 조무령왕의 시기부터 기병전술을 확립하긴 했지만 기마대는 유목민족의 전매특허였다. 중원의 군사가 성을 쌓거나 혹은 평원에서 방진을 펼쳐 기마대를 상대해서 이기는 경우는 많아도 기병전력을 중심으로 해 이긴 경우는 많지 못했다.

한무제 때부터 정예기병을 육성한 한나라는 곽거병의 지휘 아래 놀라운

성과를 거뒀다. 자진해서 흉노 땅 깊숙이 들어가 격파한 것이다. 그러나 곽거병의 부대전술은 무모하기 짝이 없었다. 곽거병은 병법을 그렇게 중요하게 생각하지도 않았다. 한무제가 곽거병에게 병법에 대해 묻자 이같이 대답했다.

"지금 쓸 전략이 무엇일까 하는 것만 생각하면 됩니다. 옛 병법을 체득할 필요는 없습니다."

통상적인 용병술보다는 임기응변에 능했다고 할 수 있다. 본인의 능력도 있지만 한무제의 전폭적 지원 덕분이라고 보기도 한다.

당시 한무제는 흉노로 인한 화근을 없애기 위해 서역의 국가들과 동맹을 맺고자 했다. 그런 이유로 낭중郎中으로 있던 장건張騫을 파견했다. 기원전 139년, 한무제는 천산산맥 북쪽 이리 땅에 있을 월지를 찾아 장건에게 통역인 감보甘父를 비롯한 100여 명의 일행을 딸려 보냈다. 결국 하서회랑에서 붙잡혀 군신선우軍臣單于 앞에 끌려와 심문을 받게 됐다. 군신선우의 포로로 10여 년을 흉노 땅에 살면서 처와 자식까지 낳았다. 그러나 그는 한나라 사신의 임무를 잊지 않고 있었다.

우여곡절 끝에 귀국한 장건의 정보에 기초해 서역 국가들을 대상으로 정벌과 동맹을 병행했다. 영역을 서역으로 확대함으로써 동서 교역로인 비단길이 열리게 됐다.

이후 한무제의 정복 사업은 계속돼 남쪽의 월나라에 이어 동쪽의 조선 침략으로 이어졌다. 기원전 108년 요동 일대에 한사군이 설치된 게 그렇다.

중국 둔황에 있는 장건의 동상

동중서와 독존유술獨尊儒術

객관적으로 볼 때 한무제의 영토 확장 정책은 커다란 성공을 거뒀다. 북방을 안정시키고 서역으로 확장하면서 국제 교역로를 개설했다. 그러나 이는 막대한 재원을 필요로 했고, 더욱이 궁전과 왕릉 등 천자의 위엄을 나타내기 위한 대규모 건설 사업까지 추진해 국가 재정은 극도로 궁핍해졌다.

한무제는 재정난을 타개하기 위해 소금과 철의 민간 매매를 금지시키고 국가 전매 사업으로 전환했다. 이른바 '염철전매鹽鐵專賣'다. 관련 분야 상인들의 이익을 국가로 귀속시켰다. 이어 물류 산업을 국가 산업으로 전환시키는 균수법均輸法을 시행했다. 초기에는 군수물자에 적용했으나 점차 상인들이 취급하는 일반 물품으로 범위를 확대했다.

그는 54년간 재위하면서 적잖은 업적을 남겼다. 진시황과 한고조가 출발시킨 통일제국의 기틀 위에 영토를 대폭 확장하고, 유가사상을 유일한 통치이념으로 인정하는 이른바 독존유술獨尊儒術 선포로 제국체제를 완성했다는 평가가 그것이다. 이는 한문제와 한경제가 이룩한 이른바 '문경지치文景之治'가 있기에 가능했다.

당초 한고조 유방은 고담준론을 일삼는 유학자들에게 비우호적이었다. 대신 자유분방한 황로학黃老學에 호감을 느껴 통치 이데올로기로 삼았다. 황로학은 전설의 삼황오제를 섬기는 황제黃帝 신앙과 도교 신앙을 결합해 만들어진 것이다. 그러나 황로학은 느슨하고 치밀하지 못해 안정기의 통치이념으로는 부족했다.

이런 상황에서 천자 중심의 천하 질서를 근간으로 하는 유학은 강력한 권력을 추구한 한무제의 취향과 맞아떨어졌다. 공자 이후 350년 동안 제자백가의 일원에 불과했던 유학이 갑자기 국가 통치이념으로 격상된 배경이다. 여기에는 동중서董仲舒의 공이 컸다.

이때 한무제는 중국 최초로 건원建元이라는 연호를 사용했다. 그는 이후 정복한 국가들에 대해 단일 연호를 강요했다. 중국 중심의 단일 문화권을 형성하려고 한 것이다.

한나라 초기 공신들은 연일 술판을 벌였다. 고조高祖 유방 또한 노는 게 좋았다. 이런 고조 앞에 유학자 육가陸賈는 자주 『시경詩經』과 『서경書經』 등을 인용했다. 유방이, "나는 말 위에서 천하를 얻었다. 시와 서 따위가 무엇이란 말이냐?"라고 힐난하자 육가는 반박키를, "말 위에서 천하를 얻을 수는 있지만, 말 위에서 천하를 다스릴 수는 없습니다."라고 했다. 유방이 육가에게 국가의 흥망성쇠와 그 원인을 써서 올리라고 했다. 이렇게 해서 만들어진 책이 『신어新語』이다. 이 책에서 육가는 말한다.

유가에서 말하는 육예六藝는 예禮·악樂·사射·어御·서書·수數이다. 사대부들이 갖추어야할 기본 교양에 해당한다. 인륜은 지켜야만 하는 윤리로 부자유친父子有親·군신유의君臣有義·부부유별夫婦有別·장유유서長幼有序·붕우유신朋友有信의 오륜五倫을 생각했다. 육가는 오경에 밝고 육예에 능통하며 오륜을 지키는 도덕적 인격자들에 의해 나라가 다스려져야 한다고 생각했다.

이때 동중서가 나타나 '파출백가罷黜百家, 독존유술獨尊儒術'을 역설하게 됐다. 한경제의 제11자인 유철이 유가 사상을 추종하며 한무제로 즉위한 덕분이다. 그가 등용한 대신들은 경전에 박식하고 문학에 뛰어난 사람들이다. 중국 역사상 문장가를 대신으로 기용한 최초의 황제가 한무제였다.

한무제는 즉위 초에 현량방정賢良方正을 전국적으로 실시한다. 이는 천거를 통해 재야에 숨은 선비를 등용하고자 한 것이다. 즉위와 동시에 현량과를 실시했다는 것은 신진사대부들의 의견을 따르겠다는 의지의 표현이었다. 기존 세력의 심한 반발에 부딪혔다. 한무제의 할머니 두태후竇太后는 황노학 신봉자였다. 결국 무제 즉위 초에 현량으로 천거된 선비들은 대부분 감옥에 갇히고 조관과 왕장은 처벌됐다. 무제는 야망을 숨기고 때를 기다려야만 했다.

두태후가 죽자 한무제는 드러내 놓고 자신이 꿈꿔온 세계를 만들어가기 시작했다. 무제는 다시 천하의 인재를 찾았고, 이때 만난 학자가 동중서董仲舒이다. 동중서는 이른바 억음존양抑陰尊陽을 주장했다. 미신적인 음양설과 성리학의 통치관이 이때 기반이 마련됐다.

말년의 무제는 신선술에 빠졌다. 무제는 불로장생을 위해서라면 재물을 아끼지 않았다. 궁궐을 신선들이 사는 곳처럼 꾸미고 천하의 방사方士들을 불러 들였다. 그는 권력이 나누어지는 것을 우려해 황태자의 생모도 죽였다.

늙은 황제가 젊은 여인 첩여婕妤 조씨趙氏를 후궁으로 삼고 아들을 생산했다. 궁호는 구익부인鉤弋夫人이었다. 그가 바로 한소제漢昭帝이다. 한무제는 늙어서 자식을 얻은 데다가 구익부인의 뱃속에서 14개월 또는 24개월만에 나온 아들이라 각별히 산후조리를 보살폈다. 아들의 출생을 기념해 특별 조회를 연 한무제는 예전의 요임금의 어머니가 꼭 14개월, 또는 24개월간 회임했다가 낳았다는 고사를 말하며 학사들에게 명해 구익부인의 산방産房에 '요모문堯母門'이라는 글을 짓게 했다. 한소제를 황태자로 앉히고 생모인 조씨에게 역모의 죄를 씌어 자결을 명했다. 외척의 발호를 염려해 미리 화근을 제거한 것이다.

한무제

이릉과 『사기』

한무제는 본의 아니게 서양 역사의 아버지 헤로도토스에 비견되는 중국 역사의 원조 사마천司馬遷을 탄생시켰다. 흉노에게 패배하고 투항한 장수 이릉을 변호하던 신하 사마천에게 궁형宮刑을 내렸다. 사마천은 이후 역사 편찬에 전념해 총 130권의 『사기史記』를 저술했다.

『사기』는 그 책이 사찬서私撰書임에도 중국의 정사인 24사에 항상 포함되면서 나머지 사서를 압도하고 있다. 『사기』와 『한서』, 『삼국지』, 『후한서』 등 이른바 '전4사前四史'를 제외한 다른 정사서는 모두 관찬서官撰書이다.

『사기』는 그동안 춘추로 대표되는 편년체編年體 역사 서술 방식을 본기本紀 · 열전列傳 · 지志 · 연표年表 등으로 구성하는 그만의 독특한 방식인 기전체紀傳體로 확립하는 시발점이 됐고 이후 동양 역사서의 기본 방침이 됐다.

사마천은 부친 사마담의 직책인 태사령을 물려받아 태사공서를 집필하던 도중, 보병 5천으로 분전하다가 흉노족 8만에게 포위당해 항복한 장군 이릉李陵을 변호하다가 한무제의 노여움을 샀다.

이릉은 초원에서 보병들로만 구성된 군대를 이끌고 몇 배나 되는 흉노의 대기병을 수차례나 격퇴하다 결국 피해가 누적돼 항복한 것이다. 졸지에 가족을 잃은 이릉은 평생 귀국하지 않고 흉노 선우의 사위가 돼 고위직인 우교왕까지 올랐다. 그러다가 선우의 정치, 군사 자문을 맡는 고문직을 맡으면서 살다가 기원전 74년에 흉노 땅에서 생을 마감했다.

이광리의 첫 원정은 성공적이지 못했다. 풍토병으로 인해 군사들이 죽었고, 대완의 성은 쉽사리 깨지지 않았다. 무제는 지원병을 보내 이광리에게 다시 한 번 기회를 주었다. 두 번째 원정에서 이광리는 이사성을 포위 공격해 결국 대완을 항복시켰다. 이후 이광리는 이사장군이라 불리게 됐다.

대완 정벌을 마친 이광리는 이후 흉노와의 전쟁에 동원됐다. 몇 차례 공적을 세웠지만, 기원전 90년 흉노 원정에 앞서 승상 유굴리와 함께 자신의 생질인 창읍애왕 유박劉髆을 태자로 세우자 했는데 이 전말이 드러나 유굴리가 요참에 처해지자 정치적으로 위기에 처했다. 이광리는 흉노와의 전쟁에서 공을 세워 위기를 모면하려 했지만, 휘하 장수들은 이 때문에 군을 험하게 부린다고 해 반발했다. 결국 호록고 선우의 군대에 패하자 투항했고, 본국에 남은 이광리의 일족은 하옥됐다. 한무제는 화가 머리끝까지 올라 장안에 남아 있던 그의 일족을 모두 몰살해버렸다.

무고지화巫蠱之禍

한무제의 말년을 가장 암담하게 만든 사건이 이른바 '무고지화巫蠱之禍'이다. 사마천이 출옥한 태시 원년인 기원전 96년 봄 정월, 장군 공손오가 요참형腰斬刑을 받고 죽었다. '무고지화'에 연루된 탓이다. 사단은 승상 공손하公孫賀의 아들 공손경성公孫敬聲의 비리로 인한 것이었다.

그는 승상이 되면 무슨 일로 목이 달아날지 몰라 무릎을 꿇고 '살려달라'며 목 놓아 울었다. 한무제가 인수를 놓아두고 나가 버려 결국 승상 자리를 맡게 됐다. 그는 신중을 거듭해 애써 돌다리를 두드리며 11년 동안 무사히 버텼으나 자식의 무고 사건에 연루되자 단박에 목이 달아나버렸다.

그가 승상의 자리에 오른 후 태복의 자리는 아들 공손경성에게 넘어갔다. 공손경성은 황태자 유거劉據 및 죽은 곽거병 등과 사촌지간이다. 그는 내심 자신이 무슨 짓을 벌일지라도 별 문제가 없다고 생각했다. 결국 그는 북군北軍의 비용 1천9백만 전을 착복했다. 곧 공금횡령으로 수감됐다.

처남 위청이나 조카 곽거병처럼 큰 공을 세우면 아들이 석방될 가능성이 있었다. 이리저리 궁리 끝에 암흑가의 우두머리 주안세가 오랫동안 체포되지 않고 있다는 사실을 알았다. 만일 그를 체포하면 군사상 못지않게 대공을 세우는 셈이 된다. 공손하는 전력을 다해 주안세를 체포했다.

주안세는 옥중에서 상서를 올렸다. 공손경성이 한무제의 딸 양석陽石공주와 사통하고 있고, 한무제가 감천궁甘泉宮으로 행행行幸하는 도로에 인형을 묻어 황제를 저주했다는 것 등이었다. 땅을 파니 인형이 나왔다. '신중거사慎重居士'로 소문난 공손하도 이내 투옥돼 옥사했다. 일족 역시 몰살당했다. 한무제의 딸 제읍諸邑공주와 양석공주도 주살됐다. 두 공주 모두 위황후 소생이었다. 위청의 아들 위항衛伉도 연좌돼 살해됐다. 위청은 한무제의 친누이인 평양공주의 남편이 됐지만 위항은 평양공주가 낳은 아이가 아니었다. 한무제가 죽기 4년 전인 정화 2년인 기원전 91년의 일이다.

이로써 위황후는 친딸을 둘이나 잃었다. 위황후의 큰 언니 집안은 전멸했고, 대장군 위청이 남긴 조카 위항도 죽었다. 위황후의 혈통으로는 오직 황태자 유거 한 사람만 남았다. 그러나 한무제에게는 유거 이외에도 많은 아들이 있었다.

한무제는 여러 황자 가운데 한 명이 보위에 오를 경우 제국의 안녕을 위해 그 생모를 죽이는 이른바 '자귀모사子貴母死'의 효시이다. 『한서』 「외척전」에 의하면 한무제의 총애를 입은 조첩여는 구익궁鉤弋宮에 머물러 '구익부인'이라고 했다. 훗날 한무제의 뒤를 이어 한소제로 즉위한 유블릉은 '구익자'로 불렸다.

한무제가 자신을 닮은 어린 유블릉을 총애한 것은 황태자 유거에 불만이 간단치 않음을 반증한다. 당시 황실과 가까운 사람들은 이 사실을 다 알고 있었다. 주안세에 의한 무고 옥사를 '제1차 무고사건'이라고 한다. 공손하 일족이 죽은 것은 이듬해인 정화 2년이었다. 이해에 '제2차 무고사건'이 터지고 말았다. 황태자 유거가 여기에 말려들고 말았다. '제2차 무고사건'의 주역은 조趙나라 출신 강충江充이었다.

강충은 가무에 뛰어난 미모의 누이동생이 있었다. 그녀가 조왕의 태자에게 총애를 받았다. 조왕은 한무제의 배다른 형인 유팽조劉彭祖로 근엄하고 정무에 열성적이었다. 그러나 그의 동복동생은 120명의 아이를 낳았다는 중산왕 유승劉勝으로 천하의 폭군이었다. 유승은 형 유팽조를 두고 말단 관리와 같은 짓만 한다고 비난했고, 유팽조는 동생 유승을 두고 음탕한 짓에 빠져 제후로서의 책임을 다하지 않는다고 비난했다.

조왕 유팽조는 엄격한 사람이었으나 태자 유단劉丹은 그렇지 못했다. 강충은 여동생으로부터 들은 태자에 관한 얘기를 부지런히 조왕에게 고자질했다. 태자 유단이 강충을 잡으려고 하자 그는 장안으로 도주했다. 대로한 유단은 강충의 가족을 잡아 죽였다. 앙심을 품은 강충은 유단을 조정에 고발했다. 한무제의 명에 의해 유단은 바로 체포돼 투옥됐고, 사형을 선고받았다.

한무제는 제후왕을 두려워하지 않고 고발한 그의 용기를 높이 평가해 자신의 곁에 두었다. 강충은 왜 자신이 기용됐는지 잘 알고 있었다. 신분고하를 막론하고 가차 없이 단속했다. 관도공주와 황태자도 예외가 아니었다. 천자만이 지나는 치도馳道을 황태자 심부름꾼이 거마로 달린 것을 적발한 일도 있다. 황태자는 사람을 보내 사과하고 사건화하지 않도록 부탁했으나 아무 소용이 없었다.

이 와중에 주안세에 의한 '제1차 무고사건'이 빚어진 것이다. 강충은 제2의 옥사를 획책했다. 목표는 황태자였다. 치도사건으로 이미 황태자의 미움을 산 데다 한무제의 나이가 66세이고 황태자는 38세인 만큼 승부수를 띄울 필요가 있었다. 나무 인형을 여러 곳에 파묻었다. 궁중에도 손을 뻗어 황후의 궁전과 황태자의 거처 부근에도 파묻었다.

노쇠한 한무제는 더욱 의심이 많아지고 미신에 대한 믿음도 강해졌다. 이미 무고사건에 따른 가혹한 고문으로 수만 명이 죽어나가고 있었다. 마침내 후궁 거처뿐 아니라 황후와 황태자 궁전의 땅이 파헤쳐지고 속속 나무 인형이 나왔다. 더 이상 출구가 없다고 판단한 황태자가 마침내 비상결단을 내렸다. 쿠데타였다.

황태자 유거는 동쪽으로 달아나 몸을 숨겼다가 은신처가 발각됐다. 황태자 유거는 목을 매 죽었다. 강보에 싸여 있던 황태자의 손자만 목숨을 건졌다.

14

군주폐립과 패도

한소제와 염철회의

　자신의 불찰을 뒤늦게 깨달은 한무제는 강충 일가를 몰살하고 '태자가 황제의 후궁을 희롱하고 있다'는 식의 무함을 일삼은 환관 소문蘇文을 위수의 다리 위에서 불태워 죽였다. 호현에서 황태자에 칼을 들이댔던 자는 봉후가 박탈되고 일족이 몰살됐다. 한무제는 이어 황태자가 죽은 호현에 사자궁思子宮을 짓고 대臺의 이름을 태자의 혼백이 돌아오기를 바란다는 뜻의 '귀래망사지대歸來望思之臺'로 지어 속죄하고자 했다. 한무제는 죽기 직전 곽거병의 동생 봉거도위 곽광霍光을 불러 주공이 성왕을 업고 있는 그림을 보여주면서 부디 주공이 돼 태자 유불릉을 잘 보필해 달라고 신신당부했다. 곽광은 황공해하며 김일제를 추천했다. 김일제는 흉노 출신임을 이유로 사양하며 곽광의 조수 역할을 하겠다고 했다. 곽광은 이후 멋대로 왕을 폐립하는 등 전횡을 일삼다가 한선제 즉위 후 그의 일족이 몰살당하게 된다. 한선제는 바로 여죄수의 젖을 먹고 민간에서 생장한 태자 유거의 유일한 손자인 유병이劉病已었다. 그가 바로 한선제이다.

이에 앞서 한무제는 기원전 87년 2월 12일, 조서를 내려 어린 구익부인 소생의 유불릉을 태자로 삼고 곽광霍光을 대사마, 대장군에, 김일제金日磾를 거기장군에, 상관걸上官傑을 좌장군으로 삼아 어린 유불릉을 보필하도록 지시했고, 이틀만인 14일에 한무제는 사망했고 결국 유불릉은 8살에 황제가 됐다. 그가 한소제이다. 한소제는 8세에 등극해 21세에 죽었다. 13년간 재위한 셈이다.

즉위 직후부터 한소제는 만만찮은 반란에 시달렸다. 한무제가 죽은 다음해인 기원전 86년부터 익주에서 원주민 반란이 벌어졌고, 바로 같은 해 연왕燕王 유단劉旦의 제위 찬탈 시도 사건이 벌어졌다.

한소제는 곽광만을 신임했으나 상관걸과 상홍양桑弘羊이 연합해 세력 균형을 맞추고 있었다. 그러다 한무제 시절 실시했던 염철주鹽鐵酒 전매 제도의 폐지를 논의하는 자리에서 크게 맞붙었다. 본래 이 제도는 상홍양이 제안한 제도로써 대상인을 압박해 빈부격차를 줄이고, 국가 재정을 충당하기 위해 도입된 제도였다. 그러나 상업의 발전이 제한되는 단점이 있었다.

한소제

　백성들의 삶이 특별히 더 나아지지도 않았다. 엄청난 논쟁이 벌어진 끝에 염철 회의는 술의 전매만 중단되는 것으로 마무리 됐다. 그러나 40년 가까이 유지됐던 굳건한 염철주 전매 제도가 훼손됐다는 것은 곽광과 상관걸─상홍양 사이의 권력차가 커지고 있다는 반증이었다. 소금과 철의 전매도 중단되는 것은 시간 문제였다.

　기원전 81년, 염철 회의가 결론이 나자 상관걸 측은 반격을 위한 행동에 돌입했다. 그들은 사전에 한소제의 이복 누나인 개장공주蓋長公主와 앞서 제위 찬탈을 시도했던 연왕 유단을 포섭해 곽광을 무함했다. 한소제는 여전히 곽광을 신뢰했다. 상관걸, 상관안, 상홍양은 끊임없이 곽광을 참소했지만, 한소제는 이를 받아들이지 않았다.

　상관걸 일당은 소제가 있는 한 곽광을 제거할 수 없다는 것을 깨닫고 정변을 결심했다. 곽광을 죽인 후 한소제를 폐위시키고 자기들과 한패인 연왕 유단을 황제로 올린다는 내용이었다. 기원전 80년 상관걸 등은 개장공주 집에서 연회를 연 뒤 곽광을 초대하고 미리 배치한 자객들로 하여금 곽광을 죽인다는 작전을 실행했으나 내부 고발로 비밀이 누설되고 말았다.

　대로한 한소제는 승상 전천추田千秋에게 명해 곽광 암살을 기도한 무리를 모두 잡아들이고 삼족을 멸하도록 했다. 이로써 상관걸, 상관안, 상홍양 삼상은 모두 처형당해 기시棄市됐다. 연왕과 개장공주는 각각 자결했고 연나라는 폐지됐다. 상관씨와 상씨 집안 중에 살아남은 사람은 곽광의 외손녀인 상관황후뿐이었다. 이로써 대장군 곽광은 유일한 최고 권력자가 됐고, 상홍양이 지지한 염철주 전매는 모두 폐지됐다.

　곽광은 기본적으로 재능과 학식이 부족한 편이었다. 그러나 공평무사하고 항상 몸을 삼가는 자세를 취했으므로 한소제의 치세동안 나라는 안정됐다. 그러나 그의 막강한 권세는 뒷날 곽씨 일가의 전횡으로 이어지는 배경이 됐다.

　기원전 74년 한소제는 21살의 나이로 요절했다. 그의 뒤는 소제의 조카이자 유박의 아들인 창읍왕 유하가 뒤를 이었다. 그러나 방탕으로 인해 얼마 후 폐위됐다. 이후 여태자의 손자 유순이 뒤를 이어 황제가 됐다. 그가 바로 한선제漢宣帝이다.

염철전매에 대한 논박

염철회의 당시 현량과 문학들은 농업을 국가의 본업으로 보고 상공업을 억제하고 농업을 장려할 것을 주장했다. 이들의 주장에 따르면 관원들이 실행했던 염철전매, 균수, 평준법은 국가가 백성과 이익을 다투는 것으로 이러한 정책들은 백성들의 생활을 더욱 궁핍하게 만들기 때문에 조속히 폐지되어야 하는 것이었다. 이들은 재정 확충을 위한 다른 대안을 제시하는 것이 아니라 그저 기존 정책의 폐지가 농민의 삶을 이롭게 할 것이라는 추상적인 수준에 그쳤다.

이에 대해 관원들은 이적들로부터 국가를 보호하기 위해 드는 재정을 충당하려면 염철전매, 균수, 평준법은 계속 필요하다고 주장했다.

현량과 문학들은 민간의 어려움에 대한 황제의 물음에 답하기를, "소금과 철, 술 등의 전매를 관리하는 관청과 균수均輸를 담당하는 관청을 철폐해 천하와 더불어 이익을 다투지 말 것을 청하고, 절검의 모범을 보인 뒤에야 교화가 일어날 수 있다."고 했다. 그러나 어사대부 상홍양桑弘羊은 반박키를, "염철주鹽鐵酒의 전매와 균수 등은 국가의 대업大業으로 사이四夷를 제압해 변방을 안정시키는 데 필요한 재정의 바탕이기 때문에 철폐할 수 없다."고 했다.

한 치의 양보도 없는 논쟁은 결국 별다른 합의를 이끌어내지 못하고 끝나게 됐다. 이 합의를 통해 현량과 문학측은 전국의 술 전매와 수도 장안을 중심으로 하는 삼보三輔 일대의 주철관鑄鐵管 폐지의 성과만 얻었다. 염철 전매와 균수, 평준은 지속됐다.

원래 '염철론'은 춘추시대의 관중으로부터 시작됐다. 관중의 '염철론'이 600년 뒤 전한 초기 한소제 때 염철회의에 참석한 환관桓寬에 의해『염철론』으로 정리된 것이다. 염철회의에서 논의를 주도한 상홍양桑弘羊은 법가사상에 통달한 상인출신 관료였다. '염철론'은 부국강병의 경제국가 건설을 통해 예의염치禮義廉恥를 아는 문화국가로의 이행을 추구한 관중의 통치사상에서 비롯됐다.『관자』「목민牧民」에 나오는 다음 구절이 그 증거다.

"창고 안이 충실해야 예절을 알고, 의식이 족해야 영욕을 안다."

그가 여기서 말한 '예절'은 곧 '예의염치禮義廉恥'를 말한다. 공자는 일찍이『논어』「안연」에서 국가존립의 요체를 묻는 제자 자공의 질문에 대해 이같이 대답한 바 있다.

"나라가 서기 위해서는 족식足食, 즉 자족경제, 족병足兵, 즉 자주국방, 민신民信, 즉 국민의 대정부 신뢰 등이 이뤄져야 한다. 부득이한 경우 그 가운데 하나를 차례로 제거하려고 하면 거병去兵, 즉 병력감축과 거식去食, 즉 경제축소 순이라고 할 수 있다. 그러나 민신이 없게 되면 나라가 설 수조차 없다."

공자의 이런 주장은 일견 '족식'에 해당하는 '실창'을 강조한 관중의 주장과 배치되는 것처럼 보인다. 그러나 공자의 언급은 국가존립의 도덕적인 측면에서의 순위를 말한 것이고, 관중의 언급은 국가존립의 물질적 측면에서의 순위를 말한 것이다. 명대 말기 이탁오는『분서焚書』「잡술雜術」,「병식론兵食論」에서 이같이 갈파한 바 있다.

"무릇 윗사람이 되어 백성들이 배불리 먹고 안전하게 살 수 있도록 지켜

주기만 하면 백성들도 그를 믿고 따를 것이다. 그들은 부득이한 상황에 이르러서도 차라리 죽을지언정 떠나가지 않을 것이다. 공자가 식량을 버리고 군사를 버리라고 한 것은 실제로 버리게 하려는 의도가 아니었다. 이는 어쩔 수 없는 상황을 전제로 한 것이다. 어쩔 수 없는 상황에서 비롯된 것이라면 백성들도 그 부득이한 상황을 감내하면서 윗사람을 불신하는 지경까지는 이르지 않는다. 그런데도 유자儒者들은 반대로 믿음이 무기나 식량보다 더 중요하다고 지껄이고 있다. 이는 성인이 하신 말씀의 참뜻을 제대로 파악하지도 못한 소치이다."

역사적인 경험에 비춰볼 때 '족식'이 충족되지 않는 한 그 어떠한 국가도 제대로 설 수가 없다. 반대로 '족식'이 해결되면 '족병'이 이뤄지지 않을지라도 축적된 재부財富로 외침의 위협을 넘길 수 있다. 관자는 땅과 노동력의 균배를 의미하는 '균지분력均地分力'과 전 인민에게 재화를 고르게 나눠주는 '여민분화與民分貨'를 역설했다. 『관자』 「치미侈靡」편에 이런 구절이 나온다.

"지나치게 부유하면 부릴 수가 없고 지나치게 가난하면 염치를 모르게 된다."

빈부의 격차가 적어야만 통치가 제대로 이뤄질 수 있다고 지적한 것이다. 공자도 『논어』 「계씨」편에서 균배均配를 정치의 요체로 내세운 바 있다.

"적은 것이 걱정이 아니라 고르지 못한 것이 걱정이다!"

재화의 균배가 중요한 과제로 남아 있는 오늘날의 관점에서 볼지라도 그의 이런 주장은 탁견이다. 관중은 궁극적으로 '실창實倉'과 '분화分貨'를 통해 '지례知禮'를 이루고자 했음을 알 수 있다.

외척과 권신의 발호

곽씨 일족은 한무제, 한소제, 한선제 등 세 황제의 치세를 통틀어 최고의 권력을 휘두르다가 결국 멸족을 당하고 말았다.

곽씨 일족의 성공은 한무제 시기부터 시작한다. 한선제때 곽광霍光이 보정輔政을 하던 시기에 최고조에 이른다. 곽거병霍去病은 한무제 시기의 유명한 '전신戰神'으로 통했다. 그의 외숙은 바로 대사마 대장군 겸 부마인 위청衛靑이고, 이모는 한무제의 황후인 위자부衛子夫였다. 위청, 곽거병은 전공이 혁혁해 권력이 막강했다. 그러나 그들은 일찌기 양사養士, 결당結黨을 하지 않았다.

곽거병의 이복동생 곽광은 이복형 덕분에 봉거도위奉車都尉가 돼 한무제의 경호를 책임지며 한무제의 신임을 얻었다. 곽거병이 요절한 후 곽광은 한무제로부터 어린 후사의 뒷일을 부탁받는 탁고유명托孤遺命을 받았다.

한무제 말기 태자 유거劉據가 '무고지화'로 인해 죽임을 당하자 한무제는 임종 전에 유불릉劉弗陵을 태자에 앉혔다. '탁고유명'을 받은 곽광은 대사마 대장군이 돼 유불릉의 보명대신輔命大臣이 되었다. 거기장군 김일제金日磾, 좌장군 상관걸上官桀, 어사대부 상홍양桑弘羊 등과 함께 보필했다. 이후 곽씨 일족의 행보는 대체로 2단계로 진행됐다.

제1단계는 한소제 시기이다. 한소제는 즉위 당시 겨우 8세였다. 모든 결정권은 곽광의 손에 있었다. 곽광이 백성들로 하여금 휴식을 취하게 하자 경제가 크게 발전했다. 연왕 유단劉旦의 반란도 평정했다. 이로써 한소제는 전적으로 곽광에 의존하게 되었다.

한소제 원평 원년인 기원전 74년 4월 17일, 한소제 유불릉이 23세의 나이로 미앙궁에서 붕어했다. 후사가 없었다. 이내 황후의 조서를 받았다. 창읍왕昌邑王 유하劉賀를 맞이하게 됐다.

제2단계는 한소제 사후이다. 한소제가 후사도 없이 죽자 곽광은 한무제의 손자인 창읍왕 유하劉賀를 옹립했다. 유하가 황음무도한 모습을 보이자 곧 그를 폐출하고, 유거의 손자인 유병이劉病已를 옹립했다. 바로 한선제이다. 곽광은 작은 딸 곽성군霍成君을 황후로 세우고, 자손들을 모두 조정 관원으로 들어앉혔다. 그러나 곽광 일문은 그의 사후 3년 만에 멸족을 당하고 말았다.

곽광은 나름 심모원려의 처신을 했음에도 일족을 지키지 못했다. 일족이 여러 번에 걸쳐 황실에 도전했을 때 방치 내지 묵인한 탓이다. 크게 4가지이다.

첫째, 곽광이 대권을 장악한 뒤 황권을 위태롭게 만들었다. 곽광이 정권을 장악한 기간이 오래 되면서 조정의 문무대신은 곽씨 아니면 곽씨와 가까운 사람들만 남게 됐다. 천하가 유씨가 아닌 곽씨의 것으로 여겨질 수밖에 없었다. 한선제가 곽광을 크게 꺼린 이유다. 그가 조정에 들어와 배알할 때면 한선제는 늘 몸에 가시가 돋는 듯한 느낌을 받았다.

둘째, 곽광의 부인이 황후 허평군을 독살했다. 허평군은 한선제가 빈천한 삶을 살 당시의 조강지처이다. 곽광의 부인은 자신의 딸을 황후로 앉히기 위해 허황후가 임신했을 때 여의女醫 순우연淳于衍을 보내 독살했다. 허황후가 황자 유석劉奭을 낳은 뒤 죽자 곽성군이 황후의 자리에 올랐다. 곽광은 나중에 이를 알고 크게 놀라 고발할 생각도 했으나 일족이 모두 연루될 것을 우려해 그만두었다. 곽광의 처는 여러 번에 걸쳐 허황후 소생의 태자를 죽이고자 했으나 성공하지 못했다. 한선제는 아주 총명했다. 이런 짓을 누가 했는지 알아차리지 못할 리가 없었다. 곽광의 처를 천번 만번 살을 발라내는 이른바 천도만과千刀萬剮를 해도 시원치 않았지만 겉으로는 곽성군을 총애하는 모습을 보였다. 후일을 도모한 것이다.

셋째, 곽씨 일족이 온갖 전횡을 일삼았다. 곽광 사후 곽광의 처는 곽광의 능묘를 확장하고, 대대적인 토목공사를 벌였다. 나중에는 외간남자와 사통까지 했다. 아들 곽산霍山과 곽우霍禹의 전횡은 이보다 더했다. 곽광의 손자인 곽운霍雲은 아프다는 핑계로 배알도 하지 않은 채 사냥을 나가면서 가노 1명을 보내 조회에 참석시켰다. 황제는 물론이고 문무백관들마저도 의분을 품지 않을 수 없었다. 기원전 66년 곽운은 곽우의 모반에 연루되자 자진했다.

넷째, 정변을 일으켜 모반을 꾀했다. 곽광 사후 이미 곽씨를 제거하기로 결심한 한선제는 허황후의 사인을 캐묻지 않은 채 먼저 인사이동을 단행해 곽씨 일족의 실권을 박탈했다. 곽씨 일족이 위기감을 느껴 모반 움직임을 보이자 먼저 승상 위상魏相, 죽은 허황후의 부친인 평은후 허광한許廣漢 등을 불러 이들을 제거했다. 황제를 폐하고 곽우를 황제로 세우려는 음모가 발각되자 곽산과 곽운이 자진한 데 이어 나머지 곽씨 일족 모두 참수됐다. 주살된 사람이 수천 명에 달했다.

난세의 치국평천하

한선제의 즉위는 기원전 74년에 요절한 한소제의 뒤를 이은 창읍왕 유하가 폐위되지 않았으면 불가능한 일이었다. 한소제 유불릉의 사망, 창읍왕 유하의 폐위 및 한선제 유병이의 즉위에 이르기까지 일련의 권력 교체는 철저히 곽광의 주도하에 이뤄졌다.

유병이는 하급관리인 허광한의 딸과 결혼하여 외척 세력이 미약했다. 곽광의 입장에서는 후사로 삼기에 딱 좋은 상대였다. 곽광은 한선제에게 머리를 땅에 대고 절하며 정권을 반납하는 이른바 계수귀정稽首歸政을 주청했다. 말할 것도 없이 정치적 몸짓이었다. 한선제는 이를 사양하며 이같이 명했다.

"짐에게 상주하기 전에 반드시 곽광에게 먼저 상의하도록 하시오."

곽광의 실권자로서 지위를 인정한 것이다. 한선제 즉위 초기에 심각한 권력 갈등이 빚어지지 않은 이유다.

원래 사단은 곽광의 처인 곽현의 욕심에서 비롯됐다. 곽현은 미천한 신분 출신으로 욕심이 많았다. 자신의 딸을 황후로 만들기 위해 한선제의 조강지처인 허황후를 독살했다. 한선제는 허황후가 곽광 일족의 음모로 인해 죽은 것을 알고도 입을 열지 않았다. 후일을 기약한 것이다. 허황후 소생의 유석劉奭을 자신의 뒤를 잇도록 태자에 책봉한 사실이 이를 뒷받침한다. 그가 바로 한원제漢元帝이다.

기원전 68년 곽광이 병사하자 한선제는 곽씨 일족의 군권을 박탈하고 지방으로 좌천하여 권력의 중심에서 배제했다. 일거에 궁지에 몰린 곽씨 세력의 반란은 사전에 감지돼 일족은 주살되고 한선제의 권력은 공고해졌다.

원래 한선제는 오랜 기간 민간에서 자라 백성의 고통과 애환을 잘 알고 있었다. 패도와 왕도를 섞어 구사해야만 천하를 제대로 다스릴 수 있다고 생각한 게 그렇다. 당시 한나라는 한무제와 한소제의 시기를 거치면서 치안이 불안해졌고 변경의 방어 체계도 크게 약화돼 있었다. 관기官紀의 해이가 가장 심각했다.

한선제는 질서유지와 공직기강 확립을 위해 엄격한 법치주의로 국정에 임했다. 그의 치세 때 형벌이 매우 엄했던 이유다. 『한서』「선제기」에 이런 일화가 나온다.

한선제 감로甘露 원년인 기원전 53년, 태자 유석이 유인柔仁한 성품을 지닌 까닭에 유가를 좋아했다. 그는 부황인 한선제가 발탁한 사람들 대다수가 법령에 밝은 문법리文法吏이고, 늘 형법을 이용해 백성을 얽어매는 현실을 지켜보게 됐다. 이내 한선제와 함께 연회를 하는 자리를 이용해 종용從容히 건의했다.

"폐하는 형법에 기대는 것이 너무 깊습니다. 의당 유생儒生을 활용해야 할 것입니다."

한선제가 안색을 붉히며 화를 내는 작색作色을 했다.

"한가漢家는 예로부터 스스로 일정한 제도制度를 갖고 있었다. 본래 패도

霸道와 왕도王道를 섞어 사용한 게 그렇다. 속유俗儒는 시의時宜에 통달치 못한 까닭에 옛날은 옳고 지금은 그르다는 시고비금是古非今의 논리를 좋아한다. 저들이 사람들로 하여금 명분과 실리를 섞어 쓰는 이치인 명실지변名實之辨을 헷갈리게 만들고, 지켜야 할 바를 무엇인지 모르는 이유다. 어찌저들에게 정사를 족히 위임委任할 수 있겠는가!"

그러고는 이내 이같이 탄식했다.

"우리 한가漢家를 어지럽힐 자는 태자이다!"

한선제가 재위 기간 내내 법가 계통의 관원을 중용한 배경이다. 왕도와패도를 섞어 사용하는 것을『한서』「선제기」는 '왕패잡용王霸雜用'으로 표현해 놓았다. 한선제의 '왕패잡용' 리더십 덕분에 25년간에 걸친 그의 치세때 크게 흐트러진 민심이 수습됐고, 관기 또한 엄정해졌다.

한선제의 치국평천하 행보는 후대에도 널리 인용됐다. 당나라 때의 서예가 우세남虞世南의 언급이 대표적이다. 원래 우세남은 구양순歐陽詢 및 저수량褚遂良과 함께 당나라 초기의 3대 서예가로 일컬어지는 인물이다. 왕희지의 서법을 이어받은 그는 해서의 1인자였다. 당태종 이세민은 우세남에게 글씨를 배운 바 있다. 그는 우세남을 이같이 극찬했다.

"우세남에게는 5가지 면에서 뛰어난 5절五絶이 있다. 첫째 덕행德行, 둘째 충직忠直, 셋째 박학博學, 넷째 문사文詞, 다섯째 서한書翰이 그것이다."

우세남은 글씨도 잘 썼지만 문장과 학문에도 뛰어났다. 그는 일찍이 덕과 재능의 관점에서 한무제와 한선제를 비교 평가한 바 있다. 하루는 어떤사람이 우세남에게 물었다.

"한무제의 뛰어난 재능과 원대한 포부는 전대의 어느 황제와 비교할 수 있겠습니까?"

우세남이 대답했다.

"한무제는 선조가 마련해놓은 기반을 그대로 이어받은 덕분에 풍요로운 세상을 만났다. 여기에 그의 자질과 총명이 더해져 천하를 완전히 손에 넣을 수 있었다. 그의 업적은 전대의 진시황만큼 대단했다. 그러나 그는 사치와 폭정을 일삼았다. 이 역시 진시황에 견줄 만했다. 두 사람 모두 뛰어난 공을 세웠으나 덕이 부족했다."

"한선제는 정사에 밝았으니 후한을 세운 광무제와 같은 유형에 속하지 않겠습니까?"

우세남이 대답했다.

"한선제는 민간에서 성장했기 때문에 백성들의 어려움을 잘 알고 있었고 이를 해결하는 데 최선을 다했다. 그는 현명한 신하와 훌륭한 장수를 가려 알맞은 곳에 배치하고 엄격한 법령 아래 통치에 도움이 되는 실질적인 조치를 취했다. 이는 신불해와 한비자 등의 법가에 근본을 둔 통치방식이다. 당시 정국을 매우 위험하게 만든 이유다. 옛 사람이 이르기를, '제왕이 되려고 했다가 이루지 못하면 제후에 만족하라. 제후가 되려고 했다가 이루지 못해 장군이 되면 어떠한가?'라고 했다. 한무제는 유가의 인의仁義를 중시하며 요순과 같은 어질고 현명한 군주가 되고자 했다. 한선제는 법가의 법치를 중시하며 어진 군주가 아니라 당대를 제패하는 것을 목표로 삼았다. 두 사람은 확실히 다른 영향을 끼쳤고 다른 결과를 낳았다."

제왕의 덕과 재능을 치세와 난세의 시기에 대입시켜 분석한 점이 눈에 띈다. 뉘앙스의 차이가 있기는 하나 큰 틀에서 보면 난세에는 법가의 패도覇道, 치세에는 유가의 왕도王道가 바람직하다는 통상적인 제왕리더십 주장과 취지를 같이한다.

　한선제는 뛰어난 지략을 지닌 웅재대략雄才大略의 인물이었다. 후대 사가들이 그의 치세를 선제중흥宣帝中興으로 칭한 사실이 이를 뒷받침한다. 일부 사가는 그의 치세 때 한나라가 문무 두 측면에서 가장 막강한 위세를 떨친 것으로 분석하고 있다.

　그의 묘호廟號는 중종中宗이다. 전한 때는 묘호를 극히 엄격하게 심사했다. 전한의 역대 황제 가운데 묘호를 얻은 사람은 중종 선제 유순을 포함해 모두 4명이다. 태조太祖인 한고제漢高帝 유방刘邦, 태종太宗인 한문제漢文帝 유항刘恒, 세종世宗인 한무제漢武帝 유철刘彻이 바로 그들이다. 이들 모두 왕도와 패도를 섞어 쓰는 왕패병용의 통치술을 구사했다는 공통점을 지니고 있다.

15

무혈혁명과 학술

왕망의 무혈혁명

전한은 말기에 들어와 매우 어지러웠다. 이는 한원제 유석劉奭의 시기로부터 시작됐다. 평소에 아들의 무기력한 행동을 싫어한 한선제는 폐세자를 염두에 두기 시작했다. 한선제의 마음을 알아챈 유석의 측근은 그에게 아이를 둘 것을 요구했다. 부득이 하게 태자인 한원제 유석이 처소에 부른 여인이 왕정군王政君이었다. 한 번의 관계로 왕정군은 한성제 유오劉驁를 임신했다. 한선제는 손자가 태어난 것을 기쁘게 생각했고, 자신이 손자 유오를 키우기로 결정했다.

한성제 유오가 태어난 뒤 한원제 유석이 왕정군에게 사랑을 주지 않았다. 왕정군은 왕망王莽의 고모이다. 한원제가 마흔네 살로 세상을 떠나자 태자인 유오가 열아홉의 나이로 즉위했다. 그가 한성제이다. 이때부터 패망의 조짐이 완연했다.

후궁 반염班恬은 반표班彪의 고모이고, 반고班固와 반초班超 및 반소班昭의 고모할머니이다. 반씨는 처음에 입궁해 비교적 지위가 낮은 소사少使에 머물다가 총애를 받아 금방 첩여婕妤에 책봉되었다. 한성제와의 사이에 두 아들을 낳았으나 얼마 되지 않아 모두 죽고 말았다.

반첩여는 젊고 아름다운 조비연趙飛燕과 그 여동생인 조합덕趙合德이 후비로 입궁하면서 점점 총애를 잃게 된다. 조비연 자매는 그녀와 허황후許皇后를 제거하기 위해 한성제에게 허씨와 반씨가 후궁들과 한성제를 저주하고 있다고 무고했다. 허황후는 폐위되고, 반첩여도 위기에 몰렸으나 결백을 주장해 결국은 혐의가 풀렸다. 반첩여는 자신을 귀여워하던 왕정군 태후를 모신다는 이유로 궁을 나가 장신궁長信宮으로 떠나버렸다. 이때「자도부自悼賦」와「도소부搗素賦」,「원가행怨歌行」등 3편의 시를 지었으나「원가행」만 전해진다.

한성제가 아끼던 조비연은 황태후, 황후, 서민으로 신분으로 추락하다 결국 자살했으나 반첩여는 홀로 한성제의 능묘를 지키며 그의 추억하는 것으로 일생을 보냈다고 한다.「원가행」은 한 때 주목을 받던 부채가 가을이 되니 버려진다는 내용이다. 이 시에 나오는 '추풍선秋風扇' 구절은 쓸모가 없어진 물건이나 총애를 잃은 여자의 비유로 많이 쓰이게 됐다. 왕충王

充의『논형論衡』「봉우逢遇」에 나오는 '하로동선夏爐冬扇' 성어의 근거가 되기도 했다.

원래 13대 황제 한애제의 부친 유강은 이복형인 한성제와 후계자 경쟁을 벌이다 탈락해 정도왕이 됐다. 원래 유강은 조비연을 사랑했었는데 반대에 부딪혀 이뤄지지 못했다. 이후 유강은 상사병을 얻은 뒤 끝내 숨을 거뒀다.

한애제 유흔은 부친 사망 후 백부 한성제가 후사가 없어 후계자로 낙점되었다. 한애제의 조모인 소의 부씨는 태후 왕정군과 경쟁 관계에 있었으나, 손자를 위해 우선 고개를 숙였다. 한애제는 동현과 낮잠을 자다 먼저 깨어나 보니 동현이 자신의 소매를 깔고 자고 있었다. 곧 칼을 가져오게 해 소매를 자르고 일어나 동현이 깨지 않게 했다. 여기서 유래한 성어가 남성간의 동성애를 뜻하는 단수斷袖이다.

한애제 집권 후 소의 부씨와 한애제의 모친인 정씨의 친척들이 태후 왕정군 집안을 밀어내고 권력을 독점했다. 왕망도 이때 은거하며 지냈다.

한애제가 7년 뒤 병사하자 풍씨와 부씨가 몰락하고, 왕태후가 옥새를 인수해 왕망에게 권력을 내주었다. 동현은 자살했다. 한애제의 황후 부씨와 조비연 역시 자살했다.

이런 시기에 왕망王莽은 백모인 황태후 왕정군王政君의 후원 아래 사상 최초의 무혈 역성혁명을 통해 보위에 오르게 됐다. 영시 원년인 기원전 16년, 신도후新都侯에 봉해졌다.

왕망의 초상

기원전 8년, 한애제가 붕어하자 애제로부터 황제의 옥새를 맡고 있던 대사마 동현으로부터 옥새를 강탈하여, 중산왕 유간劉衎을 한평제漢平帝로 옹립하고 대사마가 됐다. 유간은 한원제 유석劉奭의 손자이자 중산효왕中山孝王 유흥劉興의 아들로 당시 9세였다. 덕분에 안한공安漢公에 봉해졌다.

기원전 1년 한애제가 급서하고 한평제가 즉위했다. 왕정군은 태황태후의 지위를 이용해 한애제의 외척 및 측근 세력을 배제한 뒤 조카 왕망을 대사마에 임명했다. 이때 이미 왕망은 찬탈의 의도를 가지고 있었다.

한평제 때 한선제의 현손 광척후廣戚侯 유현劉顯의 아들인 2세 유영劉嬰을 황태자로 삼고, 주성왕의 어릴 때 호칭처럼 유자孺子로 불렀다. 유영이다.

한평제漢平帝가 독살되고 한선제의 현손인 유영劉嬰이 황제로 옹립되자, 왕망이 주나라의 성왕과 주공 단의 고사에 모방해 가황제假皇帝를 칭했다. 8년에 전한을 무너뜨리고 신新나라를 세운 뒤 보위에 올랐다.

왕망은 평소 공손하고 검소한 모습을 보였다. 늘 유생의 복장을 입고, 어머니와 형수를 시중들었다. 백부인 대장군 왕봉王鳳이 병이 들자, 지극한 간병으로 왕봉의 신임을 얻었다. 왕봉이 죽은 이후, 왕상王商과 왕근王根의 추천과 백모인 황태후 왕정군王政君의 후원으로 최고 권력을 장악했다.

왕망의 치평 원리

'동양의 로마제국'이라 불리는 한나라는 전한과 후한으로 구분된다. 그리고 전한과 후한의 사이에는 존속기간 15년의 신新나라가 있다. 신나라는 국가 취급을 거의 받지 못하고 있다. 왕망에 대한 역사적 평가가 부정적인 탓이다. 신나라의 역사는 중국 정사正史에 포함돼 있지 않다. 반고班固의 『한서』 「왕망전」에서 왕망을 역적으로 분류해놓았다. 반고는 그를 '왕망' 내지 '망'으로 일관되게 부르고 있다. 최근의 논저들도 그를 두고 기만적인 수단으로 정권을 찬탈한 간신으로 다루고 있다. 그러나 그 어떤 사서에도 왕망이 관직에 들어선 후 '신'나라 황제가 되기까지 31년의 긴 세월 동안 누군가 왕망을 반대했다는 기록이 전혀 나오고 있지 않은 점에 주목할 필요가 있다. '신'나라의 패망은 건국 이후의 문제점들로 인한 것임을 반증하는 대목이다.

그러나 당시 모습을 객관적으로 살펴보면 설령 왕망이 아닐지라도 민란이 일어나 왕조가 뒤집힐 상황이었다. 탈법과 부정비리가 판을 치던 상황에서 그는 뇌물을 탐하지 않았고, 자신의 재산을 매번 부하들과 빈민에게 나눠주었고, 녹봉과 하사받은 상 등도 구제 활동에 쏟아 부었다. 개인생활 또한 청렴결백했다. 그는 결코 앞에서는 푸성귀를 먹으면서 뒤에서 고기를 먹는 이중적인 인물이 아니었다.

설령 이것이 '찬탈'을 위한 거짓행보였다고 해도 크게 탓할 일이 아니다. 당시 위정자들이 이처럼 엄청난 대가를 치르며 위선적인 삶을 살 각오를 했다면 최소한 부정부패에 찌든 탐관오리들보다는 훨씬 나았을 것이다. 당시 그의 행보는 확실히 칭송을 받을 만했다.

실제로 그가 즉위 전후로 실시한 여러 정책 모두 백성들로부터 큰 지지를 받았다. 일례로 그는 자신의 재산을 기부해 이재민을 위한 주택을 장안에 대거 신축했다. 학자들을 위한 집도 1만여 채 세운 뒤 전국에서 수천 명의 인재를 그러모았다. 그간 사라진 것으로 알려진 고문경전이 다시 복간되고 천문과 역법, 음률 등이 정리된 것은 전적으로 그의 공이었다. 그가 지식인과 서민을 막론하고 모든 사람들로부터 '성인'의 소리를 들은 것은 당연했다.

여기에는 그가 이른바 고문경학古文經學의 대가였던 유흠劉歆을 비롯한 유학자들을 많이 끌어들여 유학과 부명符命에 근거한 정책을 실시하고, 백성의 지지를 획득하기 위해서는 수단을 가리지 않은 점이 크게 작용했다. 차남 왕획王獲을 잡아 노복奴僕을 죽인 죄를 묻고, 장남 우宇의 모략죄를 물어 감옥에 가두었다가 모두 자결하게 했다.

왕망은 복고주의復古主義를 내세웠다. 『주례周禮』 등 유교 경전을 근거로 하는 개혁 정치를 단행했다. 즉 고전에 입각해 삼공三公과 구경九卿 이하의 관직을 제정하고 정전법井田法을 모범으로 하는 한전限田정책과 노비 매매를 금지했으며, 국가 권력에 의해서 물가의 균형책과 전매 제도專賣制度를 강화해 상업을 통제했고 또한 화폐를 개주改鑄하기도 했다.

대표적인 것이 왕전제王田制이다. 『한서』「식화지食貨志」에 당시 왕망이 내린 조서가 실려 있다.

"지금 천하의 땅을 왕전王田이라고 고쳐 부르고 노비는 사속私屬이라 하며 매매할 수 없도록 한다. 남자 식구가 8명이 되지 않는 집에서 1정井, 약 900무畝가 넘는 땅을 갖고 있는 경우에는 그 초과분을 구족九族과 향당鄕黨에게 주도록 하라."

토지 소유의 한계를 설정한 것이다. 그리고 토지가 없는 가정에 대해서는 국가가 토지를 지급하도록 했다. 이러한 왕전제는 호족의 대토지 소유를 억제함으로써 소농민의 생활을 안정시키기 위한 것이었다. 왕전제는 왕망이 당대의 시대적 과제를 해결하기 위해 직접 실천에 나섰다는 것을 증명한다. 시대적 과제인 대토지 소유문제를 해결하려고 했다는 점에서 그는 적어도 역사적으로는 칭찬 받아 마땅한 인물이었다. 그가 그토록 국가적 과제에 충실한 인물이었음에도 불구하고, 역사적으로 냉대를 받는 것도 모자라 그가 세운 신나라마저 정식 왕조로 인정받지 못하는 이유는 무엇일까? 크게 4가지 이유를 생각해볼 수 있을 것이다.

첫째, 기득권 세력을 자극하기만 했을 뿐 제대로 공략하지 못했다.

둘째, 정책 수단인 공권력이나 물질적 자원 등을 확보하지 못했다.

셋째, 지식인들의 마음을 사지 못했다.

넷째, 지나치게 이상적이어서 정책을 단순하게 꾸리지 못했다. 사대부들은 자신들의 권익을 침해했기에 반대하고, 일반 백성은 복잡하기 짝이 없는 어지러운 정책의 취지를 제대로 이해할 길이 없어 반대한 셈이다.

왕망은 토지의 국유화, 노비 매매 금지 등의 정책을 폈으나, 이와 같은 개혁 정책은 현실에 맞지 않아 사회는 혼란에 빠졌다. 흉노匈奴를 비롯한 대외 정책도 실패했기 때문에 안팎으로 불안과 동요가 고조됐다. 그는 결국 실패했다. 그 이유는 무엇일까?

그가 황제가 되려는 생각만 갖고 있었다면 성공을 거뒀을 수 있다. 지식인과 서민을 막론하고 모든 사람이 그의 즉위를 반겼다. 그러나 황제의 차원을 넘어 '성군'이 되고자 한 게 문제였다.

당시 그는 퇴직 관원에게 평생 연금을 지급하고, 학자들에게 주택을 공급하고, 관리 선발의 폭을 넓히고, 관리와 백성에게 개별적인 병역물자를 지급해주고, 많은 공공시설을 세웠다. 이는 그의 개혁에 대한 과도한 기대감을 갖게 했고, 더불어 더 큰 실망을 안겨주었다. 이로 인해 열렬한 지지자들까지 곧바로 적대 세력으로 돌변해버렸다.

당시 재화는 한정돼 있었다. 그가 추진한 일련의 사업은 막대한 자금이 뒷받침돼야 했다. 재화가 지속적으로 늘어나지 않는 한 이는 재정파탄을 불러올 수밖에 없었다. 그러나 그는 이에 아랑곳하지 않고 오히려 더욱 급진적인 방법을 택했다.

왕전제는 『맹자』가 역설한 '정전제井田制'를 겨냥한 조치였다. 성스러운 '정전제'에 대해 비방하는 사람은 모두 변경으로 압송한다는 규정까지 만들어졌다. 그러나 대지주 호족들의 반발이 거셌다. 이 정책은 실행가능성이 없는데다 실제적인 강제조치도 뒷받침되지 않았다. 얼마 후 없던 일이 되자 기대가 컸던 농민들도 커다란 불만을 갖게 되었다. 토지제도의 실패는 곧 왕조의 패망을 의미했다.

이를 통해 지도자를 평가할 때에 그가 내세우는 비전보다는 그가 과연 그 비전을 수행할 만한 역량이 있는가를 우선시할 필요가 있다.

그의 치세 때 법령은 '조령모개'라고 할 만큼 수시로 변했다. 법령을 강제하기 위한 엄벌은 민심이반을 부추겼다. 이웃나라를 터무니없이 깎아내리는 바람에 흉노와 고구려 등 주변국과의 관계도 악화됐다. 안팎으로 고립을 자초한 셈이다.

결국 농민의 유적단流賊團 가담이 늘어나면서 어느새 왕망을 타도하고 한실을 부활시키자는 기운이 팽배했다. '왕망타도'의 기치 아래 농민의 유적단과 호족의 결합이 이뤄지면서 '신'나라의 패망은 눈앞의 현실이 되고 말았다. 그의 죽음으로 신나라는 15년 만에 멸망했다.

참위설과 금고문 논쟁

싸늘한 법과 무기로 세상을 강압적으로 다스리고자 했던 진시황은 결국 분서갱유焚書坑儒의 역사적 오명을 남겼다. 한나라가 건립된 후 진秦나라의 분서갱유로 인해 유가 경전이 크게 소실됐다. 한나라는 불에 타서 사라진 경전을 회복하기 위해 서한 한혜제漢惠帝 4년에 민간 협서挾書 금지령을 폐지하고, 천하의 유서遺書를 거둬들이는 조서를 내렸다. 유가 경전의 정비를 시작한 것이다.

주로 진秦나라에서 살아 남은 박사와 유학자들에 의거했으며 그들의 암송에 의한 기록을 글로 정리해서 책으로 펴냈다. 당시 통용된 예서체隸書體로 쓰여진 까닭에 이를 금문경今文經이라고 불렀다. 한나라 문자인 예서체로 쓰여진 유교경전을 금문경이라고 불렀다.

고문경古文經은 전한 중엽 이후에 탄생됐다. 고문경학에서 근거로 삼은 경전은 진秦 이전에 유행된 고주문으로 쓴 것이기에 고문경이라 불렀다. 고문경전의 원천은 크게 3가지이다. 첫째, 한무제漢武帝 때 노공왕魯恭王 유여劉余가 공자의 옛집을 허물 때 얻은 『일례逸禮』와 『고문상서古文尙書』이다. 둘째, 한성제漢成帝 때 궁중의 비밀 장서를 정리하면서 발견한 『좌씨춘추』이다. 셋째, 민간에서 얻은 것으로 노魯나라의 환공桓公과 조趙나라의 관공貫公, 교동膠東의 용생庸生 등이 소장한 고문경전이다.

금문경 학자들은 유가 경전을 자기들의 견해를 밝히고 제도를 개변하는 도구로 삼았다. 경전의 진위에 대한 고증과 본의에 대한 탐구를 게을리한 이유다. 그들은 경전을 해석할 때 흔히 음양, 명가, 법가의 사상을 모두 끌어들여 경전의 뜻에 가져다 맞추었다. 옛 사람들의 '미묘한 언어와 원대한 뜻'인 이른바 '미언대의微言大義'를 설명하는 데 신경을 썼다.

고문경학자들은 유가 경전을 역사적 자료로 삼았기에 경전을 엄격히 지켰다. 경전의 뜻이 명확해야 성인의 도道가 명확해질 수 있다고 보았다. 훈고에 착안점을 두고 경전의 본래 모습을 회복하기 위해 애쓴 이유다.

고문경학자들은 공자가 이미 있는 것을 풀어 말하고 새것을 만들어 내지 않는 이른바 술이부작述而不作의 입장을 견지했다고 파악했다. 육경을 모두 전대前代의 사료史料로 인정한 이유다. 고문경학자들은 공자를 선사先師로 모셨고 대표적인 사가史家라고 인정한 것이다. 공자처럼 주공周公을 숭상한 게 그렇다. 이는 주공이 예악을 제정했기에 그를 고대문명의 창시자로 인정한데 따른 것이다.

금문학자들은 공자는 천자와 덕을 비할 수 있는 소왕素王이고, 『육경六經』은 대부분 공자의 저작이고, 중요한 의미는 미언대의微言大義에 있다고 보았다.

당초 금고문 학자간의 논쟁은 경전이 어디에서 왔고 또 그 내용을 믿을수 있는지와 그것을 해석하는 방법을 둘러싸고 벌어졌다. 한애제 건평建坪6년에 유흠이 왕궁의 장서실에서 뜻밖에 고문으로 된 『춘추좌씨전』을 발견했다. 그는 전문傳文을 인용해 경을 해석하고 고문경학을 제창했다. 기득권자인 금문경학에 중대한 도전이었다.

왕망王莽이 섭정하게 되면서 고문경 학파의 입장이 우위에 섰다. 왕망은유흠을 국사國師로 삼았다. 유흠이 문화 영역에서의 중심인물이 되면서 고문경학은 왕망의 복고개제復古改制 취지를 뒷받침하는 도구가 됐다. 그러나 왕망의 정권이 무너짐에 따라 고문경 박사관은 즉시 폐쇄됐다.

지방 호족의 세력을 등에 업고 등장한 광무제光武帝 유수는 이른바 '광무중흥光武中興'을 꾀하면서 왕망 시대의 3대 경학인 금문경학, 고문경학, 참위학을 전반적으로 고르게 이용했다. 그 이유는 크게 3가지이다.

첫째, 왕망과 농민기의農民起義로 인해 어지럽혀진 통치사상을 바로잡고자 했다. 둘째, 경학을 창도함으로써 정권의 신수화神授化를 도모하고자 했다. 셋째, 경학이라는 통일적 이념체를 공유함으로써 지주 지식층과 계속적인 유대를 확보해 통치권의 광범위한 지지를 얻고자 했다.

제2차 금고문 논쟁은 건무 원년인 기원전 25년에 일어났다. 한애제 때 야기된 금고문 논쟁은『춘추좌전』의 박사관 설정 문제로 귀결된 바 있다. 건무 원년의 제2차 금고문 논쟁도 그 성격이 유사하다. 당시 상서령尙書令인 고문경학자 한흠韓歆이 야기한 이 논쟁의 목적은『비씨역費氏易』과『춘추좌전』에 박사를 두는 데 있었다. 광무제는 조서를 내려 금문경과 고문경 학자들을 영대靈臺에서 연 회의에 참가하게 하고 자기도 친히 참가해 결재했다. 금문학자 범승은『춘추좌전』은 공자로부터 시작하지 않고 좌구명左丘明한테서 나왔고, 전수 관계가 불확실하고, 이전의 제왕들이 학관에 세운 바가 아니라는 점을 들었다. 한흠과 허숙이 반발하자 논쟁이 매우 격렬해졌다.

광무제가 재결裁決을 보류하고 박사와 학자들에게 범승의 의견에 관해 토론하게 했다. 이들의 논변은 10여 차례 계속됐고, 결국『춘추좌전』은 학관에 세워지게 됐다. 그러나 논란이 계속하는 가운데 담당 박사인 이봉李封이 병사하자 다시 폐지되고 말았다.

금문과 고문학파 사이의 제3차 논쟁은 광무제 이후 평행선을 달리다가 한장제漢章帝 때 빚어졌다. 건초建初 4년인 79년에 경사京師 낙양洛陽의 백호관白虎觀에서 한장제가 직접 학자들을 불러 새로운 통치 이념의 정립을 도모했다.

이미 경학이 130년간 발전해왔기 때문에 1달여에 걸친 토론으로 통일된 결론을 도출해낼 수 있었다. 그 결정체가 바로 반고 등이 정리한『백호통의白虎通義』이다.

백호관 회의 소집의 배경은 한장제가 등극해 얼마 되지 않은 건초 원년에 발생한 가규賈逵와 이육李育 간의 제3차 금고문 논쟁이다. 가규는『춘추좌전』과『춘추공양전』을 비교해 본 후 다음과 같은 이유를 들어『춘추좌전』의 지위를 격상시켰다.

『춘추좌전』과『춘추공양전』은 대체적인 내용에서는 큰 차이가 없었지만, 군신간의 의리와 부자간의 기강은『춘추좌전』만의 특징이었다.『춘추공양전』이 군신관계에서 상황에 따른 권도權道를 인정하지만,『춘추좌전』은 군신간의 철저한 의리를 중시한다.

가규는 군신간의 명확한 위계질서를『춘추좌전』의 가장 큰 특징으로 일관되게 주장했다.『춘추좌전』이 국가 기강의 확립이라는 지배 권력의 요구에 가장 적합한 이론임을 재차 강조하며『춘추좌전』의 학관 설립의 정당성을 피력했다. 또한 가규는『춘추좌전』이 당시 유행하는 도참설圖讖說과 합치된다는 언급했다. 오경박사들 가운데에는 도참설을 증명할 수 있는 사람들이 없었다.『춘추좌전』에는 분명한 구절이 있어 이를 증명할 수 있다는 주장이었다.『춘추좌전』을 도참설과 부회시킨 점은 한장제에게 커다란 감동을 안겼다. 그는 가규에게 학생 가운데 뛰어난 자 20명을 선발해『춘추좌전』을 가르치도록 했다.

3번의 논쟁을 거치면서 금문경학은 참위讖緯를 수용해 변화를 시도하지 않을 수 없을 정도로 공허한 관념으로 추락하고, 고문경학은 역사적이고 실증적인 학문 방법론을 바탕으로 꾸준히 성장하면서 새로운 고문경학의 시대를 열었다.

한영제漢靈帝 건녕建寧 원년인 168년에 하휴와 정현 사이에 벌어진 제4차 금고문 논쟁은 이전의 논쟁과는 그 성격을 완전히 달리했다. 이 논쟁은 정치권력 내지 통치이념과 단절된 학술계 내부의 논쟁으로, 순수이론 논쟁에 해당했다.

후한 말기는 거의 20여 년간 지속된 당고黨錮에 의해 수많은 학자들이 박해를 받으면서 학문 자체의 성격과 방향이 급격히 변화됐다. 현실 정치와 완전히 분리된 채 오로지 학문의 내적 이론의 발전과 성숙에 주력함으로써 경학은 한 단계 발전하는 전환기를 맞이하게 됐다. 하휴와 정현은 이러한 시대를 대표하는 인물이다.

정치현실과 단절된 채 실증적이고 고증학적인 경학으로 방향을 전환한 모습을 상징적으로 보여주는 사건이었다. 당시 학계에서는 금고문 경학의 장단점을 서로 보완해서 이론의 종합을 시도하는 새로운 학문 풍토가 조성됐다. 훈고학적이고 실증적인 연구 방법론을 고수했던 고문 경학을 중심으로 종합이 시도될 수밖에 없었다. 금문 경학은 단지 학관을 중심으로 그 명맥을 유지할 뿐 실질적인 학문 활동은 거의 전무했기 때문에 학문적 성과에 있어서는 고문 경학에 비교될 수 없었다.

금고문 논쟁은 역사적으로 몇 가지 의미를 지니고 있다.

첫째, 몇 차례에 걸친 논쟁의 결과로 고문 경전의 지위가 향상됐다. 후한 말기 이후 고문 경학이 금문 경학을 능가하게 됐다.

둘째, 음양오행과 참위설로 얼룩진 금문경학을 고문경학이 고증적 방법론으로 쇄신시켰다. 금문 경학처럼 공자를 '소왕素王'으로 볼 것인가, 아니면 고문경학처럼 '선사先師'로 볼 것인가 하는 자세도 이런 입장에서 살필 수 있다.

셋째, 사학과 문자학에 커다란 영향을 미쳤다. 고문학파는 요순시대를 황금 시기로 간주했다. 이는 복고적 역사관을 낳았다. 금문학파의 탁고개제론託古改制論은 현실 개조를 긍정적으로 보았다. 이는 진취적 역사관을 낳았다. 문자학 관점에서 『이아爾雅』와 『설문해자說文解字』와 같은 문자학 경전이 고문경학이 발달한 후한 때 만들어졌다.

금고문 논쟁은 오경 가운데 특히 『춘추』를 중심으로 전개됐다. 통치자에게 접근하기 위한 방편과 그에 대한 견제로 금고문 논쟁이 야기됐다고 볼 수 있다.

16

후한의 건립과 전개

적미군의 난과 유수

광무제 유수는 한경제의 아들인 장사정왕 유발의 후손이다. 남돈령^{南頓}령으로 남돈군에 추증된 유흠의 아들로 어렸을 때부터 몹시 신중하고 차분한 성격을 보였다.

왕망이 찬탈을 통해 신나라를 세우고, 주周 시대의 정치를 이상으로 삼아 현실을 도외시한 정책을 실시하는 등 민심을 잃고, 전국 각지에서 반란이 일어나 흉노 · 서강西羌 · 고구려 등 주변 국가와 민족들의 반감을 사기에 이르렀다.

신조 천봉 원년 14년, 낭야에서 여모呂母라는 노파가 현령에게 살해된 아들의 복수를 위해 사재를 털어 수천의 무리를 모아 반란을 일으켰다. 여모는 현령을 죽인 뒤에 사망했으나 무리는 가혹한 법에 무거운 조세를 이유로 해산하지 않았다. 천봉 5년인 18년, 동향 사람인 번종樊宗의 거병에 합류해 거대한 세력을 이뤘다. 이들 군은 피아 식별을 위해 눈썹을 붉게 칠해 적미군赤眉軍이라고 불렸다.

왕망 조정의 군사였던 태사군太師軍·경시군更始軍은 무리한 식량 징발 등으로 민심을 잃었다. 이때 왕광王匡이 빈민들을 모아 녹림산綠林山을 거점으로 반란을 일으켰다. 이들을 녹림군綠林軍이라고 한다.

지황 3년인 22년 겨울, 유수의 친형 유인劉寅이 거병했다. 신중한 성격에 평판이 좋은 유수가 합류하자 참가하는 인원이 대폭 늘어났다. 이들은 용릉군舂陵軍으로 칭했다. 가난했던 유수는 반란 지휘에 소를 타고 다녔고, 녹림군에 합류한 뒤에야 조정으로부터 노획한 말을 타게 됐다.

녹림군은 군내에 역병이 만연하면서 남양을 거점으로 하는 신시군新市軍과 남군을 거점으로 하는 하강군下江軍으로 나뉘었다. 신시군은 유인의 용릉군과 연합했다. 도중에 유수의 본가 혈통인 유현劉玄이 가세했다. 나중에 다시 하강군을 흡수했다.

유인이 왕망의 관군을 격파하자 새로운 황제를 옹립하려는 움직임이 일어났다. 유인을 옹립하려는 움직임도 있었으나, 세력의 약화를 꺼린 장수들의 반발로 평범한 인물로 여겨진 유현을 옹립했다.

경시 원년인 23년 여름, 경시제 유현의 토벌을 계획한 왕망은 낙양에서

100만 명의 병력을 동원했다. 전투병 42만 명, 나머지는 노역에 종사하는 병사였다.

왕망은 군사 지식이나 경험이 부족했다. 왕망의 군사는 63개 유파나 되는 병법가兵法家를 동행시키면서 맹수까지 거느렸다. 이들은 유수가 거점으로 삼고 있던 곤양성昆陽城을 포위 공격했다. 유수는 밤을 틈타 13기만을 거느리고 곤양성을 탈출한 뒤 가까운 현에서 3천의 원군을 모아 곤양을 포위한 군사와 맞섰다. 왕망 군사의 총대장 왕심이 수천 명을 거느리고 요격했지만 유수와 그 부하들의 분투로 대패했다. 곤양전투의 승리를 전후해 유수의 형 유인도 완성을 함락시켰다. 이렇게 돼 유인과 유수 형제의 명성은 천하에 알려지게 됐다.

두려움을 느낀 경시제 유현이 견제에 나섰다. 앞서 경시제의 즉위에 반대했던 유인의 부하가 경시제가 하사하는 벼슬을 사양한 바 있다. 경시제가 반역으로 몰아 죽이려고 하자 유인이 옹호하고 나섰다. 경시제는 이를 트집잡아 유인을 죽이고 말았다. 유수는 완성에 도착해 경시제에게 형의 결례를 사과하고, 형을 위해 상복도 입지 않았다. 조문 온 사람들에게도 사건에 대해서는 일절 언급하지 않았다. 재앙에 휘말리는 일이 없게 하려는 심모원려의 모습으로 『구당서』「선종기」에 나오는 도광양희韜光養晦 성어의 전형이다.

곤양과 완宛에서의 전승이 알려지자 상황을 관망하던 호족들이 차례대로 경시제의 군에 합류했다. 경시제의 군사는 이내 낙양과 장안을 함락시키고 이곳으로 천도했다. 낙양이 도성都城으로 정해질 때까지 유수는 경시제와 측근들로부터 위험인물로 지목돼 중앙 정계에 나서지 못했다.

당시 하북河北 일대로 파견할 마땅한 무장도 없었다. 대사도大司徒 유사劉賜가 유수를 천거했다. 유수는 명을 좇아 하북으로 가자 유수에 대한 감시도 풀렸다. 경시제의 정사가 문란해져 민심을 잃게 되자 유수에게도 자립의 기회가 주어졌다.

유림劉林은 한경제의 7대손으로 이전의 조목왕趙繆王인 유원劉元의 아들이다. 그는 유수에게 유세하며 황하의 둑을 터뜨려 적미赤眉가 있는 곳으로 물을 흘려보내는 방안을 제시했다. 유수가 이를 좇지 않고 진정真定으로 가버렸다. 유림은 평소 조趙·위魏 일대에서 호방하고 의협심 있는 인물로 알려졌다. 왕망이 다스릴 당시 장안에 어떤 자가 스스로 한성제의 아들 유자여劉子輿를 칭하자 왕망이 그를 죽인 적이 있다. 한단에서 점을 치는 복자卜者 왕랑王郎이 이를 이용해 진짜 유자여를 사칭했다.

유림 등은 이 말을 믿고 조趙나라 땅의 대호大豪인 이육李育 및 장참張參 등과 함께 모의해 장차 유자여를 사칭한 왕랑을 세우고자 했다. 마침 민간 내에서 적미가 황하를 건너올 것이라는 소문이 나돌았다. 유림 등이 이를 이용해 적미는 당연히 유자여를 세울 것이라고 선전했다. 백성들 대부분이 이 말을 믿었다.

이해 12월, 유림 등이 거기車騎 수백 명을 이끌고 새벽에 한단성邯鄲城으로 들어가 옛 조나라의 왕궁에 머물며 왕랑을 천자로 세웠다. 이때 유수의 목에 10만 호의 상금이 내걸렸다. 유수는 등우鄧禹, 왕패王霸, 풍이馮異 등 가까운 부하를 이끌고 하북 일대를 떠돌게 됐다. 풍이가 땔감을 모으고, 등우가 불을 지펴 콩죽이나 보리밥을 지어 추위와 굶주림을 견디는 고초를 겪었다.

이후 왕랑에 맞서 신도태수 임광任光과 그의 휘하 장수 이충과 만수 등을 비롯해 지방 호족 유식劉植과 경순耿純 등이 유수 진영에 가담했다. 이들은 훗날 '남궁운대南宮雲臺 28장二十八將'으로 불리게 됐다. 유수는 왕랑의 부하로 10만여 명의 병사를 거느리고 있던 진정왕眞定王 유양을 끌어들였다. 당시 유양의 여동생은 호족 곽창郭昌에게 시집가서 훗날 유수의 황후가 되는 곽성통郭聖通을 낳았다. 유수는 곽성통을 부인으로 맞아들여 결국 유양을 항복시키는 데 성공했다.

왕랑과 대치하는 와중에 오환의 정예 돌격기병을 거느린 어양과 상곡이 유수 측에게 훗날 '남궁운대 28장'의 한 사람으로 불리는 오한吳漢, 개연蓋延, 왕량王梁, 경단景丹, 구순寇恂, 경감耿弇 등을 보내 유수와 합류하게 했다. 덕분에 왕랑군을 격파하고 이듬해 여름에 한단을 함락시킬 수 있었다. 왕랑은 도주하던 중에 잡혀 죽었다.

유수의 세력을 두려워한 경시제는 유수를 숙왕蕭王으로 봉해 군사를 해산시키고 장안으로 불러들였지만, 유수는 하북의 평정이 완료되지 않았다며 이를 거부하고 자립했다. 이후 동마군銅馬軍이라는 지방 세력군을 끌어들여 수십 만을 헤아리는 세력으로 성장했다.

후한 광무제 유수가 왕랑을 친 한단성

건무 원년인 25년, 하북의 실력자가 된 유수는 부하들로부터 황제 즉위의 상주를 받았다. 유주에서 개선하는 도중에 두 번이나 사양하다가 3번째 요청에 고려하겠다고 대답했다. 마침내 「적복부赤伏符」라는 도참문圖讖文을 덧붙인 4번째 요청에 즉위를 수락했다. 광무제다. 이해 6월에 즉위한 뒤 연호를 건무建武라했다. 이해에 경시제는 서쪽 장안으로 온 적미군에게 항복한 뒤 살해됐다. 건무 3년인 27년, 광무제가 파견한 등우와 풍이가 적미군을 격파해 항복시켰다.

건무 9년인 33년, 농서를 공략해 외효隗囂를 공격했다. 외효는 병사했다. 뒤를 이은 아들 외순隗純은 건무 10년인 34년에 항복했다. 건무 12년인 36년 촉 땅의 지배자 공손술公孫述을 멸했다. 사상 3번째로 중원을 통일한 셈이다.

집금오와 음려화

당초 유수는 지금의 하남성 남양시 관할인 신야현新野縣에 갔을 때 음려화陰麗華의 아름다움을 듣고는 마음속으로 무척 기뻐했다. 후에 장안에 이르렀을 때 집금오執金吾의 거기수레와 말이 무척 성대한 것을 보고 감탄하며, "벼슬을 한다면 마땅히 집금오여야 하고, 아내를 맞는다면 마땅히 음려화여야 할 것이다."라고 했다. 『한서』「광무제기」의 원문은 '사관당지집금오仕官當至執金吾, 취처당득음려화娶妻當得陰麗華'이다.

경시 원년인 23년 6월, 경시제 유현 휘하의 장수로 있던 유수는 지금의 하남성 남양군 완현宛縣 당성리當成里에서 음려화를 아내로 맞이했다. 당시 음려화는 19세였다. 당초 유수는 완성에서 정식으로 음려화와 결혼한다. 두 사람은 우리말의 '찰떡궁합'에 해당하는 여교사칠如膠似漆의 모습을 보였다. 다만 유수는 공무가 바빠 더 많은 시간을 음려화와 보내지 못했다. 이내 경시제 유현의 명으로 인해 음려화와 이별하고 사례교위司隸校尉의 직함으로 낙양으로 가서 왕궁을 짓는 일을 감독했다. 이때 음려화를 신야현으로 돌아가게 했다.

광무제는 보위에 오르자 시중 부준傅俊에게 영을 내려 음려화를 맞이해 오게 했다. 음려화는 호양공주胡陽公主, 영평공주寧平公主와 함께 여러 궁인들을 이끌고 함께 낙양에 도착했다. 음려화를 귀인으로 삼았다.

광무제는 음귀인이 아름다운 데다 성품이 관대하고 어질었으므로 그녀를 존숭해 지위를 높여주려 했다. 그러나 음귀인은 굳게 사양했다. 원래 유수는 천하를 통일하는 과정에서 진정왕真定王 유양劉楊이 군사를 일으켜 왕랑에게 귀부한 적이 있다. 그 무리가 10여만 명에 달했다. 유수가 사람을 보내 유양을 설득하자 유양이 이내 유수에게 항복했다. 유수가 진정에 머물며 유양의 생질녀甥姪女인 곽씨郭氏를 부인으로 삼고, 그와 결속했다. 유수가 보위에 오를 당시 곽씨는 아들 유강劉彊이 있었다. 이를 이유로 음귀인은 끝내 제의를 받아들이지 않았다. 마침내 곽씨를 곽황후郭皇后로 세웠다. 원래 광무제는 음려화를 전쟁터에 데리고 다닐 정도로 총애를 했고, 후에 음려화가 훗날 한명제로 즉위하는 아들 유장劉莊을 낳았다. 그는 광무제의 4자였다.

건무 17년인 41년, 황후 곽씨를 폐하고 음귀인을 황후로 세웠다. 곽황후가 음씨를 질투하자 이를 구실로 황후를 음려화로 교체했다. 이때 태자가 유강에서 음려화의 아들 유장으로 바뀌었다. 유강은 생모인 곽황후가 폐위됐음에도 계속 태자 자리에 있던 걸 부담스러워해 태자의 자리를 양보했다. 유수는 곽씨 가문 및 곽 폐황후 소생 자식들을 모조리 죽인다거나 하진 않고 적절히 대접해 주었다. 황후에서 폐하긴 했어도 대우 자체는 황후 수준을 유지할 수 있었다. 음려화는 남편이 죽은 후에도 살아서 황태후가 됐다.

음황후는 황후의 자리에 있는 동안 늘 공손하고 검소했으며, 보석과 같은 기호품이나 웃음을 자아내는 놀이를 좋아하지 않았다. 성품이 어질고 효성스러웠다. 영평 7년인 64년, 음황후가 붕어했다. 황후가 된 지 24년만이었으며, 나이는 60세였다. 광무제와 함께 원릉原陵에 합장했다.

광무제의 업적 – 부명符命의 참위설과 득천하

전한 말 이래의 혼란으로 전한의 전성기 때 약 6천만 명에 달하던 인구가 광무제 시대에는 2천만 명 정도로 감소해 있었다. 광무제는 이에 대한 대책으로서 노비 해방 및 대사면령을 몇 차례에 걸쳐 실시하고 자유민을 늘려 농촌 생산력 향상과 민심 확보에 힘썼다. 징병제를 폐지하고, 둔전병屯田兵을 운용했다. 덕분에 기근이나 군역으로 인한 문제를 상당 부분 완화시킬 수 있었다.

후한의 태조 광무제

건무 11년인 35년에 천지간의 존재 가운데 인간이 가장 귀하다는 뜻을 지닌 '천지지성天地之性, 인위귀人爲貴' 내용의 조서를 내렸다. 노비와 양민의 형법상 평등을 선언한 것이다. 이에 앞서 건무 7년인 31년에는 매인법賣人法, 13년인 37년에는 약인법略人法을 공포해 인신매매를 규제했다. 조세에 대해서는 수확량의 1/10을 거두던 것을 건무 6년인 30년에 전한의 제도처럼 1/30로 감경시켰다. 둔전의 시행으로 병사의 식량을 확보할 수 있게 된 것도 한몫했다. 건무 15년인 39년에는 경지 면적과 호적에 대한 전국적인 조사를 시행해 치평의 기초를 다지고 국가 재정을 확립했다.

당시 왕망의 어지러운 화폐 정책으로 인해 조악한 화폐가 유통되고 있었다. 건무 16년인 40년에는 과거 한무제 이후에 유통된 오수전五銖錢의 주조가 시작돼 화폐 제도도 정비됐다.

후한은 전한의 통치 기구를 답습해 군국제郡國制를 채용하면서도 제후왕諸侯王과 열후列侯의 봉읍은 전한에 비해 줄었다. 제후왕의 봉읍은 1개 군을 넘지 못했고, 공신功臣을 후侯로 봉하는 일도 많았지만 그것도 몇 개 현縣만을 봉해줄 뿐이었다. 왕망이 폐했던 전한의 제후왕으로 광무제가 즉위하면서 지위를 회복한 자들도 건무 13년 37년에는 열후로 격하되고, 이후 광무제의 치세에 제후왕으로 봉해진 것은 황제의 동족이었던 남양 용릉 유씨 일족과 황자뿐이었다.

중앙정부에는 대사도와 대사공大司空, 대사마大司馬의 삼공三公을 정치의 최고 책임자로 두었다. 실무상에서는 황제의 비서격인 상서尙書가 중용됐다. 혼란기에 임명됐던 장군도 대부분이 해임되고 소규모 상비군만을 준비하는 데 그쳐 재정 부담의 경감을 도모했다.

재정 기관의 재편성으로 황실 재정을 맡고 있던 소부少府의 업무를 국가 재정 기관인 대사농大司農으로 이관시켜 황실 재정을 국가 재정에 포함시켰다. 대사농 직속이었던 국가 재정의 중요한 기관인 염관鹽官과 철관鐵官을 지방 군현에 속하도록 조치했다.

광무제가 펼친 일련의 정책은 유교를 진흥시키고, 학제 및 예제禮制를 정비한 데 있다. 건무 5년인 29년 낙양에 태학太學을 설치해 유학을 강론하게 하고 14명의 오경박사五經博士를 두었다. 또 각지에 사학私學을 마련해 현지의 학자로 하여금 문하생을 모아 경서를 강의하게 했다.

관원 등용제도인 향거리선鄕擧里選에서 효행과 청렴결백에 뛰어난 효렴孝廉 제도가 중시됐다. 건무 12년인 36년에는 삼공 등이 매년 일정한 수의 효렴을 천거하도록 하는 규정이 마련됐다.

광무제가 통치의 근거로 삼은 유학은 전한 말기에 성행한 참위설讖緯說과 밀접한 관련이 있었다. 예언 등의 신비주의적인 요소가 짙게 가미돼 있었다. 이는 왕망이 적극 활용한 것이기도 했다. 광무제는 즉위하면서 『적복부』의 예언에 따른 것 외에도 삼공의 인사와 봉선, 시행의 근거로서 참위문을 쓴 사례도 있었다. 참위설을 비판한 유학자는 등용되지 못했다. 만년인 건무중원 2년인 57년에는 도참圖讖을 천하에 선포할 것을 명하기도 했다.

또 동쪽으로 고구려의 대무신왕이 멸망시켰던 한반도 북부의 낙랑국樂浪

일대를 건무 6년인 30년에 다시 쳐서 평정하고 군현제를 통해 직접 지배했다. 한편으로 한반도 동쪽의 수장들을 현후縣侯로 봉했으며 반도 남부로부터 조공하러 온 사신들을 받아들여 낙랑국에 속하게 했다. 왕망이 후侯로 격하시켰던 고구려가 건무 8년인 32년에 후한 조정에 조공하자 광무제는 다시 왕호王號를 부활시켰다. 건무중원 2년인 57년에는 왜倭의 노국奴國에서 온 사신에게 금인金印을 하사하기도 했다. 건무 11년 35년에 침략해 온 강족羌族을 마원馬援을 시켜 물리치고, 항복한 자들은 천수天水와 농우隴西, 우부풍右扶風 등지로 이주시켜 군현 관할 아래 두었다.

교지交趾에서 쯩짝徵側 쯩니徵貳 자매의 반란이 일어나자 마원을 보내 진압했다. 이 지역은 지금의 베트남으로 남월이라고도 불렀다. 마원은 난을 진압한 뒤 하노이 부근의 낭박浪泊까지 진출해 그곳을 평정했다. 마원은 무력행사와 함께 성곽 복원 및 관개수로 정비를 통해 농업을 진흥시키고 현지의 관행을 존중했다.

북쪽에서는 과거 왕망의 강경 외교 정책에 반발한 흉노가 세력을 더하고 있었다. 건무 6년인 30년에 광무제는 화친 사자를 보냈지만 흉노의 침략은 그치지 않았다.

건무 24년인 48년 흉노가 내부 항쟁을 겪어 남북으로 분열되고 이 가운데 남흉노南匈奴가 후한에 귀순했다. 곧 오환과 선비족도 흉노에서 이탈한다. 광무제는 이듬해인 건무 25년인 49년에 오환의 추장을 후왕侯王에 봉하고 선비로부터 조공을 받았다. 북흉노北匈奴는 남흉노를 약화시키고자 건무 27년인 51년에 후한에 사자를 보냈다. 광무제는 이를 인정하지 않고 비단 등을 주어 회유하는 선에서 그쳤다.

복파장군 마원馬援의 업적

후한이 남쪽과 서쪽으로 영토를 대폭 확장한 것은 전적으로 마원馬援이라는 뛰어난 장수 덕분이다. 그는 서량태수 마등馬騰과 계한 표기장군 마초馬超의 조상으로, 노익장老益壯 성어의 주인공이기도 하다. 그는 지인들에게 늘 "대장부는 뜻을 품었으면 어려울수록 굳세어야 하고 늙을수록 건장해야 한다!"고 조언했다. 한문 원문은 '장부위지丈夫爲志, 궁당익견窮當益堅, 노당익장老當益壯'이다. 여기서 '노익장' 성어가 나왔다. 나이가 70이 넘어 전쟁에 노구를 이끌고 참가해 연승을 거둔 결과다.

그는 원래 촉蜀을 함락해 복파장군伏波將軍이 되고, 교지交趾를 쳐서 신식후新息侯에 봉해졌다. 시호는 충성忠成. 마복파馬伏波이다. 그의 딸은 한명제의 황후가 됐다.

교지를 평정하고 낙양으로 돌아오자 현자로 유명한 맹익孟翼이 축하 인사를 했다. 마원이 말했다.

"나는 그대가 남다른 충고의 말을 해줄 것으로 기대했소. 옛날 나와 같은 직위인 복파장군 노박덕路博德은 남월南越을 평정하고 일곱 군郡을 새로 만드는 큰 공을 세우고도 겨우 수백 호戸의 작은 봉토를 받았소. 지금 나는 별로 큰 공을 세우지도 못했는데 작은 공에 비해 상이 너무 크오. 이대로 영광을 오래 누릴 수는 없을 것 같소. 그대에게 무슨 좋은 생각이 없소?"

맹익이 생각이 나지 않는다고 말하자 마원은 다시 말했다.

"지금 흉노와 오환烏桓이 북쪽 변경을 시끄럽게 하고 있소. 이들을 정벌할 것을 청하오. 사나이는 마땅히 변방 싸움터에서 죽어야만 하오. 말가죽으로 시체를 싸서 돌아와 장사를 지낼 뿐이오以馬革㽃尸還葬耳. 어찌 침대 위에 누워 여자의 시중을 받으며 죽을 수 있겠소?"

그는 서기 45년 이후부터 육순의 나이로 북방의 흉노와 오환의 토벌에 활약했다. 이후 남방의 무릉 만이들을 토벌하러 출정했으나, 열병 환자가 속출해 고전하다가 진중에서 병사했다.

『후한서後漢書』「송홍전宋弘傳」에 수록돼 있는 고사故事이다. 송홍의 자는 중자仲子이고 지금의 섬서성陝西省 서안시西安市 출신이다. 광무제 즉위 후 토목공사를 담당하는 대신인 대사공大司空의 지위에 올랐다.

광무제의 누나인 호양공주湖陽公主의 남편이 갑자기 죽어 과부가 됐다. 광무제와 호양공주는 조정 대신들 가운데 남편감을 골라보기로 했다. 호양공주가 광무제에게 송공의 용모가 위엄이 있고 도량과 식견이 출중함은 다른 대신들에 비교할 수 없을 정도이다."라고 말했다. 광무제가 이를 수락했다. 얼마 후 광무제는 송홍을 접견했다. 광무제는 송홍과 면접하는 동안 호양공주에게 병풍 뒤에 숨어서 송홍이 하는 말을 엿듣게 했다.

광무제는 송홍에게 말했다.

"속설에 지위가 높아지면 친구를 바꾸고 부유해지면 부인을 바꾼다는 말이 있는데 그것이 인지상정 아니겠는가?"

송홍이 대꾸했다.

"저는 곤란할 때 사귀었던 친구를 잊지 말고 어려움을 함께 나눈 아내를 버리지 말라고 들었습니다."

원문은 '빈천지지貧賤之知, 불가망不可忘. 조강지처糟糠之妻, 불하당不下堂'이다. 여기서 가난할 때 술지게미와 쌀겨를 먹으며 어려움을 함께 겪은 아내는 버릴 수 없다는 취지의 조강지처糟糠之妻 성어가 나왔다. 통상 곤경 속에서 함께 어려운 생활을 함께온 아내를 일컫는다.

삼국

三國

조조

자 맹덕孟德

생애 155~220

조조는 후한 환제 때인 155년에 태위를 지낸 조숭의 아들로 태어났다. 조조는 어려서부터 수불석권했으며, 다재다능한 실천가였다. 고대 병법가의 저술을 연구하여 『손자병법』에 주석을 붙인 「위무주손자」라는 저술을 남기기도 했다.

삼국시대를 연 조조는 권모술수에 능했고 유능한 인재라면 적이라도 등용했다. 후한 헌제를 끼고 건안시대를 열어 사방을 지배하면서 원소와 원술, 여포, 유표, 한수 등을 제거했다. 그러나 유비와 손권 연합군에게 적벽대전에서 치명적인 패배를 당하기도 했다. 대외적으로 흉노, 오환, 선비 등을 토벌하여 중국 북방을 장악했다. 경제생산을 증진시키고, 사회질서를 안정시켜 위나라 건국의 기초를 닦았다.

이후 216년 위왕의 자리에 올랐다. 정치상의 실권자였으나 황제 자리에 오르지 않고 계속 위왕으로 남았다. 220년 정월 66세의 나이로 낙양에서 서거한다.

17

암군 출현과 삼국 정립

환령桓靈과 탁류 십상시十常侍

한환제와 한영제는 암군의 표상이다. 많은 사람들은 제갈량의 『전출사표』에 나오는 구절을 떠올린다는 이유다. 해당 구절이다.

"선제 유비는 신과 더불어 논할 때 한환제와 한영제에 대해 탄식하지 않은 적이 없었다."

한환제에 앞서 재위했던 질제質帝는 외척인 양기梁冀에 의해 독살됐다. 한환제의 즉위도 양기와 양기의 여동생인 양태후의 뜻으로 이뤄진 것이다. 한환제는 그걸 거스를 수 있는 힘이 없었다.

한환제는 환관 선초單超 등과 손을 잡고 일거에 양기와 그의 세력을 제거했다. 그러나 환관들의 도움을 받은 까닭에 이번에는 환관들의 세력이 막강해졌다. 그들은 막강한 권세를 바탕으로 전횡을 일삼았다. 자기들의 일족을 지방으로 파견시켜 토지를 겸병兼併하는 일을 벌였다. 사대부들이 중심이 된 청류파들이 환관들을 비난하고 나섰다. 위기를 느낀 환관들이 한환제에게 이들을 무고해 이응李膺을 비롯한 200여 명을 잡아들였다.

재판이 시작되자 청류당은 저마다 입을 모아 환관의 죄상을 폭로하는 법정 진술을 택해서 환관들을 비난했다. 환관들은 외척 두무竇武 등이 상주해 간한 것을 기회로 청류당에게 금고형을 내렸다. 이를 '당고지옥黨錮之獄' 내지 '당고지화黨錮之禍'라고 한다.

한환제는 재위 20년 만에 죽었다. 아들이 없어서 5촌 조카 유굉이 뒤를 이어서 황제로 즉위했다. 이가 한영제이다. 한영제를 옹립한 환관의 우두머리들을 일컬어 십상시라고 한다. 이들은 한영제를 조종해 부정부패를 드러내 놓고 자행했다. 부정부패가 극에 달한 이유다.

십상시는 삼국지가 시작되기 이전의 시대에도 이미 모든 악의 근원으로 작용했다. 돈을 주고 벼슬을 사는 매관매직의 당사자인 관원들은 본전을 뽑아내기 위해 임지에서 백성을 혹독하게 수탈했다. 게다가 자연재해까지 겹쳐 기근이 일어나자 각지에서 반란이 일어났다. 그게 바로 통상 '황건적黃巾賊의 난'으로 불리는 '황건지란黃巾之亂'이다.

삼국시대와 4개 대전

후한 말기부터 시작된 삼국시대는 춘추전국시대에 버금가는 제2의 대

분열시대로 평가받고 있다. 약 110년간에 이른다. 삼국시대에는 모두 100
여 차례의 크고 작은 전쟁이 있었다. 그 가운데 가장 규모가 크고 영향력
이 깊은 4대 전쟁으로는 관도대전官渡大戰을 비롯해 적벽대전赤壁大戰, 한중
대전漢中大戰, 이릉대전夷陵大戰을 꼽을 수 있다.

  통상 3대 전쟁으로는 관도대전과 적벽대전, 이릉대전을 든다. 그러나 유
비가 한중을 놓고 조조와 맞붙어 싸운 한중대전漢中大戰 역시 그 전쟁의 규
모 등으로 볼 때 이들 3대 전쟁 못지않은 싸움이었다. 이밖에도 조조가 양
주의 마초와 한수 등을 격파한 이른바 관중대전關中大戰을 드는 경우도 있
으나 이는 원래 조조의 영역 내에서 일어난 것이기 때문에 이들 4대 대전
에 비해서는 비중이 훨씬 떨어진다. 삼국시대의 대전은 크게 4대 전쟁으
로 정리하는 것이 옳다.

  이들 4대 전쟁 가운데 조조가 죽은 뒤 동오와 촉한 사이에 전개된 이릉
대전을 제외한 나머지 3대 전쟁은 모두 조조가 주인공이 된 전쟁이다. 이
시기는 당시의 연호에 착안해 이른바 '건안시대建安時代'로 불리던 때였다.
건안시대는 건안 원년인 196년부터 시작해 관도대전과 적벽대전 및 한중
대전을 통해 삼국이 정치鼎峙하는 단계를 지나 조조가 세상을 떠나는 건안
25년인 220년까지의 시기를 말한다.

  건안시대는 크게 보아 삼국시대의 세 영웅인 조조와 유비 및 손권이 정
립鼎立해 주도권장악을 놓고 각축을 벌인 시기로 특징지을 수 있다. 이 시
기는 동탁과 이각 및 곽사로 대표되는 이른바 '장안정권長安政權'이 종지부
를 찍고 조조가 중심이 된 '허도정권許都政權'이 존립한 시기와 일치한다. 장

안정권을 삼국시대의 제1기라고 한다면 허도정권은 제2기에 해당한다고 할 수 있다.

관도대전은 바로 삼국시대 제2기를 상징하는 '허도정권'의 성립초기에 일어난 대전으로 당시 최고 실력자였던 원소와 새로운 세력으로 등장한 조조가 중원의 패권을 놓고 격돌한 싸움이었다. 조조는 이 싸움에서 승리를 거둠으로써 허도정권이 주도하는 건안시대를 화려하게 열 수 있었다. 이후 허도정권은 관도대전이 끝난 지 얼마 안 돼 일어난 적벽대전의 패배로 인해 협천자挾天子를 통한 천하의 호령에 제동이 걸렸다.

정반대로 유비는 이 싸움을 계기로 형주를 근거로 익주를 탈취하는 결정적인 계기를 마련했다. 삼국정립의 단초가 바로 적벽대전에 있었다. 한중대전은 익주를 장악한 유비의 세력이 한중까지 밀고 들어온 조조 세력의 서진을 차단하고 장차 중원으로 진출할 수 있는 기반을 마련했다는 점에서 큰 의미를 지니고 있다. 유비는 이 싸움의 승리로 마침내 '한중왕漢中王'이 되어 조조 및 손권과 자웅을 겨룰 수 있는 위치로 올라섰다.

삼국시대 제2기에 해당하는 건안시대는 삼국의 세 영웅이 한 치의 양보도 없이 치열하게 치고받는 각축전의 시기였다. 삼국이 정립하는 전후 과정에서 발발한 까닭에 전쟁 상황이 격렬했다. 건안시대는 한중대전이 끝난 지 얼마 안 돼 조조가 죽음으로써 막을 내렸다.

조비가 한헌제로부터 제위를 선양받은 황초 원년인 220년부터 사마씨가 위나라와 촉한을 차례로 멸망시킨 데 이어 마지막으로 동오의 손호의 항복을 받아 천하를 통일하는 태강 원년인 280년까지 삼국시대의 제3기라고 할 수 있다. 제3기의 특징은 '건안시대'에 구축된 삼국의 '정치鼎峙' 상황이 고착화되어 위, 촉, 오 삼국 모두 통일보다는 내실을 기하는 데 보다 역점을 두었다.

이때 촉한의 제갈량과 강유 등이 여러 차례에 걸쳐 북벌을 감행했지만 엄밀한 의미에서 보면 이는 국지전에 불과했다. 제3기에 나타난 또 하나의 특징으로는 각 나라 모두 커다란 내분에 휩싸여 국력을 극도로 소진시키다가 결국 사마씨에게 차례로 무너진 점을 들 수 있다. 삼국시대 제3기는 '건안시대' 당시 천하를 셋으로 나눠 솥발처럼 정립했던 삼국이 사마씨의 진晉나라로 통일되는 과도기에 해당한다.

조조의 기병지술奇正之術

조조와 유비 및 손권으로 불리는 3명의 영웅이 등장해 '삼국시대'를 개막했다. 첫 번째 인물로 꼽히는 인물이 조조이다. 조조가 보여준 난세 리더십의 핵심은 기병奇兵과 정병正兵을 섞어 사용하는 이른바 기정병용奇正竝用의 용인술이다.

삼국시대에서 가장 핵심이 되는 '건안시대'는 조조가 한헌제를 허도로 모셔온 데서 시작됐다. '허현'이 '허도'로 탈바꿈하게 된 가장 상징적인 모습은 바로 허도에 수많은 궁실과 전우殿宇를 비롯해 종묘사직 및 아문衙門 등이 세워진 데서 비롯됐다. 이는 한헌제의 거가車駕가 장안을 떠난 지 꼭 1년여 만에 일어난 일이다.

'허도정권'을 과소평가하거나 애써 무시해온 사가들은 '허도정권'을 일개 지방 군벌에 불과한 조조가 천자를 협박해 만든 사이비 정권으로 간주해

조조의 동상

왔다. 이는 큰 잘못이다. 원소에게 보낸 조명의 내용을 통해 알 수 있듯이 동탁의 난 이후 군벌들에게 후한의 위엄을 최초로 현시顯示할 수 있었던 것은 전적으로 '허도정권'이 출범했기 때문에 가능했다.

실제로 한헌제의 존재를 무시하고 멋대로 조명을 빙자해 관원을 임명하고 이웃 지역을 병탄하기에 여념이 없었던 원소는 한헌제의 조서를 받아보고는 대경실색했다. 곧바로 상서해 구구절절 변명한 이유다. 조조는 '허도정권'이 이제 막 출범한 상황에서 원소가 '허도정권'의 첫 작품인 인사명령을 따르지 않을 경우 대사를 그르칠까 크게 두려워했다. 곧바로 상표해 대장군의 직함을 원소에게 주도록 한 이유다.

대장군은 형식상 3공三公의 하나인 태위와 같은 지위에 속하나 실질적인 면에서 보면 통수권을 장악하고 있었기 때문에 태위보다 높았다. 한헌제가 조조의 상표를 좇아 원소를 대장군으로 삼은 뒤 조조를 사공司空, 행거기장군行車騎將軍에 임명했다. '행行'은 품계가 높은 사람이 낮은 품계의 직무를 행할 때 사용하는 말로 대행代行의 의미이다. 이와 정반대로 품계가 낮은데 관직이 높을 경우는 '수守'라고 한다.

객관적으로 볼 때 당시 조조는 명분을 버리고 실리를 취하는 이른바 '사명취실捨名取實'의 전략을 구사한 셈이다.

조조와 원소의 운명을 가른 관도대전은 이런 상황에서 조조와 원소 사이에 숙제로 남아 있던 명분과 실질간의 괴리를 제거하려는 양측의 갈등이 빚어낸 싸움이었다. 관도대전이 일어나자 원소는 잇단 실패로 장합張郃을 비롯한 장수들이 조조에게 투항하고 오소烏巢의 양초마저 잃는 상황에 처했다. 그는 병사들의 사기가 크게 떨어졌는데도 특단의 대책을 강구하지 않은 채 계속 숫자의 우위만 믿었다. 적을 얕보고 지나친 자만심에 빠졌기 때문이다.

결국 군심이 크게 동요하는 틈을 놓치지 않고 조조가 전 군사를 8로八路로 나누어 일제히 진격하자 원소의 병사들이 싸울 마음이 없는 데다 조조군이 일시에 밀려들자 갑옷과 무기를 버리고 사방으로 흩어졌다. 당시 원소는 미처 갑옷을 입을 겨를조차 없어 홑옷에 남성용 장식 모자인 복건幅巾을 쓴 채 어린 아들 원상과 함께 겨우 기병 800명을 이끌고 황하를 건너 황급히 도주했다. 조조의 대승이었다.

조조는 노획한 금은보화와 주단 등을 전 장병들에게 차등을 두어 골고루 나눠주었다. 이는 중원의 패권을 놓고 벌인 건곤일척의 싸움에서 승리를 거둔 장병들에게 논공행상의 차원에서 당연히 베풀어야만 하는 조치이기도 했다. 난세일수록 신상필벌信賞必罰의 원칙은 엄수되어야만 한다.

유비의 가인지술假仁之術

유비는 『삼국연의』에서 교악狡惡의 상징으로 묘사된 조조와는 대조적으로 관인寬仁의 표상으로 그려져 있다. 입만 열면 '인의'와 '한실 부흥'을 언급하고, 탄식하며 눈물을 흘린 게 그 증거이다. 적잖은 사람들이 '유비는 눈물로 촉한의 강산을 얻었다.'는 말을 우스갯소리처럼 하는 것도 이와 무관하지 않다.

그러나 정사 『삼국지』에 나오는 유비는 결코 눈물로 강산을 얻은 자가 아니었다. 난세의 시기에 눈물을 잘 흘리는 용렬한 인물이 삼국정립三國鼎立의 한 축을 이룰 수 있다는 발상 자체가 어불성설이다. 원래 『삼국연의』에도 유비의 진면목을 읽을 수 있는 대목이 곳곳에 나온다.

유비는 자신의 부인이 적군에게 끌려갔다는 말을 듣고도 그저 묵묵히 입을 다문 채, 결코 눈물을 보이지 않았다. 또 조조에게 패해 관우와 장비와 헤어지고 처자의 생사조차 알 길이 없는 상황에서도, 눈물 한 방울 흘리지 않았다. 조조와 손권 등이 유비를 두고 '천하의 효웅梟雄'으로 칭한 데서 알 수 있듯이, 눈물을 흘리는 것 자체가 그의 본래 모습과 동떨어진 것이다. 오히려 풍부한 시정詩情을 갖고 있던 조조가 자주 눈물을 보였을 수 있다.

난세에 조조 및 손권과 함께 천하를 삼분한 유비는 객관적으로 볼 때 크게 내세울 게 없었으나 그에게도 남다른 장점이 있었다. 그것은 바로 인재를 알아보고 적절히 이용할 줄 아는 능력이다. 인재를 알아보고 적재적소에 등용하는 능력은 제갈량도 그를 따르지 못했다. 그가 천하의 쟁쟁한 호걸들과 자웅을 겨룰 수 있었던 근본 이유이다.

원래 유비는 지금의 하북성 탁주시涿州市인 탁군涿郡 탁현涿縣 출신으로 전한 초기에 재위한 한경제漢景帝의 아들 중산정왕中山靖王 유승劉勝의 후예이다. 유비의 조상은 몰락한 황실이었다. 유비의 조부 유웅劉雄과 부친 유홍劉弘은 대대로 주군州郡에서 서리로 일했다. 『삼국지』「촉서」「선주전」에 따르면 조부 유웅은 도중에 효렴孝廉으로 천거돼 관직이 동군東郡 범현范縣 현령의 자리까지 오르게 됐다.

『사기』「고조본기」는 유방의 어릴 때 모습을 이같이 묘사해놓았다.

"유방은 일찍이 함양에서 부역을 한 적이 있다. 한번은 진시황의 행차를 구경하게 됐다. 이를 보고는 길게 탄식키를, '아, 대장부라면 응당 이래야 할 것이다!'라고 했다."

비록 유방에게 패하기는 했으나 한때 천하의 강산을 손에 넣었던 항우項羽도 유사한 모습을 보였다. 유비 역시 어렸을 때부터 유방 및 항우와 마찬가지로 천하를 거머쥐겠다는 큰 꿈을 지녔던 셈이다. 어렸을 때 행보 역시 유방과 사뭇 닮았다.

항우와 유방 모두 공부를 등한시하며 난세의 흐름에 올라타 천하를 호령하는 웅혼한 뜻을 지녔음을 알 수 있다. 건달 출신인 유방의 경우는 아예 항우나 유비처럼 사인士人 출신 숙부인 항량이나 당대의 지식인인 노식盧植 밑에서 글을 배운 적도 없다. 「선주전」의 다음 기록은 유비가 어렸을 때부터 큰 꿈을 지니고 영웅호걸의 그릇을 키워갔음을 뒷받침한다.

"유비는 평소 말수가 적었고, 아랫사람들에게 잘 대해 주었다. 희로喜怒의 기색을 얼굴에 드러내지 않았다. 호협豪俠과 교결交結하는 것을 좋아해 연소年少한 자들이 다퉈 그에게 붙었다. 천금의 재산을 모은 중산中山 출신 대상大商 장세평張世平과 소쌍蘇雙 등은 탁군 일대에서 말을 판매하기 위해 자주 왕래하다가 유비를 보고는 기이한 인물이라고 생각해 그에게 돈과 재물인 금재金財를 많이 내주었다."

유비가 젊었을 때 다양한 무리를 곁에 모으게 된 배경을 대략 짐작할 수 있다. 우마의 거래로 천금의 재산을 모은 장세평과 소쌍 등의 상인들이 적극적으로 '스폰서' 역할을 해준 덕분이다. 유비가 젊었을 때 어린 시절의 꿈을 잃지 않고 아랫사람들에게 잘해주며 희로의 기색을 드러내지 않고, 당대의 협사俠士와 사귀는 등 호걸의 면모를 보인 덕분으로 해석할 수 있다. 관우關羽와 장비張飛 등의 협사와 '도원결의'를 하게 된 것도 바로 이런 배경에서 가능했다.

손권의 인욕지술忍辱之術

손권이 강동江東 일대를 장악해 삼국정립의 한 축을 이룰 수 있었던 것은 기본적으로 부형인 손견孫堅과 손책孫策 덕분이었다. 두 사람 모두 젊은 나이에 강동을 기반으로 터를 닦았다. 조조보다도 훨씬 빨랐다. 공교롭게도 두 사람 모두 일찍 죽는 바람에 그 뜻을 제대로 펼치지 못했다. 이들이 오랫동안 살았다면 손권은 아예 '삼국정립'의 주인공이 되지 못했을지도 모를 일이다.

그런 점에서 손권의 뛰어난 행보는 조조 및 유비가 보여준 창업創業보다 수성守成의 행보에 초점이 맞춰져 있다. 창업자인 손견과 손책이 이룩한 기업基業을 잘 지켜나가며 좌우로 기업을 확장하는 데 성공한 셈이다. 원래 손권이 대업을 인수받았을 때 이미 강동 일대는 기틀이 잡혀 중원에서도 무시할 수 없는 위치에 올라가 있었다. 여기에는 인재들을 과감히 발탁해 적재적소에 배치하는 손권의 뛰어난 용인술이 크게 작용했다. 그가 단순히 부형이 물려준 기업을 수성하는 데 그친 게 아님을 알 수 있다.

손책이 죽었을 당시 손권의 나이는 겨우 18세에 불과했다. 『삼국지』「오서」「장소전」의 배송지裴松之 주에 인용된 『오력吳歷』에는 손책이 죽기 전에 핵심참모인 장소張昭를 불러 자가 중모仲謀인 손권을 이같이 당부한 대목이 나온다.

"만일 '중모'가 일을 맡을 수 없는 재목이면 그대가 곧 스스로 권력을 취하도록 하시오."

말할 것도 없이 장소가 그리하지는 않을 것이라는 것을 짐작했기에 이같이 말한 것이다. 유비가 죽기 직전 제갈량에게 유선이 현명치 못하면 스스로 촉한을 취하라고 부탁하는 내용의 '탁고유명託孤遺命'을 내린 취지와 같다.

강동의 호족을 대표하는 장소는 손책의 유명遺命을 충실히 받들었다. 죽을 때까지 충심으로 손권을 보좌했다. 적잖은 사람들이 장소와 같은 강동 호족의 도움이 없었으면 손권이 부형의 기업을 확대하기는커녕 원래 수준을 유지하는 것도 쉽지 않았을 것으로 본다. 그러나 이런 해석은 아무래도 지나치다. 손권의 뛰어난 '난세리더십'을 전혀 고려하지 않은 것이다. 이는 진수의 『삼국지』 사평과도 동떨어진 것이다. 진수의 사평을 보면 그의 '난세리더십'은 오히려 조조와 유비보다 뛰어난 바가 있다. 「오서」「오주전」의 다음 대목이 이를 뒷받침한다.

"손권이 즉위할 당시 오나라는 오직 회계會稽와 오군吳郡, 단양丹楊, 예장豫章, 여릉廬陵 등지만 차지하고 있었을 뿐이다. 이중 몇 개 군은 심험深險한 곳이어서 아직 다 복속하지도 않은 상황이었다. 천하의 영웅호걸은 여러 주군州郡에 널리 퍼져 있었고, 빈객으로 있으면서 몸을 의탁한 기우지사奇寓之士 역시 안위에 따라 거취를 결정한 까닭에 확고한 군신지의君臣之義가 없었다. 그러나 장소와 주유周瑜 등은 손권이 자신들과 함께 대업을 이룰 만하다고 판단했다. 이들이 손권에게 마음을 맡기고 복종하며 섬기는 이른바 위심복사委心服事를 한 이유다."

객관적으로 볼 때 손권이 즉위할 당시 동오는 2가지 시급한 현안을 안고 있었다. 첫째, 산월山越 내지 산구山寇로 불리는 무릉武陵 일대 만이蠻夷 등의 소수민족에 대한 평정 문제였다. 둘째, 강동에서 대를 이어 단단한 세력을 형성하고 있는 호족들을 제압하는 문제였다. 당시 '오군吳郡의 8족4성八族四姓' 또는 '회계會稽의 4성四姓' 등으로 불린 호족들은 누차 산월을 선동해 손씨의 지배에 타격을 가하려고 시도하고 있었다.

삼국시대 당시 이들 산월족은 지방 호족의 지배 아래 있었다. 후한 말기부터 두드러진 호족들의 대토지 소유 풍조가 산간 지역까지 확대되었기 때문이었다. 호족들은 스스로 권익을 지키고 동오의 지배에서 벗어나기 위해 이들을 무장시켜 자신들의 휘하 부락민인 부곡部曲으로 만들었다. 당시 오나라 정권의 영향력은 이들에게까지는 미치지 못했다.

손권이 비록 삼국정립의 한 축을 형성했음에도 천하통일에 적극적인 자세를 취하지 못한 데에는 호족 및 산월족으로 상징되는 이런 현안이 발목을 잡고 있었다. 손권이 수시로 산월족을 평정하려고 힘을 소진하는 내용의 「오서」「오주전」 대목이 이를 뒷받침한다. 호족의 지원을 업고 있는 이들 산월족을 먼저 평정하지 않고 중원으로 출격할 경우 자칫 안팎의 협공에 걸려 자멸할 수도 있었다.

손권이 보여준 '난세리더십'의 요체는 전국시대를 풍미한 소진蘇秦과 장의張儀 등의 종횡가가 보여준 연횡술連橫術이다. 손권은 이를 절묘하게 구사했다. 조조의 북위北魏와 유비의 서촉西蜀 사이를 수시로 오가면서 우적友敵을 자유자재로 바꾼 게 그렇다. 동오의 몸값을 최대한 끌어올리면서 안위를 도모한 것이다. 전국시대에 방불하는 삼국시대라는 난세에 소진과 장의를 뛰어넘는 당대 최고의 외교술을 발휘한 셈이다. 진수가 「오서」「오주전」에서 손권을 당대 최고의 종회가로 칭송한 사실이 이를 뒷받침한다.

손권이 부형의 뒤를 이어 보위에 오른 뒤 멀리 떨어진 중원의 조정에 꼬박꼬박 조공을 보낸 것도 이런 관점에서 이해할 수 있다. 비록 조조가 사실상 천하를 호령하고는 있으나 명목상으로는 아직 한헌제가 다스리는 한나라의 승상에 불과했다. 손권은 이를 최대한 활용해 조조가 동오를 멋대로 넘보지 못하게 명분을 축적한 셈이다. 탁월한 외교 책략이다. 객관적으로 볼 때 확실히 그는 능굴능신能屈能伸으로 표현되는 외교책략의 달인이었다. 리쭝우가 『후흑학』에서 손권을 두고 낯가죽이 두꺼운 '면후술'과 속마음이 시커먼 '후흑술'을 동시에 구사한 점에서 '후흑'의 대가인 조조와 '면후'의 달인인 유비를 훨씬 뛰어넘는다고 평한 것도 이런 맥락에서 이해할 수 있다.

삼국지와 난세리더십

'난세리더십'의 관점에서 보면 북위의 조조는 쾌도참마의 결단決斷과 임기응변의 전략戰略 차원에서 타의 추종을 불허했다는 점에서 법가法家 및 병가兵家 사상을 대표하고 있다. 나아가 '한실 부흥'과 '인의'를 기치로 내건 유비는 가인假仁의 군자행보로 관민의 충성심을 이끌어냈다는 점에서 유가儒家 사상을 대표하고 있다. 이에 대해 손권은 인재를 적재적소에 배치해 소신껏 자신의 능력을 발휘하도록 전폭 지원하는 뛰어난 용인用人과 상황에 따라 몸을 굽히며 수치를 참는 인욕忍辱의 자세로 국익을 극대화했다는 점에서 종횡가縱橫家 사상을 대표하고 있다.

기업경영 차원에서 볼 때 조조와 유비는 창업CEO 리더십, 손권은 수성CEO 리더십을 잘 보여주고 있다. 그러나 공격이 방어, 방어가 곧 공격이라는 점을 잊지 말아야 한다.

남북

南北

사마의

자 중달仲達

생애 179~251

사마의는 사마방의 차남으로, 265년부터 420년까지 150여 년 동안 이어진 사마씨의 왕조 진晉나라의 시조로 추숭됐다. 실제로 진나라의 황제로 처음 등극한 사람은 손자인 사마염이지만 토대를 닦은 사람은 사마의였다.

청류파의 가문으로 명망이 높았던 그의 부친 사마방은 경조윤과 상서우승 그리고 기도위를 역임했다. 먼 조상 사마앙은 유방을 도와 한나라를 세우는 데 도움을 주었던 창업 공신이기도 하다.

제갈량의 두 차례 북벌을 막았고, 요동을 평정한 공적이 있다. 사마의는 그 아들들과 함께 위나라의 실권자인 조상 형제에 대항해 고평릉의 변을 일으켜 성공했다. 이로써 사마씨 일가는 위나라의 조씨 정권을 탈취해 허수아비로 만들고, 사마의의 손자 사마염이 선양을 받아 국호를 진으로 고쳤다.

18

서진의 출현

사마의司馬懿의 집권

사마의는 사마방의 차남으로, 265년부터 420년까지 150여 년 동안 이어진 사마씨의 왕조 진晉나라의 시조로 추숭됐다. 실제로 진나라의 황제로 처음 등극한 사람은 손자인 사마염이지만 토대를 닦은 사람은 사마의였다. 진왕에 오른 아들 사마소는 사마의를 선왕으로 추존했고, 손자 사마염은 황제가 된 후에는 묘호를 더해 고조 선황제로 추존했다.

한나라 때 명문가들은 대개 낙양과 가까운 거리에 근거지를 마련한 것처럼 사마씨도 낙양 인근의 거족이었다. 청류파의 가문으로 명망이 높았다. 부친 사마방은 경조윤과 상서우승 그리고 기도위를 역임했다. 먼 조상 사마앙은 유방을 도와 한나라를 세우는 데 도움을 주었던 창업 공신이기 도 하다.

사마의의 형은 사마랑, 셋째 아우는 사마부이다. 사마의는 유년기 때부 터 총명해 뛰어난 지략을 지녔고, 식견이 넓었다. 후한 말 나라가 어지러 워지자 늘 천하를 걱정하는 마음을 가지고 있었다. 최염은 사마랑에게 "당 신의 동생 사마의은 총명, 성실하고 결단력 있고 영특하니 그대보다 낫 다."고 언급한 바 있다.

조조가 사공司空으로 있었을 때 사마의를 불렀으나 병을 핑계로 가지 않 았다. 조조가 승상이 됐을 때 사마의를 다시 불렀다. 거절한다면 가두겠다 는 엄포를 놓았다. 사마의가 이를 두려워해 문학연文學掾에 취임했다. 이후 조비와 교제하며 황문시랑黃門侍郎, 의랑議郎, 승상 동조속丞相 東曹屬, 그 뒤 에는 주부主簿 등의 직책을 역임했다.

조조는 사마의가 마음에 큰 뜻을 품고 있음을 알아채고 그리 신임하지 않았다. 조조는 사마의가 낭고상뒤를 잘 돌아보는 이리의 관상이란 소문을 듣고 사마의를 오게 해 고개를 돌려보게 했는데, 몸을 움직이지 않고도 얼굴이 똑바로 뒤를 향했다는 얘기가 있다. 또 조조는 세 마리의 말이 한 구유에 서 먹이를 먹는 꿈을 꾸어 이를 매우 언짢게 여겼다고 전해진다. 세 말은 훗날 위나라를 멸망의 길로 들게 하는 사마의, 사마사, 사마소를 뜻한다.

당시 조조는 조비에게 "사마의는 다른 사람의 신하가 될 사람이 아니다."라며 항상 경계할 것을 충고했다. 조비가 이 말을 듣고 그를 멀리했다. 사마의는 조조의 의심을 거두기 위해 하급 관리의 직무를 밤을 새며 보고 가축을 기르는 하찮은 일까지도 기꺼이 함으로써 조조를 안심시켰다.

조조가 한중의 장로를 굴복시켰을 때 사마의는 유엽과 함께 유비가 점령한 지 얼마 안 된 익주를 칠 것을 건의했으나 받아들여지지 않았다. 결국 익주의 민심을 달래고 군을 정비한 유비가 한중을 점령해 조조에게 큰 우환을 안겨다었다. 여기서 득롱망촉得隴望蜀 성어가 언급됐다.

사마의는 우금과 방덕 등이 관우에게 대패하고 관우의 기세가 중원에까지 뻗칠 때에도 조조에게 귀중한 조언을 했다. 당시 조조는 하북으로의 천도를 검토했다. 이때 사마의가 만류했다. 인근 백성들이 크게 불안해 할 것이라는 게 이유였다. 그는 오히려 손권과 유비는 겉으론 친밀하나 안으로는 소원하니 손권을 달래 관우의 후방을 기습하면 번성의 포위는 자연히 풀릴 것이라고 건의했다. 조조는 이를 따랐다. 손권은 여몽에게 명해 형주를 쳤고 결국 관우의 목을 베었다.

사마의는 태자 조비로부터 두터운 신임을 받았다. 조비가 선양받아 보위에 오르자 상서尙書로 임명됐다. 224년 무군대장군撫軍大將軍 가절假節로 전임돼 급사중給事中과 녹상서사錄尙書事의 벼슬이 더해졌다. 조비의 사마의에 대한 신뢰는 매우 두터웠다. 사마의에게 "짐이 동쪽에 있을 때는 그대가 서쪽을 맡고, 짐이 서쪽에 있을 때는 그대가 동쪽을 맡으시오!"라고 당부한 게 그렇다. 조비가 죽을 때 사마의, 조진, 진군을 불렀고 황태자 조예에게 이런 내용의 유조遺詔를 내렸다.

"이들 세 명의 신하와 틈이 생길지라도 결코 의심하지 말라!"

조예가 황제가 된 후 사마의는 무양후로 이봉되고, 표기장군이 됐다. 태화 원년인 227년에는 독형예이주제군사를 겸했다. 맹달의 모반 의도가 드러나자 서신을 보내 맹달을 안심시켰다. 이어 주둔지인 완성에서 맹달이 있는 상용성까지 급히 행군해 8일 만에 도착했다. 결국 16일 만에 성 안에 배반자가 생겨 성을 함락하고 맹달의 목을 도읍인 낙양으로 보냈다.

태화 4년인 230년, 사마의는 대장군에 임명되고 대도독과 가황월의 벼슬이 더해졌다. 이해에 조진과 더불어 촉한을 공격했지만 별 성과를 거두지 못한 채 퇴각했다. 231년 제갈량이 천수를 공격했을 때 사마의는 조예의 명을 받아 장안에 주둔해 도독옹량이주제군사의 자리를 맡았다. 이후 역사상 유명한 제갈량과의 대결을 벌인다.

제갈량의 북벌은 227년부터 장장 7년 동안 5차례에 걸쳐 행해졌다. 그럼에도 육출기산六出祁山으로 불리는 것은 제3차와 제4차 사이에 기산 전투가 삽입된 탓이다. 제2차와 제3차 및 제5차 북벌이 전개될 때도 기산에 한 번 이상 진출한 걸로 왜곡된 탓에 '육출기산'이라는 용어가 나왔다.

사마의가 총지휘한 것은 제4차와 제5차 당시 단 2번뿐이다. 첫 대결은 231년이다. 촉한 군사는 승리에도 불구하고 보급문제로 퇴각했다. 이때 위나라 군사도 군량부족이 심각했고 곽회가 강족에게서 군량을 갹출해 버렸지만 이도 임시방편이었다. 당시 위나라 군사는 지구전을 할 여력이 없었다. 사마의는 추격을 반대하는 장합의 진언을 무시하고 추격 명령을 내렸지만 이 때문에 장합만 전사했다. 병법의 대가를 자처한 사마의의 실책이었다.

두 번째 대결은 제5차 북벌 때인 234년이다. 제갈량은 장기전을 예상해 3년에 걸쳐 준비하는데, 오장원으로 출진한 제갈량에 대해 사마의는 또다시 지구전을 펼쳤다. 제갈량은 부인용 머리 장식과 여러 장신구들을 사마의에게 보내며 비웃었지만 사마의는 도발임을 눈치 채고 편승하지 않았고 오히려 가지고 온 사자에게 제갈량의 안부를 물었다. 이때 사마의는 수시로 촉한군의 진영을 염탐해 제갈량이 죽음에 임박해 있음을 깨달았다. 『삼국연의』는 당시 제갈량의 죽음을 안 사마의가 즉시 전군에 공격 명령을 내렸으나, 제갈량의 목상을 보고 아직 살아있는 줄 착각하고 놀라 달아났다는 '사제갈능주생중달死諸葛能走生仲達'의 일화를 삽입시켜놓았다.

경초 2년인 238년, 전년에 위나라에 반기를 들고 독립한 요동의 공손연이 토벌군 4만을 이끌고 출진했다. 공손연 군사가 요수에 의지해 저항하자, 사마의는 남쪽으로 도강하려는 체 하고 실은 북쪽으로 도강해 양평으로 향했다. 양평 포위 당시 큰 비가 내려 진영의 침수가 염려됐으나 비가 그치자 맹공을 퍼부어 결국 성을 함락시켰다. 15세 이상의 남자 7천 명을 죽여 경관을 세우고 연나라의 관원과 장수 등 2천여 명을 주륙했다.

이후 사마의는 그 아들들과 함께 위나라의 실권자인 조상 형제에 대항

사마의의 초상

해 고평릉의 변을 일으켜 성공했다. 이로써 사마씨 일가는 위나라의 조씨 정권을 탈취해 허수아비로 만들고, 사마의의 손자 사마염이 선양을 받아 국호를 진으로 고쳤다.

당태종 이세민은 사마의를 두고 위명제 조예의 능의 흙이 마르기도 전에 정변을 일으킨 것은 충정한 신하의 길이 아니라고 비판했다. 후조를 세운 석륵은 조조와 사마의를 한데 묶어 평가하기를, "조조나 사마의 부자처럼 남의 고아나 과부를 속이며 잔꾀를 부리고 온갖 아첨을 일삼으며 천하를 빼앗는 일은 나는 결코 하지 않을 것이다."라고 했다.

조조의 득롱망촉은 광무제가 언급한 평롱망촉平隴望蜀 취지와 닮았다. 그러나 그 속셈은 전혀 다르다.

『후한서』「잠팽전岑彭傳」에 따르면 왕망의 신나라가 패망할 당시 군웅들이 각지에 난립한 바 있다. 장안을 점거한 적미군赤眉軍의 유분자를 비롯해 농우隴右의 외효, 촉蜀 땅의 공손술 등이 그들이다. 건무 8년인 32년, 대장군 잠팽이 군사를 이끌고 유수의 뒤를 좇아 천수군을 격파하면서 장군 오한吳漢과 함께 서성西城에서 외효를 포위한 바 있다. 이때 공손술은 휘하 장수 이육李育을 시켜 군사를 이끌고 가 외효를 구하라고 했다.

이육이 상규上邽 땅을 지키자 광무제 유수는 개연과 경엄 등에게 이들을 저지하게 했다. 이어 동쪽 낙양으로 돌아가면서 잠팽에게 칙서를 내려 이같이 명했다.

"두 성이 함락되거든 곧 군사를 거느리고 남쪽으로 내려가 촉 땅의 공손술을 쳐라. 사람은 실로 만족할 줄 모르는가 보다. 이미 농우를 평정했는데 다시 촉을 바라게 되는구나. 매양 군사를 출동시킬 때마다 그로 인해 머리가 희어진다."

「잠팽전」은 이를 평롱망촉으로 표현했다. 대략 득롱망촉과 같은 뜻이나 본래 취지는 천양지차가 있다. 평롱망촉은 유수가 잠팽에게 농우의 외효를 격파한 뒤 촉 땅의 공손술을 치라고 격려한 것이다. 사람의 욕심은 끝이 없으니 하나를 얻은 김에 또 하나를 얻자는 의미를 지니고 있다. 인간의 자연스런 욕심을 적극 수용하는 일종의 현실론인 셈이다.

이는 사람의 욕심은 끝이 없으니 하나를 얻었으면 만족할 줄 알아야 한다는 조조의 당위론과 정반대되는 뜻을 지니고 있다. 당위론의 입장에서 볼 때는 조조의 득롱망촉이 옳다. 그러나 천하통일을 이루기 위한 현실론적인 시각에서 볼 때는 유수의 평롱망촉이 정답이다. 유수가 천하통일을 이뤄 후한제국을 세우고 사마의 후손인 진나라를 건립한 데 반해, 조조와 그의 후손은 끝내 천하통일을 이루지 못한 채 숨을 거둔 것도 이와 무관하지 않을 듯싶다.

사마염의 천하통일과 사치

사마염은 서진西晉의 초대 황제로 사마의의 손자이며 사마소의 장남이다. 시호는 무황제武皇帝이다.

역대 창업주 가운데 집안 덕을 가장 많이 본 인물이다. 이와 반대로 자수성가의 대표격 인물은 빈농 고아 출신의 명나라 태조 주원장를 꼽고 있다.

조비의 경우는 10살에 종군했다가 죽을 뻔했던 적이 있었고 한참 뒤에야 조씨가 패권을 잡지만, 사마염은 11살때 조부 사마의가 고평릉 사변을 일으켜 실권을 쥐는 바람에 창업을 향한 탄탄대로를 걸었다. 조비는 이릉대전을 겪고 오와 촉을 무찌르지 못했지만, 사마염은 패망 위기를 자초한 오나라도 쉽게 무찔러 천하 통일을 이뤘다. 쉬운 길을 걸은 셈이다.

머리카락이 땅까지 닿을 만큼 길고 두 팔이 무릎까지 왔다고 한다. 후연의 창업자 모용수도 이런 묘사를 했다. 사관들이 창업주를 미화한 것에 불과하다.

그는 부친 사마소가 사망한 뒤 황제 조환을 폐하고 자신이 제위에 오른 뒤 국호를 진晉으로 바꿨다. 위문제 조비가 한헌제에게 선양받은 것을 그대로 흉내 낸 것이다. 그러나 조조는 이미 쇠약하던 후한 정권을 황제를 대신해 20여 년간 유지시켰다. 또 이전 왕조의 황제를 폐위하거나 죽이지는 않았다.

그러나 사마의는 비록 어린 황제 조방이 즉위하고 권력자 조상이 무능하기는 했으나 위나라가 크게 쇠약한 나라가 아니었음에도 기회를 보아 권력을 잡았다. 백부 사마사는 황제 조방을 폐위시켰고, 부친 사마소는 황제 조모의 척살을 사주했다.

사마염은 즉위 초반에 태의사마太醫司馬 정거程據가 들닭의 머리털로 만든 가죽옷인 치두구雉頭裘를 헌상하자 그것을 가지고 가 대전 앞에서 불태우게 한 바 있다. 청렴하고 유능한 이미지였다. 즉위 당시에는 현명하고 덕이 있는 여성으로 이름 높았던 사마소의 아내 문명황후文明皇后 왕원희王元姬가 태후로 있었으니, 사마염도 모친의 눈치를 보았을 것이다.

왕원희는 직접 베를 짜고 진수성찬을 멀리하며 몸소 검소한 모습을 보였다. 아무리 황제라도 눈치를 볼 수밖에 없었다. 문명황후는 진나라가 건국되고 3년 만에 52세에 죽었다. 이후 사마염은 방탕한 모습을 보였다.

『자치통감』은 태강太康 2년인 281년 조서를 내려 손호의 궁인들 가운데 5,000명을 선발해 입궁시키게 했고, 사마염은 이미 오나라를 평정한 까닭에 자못 유연游宴을 즐기면서 정사를 태만히 했다고 기록해놓았다. 당시 액정掖庭에 있는 궁인이 거의 1만 명에 달했다고. 한다. 해당 기록이다.

"늘 양이 끄는 작은 수레인 양차羊車를 타고 양이 가는 곳을 멋대로 했다. 도착해서는 곧바로 연회를 열고 잠을 자는 연침宴寢을 했다. 궁인들은 양이 대나무 잎을 좋아하고 소금기를 좋아한다는 것을 알고는 경쟁적으로 죽엽竹葉을 창문에 꼽은 뒤 소금물인 염즙鹽汁을 땅에 부어 황제의 수레를 유인했다."

태강 3년인 282년, 태묘에서 제사를 지내고 나오면서 '나는 어떤 군주인 가?'라고 묻자 사례교위로 있던 유의가 후한의 환제와 영제와 같다고 말했 다. 사마염이 불쾌함을 드러내자 유의가 말하기를, "환제와 영제는 매관한 돈을 관고官庫에 두었지만, 폐하는 사문私門에 넣어두었습니다!"라고 했다.

사마염은 대로했지만 "환제와 영제는 이런 말을 듣지 못했는데 짐에게 는 직언하는 신하가 있으니 내가 그들보다 낫다."며 웃어 넘겼다.

중국사를 통틀어 천하를 통일한 창업 군주가 '암군'이라는 비난을 받은 것은 사마염이 유일하다. 역대 통일 왕조의 초대 황제 가운데 가장 쉽게 천하를 손에 넣은 뒤 극에 달한 사치를 부린 후과로 볼 수 있다.

조부 사마의 때 위나라의 전권을 틀어쥐었고, 백부 사마사 때 황제 주변 세력을 모두 제거하고, 부친 사마소 때 최후의 반란 세력인 제갈탄과 촉한 을 멸망시켰다. 사마염이 한 것이라고는 폭정을 일삼은 동오의 손호를 집 어삼킨 공적밖에 없다.

동오의 대도독인 육손의 아들 육항이 죽었을 때 그 틈을 노리자는 양호 의 건의를 좇았으면 280년 훨씬 이전에 통일을 이뤘을 수도 있었다. 한편 독발수기능의 난을 평정한 것은 높게 평가할 만하다. 양호와 두예를 기용 한 것도 평가받을 만하다.

그는 천하통일 이후 부패하고 무능한 모습을 보임으로써 대표적인 암군 으로 낙인찍혔다. 특히 뒤를 이은 진혜제 사마충은 백치에 가까울 정도로 무능했다. 진무제 사마염은 진혜제 사마충의 혼약昏弱을 방치했고, 며느리가후賈后의 사악한 모습을 알아채지 못했다. 양준楊駿이 제 마음대로 정권을 뒤흔들었어도 물리치지 못했다. 스스로 난을 불러일으킨 셈이다. 그 후과가 바로 '팔왕지란八王之亂'이다.

남북조시대의 서막─팔왕지란八王之亂과 가황후

팔왕지란은 중국 역사상 유례없는 혼란기인 이른바 남북조시대의 서막이었다. 사마염이 265년 건국한 서진은 반세기만인 316년에 무너져 내리고, 북쪽은 이민족의 손에 떨어져 이른바 '5호16국'의 시대로 접어들었다. 남쪽에는 후대의 남송과 같은 망명 정부인 동진이 세워졌다. 물론 시황제의 진나라나 남북조를 통일한 수나라도 단명한 통일 왕조들이나, 서진의 몰락은 진나라 및 수나라에 비해 졸렬하기 짝이 없었다.

서진은 이민족에 대한 공격은커녕 자중지란에 의해 무너져 내리기 시작했고 결국 북방의 이민족에 의해 그대로 패망해 버리고 말았다. 근본 배경은 '팔왕지란'으로 불리는 내분 때문이었다.

삼국시대의 막을 내린 사마염은 실상 천하통일 이후 초기에는 검소한 모습을 보였으나, 이내 사치와 방종에 물들었다. 1만 명에 이르는 후궁을 거느린 채 매일 밤 양이 이끄는 수레가 가는 대로 처소를 골라잡았다. 중신들도 이런 황제를 본받아 축재에 열을 올리니 그 가운데 가장 유명한 것이 석숭石崇과 왕개王愷였다. 엄청난 재산을 지닌 이들은 서로 누구의 재물이 더 많은지 터무니없는 재물 자랑을 했다. 서진의 백성들이 통일 이전보다도 더욱 큰 고초를 겪은 이유이다.

'백치황제'로 소문난 사마염의 장자 진혜제 사마충司馬衷은 백성들이 흉년으로 굶주린다는 소식을 듣고 말하기를, "쌀이 없으면 고기라도 먹을 것이지 왜 죽는다는 말이오?"라고 말했다. 팔왕지란이 아니더라도 이미 서진은 오래 지속하는 것이 불가능했다.

원래 사마염도 사마충의 자질이 대단히 떨어진다는 것을 모르지는 않았다. 그도 동생 사마유四馬攸에게 후계를 맡기려 했지만 그가 먼저 죽는 바람에 성사되지 못했다. 이후 사마염은 위관衞瓘의 충고를 받아들여 사마충에게 몇 개의 문제를 보냈다. 물론 사마충이 이를 풀어낼 턱이 없었으나 태자비 가남풍賈南風이 술수를 써 시험 문제를 가져온 관리를 매수해 답을 알아내는 바람에 더 이상 폐립을 논할 수 없었다.

이후 황후가 된 가남풍은 팔왕지란이 일어나는 데 결정적 역할을 했다. 그녀는 공신 가충賈充의 딸이다. 가충은 그 공이 혁혁한 데다 뇌물도 적절하게 써서 추녀 중의 추녀로 권모술수에만 능한 자신의 딸을 황태자비로 들이게 됐다. 그녀는 290년 진무제 사마염이 죽으면서부터 서서히 본색을 드러냈다.

사마염은 사마충을 자신의 장인인 양준楊駿과 황족의 원로 사마양司馬亮에게 위탁하려고 했으나 사마양은 양준에게 방해를 받아 양준 홀로 후사를 위탁받게 됐다. 이렇게 양준이 정권을 장악하자 가남풍은 사마씨의 진나라를 양씨가 농단한다고 호소하면서 외척 양씨를 제거할 준비를 했다. 당시 중랑中郎으로 있던 맹관孟觀과 이조李肇는 양준에게 무시를 당한 일로 인해 커다란 불만을 품고 있었다. 이 사실을 안 가남풍이 가까운 환관을 보내 두 사람과 은밀히 연락하며 양준의 제거 방안을 모의했다. 이 과정에서 여남왕 사마양은 혼란에 휩싸이기 싫어 허창으로 돌아가버렸다.

진무제의 숙부였던 사마양이 빠지면서 사마씨의 세력을 되찾자는 명분이 허술해질 것을 두려워한 이조는 혜제의 이복동생이자 진무제의 차남이었던 초왕 사마위司馬瑋에게 접근했다. 사마위는 혈기왕성한 젊은이로, 291년 2월 형주에서 거느리고 있던 대군을 이끌고 상경해 양준을 제거했다. 양준은 물론 진무제의 황후였던 양태후를 비롯해 양씨 일당이 절멸했다. 이로부터 팔왕지란은 시작된다.

지방에 있던 황족들의 세력이 너무 약해 조조가 세운 위나라 황실이 고립된 것을 반면교사로 삼은 사마씨는 정반대로 지방에 강한 군권軍權을 쥔 황족들을 배치했다. 그러나 이게 오히려 화로 작용했다. 외척 양씨와 이후 가씨 등을 지방에 있던 사마씨의 손으로 제거한 셈이어서 나름 성공한 듯이 보였지만 결과적으로 '팔왕지란'이라는 황실의 내분을 불러왔다는 점에서 적잖은 문제가 있었다.

당시 가황후는 양씨 일당이 제거되자 여남왕 사마양과 원로대신 위관을 각기 태재와 태보로 임명했다. 양준을 제거하는 데 큰 공을 세웠는데도 별다른 포상을 받지 못한 사마위가 공공연히 불평을 늘어놓자 가황후는 사마위를 충동질해 두 원로를 제거했다. 이어 초왕 사마위도 사람을 제멋대로 죽였다는 죄목으로 처형했다. 팔왕 가운데 2명이 비명에 가면서 드디어 가황후의 세상이 열렸다. 가남풍은 황음무도한 여인이었다. 그녀는 병을 핑계로 태의령太醫令 정거程據와 함께 기탄없이 음란한 짓을 벌였다. 이것도 모자라 사람을 밖으로 보내 미소년들을 궁으로 잡아들여 갖은 음란한 짓을 벌인 뒤 입을 막기 위해 살해했다.

가황후는 진혜제가 죽으면 자신의 권력도 끝날 수밖에 없다는 사실을 잘 알고 있었다. 친정 동생이 낳은 아들을 마치 자신이 낳은 것처럼 위장해 키운 것은 이런 이유였다. 그 사이 사마씨의 불만이 누적됐다. 명분만 있으면 당장 낙양으로 쳐들어갈 기세였다.

299년 12월, 가황후가 황태자 사마휼司馬遹을 폐했다. 사마휼은 사마염의 아들일 가능성이 높다. 사서는 그가 어렸을 때부터 총명해 사마염이 늘 옆에 두고 총애했다고 기록해놓았다. 사마염은 생전에 '자식을 보지 않고 손자를 본다!'고 말할 정도로 사마휼을 총애했다. 그가 태자인 사마충의 폐립 계획을 바꾸게 된 배경이다.

당시 가황후는 정부로 있는 태의령 정거와 함께 독약을 제조한 후 태감 손려孫慮를 시켜 허창의 태자를 독살하도록 했다. 사마휼은 폐출된 뒤 독살될까 두려워 매일 스스로 음식을 검게 태워 먹었다. 허창에 도착한 태감 손려는 곧 태자를 감시하는 유진劉振과 대책을 상의했다. 유진은 사람을 보내 태자를 작은 골방으로 넣은 뒤 음식제공을 끊었다. 도중에 손려 등이 더 이상 참지 못하고 문을 깨고 들어가 태자에게 독약을 먹도록 강압했다. 태자가 거부하자 태감은 급히 약절구 방망이를 들어 태자의 머리를 마구 내리쳤다.

당시 사마의의 아들이자 진무제의 숙부가 되는 회남왕 사마윤司馬允, 진무제의 조카이자 사마유의 아들인 제왕 사마경司馬冏은 기회가 오면 당장 쳐들어갈 심산이었다. 이들은 사마휼의 사망 소식을 듣자 곧바로 거병했다. 덕분에 가씨 일파는 순식간에 제거되고 사마씨의 세상이 돌아왔다.

여기까지만 보면 각 지역에 황족을 배치한 뒤 군권을 장악하도록 한 진무제의 조처는 성공적이었다. 그러나 그 다음이 문제였다. 황족들 모두 보위를 노린 결과 아무도 통제할 수 없는 극단적인 내분인 '팔왕지란'이 전개됐기 때문이다.

후대 사가들로부터 조조의 위나라 패망을 반면교사로 삼아 각 지역에 황족을 분봉한 뒤 독자적인 무력을 지니게 한 진무제 사마염의 구상이 철저히 실패했다는 평을 받게 된 것은 바로 '팔왕지란'으로 인한 것이었다.

팔왕은 초왕 위, 여남왕 양, 하간왕 옹, 제왕 경, 조왕 윤, 성도왕 영, 장사왕 해, 동해왕 월을 일컫는다.

19

동진과 남북조의 흥망

유연劉淵과 유요劉曜

'영가의 난'이 일어날 당시 흉노가 중원의 전 지역을 장악한 것은 아니었다. '유한'으로 불리는 흉노의 나라를 창업한 유연의 뒤를 이어 '유한'의 황제 자리에 오른 유총 밑에는 4명의 뛰어난 장수가 있었다. 유요와 석륵, 호연안, 왕미가 그들이다. 이들 사이에 내분이 일어나자 흉노가 더 이상 남쪽으로 내려갈 수 없었다. 덕분에 장강 이남에서는 사마예가 서진을 이어받는 한족 왕조인 동진을 세울 수 있었다.

당초 318년에 유총이 죽자 그 아들 유찬劉粲이 뒤를 이었지만 곧 근신에

동진 원제 사마예의 초상

게 살해당했다. 일족이었던 유요가 뒤를 이어 보위에 오른 뒤 국명을 조趙 나라로 바꿨다. 유요와 왕미가 낙양으로의 천도 문제로 불화를 겪다가 결국 유요가 낙양을 불태워버리면서 완전히 갈라서게 됐다.

왕미는 유요와 직접 충돌하지 않고 당시 산동 지방에 머물러있던 석륵을 도모할 생각으로 동진했다. 그러나 도리어 석륵의 역습을 받아 전사하고 말았다. 북쪽에서 유요의 전조前趙와 석륵의 후조後趙로 갈라져 치열한 패권 다툼이 10년에 걸쳐 이어지게 된 이유다. 이 전쟁은 석륵의 승리로 끝났으나 석륵의 후조도 오래 가지는 못했다. 북쪽 일대가 이른바 '5호16국'의 혼란으로 빠져들게 된 이유다.

당시 남쪽에서는 북쪽의 혼란상을 틈타 낭야왕 사마예가 동진東晉을 건국해 서진의 맥을 이어갔다. 316년, 사마예는 장안이 함락되었다는 소식을 접하자 진왕을 칭한 뒤 이듬해에 민제가 죽었다는 소식이 들려오자 곧바로 제위에 올랐다. 그가 동진을 세운 진원제晉元帝이다.

진원제는 낭야의 호족 왕씨王氏와 힘을 합쳐 강남의 호족을 설득해 동진을 세우기는 했으나 지방 호족을 효과적으로 통제할 여력이 없었다. 북쪽에 세워진 이민족 국가들의 공격을 막아내기는 했으나 북벌을 행할 힘도 없었다. 그런 유약한 모습으로 남쪽에 안주하는 모습을 보였다. 이후 패기가 사라진 가운데 퇴폐적인 풍조가 만연한 이른바 '육조六朝 문화'가 유행하게 되었다.

'유한'의 창업주 유연은 삼국지의 다음 시대를 배경으로 하는 소설 『후삼국지』에서 유선의 일곱째 아들인 유거劉璩가 개명한 인물로 나오고 있다. 그러나 이는 정사 기록이 아니다.

5호16국시대를 개막한 유연은 남흉노의 선우였던 어부라於夫羅의 손자이며 좌현왕 유표劉豹의 아들이다. 원래 '5호16국'의 싹은 후한 말기 때부터 나오기 시작했다. 황건지란黃巾之亂이 일어나자 후한의 조정은 흉노 기병을 투입시켜 이들을 진압하려 했다. 부족들은 이를 거부하며 친한적인 강거羌渠 선우를 죽이고 새 선우를 세웠다. 강거 선우의 아들인 어부라는 후한으로 도주하면서 사방에서 서로 죽고 죽이는 모습을 보게 되었다. 그는 곧 수천 명의 기병을 모아 사방을 정복하면서 독자 세력을 형성하기 시작했다.

건안 21년인 216년, 조조가 이들의 세력을 분산시키려고 좌, 우, 남, 북,

중앙 등 5부로 나눴다. 매 부마다 1명의 우두머리 도위都尉를 둔 뒤 중앙에서 사마司馬를 파견해 이들을 감독했다.

당시 중원으로 들어온 흉노족은 모두 19개 부족이었다. 이들 가운데 가장 유명한 것으로 도각屠各, 강거, 노수호盧水胡 부족 등이 있었다. 이들이 훗날 16국 시대에 맹위를 떨쳤다. 도각 부족의 유씨가 세운 유한劉漢과 전조前趙, 혁련씨赫連氏가 세운 대하大夏, 강거족이 세운 후조後趙 등이 그것이다. 이 밖에 노수호 부족의 저거씨沮渠氏도 서북쪽에서 북량北涼을 세웠다.

한고조 유방 때부터 황실의 공주를 흉노에게 시집을 보낸 까닭에 도각의 각 귀족은 다투어 성을 유씨로 바꿨다. 이들이 흉노의 부족 가운데 가장 지위가 높았다. 5부의 흉노 부족 우두머리가 모두 유씨 성을 가진 이유다. 이외에도 흉노에게는 호연呼衍, 복卜, 란蘭, 교喬 등 4대 귀족이 있었다. 이들은 유씨 귀족을 보좌하는 고관이었다. 이들이 중원에 들어와 산지 오래되면서 한화가 더욱 가속화했다. 이들 귀족 자제 중에는 군서群書를 박람博覽하고 기사騎射에도 능해 그야말로 문무를 겸비한 인재가 많았다. 서진의 통일 이후 이들은 비록 서진의 신민으로 있었으나 유사시 영걸이 나타나 호령을 하면 순식간에 강력한 군사조직으로 돌변할 수 있는 집단이기도 했다.

유연은 이민족 군주로선 매우 드물게 한자를 읽고 쓸 줄 알았고, 유학에도 매우 밝았다. 늘 말하기를, "소하와 육가에겐 무예가 없고, 주발과 관영에겐 문식이 없다."고 한탄했다. 이민족 군주로서는 사상 최초로 유학을 통치이념으로 삼았다.

유연의 친척 조카인 유요는 '전조'를 세웠으나 다음 대에서 나라가 패망한 까닭에 시호가 없다. 319년에 그가 '유한'의 국명을 조趙나라로 바꿀 당시 이미 유연과 유총 당시 휘하 장수로 활약한 석륵이 같은 이름의 조趙나라를 세웠다. 사가들은 유연이 조나라를 먼저 세웠다는 취지에서 전조前趙, 석륵의 조나라를 후조後趙로 명명했다.

유요는 어려서 고아가 됐기 때문에 유연이 양자로 삼아 길렀다. 유연이 '유한'을 건국한 이후 군대를 이끌고 전장에서 크게 활약했다.

318년 유총이 죽고 유찬이 뒤를 계승했다. 그러나 유찬의 외척이었던 근준이 반란을 일으켜 유찬을 죽이고 평양의 유씨 일족을 몰살시켰다. 유요는 장안에서 황제에 즉위했다. 이어 석륵石勒을 조공趙公으로 임명한 뒤 평양의 근준을 공격하게 했다. 근준은 패배한 뒤 내분으로 살해됐고, 근준의 잔존 세력은 평양성을 들어 유요에게 항복했다. 이에 석륵이 대로해 평양을 공격하자 근준의 잔존 세력이 평양을 버리고 유요에게 달아났다. 석륵은 평양 함락 이후에 유요와 화친을 제의했으나, 유요는 석륵의 사자를 처형했다. 유요와 석륵이 '전조'와 '후조'의 창업주가 돼 적대 관계를 맺게 된 것은 이 때문이다.

유요는 319년에 국호를 조趙로 바꾼 뒤 흉노의 후예임을 공식화했다. 이후 그는 저족과 강족을 복속시킨 뒤 전량과 구지仇池를 공격했다. 325년에 후조後趙의 병주幷州가 유요의 전조에게 항복했다. 동진의 사주司州도 유요에게 투항했다. 유요의 군사는 낙양을 지키는 후조의 석생石生을 포위했다. 후조의 석호石虎가 구원 차 달려와 유요의 군사를 격파했다. 유요가 장안에서 직접 군대를 이끌고 진격해 석호를 격파했으나 이내 군중의 혼란으로 패주했다. 이 패전으로 병주와 사주 일대를 모두 상실했다. 이후 전조의 국력은 급격히 쇠퇴했다. 덕분에 전량이 독립하고, 구지의 저항이 격화되었다.

328년 후조의 석호가 전조를 공격하자 유요가 반격을 가해 대승을 거뒀다. 유요는 낙양을 포위하고 사주 일대를 석권했으나 낙양 포위가 장기화되자 긴장이 풀려 술을 마시기 시작했다. 이때 석륵이 반격해왔다. 낙양성 서쪽에서 벌어진 전투에서 유요는 술에 취한 채 전투에 임했다가 대패하고 포로가 됐다. 석륵은 유요를 양국襄國으로 압송한 뒤 처형했다.

석륵石勒과 석호石虎

석륵은 흉노족의 하위 부족인 갈족羯族 출신이다. 원래는 전조前趙의 장수로 활약하다가, 독립해 후조를 건국했다.

명나라 창업주 홍무제 주원장은 농민 출신이다. '후조'의 창업주 석륵은 아예 노비 출신이다. 석륵은 갈족 소부락의 수령 석주갈주石周曷朱의 아들로 태어났다. 4세기 초 기근이 들어 부족이 뿔뿔이 흩어졌을 때 떠돌이로 돌아다니다가 서진西晉의 병주자사 사마등에게 사로잡혀 산동 지역에 노예로 팔려 나갔다. 그러나 비범한 재능을 인정받아 노예에서 해방되고 근방의 목장에서 일하게 됐다.

'팔왕지란'이 일어나자 석륵은 목장 주인 급상과 함께 도적이 됐다. '팔왕지란'에도 참여해 용병으로 활약했다. 용병으로 활약하다가 패배해 근거지를 상실하자 307년에 유한의 유연에게 항복했다. 유연의 휘하에서 여러 전공을 세워 군단의 수장으로 우뚝 섰다. 유연 사후 유총 휘하에서도 혁혁한 전공을 세웠다.

이후 석륵은 유요, 왕미, 호연안 등과 함께 결국 낙양을 함락시키고 진회제 사마치를 사로잡았다. 낙양 함락 이후에도 황하 이남에서 약탈전을 지속했다. 석륵을 죽이고 군대를 탈취하려던 왕미를 제거하고 그의 군대를 병탄했다. 한족 출신 왕미는 낙양이 역대 왕조의 도성인 점을 들어 낙양에 도읍할 것을 주장했으나 유요는 이를 무시한 채 낙양에 불을 질러 잿더미로 만들었다. 왕미는 크게 욕을 하며 석륵을 죽이고 천하를 도모할 계략을 꾸몄으나 오히려 발각되어 참수를 당하고 말았다.

석륵은 글씨를 읽을 줄 모르는 문맹이었으나 식견만큼은 매우 뛰어났다. 게다가 인재 초빙을 좋아했다. 309년, 하북을 공격하는 과정에서 뛰어난 선비들을 모아 군자영君子營이라는 부대를 만든 게 대표적이다. 이때 등용한 장빈張賓은 석륵의 핵심참모로 활약했다.

328년 12월 5일, 석륵이 공격할 때 유요가 술에 취한 채로 지휘한 탓에 대패한 뒤 말에서 떨어져 포로로 잡혔다. 석륵은 유요를 잡아 수도 양국으로 압송한 뒤 유요의 아들 유희에게 항복을 권하게 했지만 거절당하자 곧바로 처형했다. 329년, 유희가 반격에 나섰으나 오히려 패하고 말았다. 상규로 달아난 유희 등이 토벌되면서 전조는 멸망했다. 330년 2월, 석륵은 천왕天王에 즉위했다. 이해 9월, 황제의 자리에 올랐다.

333년, 석륵이 병으로 눕자 강대한 세력을 가지고 있던 석호는 궁궐을 장악했다. 이해 7월에 석륵이 사망하자 석호는 석륵의 시신을 산기슭에 몰래 매장했다. 석륵의 차남이자 태자인 석홍이 석륵의 뒤를 이었으나 이내 석호에게 살해당했다. 이후 석륵의 자손들 모두 주살되고 말았다.

서진의 치하에서 노예로 살았던 석륵은 문맹이었음에도 학자들이 역사책을 읽어주는 것을 좋아했다. 유방과 항우가 쟁패할 당시 역이기가 6국의 부활을 거론하는 대목에서 문득 묻기를, "이렇게 하면 한고조는 반드시 패한다. 그런데도 어떻게 한 고조가 이긴 것일까?"라고 했다. 이어 장량이 간언을 받아들여 6국 부활 방안을 철회하자 "한고조는 장량이 있어서 막을 수 있었다!"라고 말했다. 비록 문맹이지만 식견이 매우 높았던 것을 알 수 있다.

후조의 제3대 황제 석호는 천성이 잔인해 많은 물의를 일으켰다. 석호는 즐겨 사람을 처형했다. 장남 석수石邃가 죽은 뒤 그 뒤를 이은 차남 석선石宣이 동생 석도石韜를 암살하자 석호가 격노했다. 석선 일족의 처형을 진두지휘하다가 평소 귀여워하던 손자를 뒤늦게 발견했다. 황급히 손자의 처형을 멈추고자 했으나 석호의 잔인함을 두려워한 신하들은 빌미를 잡힐까 두려워해 그 손자까지 처형했다. 충격을 받은 석호는 이내 앓다가 숨을 거뒀다.

석호의 양자로 들어온 한족 염민冉閔에 의해 마지막 황제 석지가 살해되면서 후조는 패망하고 말았다. 염민은 후조를 멸한 뒤 '대위大魏'를 세운 뒤 업성을 수도로 삼았다. 사가들은 통상 이를 '염위冉魏'로 칭한다. 이후 염민은 갈족羯族 소탕전에 나서 남은 석호의 자손들과 갈족 20만여 명을 몰살했다. 눈이 들어가고 코가 높은 탓에 갈족이 아닌데도 억울하게 희생당한 자가 매우 많았다. 염민의 이민족 학살 정책은 반발을 일으키면서 결국 '염위'는 불과 3년 만에 패망하고 말았다.

부견苻堅과 비수지전淝水之戰

남북조시대 북조 전진前秦의 황제 부견苻堅은 북조를 통일한 뒤 남조 동진東晉을 병탄해 천하를 통일하고자 했다. 이때 양쪽 군사가 격돌한 싸움이 이른바 '비수지전淝水之戰'이다. '비수지전'은 막강한 군사를 보유했다고 반드시 승리하는 게 아니라는 사실을 보여준 대표적인 사례다.

부견은 어렸을 때부터 영특했다. 눈에서 빛이 났다. 조부인 부홍苻洪은 부견을 크게 총애했다. 7세 무렵 부견은 할아버지 부홍 곁에서 명을 기다리면서 행동거지가 모두 예에 맞았다. 부홍이 크게 기뻐했다. 8세 무렵 부견이 부홍에게 선생님을 붙여달라고 요구하면서 유학을 열심히 공부했다.

보위에 오른 부견은 20여 년에 걸쳐 정성을 다해 나라를 다스렸다. '전진'이 부강한 나라가 된 이유다. 그의 최대 목표는 천하통일이었다. 동진을 정복해야만 했다. 양양에서 동진의 장수 주서朱序를 포획한 후 부견은 천하통일의 시기가 무르익었다고 판단했다. 곧 군신群臣들을 모아놓고 자신의 구상을 밝힌 뒤 신하들에게 각자 자신의 의견을 발표하게 했다. 비서감 주동朱彤을 제외한 대신들 전원이 반대했으나 부견은 이같이 말했다.

"춘추시대 말기 오나라 부차도 강남의 월나라 구천을 포로로 잡았고, 삼국시대 말기 사마씨의 군사는 3대에 걸친 동오의 손오를 포로로 잡았다. 진나라가 장강의 험고함에 기대고 있으나 이는 큰 문제가 안 된다. 수많은 우리 군사의 말채찍으로 장강을 치면 가히 그 흐름도 끊을 수 있다."

여기서 그 유명한 '투편단류投鞭斷流' 성어가 나왔다.

당시 동진의 조정은 부견이 나라를 기울여 친정에 나섰다는 소식을 접하고 대경실색했다. 급히 승상 사안謝安에게 명해 군사들을 이끌고 가 부견의 남침을 저지하게 했다. 전쟁 초기 싸움은 전진에게 유리하게 진행됐다. 동진의 조정이 크게 놀라 곧 모든 병사를 동원해 총력 저지에 나섰다. 동진의 용양장군 호빈胡彬이 먼저 협석硤石을 굳게 지켰다. 그는 조정에 속히 구원에 나설 것을 청하는 서신을 사석에게 보냈다. 그러나 사자는 도중에 부견의 동생인 부융苻融에게 잡히고 말았다. 크게 기뻐한 부융은 부견에게 이 사실을 알렸다.

부견이 크게 기뻐하며 곧바로 대군을 항성項城에 주둔시킨 뒤 직접 8,000명의 기병을 이끌고 수춘으로 달려갔다. 이때 동진의 용양장군 유뢰劉牢가 5,000명의 병사를 이끌고 밤에 전진의 영채를 급습했다. 양성을 비롯해 전진의 대장 10명의 목이 떨어지고 병사 15,000여 명이 목숨을 잃었다. 동진의 군사가 여세를 몰아 수륙을 병진하며 공격에 나섰다.

당시 부융은 동진의 군사가 절반쯤 강을 건넜을 때 곧바로 공격을 가할 심산이었다. 다만 부견의 승인을 받은 후 군사를 이동시키는 게 낫다고 판단했다. 이때 전에 투항했던 동진의 장수 주서가 큰 소리로 외쳤다.

"진秦나라 군사가 패했다!"

이 소리를 듣고는 전진의 군사로 편입돼 있던 선비족과 강족, 갈족의 병사들이 크게 놀라 사방으로 달아나기 시작했다. 전진의 군사들이 일패도지一敗塗地하자 동진의 군사들이 승세를 이어 급박하게 그 뒤를 추격했다.

이 와중에 부융은 유시를 맞은 채 단기로 회북淮北까지 도주했다. 물에 빠져 죽는 자가 부지기수였다. 겨우 목숨을 건진 남은 군사들은 갑옷을 벗어던지고 밤을 새워 달아났다. 얼마나 겁에 질렸던지 바람소리와 학의 울음소리만 들려도 동진의 군사가 뒤쫓아 온 줄 알고 도망가기 바빴다. 여기서 '풍성학려風聲鶴唳' 성어가 나왔다.

이로써 동진을 병탄해 천하를 통일하려고 한 부견의 야망은 헛된 꿈이 되고 말았다. 선비족과 강족, 갈족 등 여러 민족으로 병사를 구성했음에도 단지 숫자만 많은 것만 믿고 무모하게 정벌에 나선 게 가장 큰 패인이었다. 지피知彼 이전에 지기知己부터 제대로 안 되었던 셈이다.

양무제梁武帝와 달마達摩

중국 남북조시대 남조 양나라의 창업주인 양무제의 이름은 소연蕭衍이다. 남조의 황제들 가운데 제나라 소도성, 송나라 유의륭을 제외하면 몇 안 되는 명군에 속한다. 그러나 그 역시도 말년의 암군 행보를 보였다.

소연은 원래 공부를 좋아해서 손에서 책을 놓지 않아 박식하고 재능 있는 학자가 됐다. 특히 음률과 서예, 문학에 뛰어났다. 『통사通史』600권 외에 개인 저서도 200여 권이나 썼다. 붓을 들면 문장이 됐고, 황제가 된 후에도 신하들이 모르는 점이 있으면 하나하나 해석해 주었다.

제나라 융창 원년인 494년, 중서시랑에 있던 소연은 당시 황제였던 제나라 명제 소란蕭鸞에 의해서 다음 해에 황문시랑이 됐다. 소란의 뒤를 이어 16세의 태자 소보권蕭寶卷이 즉위했다. 그가 바로 중국 역사에서 매우 유명한 암군 동혼후東昏侯이다.

소보권은 태자시절부터 이미 혼군의 조짐이 완연했다. 그는 독서하고 글 쓰는 것을 싫어하고 노는 것을 좋아했다. 가장 좋아하는 놀이는 한밤중에 몇몇 태감들과 함께 굴을 파 쥐를 잡는 놀이였다. 새벽까지 쥐잡기 놀이를 했다.

소보권이 즉위하자 양주 자사, 시안왕 소요광 등 여섯 사람이 보좌했다. 이들을 여섯 귀인인 '6귀六貴'로 불렀다. 소연은 권력이 여러 사람에게 분산됐으니 반드시 변란이 생길 거라고 예상하고 은밀히 병기를 만들고 참대나무와 참나무를 베어 강 밑에 가라앉힌 다음 배를 건조할 목재로 삼아 전쟁에 대비했다.

영원 2년인 500년 겨울, 소보권이 소연의 큰 형이었던 상서령 소의蕭懿를 살해했다. 이때 소보권은 군대를 보내 소연도 죽이고자 했다. 소연이 토벌군을 막아낸 뒤 이듬해 3월 강릉에서 남강왕南康王 소보융蕭寶融을 천자로 받들었다. 소연은 상강湘江 위에서 군사들과 회합해 한구漢口를 제압한 뒤 여세를 몰아 도성의 문호인 영주郢州를 점거했다.

이후 건강성을 포위하자 건강을 수비하던 장수가 소보권을 죽이고 그의 머리를 기름칠한 누런 명주에 싸서 소연에게 바쳤다. 소연이 스스로 대사마 건안공이 돼 대권을 장악했다.

중흥 2년인 502년 정월, 상국과 양공梁公에 책봉되고, 2월에 양왕梁王으로 책봉됐다. 3월에는 화제 소보융이 강압에 의해 제위를 양위하고 결국 4월에 건강 남교에서 황제에 즉위했다. 국호를 양梁이라 불렀다.

천감 6년인 507년, 북위의 맹장 양대안楊大眼이 이른바 100만 대군으로 남하했다. 양나라 대장 양경종梁景宗 등이 지금의 안휘성 봉양현 동북쪽의 종리鍾離에서 북위의 군사를 대파했다. 물에 빠져 죽거나 한 북위의 병사가 10여만 명에 달했다. 이는 소연이 직접 '화공계火攻計'를 구사한 덕분이었다. 이것이 '비수지전淝水之戰'과 더불어 남북조시대 최대의 전투로 알려진 '종리지전鍾離之戰'이다.

양무제의 치세는 48년에 달한다. 그 사이 내정을 정비해 구품관인법을 개선하고, 불교를 장려해 나라를 안정시키며 문화 융성기를 이룩했다. 대외 관계도 비교적 평온해 약 50년간 태평성대를 유지해 남조 최전성기를 맞이했다.

양무제의 초상

중대통 5년인 534년, 부패로 시들어가던 북위가 내부 혼란으로 서위와 동위로 분열됐다. 태청 원년인 547년 정월, 동위의 장수 후경이 동위의 권력자 고징과의 알력으로 하남을 점령하고 서위에 투항했다. 또 동시에 하남을 양나라에 바치고 투항하겠다는 서한을 보내왔다. 조정에서는 신중론이 일었지만 소연은 후경의 속마음도 파악하지 않고 공짜로 엄청난 영토를 얻는다는 욕심에 후경을 받아들여 하남왕, 대장군에 봉했다.

이듬해인 548년 정월, 후경이 동위군에게 패배하면서 구원을 요청해왔다. 소연이 보낸 구원군은 일격에 동위군에게 대패하고 지휘관인 조카 소연명蕭淵明이 사로잡히는 참사가 빚어졌다.

양무제 소연은 동위와의 싸움에 패배해 사로잡혔던 소연의 조카 정양후貞陽侯 소연명과 후경을 바꾸자는 내용의 서한이 오자 이에 동의했다. 정양후를 아침에 보내주면 후경을 저녁에 보내주겠다는 답변서를 보냈다. 이는 후경이 고징의 이름으로 위조해 보낸 가짜 편지였다.

소연이 자기를 버릴 것이라는 확신을 얻은 후경은 정예병을 이끌고 건강을 향해 진격했다. 후경은 밤낮으로 성을 맹공격했다. 침상에 누워 있던 소연이 탄식하며 말했다.

"이 모든 것이 자업자득이니 누구를 원망하겠는가!"

후경은 모든 권력을 장악하자 소연은 정거전에 유폐됐다. 양무제의 최후는 삼국시대 원술과 닮았다. 죽기 전에 꿀물을 달라고 요구했다가 거절당하고 울분이 터진 채 죽은 게 그렇다. 이해 5월, 소연은 86세의 나이로 정거전에서 아사했다. 양무제가 죽은 지 1달이 되도록 후경은 발상을 허락하지 않았다. 태자 소강蕭綱이 보위를 이었다. 그가 간문제簡文帝이다.

간문제 소강은 2년 동안 꼭두각시 황제 노릇을 하다가 보위를 예장왕 소동蕭棟에게 선양했다. 후경은 얼마 후 소동을 황제에서 몰아낸 뒤 황제를 자칭하고 국호를 한漢으로 고쳤다.

별다른 계책도 없이 일어난 '후경의 난'이 양나라를 패망 직전으로 이끈 것은 양무제 소연의 지나친 호불好佛 행각과 보위를 노리는 자식들의 치열한 각축, 극심한 빈부격차로 인한 빈민들의 이반 등이 복합적으로 작용한 결과였다. 조정 관원은 청담 사상에 찌든 무능력자였고, 군사는 무뢰배 집단이나 다름없었다. 경제상황도 빈부격차가 극에 달하는 등 극히 혼란스러웠다.

수문제

본명 양견 杨坚

생애 541∼604

재위 581∼604

수문제는 400여 년에 걸친 분열시대, 위진남북조 말기에 태어났다. 양견은 북주 선제 우문빈에게 딸을 출가시키면서 황실의 인척이 되어 재상이 되었다. 젊은 황제가 실정하자 세력을 키우며 때를 기다렸다. 그러다 선제가 죽자 어린 정제 우문연의 보정대신이 되어 실권을 장악했다. 이어 북주 황실 일족을 모두 순식간에 제거하고 수나라를 세웠다. 이어 남조의 진나라를 몰아내고 300여년의 분열을 끝내고 사상 두 번째로 천하를 통일했다. 그리고 천하를 통치하기 위해 처음으로 정치제도에 '3성 6부제'를 도입해 세력들이 서로를 견제하고 협조하게 했다. 또한 균전제와 부병제를 시행하고 화폐를 통일하여 경제를 안정시켰다. 또한 과거제를 만들어 지방세력을 견제했고, 『개황률』을 반포하여 법제를 정비했다. 수문제의 치세 때 수나라는 정치, 경제, 문화, 군사 등 다방면에서 눈부신 발전을 이루었다. 이를 시작으로 수제국은 역사적으로 유래 없는 부유한 제국으로 기록되었다. 이러한 그의 태평성대를 '개황지치'라고 했다.

20

수나라의 통일

북위의 화북통일과 분열

위진남북조시대는 매우 역동적인 시기였다. 사상사적으로 볼 때 유교와 불교 및 도교 모두 상호 치열하게 경쟁하면서도 상대의 장점을 적극 흡입해 사상통합의 가능성을 탐색했다. 정치군사적으로도 북쪽의 호인胡人과 남쪽의 한족을 하나로 묶기 위한 다양한 정책이 실시됐다. 문화적으로도 남조의 섬세하면서도 화려한 문체와 북조의 간결하면서도 굳센 문체가 극명하게 대비되는 상황에서 서로 장점을 베끼려고 노력했다.

20세기 초 청화대의 저명한 역사학자 진인각陳寅恪은 이를 호한유합胡漢融合으로 표현했다.

위진남북조 시대가 전개되는 와중에 북중국을 통일한 왕조가 등장했다. 바로 탁발선비拓跋鮮卑가 세운 북위北魏이다. 북위는 이후 통일왕조인 수당제국 건립의 바탕이 됐다. 북위의 수도는 석굴石窟로 유명한 지금의 산서성 대동大同이었다. 당시의 국호는 '위魏' 내지 '대위大魏'였다. 북위라는 표현은 이전 시기 전국시대의 위나라 내지 삼국시대의 위나라와 구분하기 위해 역사가들이 붙인 것이다. 북위를 세운 탁발선비의 탁발은 타브가치 tabgachi를 음사한 것이다. 원래 발상지는 대흥 안령산맥 북쪽의 알선동嘎仙洞이다. 이는 대흥 안령산맥 북동부 내몽골자치구 어룬춘鄂伦春 자치구의 아리하阿里河에서 북동쪽으로 약 10킬로미터 떨어진 눈강嫩江의 지류 감하甘河 북안에 있는 작은 동굴이다. 이들 탁발선비는 이후 북중국과 인접한 내몽골 지역으로 집단이동하면서 서요하와 동몽골 지역에 본래 거주하던 선비족 집단과 통합이 이뤄졌다.

북위는 초기만 해도 후계자 선정은 모친이 강하면 아들이 태자가 된다는 이른바 '모강자립母强子立'의 원칙을 지켰다. 북위의 창업자인 도무제道武帝 탁발규拓跋珪는 말년에 당시 제왕齊王으로 있던 아들 탁발사拓跋嗣를 태자로 삼았다. 당초 한무제는 여러 황자 가운데 한 명이 보위에 오를 경우 제국의 안녕을 위해 그 생모를 죽였다. 외척이 발호할 가능성을 미연에 방지한 것이다. 탁발규는 한무제를 추종했다. 한무제의 고사를 좇아 보위에 오르는 자의 생모를 죽이는 것을 통상 '자귀모사子貴母死'라고 한다.

원래 탁발규는 먼저 전쟁이라는 극한수단을 동원해 모족인 하란부賀蘭部, 처족인 독고부獨孤部, 조모족인 모용부慕容部 등의 대부족을 강제로 이산시킨다. 이어 자신의 모친인 하란태후를 자진하게 만들고, 태자인 탁발사의 모친인 유황후를 죽여버렸다. 탁발사가 모친을 애타게 그리워하며 울자 탁발규가 이같이 위로했다.

"과거 한무제도 태자를 세울 때 먼저 태자의 모친을 죽였다. 이는 여인이 정치에 간여하는 것을 막기 위한 것이다. 지금 네가 태자가 됐으니 나 또한 한무제가 한 것을 좇지 않을 수 없다."

이후 북위의 모든 후계자의 모친은 죽임을 당했다. 이는 탁발부의 안정에 도움을 주기는 했으나 모두 후계자 생모의 희생으로 인한 것이었다.

북위의 6대 황제인 효문제 탁발굉拓跋宏은 5세 때 모친 이씨를 잃었다. 조모인 풍씨에 손에서 양육되었다. 471년부터 490년까지 20년 동안 황태후 풍씨가 권력을 장악했다. 풍씨는 탁발굉을 좋아하지 않았다. 한번은 추운 날에 홑옷을 입은 어린 황제를 빈방에 가두고 3일간 먹을 것을 주지 않은 적도 있다. 나중에 대신 목태가 말려 폐위 계획이 취소되었다.

원래 효문제가 아끼는 후궁 임씨 소생인 탁발순은 태자로 옹립되면서 죽임을 당했다. 결국 효문제는 효명제 하나만을 낳게 됐다. 효명제는 아예 아들을 두지 못했다. 황통이 끊길 위험에 놓였다. 효문제 탁발굉은 권력을 잡고 있던 풍태후에게 옛 제도의 폐지를 요청했으나 거절당했다. '자귀모사' 폐풍은 불교를 독실하게 믿어 살생을 꺼린 선무제 원각元恪이 보위에 오르면서 마침내 사라지게 됐다.

북위는 제3대 황제 태무제 때 북연과 북량을 멸망시키고 화북을 통일했다. 이후 효문제의 치세 때 전면적인 한화漢化가 진행됐다. 이를 계기로 중국의 역사는 호한융합胡漢融合의 새로운 전기를 마련하게 됐다. 뒤이어지는 수당의 성세는 바로 이때 기반이 마련됐다.

주목할 것은 효문제 이래 실시된 한화 정책으로 권력에서 소외된 선비족의 불만이 누적돼 523년에 북위 멸망의 원인인 이른바 '6진지란六鎭之亂'이 빚어진 점이다. 6진은 낙양 천도 이전에 북방의 유연柔然을 방어하기 위해 지금의 산서성 대동시 부근에 설치된 군사 도시인 평성平城을 말한다.

6진은 전략적 지점이었던 만큼 귀족 중에서도 최상의 귀족들이 복무했다. 낙양 천도 이후 낙양을 중심으로 한 한화 선비족에게는 중앙 권력으로의 진입 등 온갖 혜택이 베풀어졌지만 6진은 대우가 형편없었다. 난이 일어난 배경이다. 이를 제압한 것이 선비족 이주영爾朱榮이었다.

육진의 난 진압 결과 이주영 집단이 득세하게 됐다. 이주영 집단에는 휘하에 고환高歡, 우문태宇文泰, 후경侯景 등이 있었다. 530년 궁중 암투로 이주영이 효장제에게 암살당했다. 조카 이주조爾朱兆가 복수를 내세워 군을 일으켜 효장제를 살해한 뒤 장광왕 원엽元曄을 옹립했다. 531년, 이주세륭爾朱世隆이 원엽을 폐위하고, 절민제節閔帝 원공元恭을 보위에 앉혔다.

이에 반발한 하북 각지의 명족들이 이주씨에 대한 반항 운동을 시작했다. 과거 휘하 장수였던 고환과 연계해 원랑元朗을 추대하며 연합 정권을 수립했다. 532년 연합군은 업성을 점령했고, 이주조는 토벌군을 보냈으나 한릉산 전투에서 대패했다. 낙양마저 연합군에게 함락되고, 이주씨는 주멸됐다. 낙양에 입성한 고환은 이주씨가 세웠던 절민제 원공과 과거 옹립했던 원랑을 함께 폐위시키고, 새로 효무제를 옹립시켰다.

고환이 진양에서 마음대로 북위 조정을 주무르자 효무제는 고환의 모욕을 참지 못하고 낙양에서 탈출해 장안으로 달아난 뒤 우문태宇文泰에게 몸을 맡겼다. 이에 고환은 황족 원선견元善見을 추대했다. 이를 계기로 화북지역에는 효무제를 받아들인 우문태 세력과 효정제 원선견을 옹립한 고환 세력으로 동서로 대치하게 됐다. 북위는 이후 고환 휘하의 동위東魏와 우문태 휘하의 서위西魏로 분열되었다.

북제北齊와 북주北周, 우문씨宇文氏

동위와 서위는 이후 북제와 북주로 바뀌었다. 허수아비 황제인 원씨를 쫓아내고 실세인 고씨와 우문씨가 보위를 차지한 결과다. 이를 통합한 주인공은 북주의 우문태宇文泰이다. 마지막으로 우문씨를 쫓아내고 남북을 하나로 통일한 장본인은 사가들로부터 이른바 '개황지치開皇之治'를 이뤘다는 칭송을 받은 수문제 양견楊堅이다. 그는 400년에 걸친 분열시대인 '위진남북조시대'를 종식시키고 천하를 통일한 장본인이다.

북위의 효문제는 한화漢化를 강력 추진했다. 이와 반대되는 것이 선비화鮮卑化이다. 호화胡化로도 표현한다. '호화'를 행한 주인공이 북주를 세운 우문태이다. 그는 본래의 선비족 명칭인 복성復姓으로 환원시켰다.

관중에 있는 한족 출신 부병府兵에게도 선비족 복성 사용을 허용했다. 우문태는 걸출한 전략가이자 당대 최고의 정략가였다. 문무를 겸비한 그는 집정 20여 년 동안 북위에서 갈라져 나온 서위를 최강국으로 만듦으로써 이후 그의 후손이 북중국을 통일하는 초석을 다졌다. 그의 사후 그의 아들 우문각宇文覺은 서위의 공제恭帝를 대신해 보위에 오른 뒤 나라 이름을 주周로 고쳤다. 사가들이 말하는 북주北周이다. 당초 우문태의 부친 우문굉宇文肱은 북위 말기 무천진의 하급 군관으로 있었다. 북위 효명제 정광 4년523 내몽골 오원 일대에서 파루한발릉破六韩拔陵이 북위에 반기를 들고 무천진을 공격했을 때 무천진을 수복하는 공을 세웠다.

부친 우문굉과 함께 종군했던 우문태는 선우수례가 갈족羯族 출신 이주영尒朱荣의 군사에게 패사하자 이주영의 부장 하발악賀拔岳 휘하의 병사로 편입됐다. 이주영은 효장제 원자유元子攸를 옹립한 뒤 북위의 권력을 손에 넣었다. 그러나 이후 전횡을 일삼다가 이내 효장제에게 살해됐고, 효장제역시 이주영 일족의 손에 목숨을 잃었다. 이 틈을 노려 훗날 북제를 세운 이주영 휘하의 고환高歡이 이주영 일족을 척살하고 어부지리를 챙겼다. 북위 최후의 황제인 효무제 원수元修가 고환의 추대로 보위에 오른 게 그것이다.

당시 우문태는 약한 군사를 이끌고 강적 동위와 맞서 싸우면서 강군 건설의 필요성을 절감했다. 한족 정권이 군과 민을 분리해 관리하던 전래의 모병제도 위에 북위 정권이 초기에 시행한 '8부 대인大人' 제도를 결합한 이른바 부병제府兵制를 실시한 배경이 여기에 있다.

대통 9년인 543년 2월, 고환이 10만 대군을 이끌고 황하를 건넌 뒤 지금의 하남성 낙양 서북쪽의 망산^{邙山}에 포진했다. 우문태의 군사가 반격에 나섰으나 오히려 6만 명의 병력을 상실하는 대패를 당했다. 몇 년에 걸쳐 길러온 군사의 절반가량을 잃은 셈이다. 우문태는 부득불 한족 출신 장병을 충원해 군대를 편성할 수밖에 없었다.

부병제는 형식상 선비족 전래의 8부제를 취하고 있었다. 우문태를 위시해 이필^{李弼}, 원흔^{元欣}, 조귀^{趙貴}, 우근^{于謹}, 후막진숭^{侯莫陳崇}, 이연의 조부 이호^{李虎}, 수문제 양견의 장인이자 이연의 외조부인 독고신^{獨孤信} 등이 그들이다. 우문태는 우두머리로 총지휘관 역할을 했고, 원흔은 이름만 걸어놓은 까닭에 나머지 6명이 각각의 1개 군단을 통솔했다. 이들을 통상 '8주국^{八柱國} 대장군'이라고 불렀다.

8주국 대장군은 그 밑에 각각 두 명씩 모두 12명의 대장군을 거느리고 있었다. 대장군 밑으로는 두 개의 개부^{開府}가 소속돼 있었다. 장관을 '개부장군'이라고 불렀다. 각 개부는 두 개의 의동^{儀同將軍}을 거느렸다. 장관을 '의동장군'이라고 했다.

우문태는 서위가 처음 건립됐을 때 24개 조의 새로운 제도를 발표했다. 이는 이후 36개 조로 늘어났다. 골자는 대략 4가지다. 첫째, 탐관오리를 엄격하게 금지한다. 둘째, 관원의 수를 줄인다. 셋째, 병농일치^{兵農一致}를 겨냥한 둔전^{屯田}을 행한다. 넷째, 조세 예산과 호적제도를 실시한다.

대통 7년인 541년, 한족의 명사 소작蘇綽이 6개 조의 혁신방안을 제시했다.

"첫째, 관원의 청렴결백을 추구하는 선치심先治心, 둘째, 교육을 통해 백성들을 감화시키는 돈교화敦教化, 셋째, 땅을 최대한 활용하는 진지리盡地利, 넷째, 어질고 유능한 인재를 발탁하는 탁현량擢賢良, 다섯째, 소송 사건은 신중하게 처리하는 휼옥송恤獄訟, 여섯째, 부역을 공평히 부과하는 균부역均賦役을 시행해야 합니다."

우문태는 이를 크게 칭송하며 '6조조서六條詔書'로 부른 뒤 백관들로 하여금 이를 차질 없이 집행하게 했다. 관원에게 청렴결백과 엄격한 법집행을 강조했다. 청렴한 관원을 표창한 동시에 법을 어기고 기강을 문란하게 한 관리들에 대해서는 가차 없이 벌을 내렸다.

우문태는 모든 관원에게 농업생산에 관심을 두고 농사의 시기를 놓치지 않도록 농민들을 격려하게 했다. 세금을 거둘 때는 잘 사는 집의 부담을 빈민들에게 전가하지 못하도록 하고, 노동력을 징발할 때도 빈민들의 요역이 너무 무겁지 않도록 했다. 그의 후손이 북주를 세워 고환의 후손이 세운 북제를 멸하고 북중국을 통일하게 된 근본 배경은 균전제와 부병제의 실시에 있었다.

관롱집단의 평천하

진인각이 최초로 공식 언급한 '관롱집단'은 사실 엄격히 따지면 청나라 때의 사학자 조익趙翼이 이미 『입이사차기廿二史箚記』에서 언급한 것이다. 조익은 북위에서 갈려져 나온 북주의 창업주 우문태의 4대조를 위시해 수나라의 창업주 수문제 양견의 5대조, 당나라를 세운 당고조 이연의 5대조 등이 모두 무천진 출신임을 처음으로 밝혀낸 셈이다.

진인각은 무천진이라는 변방에서 360여 년에 걸친 3대 왕조의 제왕이 일거에 출현한 사실에 경악을 금치 못했다. 당시 '관롱집단'은 진인각의 지적처럼 서로 폐쇄적인 통혼을 하며 하나의 거대한 정치세력을 형성했다.

북위가 동서로 갈릴 당시 서위의 무인귀족집단인 '8주국' 가운데 우문태의 세력이 가장 강했다. 우문태를 비롯한 5명이 모두 무천진 출신이다. 이호는 우문태와 긴밀히 협조한 덕에 당국공唐國公에 봉해졌다. 이것이 훗날 당나라 건국의 배경이 됐다. 이세민의 조부 이병李昺은 이호의 작위를 이어받아 북주의 안주총관에 임명됐다. 이병이 병사할 당시 아들 이연은 겨우 7세에 지나지 않았다. 그러나 아무 탈 없이 부친 이병의 작위를 세습했다. '8주국'의 관롱집단이 폐쇄적으로 혼인을 맺었기에 가능한 일이었다.

이세민의 집안은 증조부인 이호 때부터 8주국의 일원으로 존재했다. 이들 모두 혈통을 유지하기 위해 무천진 출신 선비족 장수 집안끼리만 혼인했다. 이호의 아들인 이병의 부인은 8주국의 일원인 독고신의 딸이다. 수문제 양견의 부인인 독고황후와 친자매 간이다. 어느 모로 보나 이연은 순수한 선비족이다.

4백 년에 걸친 분열시대인 '위진남북조시대'를 종식시키고 천하를 통일한 수문제 양견楊堅도 마찬가지다. 그의 원래 이름은 '불루견普六茹堅'이다.

양견이 선비족의 성씨 '불루'와 한족의 이름 '견'을 결합한 '불루견'이라는 이름을 갖게 된 것은 호한융합의 시대 상황에 따른 것이다.

　서기 581년 봄, 안팎을 모두 평정한 양견은 스스로 어린 외손자인 정제 우문연 명의의 조서를 내려 수왕隋王의 자리에 올랐다. 상국相國이 돼 백관을 관할하고, 구석九錫을 받은 후 독자적인 관직을 설정해 따로 백관을 두었다. '백규'는 문무백관의 역할을 헤아려 업무를 분장시킴으로써 조정을 다스린다는 뜻이다. '구석'은 천자가 공이 큰 제후와 대신에게 내린 9가지 물품을 말한다.

　얼마 후 선양禪讓의 대희극을 연출해 마침내 새 왕조인 수나라의 황제 자리에 올랐다. 연호를 개황開皇으로 바꿨다. 진실한 황제가 다스리는 황도皇道, 즉 제도帝道가 열렸다는 뜻이다. '제도'는 유가에서 말하는 왕도王道보다 한 단계 위에 있는 최상의 치도를 말한다. 양견은 장자인 양용을 태자로 삼았다. 이어 보위를 선양한 8세의 외손자 우문연을 개공介公으로 삼았다.

　태후의 자리에 있던 양견의 딸 양려화는 뒤늦게 친정아비 양견의 흑심을 알아챘다. 이후 자주 불만스런 기색을 드러냈다. 양견이 마침내 새 왕조의 보위에 오르자 분하고 원통한 생각을 감추지 못했다. 양견이 딸 양려화를 낙평공주樂平公主에 봉한 뒤 개가시키려고 하자 양려화는 결사코 이를 거절했다. 그녀는 결국 수양제 때 이복오라비인 수양제 양광楊廣을 좇아 천하를 순유하던 가운데 병이 나 지금의 감숙성에 소재한 장액張掖에서 숨을 거두었다. 당시 49세였다.

수문제 양견

당시 양견은 모든 일이 순조롭게 마무리되자 사람을 보내 9세의 어린 외손자 우문연을 목 졸라 죽이게 했다. 그러고는 짐짓 조정에서 그를 위해 초상을 알리고 집행하는 거애擧哀를 행했다. 수문제 양견은 5명의 아들을 두었으나 이들 모두 제 명에 죽지 못했다. 이들 모두 양견과 독고獨孤 황후 사이에서 난 동부동모同父同母 소생이었다.

장자 양용楊勇은 훗날 폐위돼 사사됐다. 차자인 수양제 양광도 신하에 의해 목이 달아났다. 3남인 진왕秦王 양준楊俊은 요절했다. 4남 월왕越王 양수楊秀는 폐위돼 금고에 처해졌다가 수양제 양광이 시해를 당하는 이른바 '강도지변江都之變'이 일어났을 때 죽임을 당했다. 5남 한왕漢王 양량楊諒은 모반을 꾀하다 주살됐다.

양용 소생의 10명의 아들 모두 숙부인 수양제의 명에 의해 영남으로 유배된 후 모두 매 맞아 죽었다. 양준과 양수, 양량의 아들들 역시 '강도지변' 때 도륙됐다. 수양제 양광의 세 아들도 별반 다를 게 없었다. 한 명은 요절하고, 나머지 두 아들은 '강도지변' 때 주살됐다. 양씨 역시 전혀 씨를 남기지 못한 것이다.

가장 공교로운 것은 수양제를 시해하고 수나라를 패망시킨 장본인의 성이 우문씨였다는 점이다. 수양제를 시해한 우문화급宇文化及은 비록 황통은 아니지만 북주의 황실인 우문씨와 같은 성이다. 은연 가운데 사람들을 개탄하게 만드는 대목이다.

수양제 양광

수양제의 통일 행보와 패망

수양제 양광은 천고의 폭군으로 알려져 있다. 그러나 그는 황자로 있을 때 남조 진나라를 평정하고, 북쪽으로 돌궐을 격파했다. 사실상 천하통일 주역에 해당한다. 수나라는 수문제가 즉위할 당시 북주의 뒤를 이어 북중국 대부분을 차지하고 있었다.

강남에 있는 남조 진陳나라는 후주後主 진숙보陳叔寶가 재위하고 있었다. 그는 중국 역사상 가장 황당한 군주 가운데 한 사람으로 꼽히고 있다. 당초 양견이 수나라를 세웠을 당시만 해도 남조 진나라 군신은 좋은 우호관계를 맺을 수 있을 것으로 낙관했다. 진숙보의 부친 진선제陳宣帝 진욱陳頊은 양견을 그다지 염두에 두지 않았다. 진나라 군사가 북쪽 변경을 침공한 이유다. 대로한 양견이 대군을 증파해 차제에 진나라를 토벌하려고 할 때 공교롭게도 진욱이 숨을 거뒀다.

국상國喪이 난 나라를 치는 게 상서롭지 못하다고 판단한 양견이 이내 철군을 명하면서 조문사절을 보냈다. 그가 보낸 서신의 내용은 제호 대신 이름을 쓰고 머리를 숙이는 식으로 극히 공손했다. 이게 후주 진숙보의 착각을 불렀다. 수나라 군사가 진나라 군사를 두려워해 철군한 것으로 오해한 그는 교만하게도 답서에 이같이 썼다.

"그대는 의당 내부 정사를 제대로 다스려야 한다. 그것이 우주를 맑고 태평하게 만드는 길이다."

이 구절이 수문제 양견을 크게 자극한 것은 말할 것도 없다.

당시 진숙보는 정사를 전혀 돌보지 않고 매일 주색에 절어 살았다. 일군의 시인 출신 문신들과 더불어 밤새도록 술을 마시며 시부를 지었다. 시부를 지어 읊는 것을 업으로 삼은 그는 음악에도 매우 조예가 깊어 스스로 '옥수후정화玉樹後庭花'를 작곡하기도 했다. 당시 사람들은 진숙보 주변의 문신을 '압객押客'으로 불렀다. 이는 주인과 스스럼없이 터놓고 지내는 사람을 뜻한다.

화려한 옷으로 치장한 1천여 명의 후궁들 가운데 진숙보의 총애를 독차지한 사람은 귀비인 장려화張麗華였다. 장귀비는 머리카락이 특히 아름다웠다. 길이가 무려 7척에 달했다. 화사한 자태에 총명한 데다 행동까지 조용했다. 투기를 하지 않은 것은 물론 미희를 천거하는 등 '뚜쟁이'까지 자처한 까닭에 진숙보의 총애를 한 몸에 받았다. 이는 남조 진나라가 양광의 침공에 힘없이 무너진 배경이 됐다.

대업 12년인 616년, 수양제가 신하들의 반대에도 불구하고 재차 강도로 순행을 떠났다. 당시 천하가 크게 시끄러워 위급을 알리는 상주문이 쉬지 않고 올라왔다. 그러나 수양제의 측근인 우세기 등은 이들을 두고 쥐와 개처럼 물건을 훔치는 서절구투鼠竊狗偸에 지나지 않는다며 수양제를 안심시켰다. 당시 반란군 중에는 막강한 무력을 자랑한 두건덕과 격겸格謙의 무리 이외에도 척양翟讓 및 이밀李密 등이 이끄는 와강군瓦崗軍이 있었다. 이밀은 휘하의 조군언祖君彦을 시켜 「토수양제격문」을 쓰게 했다. 모두 10가지 죄목을 들었다. 부황인 양견을 시해하고, 음란하여 윤리를 어지럽히고, 술을 좋아하고, 백성들을 무리하게 동원하고, 마구 세금을 거두고, 토목공사를 벌이고, 요동 원정에 나서고, 함부로 사람을 죽이고, 관직을 팔고, 신뢰가 없는 것 등이 그것이다.

의녕 2년인 618년 4월, 수양제가 강도에서 우문화급에게 시해를 당했다. 훗날 『수서』를 편찬한 위징魏徵은 수양제를 두고 이같이 탄식했다.

"수양제는 지존의 몸으로 일부一夫의 손에 의해 죽임을 당했다. 생령을 도탄에 빠뜨려 끝내 자신의 몸을 망치고 나라를 패망에 이르게 했으니 예로부터 이처럼 심한 일은 없었다. 『서경』에 이르기를, '하늘이 만든 재앙은 피할 길이 있으나 스스로 만든 재앙은 피할 길이 없다'고 했다. 수나라 황실의 패망이 이를 보여준다."

21

당태종과 정관지치

당고조 이연李淵의 건국

수나라 말기 당고조 이연이 태원유수太原留守의 자리에 오른 것은 행운이었다. 역사적으로 매우 민감한 시기에 장안성 동쪽에서 가장 중요한 군사적 요충을 장악했기 때문이다. 당시 수양제 양광은 3차례에 걸친 무리한 고구려 원정으로 커다란 원성을 받고 있었다. 수년에 걸친 기근으로 백성들이 유랑민 신세로 전락하자 각지의 장수들과 농민반란군 수령들이 이들을 그러모은 뒤 다투어 봉기했다. 이연이 천하를 거머쥘 수 있는 절호의 기회가 온 것이다.

당시 수나라 군사와 봉기군은 하북과 하남을 비롯해 장강과 회수 일대인 강회江淮에서 치열한 접전을 벌였다. 수양제가 머물고 있는 강도江都를 제외하면 오직 장안과 산서 일대만이 그나마 평안을 유지할 수 있었다. 이는 이연이 이끄는 군사가 강력했음을 반증한다.

원래 산서山西의 명칭은 태산泰山의 서쪽에 위치한 데서 나온 명칭으로 춘추전국시대 이래 중원의 척추로 간주됐다. 예로부터 나라의 양식을 보관하는 창고가 밀집해 있고, 문사文士들이 대거 모여든 결과다. 수나라 말기 당시 천하가 어지러워지자 이곳의 백성과 문사들은 하나같이 이연이 적극 나서줄 것을 기대했다.

대업 14년인 618년, 수양제가 강도에서 우문화급에 의해 시해되자 이연이 마침내 장안성에 입성해 수나라를 멸하고 국호를 당唐, 연호를 무덕武德으로 정했다.

이세민과 '현무문玄武門의 변'

이연을 제외한 군웅이 궤멸할 당시 이연의 나이는 60세였다. 그의 슬하에는 모두 22남 19녀의 자식이 있었다. 정실인 두씨竇氏 소생 가운데 살아남은 자식은 모두 3남 1녀였다. 이건성, 이세민, 이원길과 평양平陽공주가 그들이다.

이연은 건국 직후 성급하게도 장남 이건성을 태자로 낙점한 뒤 가장 큰 공을 세운 차남 이세민을 진왕秦王, 4남 이원길을 제왕齊王에 봉했다. 3남은 일찍 세상을 떠났다. 이건성은 냉정하고 침착한 데다 어질고 관대했다.

이원길은 정반대로 성급했다. 오직 이세민만이 용맹과 과단성을 지닌 데다 임기응변에 능했다. 기병 단계에서도 이연은 시종 신중한 모습을 보였지만 이세민은 부친을 거듭 설득하며 봉기를 재촉한 바 있다. 군웅을 제압하는 과정에서 물불을 가리지 않고 사방의 전장을 누비고 다닌 것도 이런 맥락에서 이해할 수 있다. 천하의 절반은 그가 취한 것이라고 해도 과언이 아니다.

선비족의 전통에 따르면 장유유서의 서열은 그다지 중요하지 않았다. 능력이 우선이었다. 그렇다면 군웅을 모두 제압한 뒤 그 공에 따라 태자를 선정하는 게 순리였다. 어렸을 때부터 무예를 좋아했고 배짱도 크고 결단도 빨랐던 이세민은 후사가 돼 보위에 앉고자 하는 집념이 매우 강했다. 이건성을 태자로 책봉한 현실을 용납할 리 없었다. 이게 결국 훗날 '현무문의 변'을 일으키는 배경이 되었다.

후계자를 둘러싼 이건성과 이세민의 갈등은 두건덕과 왕세충을 사로잡아 개선하는 무덕 4년인 621년에 이세민에게 천책상장天策上將의 칭호가 주어질 때부터 서서히 불거지고 있었다. 이는 왕보다 높은 직책이다. 당시 이연도 이세민의 공훈에 어떻게 보답해야 할지 고민했음을 알 수 있다. 세인들은 '천책상장'을 황태자에 준하는 자리로 간주했을 것이다.

무덕 5년622 7월, 이연은 '천책상장' 이세민을 위해 장안성 밖 서쪽에 홍의궁弘義宮을 지어 그곳에 살게 했다. 아무리 이세민이 대공을 세웠을지라도 별개의 궁을 지어주며 동궁과 어깨를 나란히 조치한 것은 적잖은 문제가 있다.

당시 이세민 휘하에는 뛰어난 인재들이 매우 많았다. 무관으로는 울지경덕을 비롯해 이세적과 이정 등 기라성 같은 명장이 즐비했다. 문관으로도 방현령房玄齡과 두여회杜如晦 등 이른바 '18학사十八學士'가 포진해 있었다. 이들은 이세민이 자신의 관부인 천책부天策府에 문학관文學館을 설치한 뒤 불러 모은 천하의 인재들이다. 단순한 학자가 아니라 이세민을 보위에 올려놓기 위한 최정예 참모집단이었다. 임무는 천하대세의 흐름을 분석하고 대안을 마련하는 데 있었다. 3개 반으로 나뉘어 서로 돌아가며 부중에 남아 있다가 이세민이 궁중에서 돌아오면 함께 시국을 논했다. 이세민이 이건성과 치열한 보위쟁탈전을 전개할 수 있었던 배경이다.

그러나 객관적으로 볼 때 태자 이건성이 여러모로 유리했다. 부황 이연의 신임도 두터웠을 뿐만 아니라 그의 휘하에도 당대의 내로라하는 많은 인재가 포진해 있었기 때문이다. 위징魏徵을 비롯해 왕규王珪와 위정韋挺 등이 그들이다. 종친들도 태자 이건성을 지지했다.

문제는 이세민의 전공이 너무 휘황한 데 있었다. 두 사람 모든 정성을 기울여 인재를 초청하고 양성하는 데 주력했다. 양측의 차이는 백지 한 장 차이에 지나지 않았다.

형제가 담 안에서 싸우는 것을 형제혁장兄弟鬩牆이라고 한다. 동족끼리 서로 다툰다는 뜻으로 사용되기도 한다. 고금을 막론하고 자식들이 많고 남긴 유산이 많을 때 반드시 이런 일이 빚어진다. 하물며 천하를 놓고 다투는 경우는 더 말할 것도 없다. 이연은 '현무문의 변'으로 인해 일거에 아들 2명과 손자 10명을 잃고 말았다. 아들 하나 이세민을 제압하지 못한 결과다.

선제공격으로 현무문을 장악한 이세민

사서에는 이세민이 현무문에서 기다리고 있다가 간단히 해치운 것으로 돼 있다. 당시의 황궁 제도를 보면 지금은 사라진 장안성 내 태극전과 대명전의 배치는 낙양궁성의 궁전양식은 똑같다. 남북을 중앙선으로 하여 대칭으로 배열돼 있었다. 외조外朝는 황궁의 남부, 내정內廷은 북부에 위치했다. 성벽의 북쪽 문은 내정의 안전에 중요한 역할을 했다. 북쪽 성벽의 정문인 현무문은 더욱 중요했다. 당나라 황궁의 성벽 부근에는 궁정의 위사衛士들이 근무했다. 현무문 밖에는 두개의 회랑이 있었다. 궁정의 수비군 사령부가 이곳에 있었다. 이를 북아北衙라고 했다. 관아는 매우 견고한 구조로 건설돼 있었다. 병력도 매우 많았다. 객관적으로 볼 때 현무문을 먼저 장악하는 쪽이 유리했다. 현무문을 장악하면 내정을 장악하고, 내정을 장악하면 다시 황제를 손에 흔들 수 있는 구조로 돼 있었기 때문이다.

통상 양측의 세력이 엇비슷한 정황에서 승패를 결정짓는 것은 늘 선제공격의 결단이다. 실제로 배짱이 두둑하고 결단력이 있는 이세민이 선제공격을 가해 대세를 결정지었다. 이건성에게도 몇 번의 기회가 있었다. 그러나 그는 결단하지 못하고 주춤했다. 최상의 방안을 찾느라 머뭇거린 게 결정적인 패인이다.

이세민이 거사 직전 먼저 부황 이연에게 밀소密疏를 올렸다. 참모들과 숙의를 거친 치밀한 공작의 일환이었다. 밀소의 골자는 이렇다.

"신은 형제에게 추호도 신세를 진 것이 없는데 지금 그들은 신을 죽이려하고 있습니다. 이는 저들이 왕세충과 두건덕의 원수를 갚아주는 것과 같습니다. 신이 지금 억울하게 죽으면 폐하와는 영원히 멀어지게 될 것입니다. 지하에서 저들을 만나 비웃음을 살까 부끄럽습니다."

이연이 곧 이세민에게 이튿날 아침 입궁할 것을 통보했다. 이건성과 이원길에게도 똑같이 사람을 보내 입궁을 명했다. 이연은 배적裴寂과 소우蕭瑀 등 원로대신도 입궁시켜 세 아들의 불화를 근원적으로 해소할 심산이었다. 이튿날인 6월 4일 새벽, 이세민이 장손무기 등과 함께 가 황궁의 북문인 현무문玄武門 주위에 자객을 매복시켰다. 현무문의 수문장 상하常何는 본래 이건성의 심복이었으나 이미 이세민 측에 매수돼 있었다.

정변이 빚어지기 직전 이건성도 이원길과 함께 향후 대책을 숙의했다. 이세민이 분명히 병란을 일으킬 것으로 판단한 이원길이 건의했다.

"병을 핑계로 등청하지 말고 일단 사태를 관망하다가 다시 의논합시다."

이건성이 반대했다.

"그렇게 되면 허물을 시인하는 꼴이 된다. 궁 안에서는 장첩여와 윤덕비가 호응하고, 밖에서는 나의 군사가 현무문을 지키고 있다. 이세민이 감히 나를 어쩌겠는가? 도성의 주요 지역에 병력을 파견해 방비하도록 했으니 크게 걱정할 필요가 없다. 내일 부황을 만나 진상을 밝히도록 하겠다."

당태종 이세민

결국 이건성과 이원길은 몇 명의 측근만 이끌고 현무문을 향해 나아갔다. 참모들은 만일의 사태에 대비해 호위병을 대거 이끌고 갈 것을 권했으나 이건성은 이를 일축했다. 장안성에는 이세민이 지휘할 수 있는 병력이 결코 많지 않았다. 병력이라야 진왕부에 있는 호위대와 은밀히 양성한 무사를 합쳐서 8백여 명에 불과했다. 동궁부는 이와 달리 시위대가 수천 명에 달했다. 여기에 제왕부의 시위대까지 합치면 숫자 면에서 진왕부를 압도한다. 더구나 동궁의 시위대는 최고의 정예병으로 구성돼 있었다. 이건성은 오랫동안 장안성의 수비를 담당한 덕분에 수만 명의 금위군을 즉각 지휘할 수 있었다. 금위군의 장군 대부분이 그의 측근이었다. 그가 병력상의 절대적인 우세를 확신한 것이다.

문제는 허를 찌르는 기습공격에 대한 대비책이 없었다는 데 있다. 수문장 상하가 자신의 사람이라고 착각한 게 화근이었다. 결국 이건성과 이원길 모두 도륙을 당하고 말았다.

정변 직후 이건성의 자식 5명이 모두 죽임을 당했다. 이원길의 자식 5명도 모두 살해되었다. 그럼에도 사서는 정변이 빚어지고 이연이 전격 퇴위하는 과정에서 이세민이 시종 사양한 것으로 기록해놓았다. 조카를 무자비하게 도륙한 점에 비춰 앞뒤가 맞지 않는다. 당시 이연은 62세, 이세민은 29세였다.

'현무문의 변'은 형제간에 보위 계승을 놓고 벌인 '형제혁장'의 참극에 지나지 않는다. 도덕의 잣대를 들이댈 경우 비난을 받을 소지가 너무 크다.

그러나 역사를 도덕의 잣대로 평가할 수는 없는 일이다. 역사적 현실은 동기보다 결과를 중시하기 때문이다. 고금을 막론하고 천하의 강산과 역사는 승리자의 몫이다. 형제와 부자 사이일지라도 마찬가지다. 사가들이 이건성과 이원길을 포악하고 음란한 사람으로 묘사하고, 창업주 이연마저 무능하고 줏대 없는 군주로 묘사해놓은 게 그 증거다.

고금동서를 막론하고 정치는 동기를 중시하는 도덕과 달리 결과를 중시할 수밖에 없다. 이세민이 최고의 성군이라는 칭송을 받게 만든 '정관지치'와 패륜을 자행한 '현무문지변'이 불가분의 관계를 맺고 있는 이유다. 이는 수천 년 동안 지속되고 있는 정치와 도덕의 상호관계를 웅변하는 것이기도 하다.

대고구려 전쟁

태종 이세민도 '정관지치'의 후기에는 어지러운 행보를 보였다. 사치와 방종에 빠져들고, 마침내 태자를 교체하는 등의 불상사가 빚어지게 되었다. 가장 큰 실패는 신하들의 반대를 무릅쓰고 고구려 원정에 나선 것이다. 그 후유증은 매우 컸다. 그의 사후 당나라가 크게 동요한 것도 바로 이 때문이다. 측천무후가 비록 일시에 그치기는 했으나 당나라를 무너뜨리고 여제의 자리에 올라 '주周'나라를 세운 것도 이런 맥락에서 이해할 수 있다.

수당제국의 고구려 원정 연원은 매우 깊다. 이들이 고구려 원정에 집착한 것은 고구려가 돌궐과 합세해 협공을 가할 것을 우려했기 때문이다. 제국의 안정을 위해 고구려를 복속시키는 일은 급선무에 해당했다.

수양제는 모든 국력을 기울여 무려 3차례에 걸쳐 거듭 고구려 원정에 나섰다. 그러나 이는 모두 실패로 끝났을 뿐만 아니라 오히려 내부 반란을 부추겨 패망을 자초하는 결과를 낳았다.

수나라의 뒤를 이어 들어선 당나라는 여러 여건을 감안해 고구려와 화친할 수밖에 없었다. 무덕 5년인 622년, 당고조 이연이 고구려에 사자를 보내 수나라 포로의 송환을 요청했다. 고구려 영양왕의 뒤를 이어 보위에 오른 영류왕榮留王 고건무高建武가 곧 전국을 수배하여 1만 명의 생존자를 찾아내 송환했다. 그는 주전파인 실권자 연개소문淵蓋蘇文과 달리 주화파에 속했다. 그가 이연의 요청에 즉각 응한 것은 평화 정책을 유지하는 한 적어도 당나라가 고구려를 침공하지 않으리라는 판단이 섰기 때문이다. 정관 2년인 628년에 고구려의 일급비밀에 해당하는 고구려 영토 지도를 당나라에 보낸 사실이 이를 뒷받침한다.

당시 그의 이런 행보는 고구려의 주전파들을 격분시켰다. 정관 5년인 631년, 당나라의 사신인 장손사長孫師가 와서 수나라 전사자들의 유골을 수습해 위령제를 지낸 뒤 전쟁에서 승리한 것을 기념해 세운 경관京觀을 당장 허물어 줄 것을 요청했다. 정관 14년인 640년, 영류왕이 세자 고환권高桓權을 장안으로 보내 이세민을 조현하도록 했다. 이는 고구려 역사에 처음 있는 일이었다. 중원은 늘 새 왕조가 들어설 때마다 고구려에 대해 왕이나 세자 혹은 왕자가 입조할 것을 요구했으나 고구려는 매번 이를 거절했다. 그러던 것이 이때에 이르러 처음으로 성사됐다.

이세민은 고구려 원정을 기필코 성사시키려는 속셈을 버리지 않고 있었다. 단지 고구려와 평화협상을 통해 시간을 벌고자 했을 뿐이다. 그는 정관 12년인 638년부터 토번과 돌궐, 고창국 등을 복속시켰다.

고구려와 합세해 협공을 가할 세력을 모두 제압했다고 판단한 이세민이 마침내 가슴에 담아 두었던 고구려 원정 계획을 구체화하기 시작했다. 정관 16년인 642년, 고구려의 실권자인 연개소문이 문득 주화파인 대신들과 영류왕을 살해하는 일이 빚어졌다. 이후 신라가 당나라로 사자를 보내 고구려를 견제해 줄 것을 청하자 이세민이 즉각 신라에 대한 압박을 중지할 것을 고구려에 주문했다. 연개소문은 오히려 당나라의 사신을 가둬 버렸다. 이세민이 볼 때 중화질서의 확립이라는 명분과 위협을 제거해야 하는 실리를 모두 챙기기 위해 고구려를 복속시킬 필요가 있었다. 그의 치세 때 3차에 걸친 고구려 원정이 단행된 배경이 여기에 있다. 그러나 고구려 원정에 관한 한 이세민도 수양제 양광과 별반 다를 바가 없었다.

그는 연개소문에게 당한 치욕을 잊을 수 없었다. 제1차 고구려 원정이 실패로 돌아간 지 2년 뒤인 정관 21년인 647년, 이세민이 이세적 등을 시켜 다시 고구려를 치게 했다. 제2차 고구려 원정 역시 실패했다. 그럼에도 이세민은 고집을 꺾지 않았다. 또 다시 1년 뒤인 정관 22년인 648년, 다시 설만철을 시켜 압록강 하구의 박작성을 공격케 했다. 제3차 고구려 원정이다. 이 또한 실패했다. 정관 23년인 649년 5월, 병석에 누운 이세민은 태자를 앞에 놓고 3차에 걸친 고구려 원정이 실패로 돌아간 것을 크게 탄식하며 이런 유언을 남겼다.

"이제 고구려 공격을 그만두도록 하라. 아비의 실패를 되풀이하면 사직을 지키기 어렵다."

드러난 행적을 보면 천하의 성군으로 손꼽히는 당태종 역시 고구려 원정에 관한 한 수양제 양광의 행보와 다를 바가 없다. 신하들의 극렬한 반대에도 불구하고 3차에 걸친 원정을 감행했다가 하나같이 실패로 끝난 것도 그렇고, 후유증으로 자리에 눕게 된 것도 그렇다. 그는 제3차 고구려 원정이 실패로 돌아간 이듬해에 한을 품고 세상을 떠나야 했다.

수당이 건국 초기부터 비록 대륙을 석권했음에도 고구려를 굴복시키기 위해 노심초사한 것은 고구려 정벌을 제국의 안정과 생존 차원에서 접근한 결과로 볼 수 있다. 이를 뒷받침하는 자료가 최근 발견된 바 있다. '돈황문서'로 알려진 『토원책부兎園策府』 필사본이 그것이다. 이는 중국 3대 석굴 유적 가운데 하나인 돈황의 막고굴에서 발견된 고문서를 말한다. 『토원책부』는 이세민의 7자인 장왕蔣王의 지시에 의해 두사선杜嗣先이 서기 650년대에 만든 책이다. 과거시험에 출제될 예상문제와 모범답안을 자문자답식으로 서술한 것이다.

이 책의 「정동이征東夷」 항목에 고구려 원정에 대한 의견을 묻고 구체적인 방법을 제시하라고 주문한 대목이 나온다. 질의응답에는 고구려 원정의 당위성과 화전和戰 양면의 전술 등이 구체적으로 소개돼 있다. 실제로 과거급제 시험에 '유격전, 전쟁터의 지형, 기상, 심리전 등을 논하라'는 문제도 출제됐다. 당나라가 고구려 원정의 여론몰이를 위해 얼마나 심혈을 기울였는지를 짐작하게 해주는 대목이다.

정관지치貞觀之治와 위징과 방현령 및 두여회

이세민은 재위 기간 가운데 위징과 방현령 및 두여회를 비롯한 24명의 공신은 물론 모든 신하들을 대상으로 마음을 활짝 열어놓고 그들의 간언을 허심탄회하게 받아들였다. '정관지치'가 가능했던 이유다. 이들 가운데 간언을 가장 많이 한 사람은 말할 것도 없이 위징이다. 『정관정요』가 주로 이세민과 위징의 대화로 꾸며진 배경도 이런 맥락에서 이해할 수 있다. 당시 위징은 이세민의 면전에서 자신이 생각하는 도덕적인 규범에 벗어나면 가차 없이 비판했다. 고구려 원정에 나섰다가 참패하고 돌아와 울화병으로 죽어가면서도 그는 위징을 생각했다.

"위징이 살아 있었다면, 죽음을 무릅쓰고 원정을 막았을 것이다."

위징은 너무 자주 간언을 올리는 바람에 이세민의 심기를 여러 차례 거슬렀다. 그럼에도 이세민은 이를 너그러이 받아들여 자신을 경계하는 지침으로 삼았다. 그가 대소 신료들에게 적극적으로 자신의 의견을 주장할 수 있도록 배려한 이유다. 『정관정요』「임현論任賢」에 이를 뒷받침하는 천고의 명구가 나온다.

"구리로 거울을 만들면 가히 의관을 단정하게 할 수 있고, 역사를 거울로 삼으면 천하의 흥망성쇠와 왕조교체의 원인을 알 수 있고, 사람을 거울로 삼으면 자신의 득실을 분명히 알 수 있다. 짐은 일찍이 이들 3가지 거울을 구비한 덕에 허물을 범하는 것을 막을 수 있었다. 지금 위징이 세상을 떠나는 바람에 마침내 거울 하나를 잃고 말았다!"

여기에 언급된 동감銅鑑과 사감史鑑, 인감人鑑을 흔히 '3감三鑑'이라고 한다. 군주가 '3감'을 통해 스스로 경계하며 제왕의 덕을 쌓는 것이 바로 3감지계三鑑之戒이다. 흔히 감계鑑戒라고 한다. '3감'은 곧 뛰어난 인물을 스승 내지 친구로 두어야만 치국평천하에 성공할 수 있다는 취지를 담고 있다.

정관 23년인 649년 5월, 이세민이 태자와 비빈, 장손무기와 저수량을 불러 고명顧命을 내렸다. 후사를 부탁하는 제왕의 유언을 말한다. 저수량이 유조를 작성했다. 얼마 후 장안궁 함풍전含風殿에서 숨을 거두었다. 당시 51세였다. 재위 기간은 모두 합쳐 23년이었다.

신하들은 태조 이연의 창업을 계승해 수성守成에 성공했다는 취지에서 그의 묘호를 태종太宗으로 정했다. 장지는 지금의 섬서성 예천현에 있는 소릉昭陵이다. 태종 이세민은 여러 다양한 평가에도 불구하고 크게 보아 역대 최고의 명군 가운데 한 사람으로 꼽을 만하다. 그의 치세 때처럼 정치적으로 안정되고 경제적으로 번영한 경우는 찾아보기 힘들다. 이는 남북조시대가 빚어낸 '호환융합'의 결과물이다. 동서의 문화가 수도 장안성에서 하나로 합쳐져 찬란한 꽃을 피웠다. 당시 장안성에는 아랍인, 페르시아인, 유럽인들이 무시로 많이 드나들면서 동서 문화교류의 새로운 장을 열었다. 명실상부한 세계적인 대제국이 우뚝 선 배경이다.

과연 이세민은 황제가 될 생각이 없었을까?

객관적으로 볼 때 이연은 태자를 바꿀 생각이 전혀 없었다. 그럼에도 『구당서』와 『신당서』 모두 이연이 몇 번이나 이세민을 황태자로 세울 생각을 했고, 그때마다 이세민은 완강히 사양한 것으로 기술해놓았다. 사기들의 윤색으로 보인다.

원래 5대10국의 후진後晉과 송나라 때 나온 『구당서』와 『신당서』의 내용은 모두 '고조실록'과 '태종실록'을 기초로 한 것이다. 두 실록은 현존하지 않는다.

이연의 기실참군記室參軍으로 문서를 담당한 온대아溫大雅는 『당창업기거주唐創業起居注』라는 문헌을 남겼다. 『당창업기거주』는 이연이 태원에서 거병한 뒤 즉위할 때까지 총 357일 동안의 기록이다. 여기에는 이연이 20세의 이세민 계책에 따라 거병했다는 대목이 전혀 나오지 않는다. 그렇다고 이세민을 깎아내린 것은 아니다.

'20세의 이세민이 아버지를 거병하게 했다.'는 사서의 기록은 허경종許敬宗의 곡필을 그대로 옮긴 것일 가능성이 크다. 그렇다고 이세민이 세운 혁혁한 전공이 퇴색하는 것은 아니다. 그의 무훈은 그것 자체로 커다란 칭송을 받을 만하다.

사마광은 『자치통감』에서 대업 13년인 617년 6월, 당시를 기록하면서 허경종의 '실록'에는 이세민만 서하(西河) 일대 토벌에 나선 것으로 돼 있으나, 『당창업기거주』에는 이건성도 함께 참전한 것으로 돼 있다. 사마광은 '사관이 이건성의 이름을 없앴을 뿐이다.'라고 지적했다. 『당창업기거주』의 기록을 역사적 사실에 가깝다고 판단한 결과다.

『구당서』나 『신당서』에는 이건성과 이원길이 온갖 수단을 동원해 이세민을 해치려고 한 내용만 실어놓았다. 이세민이 형제를 공격한 사실은 단 하나도 기록돼 있지 않다.

객관적으로 볼 때 당시 태자인 이건성 측이 모든 면에서 우세했다. 음험한 수단을 구사할 필요성을 절감한 쪽은 오히려 이세민 쪽이다. 사서에 그런 기록이 전혀 나타나지 않는 것은 이세민이 승리를 거뒀기 때문이다. 동서고금을 막론하고 역사는 승자의 기록일 수밖에 없다.

22

측천무후와 무주지치

최초의 여황제

측천무후則天武后는 중국의 전 역사를 통틀어 유일무이한 여성 황제일 뿐만 아니라, 업적 등으로 볼 때 세계사를 통틀어 손에 꼽을 만한 뛰어난 군주이다. 나아가 최고령인 67세로 보위에 오른 유일한 황제이기도 하다.

나아가 태종 이세민이 이룬 '정관지치貞觀之治' 못지않은 성공을 거뒀다. 사가들은 이를 '무주지치武周之治'라고 한다. 측천무후가 주周나라를 세워 뛰어난 정사를 펼쳤다는 뜻이다. '무주혁명武周革命'으로 표현하기도 한다. 대개 당고종 사후 20년가량을 측천무후의 시대로 보고 있다. 그러나 측천무후가 황후로 책봉된 뒤 당고종이 죽을 때까지 지속된 29년의 기간도 측천무후 시대로 포함시켜야 한다. 사실상의 대권을 휘둘렀기 때문이다. 결국 30세에 황후가 돼 80세에 죽을 때까지 반세기 동안 권력을 틀어쥐고 있었던 셈이다.

측천무후는 지금의 산서성 문수현 출신이다. 문수현은 춘추시대에 평릉平陵으로, 전국시대에는 대릉大陵으로 불렸다. 『춘추좌전』과 『전국책』, 『사기』 등의 사서에는 무씨의 기록이 나오지 않는다. 고관을 지낸 자가 거의 없었을 정도로 평범한 마을에 속했다. 그러나 위진남북조시대의 난세 속에서 신분변동이 급격히 일어났다. 무씨도 이런 시류에 올라탔다.

무씨 집안은 측천무후의 부친인 무사확武士彠 때 비로소 가세가 피기 시작했다. 무사확은 당초 상리씨相里氏와 결혼해 4명의 자식을 두었다. 두 자식은 어렸을 때 죽고 나머지 두 자식이 무원경武元庆과 무원상武元爽이다. 이후 양씨楊氏와 재혼해 3명의 딸을 낳았다. 장녀는 이름이 무순武顺으로 자는 명칙明则이다. 하란안석贺兰安石에게 시집을 간 뒤 한국부인韩国夫人에 봉해졌다. 차녀가 바로 측천무후이다. 3녀는 곽효郭孝에게 시집을 갔으나 사서에 그 이름이 나오지 않고 있다.

북송 때 나온 야사집인 『태평광기太平廣記』에 따르면 야심이 컸던 무사확은 3명의 형이 모두 농사를 지은 것과 달리 장사를 했다. 거만의 재산을 모은 뒤 이를 토대로 신분을 상승시키고자 한 것이다. 목재장사를 했다. 수양제가 대형 토목공사를 크게 벌이고 있는 점에 주목한 결과다. 목재 수요가 기하급수적으로 폭발했다. 장거리 목재운송으로 졸지에 거만의 재산을 모았다. 그러나 위진남북조 때부터 강화된 천상賤商의 유풍으로 인해 그의 신분만큼은 최하위의 상인에 지나지 않았다.

당시 상인들은 집을 나설 때 말을 탈 수도 없고, 가마에 오를 수도 없었다. 신발까지도 양쪽 신발이 같은 색이면 안 되었다. 왼발에 흰색 신발을 신으면 오른발은 검은색 신발을 신는 식이었다. 사람들이 멀리서도 장사꾼임을 알아볼 수 있도록 조치한 것이다. 부자는 될 수 있으나 결코 고귀하게 될 수는 없다는 유가의 고정관념에서 나온 조치였다.

무사확은 이게 불만이었다. 그가 황실 및 고관들과 친밀한 관계를 유지한 이유다. 그러나 이게 화근으로 작용했다. 대업 원년인 605년, 상서령 양소楊素의 모반혐의에 연루돼 처벌을 받게 됐다. 평소 널리 사람을 사귄 덕분에 양웅楊雄과 우굉牛宏 등의 도움으로 화를 면할 수 있었다. 이후 은둔에 가까운 생활을 했다.

대업 7년인 611년, 수양제의 고구려 원정이 실패로 돌아가면서 각지에서 군웅이 일거에 반기를 들었다. 무사확도 이를 계기로 은둔생활을 접고 고향인 문수현에서 응양부대정應陽府隊正이 되었다. 이는 50명의 병사를 지휘하는 소대장이다. 이때 자신의 운명을 뒤바꾸는 인물을 만나게 됐다. 바로 당고조 이연이다.

대업 11년인 615년, 이연은 이종사촌 형인 수양제의 명을 받고 반군을 진압하기 위해 변경으로 가던 중 문수현을 지나게 됐다. 장사 수완으로 단련된 무사확은 이연이 큰 인물임을 단박에 알아보고 곧바로 접근했다. 연일 술과 여인으로 환대했다. 이연이 무사확의 이름을 가슴에 새긴 것은 말할 것도 없다. 무사확의 이런 행보는 전국시대 말기의 여불위呂不韋를 방불했다.

대업 13년인 617년, 천하가 더욱 어지러워지고 군웅이 일제히 봉기하는 상황이 됐다. 수양제가 이연에게 태원 유수의 자리를 맡겼다. 이연은 임지에 도착하자마자 무사확을 행군사개참군行軍司鎧參軍으로 삼았다. 무기와 병장기를 관장하는 군수참모에 해당한다. 두 사람이 더욱 가까워졌다. 무사확은 이연을 위해 모든 것을 바치기로 결심했다. 크게 2가지이다.

첫째, 전폭적인 자금지원이다.

둘째, 성심성의를 다한 헌신적인 보필이다. 군웅 제압의 방략을 담은 병서를 편찬해 바치고 새 왕조의 개창을 부추기는 부서符瑞를 바친 게 그렇다. 당시만 해도 인쇄술이 크게 발달돼 있지 않았던 까닭에 병사를 구하기가 쉽지 않았다. 그는 사람들을 동원해 핵심만 간추린 병서를 새로이 편찬해 바친 것이다.

『신당서』「무사확전」에 따르면 당시 무사확은 다양한 종류의 부서를 바쳤다. 이연은 내심 쾌재를 부르면서 시치미를 뗐다.

"부서 등은 모두 조정이 금하는 물건이오."

"천명이 바뀌고 있다는 증거입니다."

이연이 크게 웃으며 이같이 말했다.

"이들 물건을 갖고 온 심경을 충분히 이해하오. 훗날 부귀하게 되면 함께 나누도록 합시다."

용봉에 올라타 입신양명을 꿈꾸는 이른바 반룡부봉攀龍附鳳의 뜻을 이심전심으로 전한 셈이다. 이연이 구체적인 언질만 주지 않았을 뿐이다. 이게 훗날 유일무이한 여제인 측천무후가 등장하는 배경이 되리라고 생각한 사람은 아무도 없었다.

무덕 3년인 620년, 무사확은 정3품의 공부상서工部尚书로 발탁되면서 금군禁軍을 지휘하게 됐다. 졸지에 고관의 자리에 오른 무사확은 주변 사람에게 자랑스럽게 말했다.

"내가 전에 꿈을 꾸었는데 당고조 이연이 장안성으로 들어가 천자가 되는 꿈이었다."

이 이야기를 전해들은 이연이 황급히 사람을 보내 그를 내궁으로 불러들인 뒤 술을 따라주며 물었다.

"지금 그대는 꿈속에서 미래의 황제를 보았다는 등 마치 지인지감知人之鑑이 있는 양 떠벌리고 있으니 어찌 된 일이오?"

'지인지감'은 사람을 잘 알아보는 식견을 말한다. 잘난 체 하는 것을 경계한 것이다. 무사확이 황망히 무릎을 꿇고 사죄했다.

"죽을죄를 지었습니다."

무덕 7년인 624년, 정일품의 응국공应国公에 봉해졌다. 이연의 무사확에 대한 신임은 절대적이었다. 이해 4월에 이연의 중매로 수나라 4대 문벌의 하나인 양웅楊雄 집안의 질녀이자 양달楊達의 딸을 후실로 맞아들이게 됐다.

당시 이연은 무사확이 신분상승을 꾀하고 있다는 사실을 익히 알고 적극 중매에 나섰다. 북송 초기 제왕의 행보를 모아놓은 『책부원구冊府元龜』에 수록된 이연의 언급이 이를 뒷받침한다.

"공부상서 무사확은 충절이 넘친다. 작년에 아들이 죽고 처마저 죽었다. 그는 정부에 요구하지도 않고, 휴가를 가지도 않고, 열심히 일했다. 만일 모든 사람이 그를 본받아 일신과 가족을 돌보지 않고 열심히 일을 하면 우리 당나라는 크게 발전할 것이다."

이때가 바로 무사확이 최고의 절정기에 이르렀을 때였다.

그러나 '현무문의 변'이 일어나고 이연이 이세민에게 양위하면서 무사확의 입지는 크게 줄어들기 시작했다.

측천무후는 부친 무사확의 파란만장한 삶을 눈으로 지켜보며 권력에 대한 욕망을 크게 키웠을 공산이 크다. 여기에는 모친 양씨의 영향도 컸다. 원래 양씨는 당대 최고 재원才媛의 모습을 유감없이 보여주었다. 측천무후는 당대 최고의 재원인 명문가의 모친과 빈손에서 천하의 재부를 거머쥔 뒤 건곤일척의 승부수를 던져 대신의 자리에 오른 입지전적인 부친 사이에서 태어난 셈이다. 그녀가 어렸을 때부터 천하경영을 염두에 둔 것은 오히려 자연스런 일이었다.

무후의 집권 배경

측천무후가 천하를 거머쥐게 된 단초는 14세 때 태종의 후궁으로 입궁한 데 있다. 당시 측천무후는 미인으로 이름이 났다. 소문을 들은 이세민이 곧 궁인으로 불러들였다. 측천무후의 입궁 이후 행보에 관해서는 견해가 엇갈린다. 성격이 다소 거친 데다 여자로서 애교를 부릴 줄 몰랐기 때문에 이세민의 총애를 받지 못했다는 게 중론이다. 그러나 정반대의 견해도 있다. 이세민이 보기에 측천무후의 눈이 둥글고 큰 데다 아양을 부리며 웃는 모습이 좋았던 까닭에 '미낭媚娘'이라는 별명을 지어준 것 등이 논거이다.

어느 경우든 당시 태자로 있던 이치李治가 부황의 후궁인 '무미낭'을 마음에 두고 있었고, 이게 훗날 당나라의 근간을 뒤흔드는 계기로 작용한 것만은 확실하다. 전해지는 이야기에 따르면 이세민은 생전에 사자총獅子驄이라는 명마를 한 마리 갖고 있었다. 아무도 그 말을 길들일 수 없었다. 옆에 시중을 들던 측천무후가 태종에게 말했다.

"소첩이 그 말을 제압할 수 있습니다. 그러기 위해서는 3가지 물건이 필요합니다. 철 채찍, 철퇴, 비수입니다. 철 채찍은 복종하지 않을 때 휘두르고, 그래도 안 들으면 철퇴로 머리를 치고, 마지막까지 말을 듣지 않으면 비수로 목을 찌르면 됩니다."

이세민은 크게 놀라 꺼렸다고 한다. 사납고 거친 성격의 여자를 좋아하지 않았기 때문일 것이다.

정관 23년인 649년 5월, 이세민 죽자 측천무후는 장안 감업사感業寺의 비구니가 되었다. 영휘 4년인 654년, 고종이 태종의 5주기 예불 참석을 구실로 분향차 감업사에 들렀다가 홀로 쓸쓸히 지내는 측천무후의 모습을 보고 옛정에 사로잡혔다. 측천무후를 다시 궁궐로 데리고 들어갔다.

측천무후가 다시 황궁으로 들어갈 수 있었던 데는 고종의 황후 왕씨王氏과 후궁인 숙비淑妃 소씨蕭氏의 사랑 다툼이 크게 작용했다. 당시 고종의 마음은 황후 왕씨의 라이벌이었던 숙비 소씨에게 쏠려 있었는데, 황후 왕씨는 그러한 고종의 마음을 숙비 소씨에게서 떼어놓기 위하여 고종에게 측천무후의 입궁을 적극 부추겼다. 이는 결과적으로 고양이를 잡기 위해 호랑이를 데려온 꼴이 됐다. 당시 측천무후는 30세였다. 고종보다 4살이나 많았다.

영휘 6년인 655년 10월 13일, 황후 왕씨를 폐위해 서인으로 삼는다는 조서가 발표됐다. 숙비 소씨도 함께 모의한 혐의를 받고 서인이 됐다. 이들의 부모형제 등도 관직이 삭탈된 뒤 영남으로 유배를 가게 됐다. 며칠 후 측천무후가 황후의 자리에 올랐다.

백관들이 숙의문肅義門 앞에서 하례를 올렸다. 측천무후를 황후로 책봉하는 데 반대한 장손무기와 저수량은 비참한 최후를 맞았다. 저수량은 지금의 광서성 계림인 계주桂州 도독으로 좌천됐다가 다시 모반에 연루돼 애주愛州 자사로 이동했다. 애주는 지금의 베트남 하노이 남쪽의 탄호아淸化이다. 그는 남쪽 땅의 축축하고 독한 기운인 장독瘴毒으로 죽었다. 저수량은 당대의 서도가이다. 안진경顔眞卿과 더불어 후세 사람들이 친근하게 생각하는 인물이다. 황제의 외숙인 장손무기도 검주黔州로 유배됐다가 모반 혐의로 사사됐다. 찬성도 반대도 하지 않고 침묵을 지킨 우지녕宇志寧도 좌천됐다.

이와 반대로 측천무후를 지지한 세력의 우두머리 허경종許敬宗은 승승장구했다. 당시 측천무후는 허경종과 같은 과거급제자를 중심으로 새로운 진용을 갖추고자 했다. 이는 이세민을 흉내 낸 것이다. 이세민은 진왕으로 있을 때 문학관 학사를 가까이 두고 정치고문으로 활용했다. 18명이 있어 '18학사'로 불렸다. 두여회, 방현령 등이 그 속에서 나왔다.

측천무후가 황후의 자리에 오른 것은 권력탈취의 교두보를 확보한 것이나 다름없다. 그러기 위해서는 먼저 황후의 자리를 확실히 굳힐 필요가 있었다. 장손무기 등의 '관롱집단'이 음으로 양으로 반격을 가할 태세를 갖추고 있었기에 먼저 이들을 제압해야만 했다. 측천무후가 황후로 책봉될 당시 폐후 왕씨와 폐비 소씨는 외진 정원에 구금돼 있었다. 하루는 고종이 문득 그녀들 생각이 나 정원으로 갔다가 이들의 소원을 듣게 됐다. 그들은 다시 밝은 해를 볼 수 있도록 해달라고 간청했다. 고종은 정원의 이름을 회심원回心院으로 바꿔 그날의 만남을 기념하자고 약속했다.

그 소식을 들은 측천무후는 곧 모든 창호와 문을 봉쇄한 뒤 오직 담 벽에 작은 구멍 하나를 뚫어 그곳을 통해 음식 등을 집어넣게 했다. 얼마 후 힘이 센 태감들을 보내 왕씨와 소씨에게 각기 100대의 매를 친 뒤 두 사람의 손발을 끊게 했다. 이들은 두 여인의 손발을 자르고 몸뚱이는 술동이에 넣어 바쳤다. 뼈 속 깊숙이 술기운이 스며드는 것을 '골취骨醉'라고 한다. 두 여인은 '골취'로 인해 서서히 죽어갔다. 골취는 전한 초기 유방의 부인 여후가 척부인에게 행한 혹형인 '인체人彘'와 닮았다.

당시 측천무후는 먼저 허경종과 이의부 등을 움직여 관롱집단의 우두머리 격인 장손무기와 저수량, 우지녕 등을 먼 벽지로 유배 보냈다. 이들 대부분이 유배지로 가던 중 병사했다. 유배지에 도착했을지라도 측천무후의 사주를 받은 사람들에 의해 살해됐을 것이다. 이를 계기로 허경종과 이의부가 정권의 실세로 떠올랐다.

정적 제거와 권력 장악

고종은 늘 두풍頭風을 앓았다. 조정의 일상 업무는 모두 측천무후가 처리했다. 측천무후의 권력이 지나치게 강해지자 고종도 크게 우려했다. 인덕 원년664, 고종은 요사한 도사 곽행진郭行眞이 무시로 황후의 궁실에 드나들며 주술로 사람을 복종학게 만드는 비법인 염승지법厭勝之法을 행한다는 소식을 듣고 화를 냈다. 곧 서대西臺의 시랑侍郞으로 있는 상관의上官儀를 은밀히 불러 대책을 논했다. 상관의가 건의했다.

"황후가 전횡하자 천하가 따르지 않습니다. 청컨대 폐위키 바랍니다."

고종이 곧 그에게 황후 폐위의 조서를 쓰게 했다. 그러나 바로 측천무후의 첩자에 해당하는 시녀들에 의해 들통이 났다. 측천무후가 고종의 침궁으로 찾아가 자신의 무죄를 극구 변명했다. 유약한 고종은 시종 모든 것을 상관의에게 떠넘겼다.

당고종의 초상

"이는 내 본심이 아니오. 모두 상관의가 나에게 가르쳐준 것이오."

무후는 곧 허경종을 불러 상관의를 무함하는 상서를 올리게 했다. 상관의가 고종의 장자인 연왕燕王 이충李忠과 모반을 꾀했다는 내용이다. 당시 측천무후는 밀고를 장려해 그 밀고가 진실이 아니라고 밝혀지더라도 밀고자를 처벌하지 않는 규정을 만들었다. 결국 상관의는 처형됐다. 고종은 모든 것을 상관의에게 덮어씌워 목숨을 구했다. 상관의와 사귀던 사람들 모두 좌천되거나 유배됐다.

이 무렵부터 사람들은 고종과 측천무후를 '2성二聖'으로 부르기 시작했다.

상원 원년인 674년 8월, 측천무후가 황제와 황후라는 명칭을 천황天皇과 천후天后로 고쳤다. 그는 명칭에 구애돼 자주 고치는 버릇이 있었다. '2성'의 표현에서 알 수 있듯이 남자와 대등하기를 바랐다. 당시의 복상 제도는 부친상은 3년, 모친상은 1년이었다. 측천무후는 모친의 사망에도 3년 상을 치르도록 했다. 남녀평등의 선언에 해당한다.

상원 2년인 675년, 태자 이홍은 자신의 이복누이인 소씨 소생, 의양義陽 공주와 의성宣城공주가 30세가 넘도록 궁 안에 유폐돼 있는 사실을 알고는 충격을 받았다. 곧 부황인 고종에게 상서해 이들을 속히 시집보낼 것을 청했다. 고종이 이를 수락했다. 측천무후가 이에 대로했다. 얼마 후 이홍은 합벽궁合璧宮 기운전綺雲殿에서 급사했다. 당시 24세였다.

이홍이 죽음으로써 옹왕雍王 이현李賢이 새 태자가 됐다. 그가 바로 『후한서』에 주석을 단 장회태자章懷太子이다. 이를 '장회태자 주注'라고 한다. 후대 연구자들이 크게 주목하는 역작이다. 이현은 고종의 6자로 측천무후가 이홍 다음에 낳은 아들로 돼 있다. 고종이 한국부인과 눈이 맞아 태어난 것이 이현이라는 소문이 있다. 한국부인은 이 일로 인해 동생 측천무후에게 살해됐다는 이야기도 전해진다.

원래 측천무후가 황후가 된 후 그녀의 일족은 황실과 친근한 관계를 맺게 됐다. 일찍이 미망인이 된 그녀의 언니 한국부인도 궁궐에 자주 드나들었다. 한국부인의 딸인 하란씨賀蘭氏도 고종에게 소개됐다. 고종이 한국부인 모녀의 미색에 빠지면서 측천무후는 모든 것을 자신의 뜻대로 처리할 수 있게 됐다. 이현이 측천무후 소생으로 둔갑했을 가능성을 배제할 수 없다.

당시 이현은 신망이 높았다. 인품도 좋고 학식도 풍부해 주위에 많은 학자들이 몰려들었다. 이때 이현은 자신의 출생에 관한 얘기를 어디서 들었는지 점차 이상한 언행을 보이기 시작했다. 조로 2년[680], 이현의 마구간에서 수백 벌의 갑옷이 발견되자 측천무후가 곧 이현을 폐위해 서인으로 삼은 뒤 멀리 파주巴州로 보냈다. 결국 측천무후의 명을 받아 파주로 파견된 좌금오左金吾 구신적丘神績이 그를 구금한 뒤 자진을 명했다. 당시 32세였다. 이현의 자식들 모두 횡사했다.

이홍 및 이현의 뒤를 이어 새로 태자가 된 것은 고종의 7자인 영왕英王 이현李顯이다. 그는 확실한 측천무후 소생이다. 그러나 부친인 고종 이치처럼 심약한 인물이었다.

폭군과 명군의 차이

측천무후는 주나라를 건국하기 위해 황족을 차례로 제거하는 계책을 구사했다. 크게 3가지였다 첫째, 중종 이현을 폐위시키고, 예종 이단에게서 실질적 권력을 빼앗아 괴뢰황제를 만들었다. 둘째, 황태손 이중조를 폐위시켰다. 셋째, 폐위된 태자 이현을 파주로 보낸 뒤 골칫거리를 미리 제거했다. 이씨의 싹을 말린 측천무후가 보위를 탈취한 것은 정해진 수순이었다.

측천무후의 무자비

중국의 초대 사회과학원장을 지낸 곽말약郭沫若은 측천무후가 평소 음탕했다는 주장에 대해 그녀의 나이를 들어 부정했다. 곽말약은 언니 한국부인의 아들 하란민지가 남녀관계를 문란케 했다고 하여 그들을 처형하려고 한 사례를 들어 남녀 간 윤리에 엄했다고 보았다.

그러나 하란민지의 경우는 그 어머니인 한국부인을 측천무후가 죽였다는 의심을 품고 있었다. 윤리문제로 해석할 게 아니다. 현재도 건릉의 참배 길에는 문무관원의 석인石人과 석수石獸가 늘어서 있다. 양산을 향해 왼쪽에 측천무후가 손수 찬한 당고종의 현덕비가 서 있다. 오른쪽에는 짝을 이루는 비가 서 있다. 이른바 무자비無字碑이다. 말 그대로 글자가 없는 비석이다.

측천무후는 당고종이 죽었을 대 참배길 맞은편에 짝을 이루는 비석을 하나 세우게 했다. 살아 있는 동안에 글을 새기게 할 수는 없다. 20년 동안 글자가 없었던 것은 당연하다. 이와 관련해 측천무후 스스로 자신의 공적과 덕을 표현할 수 없을 만큼 뛰어난 까닭에 글을 새기지 못하게 했다는 전설이 있다. 측천무후를 그 곳에 합장한 뒤 비석에 새길 말을 찾지 못해 공백으로 남겨둔 것이 맞다. 당나라를 찬탈한 일을 쓸 수는 없는 일이다. 이후 '무자비'는 체격만 당당하고 교양이 없는 무식한 자를 상징하는 성어로 전용됐다.

현재 하남성 낙양시 일대의 용문산龍門山 석굴에 커다란 비로자나 불상이 있다. 고종 상원 2년675에 조성된 것이다. 입가에는 알 듯 모를 듯 야릇한 웃음을 띠고 있다. 일설에 따르면 측천무후의 얼굴을 조각한 것이라고 한다. 당시의 미인 기준이 건강과 풍만함이었던 점을 감안하면 그녀는 최고의 미모를 지닌 경우이다.

오랫동안 측천무후는 당나라를 찬탈한 요녀로 비판받았으나 측천무후를 적극 변호한 사가도 있다. 사마광이 대표적이다. 반세기에 걸친 그녀의 집권 때 농민폭동이 거의 일어나지 않았던 점 등이 논거다. 사실 반란을 일으킨 자들은 좌천된 자들과 황족들이다. 이들은 백성의 지지를 받지 못했다. 그녀의 시대에 재해도 적지 않았으나 그때마다 적절한 대책이 강구됐다. 실무관료들이 일을 잘 한 것이다.

측천무후는 만년에 이르러 중종 이현을 태자로 세우면서 이씨와 무씨가 서로 융화할 것을 맹서하게 했다. 이어 이씨를 옹립한 재상 위원충魏元忠과 구음丘愔을 파직시켰다. 병세가 악화되는 와중에도 그는 이현과 이단 형제, 무삼사와 무유기武攸曁 무리, 심지어 자신의 외동딸인 태평공주 가운데 그 누구도 궁에 들어와 자신의 시중을 들지 못하게 했다. 무씨와 이씨 가운데 어느 한쪽이 일방적으로 우세하도록 방관치 않으려는 속셈이었다.
실제로 측천무후는 자신이 발탁한 인물이 이내 적합지 않다고 판단되거나 권력을 농단하는 기미를 보이면 사정없이 내쳤다. 때로는 사형에 처하기도 했다. 그녀는 사람 보는 눈이 있어 당시 유능한 사람들은 일하는 보람을 느꼈다. 업적이 있으면 반드시 측천무후의 인정을 받았다. 많은 인재들이 다퉈 직무에 충실했던 이유다.

측천무후의 가장 열렬한 변호인은 명대 말기의 기인 이탁오李卓吾이다. 그는 『장서』의 역사인물 평에서 측천무후를 전한 유방의 처 여후 등과 비교하며 측천무후는 총명한 군주였으나 여후 등은 그 발밑에도 미치지 못했다고 평했다. 특히 인재의 양성과 발탁을 높이 평가했다.

당나라의 최전성기인 개원과 천보의 시대 당시에 활약한 인물 모두 측천무후 때 조정에 있던 자들이다. 측천무후가 발굴한 인재들이다. 그녀는 여자, 아내, 어머니라는 것 이전에 정치가였다. 사마광의 평이 보여주듯이 그 덕으로 많은 인재가 양성됐다. 현종의 개원지치開元之治도 이런 맥락에서 이해할 수 있다.

23

당현종과 안사지란

중종과 위씨의 발호

경룡 4년인 710년 6월, 당중종 이현은 부인인 황후 위씨와 딸 안락공주 安樂公主에 의해 독살됐다. 그는 장인 위현정의 관작을 멋대로 높였다는 이유로 생모인 측천무후에 의해 즉위 2달 만에 보위에서 끌려 내려와 방주로 유배를 가는 참사를 당했다. 측천무후의 치세 말기, 적인걸 등의 노력으로 유배에서 풀려나 경성으로 돌아올 수 있었다.

측천무후의 병이 위독해지자 봉각시랑 장간지張柬之 등이 금위군을 이끌고 정변을 성사시켰다. 이들은 강압적으로 측천무후의 재가를 얻어낸 뒤 당중종 이현을 옹립했다. 무려 21년 만의 일이다. 그는 방주에 유배당했을 때 경성에서 사자가 왔다는 소식을 들을 때마다 자진을 생각했다. 그때마다 부인 위씨가 간했다.

"화복은 무상한 법입니다. 죽을 때 죽을지언정 굳이 이처럼 서두를 필요가 있겠습니까?"

결국 50세에 달한 시점에 경성인 낙양으로 다시 올라갈 수 있게 되었다. 경성으로 올라갈 당시 중종 이현은 부인 위씨의 손을 잡고 기쁨의 눈물을 흘리며 맹서했다.

"부인 덕분에 다시 햇빛을 보게 됐소. 장차 그대가 원하는 바를 얻기 위해 무엇을 행하든 나는 일절 간섭치 않을 것이오!"

그는 복위되자마자 곧바로 위씨를 황후에 봉했다. 여기서 위씨의 발호가 시작됐다. 사가들은 앞서 천하를 호령한 측천무후와 위씨로 인한 화난을 하나로 묶어 이른바 '무위지화武韋之禍'로 부르고 있다.

당중종의 치세 때 겉으로는 태평한 모습이었으나 사실 수많은 사람이 황후 위씨 등이 역모를 꾸민다는 밀고하는 등 시끄러운 모습이었다. 이들 모두 황후 위씨 일당의 손에 의해 무참히 살해됐다.

경룡 4년인 710년 6월, 허주許州의 사병참군司兵參軍 연흠융燕欽隆이 황후 위씨와 안락공주의 음행과 악행을 고했다. 크게 놀란 당중종 이현이 마침내 직접 심문에 나섰다. 연흠융은 비록 관직이 낮기는 했으나 기개가 높았다. 그는 천하의 인심이 흉흉하고, 항간에 황후 위씨 등과 관련한 추문이 파다하다는 얘기를 거침없이 털어놓았다. 당중종 이현은 입을 굳게 다물고 아무 말도 하지 않았다.

이때 위씨의 심복인 병부상서 종초객宗楚客이 이연 곁에서 시립하고 있다가 다급한 나머지 곧바로 좌우의 위사를 시켜 연흠융을 잡아다가 멀리 내던지게 했다. 결국 연흠융은 전각의 주춧돌에 머리를 맞고 목이 부러져 즉사했다. 종초객이 자신의 명을 받지도 않은 채 눈앞에서 무엄한 행동을 벌이는데도 중종 이현은 단지 불쾌한 표명만 지었을 뿐이다. 이 소식을 들은 황후 위씨 일당은 당중종 이현의 추궁이 있을까 크게 두려워했다.

황후 위씨는 곧 '황태녀'를 자처하는 안락공주를 불러 대책을 논의했다. 남편인 당중종 이현을 독살하기로 결론이 났다. 며칠 뒤 어리석기 짝이 없는 당중종 이현은 부인과 딸이 만들어준 '탕병'을 먹고 황천객이 되고 말았다. 복위된 지 5년만의 일이다.

당시 황후 위씨는 남편 이현을 독살한 뒤 발상을 뒤로 미루고는 먼저 백관들을 궁중으로 불러 모으면서 부병府兵 5만여 명을 경성 주변에 배치했다. 이어 사위 위첩韋捷과 위관韋灌을 비롯한 위씨 일족에게 궁중의 금위군을 포함해 각 군의 지휘권을 장악하도록 했다.

당시 병부시랑 최일용崔日用은 시종 위씨 측에 서 있었다. 그는 종초객 등이 상왕 이단과 태평공주를 죽이려 하는 것을 알고는 일이 실패로 돌아갈 경우 자신에게도 큰 화가 미칠 것을 우려했다. 곧바로 잘 아는 승려 한 사람을 시켜 훗날 당현종으로 즉위하는 이융기李隆基에게 이를 알리면서 속히 선수를 칠 것을 권했다. 이융기는 태평공주를 비롯해 위위경衛尉卿으로 있는 태평공주의 아들 설숭간薛崇簡과 긴밀히 교신하며 위씨 일망타진에 관한 계책을 깊이 논의했다.

이융기가 태평공주와 손을 잡고 정변을 일으켰다. 거사에 가담한 금위군이 매우 빠른 속도로 현덕문玄德門과 백수문白獸門을 접수한 뒤 능연각凌煙閣 앞에서 모였다. 큰 소리로 외치며 수문장을 죽인 뒤 안으로 쳐들어갔다. 군사들을 독려해 현무문을 돌파한 이융기는 능연각 쪽에 환호성이 올리자 곧바로 우림군을 이끌고 궁 안으로 쇄도했다. 황후 위씨는 너무 놀란 나머지 길을 잘못 들어 비기영飛騎營으로 뛰어들었다. 눈치 빠른 군사가 단박에 그녀의 목을 베었다. 대공을 세운 군사가 곧바로 말을 달려 이융기에게 달려갔다. 당시 안락공주는 거울 앞에 있다가 문득 문을 박차고 들어온 병사들에 의해 단칼에 목이 달아났다.

원래 황후 위씨는 결코 황당한 여인이 아니다. 20여 년 동안 온갖 굴욕과 어려움을 견뎌내고 중종을 보호한 게 그 증거다. 가히 '여중호걸女中豪傑'이라고 칭할 만하다. 중종을 시해한 후 취한 일련의 조치도 나름 타당했다. 황궁의 금위군을 포함해 도성 내 각 군사의 지휘권을 틀어쥔 것 등이 그렇다. 당중종의 '유조'를 빙자해 넷째 아들 이중무를 황제로 옹립한 것도 측천무후의 수법을 흉내 낸 것이다.

그러나 그녀가 간과한 게 하나 있다. 시세時勢가 변한 것을 눈치 채지 못했다. 측천무후는 당고종 때 이미 '2성二聖'으로 군림했다. 과도기 또한 매우 길어 중요한 자리에 그의 일당이 모두 포진할 수 있었다. 이에 반해 위씨는 전혀 이런 기반을 갖지 못했다. 중종은 유약한 데다 복위한 기간도 짧았다.

더구나 그녀는 무삼사와 통간한 소문이 안팎으로 널리 퍼져 있었다. 태자 이중준은 그녀 손에 죽었고 그녀가 세운 이중무는 그녀 소생도 아니었다. 중종이 죽자 설령 그녀가 독살하지 않았을지라도 모든 비난이 그녀 위에 떨어질 수밖에 없는 상황이었다. 하물며 독살한 정황이 그대로 드러난 마당에 그녀가 빠져 나갈 구멍은 전혀 없었다.

이융기는 안팎이 정돈되자 비로소 상왕부相王府를 찾아가 부친 이단에게 먼저 거사를 알리지 않은 점을 고하고 죄를 청했다. 이단은 놀랍기도 하고 기쁘기도 해 아들 이융기를 꼭 껴안으며 울먹였다.

"종묘사직이 땅에 떨어지지 않은 것은 너의 공이다."

사람들이 이단에게 보위에 오를 것을 거듭 권했다. 이단은 재삼 사양하다가 마침내 이를 받아들였다. 그가 친형인 당중종 이현과 마찬가지로 재차 복위한 당예종이다. 꼭 26년 만에 보위를 되찾은 셈이다.

당예종 이단은 위씨를 '서인'으로 폐하고, 특히 안락공주는 '패역서인悖逆庶人'으로 폐했다. 무삼사와 무승훈의 시호도 깎아내렸다. 중종의 장인인 위현정은 황후 위씨가 집권한 후 왕으로 봉해졌으나 이때 다시 관을 쪼개 시체를 토막 내는 '부관참시剖棺斬屍'를 당했다.

태평공주는 당예종 이단의 유일한 자매로 위씨 일당을 궤멸시키고 이단을 옹립하는 데 대공을 세웠다. 당초 그녀는 생질인 이융기를 나이 어린 젊은이 정도로 생각했다. 그러다가 그가 매우 명민하고 무략도 지닌 것을 알고는 크게 놀랐다. 당예종 사후 그가 보위를 이을 경우 자신의 입지가 흔들릴 것을 우려했다. 이에 사방으로 사람을 보내 이같이 떠벌이게 했다.

"태자는 적장자가 아니다. 부당하게 자리에 앉아 있다."

태평공주는 태자 주변의 속관과 내시 등을 매수해 자신의 이목耳目으로 삼았다. 이융기의 흠집을 샅샅이 찾아내고자 한 것이다. 대신 송경宋璟과 요원지姚元之가 당예종 이단에게 이를 은밀히 알리면서 태평공주를 낙양에 안치할 것을 진언했다. 당예종 이단이 받아들이지 않았다.

"짐에게 남아 있는 형제자매라고는 오직 태평공주 한 사람밖에 없소. 어찌 멀리 동도 낙양으로 떠나보낼 수 있겠소!"

이 와중에 태평공주의 위세는 하늘을 찌를 정도로 커졌다. 전에 무삼사와 황후 위씨에게 빌붙었던 최식이 이번에는 태평공주의 수족이 되었다. 태평공주는 오라비인 당예종 면전에서 시끄럽게 울고불고한 끝에 마침내 최식을 중서시랑에 임명하도록 만들었다. 시중 두회정竇懷貞과 잠희岑羲를 비롯해 포주蒲州 자사 소지충 등 역시 태평공주의 심복이 되었다.

태평공주는 예종과 태자 이융을 이간하는 방안의 하나로 술사를 이용했다. 태평공주의 명을 받은 술사가 예종에게 이같이 말했다.

"지금 혜성이 지나갔으니 이는 옛 것을 버리고 새 것을 찾는 상입니다. 황태자가 응당 보위에 올라야 합니다."

그러나 이 계책은 완전 실패작이었다. 예종이 보위를 태자에게 넘기기로 결심한 것이다. 이 얘기를 전해들은 이융기가 황급히 궁 안으로 달려간 뒤 땅 위에 엎드려 눈물을 흘리며 고사했다. 예종이 말했다.

"사직이 안정을 찾고 짐이 보위에 오른 것은 모두 너의 덕분이다. 지금 보위에 재난이 있을 것이라고 해서 너에게 넘기는 것이다. 이른바 '전화위복'은 이를 말하는 것이다. 조금도 의심치 말라!"

결국 태평공주는 이융기를 보위에 앉히는 패착을 둔 셈이다. 연화 원년인 712년 8월, 이융기가 보위에 올랐다. 그가 바로 당나라의 중흥을 이룬 현종唐玄宗이다. 위씨 일당을 궤멸시키고 부왕 이단을 옹립했을 당시 그의 나이는 불과 25세에 지나지 않았다. 보위에 올랐을 때 27세였다.

개원 4년인 716년 여름, 당예종이 숨을 거뒀다. 향년 55세였다. 당시 태평공주는 변란이 일어났다는 소식을 듣고는 종남산의 사묘寺廟로 몸을 숨겼다. 사흘 뒤 체포돼 집에서 사사됐다. 왕에 봉해진 3명의 아들 모두 피살됐다. 태평공주의 가산을 몰수하자 진귀한 보물이 창고에서 쏟아져 나왔다.

개원지치의 허실

당현종 이융기는 정변을 성사시킨 다음 달부터 새 연호인 개원開元을 사용했다. 천지가 새롭게 시작한다는 뜻이다. 새 연호가 시작된 개원 원년 713년 12월, 현종 이융기가 여산驪山에서 열병을 겸한 사냥인 이른바 강무講武를 행했다. 20만 명의 병사가 소집됐다. 정기의 길이가 무려 50여 리에 달했다. 이해 말에 백관들이 그에게 존호를 올렸다. '개원신무황제開元神武皇帝'가 그것이다.

이 존호는 나름 과감히 결단해 막강한 세력을 자랑하던 태평공주의 무리를 일망타진한 그의 공업에 부응한다. 취지 면에서 볼 때 이는 북방민족이 사용한 칸可汗의 존호를 흉내 낸 것이다. 태종은 돌궐을 비롯한 북방민족들로부터 '천칸天可汗'의 칭호를 받은 바 있다. 이는 '텡그리칸'의 번역어이다. 장성 안의 농경지대와 장성 밖의 초원지대를 모두 아우른 진정한 의미의 '황제'이자 '칸'이라는 뜻을 담고 있다. '천칸'을 존호로 볼 경우 최초의 존호는 당태종 이세민이 받았다. 그러나 역대 사가들은 당현종 이융기가 신하들로부터 최초의 존호를 받은 것으로 본다. 중화주의의 비뚤어진 시각이다.

천보 13년인 754년, 당현종 이융기은 4차례에 걸쳐 거듭 '존호'를 받았다. 그 이름이 매우 길다. '개원천지대보성문신무효덕증도황제開元天地大寶聖文神武孝德證道皇帝'가 그것이다. 유사 이래 비견할 수 없을 정도의 뛰어난 문무와 도덕을 모두 구비한 유일무이한 황제라는 뜻이다. 모두 16자이다. 신하들로부터 이처럼 긴 명칭의 존호를 받은 황제는 존재하지 않았다.

이를 계기로 이후 황제가 살아 있을 때 존호를 올리는 게 하나의 관행으로 굳어졌다. 이는 적잖은 폐단을 남겼다. 생전과 사후를 막론하고 미사여구로 뒤덮인 존호를 마구 올려 존호 자체를 웃음거리를 만들었기 때문이다. 청나라의 강희제가 일갈한 게 그 증거다.

"존호는 글자를 위아래로 뒤집어 맞춘 것에 지나지 않는다. 오랫동안 이런 누습陋習이 전해져 왔는데도 이를 고칠 생각을 하지 않고 짐에게 거듭 존호를 바치려고 하니 여기에 무슨 존경의 뜻이 담길 수 있겠는가.”

조그마한 사건에 불과한 당현종의 '존호'는 현종의 치세가 지니고 있는 허실을 정확히 반영하고 있다. 망령되게 스스로를 높이는 망자존대妄自尊大와 겉만 화려하고 속은 텅텅 빈 외화내빈外華內貧의 풍조가 그것이다. 당현종의 치세가 바로 이런 모습을 보였다. '개원지치'의 외화外華 속에 숨겨진 내빈內貧이 그의 치세 말기에 그래도 노정됐다. 당나라가 그의 사후 무려 150년간에 걸쳐 계속 피폐를 면치 못하다가 패망한 근본 배경이 여기에 있다.

통상 학자들은 현종의 행보를 크게 개원開元 연간과 천보天寶 연간으로 나눠 평가하고 있다. 개원 연간에 성세를 이룬 데 반해 천보 연간에는 '안사지란'과 같은 난세를 자초했다는 판단에 따른 것이다. 그러나 일부 학자들은 개원 연간과 천보天寶의 초기를 통틀어 이른바 '개천성세開天盛世'로 칭하고 있다. 이때 당나라가 가장 번성했다는 취지이다. 그러나 이미 '개원지치' 말기에 당나라의 쇠락을 예고하는 조짐이 대거 나타나기 시작했다. '외화내빈'의 풍조가 만연함에 따라 일반 백성들 사이에서도 사치가 일반화하고, 관원들은 현실에 안주하며 나태한 모습을 보였다. 이런 측면에서 보면 천보 14년인 755년에 일어난 '안사지란'은 급작스레 일어난 것이 아니다.

'안사지란'의 전개

재상 이림보李林甫는 개원 연간에 이미 당현종에게 이같이 상주한 바 있다.

"문사文士들을 장수로 삼으면 겁이 많아 시석矢石을 무릅쓰는 일을 감당하지 못합니다. 차라리 이민족인 번인蕃人을 발탁하느니만 못합니다. 이들은 싸움도 잘하고 용맹합니다. 가문배경이 없는 한인寒人인 데다가 당파가 없는 점에서 가히 쓸 만합니다."

그러고는 자신이 임명한 삭방절도사 안사순安思順을 예로 들었다. 안사순은 안록산安祿山의 집안 동생인 족제族弟이다. 원래 안록산은 지금의 요녕성 조양인 영주 유성柳城 출신으로 일종의 '잡호雜胡'에 해당했다. 이민족 혼혈이라는 뜻이다.

모친 아시테阿史德는 돌궐 출신 무녀였고 부친은 누구인지 알 길이 없다. '안록산'의 원래 이름은 알락산軋犖山이다. '락산'은 소그드어 '로흐샨roxshan'을 음차한 것이다. 밝다는 뜻이다. 그가 어렸을 때 그의 모친은 이란계 소그드인 출신 하급 장교 안연언安延偃에게 시집갔다. 개원 연간에 안연언은 당나라에 투항하면서 10여 세의 안록산과 일족인 하급 장교 안도매安道買의 아들 안절후安節厚를 함께 데리고 왔다. 안사순은 바로 안절후의 아들이다.

당시 당현종은 이림보의 제안이 일리가 있다고 생각해 곧바로 '번인'과 '한인'을 변경의 장수로 삼는 조명을 내렸다. 결과적으로 안록산은 이림보 덕을 크게 본 셈이다.

당시 안록산은 부족의 6개 언어를 할 줄 알았다. 일종의 교역거간 담당 관인 호시아랑互市牙郎에 임명된 배경이다. 상술에 뛰어나 변방의 이민족들과 중계무역으로 많은 부를 쌓았다. 중앙의 고위 관원에게 많은 뇌물을 뿌려 실책과 비리로 인한 파면 위기를 면했다.

특히 그는 재치가 많아 남의 비위를 맞추고 아첨하는 데 뛰어났다. 큰 공을 세운 게 없는데도 당현종에게 아첨하여 3개 절도사를 겸임하게 됐다. 양귀비에게 아첨해 양모로 모시면서 그 양자로 들어가기도 했다.

당현종의 치세는 개원 연간을 지나 천보 연간이 되면서 조락의 기운을 드러내기 시작했다. 외형적으로는 여전이 화려했다. 그러나 속으로는 통치체제의 근간을 이뤄온 율령제가 변질되고, 균전제 및 조용조租庸調 세제가 이완되고, 부병제가 무너져 변경의 안정이 흔들리는 등 크게 곪아 있었다. 귀족 및 호족의 토지겸병으로 인해 농민층이 대거 와해된 결과였다.

당시 징병제인 부병제가 무너진 후 절도사들은 유민들을 대거 흡수해 사실상 지방군벌로 성장해 있었다. 현종과 이림보, 양귀비 등에게 신임을 받은 안록산은 유주幽州·평로平盧·하동河東의 절도사를 겸할 정도로 세력이 막강했다. 이 와중에 이림보가 사망하고 양국충이 실권자로 부상하면서 안록산과 갈등을 빚게 됐다. 양국충이 당현종에게 안록산이 모반을 꾀한다고 상주하며 그의 소환을 강력 요구하고 나섰다.

천보 14년인 755년 11월, 안록산이 마침내 양국충 토벌을 구실로 반기를 들었다. 이 소식을 들은 양국충은 오히려 반색하며 이같이 호언했다.

"지금 실제로 반기를 들고자 한 자는 안록산 한 사람밖에 없다. 대다수 장병들은 할 수 없이 좇았을 뿐이다. 내가 10일 이내에 그의 목을 궐 아래 바칠 것이다."

그러나 이는 말 그대로 호언에 지나지 않았다. 당시 안록산의 반군은 막강했다. 거란과 철륵鐵勒 등 북방민족의 정예병 8천여 기騎를 중심으로 '한인' 및 '번인'으로 구성된 20만의 대군이 지금의 북경 부근인 범양范陽에서 동도 낙양을 향해 파죽지세로 진격해 들어왔다. 박릉博陵과 호성蕭城을 비롯해 튼튼하기로 소문난 영창성靈昌城 등이 차례로 함몰됐다. 오랜 세월 태평에 젖은 당나라 군사는 제대로 싸우지도 못하고 연이어 패했다.

반군이 장안으로 쳐들어오자 당현종이 황급히 몽진蒙塵에 나섰다. 지금의 섬서성 홍평현인 마외역馬嵬驛에 이르렀을 때 어림군이 반기를 들어 양국충 등을 살해한 뒤 양귀비의 처벌을 요구했다. 현종은 할 수 없이 그녀에게 자진을 명했다. 훗날 백거이는 「장한가長恨歌」를 지어 현종의 애끓는 심경을 절절히 묘사한 바 있다.

5대10국 당시 왕인유王仁裕가 쓴 『개원천보유사開元天寶遺事』에 따르면 하루는 현종이 양귀비와 함께 대명궁 내 태액지太液池에 핀 1천여 송이의 흰 연꽃을 감상한 적이 있다. 좌우가 모두 찬탄하자 그가 양귀비를 가리키며 이같이 말했다.

"연꽃의 아름다움도 말을 알아듣는 이 꽃에는 비할 바가 못 된다."

여기서 '해어화解語花' 성어가 나왔다. 그러나 두 사람의 불행한 '엔딩'으로 인해 이후 '해어화'는 기생의 뜻으로 바뀌었다.

사서는 양귀비를 두고 '자질풍염資質豊艷'으로 기록해놓았다. 자질이 뛰어난 데다 풍만하고 요염했다는 뜻이다. 이백은 그녀를 '활짝 핀 모란'에 비유한 바 있다. 그러나 자색도 자색이지만 더 중요한 것은 뛰어난 가무실력이다. 가무뿐만 아니라 악기를 타는 데도 능했다. 현종은 지나치게 음률을 좋아했다. 이게 그의 마음을 끌어당기는 결정적인 배경으로 작용했다. 그녀의 가무와 탄주는 현종을 옭아매는 마약 '양귀비'나 다름없었다.

원래 안록산과 그의 맏아들 안경서安慶緒, 안경서를 죽이고 뒤를 이은 휘하 부장 사사명史思明과 그의 맏아들 사종의史朝義가 잇달아 우두머리가 돼 일으킨 이른바 '안사지란安史之亂'은 천보 14년인 755년에 일어나 보응 2년인 763년까지 약 9년 동안 지속됐다.

당나라를 급속히 기울게 만든 이 반란은 당현종 이융기가 촉 땅으로 몽진한 천보 15년인 756년에 이미 태자인 이형에게 보위를 넘겨준 만큼 반란의 평정은 거의 전적으로 당숙종으로 즉위한 이형에 의해 이뤄졌다고 해도 과언이 아니다. 공교롭게도 당숙종 이형은 반란을 평정한 해에 숨을 거뒀다. 나름 부황인 현종의 유업을 이룬 것으로 풀이할 수 있다.

객관적으로 볼 때 당숙종 때 등장한 뛰어난 장상將相 모두 '안사지란' 평정과 불가분의 관계를 맺고 있다. 대표적인 인물로 이광필李光弼과 곽자의郭子儀, 장순張巡을 들 수 있다. 역대 사가들은 '안사지란'을 평정한 최고의 공을 곽자의에게 돌렸다. 그를 주인공으로 삼은 「만상홀滿床笏」을 비롯해 「타금지打金枝」 등의 경극이 지금까지 절찬리에 공연되고 있는 것도 이와 무관하지 않다. 이는 남송대 이후 한족의 민족의식이 고양되면서 한족 출신 곽자의를 지나치게 미화한 결과다.

사서에 나오는 기록을 토대로 객관적으로 평가할 때 당시 최고의 공훈은 거란족 출신 장군 이광필에게 돌리는 게 옳다.

'안사지란'의 마지막 지도자인 사조의는 관군에게 패한 뒤 남은 병사를 이끌고 지금의 북경 부근인 유주의 광양鳳陽으로 갔으나 받아들여지지 않았다. 마지막으로 하북성 여룡 일대의 온천책溫泉柵까지 갔다. 이미 대다수 사람들이 그의 곁을 떠났다. 결국 홀로 남게 된 그는 숲 속으로 들어가 스스로 목을 맸다. 이로써 9년 동안 지속된 '안사지란'이 마침내 막을 내리게 됐다. 그러나 이는 또 다른 병란의 시작에 불과했다. 하북과 산동에서는 이미 번진세력의 할거양상이 표면화했다. 검남과 산동, 하남, 영남 등에서도 절도사와 장령들의 반란이 빈발했다. '안사지란'으로 힘을 소진한 당나라는 이를 수습할 여력이 없었다. 말 그대로 무력을 지닌 절도사가 지역별로 막부幕府를 세워 천하를 나눠 다스리는 이른바 '막부시대'가 도래한 것이다. 일본이 19세기 말까지 유지한 '막부'의 원형이 바로 이때 만들어졌다. 당나라 후반에 등장하는 '막부시대'에 끝까지 황실에 대해 충성을 바친 대표적인 인물로 '곽자의'를 들 수 있다.

대력 4년인 779년, 당대종 이예李豫가 죽자 태자 이괄李适이 당덕종唐德宗으로 즉위했다. 곽자의가 집에서 요양하고 있을 때였다. 하루는 당덕종의 총애를 받고 있는 소인배 노기盧杞가 그를 방문했다. 당시 곽자의는 왕공을 포함한 그 누가 방문할지라도 곁에서 시봉하는 희첩들을 물리지 않은 채 방문객을 맞았다. 그러나 노기가 방문했을 때만큼은 달랐다. 그는 기별을 받자마자 곧바로 희첩들을 물러나게 했다. 노기와 얘기를 나누면서 공겸恭謙한 태도로 예를 다했다. 노기가 떠난 후 집안사람들이 의아해하며 까닭을 묻자 곽자의가 대답했다.

"노기는 용모가 추하고 마음이 심히 음험한 사람이다. 만일 희첩들이 그를 봤다면 틀림없이 웃음을 감추지 못했을 것이다. 이 경우 그는 반드시 원한을 품었을 것이다. 그가 높은 자리에 올라 대권을 잡으면 반드시 이때의 일을 보복코자 할 것이다. 그리 되면 곽씨 집안이 어찌 살아남을 수 있겠는가?"

과연 이후 노기는 권력을 장악한 후 그에게 밉보인 현능한 자들이 무수히 죽어나갔다. 그러나 곽자의 집안만큼은 아무 탈이 없었다. 그의 선견지명이 돋보이는 대목이다.

실제로 당덕종 이괄은 곽자의를 다시 조정으로 부른 후 태위, 상서령에 제수하고 '상부尙父'의 호칭을 내렸다. 부친처럼 숭상하는 인물이라는 뜻이다. 난세의 시기에 그가 수명을 다한 이유가 여기에 있다. 그는 건중 2년인 781년에 병사했다. 당시 85세였다.

훗날 태평천국의 난으로 청나라가 위기에 처했을 때 이를 구제한 증국번이 끝까지 청나라에 충성을 다한 것도 바로 곽자의를 모범으로 삼은 결과였다. 21세기에 들어와 중국인들은 진충보국盡忠報國의 삶을 산 증국번을 제갈량보다 더욱 높이 평가하고 있다. 곽자의가 새삼 각광을 받는 것도 이와 무관치 않을 것이다.

11장

5대

五代

24 막부와 5대10국

- 황소지란과 상육想肉
- 주전충과 후량, 후주와 진교병변

양태조 주전충

본명 주온朱溫

생애 852 ~ 912

재위 907 ~ 912

5대10국의 첫 번째 왕조인 후량의 창업주이다. 송주 탕산 사람으로, 어렸을 때 이름은 주삼이었다. 어릴 때 부모를 잃고 고아가 되어 당나라 말 황소의 난에 참가하여 부장까지 올랐으나 882년, 상황이 불리해지자 관군에 항복하여 당희종으로부터 '전충'이라는 이름을 받았다. 이후 황소의 난을 진압하는 데 공을 세워 양왕에 봉해졌다.

당소종을 살해하고 애제를 세운 뒤, 제위를 양수받아 907년에 양나라를 세워 당왕조를 멸망시켰다. 연호를 개평이라고 한 뒤, 변주에 도읍을 정했다. 얼마 뒤 애제를 죽였으나, 912년에 아들에게 살해되었다.

양태조에 의해서 289년 역사의 당왕조가 끝나고, 중국이 5대10국시대로 접어들었다. 이후 50년에 걸친 난세가 양태조의 후량 창업으로 시작되었다고 평가받는다.

24

막부와 5대10국

황소지란과 식인食人의 횡행

당나라를 패망의 늪으로 밀어 넣은 것은 소금의 밀매를 통해 부를 쌓은 황소黃巢가 일으킨 변란인 이른바 '황소지란'이다. 이 변란이 일어날 당시 염세鹽稅와 차세茶稅, 주세酒稅는 사람들을 경악케 만들 정도로 높았다. 이들 모두 백성들의 생활필수품이었다.

가혹한 세금은 황제와 황친, 조정관원, 지방관의 사치에 충당됐다. 이로써 백성들은 사방으로 흩어졌다. 당의종 때 일어난 구포와 방훈의 난은 '황소지란'의 전조에 해당했다.

황소

　당시 황소는 소금 밀매를 통해 많은 재산을 모았다. 사서는 그가 격검擊
劍과 기사騎射에 능했고 책도 어느 정도 읽은 것으로 기록해놓았다. 사실
황소는 여러 차례에 걸쳐 진사과에 응시한 독서인이었다. 『전당시全唐詩』에
그가 지은 시 두 수가 실려 있다.

　건부 3년인 876년 8월, 황소의 무리가 멀리 호북의 강릉江陵을 함몰시
키자 당나라 조정이 대경실색했다. 곧바로 신책통군사神策統軍使 송위宋威
를 형남절도사초토사로 삼아 이들을 토벌하게 했다. 송위는 지금의 산동
성 임기현인 기주沂州에서 왕선지의 대군을 대파했다. 왕선지가 갑자기 사

라지자 득의에 찬 송위는 다른 지역에서 올라온 관군을 해산시킨 뒤 조정에 곧바로 왕선지의 사망 소식을 담은 첩보를 올렸다.

그러나 사흘 뒤 왕선지가 문득 무리를 이끌고 사방에서 약탈행각을 벌이자 크게 놀란 조정이 다시 군사동원령을 내렸다. 왕선지가 죽은 줄 알고 해산했던 관병들이 크게 화를 냈다. 얼마 후 왕선지가 하남성 임여 일대인 여주汝州를 함몰시키고 자사 왕료王鐐를 생포했다. 인근 낙양이 진동했다. 왕선지가 여세를 몰아 여주 일대를 공략한 뒤 기주蘄州에서 자사 배악裴偓을 생포하는 전공을 세웠다.

원래 기주자사 배악은 재상 왕탁王鐸의 문하생이다. 여주자사 왕료는 왕탁의 사촌동생이기도 했다. 왕선지가 자신들을 죽이지 않은 데 감격한 두 사람은 곧 왕탁을 통해 조정에 왕선지를 사면하고 벼슬을 내려줄 것을 청했다. 왕탁의 노력으로 왕선지는 좌신책군압아左神策軍押牙 겸 감찰어사에 제수됐다.

9족을 멸하는 도적의 수괴가 하루아침에 조정의 대관에 임명된 것이다. 당시 황소 역시 내심 자신도 사면과 함께 벼슬을 받을 것으로 기대했다. 그러나 무릎을 꿇고 조칙을 듣는 동안 자신과 관련한 얘기는 전혀 나오지 않았다. 오직 왕선지 한 사람 얘기뿐이었다. 대로한 황소가 앞으로 나아가 왕선지를 향해 큰소리로 말했다.

"당신만 홀로 투항해 사면과 벼슬을 받았으니 나머지 5천 명은 어찌 하라는 말인가? 일이 이왕 이같이 되었으니 당신 혼자만 입조하고 군사지휘권은 나에게 넘겨주도록 하라."

그러고는 왕선지의 머리를 향해 주먹을 날렸다. 왕선지가 바로 조명을 물리친 채 병사들에게 하령해 성 안을 노략하게 했다. 성 안의 백성 가운데 반은 도주하고 반은 도륙됐다. 이를 계기로 황소의 무리는 둘로 나뉘어 대대적인 공략에 들었다. 왕선지와 상군장은 하남 일대의 진주陳州와 채주蔡州, 북쪽으로 올라간 황소는 산동의 제주齊州와 노주魯州로 향했다.

건부 5년인 878년 말, 황소의 반란군이 마침내 복주福州를 점령했다. 고변이 대장 장린張璘과 양찬梁瓚 등을 보내 이들을 치게 했다. 관군이 협격을 가해 거듭 승리하자 황소의 휘하장수 진언秦彦과 필사탁畢師鐸 등이 투항했다. 황소가 황급히 무리를 이끌고 남쪽으로 내려가 광주廣州를 포위했다. 이곳을 거점으로 삼아 후일을 도모할 생각으로 곧 조정에 상표해 천평절도사 혹은 광주절도사에 제수해 줄 것을 청했다.

당희종 이현이 대신들을 소집해 이를 상의했다. 결국 난상토론爛商討論 끝에 명예직에 불과한 허관虛官을 내리는 것으로 결론이 났다. 광주성 밖에 영채를 세우고 휴식을 취하던 황소는 내심 좋은 소식이 올 것을 기대했으나 그에게 내려온 것은 '솔부솔率府率'이라는 기묘한 명칭의 관직뿐이었다. 기대가 컸던 만큼 분노 또한 컸다.

곧바로 광주성에 맹공을 가해 당일 함락시킨 뒤 절도사 이초李迢의 목을 그 자리에서 베어버렸다. 곧이어 광주 일대에 대규모 살육이 벌어졌다. 광주에 머물던 아라비아 상인과 유태인 상인들이 대거 참살됐다. 그 숫자가 수만 명에 달했다.

당나라 조정이 급히 고변을 회남절도사에 임명한 뒤 염철전운사鹽鐵轉運使의 직책을 수행케 했다. 염철의 운반과 관련한 군사, 재정, 행정의 대권을 모두 위임한 것이다. 이어 산남동도행군사마 유거용劉巨容을 산남동도절도사, 경원절도사 주보周寶를 진해절도사로 삼아 고변을 지원케 했다.

당시 황소가 이끄는 반란군은 대부분 북쪽 사람들이었다. 이들은 영남의 풍토와 맞지 않았다. 많은 질병이 나돌았다. 며칠 만에 무리의 10의 3~4가 돌림병으로 죽었다. 무리들이 북쪽으로 올라가 대사를 도모할 것을 적극 권했다. 황소가 이를 좇았다.

광명 원년인 880년 말, 마침내 황소의 군사가 6년간의 반란 끝에 낙양을 함락시켰다. 황소의 최종 목표는 장안성이었다. 사서의 기록이다.

"황소가 입성한 후 백성들을 두루 안심시켰다. 거리는 편안했다."

먼저 낙양을 잘 다독일 필요가 있었다. 황소의 군사는 약탈을 통해 온몸을 금은보화로 가득 채웠으나 거리에서 빈궁한 백성을 보면 다투어 보물을 나눠주었다.

며칠 후 황소 군사의 약탈 본성이 드러났다. 황소도 황실 종친에 대한 대대적인 살육을 자행했다. 황소는 함원전에서 황제 자리에 올랐다. 국호는 '대제大齊', 연호는 금통金統이었다.

당시 곧바로 당희종을 추격했다면 역사는 다르게 진행됐을 가능성이 컸다. 그러나 '대제'의 황제 황소는 약탈과 향락에 여념이 없어 이를 소홀히 했다. 덕분에 당희종은 한숨을 돌릴 수 있었다.

중화 2년인 882년, 당나라 장수 당홍부唐弘夫가 군사를 이끌고 와 '대제'의 장수 임언林言이 이끄는 군사를 격파했다. 곧이어 의무절도사 왕처존王處存이 장안성 돌입을 시도했으나 크게 패하고 말았다. 당나라 군사가 뒤로 물러나 장안성 주위를 겹겹이 포위했다. 고립무원에 빠진 '대제'의 군사들은 먹을 것이 없어 인육을 먹기 시작했다.

중국은 춘추전국시대 이래 인육을 식육으로 사용해왔다. 명나라 때 나온 이시진의 『본초강목本草綱目』「인부人部」에 식용으로 사용한 인육인 이른바 '상육想肉'을 언급한 자료가 있다. 이에 따르면 말린 인육을 두고 두 다리가 달린 양고기와 같다는 뜻의 양각양兩脚羊, 늙은 남자의 인육을 불에 구워먹어야 하는 고기라는 뜻의 요파화饒把火, 젊은 여인의 인육을 두고 양고기를 부러워할 이유가 없을 정도로 맛있다는 뜻의 부선양不羨羊, 어린아이의 인육을 부드러운 나머지 뼈와 함께 구워 먹을 수 있다는 뜻의 화골란和骨爛으로 불렀다고 한다. 이들은 어린아이의 인육인 '화골란'을 최상, 여인의 인육인 '불선양'을 차상, '요파화'를 차하로 간주했다고. 그러나 이런 다양한 등급의 '상육'도 한계가 있을 수밖에 없었다. 이내 서로 잡아먹을 수밖에 없는 상황에 몰렸기 때문이다. 황소의 반란군은 결국 장안성을 버리고 황급히 도주하기에 이르렀다.

그러나 관군은 장안성을 탈환한 뒤 황소의 반란군과 하등 다를 바 없이 대규모 약탈을 자행했다. 전공을 독차지하기 위해 경쟁적으로 장안성 돌입을 시도했기 때문이다. 이를 눈치 챈 황소의 반란군이 곧 반격을 가해

이극용

대승을 거뒀다. 의무절도사 왕처존은 부득불 패잔병을 이끌고 장안성을 빠져 나올 수밖에 없었다. 장안성에 재차 입성한 황소가 백성들을 무참히 도륙했다. 관군을 열렬히 환영했다는 이유였다.

당시 관군 가운데 오직 고변만이 정예병 8만 명을 보유하고 있었다. 전선은 2천여 척에 달했다. 그러나 그는 시간을 끌면서 섣불리 출병하려 하지 않았다. 상황이 급해진 조정이 사타족沙陀族에게 원병을 청했다. 일찍이 사타족의 추장 주야적심朱邪赤心은 당나라에 투항한 뒤 삭주朔州 자사로 있다가 '방훈의 난'을 진압한 공을 인정받아 '이씨' 성과 '국창國昌'의 이름을 하사받은 바 있다.

이국창의 3째 아들 이극용李克用은 태어날 때부터 한쪽 눈이 작았으나 용맹했고 기마와 궁술에 능했다. 각종 전쟁에 참가해 사타 부족의 부병마사副兵馬使에 임명됐다. 사람들이 그를 '독안룡獨眼龍'이라고 불렀다.

'황소지란'의 와중에 지금의 산서성 북부인 대代 땅이 기근에 휩싸이자 대동大同의 방어사 단문초段文楚가 식량과 관련해 병사들을 엄히 다스려 병사들의 원한을 샀다. 얼마 후 이극용이 단문초를 살해한 뒤 다시 하동절도사 강전규康傳圭를 죽인 뒤 태원을 점령했으나 바로 유주幽州의 관군에게 패해 북쪽 달단韃靼으로 도주해 음산陰山에 몸을 숨겼다.

이듬해인 중화 원년인 881년, 이국창이 병사하자 조정이 태감 양복광의 건의를 좇아 황소 토벌을 조건으로 이극용 부자의 죄를 사면했다. 이게 훗날 5대10국 당시 후당後唐과 후진後晉 및 후한後漢 등의 3개 왕조의 출현 배경이 됐다. 이들 왕조 모두 사타족이 세운 것이다.

당시 이극용은 온 몸을 검은색 복장으로 통일한 정예 부대를 이끌고 출정했다. 사람들은 그의 군사를 두고 검은 갈가마귀 군사라는 뜻의 '흑아군黑鴉軍' 내지 '아군鴉軍'으로 부르며 크게 두려워했다.

원래 '대제'의 황제인 황소의 관할 영역은 장안 일대에 지나지 않았다. 동쪽으로 섬서성 대려현인 동주同州와 화주華州를 넘지 않았고, 서쪽으로도 흥평興平에 그쳤다. 장안의 군민에게 식량을 댈 길이 없었다. 날이 갈수록 궁핍해질 수밖에 없었다.

이와 달리 촉 땅으로 파천한 당희종은 여유가 있었다. 각지로부터 입공入貢이 그치지 않은 덕분이다. 게다가 촉 땅 자체가 부유했다. 관군과 황소 무리의 승패는 이미 정해진 것이나 다름없었다. 이를 파악한 절도사들은 어지러운 틈을 이용해 대공을 세우고자 분분히 군사를 이끌고 와 장안성을 포위했다.

주전충과 후량後梁

당시 황소의 휘하장수 가운데 주온朱溫이라는 인물이 있었다. 그는 대세가 이미 기울어졌다고 판단해 관군에게 투항했다. 당나라 조정이 그를 금오대장군金吾大將軍에 임명하면서 '전충全忠'이라는 이름을 하사했다. 그가 바로 5대10국의 첫 번째 왕조인 후량後梁의 창업주 '주전충'이다.

중화 3년인 883년 3월, 사타의 이극용이 군사를 이끌고 와 사원沙苑에 주둔하다가 황소의 동생 황규黃揆가 이끄는 반란군을 대파했다. 이어 하중河中과 역정易定, 충무忠武 등 3도의 당나라 관군과 합세해 상양이 이끄는 15만 명에 달하는 반란 주력군을 섬서성 위남인 양전피梁田陂에서 궤멸시켰다. 수만 명의 군사가 죽거나 포로로 잡혔다. 시체가 30리에 걸쳐 쌓였다. 이 소식을 들은 '대제'의 황제 황소가 크게 놀라 장안성의 궁성을 거의 모두 불태운 뒤 황급히 성 밖으로 달아났다.

재차 장안성을 접수한 관군이 다시 약탈을 자행했다. 장안성을 빠져나간 황소의 무리는 남전藍田을 거쳐 상산商山으로 들어가는 과정에서 고의로 금은보화를 길에 뿌렸다. 관군의 추격을 늦추기 위한 계책이었다. 관군은 길에 떨어진 금은보화를 줍느라 정신이 없었다. 추격이 제때 이뤄지지 못한 것은 말할 것도 없다.

장안 탈환 과정에서 가장 큰 공을 세운 관군은 이극용의 군사였다. 당시 이극용의 나이는 27세였다. 그는 이때의 공으로 하동절도사에 제수됐다. 이때 황소군의 간부로 있던 주온도 투항해 절도사에 임명됐다. 이들의 각축이 당나라 말기 천하를 뒤흔드는 근본 배경이 되었다.

당시 채주蔡州를 손쉽게 공략한 황소의 선봉장 맹해는 곧바로 여세를 몰아 지금의 하남성 회양인 진주陳州로 진격했다. 이를 미리 예상한 진주자사 조주趙犨는 이들을 유인하기 위해 짐짓 약한 모습을 보이며 후퇴했다. 교만해진 맹해가 급공을 가하다가 협공에 걸려 대패했다. 맹해는 포로로 잡혔다가 참수됐다.

이 소식을 들은 황소가 대로한 나머지 곧바로 진주에 대한 총공격령을 내렸다. 그는 진주성 북쪽에 영채를 차린 뒤 행궁과 관사를 짓는 등 장기전에 대비했다. 사서의 기록에 따르면 이들은 식량을 구할 길이 없자 백성을 눈에 띄는 대로 잡아와 산 채로 큰 맷돌에 갈고 절구에 빻은 후 뼈가 붙어 있는 고깃덩이를 그대로 불에 구워먹었다. 하루에 수천 명이 불에 구워졌다. 그곳이 '용마채春磨寨'로 불린 이유다. 사람을 절구에 빻고 맷돌로 갈아 먹은 성채라는 뜻이다.

'용마채' 안에서 인육으로 배를 불린 반란군이 연일 진주성에 맹공을 퍼부었으나 별다른 성과를 얻지 못했다. 진주성을 포위한 지 10달이 되는 동안 수십만 명의 백성이 반란군의 군량미를 대신했다. 이 사이 당나라 원군이 속속 밀려들었다

중화 4년인 884년 4월, 황소의 반란군이 하남성 회양인 고양리故陽里 쪽으로 퇴각했다. 반란군은 이때의 '포위전'으로 인해 강점인 '유격전'을 펼칠 수가 없었다. 이는 관군에게 호기로 작용했다.

공교롭게도 황소의 반란군이 진주성 포위를 풀었을 때 큰비가 연이어 내렸다. 군영이 대부분 물에 휩쓸려 떠내려갔다. 황소가 동쪽 변주汴州를 향해 진격하는 도중에 울씨현尉氏縣을 도륙했다. 휘하장수 상양은 5천 명의 정예병을 이끌고 변주를 향해 곧바로 진격했다.

변주를 지키고 있던 반란군 출신 당나라 장수 주전충은 이 소식을 듣고 크게 놀라 곧바로 사타족 출신 하동절도사 이극용에게 도움을 청했다.

이극용이 군사를 이끌고 하남서 허창인 허주許州를 출발해 하남성 개봉

서쪽인 중모中牟를 거쳐 북상하면서 반란군의 뒤를 쫓았다. 1만여 명의 반란군이 강을 건너던 가운데 몰살을 당했다. 대세가 기울어졌다고 판단한 상양尚讓이 휘하 장졸을 이끌고 당나라 장수인 시부時溥에게 투항했다. 나머지 장령들은 주전충을 찾아가 귀순했다.

이극용은 여세를 몰아 더욱 강하게 황소를 압박했다. 이극용의 기마병이 추격에 속도를 더하자 황소는 아들을 포함해 '대제' 황제의 의장과 곤룡포 등을 모두 버리고 측근 100여 명과 함께 정신없이 달아났다.

이극용이 노획한 전리품을 수레에 싣고 변주로 돌아와 성 밖에 영채를 차리자 주전충이 이날 저녁 이극용의 노고에 보답키 위해 크게 잔치를 베풀었다. 당시 이극용과 주전충 모두 이날 연회가 장차 천하의 향방을 좌우하는 중차대한 회동이 되리라는 사실을 모르고 있었다. 이날 만찬은 5대 10국의 두 창업주가 처음으로 만나는 자리였다.

이극용은 내심 반란군의 항장降將이라는 이유로 주전충을 얕잡아봤다. 술기운이 오르면서 이극용의 언사가 점차 거칠어졌다. 주전충은 크게 불쾌했으나 이를 전혀 드러내지 않고 더욱 공손한 자세로 대접했다. 이극용이 대취하자 역사驛舍까지 배웅했다.

주연이 끝난 뒤 주석을 함께 했던 선무장宣武將 양언홍楊彦洪이 주전충에게 미리 손을 써 이극용을 제거할 것을 권했다. 주전충이 이를 좇았다. 곧바로 좌우에 명해 병거兵車와 목책으로 역사 주변의 길을 모두 막은 뒤 밤을 새워 이극용을 포위 공격했다.

술자리에서 이극용이 몇 마디 욕한 것은 그리 큰 문제라고 할 수 없었다. 그러나 주전충은 배은망덕하게도 이에 앙심을 품고 이극용을 죽이고자 한 것이다.

주전충과 이극용의 대립은 이후 수십 년 동안 대를 이어 지속됐다. 두 사람의 힘은 비슷해 어느 한 쪽이 다른 한 쪽을 결정적으로 제거할 수단이 없었다. 결국 이는 이극용의 아들 이존욱李存勖이 주전충의 아들 주우정朱友貞을 제압하고 '후당'을 세우는 것으로 매듭지어졌다.

두 사람이 서로 손가락질을 하며 다툴 당시 '대제'의 황제 황소는 비참한 최후를 맞았다. 그는 겨우 100여 명의 군사를 이끌고 황급히 달아났으나 지금의 산동성 연주 일대인 하구瑕丘에서 전에 휘하장수로 있던 상양과 당나라 장수 진경유陳景瑜에게 따라잡혔다. 황소는 측근 병사들이 전사하자 이내 몇 명의 친척과 함께 태산 부근의 낭호곡狼虎谷으로 숨어들었다. 이후 동서로 오가며 야인처럼 생활했다.

어느 날 황소가 감자를 먹고 있는 틈을 노려 그의 생질 임언林言이 갑자기 몸을 일으켜 외숙의 목을 친 뒤 황존黃存, 황업黃鄴, 황규黃揆, 황흠黃欽 등 나머지 7명의 외숙도 모조리 죽였다. 이어 황소의 '황후'와 '황태자'들을 도륙했다. 사서의 기록은 이 대목에서 일치하지 않는다. 어떤 사서는 황소가 자진을 시도했으나 실패하자 생질에게 도움을 청했다고 기록해놓았다. 그러나 어느 경우든 황소가 비참한 최후를 맞이한 것은 부인할 수 없다.

후주 세종과 진교병변陳橋兵變

후주後周는 5대10국 시대 가운데 5대五代 최후의 왕조로, 후한後漢의 실력자였던 곽위郭威가 건국했다. 국호는 주周나라였다. 후대 사가들이 주무왕이 세운 주와 구별하기 위해 후주라고 불렀다. 수도는 개봉이었다.

후한의 건우 3년인 950년 12월 16일, 곽위가 대군을 이끌고 황하를 건넌 뒤 지금의 하남성 복양시 서쪽의 전주澶州에 주둔했다. 거란을 친다는 명분이었다. 경성의 일은 왕은과 왕준 두 사람에게 부탁했다. 12월 20일 이른 새벽, 대군이 다시 진격 채비를 서두를 즈음 장병들이 문득 시끄럽게 떠들며 곽위가 머물고 있는 역사驛舍 쪽으로 달려갔다. 곽위가 문을 굳게 닫고 열어주지 않았다. 장병들이 담을 넘어 안으로 들어갔다. 역사 안으로 물밀듯이 밀려들어온 장병들이 계단을 꽉 메운 채 속히 보위에 오를 것을 간청했다.

이때 일부 군사가 황색 기를 찢어 곽위의 몸 위에 씌웠다. 용포를 대신한 것이다. 이른바 '황포가신黃袍加身'이라고 한다. 천지가 진동할 듯한 산호만세山呼萬歲 소리가 울려 퍼졌다. 이는 신하들이 군주의 만수무강을 위해 두 손을 치켜들고 '만세'를 부르는 것을 말한다.

이로부터 10년 뒤 조광윤이 송나라를 개창할 때 똑같은 일이 벌어졌다. 이른바 '진교병변陳橋兵變'이 그것이다. 이는 곽위가 이때 연출한 '전주병변澶州兵變'의 복사판이었다. 사서는 '전주병변'의 배경을 기록해 놓지 않았지만 조광윤의 '진교병변'이 그러했듯이 이 또한 곽위의 참모들이 연출한 연극에 지나지 않았다.

현덕 7년인 960년 1월 17일, 곽위가 병사했다. 51세였다. 그는 임종 전에 자신의 수양아들인 진왕晉王 시영에게 이같이 당부했다.

"내가 전에 서쪽 정벌에 나섰을 때 보니 당나라 황릉 가운데 도굴되지 않은 게 없었다. 많은 금옥과 보물을 부장했기 때문이다. 내가 죽으면 종이로 만든 옷인 지의紙衣를 입히고, 점토를 구워 만든 관인 와관瓦棺을 사용해 속히 묻도록 하라. 시신을 궁중에 오랫동안 두지 말고, 능 앞에 석물石物을 두지 말고, 오직 비석 하나만 세우도록 하라."

진왕 시영이 곽위의 유명을 그대로 좇았다. 훗날 사관은 곽위에 대해 이같이 평했다.

"주나라 태조 곽위는 재위 가운데 폐정弊政을 모두 제거했다. 시간이 지나면서 사민이 모두 크게 심복했다. 그 어떤 개과천선改過遷善이 이와 같을 수 있었겠는가!"

　　중국 역사상 당나라가 공식적으로 패망한 10세기 초엽부터 송나라가 건립되는 10세기 중엽까지 약 50년 동안 이어진 혼란기를 통상 '5대10국시대五代十國時代'로 부른다. 이에 앞서 절도사가 장악한 번진藩鎭 세력이 할거하기 시작한 763년부터 주전충이 당경종에게 선양을 받아 '후량'을 세우는 907년까지의 시기를 '번진할거시대藩鎭割據時代' 내지 '번국시대藩國時代'로 부르기도 한다. 이 시기는 대략 '안사지란'이 발발한 755년 또는 난이 끝나는 763년을 시점始點으로 잡고 있다. 결국 '안사지란'이 번국시대와 '5대10국시대'를 야기하는 마중물 역할을 한 셈이다.

　　'5대10국시대'에 명멸한 각 왕조를 개괄적으로 살펴보면 다음과 같다.

　1. 5대

1) 후량後梁(907~923): 개봉, 주전충朱全忠

2) 후당後唐(923~936): 낙양, 이존욱李存勖

3) 후진後晉(936~946): 개봉, 석경당石敬瑭

4) 후한後漢(946~950): 개봉, 유지원劉知遠

5) 후주後周(951~960): 개봉, 곽위郭威

2. 10국

1) 초楚(897~951): 담주潭州, 마은馬殷

2) 오吳(904~937): 금릉金陵, 양행밀楊行密

3) 오월吳越(904~978): 항주杭州, 전류錢鏐

4) 전촉前蜀(907~925): 성도成都, 왕건王建

5) 민閩(909~945): 복주福州, 왕심지王審知

6) 형남荊南(907~963): 강릉江陵, 고계흥高季興

7) 남한南漢(917~971): 광주廣州, 유은劉隱

8) 후촉後蜀(934~965): 성도成都, 맹지상孟知祥

9) 남당南唐(937~975): 금릉金陵, 이변李昪

10) 북한北漢(951~979): 태원太原, 유숭劉崇

'번국시대'와 '5대10국시대'는 통틀어도 200년밖에 안 된다. 기원전 770
년부터 기원전 221년까지 약 550년 동안 진행된 '춘추전국시대'와 220년
부터 589년까지 약 400년간 진행된 '위진남북조시대'에 비해 훨씬 짧다.
그러나 763년부터 960년까지 약 200년 동안 진행된 난세의 시기는 결코
짧은 세월이 아니다.

주목할 것은 이 시기에 진시황의 천하 통일 이래 근 1천년 가까이 역대
왕조의 도성으로 자리잡아온 낙양과 장안 대신 지금의 하남성 개봉시인
변경汴京으로 중원의 중심지기 이동한 점이다. 이는 도성 역할을 해오던
낙양과 장안 일대가 잇단 전란으로 초토화돼 더 이상 수도의 역할을 수행
하기 어렵게 된 것에 따른 것이다.

중심지 이동의 단초는 후량을 세운 주전충이 열었다. 그는 자신의 봉지였던 개봉을 수도로 삼았다. 여기에는 크게 2가지 원인이 작용했다.

첫째, 관중 일대가 기후의악화와 잦은 전란으로 인해 생산력이 떨어지면서 도성 안팎에 거주하는 100만 명가량의 많은 인구를 더 이상 부양할 수 없게 된 점이다.

둘째, 대운하와 연결돼 물자의 집산지 역할을 하는 변경이 주변의 화북 일대에 거주하는 많은 인구를 부양하는 데 크게 유리했던 점이다.

당시 남쪽에 건립된 10국은 차례로 등장한 5대와 달리 각지에 할거한 채 동시다발적으로 건립됐다. 다만 이전 왕조 위에 등장한 경우가 있어 10국이 동시에 존재한 적은 없었다.

힘이 정의인 시대—5대10국

당나라 후기에서 5대10국 말기에 이르기까지 약 150여 년의 기간 동안에는 '힘'이 '정의'로 통했다. '안사지란' 이후 절도사를 포함한 각 번진의 주수主帥들이 장병들에게 의해 목숨을 잃거나 아니면 비록 드물기는 하나 주수에 의해 장병들이 도륙되는 일이 빚어진 것은 바로 '힘'이 '정의'로 통용된 결과였다.

이런 풍조는 시간이 지날수록 더욱 심해져 5대10국 말기에 이르러 절정에 달했다. 장병들이 주수의 통수권을 빼앗거나 폐립하는 등의 일이 마치 아이들의 유희와 다를 바 없었다. 이는 번진의 군벌이 조정을 멸시한 데 따른 업보이기도 했다.

춘추전국시대 당시 권력이 아래로 넘어가면서 하극상이 빚어진 것과 다를 바가 없다. 황제의 폐립과 새 왕조의 창업이 장병들의 병란에 의해 좌지우지되면서 5대10국시대의 황제는 이들 장병들의 이익을 대변하는 역할을 했다. 병란을 주도한 장교들이 서열과 무관하게 일약 고위직에 오르면서 관작이 남발되고, 병사들이 전쟁에 참여할 때마다 막대한 포상을 받은 게 그것이다. 이를 제대로 이행하기 어려울 때는 조정과 장령 모두 휘하 병사들의 무자비한 약탈을 눈감아주거나 사주하는 식으로 문제를 해결했다.

병란의 주축은 부사관이나 사병들이다. 장령將領은 이들의 선택 대상에 지나지 않았다. 일반 장교들은 중간적인 위치에 머물렀다. 이들은 자신들이 원하는 주수主帥를 세우기 위해 마음에 들지 않는 주수의 제거를 밥 먹듯이 했다. 정반대로 이들은 자신들이 원하는 주수를 황제로 옹립해 새 왕조를 열기도 했다.

일이 성사되면 이들 모두 '공신'이 됐고, 패하면 일족이 도륙되는 '역적'이 됐다. 생사를 건 도박판이나 다름없었다.

그런 점에서 후주의 태조 곽위와 송태조 조광윤은 매우 운이 좋은 경우에 속한다. 병사들에 의해 목이 잘리기는커녕 새 왕조를 개창하는 창업주가 된 게 그렇다. 특히 조광윤의 경우는 불과 10년밖에 안 된 후주의 강산을 빼앗은 뒤 무려 3백 년 가까이 유지된 송나라를 창업했으니 더 말할 것도 없다.

요금

遼金

금태조

본명 아구타阿骨打

생애 1068~1123

재위 1115~1123

금태조는 여진 완안부 사람이다. 숙부와 형인 오아속을 도와 완안부가 영토를 넓히는 데 공을 세웠다. 요나라 천경 3년인 1113년에 요나라에 반기를 들었다. 천경 5년인 1115년에 국호를 금이라고 하고 연호를 수국이라고 정했다. 도읍을 회녕에 정한 뒤, 황제라 칭했다.

요동 지역의 황룡부를 함락시켰다. 요나라가 70만 대군을 파견하여 금나라를 공격했으나 오히려 대패하고 물러갔다. 요나라를 물리친 금태조는 요동으로 진출하려 송나라와 해상지맹을 맺었다. 요나라를 함께 공격하자는 내용이었다.

송나라가 요나라에 연패를 당해 도움을 요청하자, 1123년, 금나라가 나서서 순식간에 연경을 함락시켰다. 요나라는 실질적으로 멸망한 것이나 다름없었다. 출병에 대한 대가로 금나라는 송으로부터 엄청난 양의 은, 비단, 전, 군량 등을 받았다. 아구다는 이해에 병에 걸려 수도로 돌아가던 중 죽었다.

25

요나라와 전연지맹

야율아보기와 요나라

거란족은 몽골계 민족으로 지금의 몽골족과 가장 가깝다. 현재 러시아 어를 비롯한 슬라브어권에서는 중국을 '차이나'가 아닌 '키타이'로 표현한 다. 만주를 위시해 중앙아시아 및 북중국 일대를 차지했던 거란의 위세가 어느 정도였는지를 방증한다. '키타이'의 복수형은 '키탄'이다. 한자어 거란 契丹은 '키탄'을 음사音寫한 것이다.

요태조의 성씨는 야율耶律이다. 거란어는 현재 사라진 언어라 정확한 발음은 알 수 없다. '야율'은 거란 문자를 통해 재구한 음가에 따르면 '에이릇'에 가까운 발음이었을 것으로 추정하고 있다.

거란족 추장 야율아보기耶律阿保機는 916년 '키탄국'을 세웠다. 요나라의 공식 국명은 한자로 대요大遼였다. 당초 거란契丹, 즉 '키탄'을 국호로 삼았다가 947년에 '대요'로 바꾼 것이다. 국호를 '키탄'에서 '대요'로 바꾼 것은 요태종 야율덕광耶律德光의 시대이다.

거란인들은 '대요'를 국호로 사용할 때도 스스로는 대거란大契丹의 뜻을 지닌 '카라 키탄' 국호를 계속 사용했다. 통상 '카라 키탄'은 요나라의 후계국인 서료西遼의 별칭으로 알려져 있지만 서료가 '카라 키탄'을 칭한 것은 '대거란'의 뜻을 지닌 본래의 국호를 계속 사용한 것에 지나지 않는다. 일반적으로 '카라 키탄'을 한자로 번역해 사용할 때 흑거란黑契丹으로 쓰고 있다. '카라'가 튀르크어로 검다는 의미도 갖고 있기 때문이다. 그러나 '카라 키탄'은 대거란大契丹, 즉 '대요'를 뜻하는 거란어이다. 한마디로 말해 '키타이'의 복수형인 '키탄' 즉 '거란'은 민족 이름도 가리키지만 이들이 세운 요나라의 정식 거란어 국호이기도 하다.

거란이 세계적인 제국으로 성장한 것은 요태종 야율덕광의 시기였다. 그는 부친 야율아보기를 요태조로 추존하면서 제국의 면모를 갖추기 시작했다. 야율덕광 시절 요나라는 서쪽으로 당항黨項과 토욕혼土谷渾, 동쪽으로 발해渤海를 병합해 대제국을 형성했다.

원래 '거란'이 역사에 처음 등장한 것은 북위 때이다. 그 이전만 하더라도 이들은 지금의 몽골 고원 동부를 중심으로 유목생활을 했다. 당시 거란족은 8개 부락이 독립적으로 활동했고 부족연맹은 결성되지 않았다. 남북조 시대에는 북위와 북제의 공격으로 타격을 입었다. 수나라 때도 수나라의 공격으로 커다란 희생을 치렀다. 당나라 초기에 부족연맹을 결성했다. 대하씨大賀氏가 연맹의 우두머리가 됐다.

대하씨는 당태종 때 귀의해 이씨李氏 성을 하사받았다. 측천무후 때 조정에 반기를 들었다가 실패한 뒤 터키의 원조에 해당하는 튀르크, 즉 돌궐突厥에 귀속했다. 돌궐이 쇠퇴하자 다시 당에 귀의했다. 745년에 위구르 제국이 건국된 뒤에는 100여 년 동안 위구르의 지배를 받았다.

840년에 위구르가 패망하고 당나라가 쇠퇴한 틈을 이용해 팽창정책을 추진했다. 북방의 오고烏古, 실위室韋 등의 부족을 복속시키고 한족을 포로로 데려와 노예로 삼았다. 10세기 초 거란 창업주인 질랄부迭剌部의 야율아보기耶律阿保機가 많은 한족을 부하로 삼아 새 왕조의 건립을 꾀했다.

872년 태어난 야율아보기는 태어날 때부터 커다란 곤경을 겪었다. 거란 내부의 분란으로 인해 조부를 잃고, 부친과 숙부마저 망명했다. 결국 조모 손에서 생장하게 되었다. 그는 901년과 903년 일라족의 부족장이 된 뒤 거란군 사령관 자리에 올랐다.

중원이 당나라의 쇠퇴로 혼란스런 틈을 타 906년에 연맹장인 가한可汗이 됐다. 그는 다른 부족의 반란을 진압하고 가한의 선거제를 폐지해 세습제를 확립했다. 마침내 916년에는 황제를 칭하면서 요하 상류인 임황臨潢에 도읍했다. 국호는 거란이었다. 922년에는 신생 국가였던 고려에 사신을 보내기도 했다. 먼저 몽골 고원 지역의 동돌궐과 몽골족을 정벌하기 위해 서방 정책을 실시했다.

924년에 서역 정벌에 나서 탕구트와 토욕혼을 굴복시켰다. 925년에 발해를 공격했다. 이해 5월 조바심을 느낀 발해왕 대인선大諲譔이 거란의 동부를 공격했다. 이듬해인 925년 9월, 야율아보기는 발해 침공의 준비를 마쳤다. 이해 12월, 출정명령을 내린 뒤 발해를 기습적으로 공격했다. 이는 부여부를 공격하면서 시작됐다. 부여부는 3일 만에 함락됐다. 지금의 흑룡강성 영안현 부근인 도성 상경上京이 1월 9일 포위됐다. 결국 발해는 1월 14일 공식 항복하면서 패망했다.

926년 1월 동쪽의 거란국이라는 뜻의 동란국東丹國이 발해의 고지에 세워졌다. 당시 발해의 고토는 중심부만 궤멸됐을 뿐 나머지 지방 세력은 온전했다. 발해가 패망한 후에도 정안국定安國 등 발해를 계승한 나라가 잇달아 등장한 이유다. 이때 발해를 멸망시킨 야율아보기는 거란의 도성 임황으로 돌아갔으나 얼마 후 사망했다. 그는 생전에 한고조와 소하에게 매우 큰 감명을 받은 나머지 성씨를 유방을 추종한다는 취지에서 유씨劉氏로 바꾸고, 다른 부족의 성씨는 모두 소하의 충성을 좇는다는 취지에서 소씨蕭氏로 바꿨다.

황실과 신하들이 크게 반발하자 황제의 성을 다시 야율씨로 환원했으나 소씨만큼은 끝까지 남겼다. 본인은 비록 유방의 유씨는 아니지만 소하와 같은 신하를 거느리고 싶다는 취지를 신하들이 수용한 결과다.

야율아보기의 조각상

이로 인해 거란의 8부족 가운데 황실의 친족인 3부족은 야율씨로 남고, 나머지 5부족은 모두 소씨가 됐다. 사서에 나오는 요나라의 중요 인물들 대부분이 야율씨 아니면 소씨로 기록된 이유가 여기에 있다.

야율아보기 사후 그의 장남 야율배는 동란국으로 망명을 갔다가 거기서 죽었다. 야율아보기의 부인 술률평述律平이 잠시 나라를 다스리다가 자신의 차남인 태종에게 왕위를 물려주었다. 『요사遼史』「후비열전后妃列傳」에 따르면 야율아보기가 죽었을 때 한족 출신이던 조사온趙思溫이 술률평의 순장을 주장했다. 이때 술률평은 자식이 아직 어려서 후견자가 필요하다며 자신의 한쪽 팔로 순장을 대신하겠다고 주장했다. 결국 조사온을 포함한 신하들은 술률평의 팔 하나를 순장한 뒤 술률평을 태후로 올렸다.

요나라는 요성종 이후 중국식 체제를 도입하는 문제를 놓고 보수파와 혁신파로 나누어 다투는 바람에 크게 어지러웠다. 요흥종과 요도종 때 두 파는 번갈아 집권했고 종실 내부에서도 세력 투쟁을 되풀이했다. 잇달아 반란이 일어난 배경이다.

요성종과 소태후

요나라 4대 황제인 요목종遼穆宗 야율술률耶律述律은 게으르고 음주를 좋아했다. 또한 잠이 많아 항상 정오가 넘어서야 일어났다. 게다가 그는 난폭했다. 동작이 느리다는 이유로 죽이고, 어떤 이는 술에 취했다는 이유로 죽이는 등 심심할 때면 구실을 만들어 죽여버렸다. 한번은 무당이 남자의 간으로 약을 만들어 먹으면 불로장생이 가능하다고 말하자 이를 그대로 믿어 간을 빼먹기를 즐겼다. 나중에 거짓임을 알게 되자 화가 난 나머지 무당을 활로 쏘아 죽인 뒤 그 위를 말이 지나가게 했다.

소작蕭綽은 요목종이 제위할 때 태어났다. 응력應歷 3년인 953년 정월이다. 그의 부친 소사온은 야율아보기의 아내 단완태후 술률평述律平의 조카로 무장 출신이었다. 모친은 요태종 야율덕광의 둘째딸 연국대장공주였다. 소태후 소작은 어릴 적부터 총명했다. 소사온蕭思溫이 크게 기뻐했다.

"이 아이가 틀림없이 출세해 집안을 일으킬 것이다!"

요목종의 폭군 행보가 날로 더해가자 끝내 시종들의 손에 죽임을 당하게 됐다. 969년 2월, 황제는 측근 대신들과 함께 하루 종일 흑산에서 사냥한 후 돌아와 잠에 빠졌다. 깊은 밤에 깨어난 그는 갑자기 배가 고파 큰 소리로 시종을 불렀다. 시종들이 자다가 깬 상태에서 뒤늦게 응하자 요목종이 대로했다. 시종들이 황급히 꿇어앉고 사과를 했으나 요목종은 화가 전혀 풀리지 않았다.

　　"속히 먹을 것을 가져오도록 하라. 돌아오면 다시 네놈들을 처리하도록 하겠다!"

　　그러고는 다시 잠들었다. 시종들이 두려운 나머지 잠든 목종의 목을 졸라 죽인 뒤 멀리 달아나 버렸다. 당시 요목종은 여색을 멀리한 까닭에 아들이 없었다. 대신 장성한 조카들이 있었다. 그중 한 사람인 야율현耶律賢은 소사온과 가까웠다. 소사온이 야율현에게 속히 흑산으로 달려올 것을 청하는 서신을 보냈다. 곧바로 요목종의 영구 앞에서 보위 계승 의식을 치르고 즉위했다. 그가 바로 요경종遼景宗이다. 야율현은 소사온에게 크게 고마워하며 위왕魏王에 봉하고, 북원추밀사와 북부재상 및 상서령을 겸임하게 했다. 소작이 요경종의 황후가 된 배경이 여기에 있다.

　　요경종 야율현은 내심 성군이 되고자 하는 뜻을 가지고는 있었으나 능력이 부족했다. 게다가 몸이 성치 않았다. 한번 발작하면 말안장에도 앉지 못했다. 결국 남편 야율현을 대신해 소황후가 국정을 대리하게 됐다. 중요한 사안은 소황후의 손에 들어갔고, 결과만이 요경종에게 보고됐다. 요경종은 현명한 황후가 있어 안심이 된다며 크게 기뻐했다. 실제로 소황후는 뛰어난 판단과 결단으로 군신들의 존경을 받아왔다. 하루는 요경종이 사관을 불러 이렇게 주문했다.

"이제부터는 황후가 하는 말을 기록할 때 짐朕으로 쓰도록 하시오."

건형 4년인 982년 9월, 경종은 소황후와 대신을 거느리고 사냥을 나갔다. 문득 풍한에 걸려 병이 악화되자 소황후와 측근들을 불러들였다.

"나는 이제 오래 살지 못할 듯하오. 태자 융서隆緖가 아직 어리고 조정에 주인이 없어 마음을 놓을 수 없소."

이어 소황후를 보고 이같이 말했다.

"내가 죽은 뒤 태자로 하여금 대통을 잇도록 하고, 모든 군국대사를 황후가 결정하도록 하시오."

그러고는 며칠 뒤 숨을 거뒀다. 그 뒤를 이어 즉위한 야율융서耶律隆緖가 요나라 최고의 성군으로 일컬어지는 요성종遼聖宗이다. 소태후는 병권을 지닌 친왕들이 진심으로 따라줄지 의문이었다. 후원자를 물색한 이유다.

야율사진耶律斜軫과 한덕양韓德讓은 전황제의 측근대신으로 요경종에 대한 충성심이 뛰어났다. 소태후가 두 중신을 비밀리에 만나 당부했다. 두 대신이 흔쾌히 수락했다. 당시 많은 병력을 지닌 북원대왕 야율휴가耶律休哥가 가장 위협적이었다. 소태후는 그를 유주幽州 유수로 봉해 남방의 군사를 통솔하게 해 변방을 강화했다.

또한 다른 친왕들은 사사로이 서로를 만나지 못하도록 조치했다. 덕분에 대권을 다시 황제에게 집중시킬 수 있었다. 이후 친왕들의 병권을 모두 몰수해 버렸다. 후환을 미리 봉쇄한 것이다.

소태후는 위기를 넘긴 뒤 야율사진을 북원추밀사에 임명해 내정사무를 감독하게 했다. 이어 입궁 전에 혼약을 맺은 바 있는 한덕양을 남면추밀사와 영숙위사에 임명해 태후와 황제의 안전을 책임지게 했다. 이러한 나날을 보낸 뒤 태후는 공식적으로 한덕양에게 재가했다. 통화 6년인 988년 9월의 일이다. 요성종도 한덕양을 부친처럼 모시면서, 남쪽 변방의 일은 야율휴가에게 맡겼다.

소태후는 요성종 통화 27년인 1009년에 아들 요성종에게 대권을 물려준 뒤 이해 12월 숨을 거뒀다. 향년 57세였다. 아들 요성종의 나이는 이미 39세에 달했다. 요성종은 피를 토하며 통곡했다. 1달 동안 음식을 제대로 먹지 못했다. 한덕양 또한 크게 슬퍼해 1년도 못돼 사망했다. 요성종은 한덕양에게 성대한 장례를 베풀면서 모든 의식 소태후와 같게 했다. 『요사』「후비열전」은 소태후에 대해 이런 시평을 내렸다.

"나라를 다스리는 재능이 있었다. 좋은 말을 들으면 반드시 따랐다. 모든 신하들이 그녀에게 충성을 다했다."

소태후가 섭정을 하는 동안 요나라는 국력을 크게 신장했다. 서쪽으로 티베트와 위구르 지역, 동쪽으로 고려에 맞닿을 정도로 영토를 크게 넓혔다. 또한 북송의 군사를 연파해 황하 이북까지 진출했다. 송나라 군사의 저항으로 인해 이내 '전연지맹澶淵之盟'을 맺고 철군했다.

나아가 요나라는 요성종의 치세 때 모두 3번에 걸쳐 고려를 침공했다. 1차 침공 때는 소손녕이 서희의 담판에 넘어가 강동 6주를 고려에게 넘겨주었다. 2차 침공 때는 요성종이 친히 40만 대군을 이끌고 출정해 강조의 군사를 격파하고 개경을 함락시켰다. 그러나 양규의 게릴라 전술에 큰 피해를 입고 이내 환군해야만 했다. 3차 침공 때는 소배압이 10만 대군을 이끌고 침공했으나 강감찬의 수공 작전에 말려 대패하고 화약을 맺었다.

요성종의 업적

뒤늦게 친정親政에 나선 요성종 야율융서耶律隆緖는 친소귀천을 가리지 않고 법을 극히 공정히 집행했다. 황족과 관원의 죄를 일반 백성과 똑같이 처벌하고, 주인이 노비를 함부로 죽일 수 없도록 한 법령을 제정했다. 적발된 탐관오리는 한 번 파직하면 죽을 때까지 임용하지 않았다. 반대로 청렴한 관리들은 낮은 지위에 있어도 파격적으로 승진시켰다.

그는 기존의 조세제도도 크게 개혁했다. 백성을 동원해서 황무지를 개간토록 하고, 이들에게는 10년간 세금을 면제시켜 주었다. 변경의 농민들에게 둔전과 개간 경작을 유도하면서 황무지를 개간하는 백성들에게는 세금을 부여하지 않았다. 유목국가에서 조세제도를 확립하고 엄정한 법치를 실현한 것이 요성종의 최대 업적으로 손꼽히고 있다.

그는 태평 11년인 1031년 붕어했다. 소태후가 섭정한 27년의 기간을 포함해 그의 재위 기간은 모두 50년에 달한다. 그의 재위 기간 동안 요나라의 정치, 군사, 문화 등이 크게 발전했다. 덕분에 요나라는 당시 동아시아 최강국으로 군림할 수 있었다. 다만 그 역시 재위 후반에는 음주가무를 즐기는 등 암군 행보를 보이기는 했으나 크게 탓할 것은 없다. 결국 그는 지병인 소갈증, 당뇨병 증세로 사망했다.

죽을 때 아들인 요흥종遼興宗 야율종진耶律宗真에게 이같이 당부했다.

"송나라와 맺은 '전연지맹'을 잘 지켜서 실수를 저지르는 일이 없도록 하라!"

『요사』「성종본기」는 요성종의 업적을 크게 기렸다.

"요성종은 요나라 황제들 가운데 재위 기간이 가장 길고, 재위 때 뛰어난 업적을 남겼다. 그런 황제는 오직 요성종뿐이다."

송진종과 전연지맹

당초 소태후는 12살의 어린 나이로 즉위한 아들 야율융서를 매우 엄격하게 키워 요나라 최고의 명군으로 만든 당대의 여걸이었다. 거란인과 한족의 차별을 없애 서로 공평하게 대우를 받도록 하고, 몸소 무장을 한 채 전장에 나가 북송과 맞서 싸우기도 했다. 송태종 조광의가 30만 대군을 이끌고 요나라로 쳐들어왔을 때 직접 대군을 이끌고 송나라 군을 물리쳤다.

소태후는 송나라 진종真宗 4년인 1004년에 직접 20만 대군을 거느리고 송나라를 공격했다. 이때 요나라와 싸우기 싫었던 주화파 송진종 조항趙恒은 주전파인 구준寇準 몰래 사신을 보내 요와 화친을 청했다. 소태후가 이를 놓치지 않고 양국이 형제 관계를 맺는 화약에 응했다. 매년 송나라가 비단 20만 필과 백은 10만 냥을 요나라에게 바치는 조건이었다. 사가들은 이를 '전연지맹澶淵之盟'으로 부른다.

당시 요나라와 '전연지맹'을 맺은 송진종 조항은 송태종 조광의의 3자로, 아들인 송인종宋仁宗 조정趙禎과 함께 북송의 전성기를 이룬 인물이다. 사가들이 60여 년 동안 지속된 당시 치세를 두고 송진종 초기의 연호를 따서 '함평지치咸平之治'로 부르는 이유다. 당시 북송의 도성 개봉은 한밤에도 불이 꺼지지 않을 정도로 번영했다.

송진종 조항은 어릴 때부터 총명했다. 백부인 송태조 조광윤의 총애를 입어 궁 안에서 생장할 정도였다. 원래 송나라의 보위 계승은 송태종의 모후인 태후 두씨의 유훈에 따라 송태조에서 송태종으로, 이어 송태종의 아우인 부도왕涪悼王 조정미趙廷美를 거쳐 다시 송태조의 아들인 조덕소趙德昭에게 이어질 예정이었다. 그러나 송태종 조광의는 동생이나 조카들에게 보위를 물려줄 마음이 없었다. 자신의 아들 가운데 한 사람에게 황위를 잇게 할 생각이었다. 결국 그는 조카인 조덕소를 압박해 자결케 만들고, 동생 조정미마저 모반 혐의를 씌워 방주로 귀양 보냈다. 2년 뒤 송태조 조광윤의 또 다른 아들인 조덕방趙德芳은 잠을 자던 중 급사하고 말았다.

그러나 그의 당초 계획과 달리 보위는 송진종의 첫째 형인 조원좌趙元佐와 둘째 형인 조원희趙元僖가 연결되지 않고 3자인 송진종 조항에게 넘어갔다. 당초 조정의 이복형인 조원희는 가정불화로 인해 요절하는 바람에 후계 대상에서 제외했다. 그의 동복형인 조원좌가 가장 유력했다. 그러나 조원좌는 부황 조광의의 혈육 숙청에 반대하며 숙부 조정미에 대한 구원을 간청했다. 이후 간청이 거부되고 조정미가 유배지에서 병사하자 화를 참지 못해 궁궐에 불을 지르고 말았다. 이 일로 폐서인이 된 그는 감금된 뒤 보위 승계대상에서 탈락했다.

송진종 조항이 지도至道 원년인 997년에 황태자가 되고, 2년 뒤인 지도 3년의 998년에 부황 조광의의 붕어를 계기로 보위에 오르게 된 배경이 여기에 있다. 당시 환관 왕계은王繼恩이 앞장서 참지정사 이창령李昌齡과 전전도지휘사 이계훈李繼勛, 지제고知制誥 호단胡旦 등의 실력파들을 동원해 폐서인이 된 조원좌를 옹립하려 했다. 태후 이씨에 대한 설득에 나섰으나 재상인 여단呂端의 반대로 실패했다. 송진종은 즉위한 뒤 친형인 조원좌를 복권시켜 한왕漢王에 봉했다.

당시 송진종은 이항李沆을 재상으로 기용했다. 이때 경제와 문화 방면에서 크게 발전했다. 함평 연간에 송나라는 태종의 치세 당시보다 경작면적이 크게 늘었고, 미곡 생산량이 증대됐다. 직물과 염색, 제지 등 수공업도 호황을 누렸다. 함평 3년인 1000년에는 세계 4대 발명품 가운데 하나로 불리기도 하는 화약이 발명됐다.

그러나 건국한 지 50년도 안 돼 요나라의 침입을 받아 결국 송진종 4년인 경덕 원년의 1004년에 굴욕적인 '전연지맹'을 맺고 말았다. 이런 굴욕적인 화약을 맺게 된 데에는 주화파인 송진종 조항의 책임이 크다. 당초 그는 지레 겁을 먹고 장강 아래로 달아나고자 했다. 주전파인 구준이 설득했다.

"하북의 군대는 낮이고 밤이고 폐하가 오기만을 기다리고 있습니다. 폐하는 필히 군사를 이끌고 출정해야 합니다. 폐하가 달아난다면 전방의 군대는 사기를 잃을 것이고, 요나라 군사는 그 틈을 타 남하할 것입니다. 폐하는 남경에 도착하지도 못한 채 요나라 군사의 포로가 될 것입니다."

이때 필사안畢土安과 고경高璟 등의 대신들이 합세해 남천을 강력 반대했다. 송진종은 부득이 출전키로 했으나 계속 출정일자를 미뤘다. 구준이 전방에서 연이어 올라오는 승첩보를 보여주자 그제야 비로소 출정을 준비했다.

송진종은 전장인 전주에 도착한 뒤 성루에서 장병들을 독려했다. 양국 군사가 10일 동안 전투를 치렀다. 송나라 장수 양업楊業을 포획한 바 있는 요나라 총사령관 소달름蕭撻凜이 전사하면서 송나라의 우세가 확연해졌다. 그럼에도 송진종은 전황이 급변할까 두려운 나머지 화약을 맺고자 했다. 소태후가 곧바로 이에 응해 '전연지맹'이 맺어지게 됐다. '전연지맹'의 골자는 크게 4가지이다.

① 송나라는 매년 군비軍備로 요나라에 비단 20만 필, 은 10만 냥을 보낸다.
② 송나라 황제는 요성종의 모친인 소태후를 숙모叔母로 삼고, 양국은 형제의 친교를 맺는다.
③ 양국의 국경은 현재 상태로 하고, 양국의 포로 및 월경자越境者는 서로 송환한다.
④ 송나라가 요나라에 대해 형의 나라가 되고, 양국 황제는 형제관계를 맺는다.

송나라는 명분, 요나라는 실리를 지킨 셈이다. 당시 송나라가 '함평지치'

를 이룬 근본 배경이 여기에 있다.

'전연지맹' 체결과 관련해 당시 거란 진영에 사자로 간 사람은 조리용曹利用이었다. 이에 앞서 송진종이 조리용을 불러 이같이 부탁했다.

"반드시 필요한 상황이라면 세폐를 100만 관貫일지라도 허용토록 하시오."

조리용이 궁을 나서자 옆에 있던 재상 구준이 조리용에게 말했다.

"폐하가 그리 말했을지라도 그대는 30만을 초과해서는 안 되오. 만약 30만 냥을 초과하면 내가 그대를 죽이고 말 것이오."

결국 조리용은 거란과 교섭한 끝에 은 10만 냥과 비단 20만 필로 타협을 봤다. 30만 선에서 합의를 본 셈이다.

조리용이 보고를 하기 위해 송진종이 머무는 전주의 행궁으로 귀환했다. 마침 식사를 하던 송진종은 내시를 시켜 조리용에게 세폐가 얼마인지 묻게 했다. 조리용은 구체적인 얘기를 하지 않은 채 손가락 3개만 펴 보였다. 내시가 300만으로 지레짐작하고 그같이 보고했다. 송진종은 경악했으나 곧 이같이 말했다.

"그 정도로 일을 처리할 수 있다면 괜찮은 편이다."

잠시 후 조리용이 알현할 때 이같이 보고했다.

"잘못했습니다. 신이 수락한 액수가 너무 많습니다."

송진종이 구체적인 내용을 묻자 '30만'이라고 대답했다. 송진종이 기쁨을 감추지 못하고 조리용에게 후하게 상을 내렸다.

송나라는 송진종 때 과거제도가 완비됐다. 과거에 급제한 관원들이 조정을 장악한 게 그 증거다. 덕분에 황제권이 강화되고 관료들에 의한 문치주의가 정착했다. '함평지치'의 성세가 등장한 배경이다. 그러나 이는 이후 과도한 문치주의로 인해 송나라의 고질적인 병폐로 작용했다. 관료체제 유지를 위한 엄청난 재정 부담과 국방력 약화가 그것이다.

원래 송진종 조항은 호학好學 군주였다. 장가들려는데 좋은 중매 없음을 한탄할 필요가 없으니 책 속에 옥같이 아름다운 여인이 있다는 취지의 '취처막한무량매取妻莫恨無良媒, 서중유녀안여옥書中有女顔如玉' 구절로 된 권학문勸學文이 21세기 현재까지 회자하고 있는 게 그 증거이다.

요나라의 흥망

유목민족인 요나라는 이원적 통치방식을 구사했다. '남면북면南面北面' 관제가 그것이다. 거란족의 옛 땅은 남면관을 두어 이전 방식대로 다스리고, 연운16주 등 새로 확보한 북중국의 영토는 북면관을 두어 군현제 체제로 다스리는 것을 말한다. 요나라가 독자적인 문자 체계를 확립한 것도 이런 맥락에서 이해할 수 있다. 송나라 문물 유입으로 인한 한화漢化가 급속히 진행돼 자신들의 정체성을 잃어버릴까 우려한 데 따른 것이다.

실제로 『송사』와 『요사』의 기록에 따르면 요나라 황제와 한인 관료들은 중국식 복장을 했지만 황후와 거란인 관료들은 거란식 복장을 고수했다. 당시의 벽화들을 보면 고려나 북송의 관복과 비슷한 단령과 사모를 입은 요나라 관원과 변발을 하고 호복을 입은 요나라 사람들의 모습이 같은 그림에 함께 그려져 있다.

요나라는 송나라와 금나라의 협공을 받고 9대 황제인 천조제天祚帝 야율연희耶律延禧 때 패망했다. 이때 야율대석을 중심으로 한 지배세력과 유민들은 서쪽 위구르지역으로 옮겨가 서요西遼를 재건했다. 서요는 100여 년 뒤 칭기즈칸에 의해 멸망했다. 서요가 망하자 일부 유민들은 다시 이란까지 이주해 페르시아 남동부 케르만 주에 나라를 세우고 요나라의 명맥을 이어갔다. 이를 후서요後西遼라고 한다. 후서요는 이후 몽골 제국에 병탄됐다.

몽골제국에 의해 금나라가 패망의 위기에 몰리자 거란족 장수 야율유가耶律留哥가 동요東遼를 세웠다. 이후 그는 몽골제국의 신하로 활약했다. 금나라 패망 후 거란족은 1216년 만주에 일명 대요수국大遼收國으로 불리는 후요後遼를 세우고 요나라의 명맥을 이어갔으나 결국 칭기즈칸에게 복속됐다.

요나라 쇠퇴와 불교

여기서 주목할 것은 요나라 쇠퇴의 원인으로 통상 권신전횡으로 인한 국정혼란을 거론하지만 그보다 요나라 황실의 과도한 숭불崇佛 풍조가 그에 못지않게 매우 중요한 패망원인으로 작용한 점이다. 당시 요나라 황실은 지나치게 많은 액수를 절에 시주하면서, 불사 건립 등과 관련한 대규모 토목공사를 계속 벌여나갔다. 재정 악화가 가속화한 것은 말할 것도 없다. 황실의 국찰國刹이었던 산서성의 화엄사華嚴寺는 그 규모가 상상을 초월했다. 고려가 대장경을 만들 때 요나라 불경을 참조한 사실이 이를 뒷받침한다. 『요서』에 따르면 거란족은 불교 경전을 제작하고 불사를 건립할 때 한족 장인을 대거 채용했다.

요나라는 원래 샤머니즘을 숭상한 민족이다. 당초 요나라가 불교에 관심을 기울인 것은 한족의 민심을 달래기 위한 것이었다. 그러나 시간이 갈수록 요나라 황실과 귀족들이 불교를 숭상하는 모습을 보였다. 요성종의 시기에 이르면 불교문화가 중원의 유가문화에 맞서 거란의 독자적인 문화를 상징하는 지경에 이르게 된다. 실제로 요흥종遼興宗 야율종진耶律宗眞과 요도종遼道宗 야율홍기耶律洪基는 독실한 불교신자였다.

요나라는 초창기부터 불교를 국교로 공인받고, 황실의 보호 아래 적극 장려됐다. 유명 사찰의 승려들은 황제와 시를 주고받으면서 사적으로 절친하게 지냈다. 거대한 사찰과 불상의 건립 및 대규모 대장경 간행이 진행된 배경이다. 말기에 가면 승려들이 대거 관직으로 진출하는 등 정교일치政教一致의 현상마저 내보이게 됐다. 불교를 국교로 채택한 이웃 고려와 별반 차이가 없었다.

요나라의 불교는 몽골의 티베트 불교와 달리 참선을 위주로 하는 대승불교였다. 당시 선연鮮演 대사는 화엄 사상을 배경으로 선종과 교종의 통합을 주장해 큰 주목을 받았다. 『요사』 「본기」에 따르면 요도종 때 하루에 3,000명이 출가出家하고, 법회 때 36만 명의 승려들에게 공양을 올렸다. 송나라에서는 관학인 유학을 통해서만 관원이 될 수 있었는데 반해 요나라에서는 사찰이 서민들의 교육까지 담당하면서 관원의 등용문 역할을 했다. 이는 거란 고유의 샤머니즘 신앙의 쇠퇴와 더불어 상무尙武 정신의 약화를 초래했다. 이는 정복국가로 출발한 요나라가 패망의 길로 치닫는 배경으로 작용했다.

26

금나라와 정강지변

아구타阿骨打의 금나라 건국

금나라는 건국 이후 줄곧 여진족과 한족을 분리해서 다스렸다. 이를 통상 맹안모극猛安謀克 제도라고 한다. '맹안'은 여진어로 천호장千戶長, '모극'은 족장族長을 뜻한다. 여진어로 소규모 씨족은 무쿤, 씨족의 장은 '무쿤다'로 불렀다. 한마디로 말해 '맹안모극'은 씨족장과 상급의 부족장을 하나로 묶은 군사 체계로 볼 수 있다. 금태조 완안아구타完顔阿骨打는 금나라를 건국하기 이전에 이미 여진족 사이에 조직되어 있던 부족별 군사제도인 맹안모극을 재정비해 행정 기능까지 맡도록 했다.

맹안모극 제도의 행정 기능을 보면 우선 300호를 1모극부謀克部, 10모극부를 1맹안부猛安部로 삼았다. 모극부와 맹안부의 우두머리인 모극과 맹안은 세습제였다. 1모극부에서 100명의 병사를 징집해 1모극의 군대를 편성하고, 10모극군을 1맹안의 군대를 편성했다. 평화 시에는 생업에 종사하게 하고 전시에는 병사로 동원했다.

금나라 초기에는 금의 지배하에 있는 모든 민족에게 적용했으나, 주현州縣 제도로 한인漢人과 발해인 등을 지배하게 된 이후에는 여진과 거란족만 적용 대상이 됐다. 금희종金熙宗 완안단完顔亶의 황통 2년인 1142년에 송나라와 화약을 맺자, 맹안모극 제도를 유지한 채 많은 여진족을 북만주 지역에서 화북 일대로 이주시켰다. 치안을 유지하려는 조치였다. 일제가 구사했던 헌병경찰 제도와 닮았다.

원래 금태조 완안아구타는 완안핵리발完顔劾里鉢의 차남으로 태어났다. 중국식 이름은 민旻이다. 친형인 완안오아속完顔烏雅束이 1115년에 죽자 완안부 여진의 수장이 됐다. 오아속은 고려의 윤관 장군이 동북 지역을 원정할 때 여진족의 추장으로 있었다. 당시 동생 아구타도 형을 따라서 고려군과 맞서 싸웠다. 오아속은 금나라 건국의 기틀을 실질적으로 다진 인물로 『삼국지』에 나오는 손권의 친형 손책과 유사한 역할을 수행했다.

금나라 황실의 성인 완안完顔은 여진어로 '왕王'을 뜻한다. 후대의 만주어 왕기얀Wanggiyan과 같다. 아구타阿骨打는 여진어 아구다Aguda를 음사한 것이다. 너그럽고 넓은 아량을 뜻하는 관활寬闊의 뜻이다. 우리말의 '아우르다'와 어원이 같은 것으로 짐작된다.

원래 발해가 요나라에 의해 패망할 당시 발해의 고토에는 여전히 말갈족의 후신인 여진족이 살고 있었다. 이들 모두 수렵과 농경에 종사했다. 요나라는 여진족을 크게 요나라에 복속한 숙여진熟女眞과 미개한 상태로 남아 있는 생여진生女眞으로 나눠 다스렸다. 여진은 채집한 인삼과 모피 및 사금 등을 요나라나 고려에 팔아 생활용품과 무기를 구입했다.

북송의 세공歲貢으로 재정이 넉넉해진 요나라의 조정의 귀족들은 점차 사치해졌다. 이들은 매사냥을 즐겼다. 매는 여진족 거주 지역에 있었다. 이를 손에 넣기 위해 포응사자捕鷹使者를 여진의 거주 지역으로 보냈다. 이들은 가렴주구를 일삼았다. 이 와중에 지금의 흑룡강성 하얼빈시 남동쪽을 흐르는 안출호수按出虎水 유역에 있던 완안부完顔部에 유능한 추장이 나타났다. 그가 바로 금태조 아구타이다.

원래 '안출호수'는 여진어로 금수金水를 뜻한다. 사서는 '안출호수'를 아촉호수阿觸胡水, 아술호수阿術滸水, 아록조수阿祿祖水로도 기록해놓았다. 21세기 현재 서울을 관통하는 '한강' 즉 대강大江의 고구려 때 용어가 '아리수'인 점을 감안할 때 같은 어원으로 짐작된다.

여진족이 흥기할 당시 일명 당구트로 불린 서쪽의 당항족黨項族도 점차 요나라에 대해 이반의 조짐을 보이기 시작했다. 당항은 티베트계 민족이다. 지금의 사천성 북부에서 청해성 일대에 걸쳐 거주했다. '안사지란' 이후 토번의 압력을 받아 지금의 영하寧夏와 감숙甘肅, 섬서陝西 일대로 이동했다. '황소지란' 때 수장인 탁발사공拓跋思恭이 당나라를 원조해 장안회복에 공을 세우면서 하국공夏國公에 봉해지고 이씨 성을 하사받았다.

이후 당항의 수장은 이씨를 표방하면서 정난절도사定難節度使 자리를 세습했다. 하주夏州, 은주銀州, 수주綏州, 유주宥州, 정주靜州 등 5개주를 관할하면서 실크로드에서 장안으로 들어가는 길목을 장악해 중계무역으로 힘을 길렀다. '황소지란' 이후 사실상의 독립국으로 존재한 배경이다.

송나라가 들어선 이후에도 송나라와 우호적인 관계를 지속했다. 송태종 조광의가 북한을 공격했을 때 함께 출병해 도움을 준 게 대표적이다. 송태종의 태평흥국 7년인 982년에는 내분으로 인해 정난절도사 이래의 판도를 송나라에 헌납하기도 했다. 정난절도사 이계균李繼筠 사후 동생 이계봉李繼捧이 뒤를 잇자 이에 반대하는 세력이 젊은 이계천李繼遷을 옹립했다. 이계천은 요나라의 의성義成 공주를 아내로 맞이한 덕분에 요나라의 속국인 하국왕夏國王에 봉해졌다.

'하국왕' 이계천은 요나라의 지원을 배경으로 당항의 옛 땅을 회복하고 송나라의 군사기지인 영주靈州도 손에 넣었다. 송나라는 양주涼州 일대를 장악한 세력과 결탁해 '하국왕'과 싸움을 지속했다. '하국왕' 이계천은 토번과의 싸움에서 전사했다. '전연지맹'이 맺어지기 1년 전인 함평 6년인 1003년의 일이다.

송진종 조항이 '전연지맹'이 맺어진 곳인 전주로 친정을 나간 것은 서쪽 변경이 당항과의 싸움으로 인해 크게 어지러울 때였다. 시기가 안 좋았다. 당항도 '전연지맹' 이후 송나라와 화해했다. 이미 송나라와 동맹을 맺은 토번 및 위구르 등과 싸우면서 크게 지쳐 있었던 탓이다. 이계천의 아들 이덕명李德明은 '전연지맹' 2년 뒤 송나라로부터 정난절도사와 서평왕西平王에 봉해졌다.

당시 이덕명은 이미 요나라로부터 '하국왕'에 봉해진 상태였다. 두 나라에 함께 복속돼 있었던 셈이다. 그러나 당항의 속셈은 따로 있었다. 요나라와 송나라 사이에 끼어 있으면서 이익을 최대한 챙기고자 한 것이다. 이덕명은 이에 만족해했으나 자존심이 강한 그의 아들 이원호李元昊는 완전 독립을 꾀했다. 송인종의 천성 9년인 1031년, 이원호는 보위에 오르자마자 그는 송나라에 대한 신종臣從을 폐한 뒤 독립을 선언했다. 연호는 현도顯道였다. 그가 바로 명군으로 소문 난 서하의 하경종夏景宗이다.

북위 탁발씨의 후손인 하경종 이원호는 요나라의 흥평興平 공주를 왕비로 맞이했다. 그는 황하가 크게 굴곡을 이루는 오르도스 일대로 진출해 한무제 때 설치된 하서 4군을 손에 넣었다. 여세를 몰아 대경 3년인 1038년 마침내 황제를 칭했다. 국호는 대하大夏였다. '천수예법연조天授禮法延祚'라는 긴 연호를 사용했다. 북위와 측천무후, 송태종 때 4자로 된 연호가 나오기는 했으나 6자로 된 연호는 이것이 사상 처음이다. 서하는 이후에도 여러 차례 6자 연호를 사용했다.

북위 탁발씨의 후손인 이원호는 민족적 자긍심이 강한 인물이었다. 독자적인 서하문자를 제정한 것을 보면 그렇다. 서하는 몽골에 패망할 때까지 이후 10대 190년 동안 지속됐다. 왕조가 패망한 이후에도 서하문자는 계속 사용되었다.

서하는 요나라가 금나라에 의해 패망하자 고려와 함께 칭신했다. 서하의 사자가 고려에 가면 고려왕과 맞절을 하는 항례抗禮를 행했다. 그러나 금나라 사자가 서하에 가면 서하의 왕에게 배례拜禮를 했다. 금태조 아구타의 손자인 금세종金世宗 완안옹完顏雍이 이를 이상하게 여겨 묻자 서하의 사자가 이같이 대답했다.

"요나라 공주가 서하로 출가한 까닭에 서하와 요나라는 생구甥舅, 즉 사위와 장인의 관계입니다. 요나라 사자가 서하에 가면 배례를 행한 이유입니다. 금나라가 서하와 국교를 맺을 때 요나라의 예법에 따르기로 약속했습니다. 금나라 사자도 전례를 좇아야 합니다."

자존심이 의외로 강했음을 알 수 있다. 서하는 국민개병 제도를 택했다. 송나라 군사가 고전한 이유다. 요나라는 송나라가 서하에 전전긍긍하는 상황을 적극 이용했다. '전연지맹'으로 방치해 둔 관남의 땅을 요구한 게 그렇다. 세공을 증가시키려는 속셈이었다. 문약에 빠진 송나라는 이를 받아들일 수밖에 없었다. 기존의 세폐에 비단 10만 필, 은전 10만 냥을 더 얹어 주기로 했다. 송인종 경력 2년인 1042년의 일이다.

이에 서하도 크게 자극을 받았다. 서하의 군사는 국지전에서 매번 승리를 거두었으나 결정적인 타격을 주지 못했다. 인구가 적어 병력 동원에 한계가 있었던 탓이다. 송나라는 섬서성 일대의 전선에 50만 명을 동원했다. 송인종 경력 4년인 1044년, 서하와 송나라 사자가 서로 오갔다. 당시 송나라는 서하에 대해 신종臣從 한 가지만 요구했다. '하경종' 이원호는 명분을 버리고 실리를 취하는 쪽을 택했다.

이해 12월, 송나라가 이미 황제를 칭한 '하경종' 이원호를 하국왕에 봉했다. 이원호는 명분을 양보하고 실리를 택한 것이다. 덕분에 많은 세폐를 얻어냈다. 매년 송나라가 서하에 비단 13만 필, 은전 5만 냥, 차 2만 근을 세폐로 지급키로 한 것이다. 새해 원단元旦과 황제의 생일, 서하 국왕의 생일 등에는 별도의 예물을 추가해야만 했다.

정강지변靖康之變

야율대석이 중앙아시아 일대에 '서요'를 건국하기에 앞서 북송의 마지막 황제인 송흠종宋欽宗 정강靖康 원년인 1126년에 중원에서 대사건이 빚어졌다. 정강 원년은 금태종 완안성의 천회天會 4년에 해당한다. 이해에 금나라가 송나라 도성 개봉을 함락시키고 송휘종과 그의 아들 송흠종을 만주로 납치해 갔다. 송나라 황실은 황급히 장강 이남으로 달아나 잔명을 이어갔다. 사가들은 이를 계기로 북송과 남송을 구분하면서 이 변란 사건을 통상 '정강지변靖康之變'으로 불렀다. '정강지변'으로 인해 북송은 공식적으로 끝나고 남송의 역사가 시작됐다.

원래 이 사건은 연운16주를 차지하고 있던 요나라를 송나라와 금나라가 협공하기 위해 지금의 발해만 위에서 맺은 '해상지맹海上之盟'에서 시작됐다. 당시 송나라 조정은 신흥국인 금나라와 연합해 요나라를 협공함으로써 숙원인 연운16주를 탈환할 수 있을 것으로 판단했다. 즉시 사자를 파견해 금나라와 '해상지맹'을 맺은 이유다.

정강지변을 나타내는 동판화

　협공 기일이 되자 금나라 군사는 당초 약속한 바대로 요나라 영토를 거의 점령했다. 반면 송나라는 지금의 북경인 요나라의 연경燕京을 공격했다가 대패하고 말았다. 송나라가 부득이 금나라에 원조를 요청해 결국 금태조 천보 6년인 1122년 연경도 금나라 군사에 의해 함락됐다. 요나라 황실은 급히 몽골로 달아났다. 당초 약속과 달리 송나라가 연경을 공략하지 못한 까닭에 금나라에게 전비 등을 보상해야 했다.

　배상금계약이 체결되자 금나라는 연경을 철저히 약탈한 뒤 관리와 기술자 등을 포로로 잡아 북쪽으로 귀환했다. 이를 계기로 송나라와 금나라가 직접 충돌하게 됐다. 송나라는 배상금을 금나라에게 주는 조건으로 연경을 손에 넣었으나 약속을 제대로 지키지 못했다. 오히려 수차례 금나라를 도발하기도 했다.

금나라에 복속된 옛 요나라 장수가 반란을 일으키자 이를 선동하고 원조한 게 그렇다. 나아가 음산산맥 일대로 달아난 천조제와 은밀히 연락해 금나라에 대한 협공을 약속하기도 했다. 그러나 요나라의 마지막 황제 천조제가 금나라에 패해 포로가 되면서 들통 나고 말았다. 대로한 금태종 완안성이 대군을 출동시켜 송나라 도성 개봉부를 포위했다. 도교에 심취한 송휘종은 육갑병법六甲兵法으로 소문난 사기꾼 도사 곽경의 말만 믿고 도성의 방위를 맡겼다. 곽경은 생년월일이 간지에 맞는 7,777명의 군사를 뽑아 육갑신병六甲新兵으로 칭한 뒤 길일을 택해 전투를 치러야 한다며 금나라 군사가 올 때까지 마냥 기다렸다.

이내 금나라 군사가 도착하자 육갑신병들과 함께 성문을 활짝 열고는 맞서 싸우는 황당한 모습을 보였다. 송나라 군사가 참패하지 않는 게 오히려 이상한 일이었다. 송휘종 조길은 책임을 면하기 위해 장남인 송흠종 조환에게 보위를 양위한 뒤 재빨리 남쪽으로 달아났다. 갑작스레 즉위한 송흠종은 근왕勤王을 위해 원군들이 몰려오는 상황에서 주전파와 주화파의 갑론을박으로 갈팡질팡하다가 마침내 태원부와 하간부 및 중산부의 하북과 하동 일대 땅을 할양하고 배상금을 지불하는 등의 조건을 제기해 간신히 위기를 면했다. 금나라 군사가 철수하자 송흠종은 이런 사태를 야기한 책임을 물어 유생들에게 6적六賊으로 몰린 채경蔡京, 왕보王黼, 이언李彦, 동관童貫, 양사성梁師成, 주면朱勔 등을 유배 보내거나 처형했다.

그러나 현실을 제대로 파악하지 못한 송흠종은 다시 조정을 장악한 주전파 대신들에게 휘둘린 나머지 금나라와 결전할 뜻을 굳히며 화약을 파기했다. 거듭된 배반에 분노한 금나라가 재차 군사를 보내 개봉을 포위한 뒤 40일간의 공성전 끝에 마침내 함락시켰다. 이어 송휘종과 송흠종을 위시해 황족과 궁녀, 관료, 기술자 등 3천여 명을 포로로 잡아 북쪽으로 이주시켰다. 송휘종이 거액을 들여 수집한 서화와 골동품 및 궁중의 온갖 재보財寶 역시 남김없이 북쪽으로 갖고 갔다. 이로써 송나라는 사실상 멸망한 것이나 다름없었다.

금태종 천회 4년인 1126년 11월의 일이다. 사가들은 이를 '정강지변'으로 불렀다. 이때의 변란으로 송나라는 사실상 패망한 것이나 다름없었다. 중국의 한족 사가들은 서진 때 빚어진 '영가지변', 명나라 영종 때 터진 '토목지변'과 함께 한족 왕조의 3대 굴욕 사건으로 거론하고 있다.

금나라는 송나라 재상 장방창張邦昌을 초나라 황제로 세운 뒤 철군했다. 금나라 군사가 물러나자 천회 5년의 1127년 초에 송나라 조정은 오래전에 폐위된 까닭에 금나라로 끌려가지 않았던 송철종宋哲宗 조후趙煦의 폐후廢后 맹씨孟氏를 복권시켰다. 그녀는 송흠종의 동생이자 개봉부를 떠나 제주 지방에 있던 송휘종의 9자인 강왕康王 조구趙構에게 '장방창은 명분이 없으니 강왕이 속히 보위에 올라야 한다.'는 내용의 친필 서한을 보냈다.

이해 4월 11일, 금나라에 의해 초나라 황제의 자리에 올랐던 재상 장방창張邦昌이 보위에서 내려온 뒤 강왕 조구를 찾아가 사죄하고 죽음을 청했다. 장방창은 곧 자진을 명받았다. 이해 5월 1일, 강왕 조구가 지금의 하남성 상구商丘에서 즉위했다. 그가 남송을 세운 송고종宋高宗이다. 연호는 건염建炎이었다. 이로써 송나라는 일단 패망하고 도성인 개봉부를 비롯한 화북 지역은 금나라의 손에 들어갔다.

당시 금나라는 송나라의 이런 반발 움직임에 격노했다. 재차 침공해 송나라 고관인 유예劉豫를 제齊나라의 황제로 세운 뒤 송고종 조구를 추격했다. 장강을 건너 계속 양주와 남경, 임안, 월주, 명주 등을 잇달아 점령했다. 일군은 강서성까지 진격했다. 경황없이 도주한 송고종 조구는 온주에서 궁지에 몰린 나머지 급기야 배를 타고 해상으로 달아났다.

금나라가 전 중국을 정복할 기세였다. 그러나 풍토병이라는 복병이 도사리고 있었다. 그 위에 악비岳飛와 한세충韓世忠, 장준張俊, 오개吳玠와 오린吳璘 형제 등 송나라 군사의 반격이 만만치 않았다.

결국 금나라는 관중 일대를 점령한 뒤 지금의 사천성 입구까지 진공했으나 장강 이남을 손에 넣지 못해 장강을 경계로 망명한 송고종의 남송과 일진일퇴를 전개했다. 금나라가 개봉부와 황하 이남의 하남을 포기하고 다시 황하 이북의 하북으로 퇴각할 생각을 품게 된 이유다. 이때 진회秦檜를 위시한 송나라의 주화파가 악비 등의 주전파를 배제시킨 뒤 금나라와 강화를 체결했다. 회수에서 대산관을 경계로 삼아 북쪽은 금나라, 남쪽은 송나라가 다스리는 제2의 남북조시대를 열게 됐다.

당시 금태종 완안성은 포로로 잡혀온 송휘종을 혼덕공昏德公, 송흠종을 중혼후重昏侯에 봉했다. '혼덕공'으로 강등된 송휘종과 '중혼후'로 폄하된 송흠종을 포함해 북쪽으로 끌려온 송나라 황종과 고관들은 금나라 영토에서도 동북쪽으로 멀리 떨어진 오국성五國城으로 보내졌다. '오국성'은 지금의 흑룡강성 하얼빈시 이란현 인근이다. 이들 대부분이 이곳에서 생을 마쳤다. 남송의 재상 자리에 오른 진회는 오국성에서 탈출한 인물이다.

송휘종과 송흠종을 따라 금나라로 간 채경의 아들 채조蔡絛가 기록한 『북수행록北狩行錄』에 따르면 기존에 알려진 것과 달리 송휘종과 송흠종이 비인간적인 대접을 받지는 않은 것으로 나온다. 복수의 기록에 따르면 학대자로 알려진 아구타의 차남 완안종망은 오히려 송휘종에게 연회를 베풀며 대접을 했다. 후에 남송에서 북진 움직임을 보이자 송휘종 일가를 후방으로 이동시켰고, 이때부터 송휘종 자신이 직접 초가집 지붕을 잇고 농사에도 참여했으나 학대를 받았다는 기록은 없다. 오히려 지붕 위에 올라가 자신에게 편지를 전해주러 온 하인에게 말하기를, "요순도 초가집에 살며 검소한 생활을 했다."며 담담히 말하기도 했다. 실제로 송휘종은 금나라에 가서도 아들과 딸을 또 낳았다. 송휘종의 아들 조악趙諤은 금태종 완안성에게 부친이 역모를 꾀하고 있다고 무고했다가 송휘종의 부마와 함께 맞아 죽었다.

해릉양왕海陵煬王과 '채석지전'
해릉양왕은 금나라의 4대 황제로, 여진어 이름은 완안적고내完顔迪古乃이다. 중국식 명칭은 완안량完顔亮이다. 부친은 금 태조 완안아구타의 서장자인 요왕遼王 완안종간完顔宗幹, 모친은 대씨大氏이다. 황후는 여진 귀족인 도단사야徒單斜也의 딸 도단황후徒單皇后이다. 폭군으로 유명하다. 도중에 폐위된 까닭에 묘호가 없다. 시호는 폭군을 상징하는 양煬이다. 통상 즉위 이전의 왕호인 해릉왕海陵王 내지 시호를 붙인 해릉양왕海陵煬王으로 부른다.

완안량이 번왕으로 있을 때 사촌형인 금희종 완안단이 자주 불러 얘기를 나눴다. 금태조 아구타가 건국 과정에서 겪었던 어려움을 얘기할 때마다 해릉양왕 완안량이 눈물을 흘리자 금희종 완안단은 그를 더욱 신뢰했다. 금희종 완안단은 처음에는 의욕적으로 국정에 임했지만 재위 10년이 넘어가면서 차츰 사치와 향락에 빠졌다. 대신을 때리거나 욕을 했고, 심지어 무고한 대신을 함부로 죽이기도 했다.

금희종의 딸인 대국공주代国公主의 부마인 좌승상 당괄변唐括辯과 우승상 병덕秉德이 해릉양왕과 역모를 논의했다.

후사와 관련해 당괄변이 여러 이름을 제시했지만, 해릉양왕이 반대했다. 나중에는 더 이상 거론할 사람이 없게 됐다. 당괄변이 물었다.

"혹여 당신이 황제가 되려는 생각을 가지고 있는 것이오?"

해릉양왕 완안량이 곧바로 대답했다.

"어쩔 수가 없소. 나 말고 또 누가 있겠소?"

결국 해릉양왕을 옹립키로 결정했다. 금희종 황통 9년인 1149년, 마침내 이들은 금희종 완안단의 호위군관을 매수한 뒤 황궁의 침실로 뛰어들어 금희종 완안단을 시해했다. 보위에 오른 해릉양왕 완안량이 금희종의 일족을 모두 죽였다. 그는 신하들에게 이같이 말했다.

"짐은 옛 현군을 본받고자 하오. 경들의 직언을 듣고 싶소. 조정이 잘못하는 것이 있다면 언제든지 간언해 주기 바라오."

하루는 병영을 순시하다가 한 병사가 흙이 섞인 밥을 먹는 모습을 보았다. 완안량은 이를 빼앗아 먹으면서 그 병사에게 더 좋은 밥을 주도록 했다. 그는 낡고 해진 옷을 입고 다니면서 신하들에게 즐겨 이를 자랑했다. 심지어는 멀쩡한 옷에 구멍을 내고, 구멍이 난 곳을 꿰매게 한 뒤 사관에게 이를 기록하게 했다. '근검 황제'의 칭송을 듣고자 한 것이다. 모두 가장된 몸짓이었다.

그는 중국 전래의 문화를 숭상했다. 유가 경전과 시부詩賦 등을 즐겨 읽은 게 그렇다. 여진족 전래의 귀족회의 제도를 폐지하고, 중앙 정부에 상서성과 추밀원만 두었다. 그는 정치제도를 대대적으로 개혁한 뒤 한족과 거란족을 대거 관원으로 등용했다.

정원 2년인 1154년에 도성을 지금의 북경인 중도대흥부中都大興府로 옮겼다. 지금의 하얼빈시 부근에 있던 원래의 도성 상경회령부上京會寧府에 있던 금태조와 금태종 등 황제들의 묘를 모두 중도대흥부로 이장했다.

당시 금나라는 남송과 화평 조약을 맺었으나 이미 '정강지변'을 겪고 강남으로 달아나 나라를 세운 까닭에 늘 전선을 만들고 성곽을 고치는 등 경계를 늦추지 않고 있었다. 금나라의 신하들도 이를 알고 있었기에 남송 침공을 반대했으나 해릉왕은 이를 묵살했다.

정륭 6년인 1160년, 남송 침공을 반대하는 대신들을 대거 제거한 뒤 침공을 말리는 태후까지 살해했다. 대신 기재祁宰는 직언해도 된다는 그의 말을 믿고는 남송을 공격하는 일에 반대 의견을 냈다가 그 즉시 목이 잘렸다. 해릉양왕 완안량은 이같이 선언했다.

"천하에 군주가 4명 있다. 남에는 남송, 동에는 고려, 서에는 서하, 북에는 금나라의 군주가 있다. 이를 통일해야만 실로 대국이 될 수 있다. 남송 정벌이 끝나면 고려와 서하를 평정할 것이다."

남송 정벌을 위해 50여만 명의 장정을 징집하거나 배의 건조 작업에 동원했다. 금나라의 국고가 바닥이 나고, 백성들이 유랑하고, 전사자가 너무 많았다. 남송 정벌에 나서기는 했으나 결과가 신통치 않았다. 당시 금나라의 선박 기술은 남송보다 뒤떨어졌다. 나아가 금나라 군사는 수전水戰에 대한 경험이 없었다.

당시 이전의 변경汴京인 남경개봉부南京开封府에서 출병한 해릉양왕은 양주로 이동한 뒤 장수들에게 장강 도강을 강압했다. 당시 호북에 주둔하던 남송의 수군이 장강 중류에서 양주가 있는 하류로 내려오는 중이었다. 이들의 저항이 격렬해 장강 도강이 매우 어려웠다.

도강을 하면 남송 수군에게 죽고, 도강을 못하면 해릉양왕에게 참수를 당하는 상황에 이르게 되자 장수들이 마침내 해릉양왕에게 등을 돌리게 됐다. 대표적인 사례가 지금의 안휘성 마안산시 서남쪽 채석기采石磯에서 빚어진 채석지전采石之戰이다. 당시 금나라 군사는 채석기에서 도강을 시도했으나 남송의 장수 우윤문虞允文의 저지가 완강했다. 마침내 도하를 포기한 채 양주로 이동할 수밖에 없었다.

정릉 7년인 1161년, 거란족이 북서쪽 일대에서 난을 일으켰다. 당시 강제 징집에 대한 거란인의 반발이 매우 거셌다. 남송 정벌에 나서게 된 거란인 장수들은 아예 남송에 투항해 길 안내를 맡기까지 했다. 거란의 반란은 금세종 때 명장 복산충의僕散忠宜에 의해 겨우 진압했다.

이 와중에 동경요양부東京遼陽府에 있던 사촌 동생 완안옹이 반군을 이끌고 중도대흥부에 입성한 것은 치명타로 작용했다. 그럼에도 해릉양왕 완안량은 남송 정벌에 대한 미련을 버리지 못하고 계속 이에 몰두하다가 결국 정벌에 실패했다. 『금사』「해릉왕본기」에 따르면 마침내 이해 10월, 휘하 장수가 양주揚州에 있는 그의 군막 안으로 칼을 들고 뛰어 들어왔다.

"새 황제가 중도대흥부에 입성하셨다!"

해릉왕은 냉소했다.

"그 자가 보위에 올랐다고? 그 자부터 먼저 처리했어야 했다!"

곧바로 해릉양왕의 뒤를 이어 보위에 오른 금세종 완안옹은 해릉양왕 완안량의 태자 완안광영을 포함해 그의 자손들을 몰살한 뒤 해릉양왕을 폐서인했다. 완안량의 시호가 없는 이유다.

특이하게도 해릉양왕 완안량은 생전에 거위 고기를 좋아했다. 거위 값이 치솟는 바람에 거위 1마리를 사는 데 수만 전을 들이게 됐다. 소 1마리를 끌고 가서 거위 1마리와 바꿔 오는 일까지 빚어졌다. 특히 그는 대상을 가리지 음행을 즐겼다. 마지막에는 자신의 숙모와 처제까지 겁탈코자 했다. 그의 처제 오림답은은 겁탈을 피하기 위해 자결했다. 그녀의 남편이 바로 해릉양왕을 죽이고 보위에 오른 금세종金世宗 완안옹完顏雍이었다. 당시 완안옹은 요양부 유수로 있었다.

금세종 완안옹이 즉위할 당시 남송의 황제는 송고종 조구趙構였다. 그는 금나라 문제와 관련한 주전파와 주화파 사이의 당쟁에 시달리다 소흥 32년인 1162년 태조 조광윤의 7세손인 송효종宋孝宗 조신趙睿에게 양위했다. 송효종의 등극을 계기로 송태종 조광의의 후손 대신 송태조 조광윤의 후손이 줄곧 차지하게 됐다.

당시 송효종 조신은 즉위 이후 주전론자인 장준張浚을 총사령관으로 기용해 북벌을 시도해 나름 성공을 거뒀다. 남송의 군사는 싸움을 유리하게 이끌어 회하淮河 이북까지 진출하는 게 그렇다. 그러나 서북전선에 나가 있던 금나라 명장 복산충의가 회하 전선에 복귀하면서 전세가 혼전양상으로 변했다. 결국 금세종 대정 5년인 1165년, 두 나라가 새로운 국경 조약을 체결했다. 이로써 동쪽의 회하와 서쪽의 대산관大山關을 두 나라의 국경선으로 거듭 재확인하게 됐다.

원태조 칭기즈칸 Chingiz Khan

본명 테무친鐵木眞

생애 1162~1227

재위 1206~1227

몽골의 보르지긴 씨족에서 태어났다. 수십 개의 부족과 씨족들이 약탈과 복수를 반복하던 몽골 초원에서 씨족 집단에서 버려지고 고난의 시기를 보냈다. 케레이트의 옹칸 밑에서 지내다가, 아버지대부터 원한이 있었던 메르키트 부족을 격퇴하고 세력을 모으기 시작해 27세의 나이에 젊은 '칸'이 된다. 이어 옹칸의 견제를 벗어나고 경쟁자 자무카마저 꺾은 그는 '예케 몽골 울루스', 즉 '큰 몽골 나라'의 칸, 칭기즈칸으로 옹립된다.

그는 수많은 부족과 씨족이 흩어져 있는 몽골에 법을 내려 약탈을 금지하고, 혈연으로 이어진 관계를 확대하여 민족 전체가 가족적 유대를 가지도록 했다. 또한 군사 편재를 새로 하여 철저히 조직화했다. 공성전 전술, 신식 무기, 엄격한 규율 등 뛰어난 전략으로 수차례의 원정에서 승리를 거두었다. 금제국과 호라즘을 정복하고 유럽에까지 진출했다.

칭기즈칸은 서역이 '몽골'에 가진 '파괴와 약탈, 살육과 폭력'의 이미지를 창조한 장본인이다. 더불어 수많은 동방의 문물과 문화를 서역에 전해준 세계 발전의 공로자이기도 하다.

27

송나라 건국 전후

'기획병변'과 '배주석병권杯酒釋兵權'

5대10국시대는 불과 53년의 기간 동안 5개 왕조가 바뀌고 14명의 황제가 명멸했다. 모두 무인들이 정사를 좌우하는 이른바 '막부시대'였다. 무인들이 무력만 있으면 능히 한 지역을 차지해 이른바 '토황제土皇帝'를 자처할 수 있었다. 후주의 세종 시영이 생전에 중앙집권화에 심혈을 기울인 이유다. 이런 기조는 송태조 조광윤이 건립한 송왕조 때 그대로 이어졌다. 조광윤이 중앙의 금군을 강화해 지방군이 감히 중앙을 넘보지 못하게 만든 게 그렇다.

그러나 이것도 용맹을 갖춘 강력한 황제가 살아 있을 때나 유효할 뿐이다. 7세의 어린 황제인 북주의 공제恭帝 시종훈柴宗訓에게는 그림의 떡이나 마찬가지였다. 후주의 전전도점검이 되어 병권을 장악한 조광윤은 후주의 세종 시영이 현덕 957년 5월에 타계하자 귀덕절도사로 부임하면서 쿠데타와 관련된 소문에서 벗어나고자 했다. 그가 변경을 떠나자 '점검주천자' 소문이 이내 잠잠해졌다.

『송사』「조보전」에 따르면 이후 장서기掌書記 로 있던 조보趙普가 군심軍心과 민심民心 및 재상 왕부와 위인포 등 조정대신들의 동향이 조광윤을 황제로 옹립하는 쪽으로 기울고 있다는 정세를 소상히 보고했다. 당시 조광윤은 세종 시영이 자신을 무한 신뢰했던 일을 상기시키면서 있을 수 없는 일이라고 하면서 일축했다. 조보는 무리하게 옹립을 강행할 경우 커다란 후폭풍에 휘말릴 것을 염려했다.

당시 조광윤 휘하에는 참모가 제법 많았다. 그러나 이를 주도적으로 해결할 사람은 조보 자신 밖에 없었다. 이때 조보가 생각해 낸 사람이 바로 조광윤의 아우 조광의趙光義였다. 당시 조광의는 20세에 불과했지만 매우 총명하고 속이 깊었다. 조광의의 옹립은 반드시 은밀히 진행돼야만 했다. 조보가 곧 공봉관供奉官으로 있는 조광의를 찾아가 대책을 상의했다. 이내 묘훈苗訓과 초소보楚昭輔 등의 문신과 석수신石守信과 왕심기王審琦 등의 무장들과 만나 치밀한 밑그림을 그렸다.

송태조 조광윤

현덕 2년인 960년 1월 1일, 어린 황제가 즉위한 후 반년 동안 조용했던 조정은 신년 축하를 위한 하례賀禮로 눈코 뜰 새 없이 바빴다. 변경성 역시 폭죽을 터뜨리며 명절을 만끽하고 있었다. 이때 갑자기 진주鎭州와 정주定州에서 긴급 첩보가 올라왔다. 북한의 군사가 토문土門에서 동쪽으로 내려오는 동하東下를 한 뒤 거란의 군사와 함께 변경을 침공했다는 내용이었다. 당시 변경汴京은 왕조가 바뀔 때마다 약탈과 방화의 도가니로 변했다. 사람들은 이를 빗대어 도성을 깨끗이 정리한다는 뜻의 '정시靖市'로 표현하며 자조했다.

　　현덕 2년인 960년 1월 2일, 조광윤이 전전부도점검 모용연소에게 명해 병력 5만 명을 이끌고 먼저 출병토록 했다. 다음날인 1월 3일, 조광윤이 8만 명의 대군을 이끌고 그 뒤를 이어 출정했다. 조광윤이 이끄는 대군은 아침 일찍이 변경성을 떠나 동북쪽으로 40리를 행군해 당일 오후 진교역陳橋驛에 도착했다. 진교역은 당나라 때 판교板橋라고 불렸던 곳이다. 변경에서 하루 걸리는 거리에 있었다. 장병들이 이곳까지 나아간 뒤 더 이상 행군하지 않은 채 삼삼오오 모여 앞일을 분분히 논의했다.

　　"황제가 매우 어리다. 우리가 전장에서 목숨을 걸고 적을 물리친들 누가 알아줄 것인가? 아예 조점검趙點檢을 황제로 옹립한 뒤 북정에 나설지라도 늦지 않을 것이다."

　　장병들이 더 이상 전진하지 않았다. 금군의 도압아都押衙 이처운李處耘, 전전도우후殿前都虞侯 이한초李漢超, 내전도우후內殿都虞侯 마인후馬仁瑀 등이 공봉관供奉官으로 있는 조광윤의 아우 조광의와 함께 책사인 절도장서기節度掌書記 조보를 찾아가서 상의하기로 의견을 모았다. 이들이 얘기를 나누고 있을 때 많은 장령들이 떼로 몰려와 조광윤의 옹립 문제를 건의했다. 조보가 짐짓 크게 화를 냈다.

"황제 옹립은 막중한 일이다. 반드시 심사숙고해서 도모해야 한다. 어찌 함부로 도리에 어긋나는 일을 저지르려고 하는 것인가? 적이 국경을 위협하고 있는데 우리가 가지 않으면 누가 물리치겠는가? 먼저 적을 물리친 뒤 돌아와서 다시 논의해도 늦지 않을 것이다."

장병들이 이구동성으로 대꾸했다.

"지금 가장 시급한 일은 경성으로 가서 태위를 황제로 옹립하는 일입니다. 북정을 조금 늦출지라도 적을 물리치는 데 큰 지장이 없을 것입니다. 태위가 응하지 않으면 저희들은 한 발짝도 앞으로 나아가지 않을 것입니다!"

반년 동안 치밀하게 사전 계획을 세웠던 조보가 내심 크게 기뻐하며 쿠데타 지지를 부추겼다.

"역성혁명은 천명에 달려있다고 하나 실은 사람들의 마음에 달려있는 것이오. 군사들을 엄격히 단속하면 경성의 민심도 동요되지 않고 사방도 자연 조용할 것이오. 결코 단박에 부귀영화를 꿈꾸는 일이 없도록 하시오. 그러면 자손만대에 걸쳐 부귀영화를 누리게 될 것이오."

이는 50여 년에 걸친 5대10국시대를 거치면서 정변이 성공하기 위해서는 반드시 경성인 변경이 혼란에 빠지는 일이 없도록 만들어야 오랫동안 유지될 수 있다는 사실을 터득한 데 따른 것이다. 그렇지 못할 경우 무력을 지닌 사방의 절도사들이 대거 몰려들 수밖에 없다. 이는 손에 넣은 강산을 다른 절도사에게 상납하는 꼴이 될 소지가 컸다.

'진교병변'은 이미 모든 계책이 사전에 미리 만들어진 것이었다. 머뭇거릴 이유가 없었다. 조보는 조광의와 이처운 등 측근들과 함께 구체적인 행동에 들어갔다. 장수들로 하여금 각자 관할 병영으로 돌아가 명을 기다리게 했다. 이어 사자를 변경으로 보내 석수신과 왕심기에게 고해 내응을 준비토록 했다.

이해 1월 4일 동이 틀 무렵, 조광의와 조보가 조광윤의 군막 안으로 들어갔다. 장령들이 모두 막사 앞에 도열해 있으니 속히 나올 것을 재촉했다. 조광윤은 세종 시영이 임종 전에 자신에게 어린 황제의 뒷일을 부탁한 점을 들어 거절했다. 밖에서는 병사들의 산호山呼가 천지를 진동시켰다. 이때 누군가가 황포黃袍를 그의 몸에 걸쳐 주었다. 이어 모든 사람들이 엎드려 절을 올리고 '만세'를 외쳤다.

마침내 조광윤이 6군六軍에 명령을 내려 8만 대군을 이끌고 경성을 향했다. 별다른 충돌 없이 경성으로 돌아온 조광윤은 먼저 객성사客省使 반미潘美를 급파해 조정대신들에게 병변사실을 통보하고 협조를 구했다. 또 내응하고 있던 석수신과 왕심기 등에게 사람을 보내 함부로 사람을 살육하지 못하게 했다.

대다수의 문무 대신들은 크게 놀라지 않았다. '올 것이 왔다.'는 표정이었다. 조광윤이 궐내로 진입할 때 변경의 수비를 맡은 시위마보군부지휘사 한통韓通이 병변 소식을 듣고는 병마를 이끌고 달려 나와 공격을 가했다. 한통은 원래 세종으로부터 남다른 총애를 받았던 무장이었다. 좌액문에 매복해 있던 석수신의 병사와 맞닥뜨렸다. 한통의 근위병들이 사방으로 달아나자 한통도 집으로 도망쳤다. 전전사의 산원지휘사散員指揮使 왕언승王彦升이 병사를 이끌고 추격해와 한통의 집에서 사살했다.

이것이 진교병변의 유일무이한 유혈사건이었다. 조광윤은 황제로 등극한 후 한통의 죽음에 대해 깊은 유감을 표하고 특별히 중서中書로 추증해 그의 충효를 치하했다. 한통을 사살한 왕언승에 대해서는 함부로 죽인 죄를 물어 사형에 처하고자 했다. 여러 신하들이 극구 변호하며 사면을 간청했다. 조광윤은 노기가 풀리지 않아 왕언승에게 종신토록 대장군의 직분을 가질 수 없다는 특명을 내렸다. 장차 신료들의 변함없는 충성을 유도하려는 몸짓이었다. 그의 뛰어난 정략政略을 짐작할 수 있는 대목이다.

범질을 비롯한 문무백관들은 조광윤을 모시고 입궁해 숭원전崇元殿에 도열했다. 황혼이 질 무렵, 환관이 어린 황제를 이끌고 들어와 보좌寶座에 앉혔다. 조광윤이 후주의 마지막 황제에게 마지막 예를 올렸다. 곁에 서있던 한림학사 도곡陶谷이 소매에서 선양조서禪襄詔書를 꺼내 읽었다. 후주의 3대 황제 공제恭帝 시종훈이 조광윤에게 황제의 자리를 양위한다는 내용이었다. 도곡이 조서를 모두 읽자 환관이 시종훈을 보좌에서 끌어내렸다. 재상이 조광윤을 부축해 황제의 자리에 앉혔다. 문무백관들이 모두 머리를 조아리고 '만세'를 외쳤다.

조광윤은 곧바로 조서를 내려 후주의 공제를 '정왕鄭王'에 봉한 뒤 낙양으로 옮겨 살면서 조상제사를 자손대대로 모시도록 했다. 이어 반역 이외의 죄는 모두 용서하겠다는 내용의 면사금패免死金牌를 내주어 따뜻하게 보호하도록 했다. 이로써 5대五代의 마지막 왕조인 후주는 종언을 고하게 됐다.

송나라의 탄생

1월 5일, 국명을 '송宋'으로 정한 뒤 새 연호인 '건륭建隆'을 선포했다.

주목할 점은 조광윤의 '진교병변'이 곽위의 '전주병변澶州兵變'과 몇 가지 점에서 차이를 보이는 점이다. 첫째, '전주병변'은 금군의 장군들이 병변의 상황이 빚어지자 불시에 일으킨 '돌발병변'인 데 반해, '진교병변'은 세종 시영 사후 조보와 조광의 등 핵심 참모들이 반년에 걸쳐 치밀하게 계획을 짜 성사시킨 '기획병변'이라는 점이다. 둘째, '전주병변'은 전쟁으로 인해 후한의 은제 유승우가 죽고 유빈을 허수아비 황제로 만든 뒤 보위를 빼앗은 '탈위병변奪位兵變'인데 반해, '진교정변'은 선양 형식을 빌은 평화적인 왕조교체인 '선위병변禪位兵變'이라는 점에서 차이가 있다.

조광윤은 시대적 요구에 부응해 칼에 피를 묻히지 않고 평화적인 '선위병변' 내지 '기획병변'을 통해 새 왕조를 열고 보위에 오른 셈이다. 그러나 아무리 뛰어난 인물이 새 왕조를 열지라도 이전 왕조와 맺은 인연이나 이해관계로 인해 발발하는 세력이 없을 리 없다. 송나라의 건국 과정도 예외가 될 수 없었다. 후주의 구신舊臣 가운데 조광윤을 달갑잖게 여기던 소의 군절도사昭義軍節度使 이균李筠과 회남절도사淮南節度使 이중진李重進이 반기를 든 게 대표적이다.

　당시 혼란스런 5대의 시기를 마무리 짓고 새 왕조를 개창한 송태조 조광윤에게 3가지 과제가 있었다. 첫째, 중앙집권中央集權 체제의 확립이다. 둘째, 후주 세종의 뒤를 이은 천하통일天下統一의 실현이다. 셋째, 백성이 나라의 기본이 되는 민위방본民爲邦本 사상의 정립이다. 그는 당대에 비록 완전하지는 못했으나 이들 3대 과제를 어느 정도 해결했다고 평할 수 있다.

　이와 관련한 유명한 일화가 있다. 즉위 2년째가 되는 건륭 2년인 961년, 황권皇權 강화를 통해 나라를 안정시키는 책략이 절실했다. 책사 조보를 불러 물었다.

　"당나라 말기 이래 천하는 수십 년 동안 황제의 성姓이 8번이나 바뀌었소. 그 사이 전란은 끊이지 않았고 민생은 도탄에 빠졌소. 그 이유가 무엇이오? 짐은 천하의 병사들을 쉬게 하고 나라를 오래 지탱하기 위한 책략을 얻고 싶소. 어찌하면 되겠소?"

　조보가 대답했다.

　"그리 된 이유는 다른 데 있는 게 아니라 번진의 세력이 과도하게 크고, 군주는 약하고 신하는 강한 군약신강君弱臣强으로 인한 것입니다. 번진의 권한을 축소하고, 재정권을 통제하고, 병력을 회수하는 게 관건입니다. 그리하면 천하는 자연히 안정될 것입니다."

　송태조 조광윤이 칭송했다.

　"경의 말이 지당하오. 짐도 그리 생각하고 있소."

이와 관련해 연회宴會를 베풀어 한 잔의 술로 공신들의 병권을 빼앗은 이른바 '배주석병권권杯酒釋兵權' 일화가 세간에 널리 전해지게 됐다. 이 일화에 따르면 조광윤은 조보의 건의를 들은 직후 이내 주연을 베풀면서 석수신과 왕심기 등 무장 출신 공신들을 불러들여 술을 마셨다. 술이 몇 순배 돌아 취기가 오르자 조광윤이 태감들을 밖으로 내보낸 뒤 술잔을 들어 친히 술을 권했다. 곤신들이 술을 다 마시자 조광윤이 말했다.

"경들의 도움이 없었다면 어찌 오늘의 이 자리가 있을 수 있었겠소. 그러나 천자가 절도사보다도 못하다는 것을 경들은 모를 것이오. 짐은 요즘 하루도 편한 잠을 자본 적이 없소. 근심과 불안에 싸여 산단 말이오."

석수신 등이 영문을 몰라 이유를 묻자 조광윤이 이같이 대답했다.

"그야 뻔한 일이 아니오? 짐의 자리를 탐내지 않는 사람이 이 세상에 어디 있겠소?"

석수신 등이 크게 놀라 곧바로 무릎을 꿇고 말했다.

"폐하가 왜 그런 언급을 하는지 어리석은 신들은 알 길이 없습니다. 이제 태평성대가 왔는데 그 누가 감히 이심貳心을 품겠습니까?"

조광윤이 손사래를 쳤다.

"이는 경들을 믿지 못해 하는 말이 아니오. 경들의 부하들이 부귀를 탐해 경들에게 억지로 용포를 입힌다면 그때는 어찌하겠소? 그리되면 경들이 하고 싶지 않을지라도 다른 방법이 없지 않겠소?"

석수신 등의 등줄기에서 식은땀이 흘렀다. 자칫 큰 화를 입을 수도 있었다. 곧 눈물을 흘리며 머리를 조아렸다.

"신들이 어리석어 미처 거기까지 생각하지 못했습니다. 아무쪼록 폐하

께서 저희들에게 밝은 앞길을 열어주시길 바라옵니다."

조광윤이 말했다.

"짐이 생각건대, 병권을 내놓고 지방의 한관閑官으로 내려가는 것이 경들에게 이로울 듯하오. 자손들에게 풍족한 재산을 물려주고 만년을 편안히 보내는 것보다 더 좋은 일이 어디 있겠소? 그리고 짐과 사돈을 맺고 서로 믿고 도와주며 살아간다면 이 얼마나 좋은 일이오."

석수신 등은 모두 머리를 조아렸다. 이튿날 이들 모두 사직 후 낙향하는 것을 윤허해 달라는 상주문을 올렸다. 송태종이 즉시 이를 허락하고 병권을 거두어들인 뒤 크게 포상했다. 여기서 '배주석병권' 성어가 나왔다. 당시 조광윤은 중앙조정뿐만 아니라 지방 장수들의 병권마저 회수하여 새로운 군사제도를 수립했다. 지방의 군대로부터 정예병을 뽑아 금군을 편성하고, 황제가 직접 금군을 지휘한 게 그렇다. 각 지역의 행정장관인 자사刺史도 조정에서 직접 임명하여 파견했다. 갓 수립된 송나라가 이내 안정을 찾은 이유다

이런 조치는 모두 '중앙집권' 체제를 확립하기 위한 방안으로 취해졌다. 절도사와 무장들의 군사권과 재정권, 인사권 등이 일거에 축소된 덕분이다. 송나라 때 무관보다 문관을 우대하는 원칙이 세워진 것도 이런 맥락에서 이해할 수 있다. 당시 그가 과제제도를 엄격하고 공정하게 실시한 이유다. 나아가 그는 '선남후북先南後北'의 통일전략을 수립한 뒤 형남과 후촉 등을 차례로 평정해 당나라 이후 남북으로 분열됐던 장성 이남의 중국을 다시 통일하는 기초를 놓았다.

조광의와 촉영부성燭影斧聲과 개권유익開卷有益

송태종 조광의는 북송의 제2대 황제로 묘호는 태종太宗이다. 훗날 형인 태조 조광윤이 즉위하자 피휘避諱해 광의匡義를 광의光義로 바꿨다가 즉위 후 다시 경炅으로 고쳤다. 그의 즉위 과정에는 적잖은 의문이 있었으나 나라를 제법 잘 다스린 덕에 이게 큰 문제로 부상하지는 않았다.

그는 재위 3년째가 되는 태평흥국 3년인 978년, 오월의 항복을 받은 뒤 이듬해에는 북한마저 멸망시켜 반세기 넘게 이어져 온 5대10국시대를 종식시키고 통일을 이뤘다.

그는 960년에 일어난 '진교병변'의 설계자였다. 형 조광윤을 설득해 후주의 공제로부터 선양을 받는 일련의 과정이 모두 조광의와 당대의 책사 조보의 머리에서 나왔다. 송나라 건국 직후 진왕晉王에 봉해졌고, 개봉부윤 등에 임명됐다. 이후 태조 조광윤 사후 뒤를 이어 태종으로 즉위해 중원을 통일하는 등 나름 볼만한 업적을 남겼다.

그럼에도 그의 즉위 과정과 관련해 21세기 현재까지 적잖은 의혹이 뒤따르고 있다. 촛불 그림자와 도끼 소리라는 뜻의 '촉영부성燭影斧聲' 일화가 이를 상징한다. 이 일화에 따르면 태조 조광윤이 죽던 날 밤 동생 조광의가 조광윤의 침실에 들어가 다른 사람들을 물리치고 단둘이서 이야기를 나누었고, 신하들이 방문 밖에서 바라보니 누군가 도끼를 방바닥에 내리찍으면서 '그리 하라!'고 외치는 소리가 들렸고, 이때 촛불 그림자가 방문 밖으로 비쳤다는 것이다. 이어 문득 방문이 열리며 진왕 조광의가 뛰쳐나와 조광윤의 말을 전했다.

송태종 조광의

"형님이 말하기를, '장남 조덕소가 아직 어리고 천하일통이 아직 이뤄지지 않았으니 어린 아들을 황제로 삼으면 후주의 공제처럼 나라를 잃을까 두렵다. 아우가 제위를 물려받으라.'고 했다. 내가 사양하니 형님이 도끼로 나를 위협해 어쩔 수 없이 제위를 받겠다고 하자 형님이 이내 숨을 거두셨다."

그러고는 이내 보위에 올랐다. 그러나 당시 일부 신하들은 도끼를 든 사람은 태조 조광윤이 아니라 태종 조광의였고, 조광의가 도끼를 들고 형을 위협하다가 이내 살해하고 제위를 찬탈한 것으로 여겼다. 여기서 의문이 꼬리를 물고 이어져 여러 억측이 나왔다. '촉영부성' 일화는 대략 조광의에게 살해의 혐의를 두고 있다. 실제로 태조 조광윤의 장남 조덕소는 도중에 보위를 노리다가 발각돼 자결했다.

그러나 송태조 조광윤의 생전 행보에 비춰볼 때 '촉경부성' 일화는 호사가들의 막연한 추측에 가깝다고 보는 게 합리적이다. 이는 그만큼 송태종 조광의의 업적이 뛰어났음을 반증하는 것이기도 하다.

대표적인 예로 순화 2년인 991년에 지금의 법원인 대리시大理寺와 법무부인 형부刑部 관원들이 멋대로 법을 운용하면서 임의로 판결하는 것을 막기 위해 심형원審刑院을 설치한 것을 들 수 있다.

이 제도에 따르면 전국 각지에서 시행한 판결을 모두 이곳으로 모은 뒤 기록해 날인한다. 이어 이를 대리시와 형부로 넘겨 검토하게 하면서 황제에게 보고한다. 황제는 검토가 끝나면 사안을 다시 심형원에 넘겨 상세히 심의하고, 마지막으로 황제의 재결을 거쳐 지금의 청와대 비서실과 유사한 중서성中書省으로 넘긴다. 판결이 부당할 경우에는 재상이 이를 상주하고, 따로 논의하여 결정했다.

또 형옥의 남발을 방지하기 위해 신문고申聞鼓를 설치한 뒤 백성이 이를 두드리면 태종이 직접 나와 판단했다. 아울러 수도로 압송된 죄인들은 황제가 직접 심문했다. 이는 신권臣權을 축소하고 황권皇權 강화를 위한 조치였다.

조광윤은 개인적으로는 엄청난 독서가였다. 1,000권의 책을 매일 시간 날 때 틈틈이 3권씩 탐독해 1년 만에 읽었다. 신하들이 그의 건강을 걱정해야 할 정도였다고 한다. 이때 그는 신하들에게 이같이 말했다.

"책은 펼치기만 해도 이득이 있소!"

여기서 개권유익開卷有益 성어가 나왔다.

조보와 반부논어半部論語

송나라 건국 과정은 특이하게도 창업주인 송태조 조광윤을 비롯해 그 뒤를 이은 송태종 조광의, 두 황제를 잇달아 보필하며 뛰어난 계책을 제시해 건국의 기틀을 튼튼히 하는 데 대공을 세운 조보 등 3인의 합작품으로 볼 수 있다. 그만큼 뛰어난 '군신君臣 리더십'을 드러냈다.

조보는 당대 최고의 책사이기는 했으나 불행하게도 젊은 시절부터 조광윤과 전쟁터를 누비느라 다른 학자들처럼 글공부를 많이 하지 못했다. 그러나 조보는 매일 조금씩이라도 글을 읽으며 공부에 힘을 쏟아 나중에는 방대한 분량의 지식을 축적했다.

남송 때 학자 나대경羅大經이 쓴 『학림옥로學林玉露』에 이와 관련한 유명한 일화가 나온다. 이에 따르면 조광윤 사후 송태종 조광의 역시 조보를 크게 신임해 승상으로 삼고 국정을 돌보게 했다. 조보는 한층 더 열심히 일했다. 하지만 이를 시기하는 자들이 생겨났다. 이들은 조보가 젊었을 적에 글공부를 많이 하지 않은 점을 집중 공격하며 서로 수군댔다.

"겨우 『논어』밖에 읽지 않은 자가 어찌 승상의 책임을 맡을 수 있겠는가?"

호학군주인 조광의의 귀에 이 얘기가 들어갔다. 곧 조보를 불러 그 소문에 대해 묻자 조보가 이같이 대답했다.

"제가 평생 아는 것이라고는 『논어』밖에 없는 게 사실입니다. 하지만 반 권의 『논어』로 선제가 송나라를 건국하는 데 썼습니다. 지금 나머지 반 권의 『논어』로 폐하를 보필할 생각입니다."

조보의 말을 들은 조광의가 스스로 부끄럽게 생각했다. 『논어』에 무궁무진한 치국평천하 방략이 담겨 있기 때문이다. 이내 조보에 대한 쓸데없는 비난에 귀를 기울이지 않고 승상의 자리를 계속 맡게 했다. 여기서 반 권의 『논어』로 천하를 다스린다는 뜻의 '반부논어半部論語' 성어가 나왔다. 원문은 '이반부논어치천하以半部論語治天下'이다. 이는 자신이 지닌 지략을 겸손하게 표현하는 의미로 사용된다. 책을 손에서 놓지 않고 열심히 깊이 연마한다는 취지로 사용되기도 한다.

옹희 8년인 992년, 조보가 너무 늙고 병들어 재상 직을 수행할 수 없게 됐다. 송태종 조광의가 그를 위국공衛國公에 봉했다. 그해 7월, 조보가 세상을 떠났다. 가족들이 그의 유품을 정리하면서 나름 크게 기대했다. 특별히 배운 것이 없는 사람이 명재상 소리를 들으며 날마다 감춰 놓고 읽은 책이 어떤 것인지 궁금했던 것이다. 그러나 숨겨놓고 읽었으리라고 짐작되는 비서秘書는 단 1권도 없었다. 오직 『논어』 한 권뿐이었다.

조보는 『논어』 반 권으로 명재상 소리를 들으며 뛰어난 업적을 남겼다. 그가 생전 행보에서 나온 '반부논어' 성어는 다독多讀도 중요하지만 양서를 깊이 파고드는 정독精讀의 중요성을 일깨워주는 성어이다. 겉으로 드러난 화려한 모습보다 속에 감춰진 내실의 중요성을 경계하는 외화내빈外華內貧 성어와 극명한 대조를 이루는 성어에 해당한다.

28

도덕철학과 노선 대립

맹자의 의정義政과 순자의 예치禮治

원래 '예禮'는 신령에게 바치는 귀한 물건을 담는 제기를 묘사하기 위해 만든 문자이다. 이는 도중에 제사 의식인 제의祭儀의 의미로 전용됐다. 그러나 종교적인 의식의 범위가 너무 넓었다. '예'가 때로는 적절한 행위 일반을 의미하는 용어로 사용된 이유다.

고대에는 군주가 국가제사를 주재했다. 원정 때에는 무기가 저장돼 있던 종묘와 사직에서 출정의식을 가졌다. 원정이 끝난 후 전과가 보고되고 장군이 포상되는 곳도 종묘였다. 외교협상도 종묘에서 이뤄졌다. 외교적인 연회도 그곳에서 베풀어졌다. 이는 조상의 신령이 인간의 길흉화복에 직접 개입하고 있다는 믿음에 따른 것이다.

공자가 말한 '예'는 그 이전의 용례보다 행동규범이라는 의미가 훨씬 강화된 개념이었다. 그가 『논어』에서 언급한 '예'는 제사 개념보다는 주로 내부의 '인심仁心'이 밖으로 표현된 개념으로 사용된 것이다. '인심'을 가진 사람이 아니면 '예'와는 아무 관계가 없다고 본 것이다. 공자가 형식적인 '예'를 혐오한 것은 바로 이 때문이었다. 『논어』「팔일」에 나오는 다음 대목이 그 증거다.

"예는 사치스럽기보다는 차라리 검소해야 하고, 상사喪事는 잘 치르기보다는 차라리 애도의 분위기가 있어야 한다."

공자가 죽은 사람을 위한 상례에도 모든 격식을 세세히 지키는 것보다는 진심에서 우러나오는 슬픔이 보다 중요하다고 강조한 이유다. 『논어』에서 예치가 덕치德治와 같은 개념으로 사용된 이유가 여기에 있다.

'예치'는 『순자』를 관통하는 키워드이다. 순자를 공자 사상의 정맥을 이은 춘추전국시대 최후의 거유巨儒로 평하는 이유다. 당나라 때까지만 해도 아성亞聖은 맹자가 아닌 순자를 가리킨 말이었다. 북송 때 사마광이 『자치통감』을 저술하면서 오직 순자만을 인용한 사실이 이를 뒷받침한다. 맹자를 인용한 대목은 단 하나도 없다. 공자 사상의 정맥이 어디로 흘러갔는지를 여실히 보여주는 대표적인 사례에 해당한다.

맹자의 초상

맹자는 생전에 의리에 기초한 정사인 이른바 의정義政을 역설했으나 이는 공자 사상이 아닌 묵자 사상에서 나온 것이다. 원래 묵자는 하늘의 뜻을 천지天志와 천의天意로 표현해 놓았다. 이는 크게 2가지 의미를 함축하고 있다.

첫째, 하늘은 지극히 공평무사하고, 인간처럼 의지를 지니고 있다. 일각에서 묵가를 인격신을 인정하는 유신론有神論으로 간주하는 이유다.

둘째, 하늘의 뜻은 서민의 뜻을 반영하고 있다. 천지와 천의를 민의民意내지 민지民志의 반영으로 본 것이다. 서민이 곧 하늘에 해당한다고 간주한 셈이다.

묵자가 볼 때 인의에 입각한 의정義政은 반드시 나라와 백성의 이익에 부합해야 했다. 나라와 백성의 이익은 곧 하늘의 뜻에서 유출됐다. 하늘의 뜻인 천지와 천의가 모든 사물을 판단하는 최종 기준이 되지 않으면 안 된다. 하늘이 만물을 창조한 데 이어 천자와 제후, 백관을 두어 정치를 관장하게 한 것은 모두 서민의 이익을 증진시키기 위한 것이라는 게 그의 확고한 생각이었다. 이들 위정자들은 반드시 3가지 원칙을 지켜야 했다.

첫째, 천자를 위시한 위정자들은 반드시 하늘의 뜻을 받들어야 한다. 그게 '의정'이다. 맹자는 이를 '왕도王道'로 표현했다.

둘째, 위정자는 늘 민생의 안정과 일반 백성의 복리를 증진을 꾀하는 데 매진해야 한다.

셋째, 위정자가 하늘의 뜻을 저버릴 경우 천벌을 받게 된다. 하늘은 상벌의 권능을 관장하고 있어 의를 행하면 상을 주고 불의를 저지르면 벌을 내리기 때문이다.

묵자의 주장에 따르면 하늘이 좋아하는 것은 '의'이고, 싫어하는 것은 '불의'이다. 『묵자』에는 하늘에 관한 언급이 모두 300여 차례에 걸쳐 나온다. 묵자의 하늘에 관한 생각을 합하면 그 특징은 모두 9가지이다.

첫째, 인격신에 가깝다. 의지를 지니고 있기 때문이다. 둘째, 만물의 창조주에 해당한다. 백성을 어여삐 여기는 이유다. 셋째, 지극히 존귀한 존재이다. 천자보다 더 높다. 천자는 하늘의 뜻을 집행하는 자에 불과하다. 넷째, 만물을 주재한다. 굽어 살피지 않는 게 없다. 다섯째, 세상의 모든 사람을 평등하게 대한다. 하늘 앞에서는 천자와 서민의 구별이 없게 된다.

여섯째, 국가 구성원의 대종을 이루고 있는 농공상 등의 서민을 가장 사랑한다. 백성을 관원의 착취와 억압에서 해방시키는 구세제민救世濟民濟民의 상징으로 간주한 이유다. 일곱째, 의를 기준으로 상벌을 내린다. 상벌의 시행으로 인간 세상에 적극 관여한다. 여덟째, 많은 귀신을 수하에 거느리고 있다. 이들 귀신은 하늘의 수족 역할을 수행한다. 아홉째, 거짓으로 하는 참배를 멀리한다. 성실한 자세로 제사에 임하는 자에게만 복을 내리는 이유다. 여러 면에서 기독교의 '야훼'와 닮아 있다.

그러나 다른 면도 있다. 크게 3가지이다. 첫째, 야훼는 인간의 원죄를 대속代贖하기 위해 예수를 지상으로 내려 보내면서 '천국'을 약속했으나 묵자의 하늘은 사후의 천국을 전혀 약속하지 않았다.

둘째, 야훼는『성경』「마태복음」22장 21절에 나오는 예수의 '카이사르의 것은 카이사르에게, 하느님의 것은 하느님에게' 언급을 통해 정신적인 해방을 주문했으나 묵자의 하늘은 현세의 해방을 궁극적인 목표로 삼았다. 야훼가 원수까지 사랑하라는 예수의 주문이 시사하듯 '희생적인 정신적 사랑'을 최고의 가치로 내세운 데 반해 묵자의 하늘은 '이익균점의 현실적인 사랑'을 역설한 셈이다. 묵가는 현세에서 모든 사람이 공평히 인간적인 대접을 받는 이상국을 만들고자 한 것이다.

셋째, 야훼는 만물을 지배하는 절대자로서 무조건적인 경배를 요구하는 징벌과 질투, 심판의 신이다. 이에 반해 묵자의 하늘은 국가 구성원의 대종을 이루고 있는 인민의 뜻을 충실히 반영하는 섭리攝理에 가깝다. 야훼처럼 희생을 요구하지도 않으면서 사람들 모두 맡은 바 역할을 충실히 수행하기를 바랄 뿐이다. 예수가 전쟁 등의 현실에 대해서는 언급을 피한 데 반해 묵자가 전쟁을 인류 최고의 악으로 간주하며 전쟁반대론인 이른바 '비공非攻'을 역설한 이유다. 묵가 사상을 유신론의 일종으로 간주하면서도 종교가 아닌 제자백가의 일원으로 간주해야 하는 이유다.

맹자가 폭군은 신하들이 합세해 몰아내야 한다는 폭군방벌론暴君放伐論을 주장한 이유가 여기에 있다. 이는 묵자가 말한 폭군천벌론暴君天伐論을 인용한 것이다.

이를 통해 알 수 있듯이 맹자는 생전에 공자 사상의 수호자를 자처하며 묵가를 '짐승의 도'로 비난했지만 그 내막을 보면 사실 묵자의 사상적 후계 자나 다름없었다. 맹자보다 1세대 뒤에 태어난 순자가 공자 사상을 왜곡 한 장본인인 맹자를 질타한 이유가 여기에 있다. 명나라 때에 들어와 순자 는 이 일로 인해 문묘에서 쫓겨나기는 했으나 객관적으로 볼 때 그의 이런 지적은 정확한 것이다.

실제로 『논어』에는 단 한 구절도 나오지 않는 인의仁義라는 표현이 『묵자』 와 『맹자』에만 수십 번 나온다. 맹자가 사상 최초로 언급한 '왕도'와 '패도' 개념 역시 『묵자』에 나오는 의정義政과 역정力政을 살짝 돌려 표현한 것이 다.

주돈이周敦頤와 이정二程

송나라 때 '의정'과 '역정'을 대비시켜 맹자 사상을 맹종하는 학파가 등장 했다. 그게 바로 남송 때 주희朱熹에 의해 집대성된 성리학이다. 성리학은 기독교에 가까운 묵자 사상을 차용한 맹자 사상과 달리 불교 교리를 대거 차용해 이론을 정립했다는 점만이 다를 뿐이다.

성리학의 창시자는 북송 때 이른바 태극도설太極圖說을 주장한 유학자 주돈이周敦頤이다. 그는 유학자들에 의해 성리학의 기초를 닦는 공을 세웠다는 취지에서 주자周子로 불렸다. 송나라 시대 유학의 형이상학적 사유, 즉 철학적 사유는 주돈이에 의해 시작됐다고 해도 과언이 아니다.

주돈이의 대표적인 저서로 『태극도설』과 『통서通書』가 있다. 2권 40장으로 구성된 『통서』는 본래 『역통易通』이라고 호칭되면서 『태극도설』과 병칭됐다. 『태극도설』은 우주론, 『통서』는 도덕론을 논한 게 특징이다.

『태극도설』은 성리학의 철학적 사유와 도덕론의 기본적 방향을 제시했다. 이후의 학자들은 거의 모두 이 책을 읽고 자신의 사상을 전개했다. 『태극도설』의 특징은 우주의 생성변화와 인간의 윤리도덕을 혼연일체로 간주한 데 있다. 자연의 세계인 존재와 인륜으로 표현되는 가치의 세계인 당위를 하나로 묶은 셈이다. 이는 동아시아 사대부들의 사유체계에 지대한 영향을 미쳤다.

주돈이는 지사 벼슬을 하던 부친을 일찍 여의고 8살 때 모친과 함께 외숙의 집으로 이주해 그곳에서 컸다. 1036년 외숙의 천거로 20세 때 홍주洪州 분녕현分寧縣의 주부를 거쳐 복건성 남안南安의 사법관으로 있게 됐다. 이때 정향程珦이라는 사람이 부임했다. 정향은 주돈이의 인품과 학문에 반해 두 아들인 정호程顥와 정이程頤로 하여금 주돈이 밑에서 학문을 배우게 했다.

주돈이의 석상

훗날 정호는 명도선생明道先生, 정이는 이천선생伊川先生으로 불렸다. 두 사람을 통칭해 '2정자二程子'로 높여 불렀다. '2정자'의 성리학에 관한 이론을 집대성한 책이 『2정전서二程全書』이다.

정호와 정이는 통상 '2정자'로 불렸으나 많은 공통점에도 불구하고 사상적 흐름과 논거, 학문적 경향 등에서 적잖은 차이가 있다. 그럼에도 『2정전서』에는 정호의 말인지, 아니면 정이의 말인지 판별되지 않는 말이 많이 보인다.

정호는 1070년경에 여공저呂公著의 천거로 중앙 정부에 들어갔다. 왕안석의 신법新法이 거론되자 의견을 달리해 지방관으로 나갔다. 성품은 온후하고 관대해 이론적이며 준엄한 동생 정이와 대조를 이뤘다. 그의 인설仁說은 천지자연의 이理와 사람의 이理가 같다는 데서 출발하고 있다. 『2정전서』「식인識仁」의 해당 구절이다.

"인仁은 혼연히 물物과 동체인 까닭에 의례지신義禮智信 모두 '인'이다. '인'은 바로 이런 이理를 깨달아 성경誠敬으로 보존하는 것일 뿐이다."

달리 말해 '인'은 '저절로 그러한' 천지만물의 도리道理에 해당한다는 지적이다. '인'을 체득하면 이미 천지만물과 하나가 된다. 이런 사고를 확장하면 성性이 곧 기氣이고, 기氣가 곧 성性이 되는 논리가 성립된다. 이른바 '성즉기性卽氣' 사상이다. 그의 '성즉기' 사상은 남송 때 육상산陸象山을 거쳐 명나라 때 양명학을 개창한 왕양명王陽明의 '심즉리心卽理' 사상으로 이어진다.

정이는 1세 위인 친형 정호와 더불어 성리학의 핵심사상을 제공했다. 그는 성리학의 선구자로 불리며 안정선생安定先生으로 불린 호원胡瑗으로부터 학문적 세례를 받았다. 그가 숭정전설서崇政殿說書에 발탁됐을 당시 사대부들은 당대의 문호 소식蘇軾을 추종하면서 정이의 학문은 우원迂遠하다며 배제했다. 여기서 사변철학을 상징하는 정이학파와 수제치평修齊治平의 문학을 추종한 소식학파 간의 대결인 이른바 '낙촉당쟁洛蜀黨爭'이 빚어졌다. '낙촉당쟁'에서 밀린 정이는 휘종 때 비로소 복관復官돼 경사京師인 변경으로 돌아왔다.

정이는 『주역』「계사전繫辭傳」에서 하나의 음陰과 양陽을 발현하게 하는 것을 일컬어 도道라고 한다는 취지로 언급한 '일음일양지위도一陰一陽之謂道'

구절을 두고 도道는 곧 우주만물을 음양으로 구성하는 근본원인으로 해석했다. 모든 현상이 음양을 통해 생성 · 변화 · 소멸하도록 만드는 근본 배경이 바로 도道에 해당한다고 풀이한 셈이다.

이는 곧 1신一身의 마음心은 곧 천지天地의 마음心이고, 1물一物의 이치理는 곧 만물萬物의 이치理가 된다는 논리로 전개됐다. 그는 '성즉기性卽氣'를 역설한 친형 정호와 달리 '성즉리性卽理'를 주장한 셈이다. '성즉리' 논리가 마음을 순일純一하게 하여 본성에 순응하는 데서 출발해 사물의 이치를 궁구하는 이른바 거경궁리居敬窮理와 격물치지格物致知를 역설하며 실천을 중시하는 쪽으로 진행된 배경이 여기에 있다.

남송 때의 주희는 바로 정이의 '성즉리' 논리를 확대 발전시켜 성리학을 완성한 것이다. 주희는 만물의 이치를 다 합친 것을 '태극太極'으로 보았다. 학문은 곧 『대학』에서 말하는 '격물치지'를 통해 태극을 깨닫는 게 궁극적인 목표가 된다. 후대의 성리학자들이 형이상形而上의 도덕철학 내지 사변철학에 함몰된 근본 배경이 여기에 있다.

북송 때 범중엄은 명절名節과 고매한 식견으로 계몽적 역할을 수행했다. 특히 서하西夏를 경영하면서 뛰어난 수완을 보여주어 사대부들로부터 커다란 지지를 받았다. 인종 경력 4년인 1044년, 친구 등자경이 파릉군巴陵郡 태수로 좌천돼 이듬해에 악양루를 중수할 때 초빙을 받아 쓴 악양루 2층 현판 글은 21세기 현재까지 회자하는 천고의 명문으로 꼽히고 있다.
'선천하지우이우先天下之憂而憂, 후천하지락이락後天下之樂而樂'이 그것이다.

군자는 천하의 근심을 앞서 근심하고, 천하의 즐거움을 나중에 즐긴다는 뜻이다. 그는 학문적으로 6경六經에 정통했다. 특히 『주역』에 밝았다. 장횡거張橫渠에게 '작은 주역'으로 불리는 『중용中庸』을 내주어 유학에 입문시킨 일화로 유명하다.

신법의 왕안석과 구법의 사마광

송태조 조광윤이 송나라를 건국할 당시 중원의 5대는 비록 종식됐으나 주변의 10국 중 호북의 형남과 사천의 후촉, 광동의 남한, 안휘와 강소의 남당, 절강의 오월, 산서의 북한 등 모두 6국이 남아 있었다. 조광윤은 나름 적극적으로 천하통일 작업에 나섰으나 죽기 전까지 이를 완수하지 못했다. 이 과업은 뒤를 이은 송태종 조광의가 태평흥국 4년인 979년 5월에 북한을 병탄함으로써 마침내 성사됐다. 송나라가 들어선 지 19년만의 일이다. 5대10국시대의 종점終點을 기존의 학설과 달리 20년 가까이 뒤로 물려야 하는 이유다.

이같이 볼 경우 5대10국시대는 '황소지란'이 일어나는 885년부터 송태종의 북한 병탄이 이뤄지는 979년까지 모두 94년간에 달하게 된다. 총 96년에 달하는 삼국시대와 별반 다를 바가 없다.

북송 초기 태조 조광윤과 태종 조광의가 다스린 30여 년의 기간은 새 왕조의 기틀을 닦는 창업의 시기에 해당한다. 당시 거란의 요나라가 내분으로 혼란한 남쪽으로 압력을 가할 여유가 없었던 게 북송에게는 행운으로 작용했다.

왕안석

    당시 요나라는 회동 10년인 947년에 태종 야율덕광이 죽은 뒤 잠시 내분이 지속됐다. 이 시기는 송나라의 창업시기와 겹친다. 조광윤과 조광의가 북쪽 요나라의 압력을 느끼지 않고 건국사업을 추진할 수 있었던 결정적인 배경이 여기에 있다. 요나라가 내분에서 회복된 것은 6대 황제인 요성종遼聖宗 야율융서耶律隆緖의 시대이다.

    요성종 야율융서가 즉위할 당시 동쪽 변경이 술렁였다. 발해의 유민이 압록강 부근에 안정국安定國을 세우고 고려와 결탁해 저항한 탓이다. 안정 국과 고려는 송나라와 교신했다. 송나라 입장에서 볼 때 서북의 당항이 요나라에 복속되어 있기에 자칫 배후를 찔릴 위험이 있었다. 이를 견제하려면 요나라의 배후에 있는 안정국 및 고려와 손을 잡는 게 유리했다. 요나라는 먼저 안정국을 정벌한 뒤 고려에 압력을 가해 복속을 강요했다. 북송 태종 말년의 일이다.

요성종 야율융서는 통화 17년인 999년 7월에 송나라 토벌의 조서를 선포했다. 송진종宋眞宗 조항趙恒이 즉위한 지 3년째인 함평 2년의 일이었다. 요나라는 한족 주민을 대량 포섭한 까닭에 중원국가의 면모도 지니고 있었다. 당나라 제도를 흉내 내 의관과 복식도 한족의 것을 채택했다. 중원 국가를 지향한 요나라는 천하를 통일해 수당과 마찬가지로 명실상부한 정복왕조를 꾀했다. 5대10국시대 당시 후진의 석경당이 연운16주를 헌납한 후 와교관瓦橋關과 익진관益津關 이남의 땅을 후주의 세종 시영에게 빼앗긴 바 있다. 요나라의 입장에서 볼 때 이들 관남關南의 땅은 회복해야 할 '실지 失地'에 해당했다.

정반대로 송나라 입장에서 보면 이들 관남 땅은 물론 나머지 연운 16주 모두 실지에 해당했다. 조광의는 이 지역을 탈환하기 위해 태평흥국 3년인 979년 5월에 대규모 병력을 동원해 태원에서 요나라 영내로 원정군을 보내지만 대패하고 말았다. 처음에는 두 개의 성을 손쉽게 공략했지만 지금의 북경인 요나라의 남경을 공략하는 데 실패했다. 조광의도 화살을 맞고 상처를 입었다.

당시 요나라의 승리를 이끈 주인공은 섭정으로 있던 소태후蕭太后였다. 30세의 젊은 나이로 태후가 되었을 당시 아들 요성종 야율융서는 겨우 12세에 지나지 않았다. 보위를 노리는 귀족과 종친들 사이에서 젊은 과부와 어린 고아는 신변의 안전마저 위협받는 상황이었다. 그러나 섭정에 나선 소태후는 뛰어난 지혜와 담력으로 황권을 강화시켜 나가면서 아들 성종을 요나라 최고의 성군으로 만들었다. 가장 먼저 손을 댄 것은 군사 개편이었다. 종족 간의 경계선을 없앤 뒤 정예군을 편성해 자신이 직접 통솔했다.

그녀의 용병술은 기지가 넘치고 변화무쌍했다. 송나라의 실질적인 창업주인 태종 조광의 군사를 깊숙이 끌어들여 대파한 게 그렇다. 훗날 모택동은 이같이 평한 바 있다.

"송나라는 요나라의 적수가 아니었다. 소태후는 적을 깊숙이 끌어들여 섬멸한다는 전략전술을 잘 활용했다. 이를 알지 못해 연전연패한 송태종 조광의는 무능한 인물이었다."

후대인들이 소태후를 두고 '철마를 탄 미녀'라는 뜻의 철마홍안鐵馬紅顏으로 칭송한 이유다.

당시 북송도 평화와 번영을 지속하고 있었으나 건국 이래 100여 년이 가까워진 까닭에 점차 여러 병폐가 표면화되기 시작했다. 국가 재정이 적자로 전환한 게 그렇다. 송진종 천희 말년인 1021년만 해도 2,400여 만 관의 흑자였다. 송인종 경력 8년의 1048년에는 1,400여만 관의 흑자였다가 그 다음해에는 세입과 세출이 같아졌다. 송영종 치평 2년인 1065년에는 마침내 1,570만 관 정도의 적자로 바뀌었다.

여기에는 서하와 7년 동안 전쟁을 치르고도 승리하지 못한 게 크게 작용했다. 군사비가 기하급수적으로 팽창한 탓이다.

당초 태조 조광윤은 정병주의를 채택했으므로 그 만년에 금군은 20만, 지방군을 합하여도 총 38만 정도에 불과했다. 서하와 전쟁을 치른 인종 경력 연간에 금군이 82만, 상군을 포함하면 126만으로까지 늘어났다. 군사 유지비가 연간 5천만 관에 달했다. 무기 등의 비용을 합산하면 군사비는 세출의 약 8할을 점했다.

군사비 다음으로 재정 팽창에 영향을 미친 것은 관리의 폭발적인 증가였다. 송나라는 특정 관원에게 권력이 집중되는 것을 방지하기 위해 하나의 직무에도 복수의 관리를 배치했다. 관청 내지 부서의 수효도 증가했으므로 관리의 숫자는 전대에 비해 현저히 늘어났다. 공신의 자제를 무조건 관원으로 채용하는 은서恩蔭 제도가 있었다. 왕흠약이 죽자 은전 5천 냥이 지급되고, 친족과 친지 20여 명이 임용되었다. 게다가 문관 우대정책을 취했기에 다른 왕조에 비해 많아서 통상의 급여 이외에도 여러 가지 명목의 경제적 지원이 있었다. 퇴직 후에도 봉급전액이 지급되었다. 재정상황이 어려워지자 송나라 조정은 모든 수단을 동원하여 수입증대를 꾀했다.

송나라 건립 이래 강남을 중심으로 한 농업생산력과 상품경제의 발전으로 국고가 풍부해지면서 남아도는 병사인 용병冗兵과 할 일 없이 관록만 타먹는 용관冗官, 황실의 사치에 소요되는 낭비인 용비冗費 등 이른바 3용三冗으로 인해 쌓아둔 재화가 서서히 탕진됐다. 영종 때에 이르러 국가재정이 적자로 전락한 배경이다.

이는 커다란 문제를 야기했다. 재정을 보충하기 위해 온갖 종류의 세금을 부과하자 중과세에 견디지 못한 농민들이 크고 작은 반란을 일으키며 저항하고 나섰다. 해가 지날수록 규모가 커졌다. 수도 개봉부조차 도적떼로 가득 찬 상태가 되었다. 지방에는 쓸모없는 상군廂軍밖에 없었다. 서하와 전쟁을 치른 후 재정난과 사회불안을 근원적으로 해결해야 한다는 목소리가 젊은 관원들 내에서 높아졌다. 개혁 방안은 제각각이었지만 개혁의 절박성에 대해서는 일치했다. 왕안석 신법에 대해 맹렬히 반대했던 사마광조차 초기에는 열성적인 개혁론자에 속했다.

객관적으로 볼 때 왕안석이 시행한 신법은 모두 시의에 부합한 것이었다. 신법은 재정 수입과 규모를 늘리고, 대지주와 대상인에 맞서 소농과 소상인을 보호하는 성격을 띠고 있었다. 부국강병이 궁극적인 목적이었다. 그러나 자신들의 이익이 삭감 내지 박탈당한 관호, 형세호, 호상豪商, 고리대금업자 등이 격렬히 반대했다. 이들은 하나로 뭉쳐 신법의 시행에 강력 저항했다. 이는 결국 왕안석의 낙마를 불러왔다.

여기에는 왕안석이 고집불통의 모습을 보인 점도 적잖이 작용했다. 왕안석에 대한 새로운 평가가 시도된 것은 청나라 때 채상상蔡上翔의「왕형공년보고략王荊公年譜考略」이 등장한 이후다. 채상상은 남송 이후 뿌리 깊게 내려온 왕안석과 그의 개혁에 대한 편견을 바로잡고자 했다. 청나라 말기 량치차오는『왕형공王荊公』에서 왕안석의 선견지명과 개혁정책이 지닌 근대적 성격을 강조하여 그를 위대한 영웅으로 묘사해놓았다.

학계의 최근 연구 경향은 아직 왕안석과 개혁에 대한 종합적 평가보다는 구체적인 개혁시책들을 개별적으로 분석하는 데 치중하고 있다. 왕안석과 그의 개혁정책에 대해서는 일본학자들을 중심으로 그의 개혁의 계급적 기반과 성격에 주목한 게 대부분이다. 왕안석이 사마광 등의 북방출신 대토지 소유자와 독점상인들에 맞서 남방출신의 신흥 중소지주층의 이해관계를 대변했다는 식이다.

이런 해석은 송나라의 지주전호제의 전개라는 사회경제적 분석과 맞물려 나름 일리가 있으나 부분적인 타당성밖에 없다. 신법을 둘러싼 왕안석과 사마광의 논쟁을 보다 입체적으로 조명할 필요가 있다. 모택동이 바로 그런 관점에 서 있었다. 지난 1975년 그는 시중을 들던 맹금운孟錦雲에게 이같이 말했다.

"중국에는 두 개의 대작이 있다. 『사기』와 『자치통감』이다. 두 작품은 모두 재간을 지닌 사람이 정치적으로 불우한 처지에서 편찬했다. 사람이 어려움에 처해졌다고 해서 반드시 나쁜 것만은 아닌 것 같다. 물론 이것은 재간과 뜻이 있는 사람을 두고 하는 말이다."

모택동은 만년에 침대 머리에 늘 『자치통감』을 놓아두었다. 너무 많이 읽어서 책이 너덜너덜해졌다. 그는 맹금운에게 『자치통감』을 해설해 놓은 『자치통감 평석』을 주면서 읽어보라고 권하기도 했다. 이 책은 『자치통감』에 대한 그의 깊은 관심과 해박한 지식을 세상에 알린 높은 수준의 노작으로 평가받고 있다.

모택동은 『자치통감』을 평생 17번에 걸쳐 읽었다. 왕안석과 사마광에 대한 모택동의 평이다.

"두 사람은 정치면에서 적수였소. 왕안석은 개혁을 주장했고 사마광은 이를 반대했지. 그러나 학문에서는 좋은 친구로 서로 존중했소. 그들이 존중한 것은 상대방의 학문이었소. 우리는 이것을 배워야 한단 말이오. 정견이 다르다고 해서 학문마저 부인해서는 안 되오."

모택동의 지적처럼 원래 사마광도 왕안석의 신법이 등장하기 전에는 그 나름대로 국정개혁을 생각하고 있었다. 그는 기본적으로 현실적인 정치가였다. 『자치통감』을 편제하면서 『사기』의 열전에도 나오는 굴원의 글에 대해 전설적인 냄새가 난다며 이를 무시했다. 항우와 우미인의 얘기도 항간의 얘기에 가깝다며 빼버렸다. 제갈량이 쓴 「후출사표」도 후대인의 위작으로 간주해 싣지 않았다. '팩트'를 중시한 것이다. 그만큼 현실적이었다는 얘기다.

사마광은 왕안석이 죽은 지 5달 뒤인 송철종 원우 원년인 1086년 9월에 숨을 거뒀다. 왕안석의 10년간에 걸친 은거는 섭정하는 황태후 고씨의 마음을 누그러뜨리는 데 일조했다. 조정은 왕안석의 죽음을 애도해 정사를 중지하고 태부太傅의 자리를 추증했다. 당시 왕안석과 사마광은 서로 편지를 주고받으며 각자의 생각을 개진했다. 구법파로 분류된 소식은 전근하는 도중 금릉에서 은둔하고 있는 왕안석을 방문하기도 했다. 왕안석은 결코 모택동이 지적한 것처럼 구법파 인사들과 인간적으로 대립했던 것은 아니다. 단지 신념이 너무 강해 입장을 달리했을 뿐이다.

그럼에도 고루한 성리학자들은 왕안석을 '소인'으로 몰아갔다. 주희의 성리학을 고식적으로 받아들인 조선조의 경우가 특히 더욱 심했다. 21세기에 들어와 중화권에서 왕안석의 신법에 대한 평가는 자못 높다.

객관적으로 볼 때 왕안석의 개혁은 숱한 시행착오를 거쳤다. 그러나 그 시행착오는 훗날 반드시 풀어야 할 과제를 크게 부각시켰다. 이는 21세기 현재까지도 풀지 못하고 있다. 그만큼 그의 개혁정치는 개혁의 본질을 건드린 것이었다. 그런 점에서 그의 개혁은 미완의 개혁으로 현재 진행형이기도 하다.

그가 제기했던 개혁방안은 시대를 격해 거듭 논의되고 재활용되었다. 러시아혁명의 주인공인 레닌은 그를 두고 '역사상 최고의 개혁가'로 평하기도 했다. 동서고금의 정치사를 통틀어 그가 시도한 신법은 오늘날 그 누구도 추종하기 어려울 정도의 높은 평점을 받고 있다. 21세기 G2시대의 난세 상황 때문일 것이다. 실제로 과거에도 그는 난세 때마다 높은 평가를 받았다.

29

대제국의 등장

악비와 진회秦檜

악비는 중국 북송 말기에서 남송 초기에 금나라에 대항해 싸운 장수이다. 시호가 충무忠武이다. '충무'는 문정文正과 더불어 최고의 시호로 일컬어지고 있다.

『송사』「악비전」에 따르면 그가 태어날 때 고니처럼 큰 새가 지붕 위에 앉은 까닭에 이름을 '비飛'로 지었다고 한다. 그는 북송이 멸망할 무렵 의용군을 조직해 금나라에 항거했다. 그 공로를 인정받아 남송이 들어서자 장군에 제수됐다. 이내 악가군岳家軍으로 불리는 의용군을 조직해 많은 무공을 세웠다. 금나라 병사들이 "태산을 움직이는 건 쉽지만 악비의 군사를 움직이기는 어렵다."고 말할 정도였다.

그러나 그는 39세의 젊은 나이에 옥사하고 말았다. 죽기 전에 그는 이런 유언을 남겼다.

"나의 결백한 마음은 하늘의 태양처럼 밝을 것이다."

그가 어떻게 죽었는지에 대해서는 명확히 알려진 게 없다. 통상 독살로 보는 게 주류이다. 『송사』「악비전」에 따르면 당시 악비의 전우이자 또 다른 주전파인 한세충韓世忠이 진회에게 악비의 죄목을 물었다. 진회가 이같이 대답했다.

"아마도 뭔가 죄목이 있을 것이오!"

원문은 반드시 죄목이 있어야만 하는 것은 아니라는 뜻의 '막수유莫須有'이다. 뭔가 죄목이 있을 것이라는 뜻과 통한다. 여기서 사안을 날조해서 사람을 무함한다는 뜻의 '막수유' 성어가 나왔다.

당시 한세충은 이같이 탄식했다.

"어찌 '막수유' 3글자로 천하를 납득시킬 수 있겠습니까!"

악비의 시신을 진회가 훼손할 것을 염려한 옥지기가 악비의 시체를 자신의 집에 있는 나무 밑에 묻었고, 자신이 죽을 무렵 아들에게 그 사실을 알렸다. 후에 악비의 억울한 누명이 벗겨져 '악왕묘鄂王廟'의 사당이 만들어졌다.

이후 주화파의 수뇌 진회는 물론 그 부인 왕씨, 묵기설, 장준과 함께 무릎 꿇고 있는 동상이 만들어져 악비 동상 앞에 놓이게 됐다. 진회의 부인인 왕씨의 동상까지 만들어진 것은 진회가 악비를 죽일 죄명을 찾지 못해서 고민할 때 부인 왕씨의 '막수유' 3자를 건의 받고 처형을 결심하게 되었기 때문이라고 한다.

일반적으로 알려진 악비의 전공의 상당수는 송이나 금의 공식 기록이 아니라 악비 후손들이 쓴 행장에만 남아있고, 몇 백 명의 보병으로 몇 만 명의 기병을 몰살시켰다는 식의 기록도 신뢰에 문제가 있다는 점이 지적되고 있다. 『송사』 자체도 역대 정사 가운데 신뢰성이 크게 떨어지는데, 「악비전」은 『송사』 중에서도 제일 문제가 많은 열전으로 손꼽히고 있다. 실제로 「악비전」은 악비의 손자이자 악림岳霖의 아들인 악가岳珂의 행장에 초점을 맞추고 있다.

『금사』에는 악비가 패한 기록이 제법 많이 기록돼 있다. 악비로 인해 동시대에 전공을 세운 종택宗澤 등의 전공이 상대적으로 가려진 측면이 있다. 종택은 악비 등을 휘하에 두고 금나라에 저항한 장수이다. 그는 70세 때 울분을 참지 못해 개봉부를 회복해야 한다는 취지로 장강을 건너 진격하라는 의미의 '과하過河'를 3번 외치고 숨을 거둔 것으로 유명하다.

기본적으로 악비는 처세술에 문제가 있었다. 우직한 성격으로 인해 송 고종 조구의 집중적인 견제를 자초한 게 그렇다. 함락 직전의 위기에 처한 임안과 송고종 조구를 구한 악비는 송고종에게 황태자 책봉을 건의한 게 대표적이다. 악비는 송나라의 후계 구도를 탄탄히 만들자는 의도에서 그랬을 터이나 송고종 입장에서는 악비가 이심貳心을 지닌 것으로 의심할 만한 소지가 컸다. 당시는 악비 같은 군벌이 권력을 잡은 뒤 기존의 왕조인 당나라를 무너트리고 새 왕조를 세운 5대10국의 난세가 끝난 지 얼마 안 되는 때였다. 악비를 크게 의심하며 세력 확대를 미연에 견제하기 위해 주화론자인 진회의 건의를 받아들였을 가능성을 배제할 수 없다.

현재 중국정부는 동북공정의 일환으로 여진족의 후신인 만주족을 포함한 소수민족을 끌어안기 위해 악비에 찬양을 의도적으로 제어하고 있다. 교과서 등에서 악비를 가리키는 '한족의 영웅' 등의 표현을 '중국의 영웅' 등으로 바꿔 놓은 게 대표적이다.

악비를 무함했던 진회에 대한 재평가 작업도 같은 맥락에서 진행되고 있다. 그럼에도 그 성과는 미미한 수준이다. 아직도 많은 중국 인민들이 악비에 대해 커다란 존경심을 거두지 않고 있는 게 그렇다.

몽골의 금나라 정벌

칭기즈칸의 어릴 때 이름은 테무진鐵木眞이다. 그의 초년 시절은 그리 평탄치 않았다. 당초 테무진의 부친 예수게이也速該는 부족의 수장인 암바가이칸의 후계자로 낙점돼 부족을 통솔했다. 암바가이 칸은 시집가는 딸을 데려다 주러 갔다가 같은 몽골계의 타타르족에게 붙잡혔다. 타타르족은 암바가이칸을 여진족의 금나라 황제 알탄칸에게 보냈다. '알탄 칸'은 금나라 희종의 뒤를 이어 보위에 올랐다가 비명에 횡사한 해릉왕海陵王 완안량完顔亮을 말한다.

그의 치세 때 금나라는 몽골계 타타르족에게 공포정치를 구사했다. 충성의 징표를 요구하자 암바가이칸을 압송한 것이다. 예수게이는 암바가이칸의 뒤를 이어 몽골 부의 제4대 족장에 올랐다. 원래 그는 호에룬이라는 여자를 메르키트 부족의 남자로부터 빼앗았다. 칭기즈칸은 이 두 사람 사이에 태어났다. 예수게이가 숙적인 타타르족과 싸워 테무진 우게라는 족장을 포로로 잡은 와중에 태어난 까닭에 '테무진'의 이름을 얻게 됐다.

테무진의 명성이 사방으로 퍼지자 인근 메르키트 부족이 촉각을 곤두세웠다. 어느 날 아침 요란한 말발굽 소리를 내며 메르키트 부족의 한 무리가 과거의 원한을 풀기 위해 테무진을 습격해왔다. 뜻밖의 습격을 받은 테무진의 가족들은 재빨리 말을 타고 흩어져 무사했으나 그의 아내는 타고 달아날 말이 없어서 머뭇거리다가 사로잡혀 끌려가고 말았다. 약 20년 전에 테무진의 부친 예수게이가 메르키트 부족장의 친척에게서 신혼 초의 아내를 빼앗아 간 것을 복수한 것이다.

테무진은 이내 죽마고우인 자무카札木合와 아버지의 맹우인 옹칸王罕과 손잡고 메르키트 부족을 쳐 아내를 되찾았다. 칭기즈칸은 메르키트를 격파한 뒤 자무카와 약 1년을 함께 보냈다. 이 동안 그의 세력은 급속히 성장해 단 9필의 말로 메르키트를 공격하던 때와 달라졌다. 이후 그는 21개 부족의 수장으로부터 추대돼 칸의 지위에 올랐다.

금나라 위소왕의 대안 2년인 1210년, 금나라 사자가 와서 새 황제의 즉위조서를 내렸다. 칭기즈칸은 금나라의 새 황제가 완안영제인 것을 알고 는 이같이 냉소했다.

"중원의 황제는 천상의 사람이 되는 줄 알았는데 위소왕 같은 용렬한 자 도 될 수 있다는 말인가? 절하며 받들 것도 없다!"

남쪽을 향해 침을 뱉고는 말을 타고 북쪽으로 사라졌다.

이듬해인 대안 3년의 1211년, 칭기즈칸이 금나라 친정에 나섰다. 이듬 해인 1212년, 거란족 장수 야율유가耶律留哥가 금나라에 반란을 일으킨 뒤 칭기즈칸에게 사람을 보내 복속 의사를 밝혔다. 야율유가는 원래 금나라 가 카라 키타이 즉 서요西遼와 몽골의 결탁을 두려워한 나머지 동북쪽의 북만주로 이주시킨 거란족의 일원이었다.

당시 금나라는 거란의 반란을 두려워해 거란족 1호당 여진족 2호를 배 치해 감시하게 했다. 금장종 때 거란문자의 사용을 금하는 등 억압 정책을 구사하기도 했다. 당시 야율유가는 천호장의 자리에 있었다.

거란족은 같은 몽골계인 칭기즈칸의 세력이 날로 커지고 있다는 소식에 큰 기대를 걸었다. 야율유가는 금나라 조정이 중도대흥부의 방위를 위해 동북수비대를 서쪽으로 이동시킨 틈을 노려 반기를 들었다. 융주隆州, 한 주韓州 등 여러 지역을 공략했다. 세력은 10만여 명을 헤아렸다. 이 일대는 여진족의 발상지이다. 야율유가는 흥안령에서 요동으로 진출해 오는 몽골 군의 부장과 짜고 세력을 더욱 넓혔다. 숭경 2년인 1213년에 자립해 요왕 遼王을 칭했다. 연호를 원통元統이라고 했다.

칭기즈칸은 그 사이 친정하여 금나라 군사와 싸웠다. 본명이 홀사호忽沙虎인 금나라 장수 흘석렬집중紇石烈執中이 30만 대군을 이끌고 창주昌州, 환주桓州, 무주撫州의 여러 지방을 구원했다. 칭기즈칸은 그를 환아자獾兒嘴라는 곳에서 격파했다. 그러나 금나라의 서경인 대동을 공격하는 도중 칭기즈칸이 유시를 맞고 말았다. 부득불 포위를 풀고 철수한 이유다. 이때 몽골군은 산서와 하북의 여러 주를 잇달아 함락시켰다.

이해 8월, 금나라 조정에서 쿠데타가 일어났다. 우부원수 흘석렬집중이 병권을 탈취해 궁전으로 들어가 감국도원수監國都元帥를 칭하고 황제로 있던 위소왕 환안영제를 끌어내 금고에 처한 뒤 환관 이사중李思中에게 명하여 죽이게 했다. 그러고는 금장종의 이복동생인 풍왕豊王 완안순完顔珣을 옹립해 보위에 앉혔다. 그가 금선종金宣宗이다.

당시 몽골군은 3갈래로 병력을 나눠 깊숙이 남하해 산동반도까지 유린했다. 하북의 군현 가운데 함락되지 않은 곳은 불과 11개 성읍에 지나지 않았다. 몽골군의 침공을 막기 위해 파견된 금나라 장수는 진주방어사鎭州防禦使인 출호고기朮虎高琪였다. 그도 송나라 정벌 때 공을 세운 바 있다. 그러나 몽골군의 맹공을 버티지 못하고 병사를 이끌고 지금의 북경인 중도中都에서 철수했다. 그는 책임추궁을 두려워해 그의 집에서 흘석렬집중을 유인해 죽였다. 금선종 완안순은 부득불 출호고기를 좌부원수로 위촉했다가 다시 평장정사平章政事에 임명했다.

당초 금선종 완안순은 즉위하자마자 여진족 이외의 민족인 제색인諸色
人을 본조인本朝人, 즉 여진족과 똑같이 대우한다는 조서를 내렸다. 그러나
이미 때가 늦었다. 이는 주로 거란족을 대상으로 한 것으로 야율유가는 이
미 여진족 본거지에서 왕을 칭하고 금나라 파견군을 격파했다

금선종 흥정 원년인 1217년 8월, 칭기즈칸은 측근인 무칼리木華黎를 태
사로 삼고 중국의 국왕에 봉했다. 여진족 및 한족 등의 군사를 이끌고 남
정하기 위한 포석이었다. 국왕에 봉해진 무칼리는 중도를 개칭한 연경에
막부를 설치했다. 가을에 내습해 봄에 철수하던 몽골군이 이후 중원에 계
속 주둔하게 된 배경이다. 무칼리는 연경을 기지로 사방으로 병력을 출동
시켜 황하 이북을 공략했다. 금나라가 곤경에 처해 있는 것을 보고 남송은
세폐를 정지했다.

몽골 대군이 금나라의 새로운 수도가 된 개봉을 포위한 것은 금애종金哀
宗 완안수서完顔守緖 개흥 원년인 1232년 3월의 일이었다. 일단 강화가 성
립되었으나 금나라 쪽에서 몽골의 사자를 베면서 교섭이 결렬됐다. 이해
12월, 몽골군이 재차 개봉을 포위해 해를 넘겼다. 그 사이 금애종 완안수
서는 성을 빠져나와 지금의 하남성 상구시인 귀덕歸德으로 향했다.

이때 금나라의 서면西面 원수 최립崔立의 쿠데타가 있었다. 개봉의 수비
를 맡고 있던 완안노신完顔奴申과 습념아불習捻阿不을 죽이고 정권을 장악한
뒤 태후의 명을 내세워 위소왕의 태자인 완안종각完顔從恪을 옹립했다. 이
어 몽골군에게 항복을 제의했다. 개봉의 백성들이 쾌재를 불렀다. 금나라

관원들은 가족과 함께 지금의 산동성 요성聊城으로 끌려갔다. 이해 6월, 금 애종이 귀덕에서 지금의 하남성 여남현인 채주蔡州로 달아났다.

당시 남송에서는 권신 한탁주韓侘冑를 암살한 실력자 사미원史彌遠이 송 이종宋理宗 조윤趙昀을 옹립해 권력을 장악하고 있었다. 송이종은 송태조 조광윤의 10세손으로 원래 민간에서 생장했다. 몽골의 대군이 금나라 수 도 개봉을 점령할 당시는 그가 즉위한 지 5년째 되던 해였다. 이때 몽골이 남송으로 사자를 보내 금나라 협공을 제의했다. 남송의 조정은 흥분했다. 사미원의 조카인 경호제치사京湖制置使 사숭지史嵩之가 적극 찬성하고 나섰 다. 지양주사知揚州使 조범趙范만이 114년 전에 금나라를 좇아 요나라를 패 망시킨 후과를 거론하며 반대했다. 그러나 이는 소수의견에 불과했다. 남 송의 조정은 몽골과 동맹하기로 했다.

다음 해인 송이종 소정 6년의 1233년, 금애종도 사자인 완안아호完顔阿 虎를 남송에 보내 순망치한脣亡齒寒의 논리를 들어 식량 원조를 부탁했다. 그러나 남송의 방침은 이미 결정돼 있었다. 이해 10월, 사숭지가 파견한 남송의 장군 맹공孟珙이 몽골군과 합세해 금애제가 머무는 채주를 포위했 다. 이듬해인 단평 원년인 1234년 정월, 몽골과 남송의 연합군이 쳐들어 오자 금애종이 자진했다. 자진하기 얼마 전에 종실의 완안승린完顔承麟에 게 보위를 물려주었으나 말제末帝인 완안승린도 전란 속에서 전사했다. 이 로써 금태조 아구타가 건국한 금나라는 120년 만에 패망하고 말았다.

칭기즈칸과 야율초재

칭기즈칸은 천하를 좌충우돌하여 정복할 당시 몽골은 기본적으로 천하를 다스리는 통치의 기술이 없었다. 야율초재耶律楚材가 없었다면 '몽골제국'은 이내 무너졌을 것이라는 후대 사가들의 지적이 이를 뒷받침한다. 이는 그가 세운 업적이 그만큼 위대했음을 반증한다.

금나라가 새로운 수도로 삼은 개봉을 점령했을 당시 몽골군이 그간 해온 행보와 기본원칙을 뒤집은 게 대표적인 실례이다. 호라즘 왕국의 예에서 알 수 있듯이 몽골은 저항한 적에 대해서는 추호의 자비도 베풀지 않았다. 야율초재는 항복하지 않은 자를 섬멸하는 관행을 고쳐야 한다고 간언해 이를 관철시켰다. 몽골이 금나라의 선진 문물과 군사기술을 성공적으로 흡수할 수 있었던 근본 배경이 여기에 있다.

이는 이후 남송을 정벌할 때 양양성의 공방전에서 커다란 위력을 발휘했다. 이것이 이후 원나라의 문예와 학술 등 문화발전에 커다란 기여를 하게 된 것은 말할 것도 없다.

원래 야율초재의 부친 야율이耶律履는 금나라 조정에서 재상까지 지낸 당대의 명사였다. 그는 3살 때 부친을 여의었다. 글도 읽을 줄 알고 예의에 밝은 어머니 양씨의 영향을 받아 어린 시절부터 학문에 매진했다. 총명함을 타고난 야율초재는 도박이나 잡기 따위에 시간을 낭비하지 않아 남들보다 빨리 많은 책을 읽을 수 있었다.

청년기에 접어들 무렵 이미 그는 천문, 지리, 산술을 비롯하여 불교와 도교 그리고 의학, 점복 등에 상당한 조예를 갖추게 됐다. 노래와 악기 연주에도 뛰어났다. 그야말로 다재다능한 사람이었다. 문화 소양이 높은 그는 한 번 쓰면 거의 고치지 않아도 될 정도로 뛰어난 문장력을 자랑했다. 그가 17세 때 금나라 조정에 출사한 배경이다.

칭기즈칸의 군대가 중도를 함락시킨 해는 금선종 정우 3년인 1215년이었다. 당시 그의 나이 25세였다. 그때까지 줄곧 금나라 조정에서 여러 일을 했다. 금나라 조정이 몽골군의 재침을 우려해 수도를 개봉으로 옮겼을 때, 그는 따라가지 않고 불교에 귀의했다. 가슴에는 천하를 품고도 남을 기개가 있었지만 이미 크게 기울어진 금나라에서는 희망을 찾을 수 없었던 것이다.

야율초재가 이내 불교에 귀의한 이유다. 몽골군이 연경으로 들어온 이후 은둔생활을 하던 야율초재가 칭기즈칸이라는 걸출한 영웅을 만난 것은 이미 예견된 일이었다. 야율초재가 칭기즈칸 앞으로 나아간 것은 원태조 3년인 1218년이었다.

당시 칭기즈칸은 야율초재가 금나라에 멸망당해 대대로 금나라와 원수지간인 요나라 종실후예라는 사실을 잘 알고 있었다. 야율초재를 처음 만난 자리에서 이같이 말했다.

"요와 금은 대대로 원수였다. 그대가 나를 도와준다면 나는 그대의 원한을 씻어주겠다."

뜻밖에도 야율초재는 이렇게 말했다.

"그건 지난 일입니다. 저의 조부와 부친, 그리고 저 역시 금나라에서 벼슬을 했는데 어떻게 이전의 군주를 원수로 삼을 수 있겠습니까?"

야율초재의 조각상

칭기즈칸이 이 말에 감동했다.

"내 부하가 되지 않겠는가?"

야율초재가 대답했다.

"공부를 한 것은 백성을 편하게 하려는 것이었는데 어찌 약탈과 학살을 일삼는 사람의 부하가 될 수 있겠습니까?"

군막 안에서 대칸 칭기즈칸에게 대드는 그를 보고 칭기즈칸의 막료 장수들이 대로했다. 야율초재의 말에 일리가 있다고 여긴 칭기즈칸이 장수들을 다독인 뒤 부드러운 어조로 부탁했다.

"우리 몽골은 그대 같은 인재가 필요하오. 부디 그대는 그 뛰어난 지혜를 우리 몽골을 위해 써 주시오."

야율초재가 조건을 내걸었다.

"두 가지만 약속하면 그리 할 것을 하늘과 땅에 맹세합니다."

"그게 어떤 것이오?"

야율초재가 말했다.

"우선 백성이 피눈물을 흘릴 때 함께 눈물을 흘려주실 수 있습니까?"

"약속하오."

잇달아 말했다.

"기근이 들어 백성들이 굶주리고 있을 때 같이 굶어주실 수 있겠습니까?"

"약속하오."

그러자 야율초재가 두 번 절하며 충성을 맹세했다. 칭기즈칸은 곧바로 야율초재와 밤을 새워가며 얘기를 나눈 뒤 곧바로 그를 군사軍師에 임명했다. 칭기즈칸은 연경에서 금나라 왕족들만 처형한 뒤 백성들은 전혀 학살하지 않았다. 이어 기술자와 학자 등을 초원에 있는 몽골의 수도 카라코룸으로 끌고 가는 조치를 내렸다. 모두 야율초재의 가르침을 좇은 결과다.

당시 야율초재가 내세운 두 가지 조건은 군주가 반드시 갖추어야 할 애민愛民의 기본자세에 해당한다. 백성의 안녕과 생업 보장이 다스림의 근본 목적이고, 제왕은 이를 위해 존재한다는 취지에서 나온 것이다. 칭기즈칸은 이를 흔쾌히 받아들이고 스스로 그리할 것을 다짐했다. 야율초재의 요구는 시공을 뛰어넘어 모든 위정자가 늘 명심해야 할 기본 덕목이기도 하다.

야율초재의 개혁정책

초원의 유목민족인 몽골 사람들은 씨족사회에서 살아왔기에 국가라는 개념이 아직도 미약했다. 그들은 군사와 무기에 의존해서 광대한 영역을 차지했지만 문명이라고 말할 만한 수준이 되지 못했다. 지금의 북경인 중도를 정벌했을 때 무칼리는 칭기즈칸에게 이같이 건의했다.

"중원지구의 한인은 목축을 몰라 우리에게 아무 쓸모가 없습니다. 그러니 그들을 전부 죽이고 중원 땅을 초원으로 만들어버리는 편이 낫습니다."

야율초재가 경악한 것은 말할 것도 없다. 문명 수준이 높은 중원을 비롯해 여타 정복지를 다스리려면 당장 법체계와 정치, 경제, 문화 등 여러 면에서 강력한 개혁을 추진하지 않으면 안 되었다. 칭기즈칸과 뒤를 이은 오고타이高闆台 모두 야율초재의 건의를 좇아 '한족의 법과 관습'을 받아들였을 뿐만 아니라 그의 '한화 개혁'을 뒷받침해 주었다. 야율초재가 몽골제국의 기틀을 튼튼히 다진 배경이다. 당시 야율초재가 제안한 정책과 제도를 요약하면 다음과 같다.

첫째, 약탈이나 도살 같은 좋지 못한 습속을 없애 백성과 포로의 목숨을 구했다. 중국인의 몽골인에 대한 두려움과 복수심을 많이 해소시켰다. 둘째, 정복지를 나눠 다스리는 분봉방식 대신 강력한 중앙집권 체제를 구축해 천하를 고루 평안하게 하고자 했다. 셋째, 유가사상을 통치이념으로 내세워 천하인을 교화하고자 했다. 많은 유생들이 벼슬길에 나서면서 문무 겸전의 새로운 문화를 만들게 됐다.

넷째, 법치를 강화해 폭정을 막았다. 몽골에는 관습만 있을 뿐 법률이 없었다. 방대한 규모의 제국을 다스릴 수 있는 비법이 법치에 있다는 것을 처음으로 설득했다. 관리의 탐욕과 폭정을 억제한 배경이다. 다섯째, 농업을 발전시켰다. 천하인민을 먹여 살리려면 농업이 필요하다는 사실을 적극 알렸다. 여섯째, 조세제도를 수립하여 군사적 약탈을 막았다. 몽골족은 그 때까지 녹봉은 물론 세금이란 개념도 알지 못했다. 가는 곳마다 약탈을 자행한 이유다. 그것으로 전비를 포함한 모든 비용을 충당했다. 당연히 필요한 물자와 비용을 조달시키는 체계가 있을 리 만무했다. 그는 관원과 장병의 녹봉제를 시행해 제국의 기반을 다졌다. 처음에는 야율초재가 아무리 설명을 해도 조세제도의 이점을 제대로 이해하지 못했기 때문이다.

원태종元太宗 오고타이 3년인 1231년 처음으로 하북 일대에 시험적으로 조세제도를 시행했을 때 거두어진 금, 은, 옷감, 농산물 등 현물세를 포함한 세금이 산더미처럼 궁중에 쌓이자 오고타이의 입이 떡 벌어졌다. 오고타이가 신기해하며 야율초재에게 말했다.

"그대는 어떻게 하여 짐의 곁을 떠나지 않고도 국용國用에 필요한 물자를 이토록 많이 거둬들인 것이오? 누가 감히 그대에 비할 수 있겠소!"

일곱째, 고리대금을 억제해 착취를 금지시켰다. 당시 나라가 넓어지자 간상奸商들의 고리대금이 성행했다. 가난한 백성들이 큰 피해를 당했다. 야율초재는 고리대금의 이자율을 제한하고, 많은 빚에 허덕이는 백성들을 대신해 관아에서 빚을 갚아주었다. 또 상인과 결탁하여 뒷돈을 챙기는 관리들을 숙청했다.

당시 몽골의 통치자들이 중원의 발전된 제도에 빠르게 적응해나갈 수 있었던 것은 전적으로 야율초재의 끊임없는 노력 덕분이었다. 그는 국가와 백성들에게 이익이 된다고 판단하면 어떤 방법이라도 생각해내고 최선을 다해 실행했다. 그의 제안은 대부분 받아들여졌다. 대칸 본인도 커다란 영향을 받았다. 몽골의 지배 귀족들은 그가 건의할 때마다 조바심을 내야 했다. 기득권을 침해당한 귀족들은 그의 개혁정책에 반대했다. 그러나 원태종인 대칸 오고타이는 야율초재의 손을 들어주었다. 한번은 야율초재에 대한 유언비어를 악의적으로 퍼트리는 연경의 유후留侯를 잡아들인 뒤 야율초재에게 직접 심문하도록 한 일이 있었다. 눈코 뜰 새 없이 바쁜 야율초재가 말했다.

오고타이

"개인적인 원한보다는 나랏일이 더 중요합니다. 나중에 처리하겠습니다."

원태종 오고타이와 대신들은 사심 없이 일하는 야율초재의 모습에 감탄을 금치 못했다. 그에 대한 유언비어가 이내 사라진 이유다.

이후 야율초재는 임시 과거시험을 실시해 속금贖金이 없어 노비로 전락한 중원의 지식인 수천 명을 구제하기도 했다. 학교도 세웠다. 나아가 과도한 징세를 목숨을 걸고 막는 등 무단武斷 통치를 절차에 따른 법치로 바꾸기 위해 노력했다.

　그러나 원태종 오고타이가 등극한 지 13년째 되는 1241년에 병사하고, 그의 여섯째 황후인 나이마친乃馬眞이 섭정을 하게 되면서 상황이 일변했다. 그간 불만을 품고 있던 귀족들이 야율초재를 집중 공격하고 나섰다. 야율초재가 그토록 반대했음에도 국가의 조세징수권까지 거상에게 많은 돈을 받고 팔아버렸다. 이를 매박賣撲이라고 한다.

　'매박'은 예컨대 상인들이 토지징세권을 돈을 미리 지불해 10만 냥에 산 뒤 10만 냥 이상을 뜯어내 그 차액을 챙기는 제도를 말다. 이 매박 제도는 착취를 공인한 것이나 다름없었다. 당시 야율초재는 이를 극렬히 반대했다. 백성들에 대한 착취로 이어질 게 너무나 뻔했기 때문이다.

　그러나 나이마친은 귀족들의 말에 귀를 기울이며 야율초재를 멀리했다. 야율초재도 달리 방법이 없었다. 이내 30년 가까이 애썼던 몽골조정을 뒤로한 채 집으로 돌아와 쉬다가 이내 자리에 눕고 말았다. 원정종元定宗 구유크貴由의 재위 2년인 1243년, 야율초재가 마침내 숨을 거두고 말았다. 칭기즈칸에 이어 그를 전폭 밀어주었던 대칸 오고타이가 세상을 떠난 지 2년 뒤의 일이다. 당시 그의 나이 55세였다. 객관적으로 볼 때 야율초재가 없었다면 '몽골제국'은 칭기즈칸 사후 이내 사라졌을 가능성이 컸다. 역대 사가들이 몽골의 건국과 관련해 칭기즈칸을 언급할 때 반드시 야율초재를 거론하는 이유가 여기에 있다.

30

남송의 패망

쿠빌라이와 대원大元

원태조 칭기즈칸에게는 4명의 아들이 있었다. 장남 주치朮赤, 차남 차가타이察合台, 3남 오고타이窩闊台, 막내 툴루이拖雷가 그들이다. 장남 주치는 칭기즈칸의 혈통인지 여부가 늘 문제가 됐다. 칭기즈칸의 부인 보르테孛兒帖가 메르키트 부족에게 납치됐다. 이후 보르테를 구하긴 했으나 출산 시점이 애매했다.

칭기즈칸의 장자 '주치'는 원래 몽골어로 '손님'을 뜻한다. 아랄해 연안에 머물던 주치는 병을 핑계로 칭기즈칸의 원정에 참여하지 않았다. 칭기즈칸은 주치가 죽었다는 소식을 듣고 한동안 방안에 틀어박혀 밖으로 나오지 않았다. 주치의 차자 바투拔都는 지금의 러시아 남부 지역에 킵차크金帳칸국汗國을 세웠다.

차남 차가타이는 칭기즈칸의 아들 가운데 가장 성격이 급했다. 특히 형인 주치와 가장 극렬히 대립했다. 칭기즈칸이 후계자를 정할 때 자식들을 전부 불러놓고 물으며 먼저 주치에게 말을 해보라고 했다. 그러자 차가타이는 대놓고 주치를 업신여겼다. 그는 비록 불같은 성정을 지니기는 했으나 자신에 대해서도 매우 엄정했다. 칭기즈칸 때 만들어진 몽골 최초의 법전「야사Yasa」를 그가 맡게 된 이유다. 그는 차가타이칸국을 세웠다.

3남인 오고타이는 원태조 칭기즈칸의 뒤를 이었다. 바로 원태종元太宗이다. 주치는 혈통, 차가타이는 급한 성정이 문제가 됐다.『몽골비사』는 오고타이가 비교적 온화한 성격을 지닌 덕분에 발탁됐다고 기록해놓았다. 몽골제국이 종교에 관대한 모습을 보인 것도 그의 이런 성격과 무관치 않았다. 오고타이 본인은 중국을 노렸으나 형인 주치의 아들 바투는 끝도 없이 서진西進하고 있었다.

3대 칸으로 등극한 오고타이의 아들 원정종元定宗 구유크貴由는 아예 바투를 무시하는 모습을 보였다. 오고타이는 주치의 혈통 문제를 거론하며 바투를 모욕한 자신의 아들들을 책망했지만, 모욕을 당한 바투는 킵차크칸국을 건설한 뒤 몽골족과의 관계를 영원히 끊어버렸다.

툴루이는 보르테에게 얻은 아들로는 막내이다. 부친인 칭기즈칸을 좇아 금나라와 중앙아시아 일대 정벌에 나섰다. 칭기즈칸 사후 1227년부터

2년 동안 임시로 칸의 권한을 행사했다. 1229년 쿠릴타이에서 자신을 따르는 사람이 많았음에도 칭기즈칸의 유지를 좇아 오고타이를 후사로 미는데 힘썼다. 칭기즈칸 사후 금나라 원정 뒤 회군하는 과정에서 병사했다.

툴루이는 생전에 모두 4명의 아들을 두었다. 장자인 원헌종元憲宗 몽케夢哥, 차자인 원세조元世祖 쿠빌라이忽必烈, 3자인 일칸국의 훌라구旭烈兀, 막내 아릭부케阿里不哥가 그들이다. 『원조비사元朝祕史』로도 불리는 북아시아 유목민에 의해 편찬된 최고最古의 사서『몽골비사』에는 오고타이가 금나라 신의 저주를 받아 병사 직전까지 갔을 때 툴루이가 자신을 죽여 달라고 청했다는 일화가 실려 있다. 그러나 적잖은 사가들은 오고타이 가문이나 숙부인 칭기즈칸의 동생 테무게帖木格 일파에 의해 모살謀殺되었을 것으로 보고 있다. 툴루이는 술을 지나치게 좋아한 나머지 술병 때문에 죽었을 공산이 크다.

당시 바투를 비롯한 주치의 일족은 오고타이의 아들인 원정종 구유크와 갈등을 빚고 있었던 탓에 툴루이의 장자인 원헌종 몽케를 지지했다. 덕분에 오고타이 이후의 대칸은 툴루이의 후손들이 맡게 된다. 이후 툴루이는 쿠빌라이로부터 원예종元睿宗으로 추존되었다.

원세조 쿠빌라이는 원헌종 몽케의 뒤를 이어 보위에 오를 때 커다란 위기를 겪어야만 했다. 당초 쿠빌라이의 친형인 원헌종 몽케는 1251년에 대칸에 선출됐다. 시레문失烈門을 비롯한 오고타이계 왕자들이 대칸의 자리를 되찾기 위해 음모를 꾸몄으나 이내 발각되는 바람에 시레문을 비롯한 주모자들과 원정종 구유크칸의 미망인 오굴 카이미쉬 등이 곧바로 숙청을 당했다.

원헌종 몽케 9년인 1259년에 쿠빌라이가 친형인 몽케칸의 명을 받아 남송 정벌에 나섰다. 남송의 장군 가사도賈似道는 쿠빌라이의 군대를 지금의 무창인 악주에서 격파한 공적으로 재상에 등용됐다. 이는 원헌종 몽케가 귀환 도중 급서하는 바람에 퇴각한 데 따른 것이었다.

이때 몽골고원에 있던 수도 카라코룸을 수비하던 막내 동생 아릭부케가 몽케의 왕족을 모아 쿠릴타이를 열었다. 서쪽의 차가타이 가문 등 여러 왕가의 지지를 얻어내 마침내 대칸의 자리에 올랐다. 친형인 원헌종 몽케와 함께 남송 원정에 나섰던 쿠빌라이는 이해 윤11월에 급히 군사를 되돌려 카라코룸을 향했다.

내몽골에 이르러 칭기즈칸의 동생 일족인 동쪽 3왕가 등의 지지를 얻은 뒤 이듬해인 1260년 3월에 자신의 본거지였던 내몽골의 개평부開平府에서 독자적인 쿠릴타이를 열어 대칸에 선출됐다. 쿠빌라이는 중국 황제를 겸한 까닭에 이해 5월부터 중통中統이라는 연호를 사용했다. 그러나 이로 인해 몽골제국에 사상 처음으로 2명의 대칸이 동시에 등장하게 됐다. 칭기즈칸의 손자 대에 와서 분열의 조짐이 완연해진 것이다.

원세조 중통 2년인 1261년에 시무토노르 전투에서 쿠빌라이가 승리했다. 아릭부케는 북서쪽 몽골에 있는 오이라트의 지원을 얻어 저항을 계속했다. 그러나 아릭부케의 제후들이 하나 둘씩 떨어져 나가고, 차가타이 가문마저 아릭부케에 대한 지원을 끊자 중통 5년인 1264년에 아릭부케는 결국 쿠빌라이에게 항복했다. 이를 통상 '아릭부케의 난'이라고 부른다.

쿠빌라이는 '아릭부케의 난'을 평정함으로써 장성 안팎을 아우르는 명실상부한 '황제 칸'의 자리에 오르게 됐다.

문천상과 가사도

쿠빌라이는 재위 기간 동안 티베트에서 기원한 라마교를 받아들이고, 독자적인 문자인 '파스파 문자'를 만든 뒤 공식 문자로 사용했다. 이어 서역에서 오는 문화를 중시하면서 중앙아시아 출신 등 여러 지역의 다양한 인재를 실력 위주로 발탁해 적극 활용했다. 몽골제국의 능력을 최대환 확장코자 한 것이다. '황제 칸'으로 몽골제국의 내부를 안정시키며 천하를 호령하는 탁월한 정치수완을 발휘한 배경이 여기에 있다.

대표적인 사례로 남송의 충신 문천상文天祥을 끝까지 회유하기 위해 노력한 사례를 들 수 있다. 지원 11년인 1274년 7월, 바얀이 남정의 군사를 이끌고 출발할 즈음 송도종宋度宗 조기趙禥가 재위 10년 만에 죽었다. 권신 가사도가 4세의 황자 조현을 공제恭帝로 옹립하자 황태자 사씨謝氏가 섭정을 했다. 송나라 군사가 패하자 가사도가 양주揚州로 황급히 달아났다. 지추밀원사知枢密院事 진의중陳宜中이 가사도를 탄핵했다.

원래 진의중은 태학생 시절 임칙조林則祖 등과 함께 재상 정대전丁大全을 비난하는 상서를 올려 유배형을 받은 이른바 6군자六君子의 필두로 있던 인물이다. 그는 가사도 덕분에 유배에서 풀려났다. 당시 진의중은 자신이 가사도의 무리가 아닌 사실을 널리 드러내기 위해 가사도를 탄핵하고 나선 것이다.

이해 가을, 바얀이 마침내 임안에 대한 진격을 시작했다. 몽골군이 임안부 동북쪽 고정산皐亭山까지 진격하자 문천상과 장세걸張世傑 등은 어린 황제인 공제 조현을 비롯해 이종황후 사씨謝氏와 도종황후 전씨全氏의 삼궁三宮을 해상으로 옮긴 뒤 일전을 겨룰 것을 주장했으나 진의중이 반대했다. 결국 감찰어사 양응규楊應奎가 황권을 상징하는 전국새傳國璽를 갖고 몽골 군영으로 가서 항서降書를 조인키로 결정이 났다.

바얀이 남송 조정의 제의를 받아들여 이내 항복에 관한 협의를 시작했다. 당시 문천상도 협의를 위해 우승상 겸 추밀사 자격으로 바얀의 진중으로 갔다. 그는 원나라 군사가 일단 가흥嘉興까지 후퇴한 뒤 강화가 이뤄질 때까지 그곳에 머물 것을 요구했다. 바얀은 이를 거절하면서도 문천상의 정연한 논리에 감동했다. 이내 바얀이 문천상에게 투항을 권한 이유다. 문천상이 이를 승낙치 않았다. 바얀이 곧바로 억류한 뒤 연경으로 압송했다.

문천상은 압송되는 도중 진강 부근에서 탈출했다. 그는 진강에서 동쪽으로 향했다. 어린 공제를 비롯한 삼궁三宮은 이미 원나라 군사에게 포로로 잡혀 있었다. 공제의 형인 조하趙昰는 항주를 탈출해 온주溫州로 갔다가 그곳에서 진의중 및 장세걸에 의해 송단종宋端宗으로 옹립됐다. 송단종은 서출로, 그의 모친은 양씨楊氏였다. 당초 송도종 조기가 죽었을 때 대신들은 조금이라도 나이가 많은 황제가 낫다며 9세인 조하를 추대하고자 했으나 가사도의 반대로 공제 조현이 즉위한 것이다.

송단종 조하는 원나라 군사에게 쫓겨 복건 천주에서 광동 혜주로 피신했다가 끝내 무인도에서 죽고 말았다. 당시 11세였다. 이후 다시 8세의 친동생 조병趙昺이 옹립되었으나 가신이 하나 둘 달아나는 바람에 그의 주위는 처량하기 그지없었다. 재상으로 있던 6군자의 우두머리 진의중조차 복건으로 출장을 간 뒤 돌아오지 않았다.

송단종 조하의 뒤를 이은 사람은 남송의 마지막 군주인 조병趙昺이었다. 마지막 황제인 까닭에 제호도 통상 제병帝昺으로 불리는 인물이다. 『송사』는 위왕衛王으로 기록해놓았다.

문천상은 지원 15년인 1278년에 게릴라전을 계속하다가 광동의 조주潮州에서 원나라 장수 장홍범張弘範에게 붙잡힌 뒤 연경으로 압송됐다. 그가 감금된 지 3년 만인 지원 19년의 1283년 1월, 쿠빌라이는 문천상의 처리 문제를 논의하고자 했다. 이때 문득 하북의 중산中山에서 송나라 천자를 사칭하는 자가 수천의 무리를 이끌고 문천상을 구하기 위해 파옥破獄을 시도하는 사건이 일어났다. 쿠빌라이는 문천상을 불러 중서성 재상의 자리를 제시하며 최후의 설득을 벌였다. 문천상이 끝내 거절하자 쿠빌라이도 결단할 수밖에 없었다. 그가 처형된 곳은 지금의 북경시 동쪽에 있는 시시柴市였다. 당시 그의 나이는 47세였다.

쿠빌라이

남송의 패망 당시 문천상과 정반대의 모습을 보인 인물은 남송의 대군을 버려둔 채 달아나는 바람에 탄핵을 받고 유배를 가던 도중 비명에 횡사한 가사도賈似道이다. 그는 오랫동안 진회와 더불어 간신의 표상으로 간주돼왔다. 그러나 진회는 결코 나라를 팔아먹거나 자신의 전공을 속이거나 하는 짓을 결코 하지 않았다. 그러나 가사도는 이런 매국적인 행위를 서슴없이 자행한 것으로 비난을 받고 있다.

원래 그의 부친 가섭賈涉은 경호제치사京湖制置使賈涉를 지낸 고관으로, 변방 수호의 임무를 충실히 수행해 커다란 명성을 얻었다. 그의 모친은 가섭의 소첩 호씨胡氏였다. 가섭은 가사도가 11세 때 죽었다.

가사도는 송이종 단평 원년인 1234년에 음서로 가흥현의 창고지기인 사창전곡령司倉籍田令이 되었다. 이어 가희 2년인 1238년 진사에 급제해 송이종 조윤의 총애를 입었다. 공교롭게도 이해에 가사도의 누나가 송이종 조윤의 귀비가 됐다. 가사도가 출세가도를 달리기 시작한 배경이다.

송이종 개경 원년인 1259년, 쿠빌라이의 군사가 남송을 침략했다. 송이종이 우승상 가사도에게 명해 군사 13만 명을 이끌고 가 이를 막게 했다. 가사도는 원래 군사적인 식견이 없었다. 오직 밀의를 통해 적을 물리칠 생각뿐이었다. 이내 쿠빌라이에게 밀서를 보내 철군하면 매년 은 20만 냥, 비단 20만 필을 세공歲貢으로 바치며 칭신稱臣하겠다고 제의한 이유다. 당시 쿠빌라이는 원헌종 몽케가 지금의 중경시 합주合州에 있는 조어성釣魚城 싸움에서 문득 사망한 일로 인해 화급히 철군해야만 할 상황이었다. 이 싸움을 통상 '조어성지전釣魚城之戰' 내지 '합주지전合州之戰'이라고 부른다.

가사도는 쿠빌라이가 철군하자 쿠빌라이 군사의 후미만 공격하는 시늉을 한 뒤 이를 몽골군을 모두 몰아냈다는 식으로 떠벌였다. 송이종 조윤은 이를 액면 그대로 믿고 승상 정대전丁大全을 곧바로 파면한 뒤 가사도에게 전권을 맡겼다. 1264년에 송이종 조윤이 죽고 송도종 조기가 즉위할 즈음 쿠빌라이는 내분을 종식시키고 명실상부한 대칸이 되어 있었다. 곧바로 사자를 보내 밀약에 따를 것을 요구했다. 가사도가 원나라 사자를 감옥에 가둬 버렸다. 대로한 쿠빌라이가 바얀에게 명해 대군을 이끌고 가 임안을 치게 했다.

바얀이 이끄는 몽골군의 남침으로 인해 남송의 태학생을 비롯한 조야의 여론이 들끓었다. 압력에 밀린 태황태후 사씨謝氏가 가사도에게 13만 대군을 이끌고 가 이를 막게 했다. 가사도는 바얀에게 할지割地를 통한 배상을 제의했으나 바얀이 거절했다.

남송의 공제 원년인 1275년, 지금의 안휘서 무호無湖 일대에서 접전이 빚어졌다. 가사도는 거의 아무런 저항도 하지 못한 채 이내 수하 몇 명과 함께 작은 배를 타고 달아났다. 13만 명에 달하는 송나라 대군에 대한 지휘체계가 일거에 사라진 이유다. 이내 남송 군사가 참패를 면치 못한 것은 말할 것도 없다. 이를 '정가주지전丁家洲之战'이라고 불렀다. 가사도는 탄핵을 받고 귀양을 가던 도중 회계현 현위縣尉 정호신鄭虎臣에게 척살됐다.

남송의 도성이 함락된 이후 송단종 조하로부터 보위를 이어받은 남송의 마지막 군주 조병은 지금의 마카오 서쪽에 자리한 애산도崖山島의 초라한 집에서 살며 남송 최후의 구심점 역할을 하고 있었다. 그러나 이 또한 얼마 가지 못했다.

지원 16년인 1279년 2월 6일, 원나라 군사의 총공격이 시작되자 배 안에서 어린 황제 조병에게 제왕학의 개론서인 『대학』을 강론하고 있던 육수부가 어린 황제 조병과 함께 바다로 뛰어들었다. 장세걸은 끝까지 살아남아 월나라로 망명한 뒤 후일을 기약하고자 했으나 태풍이 불어 닥쳐 남송 최후의 함대와 함께 익사하고 말았다. 『원사』에 따르면 다음날 바다 위에 떠오른 시체만 10만 구具에 달했다고 한다.

남송이 멸망할 때 순국한 신하들이 다른 왕조에 비해 훨씬 많았다. 원나라 치하에서 송나라 유민으로 살아남은 사대부도 있었다. 『십팔사략十八史略』을 저술한 증선지曾先之를 비롯해 『자치통감』의 주석서인 『자치통감음주資治通鑑音註』를 쓴 호삼성胡三省, 역대 산문집인 『문장궤범文章軌範』을 편찬한 사방득謝枋得 등이 그들이다.

유병충의 대도 건설

쿠빌라이가 '황제 칸'으로 재위할 때 핵심참모 역할을 한 인물은 한족 출신인 유병충劉秉忠이었다. 원래 그는 지금의 하북성 형대시인 형주邢州 출신으로 고전에 밝았고 특히 『주역』과 소옹邵雍의 『황극경세皇極經世』에 정통했다.

원래 쿠빌라이가 대칸의 자리를 두고 동생 아릭부케와 생사를 건 결전에서 승리를 거둔 데에는 형세와 시기를 읽는 데 탁월한 능력을 발휘한 유병중의 조언이 결정적인 배경으로 작용했다. 쿠빌라이가 대칸의 자리에 오를 당시 원헌종 몽케는 생전에 대칸의 계승자를 지정하지 않았다. 전통적으로 몽골은 장자나 현명한 자를 대칸으로 받든다는 기준이 아예 없었다. 쿠빌라이와 아릭부케 간의 대칸 쟁탈전이 빚어진 근본 배경이다.

쿠빌라이는 비록 카라코룸에서 멀리 떨어져 있고, 오랜 세월 고비사막 남쪽인 막남漠南의 중원 지역에 머물렀으나 차비르察必 황후를 통해 몽골 제왕들과 깊이 교신하고 있었다. 경제적으로 쿠빌라이가 관장하던 중원 지역은 여러 차례 복구되고 지속적인 성장을 거치면서 경제력에서 아리부케가 있는 막북의 척박한 땅을 능가했다. 더 중요한 것은 쿠빌라이 휘하에 한족 유생들이 몰려있고 그들이 계책을 내주고 한족 지주들의 지지를 얻은 점이다. 민심 또한 쿠빌라이에게 쏠려있었다. 특히 개인 차원의 능력 면에서는 결코 상대가 되지 않았다.

주목할 것은 쿠빌라이가 유병충을 핵심 책사로 삼을 당시 인재를 꼼꼼히 살핀 뒤 필요한 권력과 권한을 충분히 제공한 점이다. 확실한 재능을 갖추고 자신에게 충성을 다하리라는 믿음이 갈 경우 과감히 발탁해 충분한 권한을 기꺼이 넘겨준 것이다. 대표적인 사례가 바로 원나라의 최고 개국공신인 유병충의 발탁을 들 수 있다. 실제로 유병충은 쿠빌라이의 핵심 책사가 되어 중요한 고비마다 탁월한 책략을 끊임없이 제시했다. 객관적으로 볼 때 그는 명실상부한 쿠빌라이의 최고 책사였다.

원래 유병충은 원태조 11년인 1216년에 지금의 하북성 형주시인 형주邢州에서 태어났다. 그의 선조는 대대로 요나라 치하에서 관원으로 있었다. 증조부는 금나라가 요나라를 멸망시킨 뒤 금나라의 형주절도부사邢州節度副使가 되었다.

　　유병충은 젊었을 때부터 총명하고 학문을 좋아해 한 번 본 것은 잊어버리지 않았고, 경전뿐만 아니라 천문과 지리, 역사, 산술 등 다방면에 깊은 관심을 보였다. 당시 제도에 따르면 몽골 귀족의 영지에서 관직을 맡은 한인은 반드시 아들을 볼모로 삼아야만 했다. 유병충은 13세 때 도원수부에 볼모로 들어갔다. 이후 집안을 돌보기 위해 유병충은 17세 때 형태절도사부邢台節度使府에서 실무 관원인 영사令史가 되어 공문서 등을 작성하고 옮겨 적은 일을 했다. 그러나 남다른 뜻을 지닌 그가 이런 일에 흥미를 가질 리 없다. 늘 자신의 처지에 불만이 컸던 그는 어느 날 들고 있던 붓을 내던지며 이같이 탄식했다.

　　"집안 대대로 조정의 중용을 받아온 마당에 이처럼 책상 앞에서 붓이나 놀리고 있어서야 되겠는가? 대장부가 때를 만나지 못하면 마땅히 이름을 숨기고 은거해 있다가 원대한 뜻을 펼칠 기회가 오기를 조용히 기다리는 것이 옳다."

　　유병충은 그 길로 관직을 버리고 무안산武安山으로 들어가 은거했다. 이후 그의 재능을 알아본 천녕사天寧寺의 허조선사虛照禪師가 법명을 자총子聰으로 지어준 뒤 사찰에서 서기 업무를 맡아보도록 했다. 후대 사람들이 그를 두고 '총서기聰書記'로 부른 이유다. 이후 유병충은 지금의 산서성 대동인 운중雲中 땅을 돌아다니다가 남당사南堂寺에 머물렀다.

불문에 들어온 후 10여 년 동안 그는 다방면의 책들을 두루 보며 학문을 깊이 연마했다. 특히 고금에 걸친 왕조의 흥망성쇠에 대개 깊이 연구해 남다른 식견을 갖게 됐다. 그는 자신이 생각하는 치국평천하 방략을 알아주는 사람이 오기를 기다렸다.

원태종 오고타이가 사망한 이듬해인 1242년 당시 쿠빌라이는 천하를 손에 넣기 위해 중원의 인재와 유불도儒佛道 3교三教의 명사를 적극 불렀다. 연경 대경사大慶寺의 해운선사海雲禪師는 쿠빌라이의 초빙에 응해 고비사막으로 가던 중 운중을 지나다가 유병충의 명성을 듣고 동행을 제의했다. 유병충 역시 자신의 능력과 포부를 펼치고 싶었던 까닭에 이를 흔쾌히 받아들였다.

카라코룸에 도착한 후 유병충은 여러 차례 쿠빌라이의 부름을 받았다. 그는 넓은 안목으로 천하의 일을 논하는 유병충의 식견을 높이 사 해운선사가 돌아갈 때에도 유병충은 자신의 곁에 남아줄 것을 부탁했다. 이후 그는 수십 년 동안 쿠빌라이 곁에서 조언을 아끼지 않았다. 원나라 개국의 각종 계획과 정책의 결정에 그의 참여하에 이뤄졌다

그는 죽기 전까지 쿠빌라이에게 수없이 많은 계책을 바쳤다. 주된 내용은 정치적 강령과 관계된 것들이다. 중원의 제위를 있고 천하를 실릴 수 있는 정치적 청사진을 제공했다. 쿠빌라이는 고비사막 남쪽 땅을 총괄하

는 형 몽케칸의 명을 받고 유병충 등을 이끌고 남하한 뒤 지금의 북경에서 약 250킬로미터 북쪽에 위치한 초원 지대인 금련천金蓮川에 도착해 관부를 설치했다. 당시 유병충은 쿠빌라이에게 이같이 제안했다.

"조정은 고대의 전적과 의례대로 운용하고 윤리와 법도에 따라 지도 이념을 만들어야 합니다. 나라 안에서는 재상이 백관을 다스려 백성을 감화시키고 나라 밖에서는 장수가 삼군을 다스려 변경을 안정시켜야 합니다. 지금 가장 시급한 문제는 현명한 재상과 용맹한 장수인 현상용장賢相勇將을 선발해 안팎이 서로 어울리도록 하는 것입니다."

유병충은 몽골의 혼란스런 관제에 대해서도 언급했다.

"지금의 관제는 정해진 품계가 없어 청렴한 인재가 승진을 못하고 혼탁한 자가 자리를 차지하고 있습니다. 마땅히 옛 관제를 본받아 백관과 함께 그에 다른 의례를 제정하고 고을의 관리를 신중히 뽑아 민심을 안정시켜야 합니다. 관원이 바르면 민심은 스스로 안정될 것입니다."

동시에 가혹한 형벌을 없애고 법령에 의하지 않는 사사로운 형 집행을 금할 것을 주장했다. 백성의 부담을 줄이기 위해 그는 이같이 건의했다.

"나라가 부족하면 백성이 채워주고, 백성이 부족하면 나라가 채워주어야 합니다. 나라는 국고를 넓혀 필요할 때 백성을 돕고, 백성은 산업을 일으키고 밭을 개간해 나라의 자원을 만들어주어야 합니다."

나라와 백성은 물고기와 물의 관계인 수어지교水魚之交처럼 상호보완의 관계가 되어야 한다고 주장한 것이다. 이를 위해 부역을 가벼이 하고 부세를 낮추고 쓸데없는 잡세를 없애야 한다고 말했다. 그는 또 학교교육에도 큰 관심을 기울여 명망 있는 스승을 초빙해 학생을 모집하고, 재능 있는 자를 관원으로 삼아야 한다고 말했다. 관부에서 출자를 하여 경제적으로 어려운 명사들에게 재정적 지원을 아끼지 않아야 지식인들의 적극 지지를 얻을 수 있다고 주장한 것이다. 쿠빌라이가 한족을 이끌 수 있는 바탕이 여기서 마련됐다.

쿠빌라이가 고비사막 남쪽으로 온 다음 해까지 이런 제안들은 대부분 실행으로 옮겨졌다. 악습을 철폐하고, 탐관오리를 처단하고, 백성들의 개간을 돕고, 학교를 세우고, 명사들을 우대하는 등의 조치가 그렇다. 이를 통해 쿠빌라이는 한족의 마음을 움직일 수 있다는 이치를 깨달았다.

1259년 몽케 칸이 송나라 정벌에 나섰다가 사망하자 쿠빌라이는 다시 북쪽으로 올라와 막내 동생 아리부케을 제압하고 명실상부한 대칸의 자리에 올랐다. 덕분에 강남에 자리하고 있던 남송을 제외한 고비사막 남북과 중원에 넣을 수 있었다.

이때 쿠빌라이는 중원 통치의 당면 과제를 놓고 다시 한 번 유병충에게 의견을 구했다. 일찍이 고비사막 북쪽에 머물고 있을 때 유병충은 쿠빌라이에게 이같이 건의한 적이 있다.

"말 위서 천하를 가질 수는 있으나 말 위에서 천하를 다스릴 수는 없습니다!"

전한 초기 육가陸賈가 유방에게 한 말이다. 쿠빌라이는 이 말을 가슴 깊이 새겼다. 이번에는 보다 구체적인 방안을 물었다.

"천하를 다스리는 비책과 백성들을 돌보는 방법은 과연 어떤 것이오?"

이에 대해 유병충은 역대 왕조의 전장제도를 두루 살핀 후 현재의 실태에 근거한 제도를 조목조목 만들어 제시했다. 이에 연호를 중국 역대 왕조의 전통과 부합한다는 의미의 '중통中統'으로 바꿨다가 5년 뒤 '지원至元'으로 변경했다. 이는 지극한 원나라를 만들겠다는 취지에서 나온 것이다.

유병충이 생전에 이룬 업적 가운데 가장 대표적인 사안으로 대도大都의 건설을 들 수 있다. 지금의 북경은 바로 이 때 원형이 만들어졌다고 해도 과언이 아니다. 지원 8년인 1271년, 쿠빌라이는 유병충의 건의를 받아들여 '몽골' 대신 '대원'으로 국호를 삼았다. 이듬해인 지원 9년의 1272년, 지금의 북경인 금나라의 중도中都를 수도로 정한 뒤 명칭을 대도大都로 바꿨다. 이외에도 관료제도, 군사정책, 법률, 지방정책 등의 분야에서도 그는 유병충의 건의를 받아들여 개혁을 단행하면서 중앙집권 체제를 완성시켰다.

통치 기반의 마련을 위한 유병충의 헌신적인 노력 덕분에 원나라 통치는 역대 왕조와 별반 다를 바 없는 궤도로 오를 수 있었다. 유병충은 쿠빌라이의 눈에 든 이래 수십 년 동안 그의 곁을 떠나지 않고 전국의 통일과 통일왕조의 운영을 휘한 대계를 마련해 주었다. 그가 쿠빌라이에게 한나라 법식을 따를 것을 주장한 게 그렇다. 덕분에 원나라는 중원의 주인 역할을 충실히 해낼 수 있었다.

14장

명청
明清

강희제

본명 현엽玄燁

생애 1654~1722

재위 1661~1722

청의 4대 황제. 순치제의 셋째 아들로, 순치 제가 천연두로 젊은 나이에 급서하자 8세의 나이에 즉위했다. 15세가 되자 보정대신들이 은근히 견제하기 시작하여 황제로서의 권위를 지켰다. 정치에 참여하면서 차근차근 실권을 장악한 그는 보정대신들을 밀어내고 반란을 진압하여 강력한 황권을 확립한다. 또한 정복왕조의 영원한 과제였던 한족과 만주족 사이의 균형을 잡았다. 그의 치세 이후 한족과 만주족의 구분은 의미가 없어졌다. 이러한 융합은 청을 300년 동안 유지시키는 기반이 되었다. 밖으로는 명나라의 잔존 세력과 북방 세력을 제압했으며 유럽의 문화와 기술 등을 몸소 적극적으로 받아들였다. 수학, 천문학, 라틴어 등 서양의 학문에 관심이 많았다. 특히 강희제의 치세에 러시아와 중국 최초의 조약인 네르친스크 조약을 맺으면서 명실상부한 세계의 일원으로서의 청의 기반을 다져놓았다. 강희제는 중국 역사상 가장 오래 재위한 기록을 가지고 있는데, 이 61년 동안 그는 청의 안팎을 탄탄히 다져놓음으로써 후대의 황금기를 제시했다는 평을 듣는다.

31

장성 안의 통일

서민황제와 문자지옥

중국의 전 역사를 통틀어 서민에서 출발해 개국조가 된 사람은 한고조 유방과 명태조 주원장 단 두 사람뿐이다. 주원장은 이선장李善長으로부터 한고조 유방을 배우라는 충고를 들은 이후 매사에 유방을 닮고자 노력했다. 그가 학정에 시달리던 백성들을 위한 일련의 정책을 잇달아 발표한 게 그 실례이다. 그는 서민이 대종을 이루고 있는 농민들의 고통을 누구보다 잘 알고 있었다. 그는 농민에게는 비단옷의 착용을 허용하면서도 상인에게는 이를 엄금했다.

그가 말년에 완성한 『대명률大明律』에서 사인私人의 노비 소유를 금한 것도 같은 맥락에서 이해할 수 있다. 이는 당시 특권 세력으로 위세를 떨친 강남지역 지주들에 대한 탄압의 일환으로 나온 것이다. 중국의 전 역사를 통틀어 명나라 때 관원들이 최하의 대우를 받은 것도 관원들 대부분이 강남지역 출신인 사실과 관련이 있었다. 빈민 출신인 그는 비록 유가사상을 통치이념으로 내세우기는 했으나 내심 가렴주구를 일삼은 관원들에 대한 깊은 원한을 품고 있었다.

유방은 이와 달랐다. 그 또한 관원의 서민에 대한 탄압은 용납하지 않았으나 관원들에 대한 원한을 품은 적은 없다. 주원장이 유방을 지나치게 의식했다고 평할 수밖에 없다. 그의 재위 기간 가운데 지속적으로 전개된 '토사구팽兎死狗烹'이 대표적인 실례이다. 유방도 공신들을 가차 없이 숙청한 점에서는 별반 차이가 없다. 그러나 그는 거병 때부터 행동을 같이 한 동지들 대해서는 예외를 두었다. 중도에 참여한 장량張良 등도 마지막까지 건재했다. 그러나 주원장은 거의 예외 없이 모든 공신을 제거했다. 이를 두고 청대의 조익趙翼이 『입이차기卄二箚記』에서 이같이 평했다.

"유방을 배운 것은 가했으나 지나침이 너무 심했다."

주원장이 여러 면에서 유방과 유사한 면을 보이면서도 적잖은 차이점을 보인 이유이다. 유방과 주원장의 또 다른 차이점은 학문에 대한 태도이다. 유생을 싫어했던 유방은 유생의 관冠에 소변을 보기도 했다. 주원장 역시 유방과 마찬가지로 학문을 싫어한 것으로 알려져 왔다. 여기에는 조익의 주원장에 대한 다음과 같은 평이 크게 기여했다.

명태조 주원장

"주원장은 유랑걸식으로 떠돈 까닭에 글을 배우지 못했다."

그러나 사실 주원장은 유방과 달리 상당한 수준의 문재文才을 지니고 있었다. 그가 재위기간 가운데 자신의 문집을 출간하고 황자皇子들의 교육에 남다른 정성을 기울인 게 그 증거이다. 그는 황제의 자리에 오르기 전후에 남경의 황궁 안에 세워진 대본당大本堂을 세웠다. 이는 오직 황자들만을 위해 세운 특수학교였다. 송렴宋濂과 위관魏觀 등 명망 높은 학자들이 대거 초빙됐다.

그는 개국 직후 사방으로 인재를 널리 구했다. 몽골인과 지금의 위구르인인 색목인色目人도 재능만 있으면 과감히 발탁했다. 이는 몽골인과 색목인이 한꺼번에 그만둘 경우 나라의 행정이 일시에 무너질 것을 고려한 조치이기도 했다. 그러나 그는 조정의 명에도 불구하고 출사出仕하지 않은 자를 불순분자로 간주했다. 주원장을 비방한 것으로 의심되는 글을 쓴 자들을 가차 없이 탄압한 '문자지옥文字之獄'은 바로 이런 맥락에서 나온 것이었다.

그는 즉위 직후 '강남 출신 신사들이 나를 두고 혈통도 없는 빈민 출신이 탁발행각 끝에 비적으로 활약하다가 난세에 몸을 일으켜 보위에 오른 것으로 비웃는 게 아닌가!' 하는 망상에 시달렸다. 사실 이는 망상도 아니었다. 실제로 적잖은 강남 신사들이 그의 즉위를 냉소적으로 바라보고 있었다. '문자지옥'은 강남 신사들이 자초한 측면이 강했다.

그러나 새 왕조가 들어선 지 얼마 안 되는 상황에서 언제까지나 '문자지옥'을 계속할 수도 없는 일이었다. 강남 신사들의 냉소와 조롱을 피하기 위한 보다 근원적인 조치가 필요했다. 그가 자신의 조상을 미화한 내용의 거짓 족보인 위보僞譜를 서둘러 편제한 배경이 여기에 있다. 비록 고육지책으로 나온 것이기는 하나 역대 왕조 모두 '위보' 편제로 커다란 효과를 본 바 있었다. 주원장도 이를 마다할 이유가 없었다. 그는 스스로 발 벗고 나섰다. 자신의 조상을 남송대의 명유인 주희朱熹로 연결시키려다가 주변의 만류로 이를 철회하기도 했다.

정난지역靖難之役과 북경 천도

500여 년에 달하는 춘추전국시대를 마무리 짓고 최초로 중원을 통일한 진秦나라와 300여 년에 달하는 남북조시대를 마무리 짓고 한漢나라의 뒤를 이어 천하를 통일한 수隋나라 모두 단명에 그쳤다. 창업의 기틀을 이어받을 만한 인물이 뒷받침되지 못한 탓이었다. 원나라를 초원으로 몰아내고 중원을 장악한 명나라는 300년 가까이 유지됐다. 후사後嗣가 창업의 기반을 다진 결과였다. 명성조 영락제永樂帝 주체朱棣가 바로 그 주인공이다.

당초 영락제의 묘호는 태종太宗이었다. 가정제嘉靖帝 17년인 1538년에 창업주와 다름없다는 취지에서 성조成祖로 바뀌었다. 이는 당시의 분위기를 반영한 것이다. 청나라 초기의 명유名儒 고염무顧炎武가 『고정림문집顧亭林文集』에서 명나라는 2명의 창업주에 의해 세워졌다는 취지에서 명태조 주원장과 명성조 주체를 하나로 묶어 '명나라2조明朝二祖'로 칭한 게 대표적이다.

원래 왕조교체의 혼란기를 지나 새로운 왕조가 개창될 때는 예외 없이 군주와 신하 모두 강한 이른바 '군강신강君强臣强'의 모습을 띠기 마련이다.

명태종 주체

    창업주는 혼란스런 난세 속에서 건곤일척의 승부수를 띄워 대업을 이룬 만큼 남다른 의지와 결단력을 지니고 있다. 창업공신 또한 새가 나뭇가지를 가려 앉듯이 일생을 건 세심한 결정하에 주군을 선택해 공업을 이룬 만큼 남다른 지용智勇을 지니고 있다. 창업주는 온갖 풍상을 겪으며 인정과 물정에 밝은 까닭에 이들 강신強臣들을 제압할 수 있으나 궁정에서 자란 후사後嗣는 경우가 다르다. 이들 강신을 방치할 경우 군주는 약하고 신하는 강한 '군약신강君弱臣强'의 상황이 초래돼 기업이 흔들릴 수 있다. 창업주의 치세 때 거의 예외 없이 '토사구팽'이 행해진 것은 바로 이 때문이다.

그러나 건국 초기에 아무리 '토사구팽' 등을 통해 '군강신약'의 기반을 마련할지라도 이런 상황이 오래 유지되기는 어렵다. 신하들을 능란하게 제압할 수 있는 현군賢君의 속출을 기대할 수는 없기 때문이다. 주원장은 북벌 이후에도 남경을 그대로 수도로 삼은 뒤 명실상부한 나라의 수도로 만들기 위해 심혈을 기울였다. 삼국시대의 손권이 지금의 남경인 건업建業을 수도로 삼은 이후 남경이 사상 최초로 명실상부한 정치 및 경제의 중심지로 부상한 것은 전적으로 그의 공이었다.

문제는 북변의 안정이었다. 북변이 위협을 받는 한 나라의 앞날은 기약키가 어려웠다. 주원장은 고심 끝에 변경에 대군을 배치하되 당나라의 실수를 거울로 삼아 자신의 자식들을 번국의 왕에 봉하는 절충방안을 택했다. 일찍이 당나라는 개국한 지 100년 만에 절도사를 중심으로 한 번진藩鎭세력이 막강한 무력을 배경으로 흥기하자 이른바 '안사安史의 난'을 기점으로 쇠망의 길로 치달았다. 이를 잘 알고 있는 주원장은 자제들 가운데 무략武略이 뛰어난 9명을 변방에 봉했다. 세인들은 이들을 통상 '새왕塞王'으로 칭했다.

이들 '새왕'들은 몽골세력과의 전투과정을 통해 병력을 강화시켜 나갔다. 군사 문제 뿐만 아니라 민정에도 영향을 미친 까닭에 이들은 점차 독자적인 지방정권으로 발전했다. 주원장이 세상을 떠날 당시 9명의 '새왕' 가운데 가장 강력한 무력을 보유한 인물은 서안西安에 봉해진 2황자 진왕

秦王 주상朱樉과 태원太原에 봉해진 3황자 진왕晉王 주강朱棡, 지금의 북경에 봉해진 4황자 연왕燕王 주체朱棣 등이었다.

연왕 주체는 홍무 3년인 1370년에 11세의 나이로 연왕에 봉해졌다. 이 때는 황태자 주표朱標가 엄연히 살아있었고, 연왕 주체도 나이가 어려 감히 황태자의 자리를 넘볼 상황이 아니었다. 마황후 소생의 적장자 주표는 명의 건립과 더불어 14세 때 태자에 책봉됐다. 그는 태자교육에 각별한 관심을 기울인 주원장의 배려로 이미 6세 때부터 당대의 명유 송렴朱濂을 스승으로 모시고 제왕학을 연마했다. 송렴은 이미 새 나라가 출범해 치세가 시작된 만큼 패도覇道가 아닌 왕도王道로 천하를 다스려야 한다고 생각했다. 주표도 같은 생각이었다. 패도에 입각한 창업의 과정이 끝난 만큼, 이제는 인의에 입각한 왕도로 천하를 다스려야 한다는 게 그의 생각이었다.

이런 이유로 그는 주원장과 자주 대립했다. 천신만고 끝에 나라를 개창한 주원장은 태자의 이런 모습에 크게 실망했다. 화를 참지 못한 그는 수시로 주표에게 물건을 내던지며 매질을 가하곤 했다. 주표는 자리에 누운 뒤 시름시름 앓다가 홍무 25년인 1392년 4월에 세상을 떠나고 말았다.

이는 '정난지역靖難之役'으로 불리는 궁정쿠데타를 야기하는 근본 배경이 됐다. 조카를 보위에서 끌어내리고 대신 그 자리에 앉은 영락제 주체의 즉위는 바로 그 결과물이었다. 주표의 아들인 건문제 주윤문이 즉위할 당시 연왕을 비롯한 '새왕'들은 수천에서 수만 명의 병력을 지니고 있었다. 이들을 제압기 위해서는 치밀한 계략이 절대 필요했다. 그럼에도 이들 학자관료들은 어설픈 계책으로 급히 서두르는 바람에 대세를 그르치고 말았다.

마황후 소생의 5명의 황자 가운데 막내인 주왕周王 주숙이 첫 번째 표적 사정의 도마 위에 올랐다. 주원장이 죽은 지 3달 만의 일이다. 결국 주숙은 서인이 돼 운남으로 유배됐다. 이듬해인 건문 원년인 1399년에 들어와 사정작업은 숨 돌릴 사이도 없이 숨 가쁘게 진행됐다. 이해 4월에 예법을 어긴 죄명으로 제왕齊王 주부가 서인이 돼 남경의 감옥에 하옥되고, 탐학貪虐의 죄목으로 대왕代王 주계가 압송당해 사천으로 유배를 떠났다. 상왕湘王 주백은 사사로이 동전을 주조한 죄목으로 소환을 당하자 일족과 함께 분신자살을 택했다. 이해 6월에는 조정의 법률과 기강을 어겼다는 이유로 민왕岷王 주편이 비리혐의를 받고 유배조치 됐다.

누가 볼지라도 연왕 주체를 최종 표적으로 삼고 있다는 사실이 분명했다. 연왕 주체가 이를 모를 리 없었다. 결국 4년간에 걸친 내전 끝에 조정 내의 투항파가 연왕 주체가 이끄는 정난군에게 성문을 열어 주었다. 건문 4년인 1402년 6월 10일에 정난군은 아무런 저항도 받지 않은 채 입성했다. 『명사』는 당시의 상황을 이같이 기록해놓았다.

"궁중에 불이 났다. 황제의 종적을 알지 못했다."

당시 건문제가 불을 지른 게 거의 확실하다. 잿더미 속에서 황후의 시신이 나온 게 그 증거이다. 그러나 끝내 건문제의 시신은 찾지 못했다. 항간에는 도성이 함몰되기 직전에 건문제가 승려로 가장해 탈출했다는 이야기가 나돌았다. 심지어 동반자살을 꾀하다가 마지막 순간에 황후만을 불속에 밀어놓고 구차하게 목숨을 구했다는 얘기마저 나돌았다.

당시 건문제의 패배는 여러 요인이 복합적으로 작용한 결과이기는 하나 주원장의 책임이 작지 않다. 그가 후사를 위해 왕조에 위협이 될 만한 인물들을 거의 예외 없이 숙청한 것은 나름대로 후사를 위한 고육지계의 성격을 띠고 있었으나 후속 대책이 없었다는 점에서 적잖은 문제를 안고 있었다. '정난지역'이 빚어졌을 때 근황勤皇을 책임질 만한 유능한 장군이 존재하지 않은 사실이 이를 뒷받침한다.

모진 숙청과정에서 살아남은 몇 안 되는 장군은 무략武略이 한참 떨어지는 2류 인물이었다. 문신도 유능한 자는 이미 모두 숙청된 까닭에 난세의 상황을 타개할 만한 유능한 자들이 없었다. 건문제를 곁에서 보필한 제태齊泰와 황자징黃子澄 등도 일개 서생에 지나지 않았다. 이들은 간신이라기보다는 암신暗臣 내지 우신愚臣에 가까웠다.

환관들이 연왕 주체의 밀정 역할을 한 것도 같은 맥락에서 이해할 수 있다. 당초 주원장은 후한나라와 당나라의 멸망을 거울로 삼아 환관의 발호를 미연에 방지하려 했다. 그는 환관의 수를 엄격히 제한하는 한편 궁문에 철패鐵牌를 내걸어 환관의 정치관여를 엄금했다. 철패에는 금령을 어기는 자는 즉각 참수한다는 내용이 담겨 있었다. 그가 '철패'를 만든 것은 높이 평가할 만하다. 그러나 정작 문제는 건문제의 환관에 대한 태도였다. 유가의 가르침에 따르면 부모로부터 받은 신체를 손상해 자손을 남길 수 없는 환관은 혐오의 대상이었다. 성리학에 함몰된 건문제는 환관의 존재를 왕도 구현의 걸림돌로 생각해 아예 인간으로 취급하지 않고 혹독하게 대했다. 환관에 대한 강남출신 문관들의 태도 역시 별반 다를 게 없었다. 이들은 환관의 발호로 인한 폐해만을 생각했을 뿐, 긍정적인 측면의 활용방안에 대해서는 아예 눈을 감은 것이다. 이로 인해 남경 조정의 관원도 모르는 무수한 기밀이 속속 새어나갔다. 명분도 약한 데다 병력도 열세를 면치 못했던 정난군이 최후의 승리를 거둔 이유다.

영락제는 북경 천도를 전후해 영락 8년인 1410년부터 진중에서 세상을 떠나는 영락 24년인 1426년에 이르기까지 중국황제로서는 유례없이 모두 5차례에 걸쳐 막북漢北으로 친정을 떠났다. 새 왕조의 기틀을 튼튼히 하고자 한 것이다. 환관 정화鄭和가 그의 재위 기간 동안 모두 6차에 걸친 해상원정을 떠난 것도 동일한 맥락이다. 애초부터 원세조 쿠빌라이처럼 여러 북방민족을 포함한 다민족의 세계국가를 꿈꾼 결과였다. 명나라가 그의 치세 때 가장 막강한 위세를 떨친 배경이 여기에 있다.

토목지변土木之變

당초 원나라 마지막 황제인 원혜종元惠宗 토곤티무르妥懽帖睦爾는 지정 28년인 1368년에 대도를 버리고 만리장성 북쪽의 상도上都로 달아났다. 그의 뒤를 이어 즉위한 원소종元昭宗 아유르시리다르愛猷識里答臘는 지금의 외몽골 땅으로 들어간 뒤 선광 2년인 1372년 명나라 원정군을 격파했다. 원소종은 장성 북쪽에서 북원北元을 연 창업주다. 원소종 사후 장자인 토고

스티무르脫古思帖木兒가 뒤를 이었다. 그가 원평종元平宗이다. 그는 홍무 21
년인 1388년 명나라 군사에게 패한 뒤 살해됐다.

이후 쿠빌라이칸의 동생 아릭부케 가문의 이수데르也速迭兒가 조리그투
卓里克圖대칸의 자리에 올랐다. 그러나 북원의 황제 자리는 줄곧 쿠빌라이
칸의 혈통이 차지한 까닭에 조리그투대칸은 3년여밖에 재위하지 못했다.
이후 차하르족과 할하족 등이 중심이 돼 칸을 옹립해나갔다.

명영종明英宗 정통제 주기진朱祁鎮 정통 3년인 1438년, 오이라트 지도자
에센이 쿠빌라이 가문의 토토아부케脫脫不花와 손을 잡은 뒤 북원의 아자이
阿岱 칸을 살해하고 토토아부케를 다이손岱總칸으로 옹립했다. 정통 4년인
1439년 오이라트의 지도자 토곤이 죽자 그 뒤를 이은 뒤 토곤이 착수한
차가타이칸국에 대한 영토 공략에 박차를 가했다. 이내 일리와 투르판 및
하미 일대를 평정한 배경이다. 이어 주치 가문의 킵차크칸국에 대한 공략
도 서둘러 그 영토의 일부를 편입시켰다. 에센 때 오이라트의 영토가 서쪽
으로 발하시호에서 바이칼호를 거쳐 동쪽으로 만주에 이르는 광대한 지역
을 차지한 이유다.

명나라는 영락 4년인 1406년에 몽골 부족에게 조공무역을 허락했다. 마
시馬市 형태의 상호 교역인 호시互市이 관례화된 배경이다. 당시 명나라는
몽골 부족들로부터 말과 가축 및 그 부산물을 수입하고, 비단 등의 의류와
식량 등을 수출했다. 오이라트 사절단은 해마다 11월에 북경에 왔다. 정통
18년인 1448년, 사절단의 숫자가 무려 2,500명이나 됐다. 환관의 우두머

리인 사례감司禮監 왕진王振이 실제 인원에 한해 조공무역만 허용했다. 말 값도 오이라트가 제시한 가격의 5분의 1만 지급했다.

에센이 대로했다. 이듬해인 정통제 14년의 1449년에 마침내 명나라 변방인 지금의 산서성 대동大同으로 쳐들어갔다. 환관 왕진이 명영종 주기진에게 친정親征을 간청했다. 이부상서와 병부상서는 친정을 만류했다. 명영종 주기진은 왕진의 건의를 받아들인 뒤 오이라트를 친정하기 위해 50만 대군을 이끌고 북정에 나섰다. 이때 문신과 귀족 등 전쟁과 무관한 이들을 포함시켜 군대의 규모를 과시했다. 에센은 명군의 보급로를 차단하고 연승을 거뒀다. 그러나 왕진은 이 와중에도 신하들의 충고를 무시하는 등 전횡을 일삼다가 피살당했다.

이 와중에 에센은 지금의 하북성 장가구시張家口市 회래현懷来县 부근의 보루인 토목보土木堡를 포위해 마침내 정통제 주기진을 포로로 잡았다. 이른바 '토목지변土木之變'이다. '토목지변'은 중국 역사상 외적과의 전쟁 가운데 황제가 포로로 잡혀간 것은 북송 말기의 '정강지변靖康之變' 이래 처음 있는 일이었다.

정통 14년인 1449년, 에센을 정벌하러 갔다가 오히려 참패한 뒤 토목보土木堡에서 포로로 잡혔다. 이른바 '토목지변土木之變'이다. 이 일로 인해 주기진은 중국 역대 왕조의 황제 가운데 야전에서 적에게 포로로 잡힌 유일무이한 황제로 기록됐다. 정반대로 에센은 북원의 역사상 처음으로 칭기즈칸 혈통이 아닌 인물로서 유일무이하게 칸의 자리에 오르게 됐다. 그가 바로 북원의 '다이온타슨大元田盛대칸'이다.

당시 에센은 포로로 잡은 명영종이 협상에 아무런 영향을 주지 못하자 아무런 조건 없이 명대종明代宗 경태景泰 원년인 1450년 명나라 조정에 송환했다. 경태 3년인 1452년, 북원의 타이슨칸이 자신을 공격하자 이를 빌미로 타이슨칸을 살해한 뒤 대원 황족에 대한 대대적인 숙청 작업에 들어갔다. 황족 가운데 어머니가 오이라트 출신이 아닌 경우는 모두 죽여버렸다. 그는 사람만 죽인 것이 아니라, 많은 기록과 문서, 족보 등을 거의 대부분 없애버렸다.

경태 4년인 1453년, 직접 대칸의 자리에 올랐다. 사상 최초로 오이라트 계통의 칸이 탄생한 것이다. 그러나 그는 이듬해인 1454년 부하에게 살해당했다. 에센의 피살과 함께 오이라트도 급속히 와해돼 이내 몽골의 서쪽으로 물러났다. 이후 오이라트부는 서쪽에서 새롭게 세력을 형성함으로써 훗날 몽골 고원을 다시 장악하는 준가르부의 핵심이 됐다.

'토목지변'이 일어났을 당시 명나라 조정은 경악했다. 남경南京 천도설이 나온 이유다. 병부시랑 우겸于謙이 극력 반대했다.

"수도는 나라의 근본이다. 근본을 버리고 어찌 살길 바라는가? 북송이 어찌 망했는지 모르는 것인가?"

이어 정통제正統帝 주기진을 '태상황'으로 올린 뒤 주기진의 동생 주기옥朱祁鈺을 새 황제로 옹립했다. 이어 북경성 주변의 성읍과 연계해 강력한 방어진을 구축한 뒤 군령을 내렸다.

"북경성 문을 걸어 잠가 퇴로를 차단하라. 선봉이 물러서면 후위가 선봉을 참할 것이고, 사졸이 장군의 명을 듣지 않고 퇴각하면 그 역시 참할 것이고, 장수가 사졸을 돌보지 않고 도망하면 그 또한 참할 것이다."

그러고는 성 밖으로 나가 야전군을 지휘했다. 덕분에 파죽지세로 명나라를 공략하려는 에센의 오이라트군 진격을 저지하는 데 성공했다.

당시 에센은 22만 명에 달하는 명나라 근왕군勤王軍이 집결하는 등 전세가 불리하게 돌아가자 주기진을 인질로 내세워 교섭을 벌이고자 했다. 그러나 명나라 조정은 명영종의 이복동생인 주기옥朱祁鈺을 명대종明代宗 경태제景泰帝로 옹립한 뒤 이를 일축했다. 당시 경태제 정권은 친정을 감행한 왕진 일당을 숙청했다. 그의 일족은 모두 주살되고 재산은 몰수됐다. 금이 60여 상자, 옥반玉盤이 100개, 산호의 높이가 6~7척 되는 것이 20여 개나 됐다.

에센이 이내 주기진을 아무런 조건 없이 1450년 명나라 조정에 송환했다. 이해 8월, 명영종 주기진이 오이라트로부터 돌아왔다. 당시 강화를 위해 오이라트에 파견된 이실李實은 그곳에서 주기진을 만난 뒤 귀국하게 되면 '인구자책引咎自責', 즉 자숙할 것을 거듭 일러둔 바 있다. 바로 그 상황이 된 주기진은 자금성 남궁南宮에 연금된 채 괴로운 나날을 보냈다.

경태제는 명영종의 아들 주견심을 황태자로 봉하기는 했으나 이내 자신의 아들로 바꿀 생각을 했다. 이에 대신들을 매수해 황태자 폐립을 거론하게 했다. 경태 3년인 1452년 5월, 마침내 황태자 폐립이 실현되면서 자신의 아들 주견제朱見濟를 황태자로 책봉했다. 이듬해인 경태 4년인 1453년 11월에 황태자 주견제가 죽고 말았다.

원래 경태제는 즉위 전에 본처인 왕씨汪氏가 있었다. 이후 황후가 됐으나

2명의 소생은 모두 여자아이였다. 측실인 항씨杭氏가 낳은 아들이 주견제이다. 당시 황후 황씨는 황태자 폐립을 반대했다. 경태제 주기옥이 왕씨를 폐한 뒤 주견제의 생모 항씨를 황후로 앉혔다.

경태 8년인 1457년 정월, 경태제가 병상에 눕게 되고 병세가 날로 심해지자 모든 신하들이 황태자 책봉을 주청했다. 그러나 경태제는 듣지 않았다. 당시 그는 외아들인 주견제가 죽은 뒤 후계자 지명을 하지 않고 있었다. 대안은 연금 중인 주기진밖에 없었다. 이들은 상황으로 있는 정통제 주기진이 기회만 주어지면 곧바로 복위하려고 한다는 것을 익히 알고 있었다.

야심가들은 경태제가 병상에 있을 동안에 일을 도모하기로 했다. 무청후武淸侯 석형石亨, 우부도어사右副都御史 서유정徐有貞, 환관 조길상曹吉祥 등이 그들이다. 이해 정월 17일, 마침내 '탈문지변奪門之變' 쿠데타를 거행했다. 2천 명의 병력이 동원됐는데도 유혈충돌은 없었다. 남궁의 돌담과 문을 부수고 들어가 연금중인 상황 주기진을 가마에 태워 봉천문奉天門까지 갔다. 이른 아침인 까닭에 많은 신하들이 입궐하던 중이었다. 상황인 정통제 주기진이 봉천문 위로 올라서 이같이 말했다.

"경 등이 황제가 와병 중인 까닭에 짐을 맞이해 다시 복위하도록 했다. 제신들은 각자 맡은 바 소임을 이전과 같이 하도록 하라."

제신들이 만세를 외쳤다. 명영종 주기진은 복위한 뒤 연호를 천순天順으로 바꿨다. 부황의 죽음에 따른 즉위가 아닌 까닭에 연호는 바로 그해에 바꿨다. 이로 인해 명영종 주기진은 명나라 역사에서 사상 처음으로 2개의 연호를 사용하는 황제가 됐다.

당시 병상의 경태제 주기옥은 폐위와 동시에 본래의 성황郕王 자리로 돌아간 뒤 이해 2월 1일에 숨을 거두었다. 중병이라고는 하나 자연사인지 여부가 확연치 않다. 명영종 주기진은 복위한 뒤 우겸을 경태제 옹립의 주동자로 지목해 곧바로 주살했다. '토목지변'의 위기상황에서 나라를 구한 우겸을 죽인 것은 대표적인 암군의 행보에 해당한다. 암군의 행보로 일관한 명영종 주기진은 천순 8년인 1464년에 숨을 거뒀다. 당시 38세였다.

물론 그에게도 몇 가지 생전의 업적이 있기는 하다. 그의 유조 덕분에 궁비宮妃들이 순장을 면한 게 그렇다. 명나라는 홍무제 주원장 이래 황제가 죽으면 후궁들이 순사하는 풍습이 있었다. 순사한 궁녀의 유족은 크게 우대받았다. 장봉張鳳과 이형李衡, 조복趙福, 장벽張璧, 왕빈汪賓 등에게 금의위 1,100호의 봉록을 세습할 수 있는 특전이 주어진 게 그렇다. 이들을 '태조조천여호太祖朝天女戶'라고 했다.

경태제 주기옥이 황태자인 주견심朱見深를 폐립할 때 황후 왕씨는 이를 반대한 까닭에 폐위됐다. 제수인 왕씨에게 호의를 갖고 있던 주기진이 주기옥이 죽었을 때 이미 폐위된 점 등을 들어 왕씨의 순사를 면제시켜줬다. 폐후 왕씨는 주기진의 증손인 명무종明武宗 정덕제正德帝 주후조朱厚照가 재위할 때까지 살아 있었다. 주기진의 아들인 명헌종明憲宗 성화제成化帝 주견심은 경태제 주기옥에 의해 황태자의 자리를 물러나기는 했으나 왕씨가 그 일에 반대했다는 사실을 알고 있었기 에 그녀를 크게 우대했다. 왕씨가 죽었을 때 장례 문제가 거론되자 지혜 있는 어느 대학사가 건의했다.

"장례는 비妃의 예우로 하되 제사는 후后의 예의로 함이 마땅합니다."

천순제로 재차 즉위한 명영종 주기진이 이를 그대로 좇았다. 그밖에도 그는. 건문제의 유아禮兒인 주문규朱文圭를 석방했다. '정난지변' 당시 주문규는 겨우 2세였다. 영락제도 조카의 이 어린 아들을 차마 죽이지 못하고 유폐하는 데 그쳤다. 천순 원년인 1457년 당시 주문규의 나이는 이미 57세에 달해있었다. 명영종인 천순제 주기진은 봉양鳳陽 땅에 가옥과 노비를 주고 아내를 맞이할 수 있게 했다. 그럼에도 '토목지변'으로 오이라트의 포로가 됐다가 가까스로 풀린 뒤 '탈문지변'으로 재차 즉위한 명영종 주기진의 암군 행보는 명나라의 어지러운 정사를 웅변적으로 보여주고 있다.

32

무너지는 명나라

홍치중흥과 경술지변

명과 조선조는 명분을 중시하는 성리학의 왕도를 통치이념으로 삼은 까닭에 정통正統을 매우 중시했다. 최대 현안은 황통皇統과 왕통王統 등의 이른바 '대통大統'일 수밖에 없다. 선왕의 직계 자손이 아닌 자가 대통을 잇는 것을 두고 성리학에서는 '정위正位'가 아닌 '윤위閏位'로 간주한다. '윤위'는 윤월閏月이 사계의 시차를 보정하기 위해 덤으로 들어가는 것처럼 적자가 아닌 서출이 덤으로 후사가 된 경우를 말한다. '정윤론正閏論'의 관점에서 볼 때 '윤위'는 곧 대통의 정통성이 훼손됐음을 의미한다.

성리학에서는 대통이 끊어지는 것을 막기 위해 양자를 들이는 편법을 구사했다. 선왕과 가장 가까운 방계의 혈통에서 보위에 오를 자를 선왕의 아들 내지 친동생으로 삼아 보위에 앉힘으로써 마치 적통嫡統을 이은 것처럼 간주하는 것이다. 인위적으로 '윤위'를 '정위'로 만드는 셈이다. 대통과 관련한 '정윤론'은 성리학이 얼마나 명분론에 치우쳐 있었는지를 극명하게 보여준다.

명나라는 선덕제 사후 정통제正統帝 주기진朱祁鎭을 거쳐 홍치제弘治帝 주우탱朱祐樘 때 일시 중흥을 맞이했다. 이를 '홍치중흥弘治中興'이라고 한다. 17년 동안 이어진 '홍치중흥'을 두고 일부 사가는 홍치제를 명나라 최고의 성군으로 꼽고 있다. 이에 반해 홍치제의 뒤를 이은 정덕제 주후조朱厚照는 명나라의 역대 황제 가운데 가장 방탕한 황제로 꼽히고 있다.

원래 홍치제는 나름대로 '홍치중흥'의 칭송을 받을 만한 행보를 보였다. 공검恭儉한 자세로 신하들을 대하며 검박한 생활을 영위한 게 그 증거이다. 무공 면에서도 볼만한 업적이 제법 많았다. 홍치 11년인 1498년에 이광李廣이 자살한 후 입수된 그의 수뢰장부에 '황미黃米 기백 석, 백미白米 기천 석' 등의 기록이 계속 나오자 크게 신기해했다. 그가 좌우에게 물었다.

"이광은 도대체 얼마나 밥을 많이 먹기에 이처럼 쌀이 많은가?"

좌우가 대답했다.

"황미는 금, 백미는 은을 뜻하는 말입니다."

'홍치중흥'의 명군으로 칭송받는 그가 일개 도사에게 미혹된 것도 우스운 일이지만 수뢰장부에 나오는 '황미'와 '백미'를 진짜 쌀로 알았다는 것은 그가 물정에 얼마나 어두웠는지를 반증하는 것이다.

'홍치중흥' 당시 북원에서 '다얀 칸'이라는 명군이 등장했다. 원래 오이라트 부족의 지도자는 '칸' 대신 타이시太師 호칭을 사용했다. '타이시'는 몽골 제국의 군사령관을 지칭하는 말이다. 오이라트 부족의 지도자가 몽골 전체의 실권을 장악했음에도 칸의 자리에 오르지 못한 것은 칭기즈칸의 후손이 아닌 탓이었다. 후손이 아니면 설령 칸을 칭할지라도 몽골 부족이 인정하지 않았다. 칭기즈칸의 자손만이 몽골족 전체를 대표하는 '대칸'의 자리에 오를 수 있는 원칙을 통상 '칭기즈칸 혈통원리Chinggisid Principle'라고 부른다. 에센 사후 마르코르기스馬兒古兒吉思가 오헤키트烏珂克圖칸으로 즉위한 사실이 이를 뒷받침한다. '칭기즈칸 혈통원리'가 거듭 확인된 셈이다.

명헌종 주견심 성화 6년인 1470년, 생모의 재혼으로 고아가 된 나이 7세의 바트몽크巴圖蒙克가 후견인인 만투하이滿都海 덕분에 칭기즈칸의 가묘가 있는 성지 '나이만 차간게르' 앞에서 즉위했다. 그가 바로 다얀達延칸이다. '나이만 차간게르'는 8개의 큰 천막을 뜻하는 몽골어이고, '다얀'은 대원大元를 몽골어로 음사音寫한 것이다. 이는 이제 분열의 시대를 끝내고, 몽골의 힘을 하나로 모아 옛 선조의 영화를 재현하겠다는 의지의 표현이었다. 이를 계기로 오이라트 등을 포함한 모든 몽골 부족이 하나로 통합됐다.

당시 만투하이는 어린 다얀칸을 키워가면서 섭정이 돼 서쪽의 오이라트와 대치한 동쪽 몽골 지역을 다스렸다. 다얀칸이 18세가 되는 명헌종 주견심 성화 17년의 1481년, 42세의 만투하이가 25세 연하의 다얀 칸과 결혼식을 올렸다. 이후 그녀는 세 쌍둥이를 비롯해 모두 7명의 아들을 낳았다. 만투하이가 낳은 아들 7명을 비롯해 여타 후비 소생 등 모두 11명의 아들들이 이후 쿠빌라이의 혈통을 잇는 핵심 기반이 됐다.

만투하이는 어린 칸을 키우면서 몽골제국을 부활시키기 위하여서는 어떤 역할을 해야 하는지 끊임없이 주입시켰다. 만투하이는 오이라트와의 전투를 승리로 이끌어 몽골초원의 주도권을 잡은 뒤 장성한 다얀칸에게 전 몽골 부족을 호령하는 '대칸'의 대권을 넘겼다. 당시 다얀칸은 에센 때부터 정립되기 시작한 6대 부족을 6만호 체제로 재정비한 뒤 몽골제국이 부흥할 수 있는 기반을 닦아 나갔다. 21세기에 들어와 중국 당국이 내몽골에 그녀를 기리는 공원을 만든 것도 이런 배경에서 나온 것이다.

명무종明武宗 주후조朱厚照의 정덕 14년인 1519년, 다얀 칸의 3남인 바르스볼트巴尔斯博罗特가 스스로 대칸을 선언했다. 조카인 보디博迪가 몽골제국을 다스리기에는 나이가 너무 어리다는 것 등이 이유였다. 그러나 3년 뒤 보디가 넷째 삼촌과 동맹해 바르스볼트에게 도전했다. 이들은 골육상쟁을 피하기 위해 협상했다. 바르스볼트가 보위를 포기하자 보디가 알라크阿剌克칸으로 즉위했다.

명세종明世宗 주후총朱厚熜의 가정嘉靖 26년인 1547년, 바르스볼트의 차남인 알탄阿勒坦칸이 알라크칸의 아들인 다라이손打來孫 구덴庫騰칸의 견제를 피해 동쪽으로 달아났다. 강력한 세력으로 성장한 데 따른 것이었다. 이때 대칸을 보위하는 오르도스 지역의 칸에 봉해졌다. 16세기 중기부터 빈번하게 중국에 침입해 명세종 주후총의 가정 29년인 1550년에 북경을 포위하는 이른바 '경술지변庚戌之變'을 일으켰다.

'경술지변'은 각지로부터 원군이 몰려들자 알탄칸이 이내 포위를 풀고 철수하는 바람에 수일 만에 수습됐으나 사실상 제2의 '토목지변'에 준하는 비상사태를 맞이한 것이나 다름없었다. 명제국의 조정은 타타르의 침공이 조공무역에 대한 불만에서 비롯됐다고 판단해 즉시 사자를 보내 마시馬市 개설에 관한 협상을 벌였다.

이듬해인 명세종 주후총의 가정 30년인 1551년, 대동의 선부宣府에서 마침내 마시가 열렸다. 알탄칸은 유리한 조건하에서 명제국과 교역을 할 수 있게 됐다. 마시의 개설은 은상恩賞 등의 조치가 뒤따른 까닭에 북원에게 수지맞는 교역이었다. 당시 명제국의 조정회의에서는 춘추春秋로 두 차례에 걸쳐 마시를 개장키로 결정했다. 이때 병부의 관원 양계성楊繼盛이 격렬히 반대했다.

"이는 국치國恥가 아직 가시지도 않았는데 약한 꼴을 보여 나라를 부끄럽게 하는 짓입니다."

대장군 구란仇鸞이 양계성에게 일갈했다.

"수자豎子가 무엇을 안다고 그러는 것인가."

결국 마시 개장이 결정되고 양계성은 좌천됐다. 명나라로서는 이미 타타르에게 마시 개설의 뜻을 전한 까닭에 이를 도중에 일방적으로 깰 수가 없었다. 마시가 열리자 이내 허가받은 집단약탈 장소로 변했다. 보고를 받은 가정제가 즉시 구란에게 명해 대동에서 북원세력을 구축하도록 했다.

구란은 싸움 도중 악성종기로 병사했다. 그는 이후 북원과 내통한 문서 등이 발각돼 부관참시副棺斬屍를 당했다. 명나라가 이내 마시를 폐지하자 알탄 칸이 군사를 이끌고 지속적으로 명나라의 변경을 침공했다. 이른바 '북로北虜'의 침공은 명세종인 가정제 주후총 사후 명목종明穆宗 융경제隆慶帝 주재후朱載垕 때에 들어와 겨우 잦아들기 시작했다.

명목종 주재후의 융경 4년인 1570년, 알탄 칸의 손자인 바간나기把漢那吉가 명나라에 투항했다. 이를 계기로 명나라는 이듬해인 융경 5년인 1571년에 알탄칸과 평화조약을 맺었다. 이때 알탄칸은 순의황順義王에 봉해졌다. 지금의 내몽골 후흐호트呼和浩特를 귀화성歸化城으로 개칭한 뒤 명나라와 교역한 덕분에 경제 면에서 크게 융성했다. 재위하는 동안 오이라트와 카자흐, 키르기스 등으로 원정을 떠나 반란을 효과적으로 진압했다.

북원의 22대 대칸인 링단林丹은 보얀 체첸徹辰칸의 손자로 부친이 일찍 죽는 바람에 명신종明神宗 주익균朱翊鈞의 만력 31년인 1603년에 대칸의 후계자로 지명된 뒤 이듬에 대칸에 즉위했다. 곧바로 차하르부를 중심으로 여타 부족과 연합한 뒤 명나라에 대한 원정에 나섰다. 그는 불교를 장려해 티베트에서 불교 지도자를 초빙하고 차하르를 몽골의 불교 중심지로 만든 뒤 스스로 종교 지도자인 활불活佛을 선언했다.

명신종 주익균의 만력 40년인 1612년, 동부 몽골 부족들이 만주족의 후금과 혼인관계를 맺으면서 몽골의 단합이 흔들리기 시작한다. 만력 46년인 1618년, 린단칸이 후금을 견제하는 대가로 매년 은 수만 냥을 받는 조건으로 명나라와 조약을 맺었다. 만력 47년인 1619년, 동맹 부족들과 함께 후금을 공격했으나 대패했다. 동부의 많은 부족들이 연맹에서 이탈했다. 이후 후금에 대항해 몽골 부족들에 대해서 가혹한 정치를 펴는 바람에 더 많은 부족이 연맹에서 이탈했다.

명희종明熹宗 주유교朱由校의 천계天啓 4년인 1624년, 호르친을 비롯한 몇몇 부족들이 후금과 동맹을 맺자 이에 보복하기 위해 원정에 착수했으나 후금의 원군이 도착하면서 이내 퇴각했다. 천계 7년인 1627년 많은 부족이 링단에 대항해 반란을 일으켰다. 명사종明思宗 주유검朱由檢의 숭정 5년인 1632년, 후금과 몽골 연맹이 링단 칸을 치기 위해 원정했다. 링단은 차하르의 백성들 10만 명을 데리고 청해 일대로 피신했다. 숭정 7년인 1634년, 티베트로 원정을 떠나던 도중 천연두로 죽었다. 그의 아들 에제이額哲가 돌아와 대칸의 자리에 올랐으나 이내 몽골 부족 모두 청나라에 복속됐다.

조선과 왜란

명신종 만력제萬曆帝 주익균朱翊鈞은 대표적인 암군으로 손꼽히는 인물이다. 이는 명세종 가정제嘉靖帝 주후총朱厚熜 때 빚어진 이른바 '대례지의大禮之議'의 후과이기도 했다. '대례지의'의 단초는 명무종 주추총 정덕제가 재위 16년인 1521년에 후사를 두지 못한 채 죽은 데서 열렸다. 정덕제 사후 그의 유조에 따라 그의 종제從弟인 15세의 주후총이 가정제嘉靖帝로 즉위했다. 그의 생부 흥헌왕興獻王 주우원朱祐杬은 명효종明孝宗 홍치제弘治帝 주우탱朱祐樘 의 이복동생이었다.

가정제 주후총은 백부인 홍치제의 양자로 들어가 보위에 올랐다. 예법상 종묘에 고할 때 양부가 된 홍치제를 작고한 부황父皇인 황고皇考, 양부의 실자實子인 정덕제를 황형皇兄, 생부인 홍헌왕을 황숙고皇叔考로 칭하는 게 타당했다. 재상에 해당하는 내각수보內閣首輔 양정화楊廷和를 비롯한 각 신들 모두 이같이 주장했다. 그러나 가정제 주후총은 생부인 홍헌왕을 '황고', 양부인 홍치제를 '황백고皇伯考'로 할 것을 고집했다.

결국 '대례지의'는 3년여를 끌어오다가 가정제가 재위 3년인 1524년에 일단락됐다. 가정제의 생부인 홍헌왕 주우원이 '황고'로 확정돼 명예종明睿宗으로 추존됐다. 그러자 성리학의 정통론을 맹종하는 대소 신료들이 궐문 앞으로 몰려들어 엎드려 통곡하며 간하는 이른바 '복궐곡쟁伏闕哭爭'을 행했다. 대로한 가정제 주후총이 '복궐곡쟁'에 참여한 190명의 관원을 전원 옥에 가두고 주모자를 변경의 군영으로 유배 보냈다. 이때 4품관 이상은 녹봉을 빼앗기고 5품관 이하는 장형에 처해졌다. 이 과정에서 모두 16명이 목숨을 잃었다.

'대례지의'는 정통론을 둘러싼 예론禮論에서 출발했으나 이내 황권과 신권이 대립하는 싸움으로 변질됐다. '대례지의' 이후 정권교체 때마다 권력투쟁에서 패한 세력이 관직에서 일거에 쫓겨난 뒤 목숨을 잃거나 유배를 당하는 '당화黨禍'가 지속되었다. 당쟁이 격화되면서 황제의 신변도 위험해졌다.

가정 21년인 1542년 10월에 빚어진 '임인궁변壬寅宮變'이 그것이다. 이는 궁녀들에 의한 황제 암살미수 사건을 말한다. 이처럼 '대례지의'의 폐해는 매우 컸다. 나라의 몰락을 재촉한 '뇌물정치'는 그 후과였다.

고금을 막론하고 '뇌물정치'는 '매관매직'을 만연하게 만든다. 실제로 '대례지의'를 계기로 출세가도를 달리기 시작한 엄숭嚴嵩은 가정 21년인 1542년부터 20여 년 간 내각수보의 자리에 있으면서 언로를 통제하는 등 전횡을 일삼았다. 이때 엄숭의 아들 엄세번嚴世蕃은 부친의 위세를 믿고 불법행위를 자행했다. 세론이 들끓는데도 엄숭은 자신을 비호하며 뇌물로 관직을 사고 파는 '뇌물정치'를 주도했다. 그 결과 능력도 없는 자들이 고위 관직을 대거 차지하는 일이 빚어졌다. 명나라는 이때부터 나라의 기둥이 나무좀인 두충蠹蟲으로 인해 서서히 썩어가고 있었다.『한비자』「망징」편은 '두충'의 폐해를 이같이 경고했다.

"나무가 부러지는 것은 반드시 '두충'이 그 속을 갉아먹었기 때문이고, 담이 무너지는 것은 반드시 어딘가에 틈새가 있기 때문이다."

'당쟁'과 '뇌물정치'를 주도한 엄세번 등이 바로 '두충'에 해당한다. 황제의 본업을 팽개치고 불로장생에 몰두했던 가정제도 책임을 면할 수 없다. '두충'으로 인한 '두폐蠹弊'는 이른바 '북로남왜北虜南倭'로 상징되는 외침을 불러왔다. 나라의 내부가 부패하면 외침이 기승을 부리기 마련이다. 가정제 때의 혼란은 바로 안팎의 내우외환內憂外患이 동시에 터져 나온 결과였다.

만력제의 재위 기간은 명나라의 역대 황제 가운데 최장수에 해당한다. 모두 48년에 달한다. 명나라의 역대 황제 가운데 두 번째로 긴 조부 가정제보다 3년이나 더 많다. 선조 역시 42년 동안 보위에 있었다. 이는 조선조의 역대 군왕 가운데 3번째로 긴 것이다. 두 사람의 재위 기간이 겹치는 기간은 36년간에 달한다.

명청나라의 역대 황제와 조선조 역대 군왕의 재위기간을 비교할 때 이토록 오랜 기간을 동일한 시기에 함께 재위한 경우는 청의 강희제康熙帝와 조선조의 숙종肅宗의 경우를 제외하고는 존재한 적이 없다. 숙종과 강희제의 경우는 무려 46년간에 달한다. 이는 숙종의 전체 재위기간에 해당한다. 조선조가 숙종 때 중흥의 계기를 맞이한 것은 강희제 때의 성세와 무관치 않았다.

그러나 동일한 시기에 재위한 기간이 36년에 달하는 선조와 만력제의 경우는 이와 정반대로 나라를 패망의 위기로 몰아넣은 경우에 속한다. 조선에서 터져 나온 왜란이 배경이다. 당시 조선은 왜란으로 인해 패망 일보 직전까지 몰렸다. 적잖은 사람들이 조선의 왜란으로 인해 명나라가 적잖은 치명상을 입은 것처럼 말하고 있으나 이는 과장된 것이다. 많은 군사를 조선에 파견해 막대한 전비를 소요한 것은 사실이나 명나라의 재정규모에 비춰볼 때 이는 그리 큰 손실은 아니었다.

명나라의 몰락에는 보다 근원적인 이유가 있었다. 만력제가 무려 25년 동안 조정에 단 한 번도 나간 적이 없는데서 알 수 있듯이 일체의 정사를 돌보지 않은 게 근본 이유이다. 중국의 전 역사를 통틀어 전무후무한 일이었다. 명나라 패망의 근본원인은 바로 만력제의 '통치 부재'에 있다고 해도 과언이 아니다.

명신종 주익균

　만력제의 치세 때 국가재정을 극도로 압박한 요인으로 흔히 '3대정三大
征'을 든다. 첫 번째가 만력 20년인 1592년에 영하寧夏 지역의 몽골무관 보
바이哱拜의 반란이다. 이를 진압키 위한 원정에 약 200여만 냥이 소진됐
다. 두 번째가 같은 해에 터져 나온 조선 전역이다. 7년간에 걸친 이 전쟁
을 치르기 위해 약 700만 냥을 소비했다. 세 번째는 만력 21년인 1593년
에 터져 나와 7년 동안 지속된 귀주성 파주播州의 토관土官 양응룡楊應龍의
반란이다. 여기에도 근 300만 냥가량이 소진됐다.

그러나 사실 '3대정'을 초과하는 재정지출 요인이 있었다. 만력 24년인 1596년과 이듬해에 걸쳐 거듭 궁전에 대화재가 발생해 황극전과 중극전, 건극전 등이 전소됐다. 이들 전각을 복구하기 위해 무려 930만 냥을 일시에 쏟아부었다. '3대정'에 투입한 금액에 육박하는 막대한 자금이었다. 이런 상황에서 국고가 바닥이 안 나는 게 오히려 이상한 일이었다.

명 조정은 이를 해결하기 위해 강도 높은 징세조치를 단행했다. 이로 인한 폐해를 이른바 '광세지화鑛稅之禍'라고 한다. 전국 각지에서 상공업은 위축되고 객상의 왕래도 줄어들고 국가의 세입은 격감했다. 당시 명나라가 활발한 상공업 흐름에 주목해 기존의 중농정책 대신 상공업 위주의 경제정책을 적극 펼쳤으면 역사는 전혀 다른 방향으로 진행되었을 수 있다. 그러나 명나라는 이를 단순히 징세의 대상으로만 삼고 더 이상의 부국강병책을 강구하지 않았다.

만력제는 황후 왕씨가 줄곧 아이를 낳지 못해 서자만 두고 있었다. 그는 20세가 되는 재위 10년인 1582년에 태후의 시녀 출신인 왕공비王恭妃로부터 황장자皇長子 주상락朱常洛을 얻었다. 그러나 그는 이후 왕공비를 그다지 좋아하지도 않았고 주상락이 태어난 것을 반기지도 않았다. 만력 14년인 1586년에 총애하는 정귀비鄭貴妃가 3황자 주상순朱常洵을 낳으면서 황태자 책봉을 둘러싼 갈등이 본격화했다.

만력제는 마침내 재위 21년인 1593년에 황장자와 3황자를 포함해 겨우 3세에 불과한 5황자 등 3명의 황자를 봉왕封王하는 조치를 취했다. 이를 후대 사가들은 통상 '3왕병봉三王幷封'이라고 한다. '3왕병봉'의 표면상 명분은 '입적불립서立嫡不立庶'였다. 적자를 황태자로 세울 수는 있어도 서자는 세울 수 없다는 뜻이다. 그러나 이미 적자를 얻기가 불가능한 상황에서 이는 구실에 지나지 않았다. 주상락을 황태자 후보반열에서 밀어내기 위한 궁여지책이었다. 이로 인해 명나라의 황태자 책봉 문제를 둘러싼 당쟁은 만력제가 죽는 순간까지 무려 30여 년 동안이나 지속됐다.

만력제는 주상락을 황태자에 책봉했음에도 불구하고 복왕으로 임명한 주상순을 총애함으로써 '후사後嗣' 논쟁을 야기했다. 항간에는 조만간 황태자가 폐해질 것이라는 불온한 소문이 나돌았다. 만력 43년인 1615년의 황태자 암살미수 사건은 바로 이런 배경에서 나온 것이었다. 이는 정귀비를 추종하는 세력의 사주를 받은 시정의 무뢰배가 대추나무 방망이를 들고 태자 주상락이 머무는 자경궁을 침범해 해를 입히려다 미수에 그친 사건이었다.

만력제는 배후인물에 대한 철저한 규명을 요구하는 언관들의 주장을 묵살하고 곧바로 범인들을 신속히 처형해 사건을 조기에 매듭지었다. 배후세력에 대한 규명이 오리무중이 되자 오히려 태자가 조만간 폐위될 것이라는 불온한 소문이 더욱 무섭게 퍼져나갔다. 만력제는 이 와중에 세상을 떠났다. 만력 48년인 1620년 7월이었다.

숭정제와 이자성의 난

명나라는 정통제 주기진 때 빚어진 '토목지변'을 계기로 많은 변란이 잇달았다. 소작인들이 지나친 부담을 경감시켜 달라는 요구에서 출발한 복건福建의 '등무칠지란鄧茂七之亂'이 대표적이다. 이는 중국 역사상 최초의 소작인폭동으로 기록됐다. 이에 호응해 광부 출신 비적과 각지 농민들이 봉기했다. 주동자인 등무칠이 패해 죽은 뒤에도 잔당이 오랫동안 저항을 계속했다.

이후 명의 말기에 이르기까지 떠돌이 유민으로 국법을 어기고 입산금지 지역에 들어간 개척농민의 난인 형양지란荊襄之亂, 악정에 시달리던 유육劉六와 유칠劉七 형제가 주동한 유륙유칠지란劉六劉七之亂, 소작인 폭동, 환관의 세금징수에 대항한 폭동 등 크고 작은 변란이 지속됐다. 농민의 궁핍이 근본 배경으로 작용했다. 환관의 부패와 가혹한 조세수탈이 이런 상황을 부추겼다.

명나라를 멸망으로 몰고 간 명말 농민반란의 직접적인 원인은 기근으로 인한 '기아饑餓 폭동'이었다. 명희종 천계 7년인 1627년에서 시작해 명사종 숭정 원년인 1628년에 이르기까지 지금의 섬서성 북부 일대를 휩쓴 가뭄은 농민을 극한상황으로 몰아갔다. 농민들은 부호를 털고 관원과 충돌하면서 국가권력에 저항하는 떠돌이 도적 떼인 유적流寇으로 변해갔다.

반군 중에는 굶주린 농민뿐만 아니라 제때 봉록을 받지 못한 병사들, 마적집단까지 가담해 각지에서 세력을 확대해 나갔다. 명나라는 처음에 이들을 항복시켜 식량을 주어 원적지로 보내는 초무책招撫策을 구사했다. 그러나 반군이 계속 세력을 유지하자 이내 강경책으로 전환했다.

이자성 동상

　당시 농민반란군 가운데 가장 대표적인 것은 병사 출신 이자성李自成이 이끄는 반군이었다. 이들은 반군 세력을 모아 명나라 군사에 대한 통일적인 공격작전을 구사했다. 그가 반군 가운데 으뜸이 될 수 있었던 것은 균등한 토지소유, 조세경감 등 농민들의 절박한 요구에 적극적으로 호응한 덕분이다

　숭정 14년인 1641년, 이장성이 낙양을 점령한 뒤 유적의 성격을 벗어나

기 시작했다. 2년 뒤인 숭정 16년의 1643년, 호북의 양양襄陽을 점령해 양경襄京으로 개칭한 뒤 신순왕新順王을 칭했다. 이해 가을 서안을 점령해 장안長安으로 개칭한 뒤 서경西京으로 불렸다. 숭정 17년인 1644년 2월, 새왕조의 개창을 공포했다. 국호는 대순大順, 연호는 영창永昌이었다.

청나라의 순치제順治帝가 북경으로 무혈입성하기 4달 전인 순치 원년의 1644년 정월 초하루, 북경에 있던 숭정제는 이자성이 서안에서 즉위했다는 소식을 듣고 격노했다. 청나라를 치기에 앞서 '대명大明'의 황제인 자신을 무시한 이자성부터 토벌하는 게 급선무라고 판단했다.

숭정제가 군신들 앞에서 친정親征에 나설 뜻을 밝히자 대학사 이건태李建泰가 극구 만류했다. 그는 자신의 사비를 들여 초모한 군사를 이끌고 갈지라도 반적들을 능히 토벌할 수 있다고 호언했다. 이자성을 비롯한 반란군 모두 명나라를 인정치 않는 상황이 빚어지고 있는데도 명나라 군신들 모두 희극적인 허위의식에 젖어 위기상황을 하루하루 넘기고 있었다.

숭정제는 출정하는 이건태를 정양문正陽門의 문루에서 전송했다. 이건태가 사재를 털어 모은 군사는 겨우 고작 500명 정도에 지나지 않았다. 수십만 명에 달하는 반란군과 대적하는 것은 애초부터 불가능한 일이었다. 이를 모를 리 없는 이건태도 보정保定까지 간 뒤 이내 성안에 틀어박혀 꼼작도 하지 않았다. 당시 숭정제는 자신의 잘못을 스스로 질책하는 '죄기조罪己詔'를 발표한 데 이어 황실 재산을 털어 친위군을 널리 모집했다. 그러나이미 때가 늦었다.

후세의 사가들은 숭정제의 가장 큰 문제점으로 매사를 믿지 못하는 이른바 '다의多疑'를 들었다. 그러나 당쟁을 일삼은 신하들도 문제가 많기는 마찬가지였다.

당시 이자성군이 내건 구호는 크게 4가지로 요약할 수 있다. 첫째, 경제정책이다. 이는 균전均田과 면량免糧 및 부당한 요역에 차출되지 않는 부당차不當差 등으로 표현됐다. 둘째, 민생대책이다. 제폭휼민除暴恤民과 부자의 재산을 몰수해 빈민을 구하는 분진궁민分賑窮民 등이 구체적인 표현이다. 셋째, 군기대책이다. 불살인不殺人과 불애재不愛財, 불간음不奸淫, 불창략不搶掠, 제값을 주고 매매하는 평매평매平買平賣 등이 강조됐다. 넷째, 사대부대책이다. 현자를 존중하고 선비를 예우하는 존현예사尊賢禮士로 요약할 수 있다

이는 명나라의 부패상이 어떤 모습이었는지를 반증하는 것이기도 했다. 이자성의 반군이 거대한 세력으로 성장한 배경이 여기에 있다. 그런 점에서 명나라는 외침 이전에 스스로 무너져 내린 셈이다. 반란군이 북경의 자금성을 장악할 즈음 명의 마지막 황제 숭정제가 스스로 목숨을 끊은 사실이 이를 뒷받침한다.

33

건국과 태평성대

후금의 건국

명나라는 건국 초기부터 조선과 여진이 합세하는 것을 크게 두려워했다. '마시馬市' 개설 등을 미끼로 여진족에게 사자를 보내 번속藩屬의 지위를 수락하게 해 조선의 영향력으로부터 빠져나오도록 조치했다. 명나라의 거듭된 견제로 인해 종성과 경원의 무역소가 곧 폐쇄됐다. 그러나 회령과 온성, 경흥 등지에서는 비공개적으로 교역이 이뤄졌다. 조선도 북변의 안정을 위해서는 이들을 어떤 식으로든 다독일 필요가 있었다. 여진족은 말과 담비가죽 등을 가지고 와 조선의 소금과 미곡, 농우, 지물 등을 바꿔갔다.

당시 명나라는 영락제 때 쌓은 이른바 '요동변장遼東邊牆'을 경계로 여진족과 이웃하고 있었다. '요동변장'은 산해관에서 압록강에 이르는 길에 담을 쌓은 것을 말한다. 조선 역시 두만강에서 압록강에 이르기까지 2천 리나 되는 국경선을 사이에 두고 여진족과 접하고 있었다. 조선조의 여진족 정책 역시 크게 보아 일면 회유하고 일면 강압하는 명나라의 '기미책羈縻策'과 별반 다를 바가 없었다. 개국 초부터 척경拓境 사업을 활발히 전개하는 와중에 관북 일대에 세거世居해온 여진족 가운데 반발하는 세력을 강압적으로 밀어내기도 했지만 투항하는 자들을 적극 수용하는 양면책을 구사한 게 그 증거이다.

조선조는 왕실의 본거지인 두만강 일대의 간도지역까지 확보케 되자 더이상의 척경 사업을 전개치 않았다. 여기에는 조선이 여진족을 적극 흡수해 중원의 위협세력으로 성장하는 것을 극도로 우려한 명나라가 적극 간섭하고 나선 게 크게 작용했다. 이후 조선은 여진족에 대한 정책 기조를 현상유지 쪽으로 정한 뒤 두만강에서 압록강에 이르는 2천여 리의 국경선을 지키기 위해 명나라와 마찬가지로 '기미책'을 견지했다.

후금 명칭의 어원과 우리말

'후금'의 만주어 정식 명칭은 '아마가 아이신 구룬Amaga Aisin Gurun'이다. '후금국後金國'의 뜻이다. 금나라의 개국조인 아구다阿骨打의 위업을 계승할 뜻을 내외에 천명한 것이다. '아마가'는 '미래未來' 내지 '후래後來'의 뜻으로 우리말의 '아마도'와 어원이 같다. '구룬'은 고구려어 '구루'와 어원이 똑같다.

당시 조선은 명나라의 노골적인 간섭에도 불구하고 여진족 부족장에게 지중추원사知中樞院事를 비롯해 호군護軍과 사직司直, 만호萬戶, 천호千戶 등의 명예군직을 주어 적극 회유하고 나섰다. 명나라의 힐난을 무릅쓰고 이런 조치를 취한 것은 2천여 리에 달하는 국경선을 지키기 위해서는 달리 묘안이 없기 때문이었다.

조선과 경계를 접하고 있던 건주여진建州女眞이 조선과 부단히 접촉하는 과정에서 조선의 선금문물을 자연스럽게 받아들인 배경이다. 건주여진이 여러 여진족 가운데 가장 앞서 나가다가 마침내 '후금'을 건국한 데에는 조선과의 접촉이 크게 기여했다.

그러나 건주여진의 누르하치가 등장하기 전까지만 해도 여진족의 맹주는 해서여진海西女眞이었다. 이들은 대흥안령산맥의 서부에서 우수리강과 흑룡강 남단에 이르는 넓은 지역에 흩어져 살았으나 점차 몽골족인 우량카이兀良哈의 압력에 밀려 남쪽으로 내려오기 시작했다. 이는 타타르의 알탄 칸이 차하르부察哈爾部를 압박하고, 차하르부는 다시 우량카이를, 우량카이는 재차 해서여진을 연쇄적으로 압박한 결과였다.

우량카이가 해서여진의 거주지인 후룬扈倫 지역을 공격하자 해서여진은 이를 피해 대거 남쪽으로 이주했다. 남하한 해서여진은 이후 예허葉赫, 호이파輝發, 하다哈達, 울라烏拉 등 해서4부 연맹을 형성했다. 당시 스스로를 '후룬扈倫'으로 칭한 해서여진은 송화강 하류지역을 근거지로 삼아 수렵을 주업으로 하면서 농업을 병행했다.

금태조 누르하치

누르하치는 만력 44년인 1616년 정월에 마침내 몽골어의 '칸汗'으로 즉위했다. 국호는 '후금後金', 연호는 '천명天命', 수도는 흥경興京이었다. 누르하치가 즉위할 당시 이유한李惟翰이 광녕순무廣寧巡撫로 부임했다. 광녕순무는 여진족과 교섭하며 요동의 군사업무를 책임지는 자리였다. 누르하치는 이유한이 새로 부임한다는 소식을 듣자 곧 휘하의 강구리綱古里와 팡기나方吉納를 인사차 파견했다. 이유한은 '후금'을 인정할 수 없다는 이유로 이들 사절 11명을 쇠사슬로 묶어 구금했다. 이어 사자를 보내 전에 월경한 한인漢人을 죽인 일을 질책하면서 살해에 가담한 자들의 압송을 요구했다.

누르하치는 우선 사자로 보낸 강구리 등을 구하기 위해 구금하고 있던 예허부의 포로 10명을 한인 살해범으로 속여 이유한에게 넘겼다. 강구리 등이 약속대로 풀려나자 곧바로 명을 공격할 채비를 서둘렀다. 『팔기통지八旗通志』에 따르면 누르하치가 즉위하기 직전에 8기에 속해 있는 니루의 총수는 400개 부대에 이르렀다. 모두 12만 명에 해당한다.

원래 만주어에서 최고의 단위는 투먼圖們이다. 일만一萬에 해당하는 숫자이다. 이는 '두만강豆滿江'의 어원에 해당하는 것이기도 하다. 여진어에서 '투먼'은 사물의 숫자가 1만에 해당하면 더 이상 감당하기 어렵다는 뜻을 내포하고 있다. 당시 누르하치는 감당하기 어려울 정도로 많은 12개의 투먼을 거느리고 있었던 셈이다. 정예병만 따질 경우 명의 군사보다 결코 적은 숫자가 아니었다.

누르하치는 만력 46년인 1618년 4월에 결단을 내린 뒤 하늘에 제사를 지냈다. 이 자리에서 부득불 명을 칠 수밖에 없는 7가지 원한인 이른바 '7대한七大恨'을 명분으로 내걸었다. '7대한' 중에는 30여 년 전에 명군이 자신의 부조父祖을 살해한 게 가장 큰 원한으로 적시됐다. 『청태조실록』의 기록이다.

"하늘이 대국의 군주를 세우는 것은 천하의 공주共主로 삼기 위한 것이다. 어찌하여 유독 우리 '후금'하고만 원한을 맺으려 하는 것인가?"

'대국의 군주'는 만력제를 지칭한다. 비록 불만을 털어놓고 있기는 하나 명의 종주권을 인정한 것으로 해석하는 견해가 있으나 이는 잘못이다. 선전포고는 '후금'이 명과 장성을 사이에 두고 남북으로 병립할 뜻을 내비친 것이다. 종주권과는 거리가 멀다. 오히려 명의 종주권을 부인한 것으로 보는 게 옳다. 누르하치는 기병과 보병 2만 명으로 편성된 8기군이 무순撫順을 향해 진격했다. 이 싸움에는 누르하치의 몽골인 사위들이 앞장섰다.

무순의 함락소식에 경악한 명나라 조정은 더 이상 누르하치를 방치할 수 없다고 판단해 이내 누르하치에 대한 토벌 명령을 내렸다. 병부시랑 양호楊鎬가 요동경략에 임명되고, 퇴역한 이성량의 아들 이여백李如柏이 요동 사정에 밝다는 이유로 특별히 요동총병에 임명됐다. 이여백은 왜란 당시 명군을 이끌고 참전한 이여송의 친동생이다.

당시 토벌군의 진용은 화려했다. 산해관총병 두송杜松을 비롯해 보정保定총병 왕선王宣, 개원총병 마림馬林, 요양총병 유정劉綎 등은 명군 내에서 명성을 떨치고 있는 장수들이었다. 남로군 사령관에 임명된 유정의 휘하에는 조선의 원군 1만 명이 소속돼 있었다.

당초 조선이 누르하치 세력을 강하게 의식한 것은 누르하치의 군사가 함경도 국경 지대에 있는 여진족을 제압하고 동해로 연결되는 통로를 확보하는 선조 40년인 1607년 무렵이었다. 광해군은 즉위하자마자 임진왜란 때 병조판서를 지낸 서인의 거두 이항복을 서북면도체찰사西北面都體察使에 임명해 누르하치의 동태를 면밀히 주시했다. 이를 계기로 서인에 속한 무인들이 서북변계의 무장으로 많이 발탁됐다. 이게 훗날 인조반정의 불씨가 됐다.

당시 조선의 광해군은 누르하치 군사에 관한 장계狀啓가 올라올 때마다 후히 대접해 개전의 구실을 주지 않도록 주의를 기울일 것을 당부하는 비답批答을 내렸다. 조선이 '후금'과의 직접적인 충돌을 피할 수 있었던 것은 이런 계책이 크게 주효한 결과였다. 누르하치의 무순 함락 직후 명나라 조정이 조선에 후금의 배후를 치기 위한 원군의 파견을 요구하면서 광해군은 심각한 고민에 빠졌다.

비변사備邊司는 어려울 때 도와준 은혜를 들먹이며 즉시 파병할 것으로 요구하고 나섰다. 광해군의 버팀목인 대북大北의 영수 정인홍도 원군의 숫자를 최대한 줄일 것을 전제로 파병 원칙에 동조하고 나섰다. 그러나 광해군의 입장은 단호했다. 곧 완곡히 거절하는 내용의 답장 국서인 회자回咨를 보내도록 조치했다.

이때 요동경략 양호가 '회자'의 내용을 문제 삼아 조선 사자의 북경 행을 가로막았다. 이를 계기로 비변사의 반발이 심해지자 광해군은 조선의 원군이 국경을 넘지 않는 방안을 제시했다. 이마저도 양호의 저지로 무산되자 이를 기화로 비변사가 연일 광해군에게 압력을 가했다. 끝내 병력 파견의 원칙이 결정된 배경이다.

그러나 광해군이 비변사의 압력에 무조건 굴복한 것은 아니었다. 그는 도원수 강홍립姜弘立과 독대하는 자리에서 가능하면 명군 장수의 명을 그대로 따르지 말고 상황을 보아 독자적으로 행동할 것을 지시했다. 강홍립은 조선군을 이끌고 가 남로군 사령관 유정의 휘하로 들어갔다.

만력 47년인 1619년 3월 1일에 명군 10여만 명이 4갈래로 나뉘어 동시에 허투알라를 향해 진공했다. 두송이 인솔하는 서로군은 무순 쪽에서 사르후薩爾滸 지역을 거쳐 공격하고, 마림의 북로군은 예허부의 원군과 함께 개원과 철령 쪽에서 공격하고, 이여백의 남로군은 호란을 거쳐 공격하고, 유정의 동로군은 조선의 원군과 함께 북상했다.

이때 산해관총병 두송이 이끄는 서로군이 공을 독차지하려는 두송의 독촉을 받고 예정시간보다 빨리 혼하渾河를 건너기 시작했다. 누르하치는 척후를 통해 두송의 이런 움직임을 이미 파악하고 있었다. 그는 제8자인 홍타이지에게 2기의 병력을 주어 자이판성을 구원하도록 하고 자신은 6기의 45,000명의 병사를 이끌고 사르후에 남아 있던 명나라 군사를 공격했다. 사르후의 명나라 군사는 후방부대라는 생각에 마음을 놓고 있었다. 이때 흙먼지가 휘몰아쳐 한 치 앞도 볼 수 없었다.

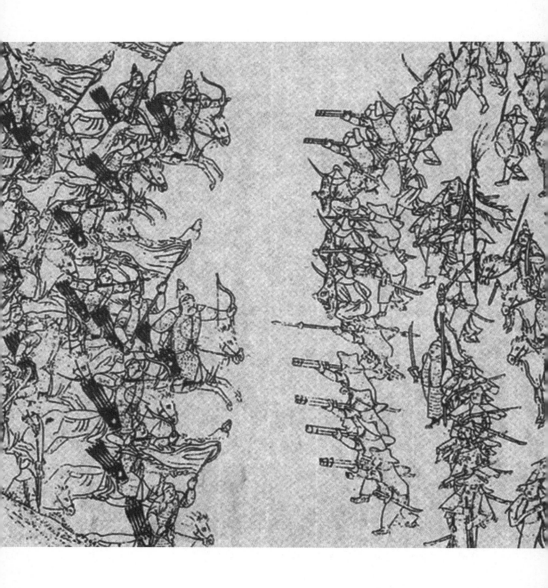

사르후 전투

이런 모래먼지를 흙비인 '매霾'라고 한다. 명군은 너무 어두워 횃불을 들고 싸웠다. 이는 표적을 자처한 것이나 다름없었다. 두송의 군사는 복병을 만나 고전하던 가운데 사르후의 패전소식을 듣고 전의를 상실했다. 이때 사르후에서 승리한 누르하치의 군사가 들이닥치자 싸움이 되지 않았다. 두송은 화살에 맞아 전사하고 명군은 전멸했다.

이게 바로 그 유명한 '사르후전투'이다. 이 전투는 사실상 명청 간의 왕조교체를 결정지은 전투라고 해도 과언이 아니다. 무순撫順 인근의 오지奧地인 사르후는 만주어로 '울창한 숲'을 뜻한다. 만주족이 쓴 『성경통지盛京通志』에는 당시 8기군이 500명으로 명군 40만을 격파한 것으로 기록해놓았다. 훗날 청대 말기의 위원魏源도 『성무기聖武記』에 이를 인용하면서 세기사적인 전투로 평해 놓았다. 그러나 당시 8기군의 병력은 정확히 45,000명이었다. 명나라가 무력 면에서 후금의 후신인 청나라에게 굴복하게 된 직접적인 계기가 바로 '사르후전투'에 있었다고 해도 과언이 아니다.

이후 누르하치의 뒤를 이은 청태종 홍타이지는 중원을 공략하기에 앞서 후고지우後顧之憂를 없애기 위해 '인조반정'을 계기로 친명사대親明事大를 기치로 내건 조선을 미리 손보지 않을 수 없었다. 그게 바로 병자호란丙子胡亂이다. 인조는 청태종 홍타이지가 사망한 지 6년 뒤에 죽었다.

그러나 그는 청태종 사후 이른바 '삼전도 굴욕'에 따른 수치를 잊지 못해 심양에서 돌아온 아들 소현세자와 세자빈 강씨 등을 '오랑캐에게 동화됐다는 터무니없는 이유를 들어 끝내 죽음으로 몰아갔다. 숙부인 광해군을 내쫓고 아들과 며느리, 손자를 잇달아 죽인 그의 묘호가 '인조仁祖'인 것은 역설이다. 명청 교체기의 와중에 빚어진 조선의 인조반정은 명분도 없었을 뿐만 아니라 조선의 군신으로 하여금 자폐自閉의 길로 나아가 끝내 패망을 초래하는 단초가 됐다.

입관入關과 순치제

한족 지상주의에 입각할 경우 청나라에 투항한 명나라 장수 오삼계吳三桂는 민족의 배신자가 될 수밖에 없다. 그러나 다민족을 전제로 할 경우 그 평가는 사뭇 달라진다. 당시 북경을 간단히 점령한 이자성의 '대순大順' 군사는 크게 들떠 있었다. 장안으로 이름을 바꾼 서안에서 일단 즉위식을 올리기는 했으나 자금성에서 다시 전 중국 황제로서 등극의 대전大典을 치르기로 한 결과다. 이자성의 책사로 활약한 우금성牛金星 등의 지식인들은 명실상부한 새 나라의 기틀을 마련하느라 정신이 없었다. 황제의 비서인 한림원翰林院을 홍문관弘文館, 지방장관인 순무巡撫를 당나라 때의 직명인 절도사節度使, 주의 장관인 지주知州는 주목州牧으로 개칭한 것 등이 그렇다.

오삼계와 청국 사이에는 몇 번의 교섭이 오갔으나 이자성의 예상과 달리 오삼계는 끝내 투항할 뜻을 밝히지 않았다. 대로한 이자성은 10만의 대군을 이끌고 오삼계 토벌에 나섰다. 그는 포로가 된 숭정제의 태자를 데리고 갔다. 오삼계의 외숙 조대수는 이미 청나라에 투항해 있었다. 이자성이 자신을 토벌키 위해 출병했다는 소식을 접한 오삼계는 마침내 청나라의 섭정왕인 도르곤多爾滾에게 원군을 청하는 밀서를 보냈다.

"유적流賊이 하늘을 거역해 궁궐을 범했습니다. 좀도둑인 구투狗偸가 장차 오합지졸로 어찌 일을 성취하겠습니까? 힘을 합쳐 유적을 멸하고 대의를 중국에 보인다면 응당 땅을 찢어 보상할 것입니다."

이른바 '입관토적入關討賊'을 청한 것이다. 산해관 안으로 들어와 이자성 등의 도적들을 토벌해 달라는 취지이다. 객관적으로 볼 때 승세를 탄 이자성의 '대순' 군사를 상대하려면 청나라 철기鐵騎 군단의 힘을 빌릴 수밖에 없었다.

당시 도르곤은 오삼계의 서신을 받자 곧 대학사 범문정 및 홍승주 등과 숙의한 후 속히 투항할 것을 재촉하는 답서를 보냈다.

"지금 군중을 이끌고 귀순하면 반드시 변왕에 제수될 것이오. 그리 하면 나라의 원수를 갚을 수 있고, 일신과 가문을 보전해 세세손손 부귀를 누릴 수 있소."

도르곤은 병력의 희생을 최소화한 가운데 대공을 세울 복안을 세웠다. 이자성과 오삼계가 격렬히 싸울 때 마지막에 가서 도와주는 계책이었다. 도르곤은 장차 중원을 빼앗기 위해서는 인심을 얻는 것이 중요하다는 사실을 숙지하고 있었다. 그는 출진에 앞서 이런 명을 내렸다.

"하늘의 도움을 입어 응당 나라를 정하고 백성을 편안케 하고 이로써 대업을 이뤄야 한다. 국경을 넘어가는 날 귀순하는 자를 살해하지 말라. 치발薙髮 이외에 추호도 다치게 해서는 안 된다."

'치발'은 머리 둘레를 쳐내 변발을 만드는 것을 말한다. 도르곤은 치발을 귀순으로 간주했다. 도르곤은 직접 정예부대를 이끌고 출진했다. 좌우 사령관에 영친왕英親王 아지거阿濟格와 예친왕豫親王 도도多鐸를 임명했다. 두 사람 모두 동복형제이다.

홍타이지가 재위 17년인 1643년에 죽었을 때 누르하치 아들은 모두 8명이 남아 있었다. 8명 가운데 아지거와 도르곤 및 도도 3인은 동복형제이고 나머지 5명은 모두 생모가 달랐다. 도르곤의 생모 울라나라씨烏喇納拉氏는 누르하치가 죽었을 때 순사했다. 청태종의 생모 예허나라씨葉赫那拉氏는 홍타이지 한 사람밖에 낳지 못했다. 부황인 홍타이지의 급서로 인해 6세에 즉위한 푸린福臨이 즉위한 상황에서 도르곤 3형제만이 각기 자신의 군사를 이끌고 참전한 것이다.

당시 이자성군의 선봉대는 산해관 근처의 일편석一片石에 와 있었다. 도르곤의 주력군이 곧 일편석을 돌파하자 오삼계가 이해 4월 23일에 산해관의 성문을 활짝 열고 맞이했다. 도르곤은 오삼계군에게 어깨에 흰 천을 두르고 치발할 것을 요구했다. '장발'이 당연했던 당시 상황에서 '치발'만큼 확실한 투항의 의사표시는 없었다.

싸움이 시작되자 도르곤은 오삼계에게 명해 관문을 열고 출격해 이자성군의 중군을 격파토록 했다. 사투는 이튿날까지 계속됐다. 이자성군은 북쪽의 산에서 해안까지 늘어서 있었다. 모두 20만 명이었다. 오삼계가 관문을 열고 출격하자 이자성군은 양쪽 날개를 접으면서 포위태세를 취했다. 이날 오후에 갑자기 사진沙塵이 일어났다. 흙먼지가 가라앉을 때 북변에 철기군단이 가득 차 있었다. 이자성군이 대경실색했다.

철기군의 출현을 예상치 못한 이자성군은 황급히 서쪽으로 궤주했다. 오삼계는 보병과 기병 2만 명을 이끌고 이들을 추격했다. 이자성은 영평永平까지 달아나 왕칙요王則堯와 장약기張若麒 등 두 사람을 사자로 보내 화의를 청했다. 군중에 오삼계의 부친 오양이 있으니 능히 화해할 수 있다고 생각한 것이다. 그러나 오삼계는 이를 일축하고 추격을 계속했다.

이자성은 오양을 주살한 뒤 북경까지 단숨에 달아났다. 북경에는 우금성 등이 등극대전에 필요한 준비를 마치고 있었다. 이자성은 북경에 오자마자 오삼계의 가족을 학살했다. 모두 30여명이었다. 오삼계를 포함한 청나라 군사가 북경을 향해 밀물 듯이 쳐들어오는 와중에 이자성은 무리하게도 자금성 무영전武英殿에서 즉위식을 가졌다. 청군에게 대패한 지 채 10일도 되지 않은 4월 29일이었다.

재기를 위해서는 속히 성을 비우고 본거지인 장안으로 퇴각해야만 했다. 성 안에는 즉위식에 사용된 보관을 비롯해 수많은 금제품金製品이 있었다. 이자성은 이를 녹여 금괴로 만들었다. 즉위식이 치러지고 있는 동안 금괴가 된 보물이 수레에 실리는 희귀한 상황이 연출됐다. 이날 밤 이자성은 불을 질러 궁전과 성루를 태우고 이튿날인 30일 새벽에 군대와 백성을 이끌고 서쪽으로 향했다.

청군이 입성한 것은 이자성이 도주한 다음날인 5월 1일이었다. 당초 예정보다 입성이 이틀이나 늦어진 것은 패주하는 이자성군이 갑주와 군수품을 버리고 달아났기 때문이다. 명나라의 문무제신들이 도성 밖 2.5킬로미터까지 나가 이들을 영접했다. 도르곤은 도성의 조양문朝陽門으로 입성했다. 북경으로 향하면서 도르곤은 수하 장수들에게 이같이 명했다.

"이번 출사出師는 폭력을 제거해 백성을 구제하고, 유적을 멸해 천하를 평안히 만들기 위한 것이다. 이제 입성하면 무고한 자를 죽이거나, 재물을 약탈하거나, 가옥을 불태우거나 하는 일이 없게 하라."

도르곤은 이틀 전에 이자성이 즉위식을 올린 무영전의 그 자리에서 제신들의 인사를 받았다. 다음날 궁전 뒷산인 경산에서 자진한 명나라 마지막 황제 숭정제를 위한 초상을 발표하고 3일간의 복상을 명했다. 의례에 따라 개장한 뒤 숭정제의 능묘를 '사릉思陵'으로 명명했다. 명나라의 관원에게는 속히 원래의 자리로 복귀할 것을 명했다. 관민을 초무招撫하기 위한 사자가 각지로 급파됐다. 이때 '삭발투순削髮投順'이 부과됐다.

"만일 항거해 복종하지 않는 자가 있을 경우 대군을 보내 옥석을 가리지 않고 모두 태우는 옥석구분玉石俱焚을 하고 모두 도륙할 것이다."

도르곤은 순치 7년인 1650년에 문득 요절했다. 나이 39세였다. 대부분의 사람들은 애초부터 도르곤은 제위에 오를 생각이 없었던 것으로 보고 있다. 이는 『청사고淸史稿』의 입장이기도 하다. 그는 조선에 미녀가 많다는 말을 듣고 조선에 비를 골라달라고 부탁해 몸소 연산連山까지 마중을 나가서는 그날로 성혼시켜 버렸다. 홍타이지의 장남 호거가 죄를 지어 옥사하자 그 처를 자신의 비로 삼았다. 조카며느리를 빼앗은 셈이다. 이복형인 홍타이지가 죽은 뒤에 홍타이지의 비를 들여놓았다. 그 여자가 바로 순치제의 생모였다.

이와 관련해 만주족의 풍습에서 그 원인을 찾는 견해가 있다. 『청사고』 「후비전」에 의하면 청태종 홍타이지는 생전에 5명의 여인을 아내로 맞아들였다. 정실인 단황후端皇后와 그녀의 두 질녀, 순치제를 낳고 황후에 오른 장황후莊皇后, 그녀의 언니 민혜공화원비敏惠恭和元妃 등이 그들이다. 이들 모두 몽골계 보르지기트씨博爾濟吉特氏 여인들이었다. 홍타이지가 죽은 후 장황후가 도르곤에게 자식의 즉위에 협조해 달라고 접근해 시동생과 재혼했다는 설도 있다.

흉노의 전통을 이은 몽골족의 경우 부친이 죽으면 생모를 제외하고 부친의 처첩을 자신의 처첩으로 삼는 게 보통이다. 만주족도 몽골족과 마찬가지로 형이 죽으면 시동생이 형수를 취하는 이른바 '형사취수兄死娶嫂'의 전통이 있었다. 조카는 친자식과 하등 다를 바가 없었다. 도르곤은 형수인 순치제의 생모를 부인으로 삼은 만큼 순치제는 곧 자기 자식이나 다름없는 셈이다. 더구나 도르곤에게는 자식도 없었다. 황제의 '부친'이 된 데다 친자식이 없는 상황에서 황제가 될지라도 순치제를 다시 황태자로 세울 수밖에 없다. 찬위할 필요성이 전혀 없었던 셈이다.

강건지치康乾之治

청나라의 역사는 명나라 말기에 발흥해 '후금'을 건설하면서 세력을 확장시켜 '대청'으로 발전하는 '입관전사入關前史'와 북경입성에 성공해 중원을 통치하는 '입관후사入關後史'로 뚜렷이 구분된다. 이 두 시기는 통치 권력의 발동배경 및 통치제도, 통치행태 등에서 커다란 차이가 있다. 이는 한족이 대종을 이루고 있는 중원을 지배한 데 따른 불가피한 변화이기도 했다.

'입관전사'도 누르하치 시대와 홍타이지 시대가 뚜렷이 구별되고 있다. 누르하치는 만주를 중심으로 한 여진족의 나라를 세운 것으로 만족했다. 그는 내심 장성을 경계로 한족과 구별되는 '후금국'의 건설로 소기의 성과를 거뒀다고 생각했음에 틀림없다. 그러나 홍타이지는 만·몽·한을 아우르는 세계제국을 꿈꿨다. 이는 중원정거를 전제로 한 것이었다. 홍타이지의 이런 구상은 만주8기 및 몽골8기에 이은 한인8기의 완성으로 기본 틀이 마련됐다.

그러나 그는 아쉽게도 입관 전에 급사하는 바람에 자신의 생전에 이를 완성하지 못했다. 이로 인해 청나라의 향후 진로에 관한 합의는 소년황제 순치제의 몫으로 남게 됐다. 순치제의 즉위로 시작된 '입관후사'는 중원의 한족을 효과적으로 다스려야만 하는 난제를 떠안고 출발한 셈이다. 정복국가의 정체성을 유지키 위해서는 '상무정신尚武精神'으로 상징되는 만주8기의 고유한 특성을 잃어서는 안 됐다. 이를 강조하는 민족주의 노선은 정복왕조의 정체성을 확립한다는 차원에서 강력한 설득력을 지니고 있었다.

문제는 대종을 이루고 있는 중원의 한족을 과연 어떻게 효과적으로 다스릴 수 있는가 하는 점이다. 만주족의 민족주의 노선을 강화할수록 나라의 면모일신을 위해 한화漢化의 불가피성을 강조하는 세계주의 노선과 충돌할 수밖에 없었다. 양측 모두 일정수준의 한족문화 수용이 불가피하다는 현실을 수용하고 있었다. 다만 한화의 수준을 어느 정도까지 인정할 것인가 하는 문제를 놓고 대립한 것이다.

이미 남북조 때 북조를 통일한 선비족의 북위北魏를 비롯해 거란족의 요遼와 여진족의 금金, 몽골족의 원元 등 정복왕조 모두 이 문제로 심각한 내분을 빚었다. 정복왕조가 중원통치에 성공할 수 있는지 여부는 과연 장강의 거대한 물결처럼 도도히 흐르는 한족문화에 동화되지 않은 가운데 피지배족인 한족을 얼마나 효과적으로 다스릴 수 있는가 하는 문제로 귀결된다. 청나라 역시 정복왕조인 만큼 입관 이후 이 문제로 심각한 고민에 빠지지 않을 수 없었다.

실제로 북위는 철저한 한화를 추진한 까닭에 이내 정체성을 잃어버리고 한족문화 속에 동화돼 흔적도 없이 사라져 버리고 말았다. 이를 감계로 삼은 원나라는 철저한 격리정책을 실시해 몽골족의 고유문화를 온존시키기는 했다. 그러나 이는 나라의 수명을 겨우 100여 년밖에 유지하지 못하는 결과를 낳았다. 요와 금은 맹안모극猛安謀克 등의 제도를 통해 거란족 및 여진족을 한족과 분리한 가운데 통치하고자 했으나 한족을 통치 영역으로 유인하는데 실패해 강남을 통합하지 못한 채 북방정권으로 존재하다 패망하고 말았다.

청나라도 입관入關 직후 똑같은 시험대에 올랐다. 이자성을 비롯한 반란집단을 포함해 남명南明정권을 효과적으로 제압치 못하거나 설령 제압에 성공할지라도 이후 한족을 통치제도의 틀 안으로 끌어들여 자발적인 충성을 유도하지 못하면 요와 금 등의 전철을 밟을 가능성이 컸다. 강희제가 대신들을 제압하고 명실상부한 황권을 확립해 친정親政에 나설 때까지 청나라의 기본노선이 민족주의와 세계주의 사이를 빈번히 오간 이유가 여기에 있다.

이는 입관 이후 순치제와 강희제 모두 어린 나이에 등극한 사실과 밀접한 관련이 있다. 순치제의 '섭정기攝政期' 당시 섭정왕 도르곤은 독재를 펼치며 민족주의 노선을 추구했다. 도르곤 사후 순치제의 '친정기'에는 순치제의 노골적인 한화정책으로 세계주의 노선이 주조를 이뤘다. 강희제의 경우도 '보정기輔政期'에는 보정대신의 전횡으로 민족주의 노선이 전면에 부상했으나 '친정기'로 들어서면서 세계주의 노선과의 절충이 이뤄졌다. 강희제는 두 노선을 적절히 섞어 나라통치의 기본 틀을 다졌다는 점에서 높이 평가할 만하다.

많은 사람들이 강희제를 두고 청나라는 물론 중국의 전 역사를 통틀어 최고의 성군으로 꼽고 있다. 이는 생래적으로 장성 밖의 '만이蠻夷'에 뿌리를 두고 있는 그가 강남을 중심으로 한 장성 안의 신사紳士를 압도하는 탁월한 학식과 식견을 자랑한 사실이 증명한다. 중국의 전 역사를 통틀어 '만이' 출신으로 화이일체華夷一體를 실현한 상징적 인물을 고르라면 단연 그를 꼽는다. 그는 '만이' 출신이 '중화中華'의 문화적 상징이 될 수 있다는 것을 몸으로 보여준 셈이다. 나아가 그의 재위 기간은 중국 역사상 최장기에 속하는 61년에 달한다.

그의 치세를 두고 뒤를 이어 보위에 오른 옹정제 및 건륭제의 치세와 하나로 묶어 이른바 '강건성세康乾盛世'로 부르는 것도 그의 이런 뛰어난 행보와 무관치 않을 것이다. 모두 130여 년간에 달한다. 중국의 전 역사를 통틀어 이토록 오랜 기간 동안 성세가 이어진 적이 없다.

　이웃 조선조가 숙종의 치세 때 '실학實學'의 단초를 열고 뒤이어 보위에
오른 영조와 정조 때 실사구시實事求是 정신에 입각한 실용적인 경세치용經
世致用의 정치학과 이용후생利用厚生의 경제학 학풍이 흥기한 것도 '강건성
세' 덕분이다. 실제로 숙종과 영조 및 정조의 치세는 강희제와 옹정제 및
건륭제의 치세와 거의 일치한다. 21세기에 들어와 중국이 문득 미국과 어
깨를 나란히 하는 G2로 도약한 가운데 통일된 한반도가 세계 제2의 경제
문화 대국이 될 것이라는 전망이 나오는 것도 이런 지리적 근접성과 무관
치 않을 것이다. 사실 북경에서 가장 가까운 거리에 있는 이웃나라 도성으
로는 경성京城, 즉 서울밖에 없다.

34

패망의 길

아편과 선교

19세기 초반까지만 해도 청국과 영국 간 무역의 최고 교역품은 차였다. 차는 18세기에 들어와 생사를 능가해 대영 수출의 최대 품목이 됐다. 1785년부터 1833년까지 전체 수출품의 93%에 달했다. 18세기말 영국의 평균 차 수입액은 매년 400만 냥 전후로 영국 상인이 청국에 수출한 모직물과 금속, 면화 등 3대 상품을 상쇄할 정도였다.

1660년 당시 영국인들이 즐겨 차를 마셨다는 기록이 나온 점에 비춰 매우 일찍부터 차에 맛을 들인 영국인들은 차가 없이는 식사를 할 수 없을 지경이 됐다. 아편전쟁 직전인 1820년 당시 수입량은 3천만 파운드에 달했다. 막대한 양의 차 수입으로 인해 영국은 늘 무역적자에 시달릴 수밖에 없었다. 중국산 생사와 면포, 도자기 등도 영국의 무역적자를 가중시키는 데 일조했다.

당시 영국은 18세기 후반까지만 해도 연이은 대외전쟁에 따른 재정적자를 보충하기 위해 차에 고율의 관세를 부과했다. 그러나 수요의 증가에 따른 공급부족으로 인해 차의 밀수입이 더욱 성하게 되자 1784년에 정반대로 세율을 대폭 낮추는 정책을 취했다. 이에 일단 밀수는 격감했으나 시간이 지나면서 음다飮茶 풍습이 더욱 보편화돼 오히려 차의 수입을 더욱 촉진하는 계기로 작용했다. 차의 수입이 기하급수적으로 늘어나는 상황에서 대안을 찾기가 쉽지 않았다.

무역적자에 시달리는 영국은 은을 지불하지 않고 차를 수입하는 방안을 다각도로 모색했다. 그 결과 아편이 인도 면화를 대신해 무역적자를 줄일 수 있는 획기적인 기획 상품의 일원으로 등장했다. 당시 엄청난 무역적자로 고심하던 영국은 동인도회사를 통해 아편을 밀매하는 방법으로 일거에 무역 역조를 해결했을 뿐더러 막대한 수입까지 올렸다.

광동과 복건 등 일부 해안지역에 한해 유포됐던 아편은 시간이 지나면서 점차 내륙으로 확산돼 전쟁 직전에는 마침내 멀리 만주의 심양 지역까지 퍼지게 됐다. 계층별로 볼 때도 처음에는 상류 유한계층에 한정됐으나 이후 북경의 황족과 궁궐의 환관에 이어 쿠리나 농민 등의 빈민층, 심지어 부녀자와 승려에게까지 미치게 됐다. 1830년 후반 아편중독자 수는 전국적으로 최소한 200만 명에 달했던 것으로 추정되고 있다.

아편전쟁

아편 밀매로 인한 은銀의 대량 유출은 은본위제를 채택한 청나라의 재정을 극심하게 압박했을 뿐만 아니라 백성들의 세 부담을 가중시켰다. 청나라는 1796년부터 아편전쟁이 발발하기 직전인 1839년까지 모두 6차례에 걸쳐 아편의 흡식吸食 금지령을 내렸으나 아무 소용이 없었다. 아편 흡식으로 병사들의 전투능력이 현격히 떨어지고, 농촌경제가 파탄으로 치닫자 청나라는 마침내 특단의 조치를 취할 수밖에 없었다.

아편전쟁 직전 도광제는 가장 강도 높은 강경론을 펼친 임칙서林則徐를 특명 전권대신인 흠차대신欽差大臣에 임명해 이를 엄금토록 했다. 아편무역의 중심지인 광동에 부임한 임칙서는 외국상인들에게 보유하고 있는 아편을 자발적으로 내놓을 것을 명했다. 그러나 외국상인들은 들은 척도 하지 않았다. 임칙서가 식량공급을 차단하는 등 단호한 태도를 보이자 이에 놀란 외국 상인들이 아편 2만 상자를 내놓았다. 임칙서는 이를 모두 석회를 뒤섞어 소각銷却한 뒤 바다로 흘려보냈다. 이후 그는 아편을 실은 배는 어떠한 경우에도 입항을 시키지 않을 것을 포고했다.

아편 밀무역을 포기할 생각이 전혀 없었던 영국은 마침내 억지 트집을 잡고 1840년에 대규모 함대를 파견해 청국을 공격했다. 제1차 아편전쟁은 바로 이런 배경에서 일어났다. 2년간에 걸친 이 전쟁은 영국의 일방적인 승리로 끝났다. 청국은 영토의 할양, 전쟁 배상금 지불, 5개 항 개방 등을 약속하는 최초의 불평등조약인 남경조약을 체결했다. 이듬해인 1843년에는 관세 자주권의 포기, 최혜국 대우, 치외법권 등을 인정하는 조약을 추가로 맺었다.

이후 영국은 원하는 만큼 개방이 이루어지지 않자 '애로호 사건'을 구실로 프랑스와 연합해 청나라를 공격했다. 1856년부터 1860년까지 4년 동안 벌어진 전쟁에서 청나라는 완패하고 말았다. 이를 제2차 아편전쟁이라고 한다. 2번에 걸친 아편전쟁을 통해 청나라는 '종이호랑이'에 불과하다는 사실이 여실히 드러났다. 미국과 프랑스 및 러시아 등 서구 열강 모두 영국에 뒤질세라 청나라에 불평등조약을 강요해 청국을 빈사상태로 몰아갔다. 서구 제국주의 열강의 중국 침략과정에서 가장 앞장을 선 사람은 선교사들이었다.

선교사와 아편은 중국의 근대사를 해석하는 키워드다.

당초 강희제는 선교사들이 조상에 대한 제례를 '우상숭배'라는 이유로 마찰을 빚게 되자 1724년에 기독교 포교의 전면 금지를 선언하고 선교사들을 추방한 바 있었다. 이들은 100여 년 만에 다시 돌아와 중국 침략의 앞잡이 노릇을 하며 보복을 한 셈이다. 당시 이들 선교사들은 치외법권을 주장하며 안하무인의 자세를 보였다. 청국관원은 이들을 재판할 수조차 없었다. 나중에는 청국인 신자들까지 이런 특별한 보호를 요구하는 지경에 이르렀다. 백성들이 교사 및 신자들을 극도로 혐오하는 분위기가 팽배하면서 이들과 촌민들 간의 충돌이 빈발했다. 19세기 후반 청국의 각 지역에 걸쳐 광범위하게 전개된 이런 흐름을 기독교 배척운동인 '구교仇敎'라고 한다.

'구교'는 시간이 지나면서 촌민들이 선교사를 습격해 살해하고 교회를 파괴하는 등 극단적인 사태로 치달았다. 이를 이른바 기독교 관련사건인

'교안敎案'이라고 한다. '교안'이 빚어질 때마다 서구 열강은 기다렸다는 듯이 이를 구실로 무력시위를 벌이면서 청나라에 영토 할양과 거액의 배상금을 강요하는 불평등조약을 체결했다.

기독교 교리를 내세워 한족의 민족감정을 극도로 자극한 '태평천국의 난'도 교안의 변형으로 볼 수 있다. 그럼에도 그간 학계는 제1차 아편전쟁을 시작으로 1900년의 '의화단 사건'에 이르기까지 반세기 넘게 중국을 혼란의 도가니로 몰아넣은 각종 사건 뒤에 반드시 '아편'과 '교안'이 자리 잡고 있었다는 사실을 간과했다. 이는 아편전쟁과 태평천국의 난, 교안, 의화단 사건 등을 별개의 사건으로 간주했기 때문이었다.

태평천국의 난과 홍수전

원래 '태평천국의 난'은 1850년에 홍수전이 상제회上帝會라는 비밀결사를 조직해 반기를 든 데서 비롯됐다. 여기의 '상제'는 성경에서 나오는 '여호와'를 뜻한다. 예수의 동생을 자처한 홍수전은 "모든 사람은 유일신인 상제의 자녀이고, 서로 형제이므로 재화는 평등하게 분배하고 공동생활을 영위해야 한다!"고 주장하면서 청나라를 요사스런 마귀로 규정했다. 이민족인 만주족은 마귀에 해당하는 까닭에 이들이 지배하는 청나라를 뒤엎어야만 평등세계인 태평천국이 도래할 수 있다는 게 요지였다. 이는 훗날 손문을 중심으로 한 혁명파가 청나라의 만주족을 '양이洋夷'보다 더 나쁜 '만이滿夷'로 간주한 것과 맥을 같이 한다.

당시 빈농, 광산노동자, 운수노동자들은 홍수전의 이런 주장에 열광했다. 1851년 홍수전은 이들을 규합해 남경으로 진격했다. 1853년 마침내 남경에 입성한 그는 이곳을 '천경天京'으로 개칭해 태평천국의 도읍으로 삼았다. 이들은 한때 북벌군을 구성할 정도로 위세를 떨쳤으나 증국번을 중심으로 이홍장, 좌종당 등의 한인 신사층紳士層이 향리에서 지방의용군 이른바 향용鄕勇을 조직해 토벌에 나서면서 점차 궁지에 몰리게 됐다.

이는 태평군이 1960~1970년대의 '문화대혁명' 때처럼 공자묘를 파괴하는 등 극단적인 행태는 일삼은 사실과도 관련이 있다. 우호적인 입장을 보였던 서구 열강들이 태평천국의 반외세적인 성향에 반발해 청군을 도와주기 시작하면서 상황이 더욱 악화됐다. 결국 태평천국은 홍수전이 반기를 든 지 15년째 되는 1864년에 '천경'이 함락되면서 무너지고 말았다.

중국 학계는 아직까지도 상당수의 학자들이 태평군을 의군義軍, 향용을 불의한 세력으로 평가하고 있다. 태평천국의 성격을 두고 농민들의 반봉건·반외세 투쟁으로 평가하는 기존의 견해는 역사적 사실과 동떨어진 것이다. 태평천국이 지상에 천국을 세우겠다는 당초의 약속과는 달리 백성들에게 폭압적인 모습을 보인 점 등이 이를 뒷받침한다.

이런 왜곡된 해석은 중국의 역사를 마르크스의 유물사관에 억지로 끼워 맞춘 데서 비롯됐다. 실제로 태평천국의 난은 겉으로만 종교적인 색채를 띠었을 뿐 실은 현실에서 낙오한 일부 한족 세력이 난세의 어지러운 시기를 틈타 빈농과 극빈노동자 등을 부추겨 청나라 전복을 꾀한 반란사건에 불과했다.

이는 태평천국의 난이 제2차 아편전쟁과 불가분의 관계를 맺고 있는 점을 보면 보다 쉽게 알 수 있다. 제2차 아편전쟁의 빌미로 작용한 1856년의 이른바 '애로호 사건'은 청나라가 태평천국을 진압하기 위해 총력 매진하고 있는 와중에 터져나온 것이다. 이는 우환을 당한 상갓집에 쳐들어가 난동을 부린 것이나 다름없는 짓이었다. 이들이 북경에 입성한 후 원명원에서 무차별적인 반문화적인 약탈과 방화를 벌인 행위가 이를 뒷받침한다.

결과적으로 태평천국은 영국 등 서구 열강에 제2차 침공의 구실을 제공한 것이나 다름없다. '교안'과 다를 바가 없는 것이다. 실제로 프랑스는 이때 터져 나온 '교안'을 구실로 영국과 합세해 청나라를 압박했다. 태평천국의 난을 '교안'과 같은 맥락에서 파악해야 하는 이유다. 실제로 4년간에 걸친 전쟁 끝에 맺어진 '북경조약'은 외교관의 북경 상주 이외에도 기독교 포교의 공인과 아편무역의 합법화 등을 보장하고 있다. '아편'과 '교안'이 얼마나 밀접한 관계를 맺고 있는지를 명확하게 보여주는 사례다.

오랫동안 학계는 통상 청나라의 근대화 운동을 크게 3단계로 나눠 설명해 왔다. 제1단계, 서양의 과학기술을 습득하려는 양무운동洋務運動이다. 제2단계, 청나라를 그대로 두고 제도 및 문물을 개혁하려는 변법운동變法運動이다. 제3단계, 청나라를 뒤엎고 공화제를 건설하려는 혁명운동革命運動이다. 양무운동과 변법운동 및 혁명운동은 상호 깊은 영향을 미치며 동일한 시기에 중첩적으로 존재했다. 홍수전이 일으킨 '태평천국의 난'이 내용상 혁명운동과 동일한 성격을 띤 점을 감안하면 혁명운동이 오히려 변법운동 및 양무운동보다 앞섰다고 해석할 수도 있다. 실제로 태평천국이 무너진 지 2년 뒤인 1866년에 광동의 빈민가 출신인 손문은 같은 객가客家 출신인 홍수전을 '롤 모델'로 여겼다. 어릴 때부터 홍수전에 관한 얘기를 전설처럼 듣고 자란 그는 이같이 말하곤 했다.

"나는 장차 커서 제2의 홍수전이 되고야 말 것이다!"

모택동 역시 생전에 홍수전을 높이 평가했다. 그런 점에서 손문의 신해혁명과 모택동의 중국혁명은 태평천국의 혁명정신을 계승한 것으로 볼 수 있다. 이에 반해 증국번과 좌종당, 이홍장 등은 이들과는 정반대로 태평군을 토벌하는 최전선에 서 있었던 인물들이다. 태평천국에서 신해혁명까지 반세기가 지나는 동안 중국 근대사의 주역이 된 사람들은 정도의 차이는 있을지언정 모두 태평천국과 직간접적인 관련을 맺고 있었던 셈이다.

이는 아편전쟁을 계기로 촉발된 중국의 근대화운동을 태평천국에 대한 태도를 기준으로 삼아 크게 우호적인 입장과 적대적인 입장으로 양분할 수 있음을 시사한다. 이 기준에 따를 경우 우선 양무파와 변법파는 태평천국에 적대적인 입장에 서 있었다는 점에서 같은 부류로 묶을 수 있다. 이들 모두 공자를 최고의 성인으로 간주했다. 이들 양자 간의 차이는 개혁의 방법론에 지나지 않는다. 양무파는 군주제君主制를 지지한 데 반해 변법파는 입헌군주제立憲君主制를 주장했다. 양무파가 통치자를 군신君臣에 한정하는 전래의 '군신공치君臣共治' 이념에 입각한 데 반해 변법파는 일반 백성의 참정권을 보장하는 서양의 의회제도 등을 적극 도입해 '군민공치君民共治'로 수정할 것을 제안했다.

서태후는 '의화단 사건' 이후 신정新政을 추진한 바 있다. 양무파 역시 의회를 자문기관으로 두는 것은 허용할 수 있다는 입장을 취했다. 의회제도의 도입 여부가 양무파와 변법파를 가르는 절대적인 기준이 될 수는 없다. 이들 양자는 군주제의 의회를 의결기관으로 둘 것인지, 아니면 자문기관으로 둘 것인지에 대한 차이밖에 없었다. 『대동서大同書』를 통해 동서양의 장점을 모두 아우르는 새로운 세상을 만들고자 했던 강유위康有爲가 '공자교孔子敎'를 창시하고, 황제 복위 운동에 적극 가담한 사실이 이를 뒷받침하고 있다.

이에 반해 혁명파는 이들과 기본적인 입장을 달리했다. 이들은 군주제의 폐기와 공화제共和制의 도입에 결사적이었다. 손문이 같은 객가 출신으로 기독교를 신봉했던 홍수전에게 극도의 호의를 표한 게 그 증거이다. 다만 손문은 공자에 대해 극도의 혐오감을 표시한 홍수전과 달리 일정한 경의를 표한 점이 다르다고 할 수 있다. 그럼에도 이들은 사상적으로 쌍둥이에 가까웠다.

홍수전은 비록 손문이 '삼민주의三民主義'의 일환으로 내세운 '민권民權'을 구체적으로 언급하지는 않았으나 기독교 교리에 입각해 만민평등을 기치로 내세웠다. 기본 취지에서 하등 차이가 없었다. 손문의 '민생民生' 역시 토지의 균배와 공동경작을 뜻하는 태평천국의 '천조전무天朝田畝' 제도와 맥을 같이 하고 있다. '민족民族'의 경우는 양측 모두 '멸만흥한滅滿興漢'의 한족주의를 내세운 점에서 완전 일치하고 있다.

사실 '멸만흥한'으로 표현된 한족 중심의 협소한 민족주의는 양무파와 변법파 내에서는 전혀 볼 수 없는 모습이다. 한족 중심의 민족주의야말로 공화제의 도입을 주장한 혁명파의 가장 큰 특징이라고 할 수 있다. 손문을 중심으로 한 혁명파의 주장은 태평천국의 건국강령을 새롭게 다듬은 수정편에 해당한다. 이는 양무파를 수구파로 낙인찍으면서 변법파와 혁명파를 진보파로 간주하거나, 양무파와 변법파를 보수파로 간주하며 혁명파만을 진정한 진보파로 파악하는 식의 견해가 역사적 사실과 동떨어진 것임을 보여준다. 양무파는 제1차 아편전쟁의 당사자인 임칙서를 위시해 태평천국의 토벌에 앞장선 증국번과 좌종당, 이홍장 등에 이르기까지 시종 부국강병富國强兵의 자강책을 추구했다는 점에서 개혁의 선봉에 서 있었다.

강유위와 양계초 등의 변법파도 부국강병을 최우선 과제로 삼은 점에서 별반 차이가 없다. 심지어 그간 수구파의 상징으로 알려진 서태후조차 '신정'을 선포한 뒤 변법파보다 더욱 강도 높은 개혁을 추진했다. 그런 점에서 양무파를 수구파 내지 보수파로 간주하는 기존의 견해는 수정될 필요가 있다.

무술정변戊戌政變과 강유위

광서 24년인 1898년은 무술년戊戌年이다. 이해에 강유위康有爲는 제자인 양계초 등과 함께 정변을 꾀했다. 이른바 '무술정변'이다. 광서제의 강력한 후원이 있었기에 가능한 일이었다. 그러나 당시 광서제는 서태후의 손아귀에 휘둘리고 있었다. 일정한 한계가 있었던 셈이다.

그럼에도 강유위는 무술정변을 통해 광범위한 개혁정치를 이루고자 했다. 그가 추진한 변법자강책에 과거 제도 개혁, 조세 개혁, 탐관오리 혁파, 각종 경제 개혁 등이 담긴 이유다. 변법을 통해 이중 일부를 실행에 옮기기도 했으나 전반적으로 실패했다. 광서제의 미약한 권위에 의존한 게 가장 큰 이유였다. 결국 서태후 등 반개혁파에게 패배해 외국으로 망명을 가는 결과로 끝이 났다. 모두 100일이 걸렸다. 무술변법이 이른바 '백일변법百日變法'으로도 불리는 이유다.

당초 양무운동은 표류한 유구琉球 어민을 타이완 토착민들이 살해한 1874~1875년의 모란사牡丹社 사건, 1884년의 청불전쟁, 1894~1895년 사이의 청일전쟁 등으로 인해 그 한계점을 드러내고 말았다. 많은 지식인들이 서양의 기술뿐만 아닌 정치제도까지 도입해야만 양이의 침공을 막아낼 수 있다며 제2단계 근대화 운동을 전개한 이유다. 이들은 일본의 메이지 유신을 '롤 모델'로 삼았다.

강유위의 변법 주장은 1888년의 제1차 상서上書부터 시작됐다. 청류파 고관이었던 장지동張之洞 등이 적극 호응했다. 그는 전통적인 유교와 공자에 대한 과감한 비판을 가하면서 개혁의 이론적 기초를 마련했다. 그가 주목한 것은 일본의 메이지 유신이었다. 일본이 청일전쟁에서 승리한 배경을 변법에서 찾은 것이다. 당시 강유위의 제자인 양계초와 담사동 등이 나서 변법자강의 논리를 적극 전파했다.

광서 23년인 1897년, 강유위는 독일의 교주만 점령을 계기로 열강의 중국 분할이 임박했다고 판단했다. 광서제에게 다시 상서를 올려 조속한 개혁을 역설했다. 상서의 요지는 대외적으로 영국과 일본 등과 연합해 분할의 위기를 피하고, 대내적으로 제도국制度局을 설치해 전면적인 개혁을 단행하는 것이었다. 초점은 '제도의 개혁'이었다.

강유위는 변법개혁을 하지 않을 경우 황제는 물론 대소 관원 모두 무사할 수 없다는 식으로 위기의식을 자극해 광서제의 마음을 움직였다. 광서 24년인 1898년 4월 23일, 마침내 광서제가 강유위의 주장을 받아들여 개혁을 지향하는 특별조치를 내렸다. '무술변법'이 공식적인 허락을 받은 것이다.

제도국의 개설, 개혁파 관원의 임용, 사민士民의 상서上書 허용, 상업 진흥책 실시, 신식학교 설치와 자유로운 의복제도 등이 입안됐다. 변법개혁의 중심인 제도국의 설치는 보수적인 대신들의 반대로 진전이 없었으나 과거제에서 팔고문八股文을 폐지하고 서원을 학당으로 전환하는 등의 몇가지 개혁은 성사됐다.

이해 7월 19일, 강유위가 개혁에 방해가 되는 수구파 대신의 숙청을 요청했다. 예부상서를 비롯한 고위관원들이 서태후의 재가도 없이 파직됐다. 이어 담사동 등 개혁파 인사들이 군기장경軍機章京에 임명돼 제도국 설치가 가시화했다. 이해 7월 27일, 제2차 개혁을 단행했다. 유명무실한 관료기구의 철폐, 제도국 성격의 무근전懋勤殿 개설, 황제 군사력 강화를 위한 친위군 창설 등이 그것이다. 원세개袁世凱에게 친위군인 신건육군新建陸軍 창설의 임무가 맡겨졌다.

그러나 이는 결과적으로 서태후를 정점으로 하는 수구 세력의 강력한 반발과 결속을 초래했다. 개혁을 강행할 경우 '무술변법'을 지지하는 광서제의 폐위까지 거론될 수 있는 상황으로 치달았다. 서태후가 변법개혁을 뒤집는 쿠데타를 비밀리에 추진했다. 위기를 느낀 담사동이 신건육군을 장악하고 있던 원세개에게 수구세력 타도를 위한 군사행동을 요청했다. 그러나 원세개는 약속을 어기고 이를 서태후의 측근인 영록에게 밀고했다. '무술변법'이 '백일변법'으로 끝나게 된 근본 배경이 여기에 있다.

이해 8월 4일, 수구파가 주도한 '무술정변'으로 인해 광서제가 연금됐다. 곧이어 강유위 등에 대한 체포령이 선포됐다. '무술6국자戌戌六君子'로 불리는 담사동, 양예, 유광제, 임욱 등 4명의 군기장경을 비롯해 강유위의 동생인 강광인과 어사 양심수楊深秀 등이 처형됐다. 주도자인 강유위와 양계초는 영국인의 도움으로 가까스로 일본으로 피신했다.

'무술변법'과 '무수정변'은 당시 청나라 안팎의 여러 요인으로 인해 전개과정이 매우 복잡하게 전개됐다. 개혁파와 수구파의 대립, 광서제와 서태후의 권력다툼, 한족과 만주족의 민족 갈등, 영국과 러시아 간의 대립 등이 그렇다. 무엇보다 가장 큰 원인은 실권을 쥔 서태후를 설득하지 못한데 있었다.

의화단 사건의 발발

'교안'이 일어날 때, 가장 큰 배경이 된 것은 기독교와 유교의 마찰에 있었다. 기독교가 청국 사회에 깊숙이 침투하게 된 배경은 말할 것도 없이 제1~2차 아편전쟁이었다. 제1차 아편전쟁 후 기독교는 처음으로 포교의 자유를 얻게 됐다. 제2차 아편전쟁 후에는 선교사들이 토지를 구매하거나 빌릴 수 있는 토지조매권土地租買權을 적극 활용해 내지 깊숙이 침투해 교회를 설립하는 등 선교활동에 박차를 가했다.

당시 선교사들이 자선사업을 통해 향신鄕紳의 고유영역인 구제 사업을 잠식하고, 학교설립을 통해 이단으로 여겨지는 교리를 퍼뜨리자 향신들은 커다란 위기감을 느낄 수밖에 없었다. 교회에 기대어 호구지책을 해결하려고 하는 하층민이 향촌공동체의 유지비용 분담을 거부하고, 소송에서 치외법권을 지닌 선교사가 개입해 하층민이 승소하는 일이 빈발하면서 이런 위기감은 더욱 증폭됐다. 유교의 신봉자인 신사층의 반발에서 비롯된 '구교'가 이내 향민들의 호응을 얻어 대형 유혈사태로 이어지는 '교안'으로 비화한 배경이 여기에 있다. 이는 교회와 선교사가 서구 제국주의 열강의 침탈 도구로 활약한 사실과 불가분의 관계를 맺고 있다. 청국의 '구교'와 '교안'이 애초부터 반외세 내지 반제국주의의 성향을 띤 것은 바로 이 때문이었다.

열강은 '교안'이 터져 나올 때마다 어김없이 개입해 거액의 배상금을 긁어내며 불평등조약을 강요했다. 천문학적인 배상금은 고스란히 해당 지역 촌민에게 전가됐다. 대표적인 교안으로 손꼽히는 1870년의 '천진교안'과 1876년의 '운남교안', 1886년의 '사천교안' 등은 모두 이런 배경하에서 빚어진 것이었다. 1900년에 터져 나온 '의화단 사건'은 교안의 결정판에 해당한다.

'의화단 사건' 당시 지방관원과 신사층이 교안에 뛰어들어 비밀결사 및 민간과 함께 운동을 주도했다. 왜이倭夷와 양이洋夷를 하나로 묶어 타도대상으로 삼음으로써 반제의 성격을 확연히 한 것이 특징이다. 이는 청일전쟁의 패배로 인한 굴욕적인 마관조약馬關條約, 즉 시모노세키조약의 체결을 계기로 장차 청국이 열강에 의해 오이처럼 쪼개지는 과분瓜分의 대상이 될지 모른다는 위기감이 확산된 결과였다.

지배층과 피지배층이 하나로 뭉치는 통일전선의 형성에는 외세의 과분 위협과 내부의 지리멸렬한 상황에 대한 자각이 크게 작용했다. 청나라를 좇아 외이外夷를 타도한다는 '순청멸양順淸滅洋'의 구호가 등장한 근본 배경이 여기에 있다.

1898년에 산동 일대에서 의화단 운동이 시작됐다. 당시 산동 일대는 청일전쟁을 계기로 많은 이권을 얻어낸 열강이 철도를 다투어 부설하면서 운수노동자 대부분이 일자리를 잃고, 외국물자의 대량수입으로 농업과 수공업이 커다란 타격을 입던 지역이었다. 게다가 1897년 이래 흉년이 계속되는 상황에서 교회를 배경으로 한 신자들의 발호까지 겹치자 배외감정이 극도로 고조됐다.

산동은 예로부터 여타 지역에 비해 미신적인 방술을 신봉하며 의리를 중시하는 유협遊俠의 전통이 강했다. 호신과 신체의 단련을 겸한 '의화권義和拳' 권법을 연마하는 민간조직이 활성화된 배경이 여기에 있었다. 많은 사람들은 의화권을 연마한 이들 유협들이 주문을 외면 총알도 몸을 상하게 하지 못한다고 믿었다. 이런 믿음이 반기독교 및 반외세 감정과 교묘히

뒤엉키면서 의화권 운동이 산동 서부지역으로 급속히 확산됐다.

　1899년에 이르러 의화권의 반기독교운동에 미온적인 자세를 보여 오던 관원이 서구 열강의 압력에 의해 교체되고 원세개가 후임으로 온 후 강경탄압으로 일변하자 의화단원들이 이웃 직례성으로 대거 빠져나갔다. 이들은 흉년으로 농사를 못 짓게 된 농민이 주류를 이뤘다. 실직한 운수노동자, 도시빈민, 해산된 병사, 승려와 도사, 일부 중소지주 등도 적지 않았다. 이들은 철도와 전신시설을 파괴하면서 북경으로 나아갔다.

　1900년에 이르러 북경에 들어온 의화단의 세력이 커지자 청나라는 고위관원을 파견해 의화단을 통솔토록 하면서 쌀과 은전을 지급했다. 무술정변을 계기로 광서제를 폐위하고 새 황제를 옹립하려 했다가 열강의 압력으로 좌절감을 맛 본 서태후가 이들을 이용하고자 한 것이다. 여기에는 의화단원이 청나라를 일으키고 양이를 타도한다는 의미의 '부청멸양扶淸滅洋'의 구호를 내세운 점이 크게 작용했다. 열강은 여러 차례에 걸쳐 청나라에 의화단을 진압할 것을 요구하면서 여의치 않을 경우 자신들이 직접 진압에 나설 뜻을 밝혔다.

　청나라의 반응이 미온적으로 나오자 이들은 마침내 북경 파병을 결의하고 이를 청국에 통보했다. 청나라는 열강의 북경 주둔군을 소수로 제한한다는 조건부로 이를 허용했다. 열강은 8개국 해군 400명을 들여보낸 뒤 청나라의 반대에도 불구하고 2천여 명을 더 보내려 했다. 그러나 이들은 도중에 의화단과 일부 청군의 저항에 막혀 천진으로 퇴각해야만 했다. 이해 6월, 8개국 연합군은 이내 천진을 점령한 뒤 북경을 향해 진격을 개시했다. 이 와중에 청나라의 조정대신들은 주화파와 주전파로 갈려 첨예하게 맞섰다. 서태후는 결국 주전파의 손을 들어주었다.

약세를 면치 못하던 청나라가 막강한 무력을 보유한 8개국을 상대로 선전포고를 한 데에는 열강이 광서제를 복귀시켜 서태후의 섭정을 강제로 중단시킬지도 모른다는 의구심이 크게 작용했다. 당시 서태후는 주전파가 접수시킨 열강의 광서제 복권 요구 문서에 흥분한 나머지 선전포고를 결심했으나 얼마 후 허위문서라는 사실이 드러나자 공격정지 명령을 내리고, 열강에게 이를 해명하려 했다. 그러나 이미 때가 늦었다. 연합군이 밀려오자 서태후는 황급히 광서제 등을 이끌고 서안으로 피신했다.

이해 8월, 마침내 8개국 연합군에 의해 사상 처음으로 북경의 자금성이 함락됐다. 제2차 아편전쟁 당시에는 영불 연합군이 비록 북경에 입성하기는 했으나 외곽에 머문 채 내성內城으로 진입하지는 않았다. 이미 방화와 약탈로 천진에서 북경에 이르는 간선도로 연변을 폐허로 만든 바 있는 연합군은 북경에 입성하자마자 무자비한 약탈을 자행했다. 이들은 북경을 권역별로 나눠 다스리면서 화북지역의 의화단 세력을 진압키 위해 사방으로 군사를 내려 보냈다. 특히 러시아는 10여만 명의 군사를 동원해 만주 일대를 점거하면서 이를 기정사실화하려고 했다. 이는 이후 청나라가 일본을 포함한 열강의 반식민지로 전락한 근본 배경으로 작용했다.

공화국
共和國

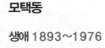

모택동

생애 1893~1976

중국의 정치가로, 가난한 농민의 아들로 태어났다. 1917년 후난성 혁명 지식인들의 배출한 신민학회를 조직했다. 1921년 중국공산당 창립대회에 참가해 국공합작 이후 중국 공산당의 요직에서 활동하다가 중앙 제7차 전국대표대회에서 연합정부론을 발표했다. 국민당과의 내전에서 승리하여 장개석을 무너뜨렸다. 그리고 다음 해 10월, 베이징에 중화인민공화국 정부를 세우고 이어 국가주석 및 혁명 군사위원회 주석으로 뽑혔다.

제2차 5개년계획의 개시와 더불어 '총노선, 대약진, 인민공사'의 3면홍기 운동을 펼쳤다. 이 운동의 실패로 사임했지만 1968년 국가 주석 류소기를 실각시켰다. 이어 반모택동 운동을 일으킨 임표가 무너지고, 1970년 1인 체제를 확립해 중국 최고지도자로 군림했다. 그러나 1976년 4월 천안문 사건으로 외롭게 죽음을 맞이했다. 중국의 독립과 주권 회복, 중국인들의 굴욕감을 씻어 주었고, 중국의 자립을 달성했다는 것이 긍정적으로 평가된다.

35

공화혁명 이후

신해혁명과 손문

수천 년에 걸친 역대 왕조의 정체政體인 제왕정帝王政이 일거에 서양에서 발달한 공화정共和政으로 바뀌게 된 것은 청나라 마지막 황제인 선통제 재위 3년인 1911년의 신해혁명辛亥革命으로 인한 것이었다. 제왕정을 무너뜨리고 사상 처음으로 '공화국'을 칭한 역사적인 혁명에 해당한다. 이 혁명은 사상 처음으로 공화국을 수립하는 혁명으로 작용한 까닭에 통상 '공화혁명'으로 칭한다.

당초 청나라 조정은 1900년의 의화단운동 이후 열강의 침략이 한층 강화되자 스스로 정치개혁을 시도하는 모습을 보였다. 이른바 신정新政운동이다. 그러나 이 운동은 이내 입헌군주제 수립을 위한 운동으로 발전했다. 이런 상황에서 손문은 1905년에 삼민주의三民主義를 기치로 '중국혁명동맹회'를 결성한 뒤 혁명파를 지휘하며 반청反淸 무장투쟁을 전개했다.

선통 3년인 1911년 청나라 조정은 철도국유령을 내려 민영 철도를 접수한 뒤 이를 담보로 열강에 차관을 얻어내 당면한 재정난을 타개하고자 했다. 이는 지금의 사천성을 중심으로 한 대규모 무장투쟁으로 발전했다. 이해 10월 10일, 마침내 무창武昌에서 신군이 무장반란을 일으켰다. 이른바 '신해혁명'의 깃발이 올라간 것이다. 이해 12월 말에는 17개 성이 독립을 선포했다.

이듬해인 1912년 1월, 남경에서 손문을 임시 대총통으로 하는 중화민국 임시정부가 수립됐다. 그러나 이내 청나라 조정으로부터 대권을 부여받은 원세개와 타협해 선통제의 퇴위를 조건으로 손문이 사임하고 원세개가 대총통이 됐다. 이것이 이른바 '제1차 혁명'이다. 덕분에 공화정이 수립됐으나 매우 불완전했다. 이내 원세개가 대총통이 된 즉시 제제帝制로의 복귀를 꾀한 게 그렇다.

1913년 7월 국민당이 '원세개 타도' 운동을 전개했다. 이른바 '제2차 혁명'이다. 원세개는 군대를 동원해 이를 진압했다. 1915년, 원세개가 일본의 '21개조 요구'를 수락하면서 인민들이 거세게 저항하고 나섰다. '호국전

신해혁명 당시의 상하이

쟁'으로도 불리는 이른바 '제3차 혁명'이다. 1916년, 원세개가 급서하면서
군벌의 할거하는 양상이 빚어졌다. 군벌의 할거는 장개석의 북벌이 이뤄
질 때까지 지속됐다. 결과적으로 신해혁명은 비록 '공화혁명'을 달성키는
했으나 불완전한 혁명으로 끝나고 말았다.

　다만 이를 계기로 '과학'과 '민주'를 기치로 내세운 다양한 유형의 신문화
운동이 전개됨으로써 사상계와 문화계에 커다란 쇄신을 이뤄냈다. 반제국
주의와 반봉건주의를 내세운 무정부주의와 사회주의가 유행한 배경이다.

훗날 모택동이 국공내전 끝에 장개석의 중화민국을 대만으로 몰아내고 대륙에 중화인민공화국을 건립한 것도 바로 여기서 비롯되었다.

신해혁명 당시 손문이 내세운 삼민주의三民主義는 적지 않은 문제를 안고 있었다. 제1강령인 '민족주의民族主義'는 편협한 한족 중심의 민족주의로 나아갔다. 만주족을 축출하고 한족을 회복하자는 취지의 멸만흥한滅滿興漢으로 요약된 게 그렇다. 이는 서구 열강의 제국주의 침탈을 묵인 혹은 방조하는 방향으로 진행됐다. 청나라 때 체결한 여러 유형의 불평등조약이 그대로 인계된 사실이 이를 뒷받침한다. 제1강령의 편협한 한족 중심의 민족주의는 당시 손문을 비롯한 혁명파의 한계를 여지없이 드러낸 것으로 볼 수 있다.

신해혁명에 대한 평가

오늘날 대륙의 중화인민공화국 학계와 대만의 중화민국 학계의 신해혁명에 대한 평가는 크게 엇갈리고 있다. 대륙 학계는 자산계급 부르주아에 의해 이루어진 혁명으로 규정하고 있다. 최근에는 전래의 신사紳士들이 보신을 위해 일으킨 단순한 정권 교체 차원의 정변에 불과하다는 견해마저 등장하고 있다. 모택동의 농민혁명만을 무산계급 주도의 진정한 인민혁명으로 간주코자 하는 것이다.

이에 대해 대만 학계는 회당會黨을 비롯해 신지식인과 화교, 신군新軍 등 중국의 모든 계층이 참여한 이른바 '전민혁명全民革命'으로 규정하면서 '부르주아 혁명'으로 간주하는 대륙 학계의 주장을 반박하고 있다. 손문만 하더라도 부르주아 출신이 아닌 중농 이하의 농민 출신이었다는 점 등을 논거로 들고 있다.

손문

　제2강령인 '민권주의民權主義'는 아시아 최초로 공화정을 수립하는 공을 세운 까닭에 나름 성공했다고 평할 수 있다. 마지막 황제데 대한 예우 등 이른바 '황실우대조건'은 민주혁명의 취지를 반감시켰다는 지적을 받고 있다. 제3강령인 '민생주의民生主義'는 자본의 절제와 지권地權의 평균 등을 언급했으나 사실상 하나의 구호에 그쳤다. 이는 훗날 모택동의 인민혁명을 야기하는 배경으로 작용했다.

　원래 신해혁명을 주도한 손문은 광둥성 출신으로 홍콩에서 의학교를 졸업한 '신청년'에 해당한다. 재학 중에 혁명에 뜻을 품고 1894년 미국 하와이에서 '흥중회興中會'를 조직한 뒤 이듬해 광주에서 최초로 거병한 사실이이를 뒷받침한다. 이후 일본과 유럽 등지에서 망명하면서 삼민주의를 제창하며 때가 무르익기를 기다렸다. 1905년, 일본 도쿄에서 유학생과 화교들을 중심으로 '중국혁명동맹회中國革命同盟會'를 결성해 본격적인 반청反淸운동을 전개하기 시작했다. 선통 3년인 1911년에 터져 나온 '신해혁명'은바로 그 결실에 해당한다.

손문은 1866년 11월 12일 광동성 향산현香山縣 부근 취형촌翠亨村의 빈한한 농가에서 태어났다. 서구열강이 청나라를 강압해 각종 이권을 침탈하는 난세에 태어난 그는 어렸을 때부터 '태평천국의 난'을 일으킨 홍수전洪秀全을 흠모한 나머지 '제2의 홍수전'으로 자처했다. 청나라 타도를 기치로 내건 배경이다. 집이 가난해 배우지 못한 그는 13세 때인 광서 5년인1879년 하와이 호놀룰루로 건너갔다. 그는 하와이 화교자본가였던 큰형손미孫眉의 도움으로 유학하며 미국의 민주주의를 몸으로 체득했다.

이후 홍콩으로 돌아온 뒤 광서 18년인 1892년에 홍콩의 서양의학원에들어가 의학을 배웠다. 이때 그는 서구식 민주주의와 자연과학의 사고방식을 받아들였다. 의대를 졸업한 후 잠시 개업의로 일했다. 서구 열강의침탈이 더욱 심해지자 손문은 광서 20년인 1894년에 청나라의 실력자인이홍장에게 개혁을 촉구하는 서신을 보냈다.

"사람은 그 재능을 다할 수 있어야 하고, 토지는 그 이익을 다할 수 있어야 하고, 물건은 그 쓰임을 다할 수 있어야 하고, 재화는 그 흐름이 통할 수 있어야 합니다."

이해에 그는 하와이 호놀룰루에서 만주족 축출과 중화민족의 회복을 강령으로 하는 '흥중회'를 조직하게 됐다. 광서 21년인 1895년 1월에는 홍콩에서도 흥중회 지부를 결성했으나, 커다란 영향력을 발휘하지 못했다. 이해 10월, 흥중회는 오직 혁명만이 위기에 놓인 조국을 구하는 길이라는 슬로건을 내걸고 광동성 광주에서 무장봉기를 일으키고자 했다. 그러나 도중에 밀고로 인해 무산되고, 주모자인 손문은 일본으로 망명했다.

이듬해인 광서 22년의 1896년, 일본을 떠나 영국으로 갔다가 청나라 공사관에 체포됐다. 다행히 영국인 친구의 도움으로 무사히 풀려났다. 석방 직후 기자회견에서 영국을 격찬해 유명인사로 떠올랐고, 이를 계기로 손문은 중국혁명의 핵심 인물로 부상했다. 대영박물관의 도서관을 드나들며 약 9개월간 독서에 열중하며 지냈다. 이 기간 동안 그는 칼 마르크스와 헨리 조지 등의 저술을 탐독했다. 이때 삼민주의 '민권·민족·민생' 개념을 구체화하기 시작했다.

광서 23년인 1897년, 손문은 다시 일본으로 돌아와 일본 우익들의 도움을 받으며 망명생활을 지속했다. 이때 그는 '나카야마 쇼우中山樵'라는 가명을 쓰며 다시 혁명세력을 결집하고자 했다. 광서 26년인 1900년, 의화단 운동으로 청나라 정국이 더욱 어수선해졌다. 이때 손문은 오랜 망명생활 끝에 다시 조국으로 돌아와 2차 무장봉기를 일으키고자 했다. 그러나 이 또한 사전에 발각돼 실패하고 말았다. 이해 8월 이후 몇 년 동안 일본과 하와이, 베트남, 미국 등지를 돌아다니며 화교와 유학생들을 대상으로 혁명사상을 전파했다.

광서 31년인 1905년, 필리핀과 독일, 프랑스 등의 유학생들을 규합해 혁명단체를 조직했다. 이해 8월, 도쿄에서 흥중회와 화흥회 등의 단체를 기반으로 한 '중국혁명동맹회'를 창설하고 초대 총리에 추대됐다. 중국동맹회는 '구제달로驅除韃虜, 회복중화恢復中華, 건립민국建立民國, 평균지권平均地權'의 16자 강령을 채택했다. 이는 손문이 줄곧 사용해온 강령이었다. 채택과정에서 '평균지권'을 둘러싼 논란이 일기도 했으나 손문이 사유재산을 박탈하는 것이 아니라는 취지를 상세히 설명함으로써 이내 통과되었다. 이내 손문이 총리로 추대되고, 집행執行 · 평의評議 · 사법司法의 3부가 설치되었다.

중국동맹회는 이해 11월에 창간된 기관지 『민보』를 통해 본격적인 무력혁명 선전 작업에 들어갔다. 손문은 창간사에서 이같이 역설했다.

"중국도 이제 민족 · 민권 · 민생주의에 입각해 '진화'할 때가 되었다."

그는 기본적으로 사회진화론의 입장에서 세계를 바라보고 있었던 것이다. 『민보』는 1910년에 26호로 정간되기까지 혁명운동의 발전에 큰 영향을 주었다. 이를 계기로 삼민주의가 보다 명확한 내용을 갖춘 혁명이념으로 등장했다. 손문은 '삼민주의'를 이같이 요약했다.

"삼민주의를 간단히 정의하면 곧 구국주의救國主義이다."

삼민주의는 민족에서 제국주의에 대한 인식이 결여되어 있고, 민권도 구체성이 결여되어 있고, 민생에서도 공상적인 성향이 다분하고 농촌의 토지문제에 대한 이해가 결여되어 있는 등 한계를 내포하고 있다. 그러나 당시로서는 가장 체계적으로 정비된 혁명이론이었다.

'민족주의'는 한족이 중심이 된 부강한 중국의 건설을 의미한다. '민권주의'는 공화정과 민주정의 유기적 결합을 뜻한다. '민생주의'의 인민의 경제권 확립을 말한다. 민생주의의 골자를 이루고 있는 지권地權은 국유화를 전제로 한 토지소유권 개념이다. 이는 서구 자본주의의 폐해를 미연에 방지하기 위해 토지국유화를 전제로 한 '경자유전耕者有田' 논리에서 출발하고 있다. 삼민주의를 통치이념으로 내세우고 있는 대만에서는 부동산투기라는 개념 자체가 존재하지 않는다. 장개석 집권 이후 대만의 착실한 번영은 사실 '지권'을 현실화한 데서 비롯된 것으로 볼 수 있다.

중국동맹회의 혁명이론은 양계초 등의 변법자강파와 치열한 논전을 거치면서 정립된 것이었다. 〈민보〉와 입헌세력의 기관지 〈신민총보新民叢報〉는 만주족에 반대하는 민족혁명이 과연 필요한 것인지 여부, 혁명이 중국의 내란과 열강의 간섭을 불러 일으켜 중국의 과분을 재촉할 것인지 여부 등을 놓고 치열한 논전을 전개했다. 이 논전을 통해 혁명파는 자신들의 혁명이론을 명확히 정리하면서 미래지향적인 전망을 제시해 이상주의적인 청년들을 대거 흡입했다. 삼민주의는 북양군벌과의 투쟁 과정에서 소련의 도움을 얻게 되면서 점차 연소聯蘇와 용공容共, 농공부조農工扶助 등의 3대 정책으로 구체화되었다. 이로 인해 중국의 주권과 중국인의 인권이 그 대가로 지불되었다는 비판을 받고 있다.

이후 중국동맹회는 손문의 지휘를 받으며 수십여 차례 봉기를 시도했으나 번번이 실패로 끝났다. 손문에게 혹독한 질책과 비판이 쏟아졌다. 손문이 이내 중국동맹회의 활동을 다른 동지에게 맡기고 출국했다. 이후 선통 3년인 1911년까지 전 세계를 돌아다니며 중국혁명의 당위성을 알리는데 주력했다. 혁명자금과 군자금을 마련해 동맹회의 활동을 뒤에서 돕고자 한 것이다. 이 와중에 '신해혁명'이 터진 것이다.

혁명 발발 당시 청나라에서는 민간인 주도로 이른바 '철도 부설운동'이 활발히 진행되고 있었다. 이는 청일전쟁 이후 민간들이 스스로 주식을 발행해 마련한 자금으로 철도를 건설하겠다는 취지에서 나온 것이었다. 광서 3년인 1911년, 청나라 조정이 우전부郵電部 대신 성선회盛宣懷의 건의를 좇아 아무런 설명이나 사전 협의도 없이 철도건설의 국유화를 선언했다. 이로 인해 가장 많이 피해를 본 것은 사천성 사람들이었다. 이들은 '사천보로동지회四川保路同志會'를 결성해 동맹휴학과 납세 거부운동을 대대적으로 벌여 나갔다. 각지에서도 이에 동참하는 운동이 활발히 전개했다.

다급해진 청나라가 무창에 있던 군인들을 동원해 이들을 진압코자 했다. 그러나 무창은 중국동맹회의 활동이 활발한 곳이었다. 동맹회는 이 기회를 놓치지 않고 이해 10월 10일에 마침 무장봉기를 일으켰다. 총독관청을 일시에 장악한 뒤 '호북군정부湖北軍政府'를 조직했다. 두 달이 채 안 되는 기간 동안 17개 성이 독립을 선포했다. 이해 12월 2일, 혁명군은 남경을 함락한 뒤 남경에 임시정부를 세웠다.

그러나 당시 동맹회 지도부는 중국을 중흥할 현실적이고 장기적인 계획을 갖고 있지 못했다. 강력한 지도자도 없었다. 청나라로부터 구원 요청을 받은 원세개 군대에 의해 이내 진압되었다. 무창에서 신해혁명이 발발할 당시 손문은 미국 콜로라도 덴버에 체류 중이었다. 그는 그곳 신문에 보도된 기사를 보고 비로소 무장봉기가 일어난 사실을 알았다. 당시 손문은 혁명을 성공시키기 위해서는 서구 열강의 간섭을 사전에 막아야 한다고 판단했다. 중국과 밀접한 관계를 맺고 있는 미국과 프랑스 등 6개국은 공화정을 실시하려는 중국을 동정하는 쪽이었고, 독일과 러시아는 혁명에 반대하는 입장이었다. 일본의 경우는 재야인사들은 동정적이었으나 정부는 그 반대였다. 영국의 경우는 재야의 동정적인 흐름에 대해 정부 측이 뚜렷한 입장을 내놓지 않았다.

손문이 볼 때 가장 중요한 나라는 영국이었다. 급히 영국으로 달려가 교섭을 벌인 이유다. 그는 영국 외무성과 회담하고 영국 정부에 대해 청나라에 대한 일체의 차관을 중지할 것을 요구했다. 영국 정부로부터 확약 받아낸 뒤 다시 프랑스로 가서 동일한 성과를 얻어냈다. 이해 12월 16일에 싱가포르에서 체류하다가 12월 21일에 홍콩으로 갔다. 12월 25일 상해에서 진기미陳其美와 송교인宋教仁을 만나 정부조직에 관해 의논했다. 송교인은 유럽식의 '내각책임제', 손문은 미국식의 '대통령중심제'를 주장했다.

12월 29일에 남경에서 '각성대표회의'가 열렸다. 17성의 대표 45명을 비롯해 화교대표 2명이 참석해 총통 선거회를 열었다. 손문이 16표를 얻어 초대 임시대총통에 당선됐다. 손문은 이 소식을 듣고 수락 의사를 밝혔다. 1912년 1월 1일, 손문이 남경에서 영접 온 이들과 함께 열렬한 축하를 받으며 상해를 출발했다. 이날 오후 5시에 남경에 도착했다. 밤 11시에 총통부에서 취임식을 갖고 서약했다. 이어 국호를 '중화민국'으로 하고, 1912년 1월 1일을 '민국원년'으로 선포했다. 아시아 최초의 민주공화정이 수립된 것이다.

그러나 그 내막을 보면 겉만 민주공화정에 지나지 않았다. 청나라는 중원을 차지한 채 굳건히 그 명맥을 유지하고 있었다. 이들을 무너뜨리기에는 남경을 기반으로 한 민주공화정 세력은 너무 약했다. 이때 손문이 원세개에게 매우 욕심나는 제안을 했다. 청나라 조정을 설득해 황제가 퇴위할 경우 중화민국 초대 대통령의 자리를 양보하겠다는 제안이 그것이다. 원세개가 마침내 청나라 설득에 성공했다. 이해 2월 12일, 청나라 마지막 황제인 선통제 부의溥儀가 퇴위조서를 발표했다.

청나라와 원세개 사이에 퇴위 협약이 진행될 당시 남경의 혁명정부는 원세개를 견제할 목적으로 민주공화정의 기본 정체政體를 뒤바꿨다. 이해 3월에 대통령중심제였던 '임시정부 조직대강'을 수정해 내각책임제를 기본으로 하는 '임시약법'을 제정해 발표한 게 그렇다. 이해 4월, 손문이 임시대총통 자리를 원세개에게 물려주었다. 이어 이해 12월에 송교인과 손을 잡고 중국동맹회를 국민당으로 개편했다. 여기서 송교인이 이사장 대리로서 당수가 됐고, 손문은 이사장으로 추대됐다.

그러나 국민당의 출범은 원세개를 중심으로 한 이른바 북양군벌北洋軍閥이 천하를 다스리는 '군벌시대'의 개막을 알리는 선언이기도 했다. 실제로 당시 천하의 무력은 원세개에 의해 각 지역의 독군督軍에 임명된 자들이 쥐고 있었다. 대부분 원세개가 광서 11년인 1895년 12월에 천진의 소참小站에 주둔하던 정무군定武軍의 훈련을 담당할 당시 그의 속료로 있던 자들이다. 당시 원세개는 신건육군新建陸軍에 심복들을 끌어들여 군에 대한 통제를 강화했다. 서세창徐世昌과 단기서段祺瑞, 풍국장馮國璋, 왕사진王士珍, 조곤曹錕 등이 바로 이때 그의 휘하에 들어온 자들이다. 이들 모두 북양군벌의 핵심 세력을 형성한 자들이다.

원세개 사후 장개석의 북벌이 이뤄지기까지 불과 10여 년에 불과한 짧은 세월이기는 했으나 북양군벌은 중화민국을 대표했다. 실제로 당시 서구 열강 모두 이들을 중국을 대표하는 세력으로 간주했다. 그런 점에서 이들은 손문을 명목상의 수령으로 내세우며 광동과 광서 등 남부의 해안 및 내륙지역에 할거한 '지방군벌地方軍閥'과 확연히 구별된다.

실제로 원세개가 최초로 명실상부한 대총통으로 취임한 이래 손문은 광동에 기반을 둔 지방군벌의 수뇌에 지나지 않았다. 1917년에 그는 광동성 광주에서 대원수大元帥로 있다가 이듬해인 1918년에 축출됐다. 1921년에 비상 임시 대총통으로 있다가 진형명陳炯明의 반기로 1922년 6월 광동에서 쫓겨났다. 이듬해인 1923년 초에 광주를 재탈환하면서 다시 광동으로 돌아갔다. 이번에는 총통 대신 대원수를 칭하면서, 정부의 이름도 피하고 단지 '광동대원수부廣東大元帥府'라고만 했다. 비서장에 양서감楊庶堪, 내무 부장에 담연개譚延闓, 재정부장에 요중개廖仲愷 등을 임명했다.

이듬해인 1924년부터 국공합작이 가시화했다. 1924년 6월에 설립된 광동의 '황포黃埔군관학교'가 그 증거이다. 당시 손문은 장개석을 모스크바 에 파견해 적위군의 조직과 훈련을 배우게 하고, 요중개에게는 광동의 황 포에 군관학교를 세우게 했다. 군관학교가 세워지자 손문은 여기서 삼민 주의에 관한 강연을 했다. 황포군관학교의 정치부 주임대리에는 프랑스에 서 갓 귀임한 주은래가 맡았다.

이해 초에 국민혁명을 추진하기 위한 북벌군이 진격할 즈음 정치교섭이 필요하게 되자 손문은 상해에서 일본을 거쳐 천진으로 향했다. 이때 그의 몸에는 암이 번지고 있었다. 도중에 고베에 들렀을 때 현립 고등여학교에 서 '대아시아주의'라는 제목의 연설을 하면서 일본정부에 이같이 물었다.

"일본은 열강을 본떠 중국 등 약소한 아시아 여러 나라를 침략의 대상으 로 삼을 것인가, 아니면 같은 편에 설 것인가. 왕도를 취할 것인가, 아니면 패도를 취할 것인가."

결국 그는 이듬해인 1925년 초에 북경으로 가던 도중 문득 북경에서 간 암으로 쓰러졌다. 이해 2월 24일에 아들 손과와 송자문宋子文, 공상희孔祥 熙, 대계도戴季陶 등을 증인으로 한 가운데 유언을 남겼다.

"나는 40년 동안 중국의 자유평등을 얻기 위한 국민혁명에 모든 힘을 다했다. 그간의 경험을 통해 반드시 민중에 호소해 궐기시키고 세계에서 우리를 평등하게 대하는 민족과 연합해 공동으로 분투해야 한다는 사실을 알게 되었다. 현재는 아직 혁명이 성공하지 못했다. 나의 동지들은 필히 내가 쓴 '건국방략', '건국대강', '삼민주의', '제1차 전국대표대회선언'을 따라 계속 노력하고 관철해 달라."

이는 왕정위가 손문의 구술을 받아쓰는 형식으로 이뤄졌다. 그러나 그의 첫 유언에는 부인 송경령과 자식들에 대한 언급이 없었다. 그는 1달 뒤 다시 첫 유언을 남길 때 참석했던 사람을 모두 모아놓고 두 번째 유언을 했다.

"나는 국사에 진력하다 보니 집안일을 돌보지 않았다. 내가 남긴 서적과 의복, 주택 등 일체는 나의 처 송경령에게 주어 기념으로 삼도록 하라."

그는 이해 3월 12일에 숨을 거두었다. 그의 시신은 모두 4차례에 걸친 입관 끝에 장개석이 북벌에 성공한 직후인 1929년 6월 1일에 남경 교외의 중산릉中山陵에 안장될 수 있었다. 현재 손문은 대만에서는 국부國父, 대륙에서는 혁명선행자革命先行者로 평가받고 있다.

중화제국과 원세개

선통 3년인 1911년 10월 10일, 무창에서 신해혁명을 알리는 총성이 터져 나온 날은 공교롭게도 원세개 생일의 바로 전날이었다. 북경과 천진에 있던 친척과 친구들이 오랜만에 그를 찾아와 있었다. 원세개가 무창 봉기의 소식을 들은 것은 생일 다음날인 10월 12일이었다. 소식을 처음으로 접한 그는 황급히 술상을 거두고 창극을 멈추게 했다. 사람들이 이구동성으로 말했다.

"혁명당은 결코 성공하지 못할 것입니다. 원대인이 반드시 등용될 것입니다."

그러나 원세개는 내심 혁명당이 무창을 차지한 후 한양을 공략하는 것은 결코 작은 일이 아니나 그렇다고 태평천국의 난처럼 심각한 일은 아니라고 생각했다. 객관적으로 볼 때 호광총독 서징瑞澂은 무능했고, 섭정왕 순친왕은 젊어서 경험이 없었고, 총리대신 혁광은 어리석고 탐욕스러워 봉기를 진압키 어려웠다. 당시 무창 봉기 소식에 놀란 순친왕이 총리대신 혁광과 협리대신 나동, 군기대신 서세창 등과 대책을 논의했다.

3인 모두 원세개 사람이었다. 나동과 서세창은 원세개를 다시 등용할 것을 강력 주장했다. 혁광은 세인들의 지적을 피하기 위해 아무 말도 하지 않았다. 그러나 순친왕의 생각은 달랐다. 그는 곧 서징을 파면한 뒤 육군대신 음창蔭昌에게 육군 두 진을 이끌고 가 반군을 진압토록 명하면서 해군제독 살진빙薩鎭水에게는 군함을 이끌고 장강 해군과 합동해 육군을 지원토록 했다.

군사를 거느린 경험이 없는 음창은 애초부터 원세개가 훈련시킨 군사를 지휘할 능력이 없었다. 이를 잘 알고 있던 혁광과 서세창 등이 반발하자 순친황이 다시 이들과 협의했다. 북경의 각국 공사들도 원세개 이외에는 사태를 수습할 사람이 없다고 목소리를 높였다. 마침내 순친왕은 혁광에게 원세개로부터 황권을 보장한다는 서약을 받도록 명했다. 이 소식이 전해지자 일부 대신들은 겨우 잡은 호랑이를 풀어주는 것이나 다름없다며 크게 반대했다. 순친왕도 이내 후회했으나 달리 뾰족한 대안이 없었다.

이해 10월 14일 원세개가 호광총독에 임명되었다. 곧이어 호북의 군대와 각 지역에서 온 지원군, 수륙 각 군의 지휘권을 모두 일임한다는 명이 내려졌다. 원세개가 이를 받아들이려고 하자 측근들이 강력 반대했다. 청나라는 이제 별 희망이 없다는 게 그 이유였다. 주변에서 반란을 진압하면 필시 '토사구팽'이 일어날 것이라며 만류하자 원세개가 벌컥 화를 냈다.

"나는 절대로 혁명당이 될 수 없다. 내 자식들 역시 혁명당이 되는 것을 원치 않는다."

그는 곧 8개 조건을 제시했다. 직례의 속비군과 후비군 1만 명을 모아 25개 영으로 편성해 호북으로 가고, 탁지부에서 먼저 은 3백~4백만 냥을 내어 군대의 급료와 긴급비용으로 충당하고, 군자부軍諮府와 육군부에서 문서로 군대를 통제해서는 안 된다는 것 등이 골자였다. 그러고는 순친왕의 조바심을 자극해 가장 수지맞는 반대급부를 얻어낼 요량으로 상소문을 올렸다.

"신의 오랜 병이 아직 다 낫지 않았습니다. 나라의 일이 긴박한데 어찌 휴가를 얻겠습니까? 의사를 청해 치료를 재촉하면서 출정 준비를 하고 있습니다. 좀 더 지나 몸을 지탱할 정도가 되면 즉시 나서겠습니다."

순친왕이 병을 구실삼아 파면시킨 까닭에 병을 구실로 명을 거절한 셈이다. 10월 16일 육군대신 음창이 찾아왔다. 그는 앓는 체하면서 침실에서 접견했다. 10월 18일 순친왕으로부터 무창 봉기는 긴급사태이므로 병을 무릅쓰고 부임하라는 전보가 날아왔다.

이에 그는 군사비로 은 4백만 냥을 지출하고, 1만 2천여 명을 모집해 호북의 순방군巡防軍으로 삼고, 군자사軍諮使 풍국장의 제2군은 급히 출발시키지 말고, 강북제독 단기서는 즉시 호북으로 갈 것 등을 요구했다. 다급한 조정은 이를 모두 승낙했다. 그러나 원세개는 여전히 창덕에 앉아 있으면서 떠날 생각을 하지 않았다.

이때 혁명군은 무창을 점령한 뒤 군정부를 설립하고 청나라의 제21 혼성협통령混成協統領으로 있던 여원홍黎元洪을 군정부 도독으로 추천했다. 이어 단숨에 한양과 한구漢口, 경산京山, 천문天門, 황주黃州, 의창宜昌, 유가묘劉家廟 등을 점령했다.

다른 성들이 이에 적극 호응해 마침내 이해 10월 22일에 호남성이 독립을 선언했다. 다음날 산서성도 독립했다. 원세개는 이 기회를 틈타 상소문을 올렸다. 풍국장이 제1군, 단기서가 제2군을 통솔해 하남의 신양信陽 일대에 집결한다는 게 골자였다. 순친왕은 마침내 원세개를 흠차대신에 임명해 해군과 육군의 지휘통솔권을 모두 넘기며 군자부와 육군부는 이들을 통제하거나 간섭하지 않는다는 성명을 발표했다.

이에 그는 비로소 출정을 준비하면서 그날로 혁명군에게 본때를 보여주기 위해 북양군에게 비밀리에 한구를 칠 것을 명했다. 이때 북쪽의 상황

원세개

이 심각했다. 난주灤州의 제20진 통제 장소증張紹曾이 통령들과 연합해 12 가지 요구사항을 담은 상소를 올렸다. 속히 국회를 열어 헌법을 개정하고, 책임내각을 조직하되 황족은 영원히 총리와 국방대신을 맡지 않아야 한다는 게 골자였다.

이들은 호북으로 운송하는 관군의 군수품 열차를 탈취해 혁명군과 싸우지 않겠다는 뜻을 드러냈다. 뒤이어 태원太原에서 신군이 일어나 순무 육종기陸鍾琦를 총살하고 염석산閻錫山을 군정부 도독으로 추천했다. 대경실색한 융유태후와 순친왕은 어린 선통제를 이끌고 황급히 열하로 몸을 피할 생각을 했다.

10월 30일 순친왕은 발등에 떨진 불을 끄기 위해 자정원의 요구를 좇아 4개의 성지를 내렸다. 헌정 실시를 선포하고, 속히 헌법 초안을 작성하고, 황족의 권리를 제한하고, 정치범을 대사면한다는 내용이 그것이었다. 각지의 봉기로 관군이 속수무책으로 무너지자 원세개와 측근들의 행보가 더욱 빨라졌다. 북양군은 원세개의 출정에 발맞춰 11월 1일 맹공격을 가해 한구를 점령했다.

혁광을 비롯한 내각은 원세개가 출정하자마자 곧바로 승리를 거두는 것을 보고 일괄사직서를 냈다. 이에 혁광을 필덕원弼德院 원장, 나동과 서세창을 필덕원 고문대신에 제수하면서 원세개를 내각 총리대신에 임명했다. 그에게는 속히 북경으로 올라와 내각을 완전히 새롭게 조직하라는 명이 내려졌다. 호북으로 출동한 각 군은 여전히 그의 통솔하에 두었다. 그의 측근인 왕사진이 그를 대신해 호광총독 대리를 맡게 되었다. 모든 것이 원세개의 의도대로 되어가고 있었다.

상황이 태평천국 당시보다 훨씬 심각했다. 일부 측근은 그에게 새 왕조를 세워 직접 보위에 오를 것을 권했다. 그러나 그는 더 멀리 내다보았다. '역성혁명'을 꾀할 경우 자칫 조정과 혁명군 양쪽으로부터 협공을 받을 것을 우려한 것이다. 그는 황제의 꿈을 다음으로 미뤘다.

당시 이미 민심은 청나라의 패망을 예상하고 있었다. 원세개는 혁명군이 존재해야 권력을 쥘 수 있다는 사실을 숙지하고 있었다. 혁명당의 불길을 단번에 꺼서도 안 되고 적당한 선에서 굴복시킬 필요가 있었다. 이에 그는 여원홍의 동향 출신인 유승은劉承恩을 통해 여원홍에게 평화협상을 제의하는 서신을 보냈다. 여원홍은 두 차례에 걸쳐 이를 거절했으나 평화협상의 여지만큼은 남겨두었다.

석가장石家莊에 주둔한 제6진 통제 오록정吳祿貞 등은 비밀리에 혁명군과 협상을 벌이고 있었다. 이들은 혁명군과 연합해 북경을 공격해 일거에 청나라를 뒤엎고 원세개를 제거코자 했다. 일본 사관학교 출신으로 담력이 뛰어난 오록정은 혁명 지지파였다. 이런 정보를 접수한 원세개는 곧 북경으로 올라가 사임의 뜻을 밝히면서 휘하를 시켜 11월 7일 새벽에 오록정을 살해했다. 11월 8일 자정원에서 회의를 열어 원세개를 내각 총리대신으로 정식 추천했다. 혁명군과 한통속이었던 제6진의 통제는 원세개 사람인 이순李純이 맡게 되었다.

11월 9일 혁명당 내에서 손문 다음가는 인물인 악군鄂軍의 총사령 황흥黃興이 원세개에게 만주족의 청나라를 뒤엎고 한족 정권을 세우자는 편지를 보냈다.

"정권을 세울 자격 면에서 그대는 나폴레옹, 워싱턴과 같고 공은 그들보다 더 크오. 대승을 거두자 강남의 백성이 그대를 우러러 볼뿐더러 모든 백성이 그대의 이름을 받들지 않는 사람이 없소. 이 천재일우의 기회를 부디 잃지 말기 바라오."

새로 성립될 민국의 초대 총통으로 밀어줄 것을 약속한 것이다. 원세개는 곧바로 유승은과 채정간蔡廷干을 대표로 파견해 혁명당과 평화회담을 협상했다. 그러나 혁명당은 입헌군주제를 전제로 한 원세개의 제안을 또 거절했다. 혁명당의 강경한 태도에 그는 대노했다. 그는 먼저 강하게 밀어붙인 후 다시 평화회담을 재개하는 쪽으로 전략을 바꿨다. 이에 전력을 다해 한양을 공격하라는 명을 내렸다.

11월 13일 원세개가 북경으로 돌아오자 융유태후와 순친왕이 그를 만나 자신들의 기대를 저버리지 말 것을 신신당부했다. 원세개는 곧 서세창과 밀담을 나눴다. 이어 순친왕을 모살하려고 한 혐의로 투옥되었다가 청나라가 혁명당을 회유하기 위해 일주일 전에 석방한 왕정위도 만났다. 왕정위가 공화제의 성사를 전제로 원세개의 집권에 적극 협조할 뜻을 밝히자 이에 감동한 원세개는 그 자리에서 장남 원극정과 의형제를 맺게 했다. 이어 왕정위에게 양도楊度와 함께 이른바 '국사공제회國事共濟會'라는 단체를 만들어 평화회담의 분위기를 조성하라고 지시했다.

11월 16일 원세개가 책임내각을 조직했다. 각 부 대신과 부대신은 거의 모두 그의 사람이었다. 농상공부 대신 장건은 강소성, 사법부 대신 양계초는 일본에 있었다. 두 사람은 끝내 사양하며 취임하지 않았다. 이때 강소, 절강, 안휘, 광서, 광동, 복건 등이 차례로 독립을 선포했다. 한양에서는 혁명군과 관군의 쟁탈전이 며칠 동안 이어지고 있었다. 11월 27일 북양군이 마침내 한양을 탈환하자 혁명군이 무창으로 퇴각했다.

관군과 혁명군의 대치가 지속되는 와중에 이듬해인 1912년 1월 1일에 손문이 남경에서 임시총통에 취임해 '중화민국'의 성립을 선포했다. 그러면서 그는 청나라 타도를 전제조건으로 원세개를 초대 총통에 추대할 뜻을 내비쳤다. 이에 고무된 원세개는 곧 국무대신들과 연명으로 상소문을 올려 선통제의 퇴위를 압박하고 나섰다. 결국 융유태후가 이해 2월 11일에 선통제 퇴위조서를 선포함으로써 260년간 중국을 통치한 청나라는 마침내 막을 내렸다. 이날 원세개는 변발을 자르고 가가대소했다고 한다.

원세개의 제제운동

이해 3월 원세개는 '중화민국'의 임시총통에 취임한 뒤 수도를 다시 남경에서 북경으로 옮겼다. 이후 그는 혁명당과의 갈등 속에 1913년 3월에 국민당 당수 송교인의 암살을 사주했다. 반년 뒤인 이해 10월에 그는 정식으로 초대 총통에 취임했다. 그러나 그의 궁극적인 꿈은 황제 등극이었다. 이후 그는 일본의 지원을 배경으로 반대파를 제압키 위한 제제운동帝制運動을 강력 추진해 나갔다.

그는 제1차 세계대전이 한창 진행 중인 1915년 5월에 일본 측이 제시한 21개조를 받아들여 조야의 격한 비난을 자초했다. 1916년 1월에 그는 '중화제국'의 황제를 칭하며 연호를 '홍헌'으로 바꾸는 무리수를 두었다가 안팎의 반발이 거세지자 곧바로 이를 취소하는 해프닝을 연출했다. 여기에는 그의 장남인 원극정이 황태자의 꿈을 키운 게 크게 작용했다.

이는 1914년 5월에 선포된 '중화민국약법'에 근거해 총통부에 설치된

'정사당政事黨' 소속의 장종장張宗長이 후일을 도모할 생각으로 장차 원극정이 '태평천자太平天子'가 될 것이라는 허튼 소리를 한 데서 비롯되었다. 부친처럼 미신적인 점을 크게 믿고 있던 원극정은 이 얘기를 듣고는 크게 기뻐하며 곧바로 그를 인견했다. 장종장은 다가오는 1915년부터 20년 동안 원극정이 '태평천자'의 자리에 있을 것이라고 호언했다.

문제는 그 다음이었다. 장종장은 원세개가 계속 총통으로 남아 있으면 황제 즉위가 어려워지므로 즉시 군주제를 실시해 기반을 닦아야 한다고 주장했다. 어리석은 원극정은 이를 곧이곧대로 믿었다. 원극정은 곧 고향의 조상묘를 보살피는 묘지기를 사주해 낡은 돌에 천명은 반드시 이뤄진다는 뜻의 '천명유귀天命攸歸'를 새긴 뒤 오래된 것처럼 보이도록 여러 날 땅속에 묻어두었다가 북경으로 보내도록 조치했다. 돌을 갖고 상경한 자가 원세개 앞에서 이같이 보고했다.

"총통의 생부인 원보중袁保中의 무덤 옆에서 붉은 빛이 나 1리 안팎을 비춰 이상하게 생각해 파보니 이 돌이 나왔습니다. 이때 무덤 곁에 갑자기 10자가 넘는 용 모양의 자색 등나무가 솟아올랐습니다."

원세개가 크게 기뻐하며 후한 상을 내린 뒤 원극정을 시켜 묘지를 둘러보고 오게 했다. 원극정은 편지를 써 등나무는 굵기가 아이 팔뚝만하고 색깔이 피 같은 것이 틀림없이 '천명'에 해당한다고 보고했다. 원세개는 내심 백성들도 새 황제가 나타나기를 바라고 있고, 마침 혁명당을 모두 국외로 쫓아냈으니 근심할 것이 없다고 생각했다.

그러나 문제가 간단치 않았다. 믿었던 단기서와 풍국장 등은 예전처럼 고분고분하지 않았다. 내심 원세개의 뒤를 이어 총통이 될 생각을 하고 있었던 이들은 군주제에 강한 반감을 드러냈다. 단기서는 노골적인 불만을 표시하며 원극정이 '태자' 행세를 하는 것을 심하게 비난했다. 남경에 머물러 있던 풍국장은 노골적인 반대의사를 표시하지는 않았다. 이에 원세개는 단기서에게 압력을 가해 사직을 종용하면서 풍국장를 회유책으로 유인했다. 이해 6월 하순 풍국장이 북경에 와서 원세개를 만나 군주제 추진 여부를 묻자 그는 이를 시치미를 뗐다.

"무슨 소린가? 나는 결코 황제가 될 생각이 없다. 특히 우리 집안에는 60세를 넘긴 사람이 없다. 내 나이가 올해 58세다. 황제가 된들 몇 해나 하겠는가. 황제가 되면 보위를 물려주어야 하는데 장남 원극정袁克定은 다리를 절고, 차남 원극문袁克文은 가짜 선비이고, 삼남 원극량袁克良은 도적인데 누가 대업을 이을 수 있겠는가?"

그러나 정작 문제는 각 성의 실권을 쥐고 있는 장군들이었다. 여러 구실로 일부 성의 장군들을 북경으로 불러 공화정에 문제가 없는지 넌지시 물어보았다. 장군들이 그 뜻을 알아차리고 공화정의 문제점을 지적하며 총통에게 더 많은 권한이 있어야 한다고 말했다. 이에 고무된 원세개는 곧바로 측근에게 명해 군주제로의 전환을 공론화하도록 했다.

이에 앞장 선 인물이 양도楊度였다. 그는 시종 입헌군주제를 주장하며 원세개를 위해 있는 힘을 다한 인물이다. 그러나 그는 자랑하기를 좋아하는데다 자신을 시기하는 사람들의 무함으로 원세개로부터 점차 멀어졌다.

재기를 노린 양도는 원극정을 따라다니며 그를 부황 이연을 힘으로 물리치고 보위를 차지한 당태종 이세민에 비유하곤 했다. 이는 자신을 모략에 능한 방현령房玄齡이나 두여회杜如晦에 비유한 것이기도 했다.

조만간 군주제를 추진한다는 소식을 들은 양도가 크게 기뻐하며 1915년 4월에「군헌구국론君憲救國論」이라는 글을 쓰자 원세개는 극찬을 아끼지 않으며 단지귀段芝貴를 시켜 그 글을 비밀리에 인쇄해 각 성의 장군 등에게 배포했다. 원세개의 지시를 받은 양도는 한때 혁명당에 있다가 원세개에게 넘어온 손육균孫毓筠과 호영胡瑛 등과 함께 이해 8월 14일에 '주안회籌安會' 선언을 발표했다. 발기인 중에는 명망이 높은 엄복嚴復의 이름도 들어가 있었다. 이들은 선언문에서 이같이 밝혔다.

"신해혁명 당시 국민들은 감정에 사로잡혀 국정을 미처 고려하지 못하고 갑작스럽게 공화국을 세웠다. 건국 후 나라는 많은 위험을 겪어 왔고 국민은 심한 고통을 겪고 있다. 원세개의 헌법고문인 미국의 저명한 정치학자 굿나우Goodnow 박사도 군주제는 공화제에 비해 우수하므로 중국은 군주제를 하지 않으면 안 된다고 했다. 중국 국민은 눈앞의 일만 보고 나라가 망하기를 기다려서는 안 된다."

'주안회'가 본격적으로 활동을 시작하자 장건이 원세개에게 루이 16세가 되지 말고 워싱턴이 될 것을 충고하는 등 거센 반발이 일어났다. 양계초는「이상하다, 국체문제여」라는 글을 통해 양도의「군헌구국론」을 반박했다. 일부는 주안회가 복벽復辟을 선동해 법을 어겼다며 사법기관에 고소키도 했다. 양도 등도 적극 대응하고 나섰다. 이들은 북경에 온 각 성의 대표와 인사들로 하여금 이른바 '공민청원단公民請願團'을 조직해 국체변경을 요구케 했다. 이해 9월 6일에 원세개가 측근을 참정원에 보내 자신의 의견을 피력했다.

"군주제로 바꾸는 것은 총통으로서 받아들이기 어려우나 국민의 청원은 나라를 진흥시키기 위한 것으로 대다수 국민의 의견을 들어보면 타당한 방법이 반드시 있을 것이다."

원극정과 〈순천시보〉

당시 '태자' 행세를 한 원극정 주변에는 아첨배들이 벌떼처럼 몰려들어 '태평천자'를 들먹이며 그의 비위를 맞추었다. 그는 온종일 국체변경 준비에 매달렸다. 원세개는 그런 아들을 보며 크게 흡족해했다. 당시 북경에는 일본인이 운영하는 중국어 신문인 〈순천시보順天時報〉가 있었다. 원세개도 공무를 보면서도 틈틈이 그 신문을 읽었다. 이 〈순천시보〉는 다른 신문과 달리 회유나 협박이 통하지 않았다. 조야의 비판적인 여론이 〈순천시보〉에 그대로 실렸다.

원극정은 부친이 〈순천시보〉를 보고 마음이 바뀔까 우려해 매일 〈순천시보〉를 위조해 부친에게 보여주었다. 온 나라가 군주제를 옹호한다는 내용으로 꾸며진 것은 말할 것도 없다. 원극정이 군주제를 반대하는 단기서를 제거키 위해 암살을 시도하자 이를 눈치 챈 단기서가 병을 핑계로 휴직서를 제출했다. 원세개가 왕사진을 후임으로 임명했다.

당시 원세개가 평소 존경하던 엄수嚴修는 주안회 선언 직후 급히 천진을 떠나 북경으로 와서 원세개를 만났다. 엄수가 극구 만류하자 원세개가 흔들렸다. 양도가 이 소식을 듣고 원극정과 대책을 논의했다. 흥분한 원극정이 대노해 지팡이를 휘둘러 창문의 유리를 모두 깨 버렸다. 어떤 자가 이 소식을 엄수에게 알려주자 엄수가 대경실색해 곧바로 기차를 타고 천진으로 돌아간 뒤 다시는 북경으로 가지 않았다.

9월 19일 측근들이 세력들을 규합해 황제 즉위를 촉구하는 '전국청원연합회全國請願聯合會'를 결성했다. 이후 여러 청원단체들이 나타났다. 위로는 왕공귀족과 정부관원, 각 성의 장관들로부터 아래로는 마부와 유랑민에 이르기까지 참여하지 않은 계층이 없었다. 심지어 북경의 거지와 기생들도 '청원단'을 구성했다. 단지귀는 각 성의 장군과 도통, 호군사들을 연합해 속히 즉위할 것을 강권했다.

'전국청원연합회'는 곧 각계의 청원서를 접수해 참정원에 보내면서 국체 변경을 요구했다. 참정원은 '국민대표대회'를 열어 국체변경을 결정키로 했다. 이해 10월 10일 원세개는 국민들에게 이 문제 해결을 조용히 기다리라는 명을 발표했다. '국민대표대회'는 대표의 선출부터 투표에 이르기까지 원세개 측근 세력에 의해 진행되었다. 장군과 순안사의 감독 아래 각 성에서 투표를 진행한 뒤 그 표를 다시 북경으로 모으는 방법이 동원되었다. 투표결과 1993명이 투표해 전원이 찬성한 것으로 나타났다.

손문은 국민당을 '중화혁명당'으로 개편한 뒤 '중화혁명군'을 조직해 정면대결을 불사했다. 11월 10일에 혁명당은 상해 진무사鎮守使 정여성鄭汝成을 총살하고, 12월 5일에는 군함을 점거하고 경찰서를 향해 진격했다. 원극정은 외부의 정세가 불안정하고 일부 지역의 정황이 급박하다는 사실을 알고 작업을 서둘렀다. 이들은 내부에서 먼저 제위에 오르는 의식을 거행하고 후에 길일을 택해 외빈을 부르는 공식행사를 여는 방안을 권유했다. 이들이 12월 12일과 13일을 놓치기 아까운 길일이라고 주장하면서 간곡히 설득하자 미신을 좋아하는 원세개가 이를 승낙했다.

12월 11일에 참정원에서 전원회의가 열었다. 양도 등은 참정원이 총대표의 이름으로 추대서를 올려야 한다고 주장했다. 이날 오후 원세개가 이런 명을 내렸다.

"주권은 전체 국민으로부터 온 것이다. 나는 충분한 공적이 없는데도 제위에 오르면 어찌 마음이 편하겠는가. 민국 초기에 있는 힘을 다해 공화정을 세우겠다고 참의원에 맹세도 했다. 오늘 제위에 오르면 이 맹세를 저버린 것이니 다른 사람을 추대하기 바란다."

이날 오후 참정원에서 2번째 추대서를 올렸다. 다음날인 12월 12일에 마침내 이를 승인하며 즉위를 준비했다. 13일 오후에는 중남해中南海에서 여러 관원들의 축하를 받았다. 원극정은 스스로 '대황자인大皇子印'의 금도장을 새겼다. 양도 등은 늘 원세개 앞에서 '적자를 후계자로 세워야 한다'고 말하면서 원극정을 '태자각하'로 불렀다.

민심과 황실의 지지를 얻기 위한 노력

원세개는 제위에 오른 후 민심을 잡는 문제로 고심했다. 당시 부통총 여원홍은 참정원 원장을 겸하고 있었기에 그 영향력이 제법 컸다. 북경에 들어온 후 영대에 연금되어 있던 그는 보신을 위해 외부와 연락을 끊은 채 정사에 대해서도 입을 다물었다. 원세개는 친근감을 보이며 딸을 그의 아들에게 보내 사돈을 맺었다. 군주제 통과 후 여원홍이 참정원 원장에서 물러나겠다며 사직서를 내자 원세개는 그가 숙소를 동창東廠 거리로 옮기는 것을 허락한 뒤 무의친왕武義親王에 봉했다. 문무백관이 그를 찾아가 축하했으나 그는 이를 거절했다.

당시 의형제를 맺은 서세창도 신하가 되어 무릎을 꿇는 것이 싫어 낙향했다. 이로 인해 옛 동료와 덕망 있는 사람은 신하로 칭하지 않겠다는 명을 내렸다. 동료로 지명된 사람은 여원홍, 혁광, 순친왕, 나동, 주복 등이고 옛 친구는 서세창과 장건 등이었다. 서세창 등은 수시로 입궁해 접견할 수 있고 무릎을 꿇고 인사하지 않아도 되는 등의 특권을 주었다. 이어 심복과 실권을 갖고 있는 요인들이 훈작에 봉해졌다. 장훈과 풍국장 및 단지귀 등은 1등 공작, 류관승은 2등 공작, 이순과 당계요唐繼堯와 염석산閻錫山 등을 1등 후작에 봉했다. 나머지는 모두 백작이나 자작, 남작 등에 봉해졌다. 원극정의 건의에 의해 공자의 76대손인 공령이孔令貽가 군왕郡王에 봉해졌다. 또 원세개는 황실의 지지를 얻기 위해 셋째 딸을 퇴임한 선통제 부의의 황후로 만들고자 했다. 또한 청나라의 자정원 총재로 있던 부륜溥倫을 참정원 원장으로 임명하고 봉록을 후하게 주어 군주제 찬성에 대한 공을 치하했다.

이해 12월 19일 '즉위대전주비처卽位大典籌備處'의 성립을 선포하고 구체적인 준비에 들어갔다. 자금성의 태화전太和殿과 중화전中和殿, 보화전保和殿을 각각 승운전承運殿과 체원전體元殿, 건극전建極殿으로 개칭하고 다시 칠을 했다. 색깔도 오행을 따라 적색으로 정하고 지붕의 누런 기와를 붉은 기와로 바꾸었다. 건물의 보수와 의복 등을 장만하는 데만 모두 2천만 원이 들었다.

이듬해인 2016년 원단의 성대한 '중화제국' 창건 의식을 준비하기 위해 이해 12월 23일에 문득 운남장군 당계요와 순안사 임가징任可澄으로부터 전보가 날라 왔다. 24시간 내에 즉시 내란 음모자인 양도와 엄복, 단지귀 등을 처벌하고, 공화제를 지킬 것을 명백히 밝히라는 내용이었다. 원세개 는 군주제 시행을 요구하던 자들이 문득 이런 요구를 하고 나선 것을 크게 의아하게 생각했다. 이에 즉시 정사당에 명해 배경을 알아보게 했다.

이해 12월 25일, 운남으로 잠입한 양계초의 애제자인 채악蔡鍔이 당계 요唐繼堯 등의 장령들과 함께 운남성의 독립을 선포하면서 원세개의 죄를 성토하고 나섰다. 당초 채악은 은밀히 운남과 연계하면서 천진에서 양계 초와 만나 비밀리에 원세개 토벌계획을 세웠다. 양계초는 채악에게 운남 에 잠입해 '반원투쟁'의 기치를 들 것을 권했다. 운남의 독립 선언은 민심 이 이미 원세개를 떠났음을 의미했다. 이들을 중심으로 이른바 '반원투쟁 군反袁鬪爭軍' 일명 '호국군'이 전국적으로 조직되었다. 제1군은 채악이 총사 령이 되어 사천으로 출병하고, 제2군이 이열균李烈鈞이 총사령이 되어 호 북와 호남으로 출병하고, 제3군은 당계요가 총사령이 되어 후방에서 지원 키로 했다. 이들은 국민들로부터 열렬한 지지를 받았다.

자세한 내막을 알 길이 없었던 원세개는 운남의 '호국군'을 일거에 박멸 할 수 있다고 자신했다. 열강은 일본을 제외하고는 중국의 내정에 간섭할 힘이 없고, 일본도 이제 우호적으로 변해 큰 문제가 되지 않을 것으로 생 각한 결과였다.

마침내 '중화제국'의 창건을 대내외에 널리 알리는 1916년의 새해 첫날 이 밝았다. 원세개는 제위에 오르는 의식을 거행하지 않고 총통부를 신화 궁新華宮으로 개칭했다. 이어 국호를 '중화제국中華帝國'으로 고쳤다. 연호는

'홍헌洪憲'이었다. 그러나 '홍헌 원년'을 쓴 외교 공문은 모두 반려되었다. 외세의 개입을 두려워한 원세개는 할 수 없이 대외용 공문에는 '중화민국'의 연호를 쓰고, 직함도 '황제'가 아닌 '총통'을 사용토록 했다. 이로 인해 중국은 제국과 민국이 공존하면서 제국도 민국도 아닌 이상한 나라가 되었다. 이를 두고 외국 언론은 그를 '황제총통'으로 부르면서 신랄하게 풍자했다. 국내에서도 '총통이냐 황제냐'며 그를 비웃었다.

황제가 된 원세개는 일본의 환심을 사기 위해 농상부 총장 주자제周自齊를 일본 특사로 파견했다. 명분은 일본의 메이지 천황에게 대훈장을 수여한다는 것이었으나 사실은 예물을 보내는 것이었다. 그는 동시에 호국군에 대한 진압을 재촉했다. 중남해에 운남토벌을 총괄하는 임시 사무실을 설치하고 직접 군무를 챙겼다. 이해 1월 5일, 조곤을 전선으로 파견했다. 조곤의 군사는 두 갈래로 나뉘어 사천과 호남의 서부로 각각 진군했다.

일본 정부는 당초 원세개의 특사 파견을 열렬히 환영했다. 1월 14일, 히오키 마스 공사가 주중 일본 공사관에서 특사의 송별연회를 베풀기도 했다. 그러나 다음날 일본 정부는 문득 원세개와 제정한 비밀협약이 누설된 것을 이유로 주자제의 방일을 거부했다. 원세개의 체면은 크게 손상될 수밖에 없었다.

군사적으로도 커다란 낭패를 보게 되었다. 당시 채악이 이끄는 호국군 제1군은 동서 두 갈래로 나뉘어 서로군은 운남을 지나 사천으로, 동로군은 귀주로 진군했다. 귀주와 사천이 이내 독립을 선포했다. 손문이 이끄는 중화혁명군도 광동과 산동, 호남, 호북에서 연이어 일어났다.

원세개의 일족들도 크게 반발했다. 당시 원세개의 사촌 여동생 원서정袁書貞이 50세 생일을 맞게 되었다. 원세개가 원극정에게 선물을 보내도록 하자 원극정은 다섯째 동생 원극권袁克權을 대신 보냈다. 원극권은 또 다른 조선인 출신 둘째 첩 이씨 소생이었다. 당시 원서정은 조카를 만나지도 않은 채 사람을 시켜 이런 말만 전하게 했다.

"우리 가문에는 그런 형제나 조카가 없다."

얼마 후 원서정이 오라비에게 편지를 보냈다.

"우리는 대대로 청나라의 은혜를 받았습니다. 총통이 된 것은 보물을 도둑질한 것과 같습니다. 장차 황천에 가서 태후를 어찌 만나려는 것입니까? 나도 어렸을 때 경서를 읽어 군신지도君臣之道를 조금은 압니다. 오늘부터 그대는 그대의 황제가 되고, 나는 청나라의 여성으로 남겠습니다."

막내 동생인 원세동袁世彤은 고향에서 북경까지 올라와 속히 퇴위할 것을 요구했다. 원세개가 천명과 민의를 들먹이며 변명하자 그는 여동생과 함께 북경과 천진의 신문에 원세개와 혈연을 끊겠다는 내용의 성명을 발표했다.

"우리는 형제자매의 의를 철저히 끊는다. 군주제가 이뤄져도 부귀공명은 우리와 아무 관계가 없다. 실패해도 그 죄과에 우리는 아무 책임도 지지 않는다."

귀향한 원세동은 곧바로 군사를 모집한 뒤 '근왕勤王'을 내세웠다. 원세개는 하남성 장군 조척趙倜을 시켜 이를 해산시켰다. 국민들의 반대와 형제자매의 반발은 그의 심신을 지치게 만들었다. 정작 그를 가장 지치게 만든 것은 태자 문제였다. 장남 원극정은 비록 적장자이기는 했으나 한쪽 다리를 저는 데다 왼손에도 장애가 있었다. 그러나 조선 여인 김씨 소생의 차남 원극문은 총명하고 재질이 뛰어나 원세개는 그를 보고 늘 '천재'라며 칭송했다. 5남 원극권 역시 성격이 온순하며 학문도 뛰어났다. 원세개는 차남과 5남 가운데 한 명을 선택해 태자로 세우겠다는 말을 내비친 적이 있다. 원세개가 총애한 셋째 딸 원숙정袁叔禎의 증언에 따르면 부친은 원극문에게 더 많은 관심을 기울였다. 사실 원극문이 나이도 위이고 부친을 대신해 대외업무를 주관해 신임을 많이 받고 있었다. 그가 태자가 될 것이라는 목소리가 가장 높았다. 원극정은 이 얘기를 듣고 대노했다.

"만일 따예大爺가 둘째를 태자로 내세우면 내가 그를 죽여버릴 것이다."

원숙정이 이 얘기를 듣고 부친에게 전하면서 이같이 덧붙였다.

"우리 집안에 옹정제가 형제 등 정적을 암살할 때 쓴 흉기인 혈적자血滴子가 나오게 생겼습니다."

원세개는 말문이 막혔다. 당시 원극문은 이 얘기를 듣고 크게 두려워한 나머지 영국으로 유학을 가고자 했다. 원극문의 생모인 김씨 등이 극구 만류했다. 원극문은 부친에게 과거 청나라가 태자를 책봉하는 것처럼 아예 자신을 제2의 태자로 봉해 달라고 간청했다. 원세개가 이를 받아들여 황궁의 관제를 다시 정하고 모자와 옷도 다시 만들도록 했다. 원극문이 간신히 위기를 벗어난 이유다.

당시 조선인 출신 둘째 첩 이씨는 황후가 될 생각으로 자신의 소생인 원극권이 태자로 낙점되기를 고대했다. 가장 총애를 받는 다섯째 첩도 이에 뒤질세라 연일 자신의 소생인 6남 원극환袁克桓을 태자로 세울 것을 졸라 댔다. 이들 비빈간의 싸움도 원세개를 크게 심란하게 만들었다.

당시 그의 여러 딸 가운데 오직 셋째 딸인 원숙정만 군주제를 반대했다. 부친이 그녀를 부의에게 보내 황실과 사돈을 맺으려고 했을 때 울면서 크게 반발한 바 있다. 원세개가 일찍 죽은 탓에 이 혼사는 이뤄지지 않았다.

군주제 철회

이때 원세개가 퇴위를 결심하게 된 극적인 사건이 일어났다. 하루는 원숙정이 시녀에게 간식으로 먹는 잠두콩을 밖에 나가 사오도록 시켰다. 공교롭게 시녀가 갖고 온 잠두콩의 봉투는 〈순천시보〉로 만든 것이었다. 원숙정은 우연히 며칠 전에 자신이 본 신문의 내용이 잠두콩 봉투로 사용된 〈순천시보〉의 내용과 다르다는 사실을 발견하고는 깜짝 놀랐다.

확인해보니 날짜는 같으나 내용이 전혀 달랐다. 원극정이 부친인 원세개만을 위한 '1인 신문'을 만든 것이다. 이상한 생각이 들어 원극문에게 묻자 원극문이 감히 부친에게 사실을 고하지 못했다며 전말을 밝혔다. 원숙정이 이날 저녁 진짜 〈순천시보〉를 부친에게 보여주었다. 다음날 아침 원세개가 장남 원극정을 불러 영문을 물었다. 원극정이 자초지종을 고하며 용서를 빌었다. 대노한 원세개가 채찍으로 그를 후려치며 일갈했다.

"너는 아비를 속이고 나라를 망친 놈이다!"

이후 그는 장남을 보기만 하면 화를 냈다. 그는 일본의 지원도 기대할 수 없는 상황에서 '호국군'과의 전투도 불리하게 돌아가고, 외국도 계속 경고를 보내오자 군주제의 앞날이 힘들 것이라는 사실을 절실히 깨닫기 시작했다. 군주제 실시를 위한 일체의 활동을 잠시 미룰 수밖에 없었다.

이해 2월 23일 그는 황제에게 올리는 문건을 모두 받지 않겠다고 선포하고 운남의 사건을 평정하기 전에는 결코 즉위식을 치르지 않을 것을 각국 공사들에게 통지했다. 당시 북양군은 사천에 도착해 '호국군'과 며칠 동안 격렬히 싸우다가 대치 상태에 들어갔다. 호국군은 탄약과 군량이 부족해 후퇴할 수밖에 없었다. 이에 북양군은 총 한방 쏘지 않고 사천 일대를 회복했다. 호남성 싸움도 여단장 당천희唐天喜가 혁명군에 가담하는 바람에 처음에는 북양군에게 불리했다. 당천희는 원세개의 오랜 부하였다. 이 소식을 접한 원세개가 심한 충격을 받고 혼자 중얼거렸다.
"당천희가 나를 배반했다. 당천희가 나를 배반했다."

이때 북양군 6진이 역공을 가해 호남성 서부를 탈환했다. 군사부문의 일이 순조롭게 풀리자 원세개는 반군을 평정할 날이 멀지 않았다면 기뻐했다. 그러나 이해 3월 15일에 육영정陸榮廷이 광서의 독립을 선포한 데 이어 운남으로 들어간 북양군을 섬멸하는 일이 빚어졌다. 북양군의 사기가 크게 떨어진 와중에 장령들은 풍국장과 단기서의 밀명을 받고 진군을 멈춘 채 날마다 군수품을 요구하며 원세개를 난처하게 만들었다. 원세개는 심복 완충추阮忠樞를 서주徐州로 보내 장훈을 설득했다. 그러나 장훈은 선통의 연호가 아직 살아 있는데 원세개가 분별없이 황제를 칭하고 있다며 크게 비난했다.

"이는 융유태후에게 부끄러운 일이다. 살아서는 세인들에게 면목이 없고, 죽어서는 역사에 욕먹을 짓이다."

원세개는 완충추의 보고를 받고는 이제 자신과 고락을 같이 해온 북양군도 더 이상 의지할 수 없게 되었음을 절감했다. 풍국장이 이순 등과 연합해 군주제를 전복시키려 한다는 보고까지 올라오자 그는 더욱 절망했다. 하루는 극히 비통한 어조로 측근에게 이같이 말했다.

"끝났다. 모든 게 끝났다. 어젯밤에 큰 별 하나가 떨어지는 것을 보았다. 이는 내 평생 2번째로 본 것이다. 처음 보았을 때 이홍장이 죽었다. 이번에는 내 차례일 것이다."

이어 자신의 선조들이 모두 59세 전에 죽었다는 얘기를 했다. 자신도 이미 58세이니 아마도 59세를 넘기기 어려울 것이라는 얘기도 했다. 이때 서세창의 편지가 왔다.

"아직 반전의 여지가 있소. 이를 놓치면 다시는 기회가 없을 것이오."

이해 3월 17일 원세개가 측근 양사기를 불러 대책을 물었다. 군주제 철회를 주문하자 원세개가 동의했다. 그러나 군주제 철회 후 다시 총통의 자리로 돌아갈 수 있을지 걱정이었다. 군주제를 취소한 후 중앙정치는 서세창과 단기서에게 맡기고, 중앙군사는 풍국장에게 맡기기로 결심한 그는 급히 전보를 보내 채악과 화전하게 한 뒤 별도로 양계초에게 부탁해 운남과 광서를 설득했다. 그가 황제가 된 것은 '국민대표대회'의 추대를 통한 것이었다. 이를 철회하려면 유사한 절차를 밟아야만 했다. 그는 내심 입법

회의를 앞당겨 열고 군주제 철회와 총통직 재취임을 골자로 한 결의안을 통과시키고자 했다.

그러나 정세는 위급하게 돌아갔다. 휴식과 정비를 마친 호국군이 전면적인 반격을 개시해 일거에 사천과 호남 일대를 점거해 나가기 시작했다. 회의를 소집하기에는 너무 늦었다. 그는 스스로 군주제 철회를 선포하는 수밖에 없었다. 3월 20일 그는 국무경과 각 부 총장, 참정원 참정, 숙정청 장관, 평정원 원장 등을 모아놓고 군주제 철회 문제를 토론했다. 참가자들 모두 이견이 없었다. 그날 밤 바로 선포하기로 결정되었다. 오직 원극정만 목숨을 부지하기조차 어려운 상황에서 홀로 반대 상소를 올렸다.

"주안회가 성립돼 오늘까지 이미 7달이 지났습니다. 천신만고 끝에 군주제 실시라는 목적에 이르렀습니다. 지금 군주제를 철회하면 반대자들의 목소리만 키울 뿐입니다. 게다가 지금 각 성이 독립을 선언하는 상황에서 총통이 되는 것도 반대할지 어찌 알겠습니까? 오히려 군주제를 적극 실시하는 것이 상책입니다. 승부는 아직 알 수 없습니다. 저들이 귀순하지 않을지라도 장강이나 황하를 경계로 하는 것일 뿐입니다. 폐하가 온 나라를 통일하지 못할지라도 강산의 절반은 남지 않겠습니까?"

원세개는 이 상소문을 보고 또 마음이 흔들렸다. 그러나 상황이 절박했다. 아무리 생각해도 북양군을 더 이상 믿을 수 없었다. 그는 결심을 굳혔다. 3월 21일에 그는 요인들을 소집해 회의를 열었다. 단기서와 서세창을 불러 군주제 철회방침을 명백히 밝히면서 풍국장 등이 군주제 철회와 관련해 보내온 비밀 전보를 보여주었다. 모두 말이 없었다. 이날 그는 서세창을 국무경에 임명했다. 다음날인 3월 22일 원세개는 마침내 군주제 철회의 명령서를 발표했다. 다음날 '홍헌' 연호를 폐지하면서 그 해를 다시 중화민국 5년으로 할 것을 명했다. '홍헌' 연호의 존속기간은 도합 83일간이었다.

3월 25일, 원세개는 여원홍과 서세창, 단기서의 명의로 육영정陸榮廷과 양계초, 당계요, 채악 등에게 군주제 철회의 목적을 이뤘으니 전쟁을 멈추고 함께 뒷수습을 하자는 내용의 전보를 보냈다. 이날 참정원에서는 각 성에서 보내 온 추대서를 일괄 폐기하고 군주제와 저촉되어 취소된 민국시대의 법령을 모두 회복시키기로 결의했다. 3월 29일, 원세개는 군주제 관련 서류 8배경 건을 폐기했다. 4월 2일에 참정원에서 최종적으로 군주입헌 국체안의 취소를 결의했다.

채악 등의 호국군은 원세개의 망명과 재산몰수, 자손들의 공민권 박탈 등을 골자로 한 6가지 조건을 제의하고 나섰다. 4월 6일, 광동이 독립을 선포한 데 이어 절강과 호남, 강소, 안휘, 강서를 비롯해 봉천 등지까지 연이어 반기를 들었다. 많은 성의 농민들이 조세 납부 거부 투쟁을 전개했다. 사회 각계의 명사와 의원들이 그의 퇴위를 압박하고 나섰다.

"천하에 되살아난 황제는 있어도, 절개를 잃고 재기하는 총통은 없다. 국가는 천하의 것이지 개인의 것이 아니다. 반역죄는 성립되었고 총통 자격은 이미 상실되었다."

전 국민의 성토 속에 원세개는 최후의 수단을 구사했다. 4월 21일, 그는 책임내각제를 선포했다. 그러나 이 또한 꼼수에 지나지 않았다. 다음날 서세창이 '수습불가'를 이유로 사직했다. 5월 6일에 운남, 귀주, 광서, 광동 등 4개 성에서 통일기구인 군무원軍務院을 세우고 당계요를 무군장撫軍長, 육영정과 채악 등은 무군이 되었다. 이어 여원홍을 총통으로 추대하고 군무원에서 전국의 군정을 책임지고 수습해 처리하게 했다.

이해 5월 9일, 진수번陳樹藩이 산서의 삼원三原에서 독립을 선포한 뒤 섬서 지역 호국군 총사령을 자처하면서 육건장陸建章을 협박해 산서를 떠나게 했다. 풍국장이 소집한 남경회의는 장훈 등의 방해공작으로 아무 결론도 내지 못했다. 5월 22일, 사천장군 진환陳宦이 사천의 독립을 선포하면서 원세개와 개인관계를 끊는다는 특별성명을 발표했다. 그는 전에 북경을 떠나면서 원세개에게 속히 보위에 오를 것을 애걸한 인물이었다. 원세개는 그의 배신에 충격을 받은 나머지 기절했다가 한참 만에 깨어났다.

원세개는 극히 초조해진 나머지 식사량이 크게 줄어들고 정신도 쇠약해졌다. 이내 병이 났으나 그는 더욱 권력에 집착하는 모습을 보였다. 그가 처음에 얻은 병은 방광결석이었다. 그는 서양의술을 믿지 못해 제때 치료를 받지 못했다. 이해 6월 초에는 요독증으로 인해 배뇨도 못하고 병석에서 일어나지도 못하는 지경이 되었다. 마침내 원극정의 요청으로 프랑스 의사가 달려와 오줌을 뽑아내며 치료를 해주었으나 별 차도가 없었다. 원세개는 급히 사람을 시켜 서세창과 단기서를 부른 뒤 이같이 말했다.

"총통은 응당 여원홍이 해야 하오. 나는 병이 나아도 창덕으로 돌아갈 생각이오."

정계은퇴를 언급한 것이다. 자신의 목숨이 얼마 남지 않은 것을 안 그는 갑자기 혼수상태에서 깨어나 서세창을 불러오게 하고는 원극정에게 이같이 유언을 했다.

"내가 죽은 후 너희들은 크고 일을 모두 서세창에게 묻고 행하라. 너는 서세창을 마치 나를 섬기듯 섬겨야 한다."

원극정은 울기만 할 뿐이었다. 이해 6월 6일 새벽, 마침내 임종이 가까워오자 서세창과 단기서, 단지귀, 왕사진, 장진방 등이 서둘러 병상 곁으로 다가왔다. 원세개가 서세창에게 말했다.

"모두들 잘 왔소. 나는 이미 다 된 사람이오."

서세창이 위로했다.

"너무 조급해 하지 마십시오. 며칠 잘 치료하면 좋아질 것입니다."

그리고는 한마디 덧붙였다.

"총통이 할 말씀이 있으면 일찍 기록해 두는 것도 좋을 듯합니다."

원세개는 입술을 약간 움직이면서 '약법'이라는 두 글자를 말했다. 그러나 더는 말을 하지 못했다. 원극정이 의사를 시켜 강심제를 한 대 놓게 했다. 원세개는 다시 깨어나 아주 힘겹게 마지막 말을 했다.

"그가 날 해쳤어."

결국 그는 이날 오전 10시에 숨을 거두었다. 나이는 자신의 예언대로 60세를 넘기지 못한 58세였다.

원세개가 숨을 거두자 정실 우씨가 옆에서 통곡을 하며 넋두리를 했다.

"당신은 평생 나에게 미안한 일만 했소. 그 많은 첩을 얻고, 또 그렇게 많은 자식을 낳고, 이제 다 나한테 맡기고 가면 난 어떻게 하란 말이오."

실제로 당시 원세개가 남겨놓은 자식은 아들 17명과 딸 15명 등 모두 32명에 달했다. 이들 가운데 딸 3명은 요절해 이름이 자세히 알려져 있지 않다. 장례 기간 가운데 원극정은 상복을 입고 몇 번이나 영전에 무릎을 꿇고 울부짖었다.

"아버님, 정말 죄송합니다. 제가 죄인입니다."

당시 원극문의 생모인 셋째 첩 김씨는 금을 삼키고 함께 죽으려고 했으나 즉시 발견되어 죽음을 면했다. 그녀는 결국 그것 때문에 병을 얻어 결국은 피를 토하며 죽었다. 원세개가 죽은 다음날인 이해 6월 7일에 여원홍은 법에 의해 총통이 되었다. 단기서를 위시한 국무원에서는 장의처를 세

원세개가 죽으면서 말한 '그'는 누구일까?

지금까지도 '그'를 둘러싼 논란이 그치지 않고 있다. 많은 사람들이 풍국장과 단기서를 지적한 것으로 분석하고 있다. 원세개가 황제에 오를 때 애매한 태도를 보였다는 게 이유이다. 이밖에도 원극정을 지목한 것이라는 주장과 양도 등 '주안회' 회원 등을 지목한 것이라는 주장 등이 다양한 견해가 있다. 여러 설 가운데 가장 특이한 것은 이런 것이다.

"원세개가 죽으면서까지 '그'가 누구인지를 명확히 밝히지 않은 것은 간웅이 죽으면서까지 술수를 부린 것이다. 그는 이 말로써 자신의 죄책을 덮고 화를 다른 사람에게 미루고자 한 것이다. 불분명한 말 한마디로 자신을 황제에 옹립하고 배신했던 사람을 질책한 셈이다."

나름대로 탁월한 분석이기는 하나 아무래도 지나치다. 당시의 정황에 비춰 대략 자신을 세인들의 지탄대상으로 만드는 데 일조한 모든 사람을 총칭한 것으로 보는 게 합리적이다.

우고 50만 원을 내어 그의 장례를 치르게 했다. 이어 온 나라에 조기를 내걸고 오락과 수업, 연회를 중지하고 애도를 표시했다.

원세개의 시신은 다음날인 6월 8일 입관되었다. 머리에는 왕관을 씌우고, 천제를 지낼 때 입는 예복을 입혔고 붉은 신을 신겼다. 사자의 모습만큼은 완연히 황제의 차림새였다. 6월 28일에 영구가 하남성 창덕현 원상촌洹上村으로 옮겨졌다. 여원홍이 많은 관원들을 이끌고 배웅했다. 영구차가 역을 떠날 때 예포 1백 발이 발사되었다. 단기서 이하 북양군의 군관 모두 장례식에 참석했다.

원세개는 은거할 때 태항산太行山에 자신의 묘지를 봐둔 적이 있다. 원극문은 이곳에 안장하고자 했으나 원극정이 반대했다. 결국 원상촌에서 동북으로 2리가량 떨어진 곳에 묻기로 결정되었다. 무덤 옆 누각의 액자에 원극문이 황제의 능을 뜻하는 '원릉袁陵'이라고 쓰려고 하자 단기서가 막았다. 비난을 받을 수 있다는 이유였다. 이에 '원공림袁公林'이라고 썼다. 원공림은 면적이 3천여 평이나 되고 소나무와 꽃을 심어 아주 호화로웠다.

  그가 죽은 후 그의 자식들은 대부분 말로가 좋지 않았다. 당초 그가 남긴 재산은 장남 원극정의 주재 하에 자녀와 처첩들에게 두 번에 걸쳐 분배되었다. 1차 재산분배 당시 그와 그의 생모 우씨가 분배받은 액수는 지금까지 비밀로 되어 있다. 그러나 다른 사람들에게 분배된 기록은 남아 있다. 6명의 이타이타이姨太太, 즉 첩에게는 1인당 은원 6만 위안, 황금 30냥씩 분배했다. 17명의 아들들에게는 1인당 은원 8만 위안, 황금 40냥, 각종 주식 7만 위안씩을 분배했다. 13명의 딸에게는 1인당 은원 1만 위안으로 나중에 시집갈 때 가지고 갈 것으로 했다. 이를 다 합치면 은원 185만 위안, 황금 860냥, 주식 119만 위안에 해당한다.

  제2차 재산분배 때 나눈 것은 북경과 천진의 부동산이었다. 이는 '극克'자 돌림 밑의 '가家'자 돌림의 손자들에게 배분된 것이었다. 모두 1인 당 은원 249만 위안씩 합계 은원 3984만 위안을 나눠 주었다. 당시 원극정은 장남이라는 지위를 이용해 원세개가 프랑스 은행에 맡긴 200만 프랑, 대량의 전답과 가옥, 골동, 문화재, 주보, 자화 등을 독식했다고 한다. 일설에는 그가 차지한 재산이 여타 자녀와 처첩들에게 분배된 것을 합친 것보다 많았다고 한다.

  원극정은 부친으로부터 물려받은 많은 유산을 믿고 계속 '태자'로 행세하며 방탕한 생활을 하다가 결국 극심한 가난 속에 삶을 마쳤다. 중일전쟁이 터졌을 때 원극정은 이미 60세가 넘어 있었다. 원세개 밑에서 성장하며 이른바 '용호구龍虎狗 3걸三傑'로 불린 왕사진과 풍국장, 단기서 모두 죽은 뒤였다. 북경을 함락한 일본은 친일 정부를 세우면서 높은 관직을 미끼로 원극정을 끌어내리려고 했다. 그러자 그가 곧 신문에 이런 성명을 발표했다.

"나는 이미 병이 깊고 어떤 일에도 관심이 없다. 장차 손님도 받지 않을 것이다."

당시 그는 손님들에게 옥수수 가루로 만든 빈민용 만두인 '워워터우窩窩頭'와 소금에 절인 야채밖에 대접할 게 없을 정도로 빈궁한 상황에 처해 있었다. 그러나 그는 식사 때마다 가슴에 냅킨을 대는 등 황태자 시절과 하등 다름없는 모습을 보였다. 차남 원극문 역시 탁월한 시문을 바탕으로 다재다능한 재예를 발휘해 사교계에서 명성을 떨쳤으나 사치스런 생활로 인해 말년은 매우 쓸쓸했다.

중화인민공화국이 들어서고 문화대혁명이 전개되면서 그의 자손들은 반동계급으로 낙인찍혀 큰 곤경을 겪었다. 다만 원극문의 3남인 원가류袁家騮와 그의 부인 오건웅吳建雄이 미국에서 저명한 물리학자로서 세계적인 주목을 받은 것이 눈에 띤다. 이들은 1973년 중국을 방문해 모택동과 주은래로부터 뜨거운 환영을 받았다. 주은래는 회견 도중 이같이 말했다.

"원씨 가문은 밑의 세대로 내려갈수록 진보적이다!"

대만 출신인 부인 오건웅은 미국 물리학회 사상 첫 여성 학회장을 지낸 인물로 자신의 이름을 딴 '소행성2752'을 최초로 발견했다. 미국 뉴욕 주립대학 석좌교수와 대만대학 대우교수를 지낸 바 있는 원가류는 부인 사망 후 지난 2001년 미국 시민권자 신분으로 남동생과 아들 및 손주 등과 함께 중국으로 이주했다.

그러나 그의 부친 원극문은 장기將棋와 마작麻雀 유단자로서 명성을 떨쳤다. 원세개가 병사한 후 다시 장기와 마작으로 일생을 지내다가 1931년 천진에서 42세로 사망했다. 원래 원극문 등은 1914년에 미국 등의 골동품상과 결탁해 당태종의 무덤인 소릉昭陵에 있는 육준六駿의 석각을 훔치기도 했다. 당시 소릉에는 당태종이 생전에 타고 다닌 6마리의 준마駿馬가 조각돼 있었다. 그 이름은 특륵표特勒驃, 삽로자颯露紫, 청추青騅, 권모과拳毛瓜, 십벌적什伐赤, 백제오白蹄烏였다. 원극문 일당은 삽로자와 권모과 두 석각을 훔쳐갔다. 4년 뒤인 1918년 다시 잠입해 나머지 4개의 석각도 훔쳐 가려고 했다. 그러다 현지 주민들에 의해 발각되는 바람에 실패했다. 당시 화를 면한 4개의 석각은 현재 서안의 비림碑林 박물관에 전시돼 있다. 이미 해외로 반출된 2개 석각은 미국 펜실베이니아 대학교 박물관에 있다.

원래 원세개가 조선인 첩들이 낳은 자녀는 모두 7남 8녀였다. 원세개 자녀들 가운데 거의 절반에 해당한다. 당시 그의 슬하에는 아들이 17명, 딸이 15명, 손자가 22명, 손녀 25명이 있었다. 모두 79명이나 된다. 첩 심씨를 가장 총애했으나 아이를 못 낳은 까닭에 김씨는 자신의 소생 원극문을 심씨에게 내줘야만 했다. 원극문은 평생 심씨를 '어머니'로 불렀다.

원세개의 아들 가운데 김씨 소생의 원극문과 김씨의 몸종 출신 이씨 소생의 원극권이 가장 큰 총애를 입었다. 특히 원극문은 원세개의 황제 등극 후 후계자로 거론되기도 했다. 정실인 우씨 소생의 장남 원극정은 독일과 영국에 유학을 다녀온 자신이 대통을 이어야 한다고 여겼지만 1913년에 승마 도중 말에서 떨어져 한쪽 다리를 크게 저는 바람에 후계자 경쟁에서 탈락했다.

원세개에 대한 평가

객관적으로 볼 때 원세개의 시대는 경제적으로 공전의 호황을 누리던 시기였다. 청나라 말부터 계속된 동란이 강압적인 독재정치에 의해 멈추었고, 경제 질서가 확립되고, 봉건적 정치체제의 붕괴와 근대국가의 창설이 근대산업의 발전에 크게 기여하였다. 정부도 산업진흥을 위해 많은 시책을 실시했는데 이들은 정부의 재정기반 강화와 중국은행과 교통은행을 정점으로 한 관료독점자본지배의 관철을 목적으로 한 것이기도 했으나 실제로 제1차 세계대전의 영향으로 민족 산업은 호황을 나타내기 시작해 경공업을 중심으로 한 새로운 공장의 설립이 계속되어서 국제수지도 대폭적인 개선을 보였다.

그러나 1914년 7월에 발발한 제1차 세계대전은 중국을 둘러싼 제국주의 열강의 권익쟁탈전의 양상을 일변시켰다. 영국, 프랑스, 러시아, 독일 등 각국이 유럽전선에 전력을 집중하고 아시아를 돌아볼 여유가 없다는 실정이 중국을 일본의 독점적인 시장으로 만들었다. 원세개는 황제가 되고자 하는 욕망 때문에 일본의 중국침략을 인용하는 모습을 보였다. 이는 민심이반의 결정적인 계기로 작용했다.

당시 원세개가 황제의 꿈을 버리고 총통의 직책을 성실히 수행했다면 역사의 평가는 달라졌을 것이다. 그의 삶은 난세 속에서 일개 무부武夫가 몸을 일으켜 지존의 자리까지 올랐다가 세인들이 지탄 속에 죽음을 맞이한 비극이다. 그의 삶은 태평천국을 세운 홍수전이 15년 동안 '천왕'을 자처하며 황제에 버금하는 위세를 떨치다가 비참한 최후를 마친 것과 같은 맥락에서 이해할 수 있다. 두 사람의 입신은 기본적으로 청나라 패망의 난세 상황이 존재했기에 가능했다. 그러나 오랫동안 두 사람에 대한 평가는 정반대로 전개됐다.

홍수전은 중화민국 수립 이후 태평천국이 민중혁명으로 평가받은 까닭에 호평을 받았다. 여기에는 손문의 홍수전에 대한 존경이 크게 작용했다. 이런 호평은 중국이 공산화한 이후 더욱 높아져 홍수전을 인민의 영웅으로 격상하는 분위기가 연출되었다. 이와 달리 원세개는 지난 세기 말까지 부정적인 평가가 주류를 이뤘다. 간교한 처세술로 변법개혁을 무산시키고, 신해혁명을 권력 장악의 발판으로 삼고, 인민을 도탄에 빠뜨린 군벌정치의 단초를 열고, 시대착오적인 황제 등극을 획책해 일제의 침공 빌미를 제공했다는 것 등이 그 이유였다.

그러나 최근 이런 판에 박은 평가에 변화조짐이 나타나고 있다. 태평천국이 결코 민중을 위한 정권도 아니었고, 원세개의 무력이 존재하지 않았다면 중국은 조기에 열강에 의해 과분 되었을 공산이 컸다는 분석이 논거로 제시되었다. 사실 그에게는 부정적 측면이 많은 게 사실이나 나름대로 평가할 점도 있다. 시대의 흐름을 좇아 과거 등 낡은 전통을 혁파하고, 실용과학과 교육개혁을 고취하고, 청나라 붕괴 이후 지방할거 세력을 제압해 남북을 통일한 점 등이 그것이다.

민국 초기에 과연 서구식의 공화제 채택이 최선이었는지에 대해서도 진지한 고찰을 요한다. 당시 독일황제 빌헬름 2세는 그에게 서신을 보내 중국의 경우는 공화제보다 군주제를 택해 부국강병을 추구하는 게 낫다고 충고한 바 있다. 실제로 그는 독일과 일본의 성공사례에 주목해 강력한 총통제 내지 제제帝制를 추구했다. 만일 조야가 격렬히 반대한 반제帝制운동을 도중에 포기하고 이미 성취한 강력한 총통제를 바탕으로 부국강병을 추구했다면 그는 사가들로부터 전혀 다른 평가를 받았을 가능성이 컸다.

그런 점에서 양무파가 군벌시대를 촉발하는 계기로 작용했다는 기존의 지적은 수정을 요한다. 원래 이런 지적은 원세개를 이홍장의 후계자로 간주한데서 비롯된 것이다. 실제로 대부분의 사람들이 아직도 원세개를 군벌시대 개막의 장본인으로 보고 있다. 이는 태평천국 진압 직후 상군을 자발적으로 해체한 증국번은 말할 것도 없고, 청일전쟁에서 해군이 궤멸한 이홍장의 북양군 모두 군벌시대의 개막과는 직접적인 관련이 없다는 점에서 나름대로 일리가 있다.

그러나 북양군의 모태는 회군이고, 회군의 기원은 상군이라는 점에서 보면 엄밀한 의미의 군벌은 증국번에서 시작되었다고 할 수 있다. 증국번이 태평군에 대한 승세를 굳혔을 때 많은 사람들이 그에게 보위에 오를 것을 사주한 게 그 증거이다.

원세개에 대한 기존의 평가에서 가장 큰 문제가 되는 것은 원세개의 부정적인 측면만을 부각시켜 당시의 상황을 파악하는 평면적인 접근에 있다. 당시 원세개가 '남북화의'를 통해 초대 대총통의 자리에 오른 것은 오직 그만이 막강한 무력을 보유했다는 점에서 볼 때 불가피한 점이 있었다. 그러나 말만 대총통이었을 뿐 권한이 그다지 많지 않았다. 제1차 세계대전의 전운이 감도는 당시의 상황에서 그가 대총통의 권한을 강화코자 한 것 역시 불가피한 면이 있었다.

그럼에도 혁명파에 뿌리를 둔 국민당은 시종 서구의 내각책임제 운영을 획책했다. 서구 열강이 중국을 분할해 다스리고자 하는 야욕을 완전히 버리지 않은데다 조선을 병탄한 일제가 만주를 손에 넣기 위해 극심한 분열공작을 획책하는 상황에서 서구의 내각책임제를 고집하는 것은 반역사적인 행보에 가까웠다. 원세개가 보위에서 내려온 뒤 '대총통'의 자리를 유지코자 했을 때 아무런 대안도 없이 그를 궁지에 몰아넣은 것 역시 현명한 처사가 아니었다. 그의 사후 휘하에 있던 군벌들이 곧바로 난립해 이후 30년 동안 극심한 혼란기를 초래한 게 그 증거이다. 이상과 현실의 괴리가 빚어낸 결과였다.

원세개는 비록 세인들의 비난과 조롱 속에 삶을 마치기는 했어도 예리한 상황판단과 능수능란한 처세술로 난세의 상황을 최대한 활용해 밑에서부터 시작해 지존의 자리에 올랐다. 삶 자체가 하나의 드라마를 방불케 한다. 21세기 동북아시대를 맞아 그에 대한 재조명 작업이 활발히 전개되고 있는 것은 그의 행보를 타산지석으로 삼아 새로운 동북아질서의 기본 틀을 찾고자 하는 노력에서 비롯된 것으로 볼 수 있다.

북벌과 장개석

장개석이 주도한 북벌北伐은 중국 전 역사를 통틀어 남쪽에서 북쪽으로 진군해 중원을 통일한 두 번째 사건을 지칭한다. 첫 번째는 명나라가 지금의 북경인 대도大都에 근거지를 둔 원나라 정벌을 위한 진격을 가리킨다.

두 번째는 1926년부터 1928년까지 국민당이 공산당과 협력해 군벌을 타도하기 위해 전개한 군사작전을 말한다. 주인공은 장개석蔣介石이다.

그가 주도한 역사상 두 번째 북벌은 신해혁명 이후 지지부진하던 공화혁명을 가속화하려는 취지에서 이뤄졌다. 덕분에 북양군벌의 북경정부가 물러나고, 남경에 근거지를 둔 국민당 정부가 중국을 대표하는 합법정부로 존재하게 됐다.

많은 사람들이 장개석의 북벌을 두고 군벌을 제압하고 천하를 평정한 데서 그 의의를 찾고 있다. 그러나 이는 평면적이다. 그의 '북벌'은 엄밀히 말해 군벌 간의 타협에 지나지 않았다. 그 역시 여러 군벌 가운데 가장 강한 세력이었다. 이는 항우가 천하를 거머쥔 뒤 유방 등을 제후에 임명하며 '왕 가운데 왕'에 해당하는 '패왕'을 자처한 것에 비유할 만하다.

그러나 장개석보다 한 발 앞서 손문을 비롯한 혁명파에게 돋보인 인물이 있었다. 손문이 총애한 왕정위다. 왕정위는 훗날 남경에 일본의 괴뢰정권을 세운 일로 인해 '매국노'의 비난을 받고 있으나 중국의 현대사를 논할 때 빼놓을 수 없는 인물이다.

손문이 가장 총애했던 왕정위는 광서 9년인 1883년에 광동 번우현番禺縣에서 태어났다. 본명은 왕조명汪兆銘이고, 정위는 호이다. 18세 때인 광서 27년의 1901년에 반우현시에 응시해 수재가 됐다. 후에 생활이 어려워 광동 수사제독 이준의 가정교사가 돼 학업을 병진하다가 광서 29년인 1903년에 일본으로 유학을 떠났다. 호세이대法政大의 속성과 관비생이 된 그는 이듬해에 정식으로 호세이대에 입학해 공부했다. 이때 그는 서양의 주권재민 사상에 커다란 감화를 받았다.

이때 열혈청년 진천화가 일본 당국의 탄압에 반발해 절명서를 쓴 뒤 해안에서 투신자살하자 유학생들의 의견이 엇갈렸다. 공부를 중단하고 귀국하자는 견해와 일본에 남아 계속 공부를 더 하자는 견해가 그것이다. 왕정위는 후자를 택했다. 얼마 후 러일전쟁이 일어나고 이듬해인 광서 31년 1905 5월 러시아의 발틱 함대마저 격파되자 전쟁의 대세는 거의 결정됐다. 러시아 내에서 각종 혁명소동이 일어났다.

이해 7월 하순 도쿄에서 '중국동맹회'가 결성됐다. 이해 8월 왕정위는 동맹회 평의부評議部 평의장에 선출됐다. 이후 '정위精衛'라는 필명으로 〈민보〉에 여러 편의 글을 발표해 삼민주의 사상을 선전했다. 특히 강유위와 양계초 등의 변법자강파의 잘못된 논리를 통박해 손문의 총애를 받았다.

광서 32년인 1906년에 학교를 졸업한 후 양광총독 잠춘훤岑春煊의 귀국 복무 요청을 거절하고 손문을 따라 남양 등으로 다니며 동맹회 분회를 조직했다. 남양혁명당보인 〈중흥일보〉 주필 가운데 한 사람이 되어 변법파의 〈남양총회보〉와 논전을 전개했다. 이때 그는 말레지아의 부유한 화교 집안 출신으로 훗날 부인이 된 진벽군陳壁君과 처음으로 만나게 됐다.

광서 34년인 1908년, 왕정위는 버마로 가 동맹회의 양곤 분회를 만들고, 이후 싱가포르 등에 동맹회 남양지부를 개설하는 작업을 전개하며 경비를 모금했다. 선통 원년인 1909년 3월 정부 요인을 암살하려는 계획을 세웠다. 이듬해인 선통 2년인 1910년 3월 31일 저녁 진벽군, 황복생, 나세훈 등을 이끌고 비밀리에 북경에 잠입했다. 그들은 사진관을 여는 것으로 위장해 섭정왕 재풍을 암살하고자 했으나 4월 2일 암살계획이 누설돼 이내 체포되고 말았다.

숙친왕 선기善耆가 변법파인 양계초의 논리를 전개하며 그를 설득했으나 혁명파의 대표적인 논객인 왕정위가 이를 받아들일 리 만무했다. 두 사람의 변론은 계속 평행선을 그었다. 숙친왕은 더 이상 왕정위를 힘들게 하지 않았다. 이후 두 사람은 이내 가까운 친구처럼 서로의 마음을 터놓고 지내는 사이가 됐다. 당시 왕정위는 28세, 숙친왕은 45세였다.

선통 3년인 1911년 10월, 무창에서 무장봉기가 일어나자 그는 이내 석방됐다. 이는 그의 석방을 통해 남북협상을 유리하게 이끌고자 한 원세개의 건의에 의한 것이었다. 왕정위는 원세개를 만난 자리에서 공화제의 성사를 전제로 원세개의 집권에 적극 협조할 뜻을 밝혔다. 이에 감동한 원세개는 그 자리에서 장남 원극정과 의형제를 맺게 했다.

중화민국 원년인 1912년 1월에 그는 손문의 옆에서 일하며 손문에게 양위를 권해 이를 관철시켰다. 손문의 명을 좇아 원세개 영접 사절단에 참여한 그는 이내 북경에서 진벽군과 결혼식을 올린 뒤 파리로 유학을 떠났다. 원세개가 사망한 이듬해인 1917년 완전히 귀국한 그는 손문의 '호법운동'에 적극 참가했다. 이후 상해에서 잡지 〈건설〉을 창간해 문필 활동을 하면서 광동 혁명정부 고등고문, 교육회 회장 등을 역임했다.

1924년 초 국민당 중앙선전부장에 임명된 그는 이해 말 손문을 따라 북경으로 올라갔다. 이듬해 초 손문이 위독하자 곁에서 그의 유촉遺囑을 기록한 그는 손문 사후 국민당 내 좌파의 영수로 활동하면서 우파인 '서산회의파'와 대립했다. 이해 8월 국민당 좌파인 재정부장 요중개가 암살당했다. 우파인 외교부장 호한민이 암살에 관련됐다는 의혹이 강하게 제기됐다.

얼마 후 특별위원회가 구성돼 호한민의 해외 망명을 결정했다. 호한민은 소련 선박을 타고 유럽으로 떠났다. 이해 10월 정변이 일어나 군사부장 허숭지가 면직됐다. 이는 참모장으로 있던 장개석이 비밀리에 허숭지의 부하 장군들과 모의한 후 그에게 3달간의 휴양을 권했기 때문이었다. 장개석은 국민정부 주석이자 군사위원회 위원장으로 있는 왕정위와 긴밀히 협력했다.

일각에서는 왕정위가 소련 고문 보로딘과 함께 호한민 및 허숭지의 추방 계책을 마련한 뒤 그 실행을 장개석에게 맡겼을 가능성을 제기하고 있다. 정변 직전에 왕정위가 장개석을 광주 위수사령관에 임명하고 전권을 부여한 점에 비춰 나름대로 설득력이 있다. 당시 왕정위가 소련과 가까웠던 것은 손문의 기본 입장을 이어받은 것이기도 했다.

이 와중에 1926년 3월 문득 장개석이 주도한 이른바 '중산함 사건'이 터져 나왔다. 지금까지 정확한 내막이 아직 제대로 밝혀지지 않은 이 사건은 이른바 '장개석 납치설'이 정설로 통용되고 있다. 중산함은 장개석이 평소 황포와 광주를 오갈 때 탑승하던 해군 함정 가운데 하나였다. 이 사건은 손문 사후 내부적으로 전개된 권력투쟁의 절정에 해당한다.

당시 국민당 측은 왕정위가 자신을 블라디보스토크로 납치할 목적으로 중산함을 황포에 파견했고, 해군국을 맡고 있던 공산당원 이지룡이 그 실행을 맡았고, 자신은 미리 첩보를 입수하고 다른 선박을 이용해 화를 피했다고 주장했으나 설득력이 없다. 분명한 사실은 3월 20일 아침 계엄령을 선포해 중산함을 나포하고 이지룡을 체포한 점이다. 사전에 면밀히 검토한 뒤 기습적으로 처리한 게 분명하다.

최근의 연구 결과에 따르면 왕정위나 이지룡은 결코 그를 블라디보스토크로 보낼 계획을 세우지 않았다는 사실이 명백히 드러났다. 가장 그럴듯한 분석은 우연히도 중산함이 미심쩍은 상황하에 강 위를 오가자 국민당과 군관학교의 우파세력이 이를 과대 포장해 장개석의 위기의식을 자극했고 장개석은 이에 넘어갔다는 주장이다. 『장개석일기』도 이를 뒷받침하고 있다.

여러 사실을 종합하면 이 사건은 원래 해적들로부터 민간 상선을 보호라는 지시가 도중에 잘못 전달된 데서 시작됐다. 이 과정에서 우파인사들이 공산당원인 이지룡이 지휘하는 중산함이 광동에서 황포로 회항한 것을 과장하며 장개석을 부추겼다. 이에 넘어간 장개석은 중산함의 회항을 자신에 대한 공산당의 반란음모로 간주해 계엄령을 선포하면서 이지룡에 대한 체포와 보로딘을 비롯한 18명의 소련고문단 철수를 명했다. 이는 국민당 제2차 전국대표자 대회에서 거듭 확인된 국민당 좌파의 당, 국민당 우파의 군, 공산당의 민중조직 등 3각 협력구도의 와해를 의미했다.

당시 소련대표 보로딘과 중국공산당 지도부는 정면대응을 자제하고 타협책을 찾고자 했다. 이는 소련 내부의 권력투쟁과 밀접한 관련이 있었다. 트로츠키 파의 반대를 무릅쓰고 국공합작을 추진한 스탈린으로서는 어떤 식으로든 사태를 수습해야만 했다. 장개석도 북벌을 실현하기 위해서는 아직 소련과 중국공산당의 협력이 필요했다. 북벌은 바로 이런 불안정한 상황에서 나온 것이었다.

이로 인해 황포군관학교와 제1군에 있던 공산당원들은 퇴출됐다. 중국 공산당은 국민당 당적을 동시에 보유하고 있는 당원들에게 명령을 하달할 때마다 국민당에 그 사본을 제출해야만 했다. 이중 당적자들에 대한 소규모 숙청이 일어난 것이다. 이지룡은 석방되었으나 왕정위와 소련 고문들이 총애하던 한 사단장이 지휘권을 박탈당했다.

이해 4월에 장개석이 군사위원회를 장악하자 군사위원회 위원장으로 있던 왕정위는 프랑스로 떠날 수밖에 없었다. 이해 6월에 국민당의 조직부장과 국민혁명군의 총사령관이 된 장개석은 북벌을 본격적으로 준비하기 시작했다. 왕정위의 파리 생활은 망명이나 다름없었다. 그의 장개석에 대한 원망은 더욱 깊어졌다.

당초 1925년까지만 해도 장개석은 근거지인 광동에 군수공장을 갖춘 혁명 기지를 건설한 후 점진적으로 북진할 생각이었다. 그가 내륙 쪽으로 관심을 돌린 이유다. 이를 뒷받침하는 이해 7월 7일자 『장개석일기』 내용이다.

"터키는 콘스탄티노플이 아닌 내륙의 앙카라에서 성공을 거두었다. 러시아는 페테르부르크가 아닌 내륙 소재의 모스크바를 수도로 삼았다."

당시는 소련 고문단과 밀접하게 협력할 때였다. 그는 자신이 손전방이 장악하고 있는 동부 해안으로 진격할 경우 서구 열강이 개입하지 않을까 우려했다. 이때가지만 해도 '북벌'을 진지하게 생각지 않았음을 뒷받침하는 대목이다.

공동출병과 북벌 시도

그렇다면 그는 왜 문득 오패부 및 손전방 등과 일전불사를 외치며 북벌을 시도한 것일까? 단초는 호남의 당생지가 제공했다. 당시 호남군벌 당생지는 세입의 처분 문제를 둘러싸고 호남성장과 충돌하게 되자 이내 호남성장을 몰아냈다. 인근 지역의 직례파 오패부가 이에 개입했다. 그는 비록 실질적으로 호남을 통제하지는 못하나 호남은 자신의 세력하에 있다고 생각했다.

당생지는 오패부의 압력에서 벗어나기 위해 강서군벌 이종인에게 접근했다. 이종인이 광주로 달려가 장개석 등과 이 문제를 협의했다. 당시 광동은 중산함 사건 직후 장개석의 영향에 들어가 있었다. 『이종인회고록』에 따르면 당초 장개석은 공동출병을 제시한 이종인의 제의에 미온적이었다. 시기상조라고 본 것이다. 그러나 결국 이종인의 제의를 받아들였다.

장개석은 원래 생각은 많이 하되 일단 결정하면 밀어붙이는 스타일이었다. 그는 결정을 내리자마자 전광석화처럼 움직였다. 당시 국민당 군대는

장개석

6개 군으로 편성돼 있었다. 제1군은 이른바 '장개석의 군'으로 불리는 최고의 정예부대였다. 제1군의 2개 사단이 그를 좇아 북진했다. 나머지 2개 사단은 하응흠의 지휘하에 산두 지역에 주둔해 동쪽 측면을 방어했다. 이종인의 광서군은 제7군, 당생지의 호남군은 제8군으로 편제됐다. 북벌군은 모두 합해 약 10만 명 정도였다.

각 군은 병력규모와 장비 면에서 커다란 편차를 보였다. 최고의 사단은 약 5천 정 정도의 소총을 보유했고, 열악한 사단은 겨우 1천 정 수준에 불과했다. 그럼에도 반년 만에 5만 명의 병력이 장강에 도달했다. 『이종인 회고록』에 따르면 당시 광동과 광서의 군사경비는 아편세와 도박세 등으로 충당했다. 북벌자금도 여기서 충당했을 가능성이 크다. 일부 장군은 장래의 조세 수입을 담보로 점령한 도시의 상인 단체로부터 돈을 빌리기도 했다. 병사들의 급료는 제때 지급되지 않는 게 일반적이었다.

총사령관 장개석은 이 문제로 골머리를 앓았다. 일단 결정하면 밀어붙이는 스타일이었음에도 그에게는 의외로 소심한 면이 있었다. 북벌 기간 동안 적은 수량의 탄약과 장비를 분배하는 일까지 일일이 챙긴 게 그 증거다. 무기가 워낙 모자라고, 병사 가운데 돈만 노린 용병이 매우 많았던 점 등을 감안할지라도 이는 기본적으로 그의 소심한 행보 때문이라고 보아야 한다.

실제로 그는 특별히 짬을 내 군에서 내놓을 공식성명, 신병을 위한 문답식 교과서, 부하 장교들에게 내리는 구체적인 지시사항 등을 일일이 챙겼다. 종종 밤늦게까지 일하곤 했으나 매일 아침 늦어도 6시 이전에 일어나도록 스스로를 다그친 그는 자신의 부지런함과 꼼꼼함을 오히려 자랑스럽게 생각했다. 그러나 주변에서는 총사령관이 사소한 문제까지 지나치게 간섭한다는 비난의 목소리가 높게 일었다.

그럼에도 그는 전략에 뛰어났다. 북벌 당시 북쪽 오패부와 동쪽 손전방의 협공을 받지 않기 위해 두 전선에서 대규모 전투를 동시에 벌이는 것을 극력 피한 게 그 증거다. 그는 1926년 9월 17일 남경을 점거한 손전방에게 전문을 보내 강서에서 병력을 물릴 것을 요청했다. 이날 그는 일기에 이같이 썼다.

"이 짐승은 자신의 반동사상으로 교활한 술수를 벌인다. 그를 격파하고 제거하는 것은 시간 문제일 뿐이다."

장개석이 북벌 준비에 박차를 가할 당시 북양군벌은 크게 3계파로 나뉘어 있었다. 봉천파 장작림, 직례파 오패부, 직례파에서 빠져나와 별도의 '동남파'를 형성한 손전방 등이 그들이다. 장작림은 북경 및 천진과 만주지역을 점거하고 있었고, 오패부는 하남과 호북 및 호남에 세력을 뻗치고 있었다. 이들 못지않게 광범위한 지역을 세력권에 넣고 있었던 인물이 손전방이었다. 그는 강소, 안휘, 절강, 복건, 강서 등 5개성으로 구성된 이른바 '5성연합군五省聯合軍'을 내세우며 '황제'처럼 군림하고 있었다. 손전방은 서태후의 묘를 도굴한 일로 인해 '도굴장군'이라는 악명을 얻은 인물이다.

중국의 고고학 전문작가 웨난 등이 쓴 『황제의 무덤을 훔쳐라』에 따르면 손전영은 군자금을 마련하느라 고심하던 가운데 도적들이 청나라 동릉에서 금은보화를 훔쳐 돈을 모았다는 이야기를 듣고는 자신이 직접 서태후 시신이 묻혀 있는 동릉을 도굴하기로 결정했다. 부하들을 시켜 도굴하던 가운데 18알의 진주 팔찌와 황금 팔찌, 쟁반, 황금상감주전자 등이 쏟아져 나오자 직접 도굴현장으로 내려갔다. 이미 관은 열린 상태였고 관 옆에는 시신을 보고 기절한 병사가 쓰러져 있었다. 화가 난 손전영의 발에 차인 병사의 몸이 서태후의 시신 위로 쓰러지면서 신기한 일이 일어났다. 해당 대목이다.

"막대기처럼 굳은 시체가 충격에 반동하면서 강한 쪽빛이 서태후의 입에서 뿜어져 나왔다. 이 빛은 서북쪽 귀퉁이에서 동남쪽 귀퉁이의 벽까지 닿고 거의 30걸음밖에 있는 병사들의 머리에까지 비쳤다."

이는 '야명주'의 빛이었다. 더위를 막아 몸을 서늘하게 해주고 죽은 사람들에게 물리면 시체가 천 년이 지나도 금방 묻은 것처럼 썩지 않는다고 알려진 천하의 보배였다. 손전영이 속히 구슬을 입에서 꺼낼 것을 지시했지만 막상 서태후의 입속으로 손가락을 넣자 구슬은 목구멍으로 넘어가 버리고 말았다. 결국 그의 부하들은 서태후의 입속으로 칼을 쑤셔 넣고 좌우로 무자비하게 입을 갈라 구슬을 꺼냈다.

'야명주'를 손에 넣은 손전영은 병사들에게 20분간 나머지 보물을 주워 가질 수 있는 시간을 줬다. 병사들은 서태후를 감쌌던 용포는 물론 저고리와 바지, 신발, 버선까지 모조리 벗겼다. 어떤 병사는 남은 '야명주'가 있을까 싶어 시신을 위아래로 흔들어보기도 하고 입과 음부에까지 손을 넣고

훑기까지 했다. 사흘간에 걸친 도굴 끝에 손전영은 대형 손수레 30대 분량의 보물을 획득했다.

당시 이 소식을 접한 청나라의 마지막 황제 부의와 청나라의 유신들은 비통해하면서 이틀간의 '어전회의' 끝에 국민당 정부에 도굴자 수배를 청했다. 그러나 손전영이 국민당 정부 요원들에게 뇌물을 바치며 손을 쓰자 이내 흐지부지되고 말았다. 훗날 부의가 비록 일본의 사주를 받기는 했으나 만주국의 황제 자리에 오른 데에는 이 도굴 사건과 크게 작용했다.

장개석이 제1차 북벌의 첫 번째 공격 대상으로 손전방과 오패부를 꼽은 것도 '도굴장군'에 대한 당시의 들끓는 비난여론과 무관치 않았다. 장개석보다 2살 많은 손전방은 일본육사 출신으로 오패부 휘하로 들어가 호남과 복건을 공략한 데 이어 1925년 강소군벌 양수정을 내몰고 남경에 입성한 것을 계기로 '동남군벌'로 자립한 인물이다.

일본을 등에 업은 그는 곧 '5성연합군'을 묶어 자치를 선언한 뒤 국민당은 물론 공산당의 혁명운동을 가혹하게 탄압했다. 장개석은 오패부를 치기에 앞서 그의 중립을 얻어낼 생각으로 협상대표를 보냈다. 당사자는 손전방과 같은 일본육사 출신으로 장개석의 오른팔 격인 하성준이었다. 그는 손전방을 찾아가 장개석의 국민혁명군에 가입하는 게 명예와 지위를 지키는 가장 좋은 방안이라고 설득했다.

"결정은 빠를수록 좋소. 만일 혁명을 찬성한다면 북벌군이 호남에서 북쪽으로 공격할 때, 장군의 군대는 강서에서 서쪽으로 진격하시오. 양군이 호북을 협공해 무한을 함락시킨다면 장군의 명성은 천하에 떨칠 것이오."

그러나 손전방은 장개석과 오패부가 교전을 벌일 때 이를 관망하면서 어부지리를 챙길 생각이었다. 이에 경계를 지키며 백성을 안녕케 한다는 이른바 '보경안민保境安民'의 구호를 내걸고 중립을 선언한 뒤 내부적으로는 직례파 오패부 및 봉천파 장작림과 손을 잡고 장개석의 북벌에 대비했다.

하성준은 남경담판이 좌절된 후 곧 강서독군으로 있는 동향 출신 방본인을 찾아갔다. 방본인 휘하의 호북 출신 장병들은 동향출신 하성준을 전국시대에 수천 명의 식객을 거느린 맹상군에 비유해 '소맹상小孟嘗'으로 부르며 크게 환영했다. 방본인은 하성준의 건의를 받아들여 국민혁명군 제11군에 편입했다. 장개석이 강서에서 전투 한 번 거치지 않고 수월하게 호남과 호북으로 진격할 수 있었던 이유가 여기에 있다.

그러나 당시 호남의 군소 군벌 하요조는 당생지가 국민당 쪽으로 돌아선 뒤에도 입장을 바꾸지 않았다. 그가 국민당 정부군에 포위되자 그의 라이벌들은 그를 무장해제시켜 휘하 군사를 흡수하고자 했다. 이는 또 다른 군벌을 양산하는 것이나 다름없었다.

장개석이 곧 특사를 보내 독립 제2사단을 지휘하는 방안을 제시하며 물자를 공급하는 등 뇌물공세를 폈다. 이에 감복한 하요조가 결정적인 순간에 호북의 구강을 점령했다. 이는 장개석의 북벌에 크게 공헌했다. 그는 곧 승진했고 훗날 장개석의 신임을 받는 장군이 됐다. 장개석의 권모술수가 간단치 않았음을 보여준다.

그러나 일부 전문가들은 이에 대해 매우 비판적이다. 권력의 장악을 위해 수단방법을 가리지 않았다는 게 논거다. 그러나 당시 상황에서 그가 '기만적인 연합전선'을 통해 제1차 북벌을 단행하게 된 점을 간과해서는 안 된다. 실제로 그는 이런 수법을 구사해 오패부를 궤멸상태로 몰아넣었다. 오패부는 연전연패하며 겨우 10여 명의 군관을 이끌고 퇴각해야만 했다.

오패부의 주력군이 괴멸상태에 빠지자 장개석은 방향을 손전방에게 돌렸다. 당시 손전방은 강서에 있던 자신의 주력군을 활용해 국민당의 배후를 치는 전술을 구사했다. 이에 남창을 점령했던 제1사단이 손전방의 증원 병력으로 인해 이내 전멸 위기에 노출됐다. 사단장이 해임되고 연대장 한 명은 처형당했다.

그가 직접 지휘한 제1사단도 무창의 성벽을 돌파하는 데 실패했다. 그는 남창 전투를 지휘하기 위해 8월 29일 무창 지역을 떠나는 결단을 내렸다. 9월 15일 제2사단이 그를 따라 강서 전선으로 나아가자 소련대표 보로딘과 총정치부 주임 등연달이 이의를 제기했다. 이 날자 일기 내용이다.

"거만한 태도로 사람을 압박하고 방해책동을 펼치고, 사소한 일까지 꼬치꼬치 캐묻는 통에 내장이 꼬이고 분노가 치민다. 유일한 출로는 이런 모욕을 꾹 참고 넘기는 것일 뿐이다."

당시 8개 군으로 이뤄진 국민혁명군 가운데 각 군의 국민당을 대표하는 '당대표' 가운데 4명이 공산당원이었다. 총정치부 주임 등연달도 이에 동조하는 좌파였다. 원래 보정군사학교 출신인 등연달은 황포군관학교 창설 당시 7명의 주비위원 가운데 한 사람으로 참여해 이후 황포군관학교 교육장이 된 인물이다. 그가 국민당 정부군 총정치부 주임에 임명된 것은 당시까지만 해도 그에 대한 장개석의 신임이 만만치 않았음을 반증한다.

이를 두고 레이 황은 『장개석일기를 읽다』에서 공산당원에게 개인 자격으로 국민당 입당을 허용한 손문에게 그 책임을 돌리고 있다. 이슬람교도에게 이슬람 신앙을 단념하라고 요구도 하지 않은 채 기독교 신도가 되라고 한 것이나 다름없다는 게 그의 지적이다. 날카로운 지적이다.

사실 당시 공산당원은 북벌 자체보다 공산주의를 선전하는 데 열성이었다. 국민당 산하의 모든 조직, 학교, 군대 등이 좌파와 우파로 양분돼 갈등이 발생한 배경이다. 훗날 일본과 싸우는 제2차 국공합작 때도 똑같은 양상이 빚어졌다. 장개석이 국내를 평정한 뒤 외적과 싸운다는 취지의 이른바 '안내양외安內攘外'를 외치며 공산당을 섬멸하고자 했던 것은 나름대로 일리가 있었다.

그러나 당시만 해도 그는 오히려 공산당을 배척하는 파벌과 클럽을 결성한 국민당원들을 나무라면서 국공합작의 단합정신을 강조했다. 소련의 지원이 그만큼 절실했다는 반증이다. 그가 자신의 이런 호소가 오히려 공산당에게 역이용당하고 있다는 사실을 깨달은 것은 1927년에 공산당 기관지 〈향도〉의 논설을 본 뒤였다. 이 논설은 그의 군사 작전을 이같이 비난했다.

"현재 북벌에 사적인 권력욕을 채우려는 기회주의적 군인과 정치가들이 뒤섞여 있다. 북벌자금을 마련하기 위해 인민의 조세부담을 증가시키고, 광범위한 민중의 자유를 박탈하는 등 혁명의 목적을 희생시키고 있다."

이들이 왕정위를 다시 불러들이고, 황포군관학교 교장 자리를 폐지하고자 한 것은 북벌을 계기로 우파세력이 급속히 확산되는 것을 미연에 방지하려는 것이다. 당시 총사령관 장개석은 무창 점령 직후 소련 고문단의 압력으로 인해 무창 지역을 떠나 강서로 이동해야만 했다. 전략상 중요한 전장을 놓아두고 상대적으로 중요도가 떨어지는 전장으로 이동한 것은 보로딘의 교묘한 책략 때문이었다.

이때 공교롭게도 손전방의 주력부대가 장개석이 이동시킨 그 지역 안으로 들어왔다. 양측의 전투는 전례가 없을 정도로 치열했다. 국민당 정부군은 모두 1만 5천 명의 사상자를 냈다. 그러나 외부의 연락망을 끊자 손전방의 군사 4만 명은 독안의 쥐 신세가 됐다. 항주와 안경에 있던 손전방의 남은 병력은 이미 투항할 기세였다. 장개석이 연해 지역으로 진격하려는 의중을 드러내자 소련 고문단이 반대했다. 소련 고문과 국민당 좌파는 당시 전선을 북쪽으로 확장시켜 모스크바와 제휴할 뜻을 내비친 풍옥상과 연계하는 일에 비상한 관심을 기울였다.

상해 쿠데타

공산당원과 국민당 좌파는 '연석회의'를 열고 풍옥상의 대리인이자 막 모스크바에서 귀국한 서겸을 주석으로, 보로딘을 고문으로 뽑았다. 1927년 1월 장개석은 한구에 도착해 보로딘을 만났다. 그는 3달 뒤 자신의 일기에 보로딘이 한구에서 자신을 얼마나 홀대 했는지를 자세히 기록해놓았다.

"장개석 동무, 지난 3년 동안 고난과 역경을 우리와 나눴으므로 당신은 알 것이오. 만일 당신이 노동자와 농민을 탄압하고 공산당을 적대시하는 시도를 한다면 우리는 그 시도를 분쇄하는 데 필요한 그 어떤 수단이라도 찾을 것이오."

장개석이 공산당원을 숙청하는 '청당淸黨'을 결심한 배경이다. 한구를 떠난 뒤 장개석은 계속 군사들을 이끌고 손전방의 근거지인 남경 일대의 연해 지역으로 진격했다. 독자적으로 활동할 근거지가 어느 때보다 필요하다고 판단한 결과였다. 이해 3월 공산당과 국민당 좌파가 주도한 국민당 중앙집행위원회는 국민혁명군총사령관에 관한 법률을 통과시켰다. 4월 1일 장개석을 총사령관 자리에서 해임했다.

당시 장개석은 상해지역에 머물며 공산당이 장악한 노동조합에 일격을 가하고 자신의 정부를 수립할 준비를 끝마친 상태였다. 4월 12일 장개석은 마침내 '상해 쿠데타'를 단행했다. 장개석 측은 이를 '상해사변'으로 표현했다. 등연달은 장개석을 '신군벌'로 규정하며 격렬히 비판했다. 국민당 내 공산당원들도 장개석이 공금을 유용했고, 일제 및 북양군벌들과 결탁했고, 자본가의 정부를 만들려 한다며 비판에 가세했다.

원래 장개석은 북벌 개시 이후 1년 동안 몇 가지 점에서 친소적인 정책을 시행한 바 있다. 1926년 1월 미국 기자들과 만나 기독교의 '위선'을 언급하면서 미국의 외교정책을 격렬히 비난한 게 그 증거다. 반대로 소련과는 지속적으로 협력을 강화했다. 당시 장개석에게 '붉은 장군'이라는 별명이 붙은 이유다. 그러나 '상해 쿠데타'를 계기로 모든 것이 일변했다.

당초 국민혁명군이 남경에 입성한 다음날인 이해 3월 24일 민중이 남경의 외국인 거주지를 공격하자 정박 중이던 영국과 미국의 군함이 포격을 가했다. 상해의 상황은 훨씬 심각했다. 미국 총영사는 장개석에게 상황을 통제할 의지나 힘이 있는지 의심스럽다는 식으로 보고했다. 『북벌』의 저자 더글러스 조던은 당시의 험악한 상황을 '의화단 사건'에 방불한 것으로 묘사해 놓았다.

상해와 그 주변에 모인 1만 6천 명의 외국 군대와 40척의 전함은 가공할 무력을 과시하기에 충분했다. 장개석은 상황이 자신의 통제범위를 벗어나지 않도록 경계했다. 그는 서구 열강이 북벌에 여전히 필수적인 존재임을 잘 알고 있었다. 그러나 상황은 그의 생각과 다른 방향으로 흐르고 있었다.

당시 국민당 좌파와 주은래를 중심으로 한 공산당 요원들은 노동자들을 상대로 사상공작을 벌이고 있었다. 손전방의 군대가 서둘러 철수하는 과정에서 노동자들은 상당한 양의 무기를 손에 넣었다. 이들의 무장을 서둘러 해제하지 않으면 공산당이 지도하는 무장 규찰대가 문제를 일으킬 소지가 컸다.

'상해 쿠데타'가 빚어지기 이틀 전인 4월 10일 그는 적대적 분위기의 한 구를 탈출해온 황포군관학교 졸업생들과 면담을 가졌다. 『장개석일기』의 해당 내용이다.

"공산주의자들과 반란의 무리들은 너무 무정하고 잔인하다. 이 반란을 진압하는 데 얼마의 시간이 걸릴지 모르겠다."

이미 결심이 섰음을 뒷받침하는 대목이다. '상해 쿠데타'는 정규군이 이른 새벽 상해의 암흑가 조직인 청방의 길안내를 받아 무장 규찰대를 공격하면서 시작됐다. 청방은 정규군을 인도했다. 이들은 마피아와 달리 범죄에 관여하기도 하지만 공공조계와 프랑스 조계 등이 수사당국과도 협조관계를 맺고 있었다. 지도자들은 합법적인 사업을 벌이고 있었고 사회적 명망도 꽤 높았다.

청방의 두목 두월생杜月笙이 대표적인 인물이다.

상해 토박이로 별명이 '아편대왕'인 그는 20세 무렵 암흑가의 두목이 되어 프랑스 조계의 아편판매 총본사인 동흥공사同興公司를 경영했다. 하였다. 1924년의 '강절전쟁' 때는 부호들을 보호해줌으로써 상류층사회에도 적잖은 신망을 얻었다. 그는 장개석의 제1차 북벌 당시 반공폭력단 조직인 공진회共進會를 결성해 공산당에 동조하는 노동자 토벌에 앞장섬으로써 '상해 쿠데타'에 결정적인 공헌을 했다.

4월 12일부터 사흘 동안 진행된 '상해 쿠데타'가 마무리된 직후 그는 남경을 수도로 선포했다. 국민당 좌파와 중국공산당이 이끄는 '무한 정부'는 이후 3달 동안 장개석을 격렬히 비판하며 '남경 정부'와 대치했다.

그러나 '무한 정부'는 휘하에 아무런 군사력도 없었고, 이를 추진할 만한 명확한 정강도 없었다. 당초 '무한 정부'의 수립은 공산당에 동조하는 호남 군벌 당생지가 적극 지원한 결과였다. 그러나 당생지의 부하 장교들은 누구보다 반공적이었다. 결국 '무한 정부'는 북쪽에 있는 하남군벌 풍옥상에게 도움을 청했다.

그러나 풍옥상 역시 이들을 구원할 생각이 없었다. 코민테른이 말로만 지원약속을 하고 현실과 동떨어진 지시만 하달했기 때문이었다. '무한 정부'가 스스로 와해된 이유다. 보로딘은 황급히 소련으로 돌아갔고, 유럽으로 망명한 등연달은 이후 상해의 공동조계로 돌아왔다가 1931년 11월 체포되어 사형에 처해졌다.

당시 '무한 정부'에 가담했던 일부 인사는 장개석과 화해했다. 그러나 모택동과 주덕 등은 장개석과 사생결단하기로 결정했다. 장개석의 국민당과 모택동의 공산당은 서로 건널 수 없는 강을 건너 확연히 갈라선 배경이 여기에 있다. 두 사람을 중심으로 또 다시 대소 군벌들의 이합집산이 벌어진 것도 바로 이 때문이었다.

'상해 쿠데타'의 여파로 많은 도시에서 공산주의자들이 공개적으로 처형됐다. 공산당의 보복도 잔인함에서 결코 뒤지지 않았다. 반란도당으로 몰린 공산당원들은 농민들을 무장시켜 무력자원으로 삼았다. 이들 두고 레이 황은 공산주의자들이 '상해 쿠데타'를 계기로 사치스러운 국제주의와 도시적인 외관을 포기하고, 농촌부터 시작해 새로운 사회질서를 창조하는 주체로 거듭나게 됐다고 평가했다.

"1927년에 더 이상 되돌릴 수 없는 지경에 이르지 않았더라면 어떻게 해서 그렇게 많은 공산주의자들이 아무런 보수도 받지 않으면서 그토록 대담무쌍한 전사가 되고, 그토록 열성적인 일꾼이 되었는지 상상키 어려운 노릇이이다."

결과적으로 '상해 쿠데타'가 이들에게는 전화위복의 계기로 작용했다고 본 것이다. 당시 장개석은 스스로를 새로운 중국을 구현하기 위한 힘찬 걸음을 떼었다고 생각했다. 그가 부하들에게 끊임없이 능력 이상의 책임을 떠맡았을 것을 요구한 게 그 증거다. '상해 쿠데타'는 장개석과 모택동 모두에게 새로운 능력을 주문한 셈이다.

'상해 쿠데타'는 북경에도 유사한 주문을 하고 있었다. 봉천군벌 장작림이 이해 6월 18일에 중화민국 '육해군 대원수'에 취임하고 정식으로 '안국군정부安國軍政府'를 세운 게 이를 뒷받침한다. 안복파에 이어 직례파마저 사라진 상황에서 봉천파가 북양군벌의 마지막 계승자 자리를 차지한 셈이다. 당시 북벌군에게 박살난 '남동군벌' 손전영은 장작림에게 몸을 의탁해 간신히 목숨을 부지하고 있었다. 표면상의 대결양상은 이제 일본의 지원을 받는 북경의 장작림 대 영미의 지원을 받는 남경의 장개석으로 좁혀졌다. 여러 면에서 열세에 처해있던 모택동 등의 공산당원은 일단 무대 뒤편에 가려질 수밖에 없었다. '제1차 국공합작'의 파탄은 누가 과연 새로운 정세에 능란하게 올라탈 수 있을지를 시험하고 있었다.

남경을 중화민국의 새 수도로 삼은 장개석은 북경에 웅거하며 스스로 '육해군 대원수'의 자리에 오른 장작림을 제압하지 않고는 명실상부한 '패왕'이 될 수 없다는 사실을 잘 알고 있었다. 그의 제2차 북벌은 의외로 신속히 이뤄졌다. 시류에 올라탄 풍옥상과 염석산 등이 합류한 게 결전시기를 재촉하는 빌미로 작용했다.

장개석은 하성준에게 급전을 보내 산서의 염석산을 설득하도록 했다.

하성준과 염석산은 일본육사 동문인 데다 함께 동맹회에 참여한 바 있다. 신해혁명 당시 염석산은 산서에서 무장봉기를 주도하면서 오록정과 연합해 청나라 반대 운동을 전개했다. 오록정도 동향 출신인 하성준과 친했다.

서주에서 산서로 가는 길은 험난했다. 봉천군벌이 장악하고 있는 땅을 지나야만 했기 때문이다. 하성준은 먼저 천진으로 가 북경주둔군 군단장 한상춘에게 전화를 걸었다. 두 사람은 일본유학 시절 같은 기숙사에서 생활한 적이 있다. 한상춘이 크게 기뻐하며 그를 북경으로 초청했다. 북경에 도착하자마자 단도직입적으로 말했다.

"사실 도움을 받고 싶어서 찾아왔소. 산서로 가자면 봉천군의 방어지구를 통과해야만 하오."

"하 형의 이번 임무는 백천百川을 설득하는 게 아니겠소?"

'백천'은 염석산의 호이다.

"그렇소. 만일 백천의 군대와 우리 혁명군이 연합하면 봉천군은 이내 큰 위기를 맞게 될 것이오."

한상춘은 하성준을 염석산에게 보내는 대신 장작림의 아들 장학량에게 보내는 게 낫다고 판단했다.

"하 형, 염석산은 상당한 노력을 기울여야 간신히 설득할 수 있소. 그러나 장학량은 일찍이 혁명사상을 가지고 있었기 때문에 따로 설득할 필요가 없소. 어차피 장학량은 혁명당원이 아니면 공산당원이 될 사람이오."

이튿날 한상춘은 주연을 베풀고는 장학량과 양우정, 우국한 등 봉천군벌의 수뇌부와 일본유학 시절의 동문을 초청했다. 주연이 제법 무르익자 한상춘이 잔을 들고 자리에서 일어나 말했다.

"하 형이 이번에 염석산을 혁명군에 투항시키기 위해 산서로 간다고 하오. 우리는 이 사람을 어떻게 해야만 하오."

참석자들이 크게 놀라 서로의 얼굴만 쳐다보며 선뜻 말을 꺼내지 않았다. 봉천군을 제압하겠다며 스스로 호랑이 굴을 찾아온 기개에 놀란 어마지두가 된 것이다. 양우정이 입을 뗐다.

"우리 모두 그 문제를 진지하게 얘기해보는 게 어떻겠소?"

당시 직례파 오패부는 물론 동남군벌 손전방도 이미 장개석에게 무릎을 꿇은 상황이다. 하남군벌 풍옥상과 광서군벌 이종인도 장개석에게 투항한 것이나 다름없었다. 하성준이 침묵을 지키고 있는 장학량에게 먼저 말을 건넸다.

"이번에 염석산을 만나면 절대로 봉천군의 문제는 거론하지 않겠소. 그와 만나 나눈 이야기는 북경으로 돌아와 장군에게 자세히 설명하겠소. 산서로 가는 길에 협조를 부탁하오."

호탕한 장학량이 이를 받아들였다. 그는 자신의 지프차를 이용해 하성준을 대동大同까지 전송했다. 소식을 들은 염석산은 휘하의 사단장을 대동으로 내보내 그를 영접하게 했다. 염석산은 호탕한 하성준과 달리 세심하고 완고했다. 손님을 대접할 때도 신분과 지위를 막론하고 오로지 반찬 4가지에 국 1그릇, 술 1병뿐이었다. 절대로 음식을 추가하거나 술을 2차로 하는 일이 없었다. '염일호閻一壺'라는 별명을 얻게 된 이유다. 식사가 끝나자 하성준이 직설적으로 말했다.

"장개석 장군은 백천의 도움을 기다리고 있소. 백천이 도와주면 피 한

방울 흘리지 않고 통일대업을 이룰 수 있소. 그리 되면 백천은 통일중국의 공신이며 개국의 원훈이 되는 것이오. 중국통일과 부국강병 달성은 우리가 일본에서 동맹회에 가입할 때 맹세한 뜻이 아니겠소?"

염석산은 순간 크게 흔들렸으나 이내 냉정을 되찾아 이해득실을 곰곰이 따져보았다. 하성준이 비장의 무기를 꺼내들었다.

"장학량은 혁명을 지지하고 장개석 장군과 합작을 원하고 있소. 백천은 봉천파와 다시 합작을 바라고 있지만 그것은 이미 엎어진 물이오."

봉천군벌이 장개석과 연합하면 염석산의 군대는 국민혁명군의 상대가 될 수 없었다. 염석산은 며칠 동안 궁리를 한 끝에 마침내 그의 제의를 받아들였다. 염석산은 곧 국민혁명군 북방총사령관으로 취임했다. 봉천군벌과 염석산의 합작을 무산시키고 오히려 염석산을 장개석 쪽으로 끌어들인 하성준의 협상술은 전국시대 말기를 풍미한 소진과 장의의 종횡술縱橫術을 방불한 것이었다.

북경으로 온 하성준은 곧 장학량과 만나 봉천군벌과 국민혁명군의 합작에 관해 몇 차례 협상을 했으나 별다른 성과가 없었다. 당시 장작림은 만주와 화북에 대한 일본군의 압력과 간섭을 고려하지 않을 수 없었다. 장개석과의 합작은 곧 일본군의 직접적인 공격권에 들어서는 것을 뜻했다. 공연히 봉천군벌만 섶을 지고 불에 뛰어드는 꼴이 될지도 모를 일이었다. 장작림을 설득키 위해서는 많은 시간이 필요했다.

장개석은 무작정 기다릴 수 없다고 판단했다. 첫 전투개시 명령은 1928년 2월에 내려졌으나 진격은 이해 4월에 시작됐다. 장개석 자신은 제1집단군, 풍옥상이 제2집단군, 염석산이 제3집단군, 이종인이 제4집단군을 맡았다. 하성준은 제1집단군의 참모장을 맡았다. 명목상 장개석이 이 4개 집단군의 총사령관을 겸임했다. 장개석이 전열을 정비해 북경으로 진격했다. 공격목표는 봉천군벌과 그 지원을 받는 산동군벌 장종창이었다.

　공교롭게도 4개 집단군 참모장은 하성준을 비롯해 모두 호북 출신인 데다 일본 육사출신이었다. 풍옥상과 염석산, 이종인은 자신들의 참모장을 이용하여 장개석이 다른 세력과 합작하는지 여부를 주시했다. 장개석 역시 하성준을 통하여 나머지 3인의 합작을 막는 데 세심한 주의를 기울였다. 장개석이 이끄는 제1집단군이 북상할 때 하성준은 손전방과 장종창의 부하들을 설득하여 투항하도록 만드는 임무를 맡았다. 이내 장종창의 휘하 장수 서원천이 1만여 명의 병력을 이끌고 투항했다. 서원천도 호북 출신이었다. 북벌군은 신속히 산동의 제남濟南 쪽으로 이동했다. 이때 상황을 예의 주시하고 있던 일본이 마침내 무력간섭에 나섰다.

　이해 5월 1일 장개석 군대가 제남에 진입할 즈음 3편의 열차에 몸을 실은 일본군이 제남에 도착했다. 당시 출범한 지 얼마 안 된 다나카 내각은 현지 일본인 생명과 재산을 보호한다는 구실로 산동에 제6사단의 일부를 파견한 것이다. 장개석의 북벌이 순조롭게 이뤄질 경우 대륙진출에 중대한 차질이 있을 것으로 판단한 결과였다.

　5월 3일, 양국 군대가 충돌했다. 일본 측은 장개석 군대가 일본인 소유의 재화를 대금도 지불하지 않은 채 가져갔다고 주장했다. 중국 측은 일본군이 교통을 가로막고 이동을 제한했다고 비난했다. 쌍방 간 교전이 확산되는 와중에 10명의 일본인 병사와 12명의 민간인이 살해됐다는 소식이 전해지자 일본이 동원령을 내렸다. 일본군 제6사단에 이어 제3사단이 추가 투입됐다.

5월 7일 일본군은 장개석에게 최후의 통첩을 보내 12시간 이내에 제남에서 철수할 것을 요구한 뒤 이튿날 시간이 지났다는 이유로 곧장 포격을 시작했다. 이 포격으로 4천 명 가까운 사망자가 났다. 이 가운데 대다수가 민간인이었다. 일본군은 곧 황하의 철도 교량과 교외에 위치한 북행길의 군사요충지를 장악했다. 이를 이른바 '제남사건'이라고 한다.

사건 직후 중국의 민중들이 일본을 반대하는 격렬한 시위를 일으켰다. 장개석은 압도적인 무력을 보유한 일본군과 정면으로 대결하기보다는 외교적인 협상을 통해 문제를 해결코자 했다. 이에 협상대표로 웅식휘를 일본군에 파견했으나 일본군은 자격미달이라며 접견을 거부했다. 장개석은 다시 하성준을 보냈다. 일본군 제6사단 사단장 후쿠다가 물었다.

"그대는 무슨 자격으로 왔소?"

"나는 국민혁명군 총참의 자격으로 왔소."

"협상에 따른 모든 책임을 질 수 있겠소?"

"물론이오."

후쿠다는 하성준의 앞에다 책 1권 분량의 문서를 건네며 서명을 요구했다. 하성준이 서명을 거부하자 후쿠다가 협상문안을 요약해 말했다.

"첫째, 교동반도와 제남을 잇는 교제로膠濟路는 일본이 관리한다. 둘째, 제남 부근 20리에 국민혁명군은 주둔하지 않는다. 셋째, 중국은 이번 사건의 배상을 책임진다. 넷째, 다시는 이와 같은 사건을 재발하지 않겠다는 보장을 한다. 다섯째, 일본에 대해서 사과를 한다. 이상이오."

하성준이 거부하자 후쿠다는 곧바로 그를 밀실에 감금했다 사흘 뒤 풀어주었다. 하성준은 장개석에게 큰일을 위해 작은 굴욕을 참을 것을 역설하면서 제남을 우회해 북진할 것을 설득했다. 장개석이 이를 받아들여 1개 연대만 잔류시켜 상황을 지켜보게 한 뒤 군사들을 이끌고 제남을 조용히 빠져 나왔다. 그는 이해 5월 9일자 일기에 이같이 썼다.

"내가 어찌 이 치욕을 잊을 수 있겠는가? 이를 잊을까 아니면 응징할까? 어떻게 응징할까? 우리가 강해져야 할 뿐이다. 당분간 이를 인내할 수 없다면 이는 평범한 인간의 용기라 할 수 있을 뿐이다."

당시 하성준은 장학량을 설득해 봉천군을 산해관 밖으로 출관出關시킬 생각이었다. 봉천군이 스스로 물러나면 일본군은 무력간섭의 구실을 잃게 된다는 판단이었다. 그는 북경에 도착한 후 장학량 등과 협상을 벌였다. 봉천군이 국민혁명군과 전투를 벌여 일본군이 무력간섭에 나설 경우 모든 원성이 봉천군벌에게 쏟아질 게 뻔했다. 마침내 '출관'이 결정됐다. 이는 일본군의 허를 찌르는 것이었다.

5월 18일 주중공사 요시자와 겐기치芳澤兼吉가 남경 정부 장개석과 북경 정부의 장작림에게 각서를 보냈다.

"전쟁의 기세가 천진과 북경으로 이어지고 그 재앙이 만주로 뻗친다면 일본은 부득이 적절하면서도 유효한 조치를 취할 것이다."

침략의도를 노골적으로 드러낸 셈이다. 실제로 일본군은 봉천 주둔 일본군의 주력을 요동의 금주 등지로 전진배치 시켰다. 5월 25일 장작림이 일본군에 답신을 보냈다.

"북경과 천진, 만주는 중국의 영토이므로 일본의 간섭을 용납할 수 없다. 봉천군은 동북으로 물러날 것이다."

5월 30일 장작림은 휘하 군관을 모두 불러들여 군사회의를 개최한 뒤 '출관'을 결의했다. 6월 2일 장작림이 '출관'을 공식 발표한 뒤 북경을 떠났다. 장개석이 총 한 방 쏘지 않고 자연스럽게 북경을 접수한 배경이다. 허를 찔린 일본군은 경악했다. 봉천군이 만주지역으로 퇴각할 경우 만주에서 봉천군벌과 사사건건 다툴 가능성이 큰 데다 북경을 조정할 끈을 완전히 잃게 된다.

6월 4일 장작림이 탄 열차가 황고둔皇姑屯을 지나 북경과 심양을 잇는 경봉京奉과 남만주 철도의 교차점인 노도구의 교동橋洞에 이르렀을 때 굉음과 함께 산산조각이 났다. 이른바 '황고둔 사건'이다. 훗날 도쿄재판에서 다나카 다카요시 중장의 증언에 따르면 암살계획자는 가와모토 대령이고, 철교 교각에 폭약을 장치한 것은 공병 제20대대였고, 폭파가 실패했을 때 쳐들어갈 돌격대까지 준비되어 있었다고 한다. 일본군을 총동원한 모살謀殺이었다.

봉천군은 장작림의 폭사에도 불구하고 만주지역으로 재빨리 철수했다. 6월 17일 장학량이 비밀리에 심양에 도착했다. 장작상 등 봉천군 원로들의 지지를 받아 동북보안 총사령관에 취임했다. 그의 나이 27세였다. 이로써 동북의 혼란은 어느 정도 수습이 됐다.

원래 일본은 장작림을 내세워 만주를 식민지화할 생각이었다. 그러나 북경을 장악한 장작림의 생각은 보다 원대했다. 그는 영국 및 미국에 접근했다. 아들 교육도 미국식으로 시켰다. 일본군은 장작림을 제거할 경우 만주 혼란을 구실로 진주할 수 있고, 장학량이 후계자가 될지라도 다루기가 쉬울 것으로 오산했다. 그러나 장작림의 아들 장학량은 민족주의자였고, 반일감정도 강했다. 장작림 폭사는 결과적으로 실패작이었다.

7월 1일 장학량은 통일전쟁을 반대하거나 방해하지 않겠다는 뜻을 공식 선포했다. 이는 장개석이 하성준과 방본인 등을 만주로 보내 장학량을 설득한 결과였다. 당시 하성준은 장개석으로부터 은화 10만원을 비밀리에 전달받고 심양에 도착해 장학량의 측근과 자주 어울리며 뇌물공세를 퍼부었다. 이는 즉시 효력을 발휘했다. 자신에게 가해지는 업무의 중압감에서 벗어나지 못한 27세의 장학량은 측근들의 설득이 계속되자 마침내 장개석의 남경 정부에 귀순해 세력을 유지하는 게 차라리 낫다는 생각을 하게 됐다.

일본 수상 다나카는 하야시 곤스케를 전권대사로 임명해 장학량에게 보냈다. 장작림의 폭사에 애도를 표하고, 장학량에게 만주에서 독립할 것을 강력 권했다. 만주와 내몽골을 기반으로 하는 이른바 '만몽국滿蒙國'을 세울 경우 적극 지원하겠다는 뜻을 전했다.

그러나 장학량의 관심은 동북에서 봉천군의 유지와 지위 보장이었다.

장학량은 사태의 추이를 관망하면서 섣불리 약속하지 않았다. 얼마 안 돼전 세계가 '황고둔 사건'의 전모를 알게 됐다. 하루는 하성준이 마작을 하는 자리에서 장학량과 그 수하들에게 노골적으로 권했다.

"장군, 그리고 여러분, 이제는 북경 정부의 깃발인 오색공화기五色共和旗를 내리고 남경 정부의 깃발인 청천백일기青天白日旗를 내걸어야 할 때입니다. 시기를 놓치지 않아야 합니다."

장학량이 마침내 결심을 굳혔다. 1928년 12월 29일 장학량은 장작상 등과 함께 동북3성의 독립을 포기하고 남경 정부에 귀순한다는 내용의 성명을 발표했다.

"대원수의 유지를 받들어 중국의 통일과 평화에 힘쓰겠다. 오늘부터 삼민주의를 준수하고 국민정부의 명령을 따르며 동북의 깃발을 바꾸어 달겠다."

성명이 발표되자 동북3성과 열하성 등 봉천군벌이 장악한 각지에서 일제히 오색공화기를 떼어내고 남경 정부의 상징인 청천백일기로 바꿔달았다. 이른바 '역치易幟사건'이 빚어진 것이다. 그가 '역치'를 하지 않았다면 장개석의 '제2차 북벌'이 그처럼 쉽게 성사되지는 못했을 것이다. 당시 장개석은 북경에 입성하자마자 '청천백일기'를 게양하고 손문의 영정에 앞에서 북벌완성을 보고했다.

이해 12월 30일 남경 정부는 장학량을 동북변방군 사령관에 임명했다. 아울러 적문선과 장작상, 상음괴, 탕옥린 등을 각각 봉천과 길림, 흑룡강, 열하성의 주석으로 임명했다. 이어 북경을 '북평北平', 직례성을 '하북성'으로 개칭했다. 중국은 형식적으로 남경 정부의 깃발아래 통일이 된 셈이다. 비록 불완전하기는 하나 외양상 전 중국을 하나로 통일하는 데 그의 업적은 당시의 정황에 비춰 나름대로 평가할 만하다.

4대 세력의 갈등

장개석은 제2차 북벌을 통해 일단 형식상으로는 남경 정부의 깃발아래 전국을 통일했지만 적잖은 문제를 안고 있었다. 국민혁명군의 4대 세력을 형성하고 있는 염석산과 풍옥상, 이종인 모두 남경 정부의 향후 흐름과 관련해 촉각을 곤두세웠다.

남경 정부를 장악한 장개석은 풍옥상과 염석산, 이종인의 세력을 약화시키는 작업을 노골적으로 진행시켰다. 그는 손문이 생전에 주장한 군정통일軍政統一과 훈정실시訓政實施를 구호로 내세웠다. 1929년 1월에 남경에서 군대정리를 구체화하기 위한 '편견회의編遣會議'가 열렸다. 북벌의 과정에서 엄청나게 팽창한 군대를 축소개편하고 지휘권을 중앙에 집중시키는 게 골자였다. 이는 지방 군벌의 세력 기반 해체를 의미했다. 염석산과 풍옥상, 이종인 모두 크게 반발했다.

당시 남경 정부는 65개 사단으로 이뤄진 국군의 인가를 제안했다. 특수부대를 포함해 전체 병력은 80만 명을 넘지 못하게 했다. 이에 대해서는 아무도 이의를 달지 않았다. 그러나 어떤 부대를 해산할 것인지가 논란거리였다. 제2집단군의 풍옥상, 제3집단군의 염석산, 제4집단군의 이종인은 장개석이 직할군인 제1집단군을 온존시키려 한다고 비난했다. 이들의 비난이 전혀 근거 없는 게 아니었다. 당시 장개석은 자신을 새로운 국가이익과 완전히 동일시하고 있었다. 그는 기독교도로 개종하기 몇 달 전인 이해 4월 11일자 일기에 이같이 썼다.

"만일 내가 이기적이고 편파적이어서 당과 나라와 인민의 이익에 반하는 일을 한다면 하늘은 즉각 내게 죽음에 이르는 파멸을 안길 것이다. 나의 인민들에게 최악의 재난이 닥치지 않도록 할 따름이다."

그는 제1~2차 북벌 모두 자신의 힘으로 이룬 것으로 생각했다. 다른 사람은 단지 시류에 편승한 것에 지나지 않았다는 게 그의 생각이었다. 그러나 이는 그만의 생각이었다. 풍옥상과 염석산, 이종인 모두 북벌을 연합작전으로 간주했다. 더구나 이들은 부하들 사이에 개인적인 친밀감을 심고 기르는데 많은 시간을 투자한 터였다. 또한 이들이 장악한 각 성은 분권화와 지역주의가 대세를 이루고 있었다. 장개석이 전리품을 독식하려 한다는 이들의 생각이 터무니없는 게 아니었다.

당시 하남군벌 풍옥상은 주로 하남을 중심으로 주변의 섬서와 감숙, 영하 지역을 차지하고 있었다. 산서군벌 염석산은 산서를 기반으로 하북과 열하, 내몽골의 차하르, 북경, 천진 등을 점거하고 있었다. 광서군벌 이종인은 광서를 중심으로 광동과 호남, 호북 등을 자신의 세력범위에 편입시켰다. 북벌 이전보다 훨씬 넓은 지역을 차지한 셈이다. 이에 반해 장개석은 상해와 남경을 중심으로 주변의 항주와 절강 일대만을 세력권으로 확보하고 있었다. 이들 4대 세력의 갈등은 이내 전투로 발전했다.

단초는 광서군벌 이종인이 제공했다. 신해혁명 기념일인 1928년 10월 10일 장개석은 이종인의 세력권인 무한의 열마장閲馬場에서 열린 시민경축대회에 참가했다. 장개석이 연설을 하고 있을 때 전령이 북경에서 보낸 급전을 이종인에게 건네주었다. 이는 북경 정치분회의 백숭희가 보낸 것으로 대회에 참석한 장개석을 체포하여 후환을 없애자는 내용이었다.

분위기가 심상치 않은 것을 눈치 챈 장개석이 대회가 끝난 직후 곧바로 수행원들과 함께 성문 근처에서 전용차로 갈아타고 북상했다. 이종인이 결정을 미루고 있을 때 장개석은 간신히 이종인의 세력권인 무승관을 벗어났다. 초한전 당시 유방이 '홍문'에서 열린 연회에 참석했다가 간신히 몸을 빼낸 것을 방불하는 순간이었다.

당시 전국의 모든 군벌은 장개석을 반대하는 광범위한 '반장反蔣 연합전선'을 폈다. 정치무대에서도 '반장' 연합전선이 구축됐다. 과거 정부의 주석을 맡았던 왕정위와 국민당의 정치이론가인 진공박이 공개적으로 장개석을 비판하며 이들에게 힘을 실어 주었다. 광서군벌의 일원인 백숭희는 화북, 황소굉은 광서, 이종인이 이끄는 제4집단군은 무한에 주둔하고 있었다. 이들과 군사협력 관계를 맺고 있던 이제침은 광동을 장악하고 있었다.

광서군벌이 남경 정부의 최대 위협이었다. 장개석과 이들 광서군벌은 호각지세를 이루고 있었다. 장개석은 정치적인 면에서 우세를 보였지만 군사적인 분야에서는 열세였다. 1929년 3월 장개석은 마침내 남경 정부의 명의로 광서군벌 토벌의 명을 내렸다. 장개석의 군대는 3개월에 걸쳐 광서군벌을 집중적으로 공략해 주력군을 거의 괴멸시켰다. 광서군벌은 광서로 쫓겨 들어갔고, 이종인과 백숭희 등은 황급히 홍콩으로 피신했다.

그러나 이는 서막에 불과했다. 이를 계기로 풍옥상 및 당생지 등과의 싸움을 비롯해 광서군벌과 다툰 두 번째 싸움 등을 총칭하는 이른바 '중원대전中原大戰'이 빚어졌다. 이는 갓 출범한 남경 정부와 장개석의 운명을 가늠하는 전쟁이기도 했다.

중원대전

장개석은 소련의 지원을 받는 풍옥상을 상대하기에 앞서 염석산을 견제해 무력화시키는 수법을 구사했다. 최종적으로 사태를 해결한 사람은 결정적인 순간에 만주에서 군사를 몰고 온 장학량이었다. '중원대전' 초기 장학량은 중립을 지키고 국면을 관망하고 있었다. 장개석의 명을 받은 하성준은 장학량을 찾아가 설득했다. 중립을 지키다가 인민의 집중적인 성토를 받느니 이미 대세가 굳어진 장개석을 지지하는 게 옳다고 설득한 것이다. 장학량은 이를 받아들여 곧 산해관을 넘어 군벌을 타도한다는 '입관토벌入關討伐'을 선포하고 주력부대를 파견했다. 식량과 무기가 월등하게 우세한 봉천군벌이 장개석의 진영에 합세하자 전세는 급격하게 변했다.

이때만 해도 국민당 내 파벌은 매우 복잡했다. 왕정위와 진공박을 대표로 하는 좌익의 '개조파'는 말할 것도 없고 우익의 '서산회의파' 역시 장개석의 세력 확장에 극도로 민감했다. 이들은 염석산과 풍옥상 등과 연합해 북경에서 국민당 중앙 당부 확대회의를 개최했으나 장개석 성토에 실패했다.

이듬해인 1930년 5월 장개석과 풍옥상 사이에 치열한 공방전이 전개됐다. 양쪽에서 모두 140만 명이 동원된 이 싸움은 5달 동안 지속됐다. 전투가 가장 치열했을 때 소련의 지원을 받은 풍옥상 군은 하루에 1만발의 포탄을 쏘았다. 이 싸움이 끝날 무렵 장개석은 외신 기자들 앞에서 사망 3만 명, 부상 6만 명에 달했음을 인정했다. 그는 풍옥상 측의 사상자가 2배에 달할 것으로 추정했다.

　결국 중원대전은 장개석의 승리로 끝을 맺고, 국민당 당중앙 또한 장개석 일파가 장악했다. 장개석의 일방적인 승리였다. 당시 이를 두고 이런 얘기가 나돌았다.

　"염석산의 실패는 돈을 너무 통제하는 성격에서 왔다. 그는 예산 이외의 지출에도 꼼꼼히 결재를 했다. 심지어는 20원의 지출에도 간여를 했다. 반면 풍옥상은 부하를 너무 심하게 대해 실패했다. 그는 부하들에게 지나치게 복종을 강요했다. 부하들은 그를 존경하면서도 멀리했다. 그러나 장개석은 이와 달랐다. 그는 돈으로 사람을 매수했고 부하들을 마음대로 놓아주었다."

　장개석의 '뇌물공세'를 비판한 것이다. 그러나 장개석이 이를 통해 '중원대전'을 성공리에 마무리 지은 것을 과소평가해서는 안 된다. 진시황이 6국을 통일할 때 마지막으로 남은 제나라를 제압할 때 사용한 게 '뇌물공세'였다. 이는 법가의 대가 이사와 병가의 대가 위료자의 건의를 받아들인 것이었다. 초한전 때 유방이 진평의 건의를 받아들여 항우와 범증을 이간할 때 사용한 것도 바로 '뇌물공세'였다. 난세의 시기에 '뇌물공세'는 불가피한 측면이 있다.

당시 북벌의 한 축을 이뤘던 풍옥상은 '중원대전'에서 참패함으로써 사실상 군벌상쟁의 무대에서 퇴장했다. 그가 이끄는 서북군은 몇 개의 반 독립적인 군소 군벌집단으로 쪼개졌다. 그러나 이종인과 염석산은 기존의 세력을 그대로 유지했다. 이들은 각각 광서와 산서로 돌아가 종전과 마찬가지로 자신의 관할 구역 내에서 '소황제'로 군림했다.

　다만 동북3성의 만주를 호령하던 장학량이 장개석 휘하로 들어와 전군의 부사령관에 임명된 것은 주목할 만하다. 외양만 보면 장개석은 장학량을 휘하에 거느림으로써 북경을 중심으로 한 화북과 동북3성의 만주를 모두 세력권에 편입한 듯했다. 그러나 그 내막을 보면 오히려 장학량의 세력이 만주에서　화북까지 확대한 것으로 볼 수 있다. 폭사한 부친 장학량이 '육해군 대원수'를 칭하며 북중국 일대를 호령한 것과 거의 같은 수준의 위치에 오르게 된 것이다. 장개석과 손을 잡음으로써 나름대로 수지맞는 장사를 한 셈이다. 장학량이 빠진 장개석의 남경 정부는 사실 상해와 절강 일대를 중심으로 한 지방군벌에 지나지 않았다.

　이는 군대감축 문제로 촉발된 '중원대전'이 오히려 군대 숫자를 더 늘리는 결과를 초래한 사실을 보면 쉽게 알 수 있다. 장개석의 직계로 불린 약 30개 정예사단은 부분적으로 중앙정부의 보조금 지원을 받는 각 성의 군대로 둘러싸였다. 각 성의 군대 역시 다시 더 멀리 떨어진 지역의 농민군에 포위되어 있었다. 중국공산당이 각지에 구축한 '소비에트 자치구'가 바로 그것이다. 중국공산당 직속의 '홍군'이 농촌 지역에 뿌리를 박은 채 각지에 점점이 흩어져 지방군벌의 성 단위 군대를 포위하고 있고, 지방 군벌의 성 단위 군대는 다시 남경과 절강 일대의 장개석 정예사단을 포위한 꼴이었다.

이런 불안정한 상황에서 장개석은 나름대로 적잖은 외교적 성과를 거두었다. 이전에는 풍옥상이 독자적으로 소련과 협상해 지원을 받고, 장작림과 장학량 역시 독단적으로 일본과 협상했다. 그러나 이제는 유일한 합법 정부인 남경 정부를 통해야만 모든 게 효력을 발휘할 수 있게 됐다. 남경 정부가 열강과 새로운 조약관계를 체결한 이유다. 이로 인한 성과는 간단치 않았다. 1931년 관세자주권을 사실상 회복한 게 대표적인 실례다. 비록 충분하지는 않았으나 장강 삼각주 지역에서 거둔 새로운 수입원은 만성적인 재정적자에 시달리는 남경 정부에 하나의 돌파구가 되었다.

이로써 중화민국 총통이자 전군의 통수권자가 된 장개석은 청나라를 무너뜨리고 중화민국의 첫 총통이 된 원세개를 방불케 하는 위치에 서게 되었다. 원세개 사후 북양군벌과 서남군벌 등으로 나뉘어 좌충우돌하며 이합집산의 모습을 보이던 대소 군벌들이 일단은 장개석의 권위 하에 들어간 것은 새로운 흐름이었다. 비록 군벌연합을 기반으로 한 것이기는 했으나 이를 토대로 착실히 실력을 쌓아나가면 언젠가는 명실상부한 '중화제국'을 건립할 수 있었다. 그는 '중화민국훈정시기약법'을 선포하기 위한 국민회의를 소집해 그 첫 걸음을 떼었다. 당시 그의 나이는 43세였다.

장개석이 이끄는 남경 정부는 중일전쟁이 일어나기 전까지 모든 조직에서 공산당원을 몰아내는 '청당淸黨'을 시행한 후 약 10년 동안 '남경시대'를 열게 되었다. 이 기간 동안 그의 명령은 역대 왕조의 '황명'에 버금하는 위력을 발휘했다. 그러나 여기에는 적잖은 우여곡절이 있었다. 그는 여론의 압력에 밀려 '제1차 북벌'이 끝나고 남경 정부의 수립을 공식으로 선포한 직후인 1927년 8월 하야를 선언해야만 했다.

그의 첫 번째 하야는 국민혁명군이 서주에서 '동남군벌' 손전방에게 패퇴한 직후에 빚어졌다. 당시 이종인과 백승희 등 강서군벌이 군대를 이끌고 남경으로 와 대권 이양을 요구했다. 장개석은 부득불 이종인을 총통대리로 임명한 뒤 고향으로 내려갔다가 1달 뒤 미국과 유럽을 여행할 생각으로 일본으로 건너갔다.

일본을 방문하는 와중에 그는 손문의 옛 친구인 일본 지도자들을 두루 만났다. 자신이 사병으로 훈련을 받았던 제13사단의 사단장이었던 나가오카 가이시 장군도 이때 만났다. 그는 나가오카를 자신의 스승으로 존경했다. 나가오카 역시 과거의 일등병을 따뜻이 맞이했다.

이해 11월 5일 총리대신 다나카 기이치를 그의 관저에서 만났다. 장개석은 다나카로부터 '제2차 북벌'에 개입하지 않을 것이고 북벌에 대한 지원도 하겠다는 약속을 얻어내려 했다. 다나카는 단호히 거절하지는 않았으나 장개석에게 먼저 남경을 발전시켜 장강 이남에 대한 지배권을 공고히 하라고 충고했다. 장개석은 그를 만난 직후 일기에 이같이 썼다.

"다나카는 성실성을 완전히 결여하고 있었다. 그는 나를 지난날의 군벌이나 관료의 하나로 취급한다. 중국과 일본이 서로 협력할 가능성은 전혀 없다. 그는 중국의 통일을 방해하기 위해 앞으로 북벌의 군사작전을 방해하려 들 것이다."

당시 그의 라이벌들은 중국에서 이 회담을 걱정스럽게 지켜보고 있었다. 밀약설이 나돈 이유다. 실제로 이종인은 자신의 회고록에 밀약설을 마치 사실인 양 써놓았다. 만주에서 일본의 특수이익을 존중하는 대가로 4천만 엔을 지원했다는 내용이다. 장개석의 일기와 너무나 큰 차이가 있다.

장개석에게 1927년의 여행은 마지막 일본 여행이 됐다. 왕정위가 보낸 비밀 전문 때문이다. 당시 왕정위는 유럽에서 돌아온 지 얼마 안 된 상태였다. 장개석은 하야를 선언하기 전 갓 돌아온 왕정위에게 '청당'에 대한 협조를 요청했다. 왕정위는 미온적인 반응을 보이면서 이내 상해를 빠져나가 국민당 좌파가 이끄는 '무한 정부'에 합류했다. 풍옥상의 군사지원을 토대로 '남경 정부'와 정면으로 맞서고자 했던 것이다. 그러나 풍옥상을 얻으려는 그의 시도는 실패로 돌아갔다. 더구나 후방에서는 당생지가 이끄는 호남군벌이 공산당원을 아무런 인가도 없이 마구 처형했다. 이는 좌우합작을 토대로 명실상부한 통일정부를 세우고자 했던 '무한 정부'의 궤멸을 알리는 경고음이었다.

장개석이 하야한 상황에서도 '남경 정부'와 '무한 정부'의 대립은 계속됐다. 이때 국민당 내 일부 공산당 장교들은 강서에서 봉기를 일으킨 뒤 광동으로 이동했다. 이는 소련의 원조물자를 원활히 수령할 수 있는 항구를 확보키 위한 것이었다. 이들의 봉기로 휘하 군사가 토막 난 광동 출신 장군 장발규는 대로한 나머지 남은 병력을 이끌고 급속히 이들의 뒤를 쫓아가 광주를 점거했다. 그는 곧 독자적인 군사강령을 선포한 뒤 동향 출신 왕정위에게 속히 광주로 올 것을 청했다.

휘하 군사가 없어 낭패감에 젖어 있던 왕정위는 환호했다. 그는 장발규의 무력을 배경으로 손문의 고향이자 자신의 고향인 광동을 근거지로 삼을 경우 장개석과 충분히 정통성 다툼을 벌일 수 있다고 판단했을 공산이 크다. 최소한 이를 지렛대로 삼아 장개석과 유리한 협상을 벌일 수도 있었다. 첩보를 접한 장개석은 나라가 더욱 혼란스러워질 것을 크게 우려했다.

이때 의기양양해진 왕정위가 일본에 있는 장개석에게 전문을 보내 상해 회동을 요청했다. 상해에는 국민당 중앙집행위원회 전체회의가 예정되어 있었다. 하야한 장개석은 국민혁명군 총사령관의 지위를 회복하고, 왕정위는 사실상의 정치 지도자가 될 터였다. 그러나 왕정위의 이런 계획은 이내 좌절됐다. 광주가 공산당 장교들의 반격으로 혼돈에 휩싸인 결과다.

그가 상해에 머물 당시 장발규가 광주 일원을 평정하기 위해 군사를 사방으로 내보내자 소련 영사관의 지원을 업은 공산당원들이 이틈을 타 광주로 진입했다. 노동조합과 선원, 장발규 휘하의 훈련 연대가 동참한 가운데 공산당원들은 광주를 3일 동안 점령했다. 적색테러와 백색테러가 연이어지자 희생자 숫자는 1만 명 안팎을 헤아렸다. 이를 이른바 '광주코뮌'이라고 한다. 님 웨일즈의 『아리랑』에 당시의 상황이 소상히 묘사돼 있다.

이 소식이 상해에 전해지자 장발규에게 비난이 쏟아졌다. 왕정위도 곤혹스럽게 됐다. 국민당 중앙집행위 전체회의는 왕정위에게 불리하게 진행되었다. 왕정위는 다시 해외로 망명 아닌 망명을 떠나야 했다. 왕정위의 실패는 장개석의 성공으로 이어졌다. 국민당은 회의에서 장개석을 총사령관에 복귀시키기로 결정한 데 이어 중앙정치회의 주석과 군사위 위원장까지 겸하게 했다. 오직 담연개만이 국민정부 주석 자리를 맡아 직위로는 장개석보다 위에 있게 됐다. 장개석은 1년도 채 안 돼 이 자리마저 차지했다.

장개석의 일본여행이 35일 만에 끝난 배경이다. 그는 이해 11월 10일 그는 상해로 돌아왔다. 그런 점에서 그가 처음으로 하야한 1927년은 그에게 전화위복이 된 해였다. 일본에 머물 당시 찰리 송의 부인 예계진이 머물고 있는 아리마 온천의 그랜드 호텔로 찾아가 그녀의 막내딸 송미령과의 혼인승낙을 받은 것도 값진 승리였다. 이해 12월 1일 그는 송미령과 결혼했다.

결혼 전에 그는 송미령의 모친에게 성경을 열심히 공부하겠다고 약속한 바 있다. 그러나 그는 이것이 개종을 보장하는 것은 아니라는 말을 덧붙였다. 그가 세례를 받은 것은 1930년 10월경이다. 부인 송미령의 권유를 좇아 자발적으로 개종한 것이다.

송미령 집안의 부패

학계 일각에서는 송미령과의 결혼을 두고 송씨 일족이 정부재정을 독점하고 거대한 규모의 부패를 초래하는 길을 열었다는 비난을 하고 있다. 그러나 이는 부분적으로만 타당하다. 장개석의 동서인 공상희와 처남인 송자문은 장개석이 권좌에 오르기 전부터 이미 국민당의 재정에 깊숙이 관여해 왔다. 이는 손문이 조치한 것이다. 송씨 일족의 부정부패를 전적으로 장개석에게 뒤집어씌우는 것은 잘못이다.

객관적으로 볼 때 당시 중원통일의 가시적인 성과를 거둔 국민당 정부는 내면적으로는 '혁명적 장령' 또는 '국민정부위원 겸 각 성의 주석'이라는 직함을 가진 군벌들의 불안정한 연합이었다. 장개석은 연합세력의 우두머리에 불과했다. 재정부장인 처남 송자문이 1929년 1월에 올린 보고가 이를 뒷받침한다.

"중앙의 재정권은 겨우 강서, 절강, 안휘, 강소에만 미칠 뿐이고 그 가운데 안휘, 강서의 조세수입은 중앙에 들어오지도 않는다!"

송자문은 공상희에 비해 아랫사람들에게 엄격했다. 장개석은 군사업무를 처리할 때 강경책은 정력적인 진성陳誠에게 맡기고, 부드러운 성격의 일은 하응흠에게 맡겼듯이 재정업무에 관해서도 상황에 따라 송자문과 공상희를 번갈아 기용했다. 나름대로 최선을 다했다는 게 『장개석일기를 읽다』에 나오는 레이 황의 분석이다.

장개석이 '중일전쟁'을 계기로 사력을 다해 일본군에 저항할 당시 모택동을 중심으로 한 중국공산당의 세력은 날로 팽창했다. 일본이 패망한 후 국공내전이 불붙으면서 한때 궁지에 몰렸던 홍군이 장개석 군사를 압도하는 양상이 나타났다. 1948년 1월, 그는 이같이 한탄했다.

"솔직히 말해 중국에서나 외국에서나 오늘날의 우리 국민당처럼 노후하고 퇴폐한 혁명정당이란 있어 본 일이 없다. 얼이 빠져 있고 기율도 없고 시비의 기준도 없는 정당도 있어 본 적이 없다. 이 따위 당은 오래 전에 부서져 쓸어버려야 했다."

압도적인 무력을 지니고도 연전연패한 데 따른 분노의 표시였다. 그는 이런 통렬한 말투로 자주 휘하 지휘관들을 질타했다. 국민당 지휘관들이 부대원들 몫의 양곡과 돈을 착복했다는 소식을 듣고는 이같이 탄식키도 했다.

"각급 지휘관들이 상관의 명에 따르는 시늉만 하고 어떤 때는 전혀 실행을 하지 않으니 명령 자체가 그 의미를 완전히 상실하고 말았다!"

이는 바꿔 말해 연전연승을 거두고 있는 공산당에 대한 칭찬이기도 했다. 실제로 그는 공산당의 조직과 기율, 도덕성 등을 높이 평가했다.

"그들은 주먹구구식이나 애매한 생각은 조금도 용서하지 않았다. 우리 기간요원들 대부분은 머리를 쓰지 않고 연구를 하려하지 않고, 조심스럽지도 믿음직스럽지도 않다. 그래서 우리는 패하고 있는 것이다."

그러나 총사령관으로서 이런 푸념을 하는 것은 적당치 않다. 궁극적인 책임은 그 자신에게 있었기 때문이다. 그에게는 모택동의 공산당을 제압할 수 있는 기회가 여러 번 있었다. 그러나 그는 우유부단했다. 자립적인 민중조직, 토지개혁, 당내의 민주절차, 당에 의한 정부와 군의 지배 등에 관한 주장이 올라올 때마다 이를 묵살했다. '항일투쟁'이 급선무라는 이유였다. 그러나 이는 민중적 지지를 받을 수 있는 유능한 정부의 존립가능성을 스스로 차단하는 결과를 낳았다. 그가 모택동에게 패한 이유다.

이와 관련해 로이드 이스트만은 『장개석은 왜 패했는가』에서 패배의 원인을 극심한 인플레에서 찾고 있어 주목을 끌고 있다. 국민당이 관세, 염세, 제조세 등의 주된 수입원을 잃은 채 적절한 수입원을 개발하지 못하고 과도한 적자재정에 의지한 게 실패의 원인이라는 것이다. 그의 이런 주장은 비록 한 측면을 지나치게 부각시켰다는 지적을 받고는 있으나 나름대로 타당하다.

실제로 장개석은 8년간에 걸친 항일전의 기간 동안 필요한 소비재를 제대로 생산할 수 없어 해외 수입을 권장하지 않을 수 없었다. 1947년 2월 중국의 외환보유고는 이미 고갈됐다. 이는 원면과 미곡, 기타 농산품 등 중국의 농업을 크게 저해했다. 농촌이 피폐해지면서 농민들의 불만이 뭉게구름처럼 커진 것은 말할 것도 없다.

특히 이스트만이 지적하고 있듯이 인플레의 폐해는 그에게 치명타로 작용했다. 1945~1949년 사이 정부 지출의 70%가 군비지출이었고, 대부분이 만주에서 홍군과 싸우는 전비로 나갔다. 국민당 정부는 내전비용을 충당기 위해 항일전 때처럼 지폐를 마구 찍어냈다. 이는 농촌뿐만 아니라 도시의 산업 활동마저 피폐하게 만들었다.

　장개석은 당초 중일전쟁이 발발하기 직전 은의 국유화를 선포했다. 귀금속을 대거 지폐로 대체함으로써 전쟁 초기에는 인플레이션 효과가 그다지 심각하지 않았다. 그러나 1941년 물가는 처음으로 전쟁 발발 이전의 10배를 돌파했다. 이후 물가의 상승이 더욱 빨라졌다. 당시 각 중대의 중대장에게는 가짜 이름을 명부에 끼워 넣는 것이 용인됐다. 그렇게 해야만 2명분의 급료와 수당을 챙길 수 있었기 때문이다. 대대장과 연대장에게 용인된 숫자는 더 많았다. 모두 사단장의 묵인하에 나온 것이다.

　일선 지휘관들은 사상자를 보고할 때 한 몫 챙길 수 있었다. 한 사단에 5천~6천의 사상자가 발생했다고 주장하면 이는 과거의 허위보고 증거를 모두 지우고 새로운 허위보고를 시작하는 것을 의미했다. 이런 상황에서 군율과 군기가 무너지지 않는 게 오히려 이상하다. 홍군과 국민당 정부군의 차이가 가장 선명히 드러나는 대목 가운데 하나다.

　그러나 가장 큰 이유는 내부적으로 국민당 정부 자체가 대소군벌의 연합 위에 서 있었다는 구조적 취약성과 외부적으로 막강한 무력을 지닌 일본과 장기간에 걸쳐 소모적인 지구전을 전개한데서 찾아야 할 것이다.

　실제로 일본이 패퇴한 1945년 당시 국민당은 이미 현저히 약화되어 있었다. 사람으로 치면 기력이 완전 고갈돼 병상에 누워 있는 것이나 다름없었다. 여기에 부패와 무능, 파벌싸움 등이 복합적으로 작용하면서 병세가 더욱 악화됐다. 1945년 이후 미국 등의 막대한 물량지원에도 불구하고 패한 이유가 여기에 있다. 소련의 만주진공에서 주요배경을 찾는 것은 한 면만을 본 것이다.

왕조순환설의 관점에서 볼 때 장개석과 모택동의 운명은 기본적으로 무력에서 결판났다고 평할 수 있다. 민심이 먼저인지, 아니면 무력이 먼저인지를 따지는 것은 공연한 일일 뿐이다. 무력을 기반으로 천하를 거머쥐면 민심도 따라오기 마련이다. 아무리 민심이 토라져 있을지라도 이를 다독일 수 있는 수단은 무궁무진하기 때문이다.

중국은 유사 이래 왕조가 바뀔 때마다 기간의 장단 차이는 있었으나 늘 왕조교체에 따른 심각한 혼란이 반드시 수반됐다. 본서가 1912년 원세개가 초대 총통에 취임한 이래 1949년 모택동이 중화인민공화국 선포하기까지 37년의 기간을 '군벌시대'로 규정한 이유다. 37년의 기간을 새로운 '중화제국'을 건설키 위한 하나의 과도기로 본 것이다.

초기 북양군벌이 지배하던 '북경시대' 당시 근대 서양을 모방한 새 헌법과 의회는 하나의 장식물에 지나지 않았다. 실제로 국민 가운데 읽고 쓸 줄 아는 사람은 대략 10% 미만에 불과했다. 재정수입 또한 서구 열강에 모든 이권이 넘어가 있었던 까닭에 방대한 나라를 지탱키에는 터무니없이 적었다. 레이 황은 『장개석 일기를 읽다』에서 당시 상황하에서는 군벌의 등장만이 그 상황에 가장 잘 들어맞았다는 주장을 펼쳤다.

"당시의 특수한 상황 아래에서는 개인에 대한 충성의 토대 위에 마구잡

이식의 수탈에서 재원을 얻는 식의 사적인 군사력만이 이렇다 할 권위를 제공할 수 있었다. 그런 권력은 1개 성의 범위를 넘어 확장될 경우 더 이상 효과적으로 작동하지 못했다. 또한 그런 권력은 외국으로부터의 압력에 저항할 힘도 없었다."

장개석의 국민당은 '제2차 북벌'을 성공리에 끝냄으로써 그럭저럭 새로운 국가를 위한 기초를 마련했다. 군대에 대한 국가의 통일된 지휘체계, 법정 통화, 중앙집권적 재정, 새로운 행정기구, 일단의 군사학교를 포함한 교육 등이 그것이다. 이런 일련의 작업은 일본과의 전쟁으로 더욱 촉진된 측면이 있다. 그런 점에서 그는 중국이 세계 속의 일원으로 자리 잡는 데 나름대로 기여한 셈이다.

문제는 지주의 착취와 농민의 부채문제 등을 포함한 근본적인 문제를 거의 손대지 못한데 있다. 모택동은 여기에 주목했다. 그는 중국의 하부구조를 완전히 뒤엎는데 성공했다. 소작문제가 해결되자 곧바로 농지의 국유화를 시도한 게 그 증거다. 그가 천하를 거머쥔 배경이 여기에 있다. 이는 훗날 등소평이 추진한 경제근대화와 팽창의 재원이 되기도 했다. 등소평이 모택동을 '중화제국'의 창업자로 기린 것도 바로 이 때문이다.

장개석은 군사적 재능 면에서 확실히 모택동에 비해 떨어진다. 그러나 두 차례의 성공적인 북벌로 대소 군벌을 일단 '남경 정부' 휘하로 끌어들이고 군벌할거에 따른 혼란을 대목 줄었다는 점만은 나름대로 평가할 만하다. 실제로 이 일을 계기로 중국의 국제적 위상이 크게 높아졌다.

경제정책도 일정부분 평가할 필요가 있다. '제2차 북벌' 이후 '남경 정부'

는 과거 '북경정부'가 서구 열강으로부터 끌어들인 총 6억7천만 달러의 채무를 고스란히 떠안으면서 외채상환에 성의를 다했다. 항일전 전날까지 이미 90%의 외채를 상환한 게 그 증거다. 당시 그는 경제를 살리기 위해 '법화정책'을 강력 추진했다. 1935년 말부터 법화가 발행되면서 공채의 신뢰가 살아났다. 중국채권이 런던시장에 상장되자마자 일본채권보다 그 가치를 더 높이 인정받은 게 이를 뒷받침한다. '법화정책'이 취해지지 않았다면 항일전의 군비 조달 자체가 불가능했다.

대대적인 문화교육 사업도 일정한 성과를 거뒀다. 실제로 '남경 정부' 시절 북경대와 청화대, 서남연합대학 등의 학술활동이 매우 활발히 전개됐다. 이는 국가분열을 방지하고 '남경 정부'의 통치를 공고히 하는데 일조했다. 가장 큰 기여는 민중들을 각성시켜 일본 침략자들과 맞서게 한 데 있다. 40여만 명에 달하는 원정군을 두 번에 걸쳐 미얀마로 들여보내 영미와 합동작전을 전개한 것도 그의 공이다. 특히 과거 청나라가 체결한 '불평등조약'을 대부분 폐지한 것도 평가할 만하다.

실제로 지난 2007년 말 장개석과 장경국의 유해를 대륙으로 이전하는 문제가 공개적으로 거론된 적도 그에 대한 재평가 작업이 활발히 진행된 결과로 볼 수 있다. 오랫동안 모택동이 극도로 미화된 것돠 정반대로 장개석은 과도하게 폄하된 게 사실이다. 이게 바람직하지 않은 건 말할 것도 없다. 그의 공적 및 리더십에 대한 재평가작업은 21세기 동북아시대의 바람직한 좌표를 설정하는데 크게 기여할 것이다. 제대로 된 역사를 통해서만 현재를 되돌아보고 먼 미래를 내다보는 교훈을 얻을 수 있기 때문이다.

36

G2로의 도약

국공내전과 홍군

국공내전國共內戰은 1927년 이후 국민당과 공산당 사이에 일어난 두 차례의 내전을 말한다. 중화인민공화국에서는 '해방전쟁'으로 부르고 있다. 1927년에서 1936년까지의 시기를 제1차 국공내전, 1946년부터 1949년까지를 제2차 국공내전으로 구분한다. 전쟁의 결과로 본토에는 모택동이 이끄는 중국 공산당의 중화인민공화국이 수립됐고, 장개석이 이끄는 국민당은 남경의 중화민국 정부를 대만으로 이전했다.

이후에도 두 나라는 1958년의 금문도 포격전까지 해남도 등 중국 대륙

부속 도서에서 크고 작은 전투를 지속했다. 양안兩岸 사이에 정전停戰에 관한 공식 합의는 없었다. 다만 1979년 1월 1일 미중 국교 정상화를 계기로 인민해방군의 금문도에 대한 포격이 그치면서 현재 사실상의 정전 상태를 유지하고 있는 중이다.

당초 1911년의 '신해혁명'으로 청나라가 무너진 이후 중국은 원세개로 대표되는 '군벌시대'로 들어갔다. 손문은 군벌시대를 종식시키기 위해 서구열강에게 지원을 요청했으나 아무런 호응도 얻지 못했다. 1921년에 손문이 볼셰비키 혁명으로 공산주의 국가를 수립한 소련에 눈을 돌린 이유다. 1923년 레닌이 이에 응해 소련대표단을 상해에 파견했다. 국민당과 공산당이 제1차 국공 합작을 이루게 된 배경이다.

당시 손문은 군벌과 대항하기 위한 군사력을 확보하기 위해 장개석을 비롯한 장교들을 소련으로 파견해 군사기술을 습득하게 했다. 또 광동성 광주 교외에 황포黃埔 군관학교를 세워 군관 양성에 박차를 가했다. 당시에는 공산주의자도 국민당에 입당하는 것이 허용된 까닭에 국민당 내에 공산당의 영향력이 상당했다. 주은래가 황포군관학교 정치부 교관, 모택동이 국민당 요직을 맡고 있었던 게 그렇다. 공산당은 국민당 내에서 '정당 안의 또 다른 정당'으로 활동하고 세력을 키워 나간 것이다.

1925년 손문이 죽자 장개석이 국민당의 국민혁명군 총사령관이 됐다. 그는 군벌의 영향력 아래에 있는 중국 북부에서 중화민국의 통치권을 확립하기 위해 북벌을 준비하기 시작했다. 당시 국민당은 우파와 좌파로 분열돼 있었다. 1926년 3월, 이른바 '중산함 사건'으로 인해 국민혁명군 내의 공산당원이 체포되는 사건이 발생했다. 국민당 내 우파인 장개석 계열과 좌파인 공산당 계열의 대립이 격화됐다. 장개석의 국민혁명군은 호남, 호북, 복건, 절강, 강서, 안휘 등 6성을 세력 범위 안에 편입시키며 오패부吳佩孚와 손전방孫傳芳 등의 군벌을 격파했다. 만주 군벌 장작림張作霖과 대치했다.

1927년 3월, 상해의 노동자들이 무장봉기해 장개석 군대를 맞아들였다. 공산주의 세력이 커지는 것을 싫어하는 상공인과 부유층이 공산당과 관계를 끊을 것을 부추겼다. 이해 4월 12일, 공산주의자들에 대한 대대적인 숙청과 처형을 시행했다. 이른바 '4 · 12 사건'이다. 공산당이 괴멸에 가까운 타격을 입고 지하로 숨어들게 됐다. 이를 계기로 제1차 국공합작이 종료되고 제1차 국공내전이 시작됐다.

장개석은 공산군, 즉 홍군紅軍을 토벌하기 위해 수차례에 걸쳐 대규모 공격을 개시했다. 이른바 '초비剿匪'이다. 당시 그는 자신의 공산당 토벌작전을 통상 '위초圍剿'로 표현했다. 막강한 화력을 동원해 포위 섬멸하는 작전을 말한다. 당시 공산당의 군사 조직인 홍군은 종종 홍비紅匪 내지 공비共匪로 불렸다. 대규모 토벌 작전에도 불구하고 장개석의 국민혁명군은 홍군을 완전히 분쇄하지 못했다.

홍군이 철저한 게릴라식 유격 전술을 펼친 결과다. 마지막 대규모 '토비' 작전에서 국민혁명군은 종전의 방식을 바꿔 지구전에 해당하는 진지전陣

地戰을 펼쳤다. 홍군은 이 전술에 말려들어 궤멸 위기에 처하게 됐다.

홍군은 필사적인 후퇴 전술을 택했다. 중국 대륙을 빙 돌아서 산서성에 이르는 이른바 장정長征을 행했다. 덕분에 국민혁명군의 추격을 뿌리치고 섬서성 연안에 이를 수 있었다. 그러나 이때 만주군벌 장학량張學良과 대치하게 됐다. 장학량은 공산당에 동조적이고 공산당이 주장하는 항일 정신에 경도됐다. 마침내 1936년 12월 장학량은 이른바 '서안西安 사건'을 일으켜 항일 통일전선을 성립시켰다.

당시 장개석은 공산당을 초기에 소탕코자 했으나 일본의 개입으로 결국 실패하고 말았다. '서안사건'을 계기로 부득불 제2의 국공합작에 나서게 된 게 그렇다. 당초 장개석이 구사한 '위초'는 모두 5번에 걸쳐 이뤄졌다.

1930년에 시작된 첫 번째 '위초'는 강서의 지방군으로 구성된 국민당 정부군 7개 사단을 투입했다. 그러나 제18사단 사단장 장휘찬은 정찰을 소홀히 함으로써 모택동이 펼쳐 넣은 함정 속으로 자진해 뛰어 들어갔다. 강서에서 모택동의 4만 병력이 이들을 포위했고, 약 9천명으로 추산되는 장휘찬 부대를 모두 생포했다. 소식을 들은 다른 사단은 서둘러 퇴각했다. 첫 번째 '위초'는 일주일 만에 참담한 실패로 끝났다.

홍군은 장휘찬을 생포한 뒤 그의 머리를 베어 정부군이 장악한 지역에 도달할 수 있도록 뗏목에 실어 강서성을 관통하는 장강 지류인 공강贛江을 따라 흘려보냈다. 이 소식이 남경에 도착하기까지는 며칠이 걸렸다. 이로써 장개석의 1번째 '위초'는 실패로 돌아갔다.

두 번째 '위초'는 1931년 4~5월에 있었다. 당시 장개석은 '중원대전'을 성공적으로 마친 후 남경에 돌아와 있었다. 전장의 자세한 사정에 주의를 기울이기에는 국회 문제로 너무 바빴다. 전장에 17개 사단이 투입됐다. 절반이 이전의 군벌군대를 서둘러 개편한 것이었다. 북부 출신 병사들은 사기가 특히 낮았다. 남부의 음식과 날씨에 익숙지 않았다. 모택동은 자신의 3만 병력을 유격대로 조직했다. 그는 전체 전선을 서쪽에서 동족으로 측면 돌파하면서 적에게 5차례 타격을 가했다. 사망한 사단장 1명을 포함해 5개 사단이 손실을 입었다.

　두 번째 '위초'가 실패로 돌아간 지 한 달 만에 시작된 세 번째 '위초'는 그가 직접 지휘했다. 무려 30만 병력이 동원됐다. 이들 가운데 13만 명만이 전투 병력이었고, 그 절반은 그의 직계 정예부대였다. 그러나 장개석은 이내 이른바 '만주사변'으로 인해 모택동에 대한 원정을 중단해야만 했다. '만주사변'은 1931년 9월 18일에 일본 관동군이 이른바 '유조호柳條湖 사건'을 조작해 만주를 중국 침략의 병참 기지로 만들기 위해 벌인 침략 전쟁을 말한다. 그의 세 번째 '위초'가 이내 흐지부지되고 만 배경이다. '만주사변'을 중국에서는 '9.18사변'으로 부른다.

　1932년 1월 일본의 관동군은 장개석 지지를 선언한 만주군벌 장학량張學良의 항일 거점인 요동의 금주를 점령했다. 이어 이해 3월 1일 선통제 부의를 '황제'로 하는 만주국을 세웠다. 장개석은 이 사건을 국제연맹에 제소해 국제여론을 환기시키고자 했다. 국제연맹은 이를 받아들여 이른바 '리

튼 조사단'을 파견했다. 리튼 조사단은 일본군의 철수를 권고하는 조사보고서를 채택했다. 일본이 이를 받아들일 리 만무했다.

만주국 성립 전후로 중국의 각 도시는 연일 반일데모로 넘쳐났다. 이해 5월, 서구 열강의 중재로 일본군이 철수하는 대신 중국군은 전선에서 물러선 채 움직이지 않는다는 내용의 휴전협정이 체결됐다. 남경을 겨냥한 일본군의 즉각적인 위험이 제거되자 장개석은 이른바 '안내양외安內攘外'를 외쳤다.

"국내를 평정하는 일이 먼저이고, 외국의 침략을 물리치는 것은 다음 일이다."

장개석이 네 번째 '위초'를 선언한 배경이다. 장개석의 4번째 '위초는 1932년이 저물기 전에 준비가 끝났다. 본격적인 전투는 이듬해인 1933년 2월에 시작됐다. 초기만 하더라도 이는 참패로 끝났다. 3개 사단의 궤멸이 그 증거다. 그러나 홍군을 박멸하겠다는 장개석의 결심은 단호했다. 이해 여름 그는 남창에 상설 사령부를 설치했다. 육군 장교들을 상대로 한 2주간의 재교육 과정이 개설되고 사기진작을 위해 강서성 구강시에 있는 명승지 여산盧山에 휴양 캠프가 만들어졌다.

이해 10월, 최후의 다섯 번째 '위초'가 시작됐다. 이때 장개석은 승부수를 던졌다. 자신이 가장 아끼는 정예군을 투입했다. 우선 홍군이 장악한 지역을 봉쇄하기 위해 벽돌로 토치카를 튼튼히 건설했다. 수천 개의 토치카가 만들어지자 국민당의 전위부대는 한 번에 몇 리씩 천천히 전진했다. 이 사이 모택동의 전술은 비판을 받고 있다. 대부분의 홍군 지휘관들은 정면 공격을 원했다. 전투는 1년 넘게 지속됐다. 마침내 소비에트 지역은 1934년 가을에 이르러 극도로 축소됐다. 다섯 번째 '위초'는 성공작이었다. 그런 의미에서 사실 홍군의 '대장정'은 도생圖生을 위한 고육책에 불과했다.

당시 홍군은 악전고투 끝에 간신히 섬서의 연안으로 들어갈 수 있었다. 장개석이 총력전을 펼친 결과였다. 당시 섬서 일대는 지방군벌 양호성이 장악하고 있었다. 얼마 후 장학량이 '서북초비부사령西北剿匪副司令'으로 부임해 왔다. 그가 이끌고 온 동북군은 일본에 대한 적개심에 불타고 있었다. 그러나 연안의 홍군에 대해서는 특별한 증오심이 없었다. 국민당은 일반 민심과는 정반대로 '즉시항일'을 주장하는 자를 적으로 간주했다. 장학량도 비행기로 연안을 방문해 주은래와 이야기를 나누면서 '국공합작'을 논의했다.

1936년 2월 공산당 토벌을 뜻하는 '초비剿匪'의 실적이 부진하자 장개석이 독전 차 직접 서안으로 갔다. 장학량과 양호성은 장개석이 내전을 중단할 의사가 없고, 항일운동의 억압을 중지하지 않는 것을 알고는 무력을 동원한 간언인 이른바 '병간兵諫'을 시도했다. 이들은 장개석을 포로로 잡고 '항일구국, 내전종식'을 호소했다. 이른바 '서안사건'이다. 이 사건은 부인 송미령의 노력으로 해결됐다. 그 결과로 나타난 게 바로 '제2차 국공합작'이다.

중국 공산당은 이를 적극 활용해 홍군의 규모를 크게 확대할 수 있었다.

일본이 패망했을 때 장개석이 기쁨보다 걱정이 앞선다고 말한 이유다. 말할 것도 없이 모택동이 이끄는 공산당 때문이었다. 당시 이들은 미국 등 서구 언론에 매우 좋은 이미지를 쌓고 있었다. 국민당 정부군이 피를 흘리며 일본군과 싸우는 동안 서구 언론을 대상으로 치열한 홍보전을 펼친 결과였다.

일본군 대표가 중국 전구에 제출하는 항복문서에 도장을 찍던 1945년 9월 9일, 장개석은 자신의 일기에 이같이 썼다.

"일본의 항복의식이 오늘 남경에서 열렸다. 오늘은 우리 당에게 승리와 개선의 날이다. 그러나 동북의 영토는 아직 소련 육군의 손아귀에 있다. 신강의 중요 지역도 소련에 종노릇하는 자들 때문에 잃었다. 아, 항일전쟁의 승리도 우리의 혁명에 성공을 가져다주지 않았다. 코민테른의 정책은 여전히 성공을 거두고 있고, 공비共匪는 진압되지 않았다."

이후 그의 우려대로 4년에 걸친 국공내전 끝에 장개석은 1949년 말 임시 수도인 성도가 화염에 휩싸이자 그는 비로소 비행기를 타고 탈출한 뒤 대만을 향했다. 이후 대만에서 6년마다 치르는 총통선거에서 매번 당선됐다. 잠시 팽호열도와 금문도를 순시한 것을 제외하면 1975년 사망할 때까지 총 26년 동안 그는 타이완의 오랜 거주지를 결코 떠나지 않았다. '공비共匪'로 폄하했던 모택동에게 패해 대륙에서 쫓겨난 자격지심 때문인지도 모를 일이다.

국공내전

문화대혁명과 사인방

문화대혁명은 1966~1976년까지 10년 동안 모택동이 기획 연출하고, 홍위병이 주연을 맡은 대규모 권력투쟁을 가리킨다. 통상 문화혁명文化革命 내지 문혁文革으로 표현한다. 원래 내세운 목표는 이른바 '파사구破四舊'이다. 낡은 사상인 구사상舊思想, 낡은 문화인 구문화舊文化, 낡은 풍속인 구풍속舊風俗, 낡은 관습인 구관습舊習慣을 타파해 자기희생적인 사회주의 문화를 창조하자는 게 기본 취지이다. 그러나 결국 이는 전국 단위로 실행된 대규모 반달리즘 즉 '문예파괴운동'에 지나지 않았다.

중국의 역대 왕조 역사를 보면 유사한 '반달리즘'이 제법 많았다. 진시황 때 빚어진 갱유坑儒와 항우의 함양 점령 때 저질러진 분서焚書를 비롯해 명 태조 주원장과 청나라 옹정제 때 빚어진 문자지옥文字之獄 등이 대표적이다. 그러나 문화대혁명 때 저질러진 '반달리즘'은 분서갱유나 문자지옥의 수순을 훨씬 능가한다. 분서갱유와 문자지옥은 최소한 전래의 문화예술을 모조리 파괴하지는 않았다. 문화대혁명 때 빚어진 반달리즘의 핵심은 문화재 파괴보다도 문화예술 관련 인사들에 대한 대규모 도륙에 있었다.

저명한 문화예술 종사자들은 거의 예외 없이 '게으름뱅이'로 낙인찍힌 뒤 '현실체험'의 미명 하에 집단농장에 수용돼 노예처럼 살아야만 했다. 이는 기본적으로 처음부터 극히 불순한 배경에서 출발한 데 따른 후과이기도 했다. 문화대혁명 당시 중국정부는 대외적으로 이 사건을 마치 프랑스혁명의 중국판으로 선전했다. 그러나 실상은 모택동이 건국 이후 저지른 각종 실책을 호도하며 무소불위의 권력을 계속 유지코자 하는 권력투쟁의 일환에 지나지 않았다.

당시 대표적인 피해자로는 국가주석으로 있던 유소기劉少奇와 등소평鄧小平 등을 들 수 있다. 유소기는 생전에 모택동의 사회주의 혁명 노선에 반기를 든 자로 규탄 받고 사망했으나 등소평의 복권 이후 1981년 전국인민대표대회에서 무죄를 인정받고 사후복권死後復權됐다. 1987년의 발행된 중국의 인민폐에는 모택동과 주은래, 주덕과 함께 4인의 '건국아버지'로 선정돼 초상이 실리게 됐다. 등소평 역시 여러 차례 쫓겨나는 등의 우여곡절을 겪었으나 거듭 복권에 성공해 마침내 모택동의 뒤를 이어 천하를 거머쥐는 뚝심을 발휘했다. 당시 그를 두고 오뚝이를 뜻하는 부도옹不倒翁으로 칭한 이유다.

1959년 모택동은 '대약진운동大躍進運動' 처참한 실패로 끝나자 책임을 지고 국가주석에서 물러났다. 유소기가 국가주석, 등소평이 당총서기 자리를 맡게 됐다. 총리 자리는 계속 주은래가 맡았다. 유소기와 등소평의 개혁은 성공을 거뒀다. 대기근이 문득 사라진 게 그렇다. 인민들뿐만 아니라 고급 당원들 사이에서도 신망을 얻게 됐다. 당시 모택동은 실권과 거리가 먼 당주석 자리만 보유하고 있었다. 모택동과 유소기 사이의 갈등이 점차 심화된 배경이다.

모택동은 자신의 권력을 회복하고 정적을 제거하기 위해 1963년부터 '공산주의 교육운동'을 전개했다. 이는 학교에 다니는 아이들을 목표로 한 것이어서 현실정치와는 거리가 있는 것처럼 여겨졌다. 그러나 이 아이들은 몇 년 뒤 모택동의 주된 지지 세력인 이른바 홍위병紅衛兵으로 자라나게 됐다. 계급투쟁의 이상은 늘 적용되어야 한다고 주장하면서 유소기를 공개적으로 비판하기 시작한 이유다.

이듬해인 1964년에 이 운동은 '사청운동四淸運動'으로 발전했다. 정치와 경제, 조직, 이념 등 4가지 방면에서 불순한 내용을 걸러내자는 취지였다. 유소기로 상징되는 수정주의를 겨냥한 운동이었다. 당시 중국은 기아와 숙청 등으로 인해 커다란 내분위기에 처해 있었다. 여기에 기폭제 역할을 한 사건이 빚어졌다. 「해서파관海瑞罷官」이라는 연극에서 시작됐다. 극본은 청화대의 사학과 교수를 지내기도 한 사학자 오함吳晗이 지은 것이다. '해서'로 불리는 청백리 관원이 폭군인 가정제에게 파직을 당한다는 내용이었다. 처음 연극이 발표됐을 때 모택동은 긍정적인 반응을 보였다. 연극을 발표하기 전부터 모택동은 해서를 높이 평가하며, 당원들에게 해서를 본받을 것을 주문하기도 했다.

그러나 부인인 강청江靑과 요문원姚文元이 1965년 〈문회보〉에 비판 칼럼을 발표하면서 문제가 불거졌다. 해서가 모택동의 대약진운동 실패를 비판한 팽덕회彭德懷를 상징한 것으로 여겨진 탓이다. 이해 7월 27일, 홍위병 대표단들이 사회와 정치를 뒤집자는 취지의 대자보를 모택동에게 보냈다. 모택동은 답신에서 모든 반란에는 이유가 있다는 뜻의 '조반유리造反有理'를 언급했다. 홍위병의 반란에 정당성을 부여한 것이다. 그는 이해 8월 8일자

〈인민일보〉에 '사령부를 폭격하라-나의 대자보' 제목의 짧은 논평을 발표했다. 공산당 내 우파를 척결하자는 내용이었다. 유소기와 등소평에게 선전포고를 한 것이나 다름이 없었다. 문화대혁명의 단초가 열린 배경이 여기에 있다.

이 난동은 무려 10년 가까이 지속됐다. 당시 모택동은 큰 공을 세운 임표林彪를 내심 후계자로 생각하고 있었다. 그는 모든 공식행사에서 '모택동주석과 임표 부주석'이란 식으로 호칭됐다. 그의 위상은 1969년 제9차 중국 공산당 중앙위원회에서 그대로 드러났다. 새로 구성된 정치국 상무위원에서 그는 제2인자 자리를 차지했다. 주은래는 4위로 밀려났다.

그럼에도 임표는 좀 더 확실한 보장을 얻고자 했다. 유소기가 실각한 뒤 폐지된 국가주석 자리의 복원을 추진한 이유다. 모택동을 국가주석에 앉히고 자신이 국가부주석에 앉을 경우 모택동 사후에 자동적으로 그 자리를 승계할 수 있었다. 1970년 8월 23일, 여산에서 열린 제9차 중국 공산당 중앙위원회 제2전체회의에서 천백달陳伯達이 국가주석직의 복원을 제안했다. 속셈을 읽은 모택동이 대로한 나머지 진백달을 정치국 상무위원에서 해임시켜 버렸다. 임표를 의심하기 시작한 모택동은 임표의 권력을 점점 줄여나가기 시작했다.

초조해진 임표는 마침내 이른바 '571공정'으로 불린 군변을 꾀했다. 폭격과 병력을 동원해 모택동을 제거한 뒤 권력을 장악한다는 내용이었다. 이 음모는 1971년 9월 8일부터 9월 10일 사이에 일어난 것으로 보인다. 당시 모택동은 중국 남부를 기차로 순시하고 있었다. 이 음모는 결국 실패

모택동

했다. 임표는 가족 및 측근들과 함께 비행기를 타고 소련으로 망명코자 했으나 몽골 상공에서 비행기 피격으로 폭사했다.

　모택동은 후계자 자리가 공석이 되자 강청江青, 장춘교張春橋, 요문원姚文元 등과 함께 4인방의 일원으로 활약한 왕홍문王洪文을 중용하기 시작했다. 1972년에 중앙 정계로 진출한 왕홍문은 이듬해인 1973년에는 공산당 부주석의 자리에까지 올랐다. 그러나 이해에 주은래가 모택동에게 건의해 등소평을 다시 중앙정계로 복귀시키면서 제동이 걸렸다. 언론을 장악한 4인방이 주은래와 등소평의 경제 정책을 강도 높게 비난했다.

이해 말에 4인방에 의해 문득 '비림비공批林批孔' 운동이 전개된 배경이 여기에 있다. '비림'은 임표林彪, '비공'은 공자를 비난한다는 뜻이다. 반동적인 유교문화를 일소하고 임표의 역적 행위를 규탄하자는 구호를 내세웠으나 표적은 주은래였다. '비림비공' 운동은 후계자가 공식적으로 지명되지 않은 상황에서 모택동이 문득 숨을 거둘 경우 주은래가 그 뒤를 잇고, 뒤이어 등소평에게 권력을 승계할 것이 불 보듯 빤하다고 판단한 데 따른 것이다.

그러나 '비림비공' 운동은 실효를 거두지 못했다. 인민들은 이들의 행동을 쓸데없는 것으로 여겨 관심을 기울이지 않았다. 게다가 주은래에 대한 인민들의 지지는 확고했다. 4인방은 이내 목표를 바꿔 등소평의 실용주의 경제정책을 공격하기 시작했다. 이는 나름 효과를 거두었다. 모택동이 등소평의 정책을 '우파의 복권정책'으로 판단하면서 1975년 12월에 등소평으로 하여금 자아비판의 글을 쓰도록 지시한 게 그렇다.

이듬해인 1976년 1월 8일, 주은래가 방광암으로 사망했다. 그에 대한 추모 열기가 뜨거웠다. 모택동은 무명의 화국봉華國鋒을 총리로 임명했다. 반년 뒤인 이해 9월 9일, 모택동이 사망했다. 전 중국은 추모 열기에 휩싸였다. 4인방은 화국봉에게 정치적 야심이 없다고 판단해 방심했다. 이 와중에 등소평이 인민해방군의 지지를 얻어내 이해 10월 10일에 4인방을 전격 체포했다. 10년간 이어져온 문화대혁명이 막을 내리는 순간이었다.

현대 중국은 등소평이 '개혁개방'을 선언한 이후 문혁 당시의 잘못을 반성하고 새로운 노선으로 나아간 덕분에 경제대국으로 올라섰다. 그러나 불행하게도 북한은 문혁의 파괴적인 퇴행을 '주체사상' 운운하며 지도자의 위대한 업적으로 찬양하고 있다. 한반도의 비극이 계속 진행되는 근본 배경이 여기에 있다.

개혁개방과 등소평

개혁개방改革开放 정책은 등소평의 가르침을 좇아 나라를 적극 개방함으로써 모택동 시대의 대약진운동 및 문화대혁명으로 피폐해진 경제를 다시 살리고자 하는 취지에서 나온 것이다. 이 계책은 지난 1978년 12월에 개최된 중국공산당 제 11기 중앙위원회 제3회 전체회의에서 제안됐다. '개혁개방'을 선언할 당시 등소평은 이른바 '4개 현대화'를 구호로 내걸어 시장경제 체제로의 이행을 독려했다. 기본 원칙은 선부론先富論이다. 먼저 부유해진 뒤 그 영향에 힘입어 다른 것까지 풍요하게 만들자는 입장이다.

'개혁개방' 선언이 있은 지 3년 뒤인 1981년 6월 27일 제11기 중앙위원회 제6회 전체회의가 열렸다. 362명의 중앙위원들이 모인 이날 회의에서 최고실력자의 자리에 오른 등소평은 문화대혁명에 대한 7개항의 결의를 크게 칭찬했다. 결의안 채택 당시 그는 이같이 분위기를 잡았다.

"과거 몇 가지 문제의 책임은 집단으로 져야 하지만 당연히 모택동 동지는 중대한 책임을 져야 합니다."

이날 회의에서 채택한 결의안은 대략 다음과 같다.

첫째, 10년에 걸친 '문화대혁명'으로 인해 당과 국가와 인민은 창건 이래 가장 큰 좌절과 손실을 입었다. 둘째, 문화대혁명은 반혁명 집단에 이용돼 당과 국가와 각 민족 인민에게 크나큰 재난을 불러일으킨 내란이다. 셋째, 모택동 동지는 차츰 거만해지고 현실에서 떠나 민중에게서 유리되고 날이 갈수록 주관주의와 독단 전횡으로 흘러 당 중앙위에 군림했다. 넷째, 모택동은 문화대혁명을 촉발하고 지도했다. 이는 모택동이 국가와 인민에게 일대 재난을 안겨준 장본인이었음을 공식 확인한 것이나 다름없었다. 흐루쇼프의 '스탈린비판'에 비유할 만했다.

그러나 다른 점도 있다. '중화제국' 창업주로서의 공업을 높이 평가한 것이 그것이다. 공교롭게도 모택동은 '소련제국'을 창업한 제1대 차르 레닌과 수성에 성공한 제2대 차르 스탈린의 업적을 동시에 보유하고 있었다. 치천하의 '과過'에도 불구하고 득천하의 '공功'을 무시할 수 없었다. 그렇다면 모택동의 '공'과 '과'를 종합한 총평은 어떻게 나온 것일까? 결론부분에 해당하는 제7항은 모택동에 대한 평가를 이같이 마무리 짓고 있다.

"모택동 동지는 위대한 마르크스주의자이며 위대한 프롤레타리아 혁명가 · 전략가 · 이론가이다. 그는 10년에 걸친 문화대혁명에서 중대한 과오를 저지르기는 했지만 그 전 생애를 통틀어 볼 때 중국혁명에 대한 공적은 과오를 훨씬 능가하고 있다. 그에게는 공적이 제1의第一義이고 과오는 제2의第二義이다."

등소평

복잡한 권력세계에서 몇 번의 좌절을 거치면서도 끝내 살아남아 대권을 거머쥔 등소평이 1981년에야 비로소 문화대혁명 및 모택동에 대해 조심스런 평가를 내린 배경이 여기에 있다. 개혁개방 노선을 실행에 옮기면서 나름대로 인민들의 전폭적인 지지를 얻게 된 그로서도 '중화제국'의 창업주인 모택동에 대한 인민들의 열렬한 성원을 의식하지 않을 수 없었다. 결국 그는 모택동에 대한 평가를 이같이 정리했다.

"10분의 3은 부정적, 10분의 7은 긍정적이다."

개인숭배를 통해 거의 신으로까지 받들어졌던 모택동은 이제 실수를 범할 수 있는 범인의 얼굴을 띠게 된 것은 중국 인민들에게 큰 다행이었다. 이듬해인 1982년 9월 12일 제12차 전국대표대회가 열렸다. 이는 등소평이 명실상부한 '중화제국'의 제2대 황제라는 사실을 만천하에 널리 알리는 자리였다. 여기서 그는 장차 2000년까지 일인당 국민소득을 2천 달러에 이르게 해 '소강小康' 시대로 접어들게 하겠다고 공언했다. 내용 및 성격 면에서 역대 황제가 즉위한 직후 반드시 행하는 대사령大赦令과 닮았다.

모택동이 1945년의 제7차 전국대표대회를 통해 '중화제국'의 초대 황제임을 대내외에 선포했다면 등소평은 1982년의 제12차 전국대표대회를 통해 '중화제국'의 제2대 황제임을 널리 선포한 셈이다. 다만 그는 모택동과 달리 '황제'의 자리에 앉지 않고 '상황'의 자리에 앉아 '상황통치'를 펼친게 다를 뿐이다.

1992년 그는 중국의 일반 외교노선을 '24자방침'으로 요약한 바 있다. 이 가운데 가장 널리 회자된 것이 바로 '도광양회韜光養晦'다. 미국과 대등한 실력을 갖출 때까지 몸을 낮추고 힘을 기른다는 뜻이다. 이는 G2로 등장한 21세기인 현재까지도 '중화제국'의 가장 기본적인 천하경영 전략으로 통용되고 있다. 실제로 중국 수뇌부는 개혁개방으로 상징되는 이른바 '등소평이론'을 '모택동사상'과 같은 반열에 놓고 있다. 이를 '도광양회'의 취지에 맞춰 해석하면 이같이 요약할 수 있다.

"단호하게 미국에 대처하고, 재주껏 미국을 이용하라."

1997년 2월 7일은 음력 춘절이었다. 등소평은 병원에 있었다. 이후 12일을 더 버티다 결국 2월 19일 숨을 거뒀다. 7월 1일로 예정된 홍콩의 반환을 보고 싶다고 했지만 그만 숨을 거두고 만 것이다. 향년 93세였다.

'모택동사상'과 대비되는 '등소평이론' 가운데 가장 빛나는 것은 지난 1985년에 발표한 이른바 '선부론先富論'이다. 일부 지역 및 일부 사람이 먼저 부유해지고 이를 바탕으로 다른 지역 및 다른 사람도 도와주어 공동으로 부유하게 된다는 이론을 말한다. 이는 해안에서 내륙으로 성장거점을 확산시키고 있는 21세기 중국 수뇌부의 경제발전 전략이기도 하다.

그러나 1990년대 당시만 하더라도 적잖은 지식인들이 그의 '선부론'에 강한 의문을 제기했다. 개혁으로 인해 고통 받는 사람이 개혁으로 인해 이익을 보는 사람보다 많을 것이고, 소수의 이익집단에 기울어진 개혁은 중국을 더욱 깊은 사회적 위기로 몰아넣을 뿐이라는 게 논거였다. 이른바 '양

주은래

극화문제'가 핵심논거였던 셈이다. 이들의 지적은 결국 자본주의 사회가 지니고 있는 기본적인 문제점을 제기한 것으로 볼 수 있다.

　모택동이 죽기 직전에 등소평을 내치면서도 후일을 대비해 당적을 박탈하지 않은 것은 나름 높이 평가하지 않을 수 없다. 그가 등소평을 철저히 배제한 가운데 사인방을 선택해 '여황제'를 꿈꾼 강청에게 권력 장악의 계기를 마련해 주었다면 중국은 이내 20세기 초의 군벌시대로 뒷걸음쳤을 가능성이 컸다. 등소평이 모택동의 공과를 '공7과3'으로 정리한 배경이 여기에 있다. 그 또한 모택동의 마지막 배려를 잊지 않았던 셈이다.

중국의 역사문화 전통에 비춰볼 때 '치천하'는 '법치'를 위주로 한 것이기는 하나 '인치'가 전혀 쓸모없는 것은 아니다. 오히려 잘만 활용하면 더 큰 효과를 얻을 수 있다. 만일 주은래가 조기에 모택동으로부터 낙점을 받아 천하를 거머쥐는 상황이 되었다면 주은래는 뛰어난 '성군'이 모습을 보였을 공산이 컸다. 그러나 그런 일은 일어나지 않았다.

다만 여러 우여곡절이 있기는 했지만 모택동이 등소평의 당권박탈을 허용치 않음으로써 제2대 황제의 자리에 오를 수 있는 길을 터준 점은 평가할 만하다. 이는 중국 인민에게 커다란 행운으로 작용했다. 당시 등소평만큼 충실하게 모택동의 '득천하' 유산을 계승하고, 주은래의 '치천하' 유지를 받들 수 있는 인물은 없었기 때문이다. 비결은 모택동과 정반대의 길을 걸은 데 있었다. 모택동을 언급할 때 반드시 주은래를 얘기하고, 주은래를 언급할 때 반드시 등소평을 얘기하는 이유가 여기에 있다.

나가는 글

'시황제'와 중국몽中國夢의 앞날

지난 2018년 3월 11일, 중국은 제13차 전국인민대표대회 제1차 회의 제3차 전체회의에서 국가주석의 3연임 제한 규정을 폐기하는 내용의 헌법안을 통과시켰다. 시진핑習近平 국가주석의 종신집권이 가능하게 된 것이다. 문득 모택동과 등소평 반열에 오르게 된 셈이다.

원래 국가주석 임기 규정은 등소평 시대인 1982년 12월 개정된 헌법부터 명기됐다. 당시 등소평은 상무위원회와 정치국을 통한 집단지도체제를 제도화하면서 국가주석의 임기를 10년으로 제한했다. 모택동과 같은 인물의 등장과 그로인한 정국 혼란 등을 막기 위한 조치였다.

불행하게도 그에게는 모택동이나 등소평과 같은 경륜이나 사상 내지 업적 등이 없다. 적잖은 사람들이 중국의 앞날에 대해 우려하는 이유다. 더구나 동서고금을 통틀어 존재한 적이 없는 반인륜적이고 반역사적인 3대 세습의 북한을 음양으로 지원하며 미중대결 구도의 도구로 사용하고 있기에 더욱 그렇다. 실제로 많은 전문가들은 그가 생전에 황제의 자리에 오르고 싶어 하는 것 같다는 식의 논평을 쏟아 내놓고 있다. 희극으로 끝난 '중화제국'의 유일한 황제였던 원세개의 전철을 밟을까 하는 우려 섞인 전망에 해당한다.

현재 그가 내세운 구호는 이른바 '중국몽中國夢'이다. 종신집권을 꾀하는 그는 과연 단순한 권력욕에 함몰돼 '중국몽'을 내세운 것일까, 아니면 당태종이나 쿠빌라이 및 강희제 등처럼 장성 안팎을 아우르는 명실상부한 G1의 '황제-칸'으로 군림하려는 '그랜드 디자인'을 갖고 그러는 것일까? 본인이 결단하고 노력하기에 따라 원세개의 길로 갈 수도 있고, 정반대로 명실상부한 '황제-칸'의 길로 갈 수도 있다. 지금으로서는 짐작키가 쉽지 않다. 다만 원세개의 전철을 밟지 않기를 바랄 뿐이다. 그 경우 본인뿐만 아니라 중국 전체의 불행으로 이어질 수도 있기 때문이다.

원래 손문이 중국혁명의 기본이념으로 내세운 '삼민주의三民主義'는 청조 타도를 겨냥한 혁명 구호에 지나지 않았다. 특히 민족주의는 한족 중심의 편협한 국수주의에 지나지 않았다. 모택동이 손문의 '소민족주의'를 버리고 한족을 포함한 5족의 화합을 역설한 양계초의 '대민족주의'를 추종한 배경이 여기에 있다.

지난 2005년 중국사회과학원 철학연구소의 자오팅양趙汀陽은 저서 『천하체계』에서 오늘날 전 세계가 금융대란 등의 '난세'에 처한 이유는 '세계'만 있고 '천하'가 없는데서 비롯됐다고 지적한 바 있다. 그의 이런 주장은 중국 전래의 천조天朝 의식에 기초한 '대국주의'를 드러내고 있음에도 일각의 '중국위협론' 주장에 대한 세련된 대응논리라는 호평을 얻고 있다. 그는 이 책에서 서구의 '제국질서'는 이단을 물리치는 이른바 벽이단闢異端에서 출발하고 있는 까닭에 패권 장악의 과정에서 적을 양산하게 되나, '천하질서'는 득민심得民心에서 출발하는 까닭에 오히려 적을 벗으로 삼을 수 있다고 주장했다. 과연 '천하질서' 하에서 '이단'이나 '적대적인 타자'가 존재하지 않게 될 것인지에 대해서는 여러 반론이 있을 수 있으나 전혀 틀린 말은 아니다.

　　대니얼 벨은 지난 2015년에 펴낸 『차이나모델』에서 이른바 '현능주의賢能主義'로 번역된 메리토크라시Meritocracy를 통해 서양에서 발달한 민주주의의 한계를 극복할 수 있다고 주장해 학계의 눈길을 끈 바 있다. 실제로 그 해에 그의 저서는 〈파이낸셜타임스〉에 의해 '올해의 책'으로 선정된 바 있다. 그는 이 책에서 정치의 세계를 '좋은 민주주의 국가'와 '나쁜 권위주의 국가'로 구분하는 정치학계의 일반적인 통념을 거부하면서 중국의 정치 모델은 그 가운데 어느 한쪽에 꼭 들어맞지 않는다고 주장했다. 이는 기본적으로 서구에서 발달한 그리스 민주정 이래의 '1인1표'의 선출방식을 극히 회의적으로 바라본 데서 비롯된 것이다. 그는 소피스트처럼 선전선동에 능한 자가 권력자의 자리에 오를 가능성이 높은 점을 언급하면서 서구에서 발달한 '선거민주의'의 치명적인 결함으로 지적했다.

장차 '중국몽'이 국내정치에서 '현능주의'에 입각한 예교민치禮敎民治, 국제정치에서 '천하질서'에 입각한 예양천하禮讓天下를 지향할 경우 안팎으로 큰 호응을 얻을 수 있다. 이는 공자와 순자가 역설한 인정仁政 내지 예치禮治의 부활을 의미한다. 공자의 '인정'과 순자의 '예치' 개념은 문화의 존부存否에 따른 화이질서華夷秩序를 내포하고 있다.

과거 동양 전래의 '화이질서'가 여러 부정적인 측면이 존재했음에도 일면 기만적인 국제법을 내세운 서구 열강의 '제국질서'보다 상대적으로 평화적이었다는 사실에 주목할 필요가 있다. 제2차 세계대전 이후 21세기의 '미국독패美國獨覇' 시대에 이르기까지 '인권' 및 '법치'의 명목 하에 '제국질서'가 초강대국의 패권행보를 합리화하는 이론적 배경으로 작동한 게 그렇다. '중국몽'은 과거의 '화이질서'와는 차원이 다른 세련된 모델을 제시할 필요가 있다.

이와 관련해 참조할 만한 인물이 있다. 바로 공자의 제자 자공子貢이다. 『논어』에는 자공의 뛰어난 면모가 매우 자세히 기록돼 있음에도 맹자와 주희 등은 안빈낙도安貧樂道하는 안연顔淵에 초점을 맞추는 우를 범했다. 동양이 오랫동안 '중상주의' 대신 '중농주의'의 잘못된 길을 선택한 배경이 여기에 있다.

그러나 『사기』 「중니제자열전」을 비롯해 『오월춘추』 등은 오히려 '자공'에 주목하고 있다. 「중니제자열전」은 공자의 여러 제자 가운데 자공에 관한 기록이 거의 절반에 달한다. 자공은 공자의 제자 가운데 가장 명민한 인물

가운데 하나였을 뿐만 아니라 뛰어난 상술로 거만의 재산을 모은 특이한 인물이었다. '자공'을 두고 흔히 '유상儒商'이라고 한다. 이는 삼국시대의 노숙 및 하후돈 등과 같이 관인하면서도 전장에서 책을 손에서 놓지 않는 장수를 두고 '유장儒將'으로 일컫는 것과 같은 취지이다.

'인례仁禮'를 역설한 공자의 가르침을 충실히 이행하면서도 '부민부국富民富國'의 선봉 역할을 수행하는 '유상'은 '화해'를 기치로 '빈자에 대한 배려'를 역설하는 21세기 중화제국의 통치이념과 맞아떨어진다. 실제로 중국은 이런 방향으로 진행하고 있다. 최근 중국 당국이 사회주의와 유교사상의 공통점을 집중적으로 부각시키며 마르크스와 공자를 같은 차원에서 해석하고 있는 저간의 흐름이 그 증거이다. 중국 공산주의청년단 기관지 〈청년보〉는 지난 2008년 12월 30일자 기사에서 곽말약이 1925년에 집필한 단편소설 「마르크스의 공자 방문기」를 소개하며 마르크스와 공자는 본래 한 몸이었다고 평을 달았다.

이 소설에서 공자와 마르크스는 매우 희화적으로 그려져 있다. 공자는 2천 년의 시간을 거슬러 문묘文廟로 찾아온 마르크스를 만나보고 크게 고무됐다. 대화를 나눠보니 그 역시 자신처럼 현실 세계를 긍정하고 '대동세계大同世界'를 추구하며 물질적 부를 중시하는 등 자신의 생각과 크게 다르지 않다는 점을 발견했기 때문이다. 그럼에도 사람들이 이를 제대로 이해하지 못하고 있는 현실이 안타까웠다. 공자가 탄식했다.

"만약 어떤 사람이 당신의 생각을 제대로 이해한다면 당신의 사상에 반대하지 않을 것이고, 그 역도 마찬가지일 것이오."

"동감입니다."

공자가 흥이 나서 말했다.

"우리 중국에는 '집안 노인을 존경함으로써 남의 집 노인에게까지 미치고, 집안 아이를 보살핌으로써 남의 집 아이까지 미치게 한다.'는 속담이 있소. 중국에서는 내 아내 사랑이 곧 남의 아내 사랑과 같기에 당신의 아내는 곧 내 아내와 같소."

마르크스가 대경실색했다.

"나는 공산共産만을 외치는데 당신은 공처共妻까지 주장하는 것이오."

그러고는 이내 줄행랑을 쳤다. 공자를 혁명가로 평가한 곽말약은 유가사상이 사회주의보다 오히려 더 사회주의적이라는 메시지를 전하기 위해 이런 우화를 만들어낸 것이다. 경제적 평등, 민본주의 등은 공자 사상과 마르크시즘에 공통된 것이다. 사실 『논어』의 내용은 매우 다양한 까닭에 해석하기에 따라서는 마르크스는 물론 플라톤과 아리스토텔레스, 루소 등의 사상과 유사한 내용을 찾는 게 그리 어려운 일이 아니다.

모택동도 유사한 생각을 갖고 있었다. 〈청년보〉도 모택동이 한때 "남의 물건에 손을 대지 않던 고대의 태평성대가 바로 '사회주의'였다"라며 마르크시즘과 유가사상의 공통점을 강조했다고 소개했다. 사실 손문의 삼민주의 가운데 '민생주의'는 마르크시즘의 '프롤레타리아 독재'와 닮아 있다.

'사회주의 시장경제'를 내세우고 있는 중국은 일부 측면에서 한국 등 여타 자본주의 국가보다 훨씬 자본주의적인 모습을 띠고 있다. 이는 공자가 마르크스와 만났는지 여부와 상관없이 '부강'의 달성은 공자가 역설했듯이 인례仁禮와 성신誠信, 온고지신溫故知新, 자강불식自彊不息 등의 전통적인 덕목을 얼마나 잘 실행했는지 여부에 달렸다는 것을 의미한다. 그런 점에서 공자의 부활을 가져온 등소평의 개혁개방은 '부강'의 관건을 제대로 찾아낸 셈이다.

따지고 보면 이는 메이지유신 당시의 일본의 발전 방략을 흉내 낸 것이기도 하다. 메이지유신 당시 '일본자본주의의 대부' 시부자와 에이이치澁澤榮一는 각각 한 손에 『논어』와 주판을 나눠 쥐고 '유상주의'를 실현해야 한다고 주장한 바 있다. 덕분에 일본은 동아시아의 패자로 우뚝 섰다. 최근 서구 학자들은 중국인을 두고 '한 손에 주판, 한 손에 『논어』를 들고 있다'며 미래 중국의 에너지가 여기에 숨어 있다고 평하고 있다. 『논어』의 고향인 중국은 아편전쟁 이후 근 1세기 반 만에 바야흐로 '유상주의儒商主義'의 본향을 자처키 위해 노력하고 있는 셈이다.

실제로 공자는 이미 『논어』에서 '균배均配'를 역설한 마르크스는 말할 것도 없고 '보이지 않는 손'을 역설한 아담 스미스와 '적극적인 재정개입'을 역설한 케인즈 등의 주장에 부합하는 얘기를 무수히 해 놓았다. '중국몽'이 장차 자공이 보여준 '유상주의'를 지향할 경우 능히 G1으로의 등극도 가능할 것이다.

현재 중국의 인민들 내에서는 '번신불망모택동翻身不忘毛澤東, 치부불망등소평致富不忘鄧小平' 구호가 유행이다. 인민들을 정치적으로 해방시켜 준 것은 모택동의 은공이고, 인민들을 부유하게 해준 것은 등소평의 은공이니 이를 잊지 말자는 뜻이다. 인민들이 두 사람에 대해 공히 감사해하고 있다는 취지이다.

모택동은 '득천하'에 남다른 재주가 있었다. 천하를 삼키려는 기백과 뛰어난 정치재능과 전략, 중국의 고전을 두루 꿰는 해박한 지식, 기존의 가치에 얽매이지 않는 문학적 상상력, 거칠 것이 없는 천마행공天馬行空의 행보 등이 그를 '중화제국'의 초대 황제로 만드는 근본요인으로 작용했다. 실제로 문장과 서예, 시문, 강연 등에서 그 누구도 감히 그를 추월하지 못했다. 독보적인 존재였다. 게다가 그의 무공 또한 화려하기 짝이 없다. 항일과 국공내전, 한국전쟁의 항미원조, 중소분쟁 등 세기사적인 싸움에서 그는 한 번도 패하지 않았다. 중국의 역대 황제를 통틀어 문무 양면에서 이런 위업을 이룬 사람은 그리 많지 않다. 진시황과 한무제, 위무제 조조, 강희제 등 몇 사람에 지나지 않는다.

등소평은 모택동과 완전히 다른 유형의 사람이다. 고전과 시문에 특별한 재능이 있었던 것도 아니고, 모택동처럼 호언장담을 즐겨 하지도 않았다. 그러나 그는 나름대로 뛰어난 덕목을 지니고 있었다. 성격이 침착하고, 일에 과단성이 있었고, 말보다 실천을 중시하고, 명색보다 실리를 추구하는 등의 '실사구시'를 추구한 게 그것이다. 그는 모든 것을 '실사구시' 4자에 녹여 냈다. 마르크시즘도 예외가 아니다. 모택동은 이를 중국고전과 버무려 '모순론'과 '실천론'이라는 그럴듯한 '모택동사상'을 주조해 냈지만 그는 이런 복잡한 일을 하지 않았다. 대신 모든 것을 간명한 슬로건으로 통합시켰다. '흑묘백묘'와 '남파북파' 등의 구호가 바로 그것이다.

그가 모택동과 달리 '살생'을 즐겨하지 않은 것도 이와 무관치 않다. 그는 부득이 반격을 가할 때도 최대한 지나치게 하지 않으려고 애썼다. 화해의 여지를 남긴 것이다. 그의 치세 때 화국봉, 호요방, 조자양 등이 비록 실각을 했지만 천수를 누린 이유가 여기에 있다. 원하는 목표인 '실리'를 챙길 수만 있다면 방법론에 해당하는 '명분'은 그다지 중요치 않다는 '흑묘백묘'의 논리가 적용된 결과로 볼 수 있다.

그의 이런 특징은 3권으로 이뤄진 『등소평문집』이 '실천론'과 '모순론' 등 복잡한 사상론을 담은 5권짜리 『모택동문집』보다 볼륨도 적고 내용 또한 그의 담화로 꾸며진 것을 보면 대략 알 수 있다. 그는 모택동과 달리 전고를 인용치도 않았고, 어려운 말은 더더욱 사용치 않았다. 모든 게 일반인이 쓰는 일상적인 용어였다. 모택동이 여색을 밝히며 역대 왕조의 '황제'처럼 군림한 것과 달리 그는 말 그대로 평범한 서민적인 삶을 즐겼고 가정을 중시했다.

지향하는 바도 달랐다. 모택동은 모든 것을 '정치'의 관점에서 바라보았다. 먹고 사는 '경제'도 뒷전이었다. 경제는 어디까지나 정치를 위해 복무하는 종속물에 지나지 않았다. 그가 1952년의 부패와 낭비 및 관료주의 타파를 내세운 이른바 '3반운동三反運動'을 비롯해 1956년의 '명방운동', 1958년의 '대약진운동', 1964년의 '4청운동', 1966년의 '문화대혁명' 등 죽는 순간까지 부단히 정치혁명 운동을 전개한 이유다. 그가 '득천하'에 성공하고도 '치천하'에서는 철저히 실패한 것도 바로 여기서 비롯됐다.

원래 '경제'와 '정치'는 불가분의 관계에 있다. 우선순위로 보면 오히려 '경제'가 '정치'보다 선결돼야 한다. 공자가 이른바 '선부후교先富後敎'를 역설한 이유다. 모택동은 공자를 봉건반동의 표상으로 비판한 나머지 이런 평범한 진리를 애써 무시했다. 독선과 아집의 소산이었다.

등소평은 이와 정반대되는 모습을 보였다. 그는 '정치'보다 오히려 '경제'에 관심이 많았다. 이는 그의 이력과 무관치 않을 것이다. 그는 '중화제국' 창건 후 경제관련 국무원 부총리를 맡았다. 일정기간 재정부장도 맡았다. 1962~1966년 사이에는 당면한 경제문제 해결에 열정을 쏟았다. 1973년 다시 중앙무대에 복귀했을 때는 경제를 중시한 일로 인해 다시 쫓겨나기도 했다. 당시 어떤 사람은 그를 단순한 경제주의자라고 비난키도 했다. 경제를 중시하는 그의 신념은 천하를 거머쥔 1978년 이후 그 빛을 발하기 시작했다. 오늘의 중국이 있게 된 배경이다. 1989년 그의 '개혁개방' 정책에 대한 강한 의문이 제기되자 그는 단호히 말했다.

"중국은 반드시 중국 특색의 사회주의 시장경제의 길로 나아가야 한다."

경제 우선의 기본노선은 결코 흔들릴 수 없다고 못 박은 것이다. 그가 이런 노선을 견지했기에 중국인의 먹고사는 문제가 해결되고, 부강의 길로 들어설 수 있게 됐다. '창조적 파괴'가 요구되는 난세이 시기에는 기존의 전통과 질서, 가치에 얽매이지 않는 모택동과 같은 혁명가가 필요하다. '경제'보다 '정치'를 우선할 수 있는 이유다. 그러나 일단 나라가 들어선 뒤에는 '경제'를 '정치'보다 앞세워야만 한다. 그래야 맹자가 갈파했듯이 인민이 '항산항심恒産恒心'을 가질 수 있기 때문이다. 모택동은 이를 간과했다. 중국은 '대약진운동'이 실패로 돌아갔을 때 실용노선을 걷고 있던 유소기나 주은래 등에게 정권이 자연스럽게 넘어갔어야 했다. 그랬다면 중국은 훨씬 빨리 G2의 일원이 되어 21세기 초입에 이미 미국과 어깨를 나란히 하거나 앞섰을 수도 있었다.

그러나 역사는 반대로 흘러갔다. 등소평이 등장하기 전까지 중국이 무려 20년 가까이 후퇴한 이유다. 등소평이 천하를 거머쥔 후 당과 국가의 통치를 규범화하기 위해 제도부터 손을 댄 것은 바로 이 때문이었다. 당과 국가의 명운을 모택동과 같은 한두 명의 지도자에게 의탁하는 것이 얼마나 위험한 것인지 절감한 결과였다. 등소평이 '하방下方'의 수난을 겪으면서 난세 상황의 '득천하'에서는 이게 통하지만 '득천하' 이후의 '치천하'에서는 오히려 독이 된다는 사실을 뼈저리게 느낀 결과였다.

원래 통치에서 '인치人治'와 '법치法治'는 동전의 앞뒷면과 같은 까닭에 어느 한쪽만을 전적으로 구사해서는 안 된다. 상황에 따라 적절히 혼용해야 한다. 모택동은 어리석게도 '득천하' 이후에도 '인치'만을 계속 고집했다. 불규칙한 당의 전국대표대회 개최가 그 증거다. 당장의 규정에 의하면 이는 5년에 1번 열도록 되어 있다. '중화제국'은 창건 이후 그가 죽는 1976년까지 줄곧 '인치' 사회였다. '법치'는 거의 비어 있는 것이나 다름없었다. 등소평이 권력을 장악한 후 '법치' 확립부터 시작한 이유다. 그는 '법치'의 기본원칙을 이같이 설명한 바 있다.

"의거할 법이 반드시 있고, 법의 집행은 반드시 엄격하고, 법을 어기면 반드시 처벌하고, 사법은 반드시 공정해야 한다."

고금동서를 관통하는 '법치'의 논리를 이처럼 간명하게 언급한 사람은 없다. 그의 집권 이후 각계의 지도자들이 임기가 끝나면 이내 물러나는 인사 관행을 갖게 된 이유가 여기에 있다. 큰 틀에서 볼 때 '중국몽' 프로그램도 기본적으로는 이런 취지 위에 서 있는 것으로 보인다.

그러나 국가주석의 '3연임 불가' 원칙을 폐기한 것은 등소평의 기본입장과 사뭇 다른 것이다. G1으로의 도약에 필요한 반드시 필요한 '예교민치' 및 '예양천하'의 대의大義가 과연 종신을 꾀하는 '중국몽' 프로그램에서 제대로 실현될 수 있을지 의문이다. '중국몽' 프로그램의 성패는 등소평이 생전에 역설한 것처럼 '부민부국'을 통한 균부均富의 실현 여부에 달려있다고 해도 과언이 아니다.